한국 최초의 개신교 (의료) 선교사

호러스 N. 알렌 자료집 V.
1890~1896

박형우 편역

한국 최초의 개신교 (의료) 선교사

호러스 N. 알렌 자료집 V. 1890~1896

초판 1쇄 발행 2024년 2월 16일

편역자 ㅣ 박형우
발행인 ㅣ 윤관백
발행처 ㅣ 선인
등　록 ㅣ 제5-77호(1998.11.4)
주　소 ㅣ 서울시 양천구 남부순환로 48길 1(신월동 163-1) 1층
전　화 ㅣ 02) 718-6252 / 6257
팩　스 ㅣ 02) 718-6253
전자우편 ㅣ suninbook@naver.com

정가　92,000원

ISBN　979-11-6068-872-6　94900
　　　　979-11-6068-296-0　(세트)

A Source Book of Dr. Horace N. Allen V.
1890~1896

Edited & Translated by Hyoung W. Park, M. D., Ph. D.

SUNIN PUBLISHING

이 책은 미국 북장로교회 소속으로 개신교 선교사 중 처음으로 한국에 정주(定住)하였던 호러스 N. 알렌과 관련된 자료를 모은 자료집입니다. 알렌은 1884년부터 1905년까지 21년 동안 크게 의료 선교사와 외교관으로 한국에서 활동하였습니다. 이 기간은 한국이 외국에 문호를 개방하고 서양 문물을 활발하게 받아들였던 개화기이자 격동기와 일치합니다. 이 기간 동안 의료 선교사로서 또 외교관으로서 한 알렌의 활동에 대한 평가는 학자에 따라 긍정적이기도 하고 부정적이기도 합니다.

알렌과 관련하여 몇몇 논문과 단행본이 출판되었지만, 알렌의 행적과 관련된 자료를 담은 단행본은 거의 없었습니다. 알렌과 관련된 자료집은 '김인수, 알렌 의사의 선교·외교편지: 1884~1905(서울: 장로회신학대학교 부설 한국교회사연구원: 쿰란, 2007)'이 거의 유일합니다. 하지만 이 자료집은 알렌이 미국 북장로교회로 보낸 편지 중 일부만을 담고 있을 뿐입니다. 미국 장로교회의 기록보관소(Presbyterian Historical Society, 필라델피아)에는 이 책에 담겨 있는 편지 이외에도 그의 선교사 임명, 중국에서의 활동 등과 관련된 많은 자료, 그리고 앞의 책에서 누락된 자료들이 소장되어 있습니다. 알렌은 생전에 자신이 소장하고 있던 자료들을 미국 뉴욕 공립도서관(New York Public Library)에 기증한 바 있습니다. 외교 문서에도 알렌과 관련된 것이 많이 있습니다.

본 연구자는 알렌과 관련된 방대한 자료들을 가능한 대로 모두 모아 연대순으로 정리한 자료집을 발간하고 있습니다. 다만 본 편역자의 교육 배경을 고려하여 (의료) 선교사로서의 알렌에 대해서만 정리할 것입니다. 외교관 시기의 자료에서는 한국의 여러 기독교 교파와 관련된 내용, 알렌이 쓴 다양한 주제의 글을 주로 추렸습니다.

당초 3~4권의 자료집 발간을 계획하였지만, 이번의 제5권에 이어 모두 7권이 발간될 예정입니다.

2019년 9월에 간행된 제1권은 알렌의 집안 배경, 교육 배경, 선교사 임명과 중국 파송, 그리고 한국으로의 이적 및 정착을 담았습니다.

2020년 9월에 간행된 제2권은 1884년 12월에 일어난 갑신정변부터 1885년까지를 다루었습니다. 불과 1년 1개월의 짧은 기간이지만, 본문 쪽수가 750쪽 정도로 적지 않은 분량으로, 조선 정부의 자료, 미국의 한국 관련 각종 외교문서, 미국 북장로교회 해외선교본부의 자료 등 공적 자료들과 함께 알렌의 일기 등이 주로 수록되어 있습니다.

2022년 1월에 출간된 제3권은 1886년 1년의 기간만을 다루고 있지만 본문 쪽수가 780쪽이나 됩니다. 1886년은 알렌이 선교사로서 가장 활발하게 활동하였을 뿐 아니라 3월 29일 한국 최초의 서양식 의학 교육기관인 제중원 의학교의 개교, 여병원 설립, 콜레라 유행 대처 등 한국 서양 의학사에서도 중요했던 해입니다. 또한 애니 J. 엘러즈와 함께 고종과 민비의 시의로, 그리고 한국에 거주하는 외국인들의 주치의로서도 활동하였습니다. 하지만 미국 북장로교회 한국 선교부 내에 갈등이 생겨 헤론과 언더우드가 사임 의사를 밝혔고, 선교부가 와해될 위치에 처하게 되었습니다.

2023년 1월에 출간된 제4권은 알렌이 고종의 강권으로 1887년 9월 주미 한국 공사관의 외국인 서기관에 임명되었고, 박정양 공사 일행과 함께 미국으로 가서 한국 공사관의 정착을 돕고 미국으로부터 거액의 차관 교섭과 금광 개발을 위해 노력하였던 내용을 담고 있습니다. 하지만 여러 상황으로 차관 교섭과 금광 개발이 진행되지 못한 채, 다시 선교사로 임명 받은 알렌은 1889년 12월 알렌은 한국으로 돌아왔습니다.

이번에 출간되는 제5권은 한국으로 돌아왔으나 정착하지 못하는 가운데 1890년 7월 주한 미국 공사관의 서기관으로 임명되어 외교관으로서 활동하였던 내용을 담고 있습니다. 그가 서기관으로 취임한 직후 존 W. 헤론이 사망하여 미국 북장로교회는 서울지부에 한 명의 의사도 없게 되었습니다. 이에 알렌은 선교본부 총무 엘린우드에게 제중원을 계속 유지할 의향이 있는지를 물었고, 선교본부는 후임 의사가 도착할 때까지 알렌을 제중원의 책임을 맡도록 하였습니다. 이에 많은 선교사들이 알렌의 이중직에 반대하였고, 제중원은 1891년 4월 캐드월러더 C. 빈튼이 책임을 맡게 되었습니다.

서기관 알렌은 공사가 자리를 비웠을 때 여러 번 대리공사의 역할을 하였고, 1893년 8월 31일부터 1894년 4월 30일까지는 임시 대리공사로 활동하였습니다. 그는 특히 선교부와 관련된 사안에서는 적극 나서 선교사들의 활동을 도왔으며, 조선정부가 제중원을 미국 북장로교회 한국 선교부로 넘기는 데 큰 역할을 하였습니다. 그런 가운데 미국 대선을 앞둔 1896년 9월, 알렌은 오하이오 주 출신인 공화당의 윌리엄 매킨리 후보에게 주한 미국 공사직에 자천하는 편지를 보냈습니다.

이 자료집의 연구 및 출판에 귀중한 지원을 해 주신 이경률 동창(1985년 연세대학교 의과대학 졸업, SCL 헬스케어그룹 회장, 연세대학교 동문회장)께 특별히 감사를 드립니다. 그리고 이 책을 기꺼이 출판해 주신 도서출판 선인의 윤관백 대표님과 직원들께도 감사를 드립니다.

2024년 2월
안산(鞍山) 자락에서
상우(尚友) 박형우 씀

This Source Book is a collection of materials related to Dr. Horace N. Allen, who was the first Protestant missionary to reside in Korea, of the Presbyterian Church in the United States of America. Dr. Allen dedicated himself as a medical missionary and a diplomat for 21 years from 1884 to 1905. This period marks an important time in the history of Korea, as a time of enlightenment and turbulence, opening up to foreign countries and accepting various cultures and economy from western countries. Scholars hold both positive and negative views on the role of Dr. Allen as a missionary and a diplomat.

Several articles and books were published regarding Dr. Allen, but most of them did not include original sources. 'In Soo Kim, Horace N. Allen, M. D.'s Missionary and Diplomatic Letters: 1884~1905 (Seoul: Institute of Studies of the Korean Church History, Presbyterian College and Theological Seminary, 2007)' is probably the only source book published in Korea. However, this book only includes segments of letters which was sent by Dr. Allen to the Board of Foreign Missions. At the Presbyterian Historical Society (Philadelphia), various resources can be found including his appointment as a missionary, his letters from China, and other valuable materials that were not included in the prior book mentioned. Dr. Allen donated papers and materials he kept to the New York Public Library. Also information regarding Dr. Allen can also be found in the Diplomatic documents.

My goal is to publish a chronological source book regarding Dr. Allen. However, considering my education background, I will only concentrate to collect sources regarding medical missionary. During his time as a diplomat, data regarding various christian denominations in Korea and articles written by Allen on various topics will be included.

Originally, it was planned to publish 3~4 volumes, but a total of 7 volumes will be published.

Volume I, published in Sept., 2019, covered Dr. Allen's familial and educational backgrounds, appointment as a missionary, his work in China, and his settlement in Korea.

Volume II, published in Sept., 2020, covered the period from Gapsin coup in December 1884 to 1885. Although it is a short period of only one year and one month, the text is no less than 750 pages. This book contains public data such as data from the Chosen government, various diplomatic documents related to Korea in the United States, and data from the Board of Foreign Missions, Presbyterian Church in the U. S. A., as well as Allen's diary.

Volume III, published in January 2022, covers only the period of 1886. 1886 was not only the year when Allen was most active as a missionary, but also an important year in the history of Korean Western medicine. Dr. Allen proposed the establishment of a medical school and opened Jejoongwon Medical School, Korea's first Western-style medical college, on March 29. In addition, he proposed the establishment of a women's hospital, and on July 4, Miss Annie J. Ellers' coming to Korea led to the establishment of the Women's Department at Jejoongwon and proposed expansion and relocation of the Jejoongwon. And in the summer, when there was an outbreak of cholera in Japan, he immediately circulated a warning about it. He also worked with Miss Annie J. Ellers as a court physician for King Gojong and Queen Min, and as a physician for foreigners residing in Korea. However, conflicts arose within the Korean Mission, and Dr. Heron and Mr. Underwood announced their intention to resign, putting the mission in a position to collapse.

Volume 4, published in January 2023, covers that Dr. Allen was appointed as a foreign secretary of the Korean Legation in the United States in September 1887 by King Gojong's will, and went to the United States with Minister Park

Jeong-yang and his party to help the Korean Legation settle down, negotiating a large amount of loans and developing gold mines. However, due to various circumstances, those missions did not proceed, and Dr. Allen, who was re-appointed as a missionary, returned to Korea in December 1889.

This volume contains the story of his return to Korea, but being unable to settle down, and his activities as a diplomat after being appointed as a secretary of the American Legation in Korea in July, 1890. Shortly after he took office as secretary, Dr. John W. Heron died, leaving the PCUSA without a doctor in the Seoul Seoul. Accordingly, Dr. Allen asked Dr. Ellinwood, Secretary of the Board of Foreign Missions, PCUSA, whether he intended to continue maintaining Jejoongwon, and the Board appointed Dr. Allen to charge of Jejoongwon until a successor arrived. Many missionaries opposed Dr. Allen's dual position, and Dr. Cadwallader C. Vinton took charge of Jejoongwon in April 1891.

Dr. Allen, as a Secretary, served as Chargé d'Affaires several times when MInister was away, and served as a Chargé d'Affaires ad interim from August 31, 1893 to April 30, 1894. He was especially active in matters related to the missionary work, helping missionaries with their activities, and played a major role in transferring the Jejoongwon to the Korean Mission of the PCUSA.

Meanwhile, in September 1896, ahead of the U. S. presidential election, Dr. Allen sent a letter to Republican candidate Mr. William McKinley from Ohio, recommending himself for the position of U. S. Minister to Korea.

I would like to my special gratitude to Dr. Kyoung Ryul Lee (1985 Class of Yonsei University Medical School, Chairman of SCL Healthcare Group, Chairman of Alumni Association, Yonsei University) for his invaluable support in the research and publication of this resource book. Also, I would like to express my gratitude to CEO Yoon Gwan-baek and the staff of Seonin Book Publishing Co., Ltd., who willingly published this book.

Feb., 2024
At the Foot of Mt. Ansan(鞍山)
Sangwoo(尙友) Hyoung Woo Park

제9부 주한 미국 공사관 서기관

제1장 1890년

제2장 1891년

제3장 1892년

제4장 1893년

Part 9. Secretary, U. S. Legation to Korea

Chapter 1. 1890

Chapter 2. 1891

Chapter 4. 1893

Chapter 5. 1894

Chapter 7. 1896

제9부 주한 미국 공사관 서기관

(Part 9. Secretary, U. S. Legation to Korea)

제1장 1890년
Chapter 1. 1890

18900102

호러스 N. 알렌(부산)이 프랭크 F. 엘린우드(미국 북장로교회 해외선교본부 총무)에게 보낸 편지 (1890년 1월 2일)

부산,
1890년 1월 2일

F. F. 엘린우드 박사,
　　뉴욕 시 5 애버뉴 53

　　친애하는 박사님,

　　저는 어제 새해와 함께 이곳에 도착하였습니다. 저는 집에 관하여 요코하마에서 박사님께 보낸 헌트 부인의 설명이 너무도 사실이라는 것을 알았습니다. 비록 제가 집을 짓기 위해 부지를 돈을 조금 들여서 혹은 무료로 얻을 수 있다 하더라도, 이곳에서는 잠시나마 머무는 것조차 불가능할 것입니다.

　　저는 나가사키에서 건물에 대해 살펴보았고, 나가사키에 있는 중국인을 통하여 은화 약 2,500달러에 좋은 방갈로 집을 지을 수 있다는 것을 알았습니다. 이곳에 있는 일본인들은 자신들이 2,000달러에 그것을 할 수 있다고 생각하고 있지만, 그들의 집은 매우 낡으며 수리비가 많이 들 것입니다. 그들은 계약을 맺기에 믿을 수 없는 사람들입니다. 현 상태로는 땅을 사고 집을 짓고 모든 것을 _____하며 우물을 파는 데 금화 2,500달러의 비용이 필요하다고 말씀드리고 싶습니다.

　　이곳에 남아 있을 수 없기 때문에 저는 서울로 가서 선교부와 의논할 것이며, 저의 예산이 많지 않을 것이므로 아마도 병원에서 기구들을 얻을 수 있을 것입니다.

　　이곳과 일본에서 제가 들은 바로 서울을 포기하는 것을 싫어하는 언더우드와 유쾌한 면담을 가졌습니다. 서울의 선교사들은 사역보다 싸우는 것을 더 많이 하고 있습니다.

저의 가족은 나가사키에 있습니다.

안녕히 계십시오.

H. N. 알렌

Horace N. Allen (Fusan),
Letter to Frank F. Ellinwood (Sec., BFM, PCUSA) (Jan. 2nd, 1890)

Fusan,

Jan. 2nd, 1890

Dr. F. F. Ellinwood,

53 5th Ave., N. Y. City

My dear Doctor: -

I arrived here yesterday with the New Year. I find that Mrs. Hunt's statement, sent you from Yokohama, as regards houses, are only too true. It will be impossible to even remain here temporarily, though I can get ground for a house for little or nothing.

I looked up building in Nagasaki and find that I can get Nagasaki Chinese to build me a good bungalow house for about $2,500 Mexican. Japanese here think they can do it for $2,000. but their houses are very rickety and repairs would cost much, while they are unreliable persons to contract with. As it stands I should say that an appropriation of $2,500 gold will buy the ground, build a house, ___ it all and build a well.

Not being able to remain here, I will go to Seoul, consult with the mission and perhaps I can get some instruments from the Hospital, as my appropriation will not go very far.

I had a pleasant interview with Underwood who naturally dislikes to give up Seoul, from all I hear here and in Japan. The missionaries in Seoul do more fighting than working.

My family are in Nagasaki.

Yours very truly,
H. N. Allen

릴리어스 H. 언더우드(요코하마)가 프랭크 F. 엘린우드(미국 북장로교회 해외선교본부 총무)에게 보낸 편지 (1890년 1월 3일)

(중략)

이제 아마도 박사님은 박사님이 이미 우리에게 너무 많은 사람들을 파송하였기 때문에 우리는 만족해야 한다고 말씀하실 것이지만, 저는 알렌 박사에 관하여 말씀드릴 수 있습니다. 그는 한국 국왕을 위하여 정치적인 봉사를 하기 위하여 돌아올 가능성이 있습니다. 그는 언더우드 씨에게 자신의 많은 짐들을 요코하마에 남겨 두었다고 암시하였으며, 이곳의 어떤 사람에게는 한국 정부와 맺은 계약 때문에 한국을 떠나는 것이 허락되지 않을까 두렵다고 말하였습니다. 하지만 그럴지라도 그가 남아 있어야 할까요?

(중략)

Lillias H. Underwood (Yokohama),
Letter to Frank F. Ellinwood (Sec., BFM, PCUSA) (Jan. 3rd, 1890)

(Omitted)

Now perhaps you will say you have sent us so many already, so we ought to be satisfied, but I may say with regard to Dr. Allen. There is a probability that he will return to the political service of the king of Korea. He hinted as much to Mr. Underwood a great many of his trunks were left in Yokohama, he said to some one here that he feared the notion of his contract with the Korean government would not permit him to leave them now. However that may be, even should he remain?

(Omitted)

호러스 G. 언더우드(요코하마)가 프랭크 F. 엘린우드(미국 북장로교회 해외선교본부 총무)에게 보낸 편지 (1890년 1월경)[1]

(중략)

저는 방금 박사님으로부터 알렌 박사가 제물포에 머물 생각을 하고 있다고 들었습니다. 박사님은 이곳이 어떤 위치에 있는지 알고 계신지 궁금합니다. 그곳은 서울에서 25마일보다 조금 더 떨어져 있고 서울에서 일할 수 있습니다. 그곳에 목회자가 있는 것이 유익할 수도 있지만 의사를 그곳에 두는 것이 현명하다고는 거의 생각하고 있지 않습니다.

의료 업무는 다른 업무를 위한 지렛대 역할을 하는데, 이곳 제물포에서는 이것을 할 필요가 없습니다. 서울에서의 사업은 이것을 해 왔고, 제물포 사람들은 우리에게 반대하지 않습니다. 반면 아직 손길이 닿지 않은 광대한 영토의 문을 열 수 있는 개항장인 부산과 원산이 있습니다. 이곳은 외국인에 대한 편견을 없애기 위하여 의술이 필요한 곳입니다. 제 생각에도 알렌 박사가 적당하다고 생각된다면, 그는 왕과 함께 내륙 도시로 들어갈 만큼 충분한 영향력을 가질 수 있을 것이라고 생각합니다. 저는 이러한 이유로 제물포에서 사업을 시작하는 것은 현명하다고 생각하지 않습니다. 박사님이 이 이유들을 얼마나 타당하게 여길지 모르겠습니다. 알렌 박사가 가까이 있는 것은 좋을 것입니다. 저는 그것이 선교부의 문제를 도와줄 수 있을 것이라고 생각하지만, 또 다시 어려움이 발생할 수도 있다고 생각합니다. 제 생각에는 알렌 박사가 그렇게 가까이 있을 수 있다면, 그가 서울로 돌아가는 것이 더 좋을 것 같습니다. 이것에 대하여 그는 그렇게 하지 않을 것이라고 말하고 있습니다. 부산이나 원산의 경우, 만일 선교본부가 이들 중 한 곳에 들어가려고 생각한다면 부동산을 구입하고 건물을 지어야 합니다. 그곳에는 임차할 수 있는 곳이 없습니다. 임차 계획은 한국 전체에서 거의 알려지지 않은 것 같습니다. 이런 곳에서 무슨 일을 하든 부동산을 구입해야 하지만 그 가격은 낮습니다.

(중략)

추신: 저는 방금 알렌 박사로부터 제물포로 가는 것에 관한 편지를 받았습

---

1) 원래 1889년으로 분류되었으나 실제로는 1890년 1월 경의 편지이다.

니다. 그는 그곳이 팔도 전역으로 통할 수 있는 좋은 장소라고 생각하고 있습니다. 사실 이곳은 결코 서울에 도착하지 못하는 수 많은 사람들이 상품을 찾아오는 항구입니다. 그러나 저는 여전히 목회 선교사가 그곳에서 사역을 할 수 있고, 의사는 다른 곳으로 가야 한다고 생각하고 있습니다. 알렌 박사는 국왕이 자신의 사임을 받아들이기를 단호하게 거부하였다고 말하고 있습니다.

안녕히 계십시오.
H. G. U.

Horace G. Underwood (Yokohama), Letter to Frank F. Ellinwood (Sec., BFM, PCUSA) (ca. Jan., 1890)

(Omitted)

I just hear from Korea that Dr. Allen thinks of stopping in Chemulpo. I do not know whether you know how this place is situated. It is only 25 miles and a little more from Seoul, & can be worked from Seoul. While it might be of benefit to have a clergyman there, I hardly think that it is wise to put a doctor there.

The medical work is waited as a lever for the other work, & here in Chemulpo it is not needed to do this. The work in Seoul has done this, the people at Chemulpo are not opposed to us, while there are Fusan and Gensan, open ports that might open doors to a vast extent of as yet untouched territory. Here is where the medical skill is needed in removing any prejudices against foreigners. I think too that if Dr. Allen saw fit, he could have influences enough with the King to go to some interior city. I do not think it wise to start at Chemulpo for these reasons. I do not know how they will commend themselves to you. It will be pleasant to have Dr. Allen so near. I think it may help matters in the mission, but then it may cause difficulties to arise again. I think if Dr. Allen is to be so near he might better be back in Seoul. This he says he will not do.

About Fusan or Gensan, if the Board thinks to enter either one of these places, they will have to buy property & build. There are no places to rent. The renting plan seems almost unknown in all Korea. Whatever is done in these places, property must be bought, but then the price is small.

(Omitted)

P. S. I have just received a letter from Dr. Allen about going to Chemulpo. He thinks it would be a good field because it would reach all the Eight Provinces. True this is the port to which a large number that never reach Seoul come for merchandise. But still I think that a clerical miss. could do the work there, & that a physician should go somewhere else. Dr. Allen says the King positively refuses to accept his resignation.

Yours,

H. G. U.

18900104

호러스 G. 언더우드(요코하마)가
호러스 N. 알렌(부산)에게 보낸 편지 (1890년 1월 4일)

블러프 59,
요코하마

친애하는 알렌 박사님,

박사님의 편지를 받고 제안한 계획에 대하여 듣게 되어 매우 기뻤습니다. 이전에 답장을 했었어야 했지만 출판 원고 교정으로 바빴고 이제 쓸 만한 버젓한 종이가 없습니다. 박사님이 서울까지 무사히 잘 다녀오고 왕의 환대를 받았다니 기쁩니다. 해리에 대하여 듣게 되어 유감이었지만 지금은 완쾌되었고 가족 모두들 건강하기를 바랍니다.

제물포에 대하여 저는 그것이 선교력을 가장 잘 활용하는 것이라고 생각할 수 없습니다. 제물포에서의 선교 사업은 좋은 일일 수 있고, 박사님이 말한 바와 같이 실제로 장사를 하러 오는 사람이 많기 때문에 한국의 넓은 지역에 씨를 뿌리는 수단이 될 것입니다. 그러나 이 모든 것에도 불구하고 그곳은 의료 선교사를 위한 곳은 아니라고 생각합니다. 의료 선교사의 업무는 육체를 고치고 영혼을 인도하는 것뿐만 아니라, 바로 이 육체의 치료를 통하여 편견을 제거하고 다른 사람들이 들어가서 전도자의 일을 할 수 있도록 문을 열어주는 것입니다.

이제 제물포에 관한 한, 서울에서 진행되는 선교 사업에 대하여 들음으로써 외국인에 대한 편견이 곧 제거될 것입니다. 사실 나는 서울이 제물포에서 사역할 수 있는 길을 열어주었다고 생각하며, 만일 서울에 인력이 있었다면 저는 그곳에 복음의 사역자를 파송하는 것을 옹호하였을 것입니다.

그러나 의사 수가 너무 부족하여 의사를 그곳에 보내야 한다고 생각하지 않습니다. 만일 부산이 여의치 않으면 원산이 있습니다. 이 두 곳 모두에 개척해야 할 큰 도(道)가 있습니다. 그것은 마을에서의 사역이 아니라 도에서의 사역입니다.

그러나 만일 시도해 볼 수 있다면 더 좋은 곳이 있다고 생각합니다. 그것은 약간의 고립, 많은 어려움 및 개척의 모든 업무를 포함하지만 박사님은 이 일에 적합합니다.

나는 박사님이 할 수 있는 일을 다른 사람이 할 수 있다고 생각하지 않습니다.

만일 박사님이 허락을 구한다면 즉시 왕의 허락을 받아 북쪽의 평양으로 가서 그곳에서 의료 사업을 시작하고, 학교 업무를 시작하기 위하여 서울에서 박사님과 함께 갈 사람이 있을 것이라고 생각합니다. 이 북쪽이 바로 사역이 필요한 곳입니다. 그곳에는 진리를 들었던 사람들이 많으며, 바로 그곳에서 더 듣고 싶어 합니다. 그들은 서울에서 사역하기에 거리가 너무 떨어져 있습니다. 일을 한다면 북한 지역 어딘가에서 해야 합니다. 아무도 들어갈 수 없을 때 의료인은 들어갈 수 있으며, 박사님만큼 이 일을 할 수 있는 사람은 없다고 생각합니다.

누가 박사님과 함께 갈지 나는 아직 모릅니다. 방금 내한 한 마펫 씨가 있는데, 좋은 친구이며 솔직하고 개방적입니다. 또한 곧 한국으로 돌아오는 하크니스 씨도 있는데, 나는 그가 갈 것이라고 생각합니다. 필요성이 있고 서울에서 여유가 있다면 우리는 박사님과 함께 갈 것입니다.

이곳은 좋은 선교지이며 진실로 사역자들을 부르고 있지만, 아직 개항장이 아니기 때문에 아직까지 아무도 갈 수 없습니다. 나는 박사님이 어려움을 극복할 수 있다고 생각하며, 만일 박사님이 그곳으로 가신다면 그곳이 추수하기에 무르익어 있다는 것을 알게 되실 것입니다. 아직 도시에 사는 것은 좋지 않을 수 있지만 성벽 안팎에 멋진 장소들이 있습니다. 이 계획에 대하여 어떻게 생각하세요?

만일 박사님이 이를 좋게 생각하고, 국왕 앞에 이 문제를 들고 가면 그가 윤허할 것이 분명하니, 왕에게 각 도의 감영에 의사와 교사를 두는 것이 적절하지 않은지 여쭈어보고, 그 도시들에 학교와 진료소를 설치할 수 있는 왕의 윤허를 받으세요. 그러면 2년이 다 되기 전에 우리는 사람들을 그곳에, 그리고 그들의 자리에 있게 할 수 있을 것입니다. 만일 이렇게 하면 나는 박사님이 이보다 더 위대하고 고귀한 일을 할 수 없을 것이라고 생각합니다.

아마도 나의 모든 생각은 유토피아적일 것입니다. 아마도 그것들은 너무 낙관적일지 모르지만, 박사님이 왕에게 부탁하면 그가 허락할 것이라고 나는 믿고 있습니다. 만일 그가 허락한다면, 그 일을 할 사람들이 오고, 사업이 이루어져서 한국의 선진화에 큰 발걸음을 내디뎠을 것입니다. 그것에 대하여 생각해 보고, 그것을 위하여 기도해 보고, 주님께서 이 분야에서 박사님이 할 특별한 일이 없는지 확인해 보세요.

이곳의 업무는 순조롭지만 천천히 진행되고 있습니다. 우리는 할 수 있는 한 강하게 추진하고 있습니다. 우리는 3월 초쯤에 서울로 돌아가야 합니다. 우리는 전에 한 번 그렇게 할 수 없었습니다. 우리는 서둘러 돌아가야지 그렇지 않으면 모든 업무에서 제외될 것입니다.

나는 선교본부로부터 소식을 들었습니다. 그들은 여러 가지 제안을 하였지만, 다른 곳에서 일하라는 요청이 오면 나는 가지 않을 것이라고 편지를 하였습니다. 나는 서울을 떠나기 위해 다른 곳으로 가지 않을 것입니다. 만일 업무가 부른다면 그것은 완전히 다릅니다.

이제 부인과 아이들이 모두 건강하기를 바랍니다.

내 아내가 박사님 부인과 아이들에게 사랑을 보내며, 머지않아 만나기를 희망하고 있습니다.

모두에게 안부를 전합니다.

안녕히 계세요.
H. G. 언더우드

화요일, 1890년 1월 4일

Horace G. Underwood (Yokohama), Letter to Horace N. Allen (Fusan) (Jan. 4th, 1890)

59 Bluff,
Yokohama

Dear Dr. Allen: -

I was very glad to get your letter & to hear about your proposed plan. I should have answered before, but have been busy correction proof & now I have no decent paper to write on. I was glad to hear that you went to Seoul & back safely & of the kind reception that you had from the King. I was sorry to hear about Harry & hope he is well by this time & that you are all well.

About Chemulpo I cannot say that I think it the best use of Missionary forces. A mission at Chemulpo might do good, & in fact as you say, it would be the means of scattering seed over a large part of Korea as there are such numbers that come up there to trade. But for all this I do not think it is the place for a Medical Missionary. The work of the Medical Missionary is not only to heal the body & to direct the souls of men, but it is, by this very healing of the body to break down prejudices, & thus open the way for others to come in & do the work of evangelists.

Now as far as Chemulpo is concerned, any prejudices against foreigners are soon removed by hearing about the work in Seoul. In fact I think that Seoul has opened up the way for work in Chemulpo, & had we the men in Seoul, I would advocate sending a Minister of the Gospel there.

But Doctors are so scarce that I do not think one should be sent there. If Fusan is not favorable, there is Gensan. At both of these places there are large provinces to be opened up. It is not the work in the towns but in the provinces.

But I think there is a still better place if you can to try it. It will involve some isolation, many difficulties & all the work of pioneering, but you are good for this.

I do not think that there is anyone else that can do the work as you can.

I think that if you cared to ask permission you could at once gain the King's consent to go to the North to Pyeng Yang & start a medical work there, & there would be some one to go with you from Seoul to start in for school work. This north is just where the work is needed. There are a large number that have heard the truth & are anxious to hear more right there. They are too far from Seoul to be work from there. If the work is done it must be done from somewhere in the North. A medical man can get in when no one else could, & I do not think there is a man who could do this as well as you.

Who would go with you I do not yet know. There is Mr. Moffett who has just come, a fine fellow, straightforward & open. There is also a Mr. Harkness who is soon coming back to Korea & I think would go. If there is the need & we can be spared from Seoul, we will go with you.

Here is a fine field, it is really calling for workers but no one has as yet been able to go because it is not an open port. You could I think overcome the difficulty & if you do go there I know that the field there is ripe for the harvest. It might not be well to live right in the city but there are lovely places both inside & outside the walls. What do you think of the plan?

If it appears to you well & you lay the matter before the King, & he should approve of it, ask him how it would suit him to have a physician & teacher in each of the capital of the provinces, get his consent for you to establish schools & dispensaries in all these places, & before two years are up, we will have the men there & in their places. If you do this I do not think you could do a greater or nobler work.

Perhaps all my ideas are Utopian. Perhaps they are too sanguine, but I believe if you asked the King he would grant his permission. If he gave his permission, the men would be forth coming, the work would be done, & a great step in the advancement of Korea would have been taken. Think over it, pray over it, & see if the Lord has not a special work for you do right in this line.

Work here goes along well but slowly. We are pushing it as hard as we can. We have to be getting back to Seoul by about the beginning of March. We cannot once before. We must hurry back or we will be left out of all work.

I have heard from the Board. They have made several suggestions, but I have written that its call to work somewhere else comes I will not go. I will not go for the sake of leaving Seoul. If the work calls that is entirely different.

I hope Mrs. Allen & the children all well now.

My wife sends love to Mrs. Allen & the children, & hopes to see them ere long.

With kindest regards to all

Yours sincerely
H. G. Underwood

Tuesday, Jan 4th/ 90

릴리어스 H. 언더우드(요코하마)가 프랭크 F. 엘린우드(미국 북장로교회 해외선교본부 총무)에게 보낸 편지 (1890년 1월 6일)

(중략)

우리는 부산에 대하여 당장 결정할 수 없습니다. 언더우드 씨는 만일 알렌 박사가 그곳에 남아 있으면 목회 선교사도 반드시 가야 하지만, 한국에는 어느 곳이나 임차할 주택이 없기 때문에 우리가 부동산을 사지 않으면 아무도 갈 수 없다고 생각하고 있습니다. 우리는 아마도 부산에 주택을 지어야만 할 것인데, 이는 부산 세관장 헌트 씨가 알렌 박사에게 보낸 편지에서 현재 부산에는 매물로 나온 주택이 없다고 썼기 때문입니다.

(중략)

Lillias H. Underwood (Yokohama),
Letter to Frank F. Ellinwood (Sec., BFM, PCUSA) (Jan. 6th, 1890)

(Omitted)

We cannot immediately decide about Fusan. Mr. Underwood thinks if Dr. Allen remains there a clerical missionary ought to go there too, but no one could go unless we buy property, for nothing is to be rented anywhere in Korea and we should have to build probably in Fusan, for the Hunts, customs official there, wrote Dr. Allen that there was not a house for sale there.

(Omitted)

호러스 G. 언더우드(요코하마)가 프랭크 F. 엘린우드(미국 북장로교회 해외선교본부 총무)에게 보낸 편지 (1890년 1월 7일)

(중략)

그러나 그 후 부산 문제는 다른 문제로 남아 있습니다. 그곳에는 반드시 의료 선교사와 목회 선교사가 있어야 합니다. 만일 알렌 박사가 그곳으로 간다면 사업의 두 분야를 수행해야 하며, 누가 갈 수 있느냐 하는 문제가 대두됩니다. 만일 알렌 박사가 그곳에 있고 올바른 부류의 새로운 사람이 갈 수 있다면 마펫 씨가 그곳에 적절한 사람이 될 것이지만 서울에서 저를 도와줄 사람이 있어야 합니다.

(중략)

Horace G. Underwood (Yokohama), Letter to Frank F. Ellinwood (Sec., BFM, PCUSA) (Jan. 7th, 1890)

(Omitted)

But then the Fusan matter still remains on another account. There ought to be a clerical as well as a medical missionary, If Dr. Allen goes there both branches of the work should be represented and the question comes who can go. If Dr. Allen is there and there were a new man of the right sort he might go. Mr. Moffett would be a good man for that place, but there must be some one in Seoul to relieve me.

(Omitted)

회의록, 한국 선교부 (미국 북장로교회) (1890년 1월 10일)

(중략)

1890~91년 예산안이 다음과 같이 작성되었다.

급여	알렌 박사	1,400.00달러
	(......)	
자녀 수당	알렌 박사 (2)	200.00
	헤론 박사 (2)	200.00
개인 교사	7명에 각자 75달러	525.00
(......)		

신규 사업
알렌 박사를 위한 새 집과 부지   3,000
(......)

(중략)

Secretary's Book, Korea Mission (PCUSA) (Jan. 10th, 1890)

(Omitted)

The following estimates of appropriations for the year 1890~91 were made out;

Salaries

      Dr. Allen $1400.00

          (......)

Children

      Dr. Allen (Two)   200.00

      Dr. Heron (")   200.00

Personal Teachers 7 @ $75 each   525.00

(......)

New Work

      New House & grounds for Dr. Allen   3000.00

(......)

(Omitted)

1890년 1월 10일 개최된 한국 선교 공의회 회의록 (1890년 1월 10일)

1890년 1월 10일 개최된 한국 선교 공의회의 회의록

참석: 헤론 박사, 회장, J. H. 데이비스, 서기, 기포드 씨 및 알렌 박사
전 회의록이 낭독되고 채택되었다.

알렌 박사는 공의회의 승인을 받아 제물포에서 임시로 주택을 임차하고 선교본부에서 추가 지시가 도착할 때까지 그곳에서 의료 업무를 시작하는 것에 대한 승인을 요청하였다. 그는 부산에 가용한 집이 없다고 말하였다.
그가 요청한 대로 하도록 권하였다.
현 연도에 헤론 박사는 회장에, J. 헨리 데이비스 씨는 서기에 선임하기로 결의하였다.

J. H. 데이비스,
서기

회의록의 사본
J. W. H.

Minutes of Council of Missions held Jan. 10, 90 (Jan. 10th, 1890)

Minutes of Council of Missions held Jan. 10, 90

Present: Dr. Heron, chairman, J. H. Davis, Sec., Mr. Gifford & Dr. Allen
Minutes of previous meeting read & adopted.

Dr. Allen asked sanction from the Council to rent a house temporarily at Chemulpho & enter upon medical work there until further instructions arrive from the Board. He represented that there was no house available at Fusan.

Recommended that he should do as requested.

Resolved that Dr. Heron be elected chairman, Mr. J. H. Davies elected Sec. for the current year.

J. H. Davis,
Sec.

A copy of the Minutes
J. W. H.

휴 A. 딘스모어(주한 미국 공사)가 제임스 G. 블레인
(미합중국 국무장관)에게 보낸 공문, 외교 제219호 (1890년 1월 14일)

외교 제219호

미합중국 공사관

한국 서울,
1890년 1월 14일

제임스 G. 블레인 님,
국무장관,
워싱턴, D. C.

안녕하십니까,

이달 12일 국왕 폐하는 자신의 관리 중 한 명을 저에게 보내어, 한국 공사관의 서기관으로 근무하다가 최근 워싱턴에서 한국으로 돌아온 H. N. 알렌 박사를 이 공사관의 서기관으로 임명해 달라고 요청하는 전보를 국무부에 보내야 한다고 요청하였습니다.

저는 특히 공사관을 곧 후임자에게 넘겨줄 것으로 예상된다는 점을 고려하여 그러한 성격의 어떠한 제안도 국무부에 적절하게 제안할 수 없다는 점에 대하여 유감을 표명하는 답장을 보냈습니다.

다음 날2) 아침, 왕가의 친척인 같은 관리가 왕을 대신하여 저에게 돌아와서 폐하께서 알렌 박사의 임명을 요청하는데 어떤 부적절한 일이 있는지, 그리고 그의 그러한 요청이 과연 부당한 것인지 물었습니다.

이에 대하여 저는 그러한 행동에 대한 선례를 알지 못하지만 예의에 관하여 폐하께 조언할 수는 없다고 대답하였습니다. 오후에 그는 다시 와서 왕이 제가 만일 알렌 박사가 임명된다면 자신이 기쁠 것이라는 내용의 전보를 국무부로 보내 줄 것을 요청하라고 자신에게 지시하였다고 말하였는데, 그는 자신이 자신있게 요청하였지만 알렌 박사의 성실성과 지성, 그리고 그의 미국에 대한 충성심과 한국에 대한 선의에 대하여 큰 신뢰를 갖고 있으며, 그를 우리

---

2) 1890년 1월 13일이다.

공사관의 서기관으로 임명함으로써 양국의 이익이 증진될 것이라고 믿고 있다고 설명하였습니다.

저는 이 요청을 받아들였고, 그에 따라 오늘 장관께 실제 다음과 같이 읽을 수 있는 암호로 된 전신을 보낼 수 있는 영광을 얻었습니다. "왕은 알렌이 이곳의 서기관으로 임명된다면 기쁠 것이라는 것을 전보로 전달하도록 저에게 요청하였습니다. 공사가 임명되었습니까?"

마지막 문장은 제가 출국 준비에 시간이 좀 걸리고 가재도구를 처리해야 하기 때문에 제 자신이 참고하기 위하여 추가한 것입니다.

안녕히 계십시오.
휴 A. 딘스모어

Hugh A. Dinsmore (U. S. Minister to Korea), Despatch to James G. Blaine (Sec. of State), No. 219, Diplomatic Series (Jan. 14th, 1890)

No. 219, Diplomatic

Legation of the United States

Söul, Korea,
Jan. 14th 1890

Honorable James G. Blaine,
    Secretary of State,
    Washington, D. C.

Sir: -

On the 12th instant His Majesty the King sent one of his officers to me with a request that I should telegraph to the Department asking for the appointment of Dr. H. N. Allen, recently arrived in Korea from Washington where he attached to the Korean legation as secretary, as secretary of this late legation.

I made reply expressing my regret that I could not with propriety offer any suggestions to the Department of that nature especially in view of the fact that I expect to very soon give over the legation to a successor in office.

On the following morning the same officer, a relative of the royal family, returned to ask me on the King's behalf if there would be any impropriety in His Majesty's making a request for Dr. Allen's appointment, and if such a request from him would be unusual.

To this I answered that I knew of no precedent for such an action, but that I could not presume to advise His Majesty as to matters of propriety. In the afternoon he came once again saying that the King had directed him to request of me that I would send a message by wire to the Department, stating for him that he would be gratified if Dr. Allen would be appointed explaining that he made the request with diffidence, but that he had great confidence in Dr. Allen's integrity and intelligence as well as his loyalty to America and good will to Korea and that he believed the interests of both countries would be promoted by having him made secretary of our legation.

I yielded to this request and accordingly had the honor today to despatch to you a telegraphic message in cipher being as follows in the true reading: - "The King has requested me to communicate by telegraph that he will be gratified if Allen should be appointed secretary of the legation here. Is Minister appointed?"

The last sentence I added for my own information as I will require some time to make my preparation for departure, having to dispose of my household effects.

I have the honor to be,

Sir,

Your obedient servant,

Hugh A. Dinsmore

부산의 부동산 구입. 미국 북장로교회 해외선교본부 실행이사회 회의록, 1837~1919 (1890년 1월 27일)

부산의 부동산 구입. 알렌 박사는 1889년 12월 20일자 편지[3]에서 기회가 주어질 때 부산에서 부동산 구입을 허가해주도록 요청하였지만, 현장 조사 보고서를 받을 때까지 이런 방향으로 아무런 조치를 취하지 말도록 결정되었다.

Purchase of Property at Fusan. *Minutes [of Executive Committee, PCUSA], 1837~1919* (Jan. 27th, 1890)

Purchase of Property at Fusan. Dr. Allen having in a letter of Dec. 20th, '89 requested permission to purchase property at Fusan when opportunity offers, it was ordered that nothing be done in this direction till a report of his examination of the field be received.

---

3) Horace N. Allen (Yokohama), Letter to Frank F. Ellinwood (Sec., BFM, PCUSA) (Dec. 20th, 1889)

존 W. 헤론(서울)이 프랭크 F. 엘린우드(미국 북장로교회 해외선교본부 총무)에게 보낸 편지 (1890년 1월 27일)

(중략)

저는 이 우편으로 언더우드 씨의 편지도 받았는데, 그는 선교부에 휴가의 연장을 요청하였습니다. 그는 4월 1일 돌아오기를 바라고 있습니다. 저는 언더우드 부인이 류머티즘으로 상당히 고생하고 있으며, 더 상쾌한 한국의 공기를 갈망하고 있다고 듣고 있습니다. 언더우드 씨는 선교본부가 자신을 알렌 박사와 함께 부산으로 갈 것을 권하였다고 쓰고 있습니다. 그는 그곳으로 기꺼이 가려 하는 것 같지 않지만, 선교부가 그가 그렇게 하는 것이 최선이라고 생각한다면 갈 것입니다. 그러나 박사님께서 그렇게 하라고 요청을 하시기 전까지 저는 선교부가 그것에 관한 어떠한 결정을 내릴 것으로 기대하지 않고 있습니다. (......)

John W. Heron (Seoul),
Letter to Frank F. Ellinwood (Sec., BFM, PCUSA) (Jan. 27th, 1890)

(Omitted)

I rec'd by this mail also a letter from Mr. Underwood in which he asked for an extension of his leave of absence from the Mission. He hopes to return by the first of April. I hear that Mrs. Underwood is suffering a great deal from rheumatism & is longing for the more bracing air of Korea. Mr. Underwood writes that the Board has suggested that he go to Fusan with Dr. Allen. He does not seem quite willing to go, but will go if the Mission thinks it best for him to do so. But I do not expect that the Mission will take any action on it until asked by you to do so. (......)

프랭크 F. 엘린우드(미국 북장로교회 해외선교본부 총무)가 호러스 N. 알렌[4]에게 보낸 편지 (1890년 1월 29일)

1890년 1월 29일

친애하는 알렌 박사님,

기회가 되는 대로 부산에서 부지를 구입하기 위하여 일정 금액을 사용할 수 있도록 배정해 달라는 선교본부에 대한 요청이 담긴 박사님의 12월 20일자 편지[5]가 어제 선교본부에 제출되었습니다. 특정 상황을 고려할 때, 특히 부산과 관련된 박사님 편지의 어조가 다소 실망스럽고 다른 선교부가 선교지에 들어오고 있다는 사실을 고려할 때, 박사님이 현장에 가서 철저하게 조사할 때까지 기다리고, 선교본부가 부동산 구입에 관하여 긍정적인 근거를 찾기 전에 올바른 판단에 필요한 사실들을 우리에게 알려주는 것이 바람직하다고 판단되었습니다.

나는 박사님이 부산이 어떤지 볼 수 있을 때까지 부인과 가족을 일본에 데리고 갔던 것이 현명하였다고 생각하고 있습니다. 나는 박사님이 그곳에 대하여 상세하게 편지를 보내주기를 바라고 있습니다. 박사님은 사물을 상당히 정확하게 볼 수 있는 능력을 가지고 있으며, 그런 장점이 갖는 이점을 우리에게 주어야 합니다. 실제 수요가 없고 그것이 현명한 투자가 아니라면 우리는 그곳에 선교지부를 개설하는 데 드는 비용을 감당할 수 없습니다.

지난 월요일[6] 선교본부는 의사들이 선교부에 제출한 보고서와 관련하여 다음과 같은 결정을 내렸습니다. 미첼 박사는 서울을 방문한 후 헤론 박사가 의료 사업 수입에 대하여 선교본부나 선교부에 보고서를 작성하고 있다는 ____ 사실에 대하여 우리의 주의를 환기시켰고, 이제 우리가 새로운 지침서를 발행하고 있고 한국 선교부가 확대되어 정규 조직으로 운영될 수 있게 됨에 따라 한국 선교부에 어려움이 많았을 때 평화적인 조치로 박사님과 관련하여 채택되었던 특별 회의록을 제거하는 것이 필요하다고 생각되었습니다.

---

4) 당시 알렌이 서울이 있었는지 부산에 있었는지 확실하지 않다.
5) Horace N. Allen (Yokohama), Letter to Frank F. Ellinwood (Sec., BFM, PCUSA) (Dec. 20th, 1889)
6) 1890년 1월 27일이다.

한국 선교부의 최근 확장을 고려하여 귀 선교부는 모든 업무를 새로운 지침서가 요구하는 것에 맞추어 시행할 것이며, 이것을 위하여 서울과 부산에서의 의료 사업에 대한 지출과 수입을 선교본부 재무에게 보고할 것을 추천하는 것으로 의결하였다.

나는 규칙과 사실상 새로운 지침서의 모든 규칙이 엄격하게 지켜지기를 바라고 있습니다.

알렌 부인께 매우 친절한 안부를 전합니다. 박사님이 일본에 체류하는 동안 알게 된 어떠한 사실, 정치적 상황 및 선교부 사역에 대한 평가 등등을 보내 주면 대단히 고마울 것입니다.

안녕히 계세요.
F. F. 엘린우드

Frank F. Ellinwood (Sec., BFM, PCUSA), Letter to Horace N. Allen (Jan. 29th, 1890)

Jan. 29th, 1890

Dear Dr. Allen: -

Your letter of Dec. 20th containing a request that the Board would place at your disposal a certain amount of money with which to purchase property in Fusan upon the first opportunity, was laid _____ the Board yesterday. In view of certain circumstances and especially in view of the rather discouraging tone of your letter as relating to Fusan and the fact that other missions are entering the field, it was deemed advisable to wait until you should have gone upon the field explored it thoroughly, and given us all the facts necessary to right judgment, before the Board would take positive ground with respect to the purchase of property.

I think you were wise to take Mrs. Allen and the family in Japan until you should have seen what Fusan is like. I hope that you will write as fully in regard to everything there. You have the faculty of seeing things with a good deal of accuracy and you must give us the advantage of it. We cannot afford to undertake the expense of opening a station there unless there is a real demand and unless it is a wise investment.

The Board on Monday last took following action with regard to the reports of physicians to the Mission. Dr. Mitchell called our attention, after visiting Seoul, to the fact <u>that</u> _____ reports were being made by Dr. Heron of receipts from medical work, either to the Board or to the Mission, and as we are now issuing a new Manual and as the Korea Mission is becoming enlarged and more capable of being brought into regular organization, it was thought necessary to remove the special Minute which was adopted in relation to yourself as a peace measure at a time when _____ good of difficulty to the Korea Mission.

> "In view of the recent enlargement of the Korea Mission it was resolved that the Mission be requested to bring its entire work into line with the requirements of the new Manual and to this end it is recommended that a stated report be made to the Mission Treasurer of the expenditures and the income of the medical work both at Seoul and at Fusan."

I hope that the rule and in fact all rules of the new Manual will be strictly adhered to.

Please remember me very kindly to Mrs. Allen. Any facts which you find in Japan during your stay, your estimate of the political situation, of the mission work, etc, I shall be very glad to get.

Sincerely yours,
F. F. Ellinwood

호러스 N. 알렌(제물포)이 프랭크 F. 엘린우드(미국 북장로교회 해외선교본부 총무)에게 보낸 편지 (1890년 2월 2일)

한국 제물포,
1890년 2월 2일

친애하는 엘린우드 박사님,

저는 오늘 가족을 이곳으로 데리고 왔고, 우리는 사역을 할 준비가 되어 있습니다.

이곳의 일본인들은 약 80명의 학생들로 구성된 학교를 운영하고 있는데, 영어 교사를 구하고 있으며 적절한 보수를 기꺼이 지불하려 합니다. 저는 헤론 박사에게 마펫 씨가 한국어를 익히는 동안 이곳으로 내려와 이 일을 하는 것이 바람직하지 않겠느냐고 제안하는 편지를 보냈습니다.

저는 가능하면 자립을 믿고 있습니다. 저는 제가 머물게 될 이 작은 오두막에는 사무실을 가질 수 없지만 제가 할 수 있는 모든 가가호호(家家戶戶) 사역을 할 것이며, 박사님께서 조만간 저에게 아주 적절하고 튼튼한 집을 지어줄 수 있다고 느끼실 것이라고 믿고 있습니다.

저의 아이들은 백일해를 앓고 있으며 저 역시 걸릴 것을 염려하고 있습니다.

비록 우리가 이곳으로 오기까지 오랜 시간이 걸렸지만, 아내는 예전의 조선으로 돌아온 것을 기쁘게 생각하고 있습니다.

안녕히 계십시오.
H. N. 알렌

F. F. 엘린우드 박사,
　5 에버뉴 53,
　뉴욕 시

Horace N. Allen (Chemulpo),
Letter to Frank F. Ellinwood (Sec., BFM, PCUSA) (Feb. 2nd, 1890)

Chemulpoo, Korea,

Feb. 2nd, 1890

My dear Dr. Ellinwood: -

I brought my family here today, and we are ready for business.

The Japanese here have a school of some eighty pupils for which they want a teacher of English, and are willing to pay a proper sum. I have written Dr. Heron suggesting the advisability of Mr. Moffett's coming down and doing this work, while acquiring the language.

I believe in self support when possible. I can't have an office in the little cottage I expect to occupy, but will do all the house to house work I can, and trust you will feel able you build me a modest but substantial house soon.

My children have whooping cough and I fear I am also in for it myself.

Mrs. Allen is glad to be back in old Chosen, though we have been a long time getting here.

Yours very truly,

H. N. Allen

Dr. F. F. Ellinwood,

53 5th Ave.,

N. Y. City

회의록, 한국 선교부 (미국 북장로교회) (1890년 2월 11일)

(중략)

알렌 박사는 알마허 주택(제물포)7)을 매달 22달러에, 그리고 의약품을 보관할 굴(窟)을 매달 1달러에 6개월 동안 임차하는 허가를 동의받았다.

(중략)

Secretary's Book, Korea Mission (PCUSA) (Feb 11th, 1890)

(Omitted)

Moved, that Dr. Allen be authorized to rent the Almacher house (in Chemulpo) for $22 a month plus $1 a month for the cave in which to keep his medicines, on a six months lease.

(Omitted)

---

7) F. 알마허(F. Allmacher)는 한국이 1886년 최초로 보유한 상선인 해룡호(海龍號)의 기관장으로 1888년경부터 1890년까지 활동하였으며, 제물포에 거주하였다. 그는 1891년 일본으로 건너갔다가 1904년 경부터 2년 정도 중국 한커우[漢口]의 한커우 철강회사에서 기사로 활동하였다.

18900212

프랭크 F. 엘린우드(미국 북장로교회 해외선교본부 총무)가
존 W. 헤론(서울)에게 보낸 편지 (1890년 2월 12일)

(중략)

나는 방금 부산에서 쓴 알렌 박사의 편지를 받았습니다. 그는 장래 계획과 관련하여 선교부와 논의하기 위하여 서울로 올라가겠다고 이야기하고 있습니다. 그곳에는 사거나 임차할 집이 없는 것 같으며, 그는 부지를 구입할 예산을 요청하고 있습니다. 우리는 그곳의 전망, 그곳에서 사역을 시작하는 것이 현명한지 등에 관하여 더 알기 전까지 정할 수 없습니다. 우리는 그곳에 대하여 몇 년 전 맥카티 박사가 그곳을 매우 강하게 추천하였던 것 이외에 거의 아는 것이 없습니다.

(중략)

Frank F. Ellinwood (Sec., BFM, PCUSA),
Letter to John W. Heron (Seoul) (Feb. 12th, 1890)

(Omitted)

I have just received a letter from Dr. Allen written at Fusan. He speaks of an intention to go up to Seoul to consult with Mission in regard to future plans. It seems that there is no house to be bought or rented there, and he is asking for appropriation to buy land. We cannot settle that until we learn more about the prospect of the place, whether it is wise to undertake work there, etc. etc. We know almost absolutely nothing about the place, except that years ago Dr. McCartee recommended it very strongly to us.

(Omitted)

18900212

프랭크 F. 엘린우드(미국 북장로교회 해외선교본부 총무)가 대니얼 L. 기포드(서울)에게 보낸 편지 (1890년 2월 12일)

(중략)

나는 오늘 아침 헤론 박사 및 알렌 박사로부터 매우 기분 좋은 편지를 받았습니다. 부산에서의 전망은 밝은 것 같지 않으며, 만일 우리가 하나님 안에서 믿음에 여유를 갖고 있다면 아무 것도 비관적이지 않은데, 수백 만 명의 사람이 그리스도 밖에 있고 _____한 곳에서 모든 어려움은 아무것도 아닌 것이 될 것입니다. 선교지의 특성이 사역을 하는 데 있어 더 분명한 의무를 보여 줄 것이며, 무엇을 할 수 있는지 알아봅시다.

(중략)

Frank F. Ellinwood (Sec., BFM, PCUSA), Letter to Daniel L. Gifford (Seoul) (Feb. 12th, 1890)

(Omitted)

I have a very pleasant letter from Dr. Heron this morning and one other from Dr. Allen. The prospects at Fusan do not appear to be bright, yet nothing to discouraging if we have a margin of faith within God, and where there are millions of people out of Christ and for _____ no ___, all difficulties shrink into nothing The peculiar character of the field may render more obvious the duty to enter upon the work and see what can be done.

(Omitted)

18900217

존 W. 헤론(서울)이 프랭크 F. 엘린우드(미국 북장로교회 해외선교본부 총무)에게 보낸 편지 (1890년 2월 17일)

한국 서울,
(18)90년 2월 17일

친애하는 엘린우드 박사님,

2월 11일에 개최된 선교부 회의에서 다음과 같은 결의가 통과되었습니다.

(1) 알렌 박사는, (그의 요청대로) 알마허 주택을 매달 22달러에 6개월 동안 임차하며, 약품의 보관을 위한 관리 비용으로 매달 1.1달러를 승인받았다.

(중략)

(5) 이어 제물포에서 사역을 시작하는 것이 권할 만한 것인지에 대한 토의가 있었다. 그곳에 정착할 의사를 밝혔던 성공회의 선교사들에게 남기자고 의견을 모았다.

(중략)

부산에 대한 결정은 그곳에서 사역을 시작하는 것을 강하게 선호한다는 생각들이지만, 알렌 박사의 편지에 대한 선교본부의 답장이 올 때까지 놔두기로 하였다.

(중략)

John W. Heron (Seoul),
Letter to Frank F. Ellinwood (Sec., BFM, PCUSA) (Feb. 17th, 1890)

Seoul, Korea,

Feb. 17th, (18)90

Dear Dr. Ellinwood;

At a meeting of the Mission held Feb. 11th the following resolutions were passed.

(1) That Dr. Allen, be authorized (in compliance with his request) to rent the Almacher house for the time of six months,; at $22 per month, and $1.10 per month for the care <u>in</u> which to keep his medicines.

(Omitted)

(5) Discussion as to the advisability of a opening Chemulpho followed. It has agreed to leave it the missionaries of the S. P. G Society, who have intimated their intention to settle there.

(Omitted)

Decision on Fusan was to be left until the reply of the Board to Dr. Allen's letter, though the sentiment was strongly on favor of beginning work there.

(Omitted)

제물포의 [부동산] 구입 허가 요청. 미국 북장로교회 해외선교본부 실행이사회 회의록, 1837~1919 (1890년 2월 17일)

제물포의 [부동산] 구입 허가 요청. 제물포에서 선교용으로 부동산을 구입할 권한을 요청하는 H. N. 알렌 박사의 1889년 12월 13일자 편지가 제출되었다.[8] 그 요청은 거절되었고, 알렌 박사는 섭리의 발전을 기다리면서 부동산을 임차하거나 다른 임시적 준비를 통하여 한동안 외국인들을 진료하며, 그 수익금은 선교부 재무에게 보고하라는 지시를 받았다.

Request for Permission to Purchase, Chemulpo.
Minutes [of Executive Committee, PCUSA], 1837~1919
(Feb. 17th, 1890)

Request for Permission to Purchase, Chemulpo. A letter from H. N. Allen, M. D. of Dec. 13, '89 was presented requesting authority to purchase property for mission use in Chemulpo. The request was declined, and Dr. Allen was instructed to rent property or make other temporary provision and engage in practice among foreigners for a time, awaiting the developments of providence, the proceeds of the practice to be reported to the mission treasurer.

---

8) Horace N. Allen (Seoul), Letter to Frank F. Ellinwood (Sec., BFM, PCUSA) (Dec. 13th, 1889)

프랭크 F. 엘린우드(미국 북장로교회 해외선교본부 총무)가
호러스 N. 알렌(부산)에게 보낸 편지 (1890년 2월 18일)

1890년 2월 18일

H. N. 알렌, 의학박사,
    한국 부산

친애하는 알렌 박사님

    박사님의 12월 13일자 편지⁹⁾를 어제 선교본부 회의가 개최되기 직전에 받았습니다. 우리는 박사님이 장래에 대하여 모종의 결정을 하고, 집을 가져야 하는 긴박성을 인식하고 있지만, 귀하의 편지에는 모호한 부분들이 있습니다. 첫째, 우리는 제물포에 대하여 거의 아는 바가 없습니다. 그곳의 외국인 인구가 증가하고 있지만, 일반적으로 이런 사람들은 높은 선교의 영적 성공에 전적으로 좋은 것은 아니며, 개방된 항구는 제물포같이 활발하고 상업적인 경우 가장 권할 만한 곳이 아닙니다. 또한 헤론 박사에 관해 불분명한 것이 있습니다. 그는 1~2년 내에 선교본부의 사역을 떠날 수 있습니다. 그런 경우 우리는 박사님이 서울로 올라가서 진심으로 환영받을 수 있기를 바라고 있습니다. 더욱 박사님과 관련하여 불확실한 점이 있습니다. 미국 정부가 박사님을 임명하려 한다면 박사님은 그것에 응할 것이고, 집이 있다면 우리에게 남겨질 것입니다. 선교본부 역시 이제 막 연간 재정 결산이 막바지에 이르렀고, 우리는 비참하게 자금이 모자라며, 가장 필요한 재정 계획 외에는 선교본부에서 통과되는 것이 불가능해 보입니다. 이런 모든 상황을 고려하여, 어제 개최된 선교본부의 회의에서는 제물포에 있는 건물을 구입하는 것이 적당하지 않다고 결정하였습니다. 그러나 선교본부는 박사님이 호텔이나 집을 빌려서 최대한 편안하게 지내고, 의료 활동을 시작하되 외부 진료는 박사님의 급여를 충당할 정도까지만 하며, 선교지에 대하여 공부하고 우리에게 필요한 모든 정보를 제공하도록 지시하고 있습니다. 우리는 예산에서 무엇을 할 수 있는지 살펴볼 것입니다. 우리는 모든 면에서 박사님께 신뢰를 갖고 있다는 것을 분명히 하며,

---

9) Horace N. Allen (Seoul), Letter to Frank F. Ellinwood (Sec., BFM, PCUSA) (Dec. 13th, 1889)

박사님은 현명하고 최상의 일을 수행할 것으로 믿고 있습니다. 우리가 박사님께 더 격려하는 답장을 보낼 수 없어 유감입니다.

안녕히 계세요.
F. F. 엘린우드

Frank F. Ellinwood (Sec., BFM, PCUSA), Letter to Horace N. Allen (Fusan) (Feb. 18th, 1890)

Feb. 18th, (18)90

H. N. Allen, M. D.,
Fusan, Korea

My dear Dr. Allen:

Your letter of Dec. 13th came to hand just before the meeting of the Board yesterday. We realize the urgency on your part of having something decided as to your future, and you ought to have a house, but you will see from the very terms of yours letter that there is a good deal of uncertainty hanging over the case. In the first place, we know almost nothing about Chemulpho. There is a growing foreign population, but that population is generally not very favorable to the highest spiritual success of missions, and open ports are not the most desirable if they are so active and commercial as Chemulpho. There is an uncertainty, also, in regard to Dr. Heron. He may leave the service of the Board within a year or two. In that case we should want you to go up to Seoul, where I think you would find an earnest welcome. Moreover, there is an uncertainty in regard to yourself. Should the United States Government make an appointment for you, you would enter upon it, and we would be left with our house if we had one. The Board, also, is just now coming to the hard squeeze of its annual financial settlement, we are woefully behind, and it seems impossible to carry through the Board any but the most necessary financial schemes. In view of all these circumstances it was decided in the Board at its meeting yesterday, that it is inexpedient to buy building present in Chemuopho, but the Board directs that wither at the hotel or in a rented house you make yourself as comfortable as you can and begin medical work, taking outside practice and applying it as far as it may go on your salary meanwhile studying up the field and giving us all needed information _____ the time when we shall see what we can do in our estimated. Be assured that we have confidence in you every way, and believe that you will devise the things which are wisest and best. I am sorry that we cannot sent you a more encouraging reply.

Sincerely yours,
F. F. Ellinwood

호러스 N. 알렌(제물포)이 프랭크 F. 엘린우드(미국 북장로교회 해외선교본부 총무)에게 보낸 편지 (1890년 2월 19일)

한국 제물포,
(18)90년 2월 19일

F. F. 엘린우드 박사,
　　뉴욕 시 5 애버뉴 53

친애하는 박사님,

　　저는 아직 주택을 구할 수 없을 뿐 아니라, 그 문제에 관한 편지의 답장을 서울로부터 받지 못하고 있습니다. 저는 이미 진료를 시작하였지만, 아직은 만족스럽지 못합니다.

　　서울에는 제가 박사님께 편지[10]를 썼던 이곳의 일본인 학교를 맡는데 관심을 가지고 있는 사람이 아무도 없습니다. 일본인 관리가 서울로 올라가 그들 모두(그곳에는 의사와 여자를 제외하고 11명의 목사가 있습니다.)를 방문하였기에 이곳에서는 선교사들에 대하여 좋지 않은 풍문이 돌고 있습니다. 저는 그들이 일본에서 기독 청년회의 한 사람을 오게 할 수 있게 될 때까지 그 학교에서 가르칠 것을 제안하였지만, 그들은 제가 너무 자주 불려 나가 불쾌하게 만들까 봐 염려하였습니다. 그들 모두는 젊은 사업가들이며, 공부 시간은 오후 7시부터 10시까지입니다. 각 사람은 한 달에 1달러를 지불하며, 전체 학생 수는 80명이 넘습니다.

　　이곳을 너무 소홀하게 하는 것은 정말 부끄러운 일인 것 같습니다. 저는 그곳이 거주하기에 거칠고 위험한 곳이라는 것을 인정하지만 이 모든 사람들이 서울에 모여들고 그들은 그들 사이에서 소란을 피워 새로 온 사역자들 중 최고의 사람들(즉 게일, 데이비스, 그리고 아마도 하크니스와 가드너)을 겁주고 있습니다. 이곳에는 많은 외국인들이 있는데, 그들은 지난 일요일 이 일본인 호텔에서 열린 예배에 참석하라는 데이비스 씨의 요청에 잘 응하였습니다. 그는 또한 군함에 승선하여 예배를 드렸는데, 여러 군함이 계속해서 항구에

---

10) Horace N. Allen (Chemulpo), Letter to Frank F. Ellinwood (Sec., BFM, PCUSA) (Feb. 2nd, 1890)

정박해 있습니다. 가톨릭은 이곳에 사제를 두고 있는데, 그의 집세는 현지인이 ⅓, 일본인 신자들이 ⅔를 지불하고 있습니다.

서울에서 내려와 그들의 학교에서 가르치도록 일본인이 한 사람도 설득할 수 없다는 것에 대한 이곳 외국인들의 추악한 풍문을 이곳에서 반복하는 것은 필요하지 않습니다.

이곳에서 정부의 업무는 매우 불만족스럽고 위기 상태에 있습니다. 왕이 양위한다는 이야기는 진실성이 없지만 불만이 너무 커서 분쟁이 임박한 것처럼 보입니다. 저는 외국인들이 위험에 처해 있다고 생각하지 않으며, 완전한 변화가 나라를 구할 것이라고 생각합니다. 제대로 관리된 세입은 이제 충분해 보입니다.

안녕히 계십시오.
H. N. 알렌

Horace N. Allen (Chemulpo),
Letter to Frank F. Ellinwood (Sec., BFM, PCUSA) (Feb. 19th, 1890)

Chemulpoo, Korea,
Feb. 19th/ 90

Dr. F. F. Ellinwood,
    53 5th Ave., N. Y. City

My dear Doctor,

I am as yet unable to get a house, nor can I get any answer to letters concerning the matter from Seoul. I have done some medical work already, but it is unsatisfactory as yet.

No one in Seoul cared to take up the Japanese school here of which I wrote you. And very ugly comments are made all around here about the missionaries, for a Japanese official went up and visited all of them (there are eleven preachers besides Drs. and ladies). I offered to teach the school till they could get one of the Y. M. C. A. men from Japan to come over, but they feared I would be called out so frequently as to render it objectionable. They are young business men, and the hours of study are from 7~10 P. M. Each man pays $1.00 per month and the whole number of students is over 80.

It really seems a shame that this place is so neglected. I admit that it is a rough and ugly place for a residence, but all these people crowd there in Seoul and fuss among themselves so that they scare away the best of the new comers (i. e. Gale, Davies, & perhaps Harkeness & Gardner). Here we have a number of foreigners, who responded well to a call to attend services held in this Jap. hotel by Mr. Davies last Sunday. He also held services on board the man-of-war, several of which are constantly in port. The Catholics have a priest here, his house rent being paid, ⅓ by the native and ⅔ by the Jap. Christians here.

It is unnecessary to repeat the ugly comments made by foreigners here over the inability of the Japanese to persuade a single one of the people to come from Seoul and teach their school.

The Government affairs here are in a very unsatisfactory and critical condition. There is no truth in the talk of the Kings abdicating though so great is the dissatisfaction that trouble seems imminent. I don't think foreigners are in danger, and a complete change will save the country. The revenues properly managed are ample seen now.

I am,

Yours very truly,
H. N. Allen

호러스 N. 알렌(제물포)이 프랭크 F. 엘린우드(미국 북장로교회 해외선교본부 총무)에게 보낸 편지 (1890년 2월 28일)

한국 제물포,
1890년 2월 28일

F. F. 엘린우드 박사,
　뉴욕 시 5 애버뉴 53

친애하는 박사님,

　저의 1월 13일자 편지에서 말씀드렸던 부지 구입과 주택 건축에 대하여 박사님으로부터 전보로 아무런 소식을 듣지 못하여 유감스럽습니다. 가장 쓸 만한 부분이 남아 있는 굉장히 좋은 땅이 며칠 안에 경매에 붙여지는데, (부지는 지방 당국에 의해 처분됩니다.) 사제들은 그것을 아주 낮은 가격에 구입할 것으로 예상하고 있습니다.

　우리는 지금 제가 월 23달러에 임차하는 데 성공한 작은 오두막집에서 살고 있습니다. 10x12피트 크기의 방 4개가 있습니다.

　일요일에 정기적으로 이곳에서 신성한 예배를 드리기 위하여 준비되어 있으며, 군함도 승선합니다. 매번 한 명의 전도자가 내려올 예정입니다.

　언더우드 씨는 한국의 지방을 여행한 결과, 한 쪽 끝에서 다른 쪽 끝까지 공통된 인상은 서울에 있는 외국인들이 소년들에게 돈을 주어가면서 영어를 가르치고 있고, 500냥(33⅓센트)을 주면서 사람들에게 세례를 받게 하고 있다는 것을 알게 되었다는 것을 저는 알고 있습니다. 또한 어느 한 선교회에서 세례를 받은 모든 사람들이 하루 만에 고용이나 금전적 지원, 그리고 제가 박사님께 부담을 주지 않을 다른 많은 것들이 있는데, 그것은 방법과 돈을 잘못 사용함을 나타냅니다.

　감리교회 선교부의 고참 회원인 올링거 씨는 그들이 우리의 보수성과 신중함을 점검하기를 바라면서 우리의 사명을 관찰해 왔지만 우리가 조급함으로 그들을 무색케 하였다고 저에게 말하였습니다.

　저는 개인적인 불만을 말할 것도 없고, 우리 선교부 사업의 매우 바람직스럽지 못한 상태를 나타내는 많은 것들을 들었습니다.

제가 3년 전에 제안하였던 조치를 제안하고 싶습니다. 즉, 중국에서 경험이 풍부한 연배가 있는 사람을 보내 우리를 돕도록 해 주십시오. 언어는 그에게 도움이 될 것이며, 중국어는 상당히 존경을 받고 있습니다.

저는 만일 박사님이 네비우스 박사를 한국 선교부의 자문 회원으로 임명하여 그가 예를 들어 6주 정도 한국을 여행하도록 한다면 그것은 우리 선교부를 구할 수 있을 것입니다. 증기선 교통편은 좋으며, 여행은 24시간이 걸립니다.

박사님께서 이 일을 고려해 주시기를 바랍니다. 이것은 박사님의 고민을 해결하고 선교본부의 비용을 절약하며, 그리고 사역을 크게 진척시킬 수 있을 것입니다.

안녕히 계십시오.
H. N. 알렌

Horace N. Allen (Chemulpo),
Letter to Frank F. Ellinwood (Sec., BFM, PCUSA) (Feb. 28th, 1890)

Chemulpoo, Korea,
Feb. 28/ 90

Dr. F. F. Ellinwood,
　53 5th Ave., N. Y.

My dear Doctor: -

I am sorry we have received no cable message from you concerning the purchase of ground and the erection of a house as per my letter of Jan. 13. A very desirable piece of ground - the most desirable piece left - is to be auctioned off in a few days, (The land is thus disposed of by the municipality) and the priests expect to buy it at a low price.

We are now in a little cottage I succeeded in renting at $23 per month. It has four 10x12 rooms.

It has been arranged to hold divine services here regularly on Sundays - also on board the man-of-war. One preacher will come down each time.

I learn that Mr. Underwood found, as a result of his trip through the country, that it was the common impression from one end of the land to the other, that the foreigners in Seoul paid boys for learning English and that anyone was willing to be baptized for 500 cash (33⅓cents). Also that every man who has been baptized by either society, applied within a day for employment or pecuniary assistance, and many other things with which I will not burden you, but which indicate the wrong use of methods and money.

Mr. Ollinger, the senior member of the M. E. Mission, told me that they had been looking toward our mission for point, expecting to be checked by our conservatism and caution, but that we had eclipsed them in haste.

I have heard many other things that indicate a very unhealthy condition in our mission, to say nothing of personal grievances.

I wish to suggest a measure I suggested three years ago, and that is that you send an elderly man of experience over here to help us, say from China, as the language will help him and the Chinese language is highly respected.

I think if you would appoint Dr. Nevius consulting member of the Korean mission and let him make a trip over here once in, say six weeks, it would save our mission. The steamship communication is good and the trip but 24 hours.

I hope you will consider this. You will save yourself trouble, save money to the Board and greatly promote the work.

Yours,
H. N. Allen

호러스 N. 알렌(제물포)이 프랭크 F. 엘린우드(미국 북장로교회 선교본부 총무)에게 보낸 편지 (1890년 3월 11일)

제물포,
3월 11일

동봉한 것을 방금 받았습니다. 저는 평양에 대하여 많이 생각하였지만 항구가 개항하기 전에 아무도 그곳에 갈 수 있으리라고 기대하지 않았습니다. 선교본부가 요청하면 제안된 대로 시도할 것입니다. 그곳으로 가서 집을 구비하려면 날씨가 추워지기 전에 시작해야만 할 것입니다.

H. N. 알렌

Horace N. Allen (Chemulpo)
Letter to Frank F. Ellinwood (Sec., BFM, PCUSA) (Mar. 11th, 1890)

Chemulpoo,
Mch. 11th

Enclosure just received. I have thought of much of Ping Yan myself but didn't expect any one could go there before the port is opened. Will make the attempt as suggested if the Board request. To get there and fit up a house one would have to start well before cold weather.

H. N. Allen

18900324

프랭크 F. 엘린우드(미국 북장로교회 해외선교본부 총무)가
존 W. 헤론(서울)에게 보낸 편지 (1890년 3월 24일)

(중략)

내 생각에 알렌 박사는 적어도 선교본부가 제물포의 부동산에 투자하는 것에 동의하지 않는 한 일시적으로만 그곳에 머물 것입니다.

(중략)

Frank F. Ellinwood (Sec., BFM, PCUSA),
Letter to John W. Heron (Seoul) (Mar. 24th, 1890)

(Omitted)

Dr. Allen is, I think, only temporarily of Chemulpho, at least the Board has not consented to invest anything there in property.

(Omitted)

호러스 N. 알렌(제물포)이 프랭크 F. 엘린우드(미국 북장로교회 해외선교본부 총무)에게 보낸 편지 (1890년 3월 26일)

한국 제물포,
1890년 3월 26일

F. F. 엘린우드 박사,
  뉴욕 시 5 애버뉴 53

친애하는 박사님,

저의 1월 13일자 편지에 대한 답장으로 박사님으로부터 전보를 받지 못하였기 때문에 박사님이 제가 이곳보다는 부산에 있는 것을 더 선호하시는 것 같다는 생각이 들었습니다. 아니면 박사님이 서울의 주한 미국 공사관의 서기관 임명을 기다리고 계신다는 생각이 들었습니다. 박사님의 친절한 1월 29일자 편지[11]는 부산에 대한 의심을 없애고, 서기관 직에 대해서는 제가 그 일에 대하여 무엇이든 하기로 동의한 것에 대하여 매우 유감스럽게 생각하고 있습니다. 저는 그것을 원하지 않으며 그때에도 그랬었지만, 왕을 정면으로 거부하는 것은 어렵습니다. 그러나 저는 그 일을 포기하였습니다.

이곳에는 해야 할 일이 많고, 저는 박사님이 생각하시는 것보다 더 흥미를 갖고 있습니다. 고향을 다녀온 것은 두 가지 면에서 매우 유익하였습니다. 저는 한국에서 배운 것보다 더 많은 한국어를 배웠고, 이제 제 일을 하기에 충분합니다. 저는 눈을 교정하였으며, 두통 없이 이전보다 두 배 많은 업무를 수행할 수 있습니다. 따라서 저는 이곳에서 저의 모든 여가 시간을 전문 분야를 되살리는 데 바쳤고, 그 결과 이전보다 더 열심히 열정을 불태웠습니다.

그러나 저는 현재 이곳에서는 할 수 있는 것이 거의 없습니다. 저는 박사님께 우리가 얻을 수 있었던 유일한 집에 대하여 말씀드렸습니다. 저는 그것을 좋아합니다. 10x12피트 크기의 방 4개는 만일 우리가 다른 편의 시설과 일종의 사무실을 갖고 있다면 살기에 적합할 것입니다. 하지만 그렇지 않기 때문에 저는 우리가 식품 저장소, 하인 처소 등으로 사용하는 작은 방에 약품을

---

11) Frank F. Ellinwood (Sec., BFM, PCUSA), Letter to Horace N. Allen (Chemulpo) (Jan. 29th, 1890)

보관하고, 거실에서 환자들을 진료해야 합니다. 일전에 제가 약을 가지러 간 사이에 중증의 매독 환자가 제 아이들을 쓰다듬고 있었습니다. 당연히 이런 일은 절대 일어나서는 안 됩니다.

저는 사무실로 방 세 개가 있는 집을 쉽게 임차할 수 있었는데, 제가 집을 돌아다니면서 진료도 하지만 걸어오는 환자들을 위한 곳도 있어야만 합니다. 만일 박사님께서 제가 이곳에 있기를 바란다는 것을 확실히 알았다면 저는 업무의 자립을 위하여 세관이나 혹은 다른 일을 얻을 수 있었을 것이라고 생각합니다. 박사님의 편지를 받은 이후로 저는 제가 여기서 무엇을 할 수 있는지 찾아보고 싶었지만, 제가 박사님께 보내드렸던 언더우드 씨의 편지를 생각하면 제가 박사님의 대답을 기다리는 것이 더 나을 것 같다고 생각하였습니다.

언더우드 씨는 그의 편지에서 북쪽에 (지부를) 개설하는 것에 대한 이유를 아주 잘 설명하였습니다. 저는 그가 제가 할 수 있고 생각하는 모든 것들을 할 수 있을지 모르겠지만, 왕이 제가 그를 위한 봉사를 거절한 것에 대해서 상처를 받지 않는다면 저는 그곳에 갈 수 있다고 생각합니다. 현재 그는 평양을 조약 항구로 개방하기를 열망하지만, 중국인들의 방해를 받고 있습니다. 만일 제가 그곳에 조계지를 만든다면 중국인들이 저를 몰아낸다 하더라도 그곳은 개방될 것이라고 저는 생각합니다.

개인적으로 저는 특히 사람들(특별히 강인한 북쪽 지역의 사람들) 사이에서 벗어나며 외국인들과 거리를 두고 싶습니다.

저는 박사님께 저의 사역에 대하여 모두 말씀드렸고, 박사님은 제가 어떤 계획도 갖고 있지 않다는 것을 알고 계십니다. 그러나 데니 판사와 헤론 박사 부인을 필두로 이곳에 나와 있는 사람들은 저에 관하여 대단히 비열하게 이야기하고 있으며, *Shanghai Mercury*의 부편집인인 슐츠 대령은 방금 헤론 부인이 제가 음모를 꾸미고 있다고 비난하는 그런 기사를 썼다고 저에게 알려 주었습니다. 그가 틀렸을 수도 있지만, 딘스모어 씨는 헤론 박사 부부가 저를 험담하고 다닌 것에 대하여 저에게 이야기해 주었습니다. 하지만 이것에 대하여 신경 쓰지 마십시오. 저는 단지 박사님께 제가 서울 주변에서 어슬렁거리고 싶은 마음이 없다는 것을 보여드리고 싶을 뿐입니다.

제가 북쪽으로 가려는 것에 대한 한 가지 장애는 비용 문제입니다. 집과 부지는 이곳만큼 비싸지 않을 것입니다. 오히려 이곳을 위하여 요청한 액수로 저는 평양에서 부동산을 구입하여 수리하고 진료소와 수술실도 가질 것입니다. 그러나 저는 그 일이 자급할 수 있기를 바랄 수 없으며, 제 역량을 충분히 발휘해 업무를 할 것으로 예상해야 하기 때문에 충분한 약품의 비축을 원하며, 걸어오는 환자와 집에서 치료할 수 없는 환자들을 수용하기 위한 진료소와 수술실을 유지하기 위해 충분한 돈이 필요할 것입니다.

특히 첫 해에는 이 모든 것을 연간 1,000~1,500달러 미만으로 할 수 있다고 생각하지 않으며, 그 이후에는 더 적은 비용으로 할 수 있을 것이고 부유한 사람들로부터 약간의 지원을 받을 수 있을 것입니다.

저는 박사님께 그것을 맡기겠습니다. 박사님은 상황과 무엇을 감당할 수 있는지 알고 계십니다. 저는 박사님의 지시를 만족스럽게 수행하도록 노력할 것입니다. 어쨌든 우리 선교부는 서울에서 거의 웃음거리에 불과하며, 결단력 있는 조치가 취해져야 합니다.

저는 캐나다 인들이 일본에서 부산으로 갈 것으로 예상되는 하크니스 씨 뿐만 아니라, 부산으로 갈 또 다른 사람을 가지고 있다는 것을 방금 알게 되었습니다. 또한 그들은 부산에 임명한 의사를 가지고 있습니다. 현재 데이비스 씨는 시찰 여행 중이며 부산이나 혹은 원산(동해안 항구)에 정착을 예상하고 있습니다. 저는 원산이 인구가 희박하고 사역을 하기에 시설들이 거의 없기 때문에 별로 생각하고 있지 않습니다.

저는 또한 이곳의 세관 [의사] 임명이 확실하지 않다는 것을 말씀드려야 합니다. 그들은 지금 월 30달러에 일본인 의사를 고용하고 있습니다. 저는 서울에서 받았던 60달러를 요구할 것인데, 이곳에는 더 많은 세관 사람들이 있기 때문입니다. (저는 아직 세관 의사로서 계약을 갖고 있습니다.) 그러나 이 사람들은 모두, 한 사람을 제외하고, 다 일본인 정부를 첩으로 데리고 있으며, 그들 중 많은 사람들은 아이들이 있습니다. 이 사람들은 거의 아프지 않고 주로 가족들이 치료를 받아야 하는데, 일본인이기 때문에 일본인 의사 중 한 명을 선호할지 모릅니다. 총세무사에게 아내와 아이가 있기 때문에 아마도 그를 통하여 일을 얻을 수도 있지만, 저는 제가 일을 얻을 수 있을지 확신이 서지 않습니다.

저는 일을 하고 싶으니까 박사님의 결정을 빨리 알려 주십시오. 또한 북쪽은 겨울이 일찍 시작되며, 만일 제가 그곳에 간다면, 이 나라는 느려빠진 나라이기 때문에 저는 그것을 극복해야 합니다.

제가 평양으로 가기를 원할 경우 'Underwood Seoul Korea start'라고, 혹은 제가 이곳에서 건축을 하기를 원하시면 'build'라고, 혹은 제가 이곳에서 체류하면서 세관 일을 얻고 진료 업무를 시작하며 현재의 집을 계속 임차하기를 바란다면 'stop'이라고 전보를 치는 것은 박사님께 큰 비용을 들게 하지 않을 것입니다. '평안' 등을 영어로 전보 치지는 말아 주십시오. 어떠한 사람도 이 문제가 완전히 마무리될 때까지 알아서는 안 됩니다.

만일 박사님께서 저에게 새로운 [선교본부] 지침서[12]를 보내주신다면 기쁘게 그것을 따르겠습니다. 서울은 최근에 일어난 엄청난 어릿광대 극으로 즐거워하고 있습니다. 헤론 박사가 기포드 씨의 한국어 시험을 보았습니다. 기포드 씨의 심한 부적응성, 헤론 박사의 부족함과 언더우드의 빠른 귀환을 고려할 때 서두른 이유는 매우 분명하였습니다.

이곳에서 모든 것이 조용합니다. 신문 보도에 신경 쓰지 마십시오. 저는 신문에서 진실한 기사를 하나도 보지 못하였습니다. 이곳에 있는 전역한 [미국인] 군인들은 그들의 급여 이상으로 엄청난 금액을 요구하고, 거짓말을 하는 고국의 대리인을 통하여 의회가 그들을 돕도록 하였습니다. 그들은 술주정뱅이인 아주 나쁜 사람들입니다. (필라델피아의 리 소령과 워싱턴의 커민스 대령, 다이 장군은 좋은 사람들입니다.) 이 사람들은 자신들의 분풀이로 전혀 방어할 수 없는 이 왕국에 대하여 악의에 찬 기사를 익명으로 신문에 제공하며, 저는 이와 같이 악의에 찬 거짓말을 이전에 결코 읽어 본 적이 없습니다. 데니 판사도 같은 길을 택한 것으로 잘 알려져 있습니다. 그는 그 사람들과 똑같은 사람입니다. 그러나 급료를 받고 해고되어 곧 그가 알았던 것보다 훨씬 더 나쁜 상태로, 한 가지 일도 이루어진 것이 없이 이 나라를 떠납니다. 일본의 르장드르 장군이 그의 자리에 임명되었습니다. 저는 더 이상 그에 대하여 논하지 않을 것입니다.

저는 홍콩의 민영익과 한국어로 편지를 주고받고 있습니다. 저는 어제 그로부터 긴 편지를 받았습니다. 저는 그가 곧 이곳으로 올 것이며, 몇 가지 상당한 변화가 일어날 것이라고 생각합니다.

저는 박사님께 이곳에서 일어나고 있는 일련의 사건들을 계속 알려드리게 되면 기쁠 것입니다.

사모님과 따님들께 저의 안부를 전합니다.

안녕히 계십시오.
H. N. 알렌

---

12) 알렌이 요청한 지침서는 1889년 12월에 발간되었다. Manual of Board of Foreign Missions of the Presbyterian Church in the U. S. A. for the Use of Missionaries and Missionary Candidates, Revised and Adopted December 16, 1889 (New York, 1889)

Horace N. Allen (Chemulpo),
Letter to Frank F. Ellinwood (Sec., BFM, PCUSA) (Mar. 26th, 1890)

Chemulpoo, Korea,

Mch. 26th, 90

Dr. F. F. Ellinwood,

53 5th Ave., N. Y.

My Dear Doctor: -

As I have received no cable message from you in answer to my letter of Jan. 13th, I was inclined to think that you might favor my locating at Fusan rather than here. Or perhaps you were awaiting the appointment of a Secretary of Legation to Seoul. Your kind letter of Jan. 29th removes the doubt about Fusan, and as for the secretaryship, I am very sorry I consented to do anything in the matter. I don't want it, and didn't at the time, but it is difficult to refuse a King to his face. I have however given the thing up.

There is much work to do here and I am more interested in it than you might suppose. My trip home was very beneficial in two ways. I learned more Korean than I had learned in Korea, and have enough now for my work. I got my eyes fixed up and can do twice as much work as I did before, with no headaches. Therefore I have been devoting all my spare time here to brushing up professionally, with the result of kindling my enthusiasm to a higher pitch than ever before.

Yet I can do but little here at present. I have told you of our house, the only one we could get. I like it. Four 10x12 rooms would suit if we had some other conveniences, and some sort of an office. As it is however, I have to keep my drugs in the cuddy we use as pantry, servant room etc.. and see my patients in our living room. The other day I found a very bad case of syphilis, petting my boys, while I had gone back for some medicine. This of course won't do.

I could easily rent a house of three rooms for an office, for while I expect to do house to house work, yet I must have a place to see the walking cases. If I were only sure that you wished me to locate here, I think I could get the Customs and other work, so as to making work self supporting. Since receiving your letter I am inclined to go ahead and see what I can do here, but considering Mr. Underwood's letter, which I sent you, I think I had better await your answer.

Mr. Underwood has put very well, the reasons for opening up in the North in his letter. I don't know as I will be able to do all he thinks I can, yet I think I can go there, unless the King becomes insulted at my refusing his service. At present he is anxious to open up Ping An as a treaty port, but is prevented by the Chinese. I think that if I made a settlement there, the place would be opened, tho' the Chinese might put me out of the way.

Personally I would like particularly to get out among the people (especially the stalwart northerners) and away from foreigners.

I have told you all about my business and you know I have no schemes on hand. Yet the people over here, headed by Judge Denny and Mrs. Dr. Heron, say very mean thing of me and Cap't. Shultz. subeditor of the *Shanghai Mercury*, which has a dig at me in every issue, has just informed me that Mrs. Heron wrote a certain article accusing me of plotting etc. etc. He may be mistaken, but Mr. Dinsmore has told me of some very unkind remarks made by the Herons - never mind this however, I simply wish to show you that I have no desire to hang around Seoul.

One objection to my going North is that of expense. The house and grounds would perhaps not cost as much as here, or rather for the sum asked for this place I ought to get a property in Ping An, fix it up and have a dispensary and operating rooms also. But I could not hope to make the work self-supporting, and as I should expect to work to the full extent of my ability, I would want a good stock of medicines and enough money to keep up a dispensary and operating rooms for the accommodation of walking cases and such cases as I could not treat at their homes.

I don't think all of this could be done on less than $1,000~$1,500 per annum especially for the first year - after that I might do it on less and get some support from the wealthy.

I leave it with you. You know the situation and what you can afford. I will try to carry out your instructions satisfactorily. At any rate our mission is almost a laughing stock in Seoul, and something ought to be done, decisively.

I may say that I have just learned that the Canadians have another man *en route* to Fusan besides Mr. Harkness, who expects to go there from Japan. Also they have a physician under appointment to Fusan. Mr. Davies is now on a tour of inspection and expects to settle at Fusan or Gensan (the East coast port). I don't think much of Gensan, as it is in a poor and thinly populated district with few facilities for work.

I ought also to state that I am not sure of the Customs appointment here. They now employ a Jap. Dr. at $30 per month. I would insist on the same salary I had in Seoul $60. as there are more Customs people here. (My contract as Customs Dr. still holds.) But all these men, with one exception, keep Jap. mistresses, by whom many of them have children. These men are seldom sick and their families needing the medical treatment chiefly, and being Japanese, they might prefer one of their own Drs. Hence I am not sure that I could get the work, though as the Commissioner has a wife and child, I might perhaps get the work through him.

Please let me know your decision soon, as I am anxious to get to work. Also the winter sets in early in the North and if I go there I must get about it, for this is a country of delays.

It will cost you but little to cable "Underwood Seoul Korea start" in case you want me to go to Ping An, or "build," in case you want me to build here, or "stop" in case you wish me to stay here, get the Custom work, start an office and remain renting this present house. It would not do to telegraph "Ping An" etc. in English. No one must know of this affair till it is settled.

If you will kindly send me a new manual, I shall be happy to abide by it. Seoul is laughing over a great farce committed lately. Dr. Heron examined Mr. Gifford in Korean. In view of the fact of Mr. Gifford's remarkable inaptibility, Dr. Heron's deficiency and the speedy return of Underwood, the reasons for the rush were very evident.

All is quiet here. Don't pay any attention to the newspaper reports. I have not seen a true one. There are over here these discharged military men, demanding an exhorbitant sum over and above their salaries, and by lying representatives at home they have caused Congress to help them. They are drunken bad men. (Maj. Lee of Phila. and Col. Cummins of Washington, Gen'l Dye is a fine man.) These men vent their spite in anonymous newspaper libel against this defenseless Kingdom, and I never before read such outrageous lies. Judge Denny is reputed as having adopted the same course. He is well equal to it. But he is paid off and soon leaves - the country much worse than he found it - and a record of not one thing accomplished. Gen'l LeGendre of Japan has been appointed to his place. I won't discuss him till later.

I correspond in Korean with Min Yong Ik, at Hong Kong. I had a long letter from him yesterday. I think he will be here soon and some considerable changes may take place.

I shall be glad to keep you posted of events here.

My kind regards to Mrs. Ellinwood and the young ladies.

I am

Yours very truly.

H. N. Allen

18900328

호러스 N. 알렌(제물포)이 프랭크 F. 엘린우드(미국 북장로교회 해외선교본부 총무)에게 보낸 편지 (1890년 3월 28일)13)

3월 28일

추신:

박사님께서 제가 평양으로 가는 것이 호의적이라는 전보를 보내시는 경우, 저는 현재 그곳으로 가는 허락을 받을 수 없지만 개항하게 되었을 때 갈 전망이 생긴다면 그렇게 할 것이며, 저는 반대 지시가 없는 한 이곳에서 외국인 진료를 하기 위한 준비를 할 것이며, 그 수익금으로 사무실, 진료실 및 수술실을 임차하고 충분한 약품과 기구(현재의 채비로는 자선 업무를 오랫동안 하지 못할 것입니다)를 구입하고, 현재 살고 있는 작은 집에서 계속 생활할 것입니다. 그러면 내년에는 우리가 이곳에 영구히 정착할 것인지, 혹은 평양을 열 수 있을 것인지 알 수 있을 것이며, 박사님은 더 안전하게 예산을 만드실 수 있을 것입니다.

또한 저는 평양에 가기 위한 허가를 받았지만, 제가 생각하는 것처럼 부동산 구입이 금지되는 경우, 가능하다면 일부 부동산을 10년(또는 그 정도) 임차할 것입니다. 만일 제가 그것을 얻을 수 있다면 필요 이상으로 예산을 인출하지 않도록 수리하겠습니다.

박사님은 너무 멀리 계시며 시간은 너무 귀중하기 때문에 저는 가능한 한 모든 상황을 명확하게 만들고 싶습니다. 저는 이제 우리가 서로를 이해할 수 있다고 생각합니다.

---

13) 다음 편지의 추신에 해당하는 부분이며, 날짜가 달라 별도의 편지로 분류하였다. Horace N. Allen (Chemulpo), Letter to Frank F. Ellinwood (Sec., BFM, PCUSA) (Mar. 26th, 1890)

Horace N. Allen (Chemulpo),
Letter to Frank F. Ellinwood (Sec., BFM, PCUSA) (Mar. 28th, 1890)

Mch. 28

P. S.

In case you cable me favorable to Ping An, and I cannot get permission to go there at present, but have prospects of going when the port is opened, I will, I unless instructed to the contrary, endeavor to make arrangements here for getting the foreign work, with the proceeds of which I will rent a place for office, dispensary and operating rooms, buy a sufficient stock of drugs and appliances (my present small outfit would not last long in charity work), and continue living in the cottage we occupy at present. Then in another year we can know whether my settlement here is to be permanent or whether we can open Ping An, and you will be more safe in appropriating money.

Also, should I get permission to go to Ping An, but be forbidden to buy property, as I think would be likely, I would take a ten year (or so) lease of some property. If I could get it so, and fix it up not drawing more of the appropriation than necessary.

You are so far away and time is so precious that I wish to make the whole situation as plain as possible. I think we can understand each others now.

18900400

기뻐할 이유.

The Medical Missionary Record 5(4) (1890년 4월호), 86쪽

기뻐할 이유

하나님께서 한국을 위하여 일할 마음을 많은 사람들의 마음에 두셨다는 것은 기뻐할 일이다. 미국의 장로교인과 감리교인 외에도 최근에 캐나다에서 훌륭한 젊은이들이 파송되었고, 더 많은 사람들이 따라올 가능성이 있다. 가장 뛰어난 남자와 여동생도 호주에서 그곳에 도착하였으며, 그 먼 땅에 있는 교회들 사이에서 대의에 대한 많은 관심을 보고하였다. 대단히 다행스럽게도 캐나다인과 호주인도 장로교인이며, 서로 돕고 강해지기 위하여 미국에서 온 사역자들과 연합할 것이다.

알렌 박사는 한국 개신교 선교의 선구자이었다. 의사로서 그의 성공은 다른 사람들이 수도에 들어갈 수 있는 길을 여는 데 많은 역할을 하였으며, 그리스도인 일꾼들 모두에게 호의를 갖게 하였다.

그는 최근 워싱턴의 공사관 서기관으로 활동하였지만, 곧 남해안의 부산항에서 선교사로 활동을 재개할 것으로 기대하고 있다. - 일본의 H. 루미스 목사

Cause for Rejoicing.
The Medical Missionary Record 5(4) (Apr., 1890), p. 86

Cause for Rejoicing.

It is a matter for rejoicing that God has put; it into the hearts of so many to work for Korea. In addition to the Presbyterians and Methodists from the United States there have recently gone out some excellent young men from Canada, and there is promise of more to follow. A most superior man and his sister have also reached there from Australia, and report much interest in cause among the churches of that distant land. Very fortunately the Canadians and Australians are also Presbyterians and will combine with those from the United States, so as to help and strengthen each other.

Dr. Allen was the pioneer of Protestant mission in Korea. His success as physician did much to open the way for others to enter the capital and give Christian workers favor with all.

He has recently been acting as Secretary of the Korean Legation, Washington, but expects soon to resume his labors as a missionary in the port of Fusan on the southern coast. - Rev. H. Loomis of Japan.

호러스 N. 알렌(제물포)이 프랭크 F. 엘린우드(미국 북장로교회 해외선교본부 총무)에게 보낸 편지 (1890년 4월 3일)

제물포,
(18)90년 4월 3일

F. F. 엘린우드 박사,
　뉴욕 시 5 애버뉴 53

친애하는 박사님,

저는 덜레스 씨에게 보내는 짤막한 글을 박사님께 동봉합니다.

저는 코프 주교가 한 명 이상의 의사들을 데려온다고 들었습니다. 그의 의사들 중 한 명이 서울에 있는 영국 영사관의 업무를 확보하였고, 헤론 박사에게는 세관 업무만 남게 됩니다. 저는 다른 의사가 이곳에 있게 될 것이라고 듣고 있으며, 영국 정부가 그들을 도울 의향이 있는 것 같기 때문에, 그는 분명히 이곳의 영국 영사관 업무와 세관(이곳 및 중국)의 베이징 총세무사인 로버트 하트 경을 통하여 이곳에서의 세관 업무를 수행할 것입니다. 새 궁전의 건축가인 세관의 사바찐 씨가 저에게 알린 바와 같이 서울에서도 많은 세관원들이 일본인 의사들을 고용하고 있기 때문에 서울에서도 같은 상황이 일어날 수 있습니다.

이러한 상황에서 저는 평양에서 _____되고 있는 것처럼 보입니다. 현재 개방된 곳에서 어느 곳도 저를 필요로 한다고 생각하기 어렵습니다. 저는 지금 이곳에서 잘하고 있지만, 이곳은 2명의 일본인 의사와 의료 선교사를 필요로 하지 않습니다. 서울에는 지금 3명의 남자 의료 선교사와 2명의 여자 의료 선교사가 있습니다. 남자 의사 한 사람과 여의사 한 사람이 지금 오는 중이며, 2명의 일본인 의사가 있습니다. 부산에는 캐나다 인 의사가 일하고 있으며, 원산은 지금 거의 원하지 않으며 이곳에는 다른 것을 기대하고 있습니다.

저는 이미 민영익에게 편지를 써서 그 주제에 대하여 알렸습니다.

안부를 전합니다.

안녕히 계십시오.

H. N. 알렌

Horace N. Allen (Chemulpo),
Letter to Frank F. Ellinwood (Sec., BFM, PCUSA) (Apr. 3rd, 1890)

Chemulpoo,

Apl. 3rd, 90

Dr. F. F. Ellinwood,

    53 5th Ave., N. Y.

My dear Doctor: -

    I take the opportunity of enclosing to you a note in Mr. Dulles letter.

    I hear that Bishop Corfe will bring with him one or more physicians. One of his physicians has secured the work of the English Consulate go at Seoul, which leave Dr. Heron but the Customs. I hear that another physician will be located here, and as the British Govn't seems incline to help them, he will doubtless have the English Consulate here, and, through Sir Robert Hart of Pekin Commissioner of Customs (here & in China) the work of the Customs here: that in Seoul may go the same way, as many of the Customs men there have been employing the Jap. Dr. as I am informed by Mr. Sabatini of the Customs and architect of the new Palace.

    Under the circumstances it looks as though I were being c_____ on Ping An. As I hardly think I am needed in any of the open places at present. I am doing pretty well here now, but this place certainly does not need the missionary Drs. with two Japs. Seoul has now three male missionary Drs., two female. One male and one female en route, and two Japs. Fusan is supplied by the Canadians, Gensan hardly desires one and this place is expecting another.

I have already written to Min Yong Ik, sounding him on the subject. I am,
With kind regards,

Yours very truly,
H. N. Allen

호러스 N. 알렌(제물포)이 프랭크 F. 엘린우드(미국 북장로교회 해외선교본부 총무)에게 보낸 편지 (1890년 4월 9일)

한국 제물포,
1890년 4월 9일

친애하는 엘린우드 박사님,

한국의 선교단은 자신의 선교 사업을 위하여 육로로 갔던 데이비스 목사가 지난 5일 부산에서 천연두로 사망함으로써 돌이킬 수 없는 손실로 고통을 받고 있습니다.

저는 그 사람처럼 이 세상에서 욕심이 없는 사람을 본 적이 결코 없습니다. 그와 더 닮고 싶은 욕망을 느끼지 않고서는 그와 교제할 수 없었습니다. 그는 모든 외국인들의 존경을 최대한으로 받았고, 외국인과 선원들을 위하여 이곳에서 예배를 시작하였습니다.

비록 그는 이곳에 온 지 몇 달 밖에 되지 않지만, 한국인들은 그를 외국인 중에서 한국어를 세 번째로 잘하는 사람으로 선정했습니다. 그의 조용한 친절로 그는 접촉하였던 많은 현지인들의 사랑을 이미 받았습니다.

그는 인도 파송 선교사로서, 건강이 악화된 후 가장 성공적인 학교를 세우는 데 성공한 호주의 직책을 떠났습니다. 이곳에서의 일은 그의 평생의 일이었고, 그의 손실은 설명할 수 없는 것 같습니다. 그의 여동생이 서울에 홀로 남아 있습니다.

일본의 한 상선 기선이 콩을 실은 후에 하루나 이틀 후에 평양으로 떠났습니다. 아펜젤러 목사의 한국인 조사가 동승하였습니다. 저는 그들이 우리를 방해하지 않기를 바라고 있습니다. 저는 조금 참을성이 없어 그 주제에 대하여 왕에게 알리기 위하여 서울로 편지를 썼습니다. 만일 제가 준비가 되었다면 제가 이 배를 타고 그곳으로 가는 것이 적격이었을 것입니다. 그러나 지금까지의 지연과 실망은 운명인 것 같습니다.

헤론 박사는 총세무사를 만나기 위하여 일주일 동안 이곳을 방문하였는데, 우리 아이들이 백일해를 앓고 있었기 때문에 우리는 격리되어 있었습니다. 헤론은 저를 최대한 불쾌하게 만들었지만 저는 제 자신의 사소한 문제로 박사님을 귀찮게 하지 않을 것입니다.

　벙커 부인은 일주일 동안 우리를 방문하였으며, 그녀는 수다를 떨지 않았지만 일주일 동안의 대화는 당연히 많은 것들을 드러내었고, 헤론이 저에 대하여 그렇게 많이 이야기를 한 것과 그가 하였던 방식에 저는 놀랐습니다. 그는 새로 온 사람들이 저에 대한 편견을 갖고, 저의 옛 업무를 ＿＿ 거리로 만드는 데 상당히 성공하였습니다. 만일 제가 평양으로 갈 수 없다면, 박사님을 위하여 나오는 것을 진심으로 요청할 것인데, 다른 사람이 온다면 저는 이곳에서 수익을 내기에 충분하게 일을 할 수 없으며, 제가 서울과 그 성가심에 너무 가까이 있어 왕이 제가 그의 진료를 떠나는 것에 화를 낼까 두렵기 때문입니다. 그는 저에게 지불해야 할 돈을 지불하지 않았고, 제 부채가 저를 압박하고 있습니다.

　나중에 좀 더 희망적인 편지를 쓸 수 있기를 바랍니다.

　안녕히 계십시오.
　H. N. 알렌

Horace N. Allen (Chemulpo),
Letter to Frank F. Ellinwood (Sec., BFM, PCUSA) (Apr. 9th, 1890)

Chemulpoo, Korea,
Apl. 9th, 90

My dear Dr. Ellinwood: -

　The mission force in Korea have just suffered an irreparable loss in the death by small pox of Rev. Mr. Davies at Fusan on the 5th inst. - whither he had gone overland in the pursuit of his missionary work.

　I never met a man who seemed to be less of this world. One could not be associated with him without feeling a desire to be more like him. He had the respect of all foreigners to the fullest extent and had just organized religious services at this place for the foreigners and sailors.

Although he had been here but a few months the Koreans ranked him, among foreigners, third in proficiency with the language, and his quiet kindness had made him already much beloved by the natives with whom he had come in contact.

He had left a position in Australia where he had succeeded in building up a most successful school after breaking down in health as a missionary to India. This work here was to be his life work, and his loss seems unaccountable. His sister is left alone in Seoul.

A Japanese merchant steamer left for Ping An a day or two since to load beans. The Korean assistant of Rev. Appenzeller went along. I hope they won't head us off. I am a little impatient and have written to Seoul to sound the King on the subject. Had I only been ready, this ship would have greatly facilitated my going there. But I seem to be destined to delays and disappointments so far.

Dr. Heron has been down here for a week visiting the Commissioner of Customs, against whom we are quarantined because our boys have whooping cough. Heron has made it as disagreeable for me as possible, but I won't annoy you with my own petty troubles.

Mrs. Bunker has been making us a week's visit, and while she is no gossip, a week's conversation would of course let out many things, and I am amazed that Heron should talk of me so much and in the way he has. He has pretty well succeeded in prejudicing the newcomers against me, and making out my enter to my old work to be a _____ resort. If I can't go to Ping An, I shall sincerely request coming out for you, as I can't do enough here to make it profitable, if an other man comes, and I am too near Seoul and its annoyances, I fear the King has taken offense at my leaving his service. He has not paid me the money due and my debts are pressing me.

I shall hope to write more encouragingly later.

I am,

Yours very truly,

H. N. Allen

호러스 N. 알렌(제물포)이 프랭크 F. 엘린우드(미국 북장로교회 해외선교본부 총무)에게 보낸 편지 (1890년 4월 24일)

한국 제물포,
1890년 4월 24일

친애하는 엘린우드 박사님,

매우 흥미로운 몇 가지 사건이 이곳에서 일어나고 있는데, 저는 박사님이 이 사실을 알고 계시기를 바라며, 제가 쓴 내용을 비밀로 유지해 주시기를 부탁드립니다. 러시아와 일본 때문에 전쟁이 일어날까 두려운 중국은 그럼에도 불구하고 이 나라의 정복을 포기하지 않고 ___ 로버트 하트 경 ___의 인도를 받아 확실한 방법으로 움직이고 있습니다. 그들은 증기선 노선을 구축하였고, 전국에 흩어져 있는 수백 명의 중국인을 전국으로 보내 외국 상품에 대한 과세 등을 금지하는 해리 파크스 경(卿)의 중국 조약에 따라 무역을 통제하여 최근 혁명이 일어날 위험이 있었습니다. 그들(중국인)은 세관을 통제하고 있으며, 중국에 충성을 바치는 사람들이 책임을 맡고 있습니다. 그로부터 2년 후 두 번째 계약을 파기한 데니 씨의 불행한 성격 때문에 중국인이 다시 보낸 폰 묄렌도르프를 제압하기 위하여 서울의 상무위원은 중국인과 영국인의 선동으로 데니가 했어야 했던 일을 해왔습니다. 이제 세관의 로버트 하트 경 ___의 베이징에서 음모가 있었다는 사실이 밝혀졌습니다. 영국 공사와 중국 정부가 이곳의 사무를 통제하기 위하여 영국 공사관의 서기관을 총영사로 파견하였고, 메릴 가족이 휴가를 떠나면서 ___ 씨는 세관을 맡는 대신 부산으로 파견되었습니다. 그의 당연한 일이었습니다. 이것은 그가 영국인이기 때문에 의심을 피하기 위한 것이었습니다. 그런 다음 독일인인 쉐니케 씨가 서울로 파견되었고, 그는 이 계획의 중국측 사람으로서 외아문과 중국에 매우 유용하게 되었습니다. 이제 데니는 보수를 받았지만 르장드르 장군이 임명된 후 떠날 만한 감각이 없었기 때문에 공개적으로 해고되고 그의 직위가 모두 박탈되었습니다. 르장드르는 대출 계획을 시도하였지만 예상대로 실패하였습니다. 이전에는 불신을 받았고, 대출해 준다는 약속으로만 지위를 부여받았기 때문에 그는 거의 쓸모가 없을 것입니다. 따라서 중국과 영국 동맹국은 르장드르가 일본에서 돌아오기 전에 쉐니케를 허용하기 위해 열심히 노력하고 있습니다. 여러 번 그 자리를 거절하였던 딘스모어는 이제 이 공모자들을 물리치고 미국의 이익을 구하기 위하여 그 자리를 기꺼이 받아들이려 하고 있습니다. 저는 어젯밤에 그로부터 그런 내용의 연락을 받았고, 즉시 그 정보를 국왕에게 보냈습니다. 저는 모든 것이 지겨워서 잘 이겨내고 평양이나 다른 곳으로 떠나고 싶습니다. 저는 또한 중국과 영국이 약속을 무효화하기 위하여 워싱턴 주재 공사관을 통하여 할 수 있는 모든 일을 하였다고 들었습니다.

저는 1888년의 부서 기록에서 읽을 수 있는 그들의 해군 편대와 그들 공사관의 ___ 앞에서 단독으로 그들을 물리쳤습니다. 저는 그들이 저를 미워하고 더 이상 '관세 업무'를 기대하지 않을 것이라는 사실에 놀라지 않습니다.

한국인들은 점차 용(龍)에게 굴복하고 있습니다. 사람들은 공식적으로 너무나 탄압을 받고 있어 자신의 상태가 더 나빠질 수 없다고 생각하기 때문에 누가 그들을 지배하든 상관하지 않습니다. 위안 중국 공사는 여전히 매우 강력한 왕의 아버지인 대원군을 이겼습니다. 그는 돈과 힘을 사용하여 수천 명의 친구와 추종자를 만들었습니다. 그는 서울에서 거의 왕만큼 강력합니다. 후자의 경우 사람들은 그와 그의 아버지 사이에 존재하는 반목을 지적하는 중국인의 선동에 의하여 그에게 던지는 비난에 귀를 기울이기 시작하였고, 왕의 불행한 사랑은 왕실 부부 사이에 지속적인 문제를 일으키고 있습니다. 그렇다면 이것은 이 왕조가 500년이 지나면 멸망해야 한다는 고대의 예언입니다. 올해는 마지막 해이며 중국인들은 아시아인들이 예언을 성취하도록 돕는 경향이 있다는 것을 잘 알고 있습니다.

약간의 '축연(祝宴)'이 있을 수 있습니다. 저는 그것이 일본이 함정을 채우고 중국의 목표를 격파할 수 있게 해줄 것이라고 의심하고 있습니다. 그들이 재정을 마비시키고 통제하여 백성들 사이에 불만을 퍼뜨리고, 왕이 자신의 궁궐에 (갇힌) 포로인 허수아비가 되어 모두 그만두거나 위안에게 도움을 청하게 될 때까지 정부의 관료들을 장악하려 할 것이라고 저는 생각합니다. 얼마 전 국왕은 중국의 위협 때문에 조상의 묘에 참배하러 가는 여행을 무기한 연기하였습니다. 그는 먼저 저에게 '스와타라' 호에서 해병 경비대를 서울에 보낼 수 있는지 알아봐 달라는 급한 공식 우편을 보냈습니다. 1년 전 비슷한 경우에 저는 '브루클린' 호를 이곳으로 보냈습니다.

저는 제물포의 건물에 관한 박사님의 편지를 받았습니다. 저는 박사님이 너무 힘드신 것 같아 안타까우며, 제가 박사님께 도움이 되었으면 좋겠습니다. 저는 주어진 상황에서 있는 대로 살아가는 것으로 만족하겠습니다. 하지만 사무실을 임차해야 합니다. 하지만 평안에 대한 소식을 들을 때까지 기다리겠습니다. 지금은 그곳에 갈 수 있을지 의문이지만, 그렇게 해서 정치적 논쟁에서 벗어나고 싶습니다. 이곳의 임차료는 매우 비싸기 때문에 은화 1,200달러에 땅을 사서 이 집을 지을 수 있습니다. ___ 대신 월 23달러를 지불하고 ___ ___.

안녕히 계십시오.
H. N. 알렌

Horace N. Allen (Chemulpo),
Letter to Frank F. Ellinwood (Sec., BFM, PCUSA) (Apr. 24th, 1890)

Chemulpoo, Korea,
Apl. 24th, 1890

My dear Dr. Ellinwood: -

Some exceedingly interesting events are taking place here of which I wish you to know and ask you to keep in confidence what I write. Fearing to make war because of Russia & Japan, China has nevertheless not given up the conquest of this country but guided by ___ China Sir Robert Hart ___ are moving in a sure way. They established a S. S. line, sent over hundreds of Chinamen who are scattered over the country, so controlling trade by virtue of the Chinas treaty of Sir Harry Parkes that forbids the taxation of foreign goods etc. that a revolution was recently threatened thereby. They (the Chinese) control the customs and have good men in charge who are faithful to China. Owing to the unfortunate character of Mr. Denny, who ruined his second contract two years since, simply to head off von Mullendorf whom the Chinese had again sent over, the commission at Seoul has, at the instigation of the Chinese and English, been doing the work that Denny should have done. Now it developed that a conspiracy was formed in Pekin ___ Sir Robert Hart of the Customs.

The English Minister and the Chinese govm't to get control of affairs here, the English Secty of Legation was sent over as consul gen'l and on Merrills taking his leave ___ was sent to Fusan instead of being placed in charge of Customs as was his due - this was to avoid suspicion as he is English. Then a German Mr. Schoenicke was sent to Seoul and he being a Chinese end in for the scheme has made himself very useful to the Foreign Office and the Chinese. Now Denny was paid off but as he had not the decent sense to leave after the appointment of Gen'l Le Gendre, he has just been publicly dismissed and all his rank taken away. Le Gendre has tried the loan project and failed as was to be expected. Being mistrusted before and only given his position by his promise of raising a loan, he will be of little use. The Chinese and English allies therefore are pressing hard to have Schoenicke let in before Le Gendre returns from Japan. Dinsmore who has several times declined the position is now willing to accept it to defeat these conspirators and save American interests. I received a dispatch from him in the night last night to that effect and at once sent the information to the King. I am sick of it all and wish I were well out of it and away at Ping An or other. I also hear that the Chinese and English did all they could through their Legations in Washington to defeat the appointment ___ .

I defeated them single handed in the Legation matter in the face of their naval squadron and the ___ of their Legation which you can read in the Dept. records for '88. I am not surprised that they would hate me and shall expect no "customs work" any more.

The Koreans are succumbing gradually to the Dragon. The people are so oppressed officially that they dont care who rules them as they think their condition could not be worse. The Chinese Minister Yuan had won over the Tai Wan Khun - the Kings father who is still very powerful. He has made thousands of friends and followers by the use of money and force. He is nearly as powerful in Seoul as the King. As for the latter the people are beginning to give ear to the reproaches cast on him by the instigation of the Chinese who point to the separation existing between him and his father while an unfortunate amour of the Kings makes continual trouble between the Royal Pair. Then this is the ancient prophecy that this Dynasty must terminate at the expiration of

500 years. This is the last year and the Chinese know just well that Asiastics are apt to assist prophecy into fulfillment.

There may possibly be a little "shindig." I doubt it as that would allow Japan to load traps and possibly defeat Chinas object. I think they will go in spreading dissatisfaction among the people, crippling and controlling the finances, and seizing the offices of government till the King becomes a figure head – a prisoner in his own Palace - and all quit or go to Yuan for aid. Just the other day the King indefinitely postponed his trip to bow at his ancestral tombs because of Chinese threats. He first sent an official post haste to me to see if I could send Seoul a marine guard from the "Swatara". A year ago I got the "Brooklyn" sent here on a similar occasion.

I have received your letter about building at Chemulpo. I am sorry you are so hard pressed and wish I could help you out. I will be content to live as we are under the circumstances. But I must rent an office. We'll wait till I hear about Ping An however. I doubt now if I can go there, but am desirous of doing so and getting out of the political squabble. Rents here are very high I could buy the ground and build this house for $1200 silver. ___ instead to pay $23 per month and ___ ___ at that.

I am yours sincerely,
H. N. Allen

18900500

1889~1890년도에 파송된 선교사들.
1890년 5월 총회에 제출된 미국 북장로교회 해외선교본부 제53차 연례 보고서 (1890년 5월), 8쪽

한국으로,

H. N. 알렌 박사 부부, 재임명
S. A. 마펫 목사
S. A. 도티 양

Missionaries Sent out in 1889~1890.
Fifty-Third Annual Report of the BFM, PCUSA.
Presented to the General Assembly, May, 1890 (May, 1890), p. 8

Mission to Korea,

Dr. and Mrs. H. N. Allen, reappointed
Rev. S. A. Moffett
Miss S. A. Doty

한국의 선교. 1890년 5월 총회에 제출된 미국 북장로교회 해외선교본부 제53차 연례 보고서 (1890년 5월), 132쪽

한국의 선교,

1884년 선교가 시작되었다; 선교지부, 서울, 수도, 서해안에서 한강 옆에 위치해 있으며, 상업 항구인 제물포에서 내륙으로 25마일 떨어져 있다.; 사역자 – H. G. 언더우드 목사 부부, D. L. 기포드 및 S. A. 마펫 목사, J. W. 헤론 박사 부부, M. E. 헤이든 양, 그리고 S. A. 도티 양.

제물포 (임시적): H. N. 알렌 박사 부부

(중략)

올해에도 보조 의료 선교사인 파워 박사가 소환되었고, 왕의 간절한 요청에 따라 워싱턴 주재 한국 공사관의 서기관 겸 감독으로 일하였던 H. N. 알렌 박사는 그곳을 방문하여 그런 조치가 가능하다면 남동쪽 해안에 위치해 있는 부산항에 선교 기지를 열겠다는 생각으로 선교본부에서 선교사로 재임명되었다. 이곳은 개방된 항구 중 하나이며, 작은 강 혹은 정박지의 입구에 위치하고 있으며 그 항구에는 주로 일본인 공동체가 있는 반면, 한국인들이 거주하는 도시는 더 내륙에 위치해 있다. 현재로서는 적절한 부동산을 구입하거나 임차하는 것조차 불가능한 것으로 판명되었고, 선교본부의 동의를 얻어 알렌 박사는 서해안에 있는 서울의 항구인 제물포로 이사하였다. 그는 외국인들 사이에서 의료 활동을 할 수 있는 허가를 받고 잠정적으로 그곳에 체류하고 있으며, 그동안 부지를 찾아보고 지부로 만들 타당성에 대하여 보고할 것이다.

(중략)

Mission in Korea. *Fifty-Third Annual Report of the BFM, PCUSA.*
Presented to the General Assembly, May, 1890 (May, 1890), p. 132

Mission in Korea,

Mission begun in 1884; station, Seoul, the capital, near the western coast, on the Han River, and twenty-five miles overland from the commercial port, Chemulpho; laborers - Rev. H. G. Underwood and wife, and Rev. Messrs. D. L. Gifford and S. A. Moffett; J. W. Heron, M. D., and wife, Miss M. E. Hayden, and Miss S. A. Doty.

At Chemulpho (temporarily): H. N. Allen, M. D., and wife.

(Omitted)

During the year, also, Dr. Power, an assistant medical missionary, was recalled, and Dr. H. N. Allen, who had been engaged as secretary and director of the Korean embassy in Washington, which position he had assumed at the earnest request of the King, was reappointed by the Board with a view to opening a missionary station at the port of Fusan, on the southeast coast, if upon visiting the place such a step should be found feasible. This is one of the open ports, and is situated at the mouth of a small river or roadstead, the port being largely a Japanese community, while the native Korean city lies farther inland. It was found impossible for the present to purchase or even to rent suitable property, whereupon, with the consent of the Board, Dr. Allen removed to Chemulpho, the port of Seoul, lying on the west coast. He is there located tentatively, with permission to practice his medical profession among foreigners, and meanwhile to study the ground, and report upon the feasibility of making it a station.

(Omitted)

프랭크 F. 엘린우드(미국 북장로교회 해외선교본부 총무)가
호러스 N. 알렌(제물포)에게 보낸 편지 (1890년 5월 9일)

1890년 5월 9일

친애하는 알렌 박사님,

박사님의 3월 28일자 편지를 제때에 받았으며, 우리는 이것을 주의 깊게 검토하였습니다. 이제 우리는 한국 문제에 관한 위원회를 구성하였으며, 박사님이 제기한 모든 질문은 이 위원회에 제출할 것입니다. 우리는 올해 61,000달러에 달하는 막대한 부채로 장부를 마감하였으며, 올해 선교본부가 한국의 어느 곳에서도 건물을 짓는 것은 전혀 불가능할 것입니다. 우리가 바랄 수 있는 최선은 선교사들의 급여를 마련하는 것이며, 이는 우리 자원을 가장 주의 깊게 관리하는 경우에만 가능합니다. 게다가, 다양한 자료를 통해 알 수 있는 모든 사실로 볼 때, 우리가 제물포에 자리를 잡을 것인지에 대해서는 큰 의문이 듭니다. 유럽의 영향력에 완전히 노출된 그런 항구는 결코 바람직한 선교 지역이 아닙니다. 내가 박사님과 다른 사람들로부터 알게 된 모든 것 중에서 그곳에서는 현명하게 할 수 있는 일은 거의 없습니다. 나는 선교본부가 무엇이 최선인지 판단할 수 있도록 박사님이 수행하는 업무에 대하여 가능한 한 완전한 설명을 제공해 주시기를 바랍니다. 내가 워싱턴, D. C.에서 들은 바로는 박사님이 공사관 서기관으로 임명될 것이라는 점을 제외하면 나는 박사님도 같은 생각을 가지고 있었다고 추론하였습니다. 이것은 박사님의 계획에 불확실한 요소를 가져오는데, 이는 내가 아는 대로 우리가 있는 그대로 따라가는 것 외에는 구조를 구축한다는 생각에 더욱 반하는 작용을 할 것입니다. 데이비스 씨가 평양으로 들어갈 좋은 기회를 찾으면 박사님이 그곳에 정착하는 것이 바람직한 것으로 간주될 수 있습니다. 박사님과 그가 함께 좋은 패를 만들 수 있을지 궁금하지 않습니다. 나는 그가 매우 높은 평가를 받고 있으며, 확실히 그는 매우 진지한 기독교 선교사라는 것을 알고 있습니다.

박사님은 상하이 신문에 실린 소문 등에 대하여 말하고 있습니다. 데니 판사 부인은 박사님에 대한 가장 폭력적인 공격으로 가득 찬 편지를 선교본부의 회장에게 썼습니다. 우리는 그녀가 말한 것에 큰 비중을 두지 않았습니다. 나는 그래도 박사님이 정치적인 문제와 정치적 욕설에 연루되어 유감스럽습니다. 나는 그녀가 남편의 승진을 박사님이 어떤 식으로든 지지하고 있다고 생각하였다고 추측합니다. 그녀는 확실히 박사님에게 대단히 신랄합니다. 만약 박사님이 공사관의 직책에 임명되지 않는다면, 정치적 직책에 대한 모든 생각을 버리고 박사님의 마음을 가능한 한 온전하고 영구적으로 진정한 선교 사업에 고정시키는 것이 좋을 것이라고 생각합니다. 우리는 한국의 선교 사업이 가능한 한 강하고 견고한 기반 위에 있기를 바라고 있습니다. 젊은이들은 그들 편지의 진지함과 성실함으로 우리를 매우 기쁘게 합니다. 내가 보기에 그들은 과거의 모든 어려움을 무시하고 단순히 그리스도의 대의를 위하여 사역하겠다는 결심으로 그곳에 간 것 같습니다. 만일 데이비스 부부가 선교 사업에 참여한다면, 우리는 점차 연합된 세력과 연합된 사역으로 안착할 것으로 보입니다.

알렌 부인께 깊은 안부를 전하며, 하나님이 그 도(道)를 여시는 행사를 기다리면서

안녕히 계세요.
F. F. 엘린우드

Frank F. Ellinwood (Sec., BFM, PCUSA), Letter to Horace N. Allen (Chemulpo) (May 9th, 1890)

May 9th, 1890

My dear Dr. Allen:

Your letter of March 28h was duly received, and we have given it careful consideration. We have now a Committee appointed on affairs in Korea, and all such questions as you have raised will be brought before it. We have closed our books with a very heavy debt amounting to $61,000, and it will be utterly impossible for the Board to build anything in any part of Korea this year. The most that we can hope to do will be to supply the salaries of the missionaries, and that only upon the most careful management of our resources. Besides, I have great doubt whether we shall over went to locate in Chemulpho, from all that I can learn from various sources. A port like that, fully exposed to European influence, is anything but a desirable mission field. From all that I learn from you and others there is very little that can be judiciously done there. I wish for you would give us as full an account as possible of the work which you are performing, in order that the Board may be able to judge what is best. From something which I had heard from Washington I had been led to except that you would be appointed Secretary of Legation, and I have inferred that you have had the same thing in mind. This brings an element of uncertainty into your plans which would still further operate against the idea of building structures I know of no way but to work along just as we are. If Mr. Davis finds a good opening at Peng An, it may be deemed desirable to have you settle there. I should not wonder if you and he would make a good team together. I understand that he is very highly thought of, and certainly he is a very earnest Christian missionary.

You speak of some rumors etc. in the Shanghai papers. Mrs. Judge Denny has written to the President of the Board a letter full of the most violent attacks upon you. We have not given great weight to what she said. Still, I regret that you should be mixed up with political matters and political asperities. I presume that she imagined that you stood in her husband's promotion in some way. She certainly is very bitter against you. If you do not get this appointment to the Legation, I think it would be well to lay aside all thought of political occupations and fix your mind as fully and permanently as possible upon real missionary work. We wish to get our mission work in Korea on as strong and solid a footing as possible. The young men please us very much by the earnestness and sincerity of their letters. It seems to me that they have gone there with a determination to ignore all past difficulties, and to labor simply for the cause of Christ. If Mr. and Miss Davis join in the mission work, it seems to me that we may look for a gradual settling down into a united force and a united work.

With very kind regards to Mrs. Allen and awaiting the opening up of events in the province of God, I remain,

Sincerely yours,
F. F. Ellinwood

프랭크 F. 엘린우드(미국 북장로교회 해외선교본부 총무)가
한국 선교부로 보낸 편지 (1890년 5월 10일)

1890년 5월 10일

한국 선교부 귀중

친애하는 형제들께,

(해독이 불가능함)

우리는 선교부와 함께 4월 24일에 결혼한 기포드 씨 부부에게 축하와 인사를 드립니다. 하나님께서 그들을 축복하시고 그들이 장기적으로 유용하게 쓰일 수 있도록 해주시기를 기원합니다.

나는 헤론 박사에게 때때로 그의 존경하는 어머니로부터 방문을 받았으며, 나는 그가 기독교인의 삶과 유용성과 관련한 모든 문제에 대한 이해가 매우 강하고 믿음이 대단히 절대적인 사람의 아들이 된 것을 축하한다고 말하고 싶습니다. 그러한 어머니들이 충분히 많다면 세상에 그리스도의 사업을 위한 강력한 활동력을 공급할 것입니다.

현재 선교부의 건강이 좋다는 소식을 알게 되어 매우 기쁘며, 모든 사람들에게 안부를 전합니다.

안녕히 계세요.
F. F. 엘린우드

Frank F. Ellinwood (Sec., BFM, PCUSA),
Letter to the Korea Mission (May 10th, 1890)

May 10th, 1890

To the Korea Mission:

Dear Brethren:

[indecipherable]

We join with the Mission in salutations and greetings to Mr. and Mrs. Gifford, who I understand were married on the 24th of April. May God bless them and enable them to put in a long term of usefulness.

I wish to say to Dr. Heron that I have occasional calls from his venerable mother, and I congratulate him upon being the some of one whose grasp on the whole matter of Christian life and usefulness is so strong, and whose faith is so implicit. Such mothers, if there were only enough of them, would supply the world with a strong working force for the cause of Christ.

I am very glad to learn of the present good health of the mission, to all of whom I send kind regards,

Sincerely yours,
F. F. Ellinwood

18900511

호러스 G. 언더우드(쯔루가 마루 선상에서)가 프랭크 F. 엘린우드 (미국 북장로교회 해외선교본부 총무)에게 보낸 편지 (1890년 5월 11일)

(중략)

우리는 어제 부산에 들렀고 그 기회에 선교 사업의 전망을 살필 기회를 가졌습니다.

이곳은 남부지방 전체의 중심이며, 반경 5마일 이내에 1,000명에서 3,000명이 거주하는 수많은 마을과 동네들이 있습니다. 호조(護照) 없이 방문할 수 있는 450평방마일 면적의 지역이 있습니다.[14] 저는 주택 문제를 살펴보았습니다. 일본인 거주지에는 가질 주택이 없습니다. 외국인 거주지는 이름뿐이고 황량한 언덕에 불과합니다. 만일 정착할 만할 곳이 있다면 대지를 사서 주택을 지어야 합니다. 조약상 개항장 외곽에서 반경 3마일 이내의 모든 곳에서 부동산을 구입할 권리가 있는데, 상당히 중심적인 위치에서 매입할 수 있는 한두 채의 주택을 보았습니다. 그것들은 외국인 거주지 바로 밖에 있었고, 부두에서 도보로 10분이 채 걸리지 않았습니다. 그곳은 항구이며 결국 도시의 일부가 될 것인데, 무역이 증가하면서 이곳까지 확장될 것입니다. 물론 제가 알지 못하는 여러 가지 어려움이 있겠지만 저는 알렌 박사가 그곳에 정착하기로 결정하지 않아 대단히 유감스럽습니다. 저는 선교본부가 부동산 구입을 꺼린다고 들었습니다. 한국에서는 제물포에 있는 외국인을 제외하고는 임차할 수 없기 때문에 구입이 유일한 획득 방법입니다. 우리가 본 이 장소들은 외국인의 거주에 적합하도록 수리할 수 있습니다.

(중략)

---

14) 개항장에서는 반경 5마일까지는 부동산을 구입할 수 있었고, 30마일까지는 호조가 없어도 여행이 가능하였다.

Horace G. Underwood (On Board, Tsuruga Maru),
Letter to Frank F. Ellinwood (Sec., BFM, PCUSA) (May 11th, 1890)

(Omitted)

We stopped in Fusan yesterday, and I look occasion to prospect for mission work.

It is the center for the whole of this southern portion, and within a radius of five miles there are a number of villages and towns ranging from 1,000 to 3,000 inhabitants. There is an area of 450 square miles that can be visited without passport. I looked into the matter of houses. In the Japanese settlement there is not a house to be had. The foreign settlement is only such in name, and is a bare hill. If there were the place to settle, Property would have to be bought and a house built. Treaty gives the right to buy anywhere within a radius of three miles on the outside of treaty ports, and looking here in quite a central location we saw more than one house that could be bought. They were just outside the foreign settlement, and not more than ten minutes walk from the landing. It is a port that will eventually be part of a town that, as trade grows, must grow up in this place. I am very sorry that Dr. Allen did not decide to settle there though of course there were difficulties in the way that I do not know of. I am told that the Board was unwilling to buy property. In Korea property cannot be rented, except of foreigners in Chemulpo, and hence to purchase is the only way by which it can be obtained. Either of these places that we saw could be fitted up for a foreigner to live in.

(Omitted)

호러스 G. 언더우드(서울)가 프랭크 F. 엘린우드(미국 북장로교회 해외선교본부 총무)에게 보낸 편지 (1890년 5월 29일)

(중략)

저는 평양에 대한 박사님의 소식을 듣기를 바라고 있으며, 알렌 박사가 기꺼이 그곳으로 갈 의향이 있으므로 선교본부가 그들에게 동의해 줄 수 있고 즉시 그렇게 하기를 바라고 믿고 있습니다. 저는 알렌 박사를 만났고, 그가 전에 이곳에 있을 때 저지른 실수를 피하려는 그의 명백한 시도에 매우 만족하였습니다. 그는 자신의 선교 사업을 수행하고 어떤 식으로든 이것을 방해할 수 있는 모든 것을 피하려고 노력하는 것 같습니다. 그는 매우 검소하고 조용하게 살고 있으며, 마을로 나가서 할 수 있는 모든 일을 하려고 노력하고 있습니다.

(중략)

추신. 저는 이곳의 알렌 박사가 갈 준비가 되어 있기 때문에 평양을 위한 의사의 필요성에 대하여 언급하지 않았습니다.

Horace G. Underwood (Seoul),
Letter to Frank F. Ellinwood (Sec., BFM, PCUSA) (May 29th, 1890)

(Omitted)

I am hoping to get word from you about Ping Yang and hope and trust that as Dr. Allen is willing to go there, the Board will be able and ready to give their assent. I have seen Dr. Allen and have been much pleased with his evident attempts to avoid the mistakes that he made when here before. He does seem to me to be trying to do his mission work and to avoid everything that can in any way hinder this. He is living very plainly and quietly and is going out in the villages and trying to do all that he can.

(Omitted)

P S. I did not mention the need of a doctor for Ping Yang for we have Dr. Allen here ready to go.

호러스 N. 알렌(제물포)이 프랭크 F. 엘린우드(미국 북장로교회
해외선교본부 총무)에게 보낸 편지 (1890년 6월 11일)

제물포,
1890년 6월 11일

친애하는 엘린우드 박사님,

태후의 죽음이 일주일 전에 발표되었습니다.[15] 그녀는 아들 하나를 남기고
죽은 지난 왕의 아내이자 왕비이었습니다. 그 아들이 죽고 그녀는 자신이 입
양한 아들이 미성년인 동안 계속 섭정을 하였습니다. 그 아들은 1864년에 죽
었고, 그녀는 현재의 왕을 양자로 삼고 그(양자)의 아버지인 대원군에게 섭정
을 넘겼습니다. 그녀의 나이는 83세이었습니다.

언더우드 부인은 그녀의 식단에 대하여 조언을 해주었지만, 그녀는 전적으
로 한방 치료만 받았습니다. 그리고 외아문 독판은 왕의 칙령에 의하여 궁궐
의 의사가 되었습니다. 그래서 그 일은 우리가 하지 않게 되었습니다. 이런 연
유로 병원은 비참하게 흐트러진 상태에 있으며, 의사들이 자신들의 시간을 사
역에 할애하며 깔끔하게 번창하는 감리교회의 기관과 대단히 좋지 않게 비교
가 되고 있습니다. 왕립 기관이 운영되는 엉터리 방식은 거의 성공적이지 못
하며, 많은 사고가 발생하고 있습니다. 언더우드 부인은 그곳에는 의약품의 투
여에 대한 관리가 없었으며, 그 기관의 상태는 헤론 박사가 없을 때 소년들
중 한 명의 처방을 받은 한 사람이 사망하여 며칠 만에 끔찍하게 드러났습니
다. 그는 한 시간 정도 후에 사망하였습니다.

걸을 수 있는 질병에 걸린 12~30명의 환자를 형식적으로 치료하기 위하여
매일 30분, 일주일에 6일을 할애할 목적으로 값비싼 사람을 유지하는 것은 박
사님께 분명 도움이 되지 않습니다.

그의 모든 원기를 소비하는 '외국인 진료'에 관해서, 그것이 남아 있는 것
은 어떤 식으로든 박사님께 아무 소용이 없으며, 박사님이 그것을 가지고 있지
않고 대신에 정규적이고 합법적인 선교 사업을 할 수 있다면 좋을 것입니다.

제가 다른 길로 들어섰으니 계속하는 것이 좋을 것입니다. 저는 최근에 오

---

15) 대왕대비 조 씨(익종비)는 6월 4일 홍복전(興福殿)에서 사망하였다.

랜 친구이자 환자인 부산의 헌트 부인으로부터 저에게 증상을 설명하며 딸의 병에 대하여 이야기하고 약을 요청하는 내용의 편지를 받았습니다. 저는 그것을 보냈으나 증기선이 막 떠났을 때 헤론으로부터 헌트 양을 진료하러 육로로 부산으로 가겠느냐고 문의하는 전보를 받았습니다. 저는 그렇게 할 것이라고 답장을 하였고, "필요한 것은 무엇이든 할 것입니다. 증기선으로 더 잘 할 수 있습니다. 오늘 밤 편지를 보세요."라고 말하였습니다. 그때는 정오이었고, 저는 해안 증기선이 부산으로부터 하루 일정의 여행을 시작하는 것에 대하여 언급하였습니다. 이것은 시간과 경비를 절반으로 절약합니다. 저는 답장을 받지 못하였다가 사흘이 지나서 제 편지를 받지 못하였으며, "당신이 여행을 떠날 수 없다고 느낀다고 생각하여, 내가 떠납니다."라고 부인이 대필한 헤론의 편지를 받았습니다. 이것은 다음 날 아침에 쓰여졌고, 제 편지는 그 전날 오후 6시에 그들에게 도착했어야 했습니다. 물론 제가 생각하기에 그는 세관 의사로서 가야 할 권리가 있지만, 저를 그 일에 끌어들이고 그렇게 부자연스러운 결론을 낼 권리는 없었습니다.

어제 이곳 관아의 주사인 강화석이 서울로부터 돌아와서 저를 방문하였습니다.[16] 그는 병원에서 헤론 박사가 부산으로부터 전보를 받았고, 저에게 가서 병원 일을 돌보도록 요청하는 편지를 썼지만 제가 거절하였다고 이야기를 들었다고 말하였습니다.

언더우드 씨는 헤론 박사가 부산으로 오고 있는 새로운 캐나다 인 의사[17]에게 편지를 써서 자신이 일본에 가 있는 동안 먼저 서울로 와서 친분을 쌓고 집에 살면서 병원에서 근무하도록 초청하였다고 말하였습니다.

헤론 박사가 그렇게 일을 처리하면 박사님은 많은 의료 사역을 놓치게 될 것입니다. 미국으로 떠나기 전에, 저는 상하이의 맥러드 박사[18]를 통하여 버마에서 활동 중인 영국 국왕 봉사단의 스코트 박사로부터 (그곳에서의) 진료 제안을 받았습니다. 제가 그것에서 헤론 박사를 제외시켰다면 멋진 작은 개인적인 복수이었겠지만, 저는 박사님께 진실하지 않았을 것입니다. 그래서 저는 그

---

16) 서천 강화석(西川 姜華錫, 1845~1926)인 것으로 판단된다. 그는 1870년 중국으로 건너가 펠릭스 C. 리델(1830~1884) 주교와 함께 한불자전(韓佛字典)의 편찬에 힘쓰다가 1882년 귀국하였다. 이후 1895년 한성재판소 판사, 1897년 인천 감리서의 감리 및 인천항 재판소 판사, 외부 참서관(參書官) 등을 지냈다.

17) 캐나다 토론토 대학교 의학부 출신인 로버트 A. 하디를 말한다.

18) 니일 맥러드(Neal Macleod)는 에든버러에서 의학 교육을 받았으며, 상하이에서 에드워드 헨더슨, W. J. 마일스와 함께 인제의관(仁濟醫館)을 개업하였다. 그는 상하이 주재 미국 총영사관 부속 의사로 활동하였으며, 헨더슨의 부재중에 대리로 시(市) 의사 겸 보건 담당관으로도 활동하였다. 1884년 7월 알렌 부인이 아들을 낳은 후 출혈이 심할 때 진료를 한 바 있었다.

것을 거절하였습니다. 고국에 있는 동안, 저는 한 미국 해군 군의관이 헤론의 업무를 맡기 위하여 이곳으로 오려는 것을 막았으며, 그 일로 그와의 우정은 깨졌습니다. 만약 상황이 어떠하였는지를 알았더라면 저는 그를 도왔어야 했는데 말입니다.

안녕히 계십시오.
H. N. 알렌

Horace N. Allen (Chemulpo), Letter to Frank F. Ellinwood (Sec., BFM, PCUSA) (June 11th, 1890)

Chemulpoo,
June 11th, 1890

My dear Dr. Ellinwood: -

The death of the Dowager Queen was announced one week ago. She was the wife and Queen of the last King who died leaving one son. This son dying, the Queen mother continues to rule as regent during the minority of a son she had adopted. This man dying in '64, she adopted the present King and surrendered the regency, his father the Tai Wan Khun. The lady was aged 83.

Mrs. Underwood was consulted as to her diet, but she was treated with Korean medicine entirely. And the Pres't of the Foreign Office was made Palace physician by royal edict. So that work is lost to us. In this connection I would say that the Hospital is in a wretchedly unkempt condition and is contrasted very unfavorably with the tidy flourishing Methodists institution, the Drs. of which devote their time to their work. In the slipshod way in which the Royal institution is carried on, little success and many accidents occur. Mrs. Underwood said that there was no supervision over the administration of medicines and her state was horribly borne out in a few days by the death of a man who had been prescribed for in Dr. Heron's absence by one of the boys. He died in an hour or so.

It certainly does not pay for you to keep an expensive man for the purpose of devoting a half hour daily, six days in the week, to perfunctorily treating twelve to thirty men for walking diseases.

As to the "foreign work" which takes all his energies - what there is left of it does you no good one way or another, and it would be well if you had none of it but could have regular, legitimate missions work done instead.

As I have branched off, I may as well continue. I received a letter from my old friend and patient, Mrs. Hunt at Fusan, lately, telling me of her daughter's illness, describing symptoms and asking for medicine. I sent it, but just as the steamer had left, I had a telegram from Heron asking if I would go overland to Fusan to attend to Miss Hunt. I answered that I would and said "Will do anything necessary. May do better by steam. See letter tonight." 'twas then noon and I wrote stating that a coast steamer was about starting for a place one days journey from Fusan, which would save half the time and cost but little. I had no answer, till three days when a letter came from Heron in his wife's hand, saying that my letter had not come and "thinking you felt unable to undertake the journey, I am starting." This was written the next morning and my letter should have reached them at 6 P. M. the day before. As I think it certainly did of course, as Customs Dr. he had a perfect right go, but he had no right to draw me into the thing and then draw such unnatural conclusions.

Yesterday Kang Wha Suk, a Chusa of the Yamen here, returned from Seoul and called on me. He said he had been told at the Hospital that Dr. Heron had been telegraphed for from Fusan, that he had written me asking me to come and attend to the hospital, but that I had declined.

Mr. Underwood tells me that Dr. Heron has written to the new Canadian Dr. who is coming to Fusan, inviting him to come first to Seoul to get acquainted, live in the house and attend to the Hospital during Dr. Heron's absence in Japan.

You will not have much medical work when he gets through with it. Before leaving for America, I had an offer from a Dr. Scott of H. B. M. Service in Burmah thro' Dr. MacLeod of Shanghai for my practice. I would have been a nice little private revenge to have cut Dr. Heron out of it, but I would have been untrue to you. So I declined it. While at home I prevented a U. S. Naval Dr.

from coming over here to take Heron's work, and broke a friendship. Had I known how things were, I should have helped him. I am,

Yours very truly
H. N. Allen

프랭크 F. 엘린우드(미국 북장로교회 해외선교본부 총무)가
호러스 N. 알렌(제물포)에게 보낸 편지 (1890년 6월 20일)

1890년 6월 20일

친애하는 알렌 박사님,

　　나는 박사님이 제물포의 실제 전망과 박사님의 ＿＿에 대한 질문을 ＿하기 위하여 ＿＿ 대단히 신중하게 준비된 편지를 보내주셨으면 좋겠습니다. 우리는 이곳에서 박사님이 있는 곳에는 충분한 미래가 있다고 ＿＿＿ 생각하며, 나는 박사님이 지금 정부의 임명을 기대하고 있지 않다는 것을 알고 있습니다. 그러면 박사님은 무엇을 하시겠습니까? 예를 들어 부산이나 평양과 같은 서해안의 어느 지점에 ＿＿＿ 있습니까? 혹시 같이 갈 사람이 있습니까? 아니면 우리가 파송하려고 하는 젊은 선교사와 동행하시겠습니까? 한국 정부가 박사님을 승인할까요? 선교 사역의 길이 열릴까요? 러시아가 한국을 점령하였다는 소문이 사실입니까? 우리는 문제가 약간 혼란스럽다고 느끼고 있습니다. 한국에서 길이 열리지 않는다면 북경 서쪽에 새로운 지부를 여는 것을 생각해야 할 경우를 대비하여 기꺼이 북중국으로 건너가시겠습니까? 한국어에는 어느 정도 한자(漢字)가 있기 때문에 박사님이 중국어를 배우는 것은 문제가 아닐 수 있습니다.

　　내가 이 우편을 통해 선교부로 보내는 편지는 우리가 브루클린의 언더우드 형제가 제공한 기금으로 새로운 사역자를 파송할 가능성이 있음을 보여줄 것입니다.

　　우리는 올해 90만 달러를 모금하는 큰 과제를 안고 있습니다. 누가 이러한 역량이 있습니까? 우리는 우리가 계상한 금액을 모금하는 데 훨씬 못 미칠 가능성이 있기 때문에 선교지에서 최대한 절약하고 절대적으로 필요한 경우가 아니면 승인된 전액을 사용하지 않도록 요청해야 합니다.

　　나는 박사님의 소식을 애타게 기다릴 것입니다.

　　알렌 부인에게 안부를 전합니다.

안녕히 계세요.
F. F. 엘린우드

Frank F. Ellinwood (Sec., BFM, PCUSA), Letter to Horace N. Allen (Chemulpo) (June 20th, 1890)

June 20th, 1890

My dear Dr. Allen:

I wish you would _____ write me a very carefully prepared letter ___ing for __ the real outlook of Chemulpho and the question of your _____. We _____ feel here that there is future enough before you where you are, and I take that you are not now expecting any Government appointment. What then will you do? Do you _____ _____ some point on the West coast, for instance Fusan or Peng Yang? Is there anybody to go with you, or would you care to accompany a young missionary whom we are thinking of sending out? Would the Korean Government grant you its sanction? Would the way be open for missionary work? Are the rumors true about Russian and her seizing upon Korea? We feel that matters are a little mixed. If the way does not open in Korea, would you be willing to go over to North China in case it should be thought best to open a new station West of Pekin. As there is more or less Chinese in the Korean language, it might not be out of the question for you to learn the Chinese language.

The Mission letter which I send by this mail will show you that we are likely to send out a new man with funds supplied by the Underwood brothers of Brooklyn.

We have a great task on our hands, that of raising $900,000 this year. Who is sufficient for these things? We must ask that the utmost economy be used on the mission fields and that the full amount granted be not used unless it is absolutely necessary as the chances are that we shall come far short of receiving the amount which we have appropriated.

I shall wait anxiously to hear from you.

With kind regards to Mrs. Allen. I remain,

Sincerely yours,
F. F. Ellinwood

프랭크 F. 엘린우드(미국 북장로교회 해외선교본부 총무)가
호러스 G. 언더우드 부부(서울)에게 보낸 편지 (1890년 6월 25일)

(중략)

　나는 알렌 박사와 마펫 씨를 베어드 씨와 함께 이적시켜도 부산에서 사역을 시작할 수 없지 않을까 하는 생각이 들었습니다. 나는 우리가 어떻게 건물을 지을 자금을 얻을 수 있는지 지금 당장 알 수는 없지만 어떤 방도가 제공될 가능성이 있습니다. 우리는 작년에 미리 계상한 예산이 10만 달러이었기 때문에 자금에 대하여 큰 어려움을 겪고 있습니다. 이것은 우리 사역의 두 끝 사이에 매우 슬픈 간격을 만듭니다.

(중략)

Frank F. Ellinwood (Sec., BFM, PCUSA),
Letter to Mr. and Mrs. Horace G. Underwood (Seoul)
(June 25th, 1890)

(Omitted)

I have been wondering whether, by transferring Dr. Allen and Mr. Moffett with Mr. Baird, we could not make a beginning at Fusan. I do not just now see how we could get the funds for a building, but it is possible that some way will be provided. We are in great straits about funds, as our appropriations last year were $100,000 in advance of our receipts. This makes a very sad gap between the two ends of our work.

(Omitted)

회의록, 한국 선교부 (미국 북장로교회) (1890년 6월 30일)

(중략)

다음의 청구가 승인되었다.

(......) H. N. 알렌 박사   198.00달러

(중략)

Secretary's Book, Korea Mission (PCUSA) (June 30th, 1890)

(Omitted)

The following orders were approved:

(......) Dr. H. N. Allen $198.00

(Omitted)

호러스 N. 알렌(제물포)이 프랭크 F. 엘린우드(미국 북장로교회 해외선교본부 총무)에게 보낸 편지 (1890년 7월 2일)

제물포,
1890년 7월 2일

친애하는 박사님,

저는 박사님께 이러한 일들을 떠넘기는 것이 너무 싫었기 때문에 동봉한 편지를 가지고 있었습니다. 저는 이것을 보내지 않을 수도 있지만 헌트 부인이 보낸 "우리는 너무 놀라서 어떠한 대가를 치르더라도 도움을 받기로 결정하였습니다. 우리는 총세무사에게 박사님을, 혹은 만일 박사님이 올 수 없다면 헤론 박사나 스크랜턴 박사를 보내 달라는 전보를 보냈습니다."라는 내용의 편지를 가지고 있습니다. 저는 총세무사가 그 문제를 세관 의사에게 회부하였으며, 그는 무슨 일이 있어도 제가 그렇게 중요한 문제에 관하여 8일 동안의 여행을 하도록 요청받았다는 사실을 한국인들이 알지 못하게 하기를 원하였다고 추측합니다.

저는 이곳에서 저의 직업적 명성을 잃은 것이 제가 최근에 정규 의료 업무를 그만두었기 때문이라고 생각하였습니다. 저는 이제 그것이 이 사람의 거짓된 표현 때문이라는 것을 상당히 확신하고 있습니다. 이것은 몇 가지 불행한 상황에 의하여 기인한 것입니다. 저는 최근에 이곳의 지방 관리를 진료하였는데, 그는 왕의 총애를 받고 있으며 외국인들에게 매우 높이 평가되는 사람이었습니다. 그는 여러 달 동안 몹시 아팠고 포기하였지만, 열성적인 외국인이 그를 설득하여 저를 부르도록 하였습니다. 저는 그렇게 환자를 진료하고 싶지 않았지만 거절할 수 없었습니다. 저는 그의 치료를 시작하였고 이틀 만에 죽었습니다. 그 일 이후로 업무가 많이 적어졌습니다.

저는 인정하기 싫지만 이번에는 제가 실패한 것 같다는 것을 고백해야 합니다. 만일 제가 왕을 위하여 자금을 모을 수 있거나 혹은 그의 사적인 정사를 도울 수 있다면, 저는 일종의 영향력을 행사할 수 있을 것입니다. 그러나 이곳에는 애국심이 없고 모든 것들이 비틀거리는 것 같습니다. 미국 정부는 저에 대한 왕의 요청과 왜 한국인들이 저를 존경하는지를 계속해서 무시하고 있습니다.

저의 장부에는 605건의 진료 기록이 있습니다. 저는 두 명의 생명을 적극적으로 구하였고, 많은 사람들의 고통을 긍정적으로 덜어주었으며, 많은 전도지를 배포하였고 한 노인의 편안한 임종을 도와주었습니다. 그러나 저의 업무는 일본인 의사가 맡았을 것입니다. 저는 필요로 하지 않습니다. 태후의 죽음[19]과 그에 따른 애도 때문에, 설령 박사님이 지금 그것을 선호하더라도 올해 평양에 관한 계획을 세우는 것이 불가능하게 되었습니다. 저는 농업학교에서 가르치는 것에 대하여 심지어 언더우드 씨와 네비우스 박사와 상의하기도 하였습니다. 그들은 그것을 별로 선호하지 않는 것 같았습니다. 저는 박사님이 이곳에서 더 이상 의사를 필요로 할 것이라고 생각하고 있지 않습니다. 사역은 활짝 열려 있습니다. 박사님은 파송할 수 있는 한 많은 교사와 목회자가 필요합니다. 그리고 저는 떠나서 귀국하는 것이 나을 것 같습니다. 박사님은 어떻게 생각하십니까?

안녕히 계십시오.
H. N. 알렌

Horace N. Allen (Chemulpho),
Letter to Frank F. Ellinwood (Sec., BFM, PCUSA) (July 2nd, 1890)

Chemulpoo,
July 2nd[, 1890]

My dear Dr.,

I have kept the enclosed as I hate to foist these things upon you. I may not even send this, but I have a letter from Mrs. Hunt saying that "We were so alarmed that we determined to get aid at any cost. We telegraphed to the Commissioner to send you, or if you were unable to come to send Dr. Heron or

---

19) 대왕대비 조 씨(익종비)는 1890년 6월 4일 경복궁 흥복전(興福殿)에서 사망하였다.

Dr. Scranton." I presume the Commissioner referred the matter to the Customs Dr., and he preferred that, come what might, the Koreans should not know that I had been asked to take a eight days journey on such an important matter.

I have supposed that the loss of my professional reputation here was due to my recent departure from regular medical work. I am now pretty confident that it is due to the false representations of this man. Which are borne out by some unfortunate circumstances, as this. I was called in recently to see the local official here, a man in great favor with the King, and very highly thought of by foreigners. He had been sick many months and had given up, but an ever zealous foreigner persuaded him to call me in. I didn't wish to take the case but couldn't decline. I began and he died in two days. My work has fallen off much since then.

Much as I hate to admit it, I must here confess to you that I seem to be a failure this time. If I could raise money for the King or help him in his private amours I would have influence of a kind, but there is no patriotism here and everything seems to be tottering. My own Govn't persistently ignores the King's requests concerning me, and why should the Koreans respect me.

I have records of 605 cases on my books. I have saved two lives, positively relieved many distress, distributed many tracts and made one old man content to die, but my work would have been done by the Jap. Drs. I am not needed. The Dowager's death, and consequent mourning renders it impossible for me to pit thro' the Ping An scheme this year, even should you now favor it. I even consulted with Mr. Underwood and Dr. Nevius about my teaching in the farmer's school. They didn't seem to favor it. I don't think you need Drs. here any longer. The work is open - wide open. You need teachers and preachers as many as can be sent. And I guess I had better pull out and go home. What do you think?

I am,

Yours very truly,
H. N. Allen

대통령의 지명(指名).
Evening Star (워싱턴, D. C.) (1890년 7월 3일), 1쪽

대통령의 지명.

워싱턴, 7월 3일. - 오늘 대통령은 다음과 같이 지명하였다. (......) 오하이오 주의 H. N. 알렌, 한국 주재 공사관 서기관 (......)

Presidential Nominations.
Evening Star (Washington, D. C.) (July 3rd, 1890), p. 1

Presidential Nominations.

Washington, July 3. - The President today nominated Adam E. King, of Maryland, to be United States Consul General at Paris; H. N. Allen, of Ohio, United States Secretary of Legislation to Corea; Charles Heath, of Massachusetts, United States Consul at Catania, Italy; James J. Paterson, of West Virginia, United States Consul at Merida, Mexico.

프랭크 F. 엘린우드(미국 북장로교회 해외선교본부 총무)가
호러스 G. 언더우드(서울)에게 보낸 편지 (1890년 7월 3일)

(중략)

아직 유럽인들이 들어갈 수 있는 항구가 많지 않다는 사실이 더욱 유리하며, 나는 우리의 영향을 받을 수 있는 마을이 400평방 마일에 걸쳐 산재해 있다면 우리는 그곳으로 가야 한다고 생각합니다. 이제 만일 그렇게 된다면, 알렌 박사는 어떻게 될까요? 나는 현재 한 곳 이상을 차지할 수 없다는 점과 내가 가지고 있는 희망으로 부산을 선택하게 될까 봐 두렵습니다. 알렌 박사는 왜 제물포를 던져버리지 못하고 마펫 씨와 우리가 파송할 새로운 사역자를 부산으로 가라고 하지 않는지요!

(중략)

Frank F. Ellinwood (Sec., BFM, PCUSA),
Letter to Horace G. Underwood (Seoul) (July 3rd, 1890)

(Omitted)

The fact that it is not much of a port of entry yet for Europeans is all the more favorable, and if there are four hundred square miles dotted with villages open to our influence, I think we should go there. Now if that were done, how would it be about Dr. Allen? I fear that we cannot occupy more than one place at present, and my choice, with the light I have, would be Fusan. Why could not Dr. Allen throw up Chemulpho altogether, and with say Mr. Moffett and the new man whom we are expecting to send, go to Fusan!

(Omitted)

호러스 N. 알렌(제물포)이 프랭크 F. 엘린우드(미국 북장로교회 해외선교본부 총무)에게 보낸 편지 (1890년 7월 7일)

제물포,
1890년 7월 7일

친애하는 엘린우드 박사님,

5월 9일자 박사님의 친절한 편지가 어제 왔습니다.[20] 저는 박사님께 세 통의 편지를 썼는데, 그중 두 통은 파기하였고 세 번째 편지는 제가 보관하고 있습니다. 저는 아직 그것을 보내드릴 수 없습니다.

박사님은 앞으로의 전망에 대하여 틀림없이 낙심하셨을 것인데, 저는 박사님을 도울 수 있기를 바라지만 이번에는 완전히 실패한 것 같습니다. 저는 폭발로 팔이 거의 날아갈 뻔한 중국인을 위하여 중국 군함에서 시도한 절단 수술로 지금 침울해 있습니다. 저는 미국 군함 스와타라 호의 군의관[21]의 큰 도움을 받았지만, 그 사람은 사망하였습니다. 이것은 물론 박사님께는 사소하게 보일 수 있지만, 저에게는 매우 중요합니다. 저는 더 이상 명성이 없으며, 그것을 구축하는 데 극복해야 할 장애물이 많이 있습니다. 한국인들조차 저에게 등을 돌린 것 같습니다. 데니 부인이 박사님께 보낸 편지는 저에게 새로운 소식이지만 놀라지 않았습니다. 그녀가 저에 대하여 알고 있는 것은 헤론 부부로부터 들은 것이며, 헤론 박사도 그 문제에 대하여 비슷한 시도를 하였다는 것을 고려할 때, 그들이 그것을 시도했어야 했다는 사실에 저는 놀랐습니다.

사랑하는 박사님, 제가 워싱턴을 떠났을 때 저는 모든 정치적 열망을 포기하였다는 사실을 한 번 말씀드리겠습니다. 서기관 문제는 제가 아니라 딘스모어 씨와 왕에게서 [제안이] 온 것이었는데, 저는 그 일을 오래 전에 포기하였습니다. 저는 네비어스 박사에게 평양에 대한 박사님의 답장이 지연되는 것이라고 생각하였다고 말하였습니다.

당연히 박사님은 불쌍한 데이비스가 죽었다는 것을 알고 계십니다. 이곳에서의 진료와 관련하여 저의 장부에는 640건의 사례가 기록되어 있는데, 거의

---

20) Frank F. Ellinwood (Sec., BFM, PCUSA), Letter to Horace N. Allen (Chemulpo) (May 9th, 1890)
21) 군의관은 윌리엄 H. 존스(Willima H. Jones, 1840~1900) 소령이었다.

6개월 동안의 업무로 그렇게 많은 것은 아니었습니다. 그러나 저는 그들을 입원시킬 방들이 없었기 때문에 주로 그들을 방문한 것이었습니다. 제가 이 오두막들을 둘러보는 방식으로 볼 때 그 숫자가 더 많아야 할 것 같습니다. 저의 의약품이 고갈되고 있습니다. 제가 의약품을 충분히 공급하기 위해서는 한 달에 20달러가 더 필요하기 때문에 저는 박사님의 재정 상태를 고려하여 인접한 주택을 임차하고 싶지 않습니다. 제가 올해 편지를 쓴 저의 친구 찰스 리가 그의 교회가 선교사를 지원하기 위하여 착수한 또 다른 계획에 대하여 저에게 편지를 막 보냈는데, 그 계획에서 저는 배제되어 있습니다.

저의 사례 중에는 절단 1건, 분만 2건, 천자 1건 및 여러 건의 경미한 수술이 있었습니다. 그래서 박사님은 제가 '이익이 엄청난 사업'을 하고 있지 않다는 것을 아실 수 있습니다. 저는 설비나 충분한 약품이 없어서 때때로 한 환자를 위한 약을 만드는 데 하루 종일 보내기도 하였습니다.

제물포에 대해서는 박사님의 생각이 맞습니다. 그곳은 선교 사역을 하기에 열악한 곳입니다. 저는 많은 전도지를 나누어 주었지만, 사람들은 일반적으로 하층에서도 가장 천하며 물질적으로도 매우 가난합니다.

만일 제가 나누어주지만 않았어도 괜찮았을 것입니다. 저는 지금도 (서울로) 올라가 장로교회 선교부가 대대적으로 운영하고 있는 언더우드 학교에서 의료에 관해 가르치고 싶습니다. 그것은 선교 사역이 아닙니다. 하지만 박사님, 저는 인간이며, 헤론이 사람들로 하여금 저에게 등을 돌리도록 하는 상황에서 데니 가족들이 이곳에 남게 될지도 모른다는 가능성 때문에 저는 그곳에서 견딜 수 없을 것 같습니다. 저는 이곳에서 아주 조용히 살고 있습니다. 우리는 대단히 공식적인 요청에 응해야 할 때를 제외하고는 절대 외출하지 않습니다. 우리는 어떤 초대도 수락하지 않았습니다. 저는 사람들에게 저의 사역에 대한 성실함과 헌신을 확인시키려고 노력하였지만 헛수고이었습니다. 그들은 그것을 믿지 않을 것이며, 서울 사람들의 방식과 외관을 선호할 것입니다. (저는 심지어 착한 네비우스 부인과 여동생도 그렇다는 것에 놀랐습니다. 그들은 헤론 박사의 아주 좋은 집 등에 깊은 인상을 받았습니다.) 이곳의 사람들은 특히 감리교회 선교부의 스크랜턴 박사 부인(그녀는 스와타라 호에서의 무도회를 위하여 이곳에 왔습니다.)을 좋아하는데, 그녀는 선교사가 아니라 단순히 한 사람의 부인이라고 선언하고 있습니다.

뉴욕 시 프론트 가(街) 182에 살고 있는 제임스 R. 모스는 저에게 조지 F. 스튜어드가 데니를 상대로 큰 소송을 제기하기 위하여 기다리고 있기 때문에 데니가 고국으로 올 수 없다는 편지를 보냈습니다. 우리 바로 이웃이었던 워싱턴 스토튼 가(街) 1404의 카터 부인은 오리건 주 포틀랜드에서 데니 가족 건너편에 살고 있었는데, 데니 부인이 결혼 전에 매춘부이었으며, 데니는 그녀와 결혼을 할 수 밖에 없었다고 우리에게 말하였습니다. 저는 이것을 다른 누구에게도 말하지 않았으며 앞으로도 하지 않을 것이지만, 박사님은 저에게 가해하는 사람의 성격을 아셔야 합니다.

박사님은 바깥 그곳에 계시고, 제가 생각할 수 있는 것보다 더 침착하게 사물을 보실 수 있습니다. 제가 떠나는 것이 낫다고 생각하지 않으십니까?

부인과 총무들께 안부를 전합니다.

안녕히 계십시오.
H. N. 알렌

7월 7일자 편지의 추신
데니 부인이 저를 비난하는 내용이 정확히 무엇인지는 모르지만, 헤론이 그 문제에 개입되어 있다는 확신이 들어 한 사건에 대하여 말씀드리겠습니다.

지난 1월 제가 미국 공사관에 갔을 때 다이 장군과 커밍스 대령이 저를 방문하였습니다. 딘스모어 씨는 세 잔의 '칵테일'을 주문하였는데, 한 잔은 자신을 위하여, 나머지는 각각 장군과 커밍스를 위한 것이었는데, 저는 여러 번 거절하였기 때문에 저에게 물어볼 필요는 없었습니다. 커밍스는 잔을 비우고 떠났습니다. 그 후에 바로 헤론 박사가 와서 잔들을 보았는데, 제 옆에 놓여 있는 커밍스의 빈 잔을 보았습니다. 그의 얼굴은 너무나 악마 같은 미소를 띠고 있었기 때문에 나중에 저는 딘스모어 씨에게 "저는 헤론이 제가 칵테일을 마셨다고 생각하였으며, 그것을 저에 대하여 악의적으로 사용할 것이라고 믿고 있습니다."라고 말하였습니다. 그는 "저도 같은 생각이 들었습니다."라고 말하였습니다.

데니 판사는 저의 사무실 사환으로 시작하여 워싱턴에 있는 주미 한국 공사직에 오르기까지 제가 편지를 썼던 저의 따뜻한 친구 이하영을 방문하는 것을 불편해하였습니다. 데니는 (제가 아직 그 일에 흥미를 가지고 있을까 두려워하면서) 제가 광산 사업에 대하여 실수를 저질렀다고 그를 설득하려 하였습니다. 이(하영)는 모든 것을 알고 있었으며, 더 나아가 데니가 모든 진실을 알고 있고 그가 말하는 것이 완전히 거짓이라는 것을 알고 있었습니다. 그는 그에게 그렇게 이야기하였습니다.

데니 씨는 다른 사람들에게 광산 비용이 60,000달러라고 말하였습니다. 정

확한 액수는 12,200달러이었으며, 민영익은 데니가 왕의 계획을 실패로 이끄는
데 큰 역할을 하였다는 사실을 충분히 알고 있음을 저에게 확인시켜 주었습니
다. (저는 지시에 따랐을 뿐이었습니다.) 왕은 저에게 실패에 대한 책임이 없
다고 대답하였습니다.

H. N. 알렌

참조. 만일 박사님이 데니 부인의 편지를 저에게 보내 주신다면 저는 그녀
를 상대로 제소하고 완전히 변명하겠습니다.

미국 군함 스와타라 호 (USS Swatara)

스와타라 호는 1872년 뉴욕에서 건조된 목선이며, 1890년 당시 아시아 함
대에 소속되어 있었다. 당시 함장은 오하이오 주 델라웨어 출신의 존 맥고원
중령이었으며, 1890년 3월 17일 필립 H. 쿠퍼 중령으로 교체되었다. 스와타라
호는 1890년 2월 10일부터 23일까지, 3월 9일부터 4월 9일까지, 5월 5일부터 5

그림 9-1. 미국 군함 스와타라 호.

월 13일까지, 그리고 6월 5일부터 8월 30
일까지 제물포에 정박하였는데, 알렌이 도
움을 받은 것은 마지막 정박 중이었던 때
로 판단된다.

그리고 도움을 주었던 군의관은 펜실
베이니아 출신의 윌리엄 H. 존스(William H.
Jones, 1840~1900) 소령이었다. 그는 1858
년 필라델피아의 펜실베이니아 대학교 의
학부를 졸업하였다. 1863년 7월 해군 중위
로 임명된 후, 1866년 12월 대위로, 1873
년 7월 소령으로 승진하였으며, 1890년 3
월부터 1891년 5월까지 스와타라 호에 근
무하였다. 그는 1891년 11월 중령으로 승
진하였으며, 1893년 7월 전역하였다.

그림 9-2. 군의관 윌리엄 H. 존스.

Horace N. Allen (Chemulpo),
Letter to Frank F. Ellinwood (Sec., BFM, PCUSA) (July 7th, 1890)

Chemulpoo,
July 7, 1890

My dear Dr. Ellinwood: -

Your kind letter of May 9th came yesterday. I have written three letters to
you, two of which destroyed, the third I have held over. I may send it on yet.

You must be very much discouraged over the outlook and I wish I could help
you, but I seem to be an utter failure this time. I am just in the dumps over an
amputation I performed on the Chinese man-of-war for a man who had his arm
blown nearly off by an explosion. I was assisted well by the Drs. of the U. S. S.
Swatara, but the man died. This of course may seem trivial to you but it is much

to me. I have no reputation any more and have every obstacle to overcome in building up one. While even the Koreans seem to have turned against me. I am not surprised at Mrs. Denny's letter to you, though tis news to me. What she knows of me she learned from the Herons, and in view of Dr. Heron's similar attempt on the case I am surprised that they should have tried it.

Let me say once for all my dear Dr. that when I left Washington, I gave up all political aspirations. The Secretary matter came from Mr. Dinsmore and the King, not from me, and I gave that up long since. Tho' I told Dr. Nevius that I imagined it was that that delayed your answer about Ping An.

Of course you know poor Davies is dead. As to work here, I have 640 recorded cases on my books, not a very heavy showing for nearly six months. Yet they have been largely visits, as I have no room to receive in. And from the way I have ___ed around these huts, it seems as though the number should be more. My medicines are becoming exhausted. I don't feel like renting the adjoining house under your financial condition as it is $20 a month more - enough to furnish my medicines. My friend Chas. Lee to whom I wrote this year has just written me of another scheme his church have gone into for supporting a missionary which shuts me out.

Among my cases I have had one amputation, two deliveries, one paracentesis and several minor operations. So you see that I am not doing a "land office business." Not having appliances or a full stock of drugs I have spent a whole day sometimes in making a medicine for one case.

As to Chemulpoo, you are right. It is a poor place for mission work. I have given away many tracts but the people are as a rule the lowest of the low and very poor material.

If I had only never given away, it would be alright. I would even now go up and teach in Underwoods school for medical work as carried on by the Presbyterian mission in a grand force. It is not mission work. Yet Dr., I am human, and with Heron to put people against me, the probabilities of the Dennys remaining and all, I don't think I could stand it up there. I live very quietly here. We never goes out except when obliged to make a very formal calls. We have accepted no invitations out. I have tried to convince people of my sincerity and devotion to my work all in vain. They won't believe it, and prefer the style and display of the people in Seoul. (I was amazed even at the good Mrs. Nevius and her sister. They were much impressed by Dr. Heron's fine house, etc.) The people here are especially fond of Mrs. Dr. Scranton of the M. E. Mission who dances (she came here for the ball on the "Swatara") and declares she is not a missionary, simply the wife of one.

James R. Morse of 182 Front St., N. Y. writes me that Denny cannot come home as Geo. F. Steward is waiting to bring a heavy suit against him. Our next door neighbor, Mrs. Carter 1404 Stoughton St., Washington, lived opposite the Dennys in Portrland, Ore. and told us that Mrs. Denny was a strumpet & before marriage and Denny had to marry her. I have not mentioned this to any one else and shall not, but you ought to know the character of my assailant.

You are off there and can see things more calmly than I can. Don't you think I had better leave?

My kind regards to Mrs. Ellinwood and the Secretaries.

I am

Yours very truly
H. N. Allen

P. S. to July 7th epistle

Not knowing exactly what Mrs. Denny accuses me of, yet feeling assured that the Herons are in the matter let me mention an incident.

When at the U. S. Legation in Jan. last, Gen'l Dye and Col. Cummins called on me. Mr. Dinsmore called for three "cocktails", one for himself, one each for the Gen'l & Col., it was not necessary to ask me, as I had refused many times before. Cummins drained his glass and left. Soon after Dr. Heron called, seeing the glasses - the empty one of Cummins stood near me. His face underwent such a devilish smile that afterwards I said to Mr. Dinsmore, "I believe Heron tho't I had been having a cocktail and intends to use it against me." He said, "The same idea came to me."

Judge Denny had the ill sense to call on my warm friend Ye Ha Yong whom I wrote - from my office boy to U. S. Minister at Washington. Denny tried to persuade him that I had made a blunder about the mining business (fearing it would yet be interested to me.) Ye knew all about it and further knew that Denny knew the whole truth and that what he was saying was a complete falsehood. He told him so.

Denny has told others that that mining expense cost the Govn't 60,000. It cost exactly $12,200, and Min Yong Ik confirmed to me that they are fully aware that Denny had been largely instrumental in causing the King's own plan to fail. (I only obeyed orders) The King answered me that no blame rests upon me for the failure.

H. N. Allen

N. B. If you will send me Mrs. Denny's letter I will bring suit against her and fully vindicate myself.

18900724

새뮤얼 A. 마펫(서울)이 프랭크 F. 엘린우드(미국 북장로교회 해외선교본부 총무)에게 보낸 편지 (1890년 7월 24일)

(중략)

여학교는 이전에 알렌 박사가 거주하던 주택으로 이전하였는데, 도티 양이 도착하자 적은 비용으로 30명에서 50명의 소녀들을 수용할 수 있도록 개조되었습니다.

(중략)

박사님은 5월 10일자 편지[22]에서 알렌 박사의 배치 문제를 제기하셨으며, '우리가 선교지 확장에 관하여 올바른 결정을 할 수 있도록 우리가 갖고 있어야 할 모든 사실들'을 요청하였습니다. 그 요청에 답하기 위하여 저는 자유롭게 글을 쓰겠습니다. 저는 우리가 화합하고 있고 우리의 사역이 성공할 수 있는 여건에 있는 지금 선교본부가 알렌 박사를 서울로 보내지 않기를 진심으로 바라고 있습니다. 저는 화합이 깨지는 것을 보고 싶지 않으며, 그가 오게 되면 그토록 행복하게 극복해 온 분쟁과 분열의 망령이 다시 생길 것이라고 저는 확신합니다. 알렌 박사는 정치에 참여하였고, 당연히 정적(政敵)도 있습니다. 만일 그가 이곳에 온다면, 우리는 즉시 그에게 대단한 반감을 품은 사람들의 적개심을 받게 될 것이며, 이곳에서 우리의 입지가 얼마나 많은 영향을 받을지 모르겠습니다. 서울은 정치적인 소용돌이가 치는 곳이며, 우리는 정치적 반대를 끌어들여 우리의 선교 사역을 타협할 수 없습니다. 우리는 영적인 근거에서 반대를 받을 것으로 예상하고 있지만, 한국인들이 우리와 예수회를 구별하는 큰 차이점은 우리가 정치와 섞이지 않는다는 것입니다. 우리의 목표는 영적인 선교를 강조하는 것이어야 합니다. 제물포는 모두 사람들이 보기에 활동할 좋은 곳이 아니며, 부산에서의 예비 사역은 약 10달 동안 체류하였던 토론토의 녹스 대학 기독교 청년회의 게일 씨에 의해 이루어졌기에 저는 그가 부산에 남지 않은 것에 크게 실망하였습니다.

헤론 박사가 병환 중이기 때문에 알렌 박사를 이곳으로 불러 병원 일을 맡기는 것이 바람직해 보일 수 있습니다. (.....)

---

22) Frank F. Ellinwood (Sec., BFM, PCUSA), Letter to the Korea Mission (May 10th, 1890)

Samuel A. Moffett (Seoul),
Letter to Frank F. Ellinwood (Sec., BFM, PCUSA) (July 24th, 1890)

(Omitted)

The school was transferred to the house formerly occupied by Dr. Allen which upon Miss Doty's arrival was altered at little expense so that it will accommodate from 30 to 50 girls.

(Omitted)

Your letter of May 10th raises the question as to the location of Dr. Allen and you ask for "all the facts which we ought to possess in order that we may be guided to right decisions in regard to the occupation of fields". In response to that request I shall write freely. I sincerely hope that the Board will not send Dr. Allen to Seoul for now that we have such harmony and our work in condition for realizing success. I do not wish to see the harmony disturbed and I feel sure that his coming would bring about the spirit of strife & division which has been so happily overcome. Dr. Allen has been engaged in politics and of course has political enemies; If he comes here we immediately subject ourselves to the enmity of those who are very bitter toward him and I know not how much our position here would be affected. Seoul is a political whirlpool and we cannot afford to be compromised in our mission work by drawing upon ourselves political opposition. We expect opposition on spiritual grounds but the great distinction Koreans make between us and the Jesuits is - that we are not mixed up with politics. Our aim must be to lay stress upon our spiritual mission. I was greatly disappointed that he did not remain at Fusan, Chemulpo, in the opinion of all, is not a good point for occupation, and preliminary work had been done at Fusan by Mr. Gale of the Knox College Y. M. C. A. of Toronto, who has been there some ten months.

Owing to the sickness of Dr. Heron it might seem desirable to call Dr. Allen here in order to take the work at the hospital but for one.

(Omitted)

18900724

어거스틴 허드(주한 미국 공사)가
민종묵(외아문 독판)에게 보낸 공문 (1890년 7월 24일)

대미 흠명주차조선변리대신겸 총영사 허드는 조회할 일입니다.

최근 우리 대통령이 의사 알렌을 차정하니 본서의 참찬관(參贊官)으로 해당 관원이 이미 직무를 이어받아 일을 보고 있으므로 가까운 시일 내에 알렌 참찬과 함께 진배하려 합니다. 귀 독판에게 이에 먼저 알리기 위하여 조회하니 번거롭더라도 귀 독판께서는 잘 살피어 주심이 가하여 통지하는 바입니다.

대조선 독판교섭통상사무 민(종묵)
경인 6월 초8일

Augustine Heard (U. S. Minister to Korea),
Dispatch to Min Chong Mok (Minister, For. Office) (July 24th, 1890)

大美 欽命駐箚朝鮮辦理大臣兼 總領事 何, 爲
照會事, 照得, 近者 我
大統領以 醫師 安連 差定 本署 參贊官, 該員已接任 視事, 擬於日間, 與安
參贊 進拜
貴督辦, 玆先知照, 請煩
貴督辦 查照可也, 須至照會者,
右照會

大朝鮮 督辦交涉通商事務 閔
庚寅 六月 初八日

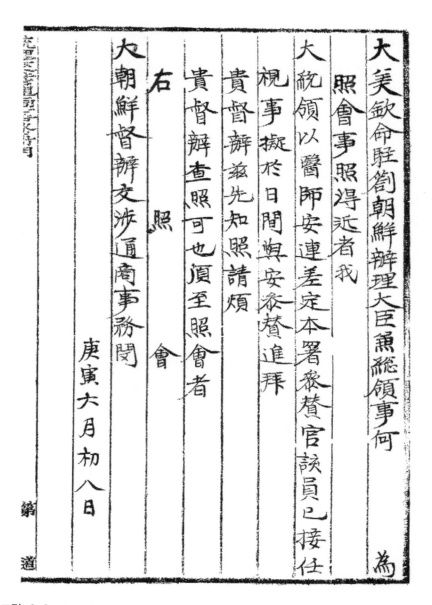

大美欽命駐劄朝鮮辦理大臣兼總領事何 為

照會事照得近者我

大統領以醫師安連差定本署叅贊官諒員已接任

視事擬於日間與安叅贊進拜

貴督辦玆先知照請煩

貴督辦查照可也順至照會者

右 照 會

大朝鮮督辦交渉通商事務閔

庚寅六月初八日

第 道

그림 9-3. Augustine Heard (U. S. Minister to Korea), Dispatch to Min Chong Mok (Minister, For. Office) (July 24th, 1890).

새뮤얼 A. 마펫(서울)이 프랭크 F. 엘린우드(미국 북장로교회 해외선교본부 총무)에게 보낸 편지 (1890년 7월 25일)[23]

1890년 7월 25일

　알렌 박사는 미국 공사관의 서기관 직책을 받아들였고 저는 선교부가 다음 주 정기회의에서 그것에 관한 어떤 결정을 할 것이라고 알고 있습니다. 그는 선교부와의 관계를 유지하며, 서울에 집을 제공해 달라고 요청할 것이라고 들었습니다. 저는 선교부가 어떤 결정을 할지 혹은 선교본부가 어떤 조언을 할지 모르지만, 만일 알렌 박사가 정치적 지위를 유지한다면 그는 한국 선교부와 모든 공식적인 관계를 완전히 단절해야 한다고 저는 믿고 있습니다. 그의 직책은 조선 정부의 감독 하에 있는 것이 아니며, 조선인과 우리를 돕겠지만 미국 공사관의 모든 공식적인 정치적 행위를 하게 될 것이며, 이는 선교부에 좋거나 나쁜 영향을 줄 것입니다. 이는 정치와 선교사의 일을 함께하는 것인데, 저는 선교 사역을 손상시키게 될 것이라고 확신합니다. 저는 그가 순수하게 선교사로만 지내거나, 아니면 한국 선교부와 모든 공적인 관계를 단절하도록 선교부가 요구해 주시기를 바랍니다. 우리가 모든 외부의 연합과 개입되지 않고 자유롭고 순수하게 선교 사역에만 몰두할 기회를 주시기 바랍니다.

　박사님께서는 제가 이 편지에서 선교부로 보낸 네 가지 공식적인 사항과 개인적으로 쓴 나머지 부분을 물론 구분하실 것입니다.

　안녕히 계십시오,
　새뮤얼 A. 마펫

---

23) 마펫이 엘린우드 총무에게 보낸 7월 24일자 편지의 추신이며, 날짜가 달라 별도의 편지로 분류하였다.

Samuel A. Moffett (Seoul),
Letter to Frank F. Ellinwood (Sec., BFM, PCUSA), (July 25th, 1890)

July 25, 1890

    Dr. Allen has accepted the position of Secretary to the U. S. Legation and I understand that the Mission will be asked to take some action with reference to it at the regular meeting next week. I have heard that he desires to maintain his connection with the Mission and will ask that we provide a house in Seoul. I know not what action the Mission or the Board will advise but I most earnestly trust that if Dr. Allen retains the political position that he will completely sever his official connection with the Mission. The position is not one under the Korean government and instead of helping us with the Koreans will but cause all the official political actions of the American legation to reflect for good or ill upon the Mission. It will be a combination of politics and missionary effort in which I feel sure the missionary work will be compromised. I do hope the Board will insist upon his being a missionary pure and simple or sever all official connection with the Mission. Please give us a chance to do purely missionary work free from all outside combinations and complications.

    Of course you will make a distinction between the four things in this letter sent officially from the Mission and the rest which I have written personally.

Sincerely yours in the work,
S. A. Moffett

호러스 N. 알렌(서울)이 프랭크 F. 엘린우드(미국 북장로교회 해외선교본부 총무)에게 보낸 편지 (1890년 7월 26일)

한국 서울,
1890년 7월 26일

친애하는 엘린우드 박사님,

저는 지난 우편으로 박사님이 이곳에서 사역을 확장하기 위한 방법을 찾고 있으며, 제물포, 부산 그리고 평양에 대한 저의 의견을 묻는 매우 고무적인 편지를 받았습니다.[24]

부산은 한국인들이 너무 흩어져 있고, 4,000명의 일본인들의 영향력은 좋은 선교 사역에 도움이 되지 않기 때문에 제물포처럼 그렇게 바람직하지 않습니다.

제물포는 항구이고, 힘든 곳이며 교육 사역에 적합하지 않습니다. 제가 거의 800명(770명)의 진료 기록을 갖고 있기에 의사 한 사람은 할 일을 풍부하게 찾을 수 있습니다. 감리교인들은 그곳에서 현지인 사역자를 지원하고 있습니다. 가톨릭에는 한 명의 사제가 있는데, 그는 계속 바쁜 것 같습니다. 저는 현재 제물포가 그리 박사님의 관심을 필요로 하다고 생각하지 않습니다.

평양에서 일을 시작해야 합니다. 감리교인들은 (의심스럽지만 그들이 할 수 있다면) 그곳을 곧 열 것입니다. 내륙에는 전망이 좋은 다른 곳들이 있습니다.

그러나 서울은 언어를 구사하는 사람 한 명으로 충분합니다.

물론 박사님은 지금 가엾은 헤론이 이질에 걸려 투병한 지 20일 만에 사망한 것을 아실 것입니다.[25] 그것은 우리들 모두에게 큰 충격이었습니다. 개인적으로 저는 말로 표현할 수 없을 만큼 애통합니다. 저는 그가 죽기 이틀 전에 [서울로] 올라가서 그의 간호를 제안하였습니다. 저를 부르지는 않았습니다. 언더우드는 간호하다가 녹초가 되어 버렸습니다. 기포드는 (헤론을 간호하는) 일을 계속 기피해서 모든 사람을 불쾌하게 만들었습니다.

월요일인 21일에 허드 공사는 미국 국무성으로부터 제가 서기관으로 임명

---

24) Frank F. Ellinwood (Sec., BFM, PCUSA), Letter to Horace N. Allen (Chemulpo) (June 20th, 1890)
25) 헤론은 7월 26일 사망하였다.

되었으며, 저에게 즉시 선서를 하라고 요청하는 내용의 전보를 받았습니다. 이것은 어쨌든 몸이 허약한 공사가 이질에 걸려 자신의 일을 수행할 수 없었던 사실 때문이었습니다. 또한 그는 공사관에 아무 현직자도 남아 있지 않을 수도 있음을 알았습니다.

저는 큰 곤경에 처해 있습니다. 왕은 저에게 만족감을 표시하였고, 모든 사람들이 저를 축하해주고 있으며, 모든 적들이 (데니 가족과 그 일파들을 제외하고는) 친구가 되었습니다. 그러나 저는 서약하는 것을 주저하였는데, 헤론이 죽으면서 제가 다른 어떤 사람보다 박사님께 빚을 지고 있는 것 같았기 때문입니다. 저는 언더우드 및 벙커와 많은 이야기를 나누었고, 마침내 박사님으로부터 말씀을 들을 수 있을 때까지 제가 헤론의 업무를 하도록 공사의 허락을 받아 선서하기로 결정하였습니다. 이것은 그 문제에 대하여 저에게 먼저 말하였던 병원 사람들을 기쁘게 하였습니다.

따라서 저는 박사님으로부터 소식을 들을 수 있을 때까지 이 조치를 영구적으로 결정하지 않을 것입니다. 또한 만일 제가 박사님께 돈을 갚아야 한다면, 저는 은값의 상승으로 인하여 아마 급여에서 어떠한 것도 저축할 수 없기에 저는 이 자리를 떠나야만 할 것입니다. 서기관으로서 저의 급여는 1,500달러이며, 부수입은 없습니다. 박사님과 함께 일을 할 때, 저는 1,600달러의 급여와 부수입이 있습니다. 또한 저는 아직까지 이곳에 주택이 없습니다. 사실 전망이 유망한 것은 아닙니다. 그러나 만일 제가 한국에 있을 것이라면, 저는 이런 상황에서 어떤 일도 잘 할 수 없으나 헤론의 죽음으로 저의 임명은 많은 다른 문제들을 해결하는 것 같았습니다.

저는 박사님께 많은 빚을 졌고, 저의 새로운 상황이 허락하는 한 어떤 경우에도 제가 박사님의 급여를 받고 있는 것처럼 충실하게 박사님을 섬길 것입니다. 저는 언더우드를 도울 준비를 할 수 있을 것 같습니다.

병원과 의료 사역에 대하여 저는 계속할 수 있을지 확신이 서지 않습니다. 헤론이 남겨놓은 유일한 의료 업무는 제가 아직까지 계약을 유지하고 있는 세관 의사 업무입니다. 스크랜턴, 일본인, 그리고 영국인 의사들이 서로 균형을 이루었습니다. 저는 로버트 하트 경이 영국인 의사에게 세관의 직책도 줄 것이라고 생각하고 있습니다. 따라서 그것은 고려할 가치가 거의 없으며, 어쨌든 돌아가면서 맡았고 너무 많은 문제를 일으켰습니다. 병원은 단순한 진료소로 축소되었고, 16명의 쩨쩨한 관리들이 환자들을 착취하여 돈을 빼앗는 매우 더럽고 비도덕적인 것으로 전락하였으며, 서양 의학의 명성은 이전에 민영익의 수술 사례를 제외하고 지금 거의 '존재하지 않는' 상태입니다.

병원을 선교부의 성공으로 만들기 위해서는 우리는 그것에 대한 완전한 통제권을 얻어야 합니다. 박사님께서는 약품, 설비, 인건비, 음식 등을 위하여 매년 2~3,000달러를 지출할 필요가 있습니다. 그런 다음 그곳에서 매일 정기적인 기독교 사역 활동이 이루어져야 합니다. 만일 박사님이 이것을 하실 수 없다면, 지금이 이 사역을 중단하는 데 가장 좋은 기회입니다. 평판이 좋은 사람은 현재와 같은 계획에 전념하려 하지 않을 것입니다. 그러나 만일 선교부가 우리가 박사님으로부터 들을 때까지 그것을 불안정하게 유지하기로 결정한다면 저는 그곳에서 매일 진료를 할 것이지만, ___ ___한 상황에서 주요 수술은 시도하지 않을 것입니다. 감리교인들은 도시가 내려다보이는 높은 지대에 멋진 벽돌 병원을 건축하고 있습니다. 그들의 신임 의사는 훌륭한 외과 의사입니다.26) 만일 박사님이 새로운 의료인을 보내신다면, 목사가 추천하는 사람을 택하시지 말고 병원 교수에게 추천을 받아 그의 능력을 판단한 후에 그의 종교를 살펴보십시오. 파워 박사는 모든 면에서 완전히 실패하였습니다.

헤론의 장례를 치러야 했고 공사가 병상에 누워 있었기 때문에 저는 선서를 해야만 했고, 저는 그의 _____와 너무 갑자기 빠지는 불쾌한 곳을 정리해야 합니다.

마지막으로 제가 헤론에 대하여 하였던 가혹한 말을 거두어들일 수 있다면 기쁠 것이라고 말씀드리고 싶습니다. 사실은 사실이었지만, 아직 여전히 간직하고 있을지도 모릅니다.

여러분들께 안부를 전합니다.

안녕히 계십시오.
H. N. 알렌

---

26) 윌리엄 B. 맥길(William B. McGill, 1859. 2. 17~1918. 3. 19)을 말하는데, 1889년 6월 6일 의료 선교사로 임명되어 8월 28일 한국에 도착하였다.

Horace N. Allen (Seoul),
Letter to Frank F. Ellinwood (Sec., BFM, PCUSA) (July 26th, 1890)

Seoul, Korea,
July 26th, 1890

My dear Dr. Ellinwood: -

I received a very encouraging letter from you by last mail, indicating that you were seeing your way clear to enlarging the work here and asking my opinion about Chemulpoo, Fusan and Ping An.

Fusan is not even so desirable as Chemulpoo since the Koreans are too scattered and the influence of the 4,000 Japanese is not conducive to good mission work.

Chemulpoo is a port, a hard place and not suited to educational work. A Dr. can find plenty to do as I have records of near 800 cases (770). The Methodists support a local native worker there. The Catholics have a priest, who seems busy constantly. I don't think Chemulpoo demands much attention from you at present.

Ping An should be opened. The Methodists will open it soon (if they can which is doubtful.) There are other places in the interior that offer good prospects also.

But with only one man who has the language, Seoul is more than enough.

You of course know now of poor Heron's demise[death] after twenty days struggling with dysentery. It is a great shock to all. Personally, I regret it more than I am able to express in words. I came up two days before his death and offered my services as nurse. I was not called upon. Underwood has nearly worn himself out in nursing. Gifford has disgusted everyone by his continued shirking.

On Monday 21st. Minister Heard received a telegram from the State Dept. announcing that I was appointed Secretary and asking me to take the oath at once. This was due to the fact that the Minister, feeble anyway, has been down with dysentery and unable to do his work. Also he found the Legation might be left without an incumbent.

I was in a great quandary. The King expressed his gratification to me, everyone was congratulating me, and all enemies (except Dennys and the sect) had turned friends. Yet I hesitated in taking the oath, for with Heron dying it seemed that I owed more to you than anyone else. I talked much with Underwood & Bunker and at last decided to take the oath, with the Minister's permission to do Heron's work till we can hear from you. This also greatly pleased the Hospital people who had already addressed me on the subject.

I will therefore not decide on this step permanently till I can hear from you. Also if I have to pay back any funds to you, I will have to throw up this place as I can't possibly save anything on the salary - owing to the rise of silver. My salary as Secretary is $1,500. and no extras. With you I have $1,600 and extras. Also I have no house here as yet. In fact, the prospect is not a flattering one. Yet if I am to be in Korea, I can't well do anything else under the circumstances. and, but for Heron's death, my appointment seemed to solve many different questions.

I owe you much and should in any case serve you as faithfully as if I were in your pay, so far as my new conditions may allow. I think I can arrange to help Underwood.

As for the Hospital and medical work, I am not sure that it will pay to continue it. The only medical work Heron leaves is the Customs for which I still hold the contract. Scranton, the Japanese and the incoming English Dr. have secured the balance. I think Sir Robert Hart will give the Customs to the English also. That is therefore hardly worth considering, it has served its turn and made a lot of trouble too, by the way. The Hospital has dwindled down to a mere dispensary and a very dirty and immoral one, though with sixteen petty officers to "squeeze" the patients and absorb the money, the reputation of Western medicine is almost "nil" now, except for surgery of which Min Yong Ik is a case ever before them.

To make the Hospital a mission success, we should get absolute control of it. You would need to spend from two to three thousand dollars per year in medicines, supplies, service, food, etc. Then regular daily Christian work should be done there. If you can't do this, the present is an excellent opportunity for letting the matter drop. As no reputable man would care to commit himself with the plan as at present. Yet if the mission decides to keep it afloat till we hear from you, I would hold a daily clinic there, but attempt no capital operations __ ___ ____ting circumstances. The Methodists are completing a handsome brick hospital on an elevation overlooking the city. Their new Dr. is a good surgeon. If you send out a new medical man, don't take one recommended by his pastor, but get a hospital faculty to recommend one and look up his religion after deciding on his ability. Power was an utter failure all around.

I had to take the oath because Heron's burial had to be arranged and the Minister was sick a bed, and I will have to settle his _____ ____ a slings and unpleasant place to be dropped into so suddenly.

Lastly, let me say that I would be glad if I could take back any harsh words I have said about Heron. The facts were facts, but I might have kept still.

I am with regards to you all

Yours very truly,
H. N. Allen

새뮤얼 A. 마펫(서울)이 프랭크 F. 엘린우드(미국 북장로교회 해외선교본부 총무)에게 보낸 편지 (1890년 7월 29일)

(중략)

혜론 박사의 죽음으로 우리에게 사실상 의사가 없게 되었습니다. 알렌 박사는 [미국] 정부의 임명을 수락하였지만, 저는 우리에게 다른 의사를 보내 주실 때까지 어떻게든 우리가 해낼 수 있다고 생각합니다.

(중략)

Samuel A. Moffett (Seoul),
Letter to Frank F. Ellinwood (Sec., BFM, PCUSA) (Jul. 29th, 1890)

(Omitted)

Dr. Heron's death leaves us practically without a physician. Dr. Allen has accepted the government appointment, but I think we can manage until we have another physician sent us.

(Omitted)

릴리어스 H. 언더우드(서울)가 프랭크 F. 엘린우드(미국 북장로교회 해외선교본부 총무)에게 보낸 편지 (1890년 7월 30일)

(중략)

박사님께서 아시는 것처럼 알렌 박사는 공사관의 서기관이 되었고, 서울에서 살기 위해 오고 있습니다. 그는 선교사 겸 관리를 제안하였습니다. 언더우드 씨는 여러 가지 이유로 이것이 실제적이지 않을 뿐 아니라 바람직하지 않다고 생각하고 있습니다. 그의 시간은 완전히 공사관의 통제하에 있으며, 외교관이라는 환경의 영향을 받습니다. 박사와 같은 사람이 끊임없이 비기독교적인 동양 사회와 교제하는 것은 선교부에 바람직하지 않은 요소를 가져다 줄 것입니다. 언더우드 씨는 알렌 박사가 서기관 직을 거절해야 하고 선교회에 남아 헤론 박사를 대신해 주기를 대단히 바랐습니다. 그는 이것을 하지 않았고, 지금은 대단히 분명하게 이야기하지 않기를 바라고 있지만 우리는 아직도 두 일을 모두 하려고 한다고 느끼고 있으며, 그것은 잘못입니다. 제중원과 외국인 진료가 모두 공석이며, 마펫 씨, 게일 씨, 언더우드 씨와 저 모두는 다른 조건이 아니며 그 자리들이 이런 상태로 있다면 누가 되었든 선교부와 의료 선교사에게 좋은 일이 될 것이라고 느끼고 있습니다. 그 두 가지 일은 우리에게 도움이 된다는 것을 알 수 없으며, 오히려 우리가 하러 온 일을 방해합니다.

(중략)

Lillias H. Underwood (Seoul),
Letter to Frank F. Ellinwood (Sec., BFM, PCUSA) (July 30th, 1890)

(Omitted)

Dr. Allen as you know has become Secretary of Legation and is coming to Seoul to live. He has suggested being both missionary and official. Mr. Underwood thinks that for several reasons this would be neither practicable nor desirable. His time is completely under the control of the Legation and the influence of the surroundings, of a position of that sort. The constant intercourse with unchristian eastern society especially upon a man like the doctor, would bring an undesirable element into the mission. Mr. Underwood was very desirous that he should refuse the secretaryship, remain in the mission and take Dr. Heron's place. This he did not do, and now, although wishing not to speak too positively, still we feel that to try to do both would be a mistake. The government hospital and the foreign practice are both now left vacant, and Mr. Moffett, Mr. Gale, Mr. Underwood and I all feel that it will be a good thing for the mission and the missionary doctor, whoever he may be, if they remain so, unless under different condition. We cannot see that they help us, but rather hinder, the work which we came to do.

(Omitted)

회의록, 한국 선교부 (미국 북장로교회) (1890년 7월 31일)

(중략)

다음의 청구가 낭독되고 승인되었다.

(......) 알렌 박사   212.00달러 (......)

(중략)

병원에 대한 논의가 있었다. 알렌 박사는 병원의 책임을 맡겠다고 제안하였다. 이어 그곳에서의 기독교 사업의 필요에 대한 논의가 이어졌는데, 모두 그곳에서 기독교 사역을 할 수 없다면 선교부로서는 병원을 계속 유지하는 것은 권할 수 없으며, 협상을 하는 두 달 동안 병원을 닫아도 아무런 해가 없을 것이라고 생각하였다. 언더우드 씨는 병원의 상태를 조사하고 그것의 존속과 관련된 책임자들로부터 정보를 얻어 보고하도록 발의되었다.

(중략)

Secretary's Book, Korea Mission (PCUSA) (July 31st, 1890)

(Omitted)

The following orders were read & approved:

(......) Dr. Allen $212.00   (......)

(Omitted)

The Hospital came up for discussion. Dr. Allen offered to take charge of the Hospital. A discussion on the need of Christian work there then followed, & all agreed that unless Christian work could be done there, it was inadvisable for the Mission to continue the Hospital, & it was felt that no harm could arise were the Hospital closed for two months pending negotiations. Moved that Mr. Underwood investigate the condition of the Hospital & interrogate those in authority with reference to its continuance & report ...

(Omitted)

호러스 G. 언더우드(서울)가 프랭크 F. 엘린우드(미국 북장로교회 해외선교본부 총무)에게 보낸 편지 (1890년 8월 4일)

(중략)

당연히 박사님께서는 알렌 박사가 공사관의 서기관으로 임명되었다는 소식을 들으셨을 것입니다. 그는 저에게 와서 그 직책을 수락하는 것에 대하여 조언을 구하였고, 저는 그가 이곳으로 파송된 선교사로서 남아 있으라고 강력하게 촉구하였습니다. 그는 이것에서 자신의 길을 볼 수 없었고, 박사님도 아시다시피 공직 선서를 하였습니다. 저는 그의 궁극적인 의도가 무엇인지 모르지만, 그가 이중 직책을 맡아야 한다고 생각하기 어렵습니다. (주미 한국)공사관의 서기관으로서 그는 훌륭하고 실질적인 선교 사업을 많이 할 수 있었습니다. 저는 만일 그가 정치적 직책을 맡게 된다면 선교부와의 관계는 단절해야 한다고 생각합니다.

그는 현재 특별한 입장에 있습니다. 그는 제물포에 자리 잡도록 선교부의 승인을 요청하였고 허락을 받았는데, 지금은 공식 직책으로 이곳 서울에 있으며 어떤 변경 사항이나 무엇을 하려는지 선교부에 알리지도 않았습니다. 그는 정규 선교사처럼 우리 선교부 회의에 참석하지만 그의 시간은 완전히 미국 공사의 통제 하에 있습니다.

미첼 박사님이 이곳을 방문하였을 때 모든 사역의 전반적인 방향은 선교부가 충분히 토론하는 주제로 삼아야 하지만, 세세한 사항들은 개인에게 맡겨질 수 있다고 아주 분명하게 정하였습니다. 미첼 박사님은 이러한 방식으로만 선교 사업을 할 수 있다고 언급하였고, 우리 모두는 지금부터 이곳에서 따라라 할 계획임에 틀림없다고 생각하고 있습니다.

같은 회의에서 병원 문제와 그것에 대하여 무엇을 해야 하는지가 논의 되었습니다. 우리 모두(제 생각에 알렌 박사도 포함하여)는 선교 사역을 할 수 없는 순수한 정부 기관으로 병원을 계속 운영하는 것은 선교부로서는 최선이 아니라고 느끼고 있습니다. 개원 당시에는 괜찮았지만, 이제 우리 모두는 기독교 사역이 의료 사업과 병행되어야 한다는 의견을 가지고 있습니다. 헤론 박사도 이것을 느꼈고, 그가 죽기 전에 여러 번 이것을 말하였습니다. 우리의 대부분은 만일 정부가 동의한다면 선교부가 병원을 인수받아 선교 병원으로 만드는 것이 좋은 방안으로 생각하였습니다. (......)

Horace G. Underwood (Seoul),
Letter to Frank F. Ellinwood (Sec., BFM, PCUSA) (Aug. 4th, 1890)

(Omitted)

Of course you will have heard of Dr. Allen's appointment as Secretary of the Legation. He came and asked my advice about accepting it, and I strongly urged him to remain what he came out, a missionary. This he could not see his way to and as you know has been sworn into office. What his final intentions are I do not know, but I hardly think he ought to hold the double position. While as secretary of the Legation he could do a great deal of good & real missionary work. I think if he enter a political position, he ought to sever his connection with the Mission.

He at present is in a peculiar position. He asked the mission's permission to locate at Chemulpo and this was given, and now he is here in Seoul in an official position, and has not even notified the mission of any change or of what he intends to do. He comes to our meeting as though a regular Missionary, and yet his time is entirely at the disposal of the U. S. Minister.

Dr. Mitchell when here laid it down very plainly that the general lines of all work must be the subject of full mission discussion while details may be left to the individual. Dr. Mitchell stated that only in this way can mission work be done, and we all feel that from now on this must be the plan followed here.

The matter of the Hospital and what should be done with it came up for discussion at the same meeting. We all (Dr. Allen I believe included) feel that it is not best for the Mission to continue to run the Hospital as a purely government affair, where no missionary work can be done. It was well at the start, but we are now all of the opinion that the time has come when Christian work should go with the Medical. Dr. Heron also felt this & before he died spoke of it many times. It has seemed to most of us that it would be a good plan for the Mission, if the government will agree, to take over the Hospital & make a mission Hospital fit.

(Omitted)

서울의 병원. 미국 북장로교회 해외선교본부 실행이사회 회의록, 1837~1919 (1890년 8월 4일)

서울의 병원. 전보로 H. N. 알렌이 서울에 있는 병원의 책임을 맡도록 지시하기로 결의하였다.

Hospital at Seoul. *Minutes [of Executive Committee, PCUSA], 1837~1919* (Aug. 4th, 1890)

Hospital at Seoul. It was resolved that H. N. Allen be directed by cable despatch to charge assume of the hospital in Seoul.

프랭크 F. 엘린우드(미국 북장로교회 해외선교본부 총무)가
호러스 N. 알렌(서울)에게 보낸 편지 (1890년 8월 6일)

1890년 8월 6일

친애하는 알렌 박사님,

　　나는 오늘 박사님이 쓴 두 통 이상의 편지를 받았습니다. 나는 어제 서울 병원의 책임을 맡도록 지시하는 전보를 박사님께 직접 보냈습니다. 만일 외국인 진료를 중단한다면, 우리는 맡지 말아야 합니다. 헤론 박사가 그것을 하지 않았었더라면 더 좋았을 것입니다.

　　낙담하지 마세요. 만일 그것과 같은 잘못된 인상이 있다면 침묵으로 ＿＿ 하세요. 헤론 부인에게는 공감만을 표시하세요. 그녀의 불행은 큽니다. 나는 그녀에게 편지를 썼습니다. ＿＿ 그것이 데니 부인에게 부담을 주었다고 생각하며, 그녀는 모든 ＿＿＿이 정치적인 것이었다고 생각하였습니다.

　　그녀는 명확하게 비난을 하지 않았습니다. 그렇더라도 그녀가 소송을 제시하는 것은 어리석은 일입니다. 과거를 영원히 죽게 합시다. 박사님이 가장 온전한 의미에서 더 단순하고 헌신적으로 ＿＿ 절약이 될 수 있도록 하나님께서 단순히 박사님의 길을 막으셨을 수도 있습니다.

　　＿＿＿의 표시로 ＿＿＿에 대한 모든 것을 나에게 이야기해주세요. 우리는 언더우드 씨와 계속하기로 결의하였습니다. 나는 박사님이 아주 친절한 그를 발견할 것이라고 생각합니다.

　　안녕히 계세요.
　　F. F. 엘린우드

Frank F. Ellinwood (Sec., BFM, PCUSA), Letter to Horace N. Allen (Seoul) (Aug. 6th, 1890)

Aug. 6th, 1890

My dear Dr. Allen:

Your two or more letters I have today. I sent cable yesterday direct to you to take the hospital at Seoul. If our foreign work drops off we should not <u>cover</u>. It would have been better if Dr. H. had not had it.

Do not be disheartened. If there is a wrong impression like it _____ <u>by</u> fidelity a silence. Show only sympathy for Mrs. Heron. Her calamity is great. I have written her. ____ ___ think that it loaded up Mrs. Denny, fancied that all her __ was political.

She made no definite charges. Even if she had it would be foolish to commence a suit. Let the past be dead forever. It may be that God has simply hedged your way in order that you may become more simply & devotedly a ____ economy in the fullest sense.

Tell me all about the _____ as makers ____ ____. We resolved to get on with with Mr. Underwood. I think you will find him entirely friendly.

Sincerely yours,
F. F. Ellinwood

프랭크 F. 엘린우드(미국 북장로교회 해외선교본부 총무)가
한국 선교부로 보낸 편지 (1890년 8월 6일)

(중략)

나는 어제 선교본부의 권한으로 알렌 박사가 서울에서 병원 등에서의 의료 사역의 책임을 맡도록 전보를 보냈습니다. 우리가 병원과 관련하여 시작 때부터 가지고 있던 사업을 유지해야 하는 것이 중요해 보입니다. 나는 선교부로부터 더 자세히 듣고 현장에서 생각하고 있는 견해를 들어 모든 사실에 대하여 알게 될 때까지 어떤 일반적인 조치를 취할 수 있을지 말할 수 없습니다.

이것은 우리가 새 지부를 개척하려는 계획을 중지시킬 것입니다. 나는 단지 중지라고 말하고 있는데, 만일 우리가 계획한 대로 새로운 사람, 다시 말해 한국 선교지로 임명한 윌리엄 M. 베어드 목사를 파송한다면, 우리는 머지않아 다른 의사를 찾아 진척시켜 새로운 거점을 차지해야 하기 때문입니다.

(중략)

Frank F. Ellinwood (Sec., PCUSA),
Letter to the Korea Mission (Aug. 6th, 1890)

(Omitted)

I sent yesterday a cable dispatch upon the authority of the Board, authorizing Dr. Allen to take charge of medical work in Seoul _____ the hospital etc. It seems important that we should keep possession of the work which we have had from the beginning in connection with the hospital. I cannot tell what arrangements of a general kind may be made until we hear more fully from the Mission and receive expressions of the views which are entertained on the ground, and made conversant with all the facts.

This will call a halt in our plans for the occupation of new stations. I say a halt only, because if we send out a new man as we are planning to do, namely Rev. William M. Baird who has been appointed to your field, we ought at an early day to find another physician and go forward and possess some new point or points.

(Omitted)

프랭크 F. 엘린우드(미국 북장로교회 해외선교본부 총무)가
호러스 N. 알렌(서울)에게 보낸 편지 (1890년 8월 8일)

1890년 8월 8일

친애하는 알렌 박사님,

　서울에 있는 병원을 맡을 권한을 부여하는 선교본부의 투표에 의해 어제 박사님께 전보를 보냈습니다. 박사님은 이 나라에서 우리의 유일한 의료인 대표이며, 우리는 그 중요한 일을 다른 선교부에 넘겨서는 안 된다고 생각합니다. 이것이 어떤 위험을 포함하더라도 그들이 이것을 일찍 알게 해주세요. 건물과 관련된 경비와 관련해서 말입니다. 그러나 그 사업은 즉시 맡아 추진되어야 합니다.

　박사님의 이름이 주한 공사관의 서기관으로 상원에 제출되었다는 소문을 듣고 있습니다. 박사님은 최근에 이와 관련하여 나에게 편지를 보내지 않았으며, 그러한 일이 예상된다면 우리가 의료 업무에 대한 다른 준비를 할 수 있도록 나에게 가장 빠르게 통지해 줄 것이라고 믿고 있습니다. 헤론 박사가 휴식을 취해야 하는 동안 하디 박사가 한동안 병원 등의 업무를 떠맡는 것과 관련하여 헤론 박사와 토론토의 하디 박사 사이에 약간의 서신 교환이 있었습니다. 하지만 우리는 이곳에서 8월까지는 시작하지 않을 것입니다. 내가 지금 제안하는 이 조치가 실행된다면 그가 서울에 갈 필요가 없어질 것입니다.

　모든 문제에 대하여 나에게 자세히 써 주세요. 알렌 부인과 선교계에 안부를 전합니다.

　안녕히 계세요.
　F. F. 엘린우드

Frank F. Ellinwood (Sec., BFM, PCUSA),
Letter to Horace N. Allen (Seoul) (Aug. 8th, 1890)

Aug. 8th, 1890

My dear Dr. Allen: -

I sent you yesterday a cable dispatch by vote of the Board authorizing you to take charge of the hospital in Seoul. You are our only medical representative in the country, and we feel that we should not turn over that important work to another mission. Whatever <u>dangers</u> this involves, let them be made known at the earliest day: I mean with reference to expenditures connected with buildings. But the work should be taken up at once and carried forward.

I hear a rumor that your name has been sent to the Senate as Secretary of Legation. You have not written me recently in regard to this, and if there is such a thing in prospect I trust you will give me the earliest notification in order that we may make other provision for the medical work. There had been some correspondence between Dr. Heron and a Dr. Hardie of Toronto in regard to the latter's taking up of the work at the hospital etc. for a time, while Dr. Heron should rest. We are not to start from here, however, until August. This arrangement which I now propose, if carried out, will obviate the necessity of his going to Seoul.

Please write me fully in regard to all matters. With very kind regards to Mrs. Allen and to the mission circle, I remain,

Sincerely yours,
F. F. Ellinwood

18900808

호러스 N. 알렌(주한 미국 공사관 서기관)이 프랭크 F. 엘린우드 (미국 북장로교회 해외선교본부 총무)에게 보낸 편지 (1890년 8월 8일)

미국 공사관,
한국 서울,
1890년 8월 8일

친애하는 엘린우드 박사님,

어느 모로 보나 제가 이곳의 선교부에서 사역을 거의 할 수 없을 것이기에 제가 공사관의 서기관으로 임명된 것은 섭리적인 일이었던 것 같습니다. 헤론 가족은 새로 오는 사람들에게 제가 믿을 만한 사람이 못된다는 인상을 갖게 한 것 같습니다. 저는 마펫을 비난하지 않습니다. 그는 진실한 사람이며, 한쪽의 이야기만 들었고 게다가 제가 이곳에서 하였을 선행들에 대하여 분명하게 알지 못하면서 제가 어떤 이유로 단지 그들에게 상처주기 위하여 이곳에 온 것이라고 생각하고 그 사람들에게 충분히 공감을 표시하였습니다.

지난 주 선교부 회의에서 저는 확실한 조치가 취해질 때까지 병원에서 진료하겠다고 제안하였습니다. 저의 제안은 받아들여지지 않았습니다. 병원을 계속 유지하는 것이 바람직할지 여부에 대한 토론이 이어졌는데, 그것은 박사님들만이 결정할 수 있다고 생각하였습니다. 그런 다음 저는 병원에 가서 재고를 조사를 하고, 더 나은 종교적, 재정적 조치와 보고를 위하여 현지인 관리들과 논의하겠다고 제안하였습니다. 수치스럽게도 마펫 씨는 이것에 반대하였고, 언더우드 씨의 임명을 받아들였습니다. 언더우드 씨는 말하기 이상하지만 그 병원을 어떻게 얻어낸 것인지 설명해야 했습니다. 그들은 그 설명을 전적으로 믿지 않는 것 같았습니다.

다음 날 아침, 병원의 대표 관리가 저를 기다리고 있었으며, 저에게 병원의 책임을 맡고 그들에게 의사 한 명을 데려다 줄 것을 요청하였습니다. 저는 그를 언더우드 씨에게 소개하고 제물포로 갔는데, 저는 그곳에서 설사로 며칠간 고생을 하였습니다. (하지만 저는 일요일에 20명의 한국인을 치료하였습니다.) 제가 돌아오자 그 관리가 찾아와서 "왕과 외아문 독판이 병원을 박사님의 손에 맡기고, 박사님이 병원을 위한 의사 한 명을 선정해 주고, 할 수 있다면 그동안 병원에서 진료를 해 줄 것을 요청하였습니다."고 말하였습니다.

그래서 그렇게 된 것입니다. 저는 이곳에 집이 없습니다. 제 가족은 아직 제물포에 살고 있습니다. 저는 벙커 씨 집에 머물고 있습니다. 공사관은 모든 것이 멈추었고, 저를 위한 장소는 없습니다. 제가 가족을 데리고 올라오자마자 저는 병원 업무를 시작할 것입니다. 저는 어쨌든 박사님께 제가 남겨 두었던 재고 약품을 조금이라도 가질 수 있도록 요청하려고 하였습니다. 제가 이 직책을 유지하는 것처럼 저는 여전히 의료 활동을 계속하고, 약과 함께 전도지를 배포하고 싶습니다.

헤론 부인은 이곳에 남아 있기를 기대하고 있습니다. 우리의 문제가 줄어들지 않을 것이라는 것이 이곳에 오래 있었던 사람들의 일반적인 믿음입니다. 그녀를 아는 모든 사람들은 그녀가 불화를 선동한 원인이었으며, 그녀의 질투심 많은 야망이 헤론을 죽음으로 몰아갔다는 것을 알고 있습니다. 그녀는 매우 아름다운 여자이고 의심할 여지없이 곧 결혼할 것이기에 그녀가 박사님께 큰 비용을 들게 할 것이라 생각하지는 않지만, 박사님은 그녀에게 연금을 지불하고 은퇴시킬 것입니다.

의사에 대해서는, 비록 제가 박사님과 함께 남아 있더라도 저에 대한 박사님의 재정적 조치에 따라야 합니다(박사님께 돈을 환불하는 것을 의미합니다.) 저는 이곳에 남아 있는 것보다 평양을 개척하는 것을 더 선호한다고 생각합니다. 그래서 만일 박사님이 이 사역을 계속하시기를 바라신다면 한 사람이 필요할 것입니다.

만일 박사님이 한 사람을 보내셨다면, 빨리 보내주십시오. 저는 편지를 동봉한 한 사람인 _____ 박사를 알고 있습니다. 그는 경험이 많고 모범적인 기독교인입니다. 만일 박사님이 그를 얻을 수 있다면, 박사님은 잘하신 일이 될 것입니다.

모든 분들께 안부를 전합니다.

안녕히 계십시오.
H. N. 알렌

Horace N. Allen (Sec., U. S. Legation to Korea),
Letter to Frank F. Ellinwood (Sec., BFM, PCUSA) (Aug. 8th, 1890)

U. S. Legation,
Seoul, Korea,
Aug. 8, 1890

My dear Dr. Ellinwood: -

It would seem that my appointment as Sect'y of Legation was a Providential thing, as from all appearances I would be of little service in the mission here. The Herons seem to have fully impressed the new people with the idea that I am not to be trusted. I don't blame Moffett. He is a sincere man and having heard but one side, and moreover not apparently knowing of any good deeds I may have done here, he has fully sympathized with the people, that for some reason imagined I only came here to injure them.

At the mission meeting last week, I offered to attend to the Hospital till definite arrangements could be made. My offer was not accepted. A discussion followed as to the advisability of keeping up the hospital or not, which I thought could only be decided by yourselves. I then offered to go to the hospital, take an inventory, consult with the native officials as to better religious and financial arrangements and report. To my mortification, Mr. Moffett opposed this and received the appointment of Mr. Underwood. The latter strange to say, really had to explain to them how the hospital was obtained - a statement that they seemed not to credit wholly.

The next morning, the chief of the officials of the hospital, awaited upon me and asked me to take charge of the hospital and get them a doctor. I referred him to Mr. Underwood, and went to Chemulpoo where for several days I was ill with diarrhea. (I treated 20 Coreans on Sunday, however). On my return, this same official came, saying "the King and the President of the Foreign Office leave the hospital in your hands, and ask you to select a Dr. for it, and to attend to it in the meantime, if you can."

Thus it stands. I am without a home here. My family still live in Chemulpoo. I board at the Bunkers. The Legation is all run down and has no place for me. As soon as I get my family up, I will commence on the Hospital. I was going to ask you anyway to let me retain the little stock of medicines I have left. As if I continue in this position, I still wish to keep up my medical work and the distribution of tracts with medicines.

Mrs. Heron expects to remain here. It is the common belief of the older ones that there will be no abatement of our troubles. All who know her know that she was the inciting cause of the troubles and that her jealous ambitions nagged Heron on to his death. I don't think she would be a great expense on you, as she is a very good-looking woman and would doubtless marry soon, but it would pay you to pension and retire her.

About a physician, even if I remain with you, in which I must be guided by financial arrangements you may make with me (I mean about refunding of money to you). I think I would prefer to open up Ping An rather than to remain here. So you will need a man if you wish to keep up this work.

If you sent one, please do it soon. I know a man to whom I enclose letter, Dr. ____. He is a man of experience and an exemplary Christian. If you can get him, you will do well.

With regards to all, I am

Yours truly,
H. N. Allen

프랜시스 M. 알렌(제물포)이 프랭크 F. 엘린우드(미국 북장로교회 해외선교본부 총무)에게 보낸 편지 (1890년 8월 10일)

제물포,
1890년 8월 10일

친애하는 엘린우드 박사님,

제 남편이 저에게 자신의 우편물을 보내는데, 그것에는 박사님께 보낸 편지가 있었습니다. 저는 제 자신이 이전에 여러 번 느꼈던 것같이, 박사님과 선교본부가 항상 우리와 우리의 동료들에게 보여준 참을성 있는 배려에 대하여 감사함을 느끼고 있습니다. 저는 우리가 박사님의 크신 친절함에 합당하다는 것을 증명할 것이며, 그 결과 우리의 유용성이 커질 것이라고 믿고 있습니다. 박사님의 승인과 우리에게 많은 것을 기대하는 고국의 다른 훌륭한 사람들의 승인을 통하여 최선을 다하고 기회를 최대한 활용하는 것은 항상 큰 격려입니다. 그리고 저는 박사님이 우리의 필요를 아낌없이 제공하기 때문에 박사님은 우리 쪽에서 화합과 근면을 기대할 권리를 가지고 있다고 생각합니다. 곧 한국에서 유망한 일을 볼 수 있기를 바랍니다.

따뜻한 안부를 전합니다.

안녕히 계십시오.
패니 M. 알렌

Frances M. Allen (Chemulpo),
Letter to Frank F. Ellinwood (Sec., BFM, PCUSA) (Aug. 10th, 1890)

Chemulpo,

Aug. 10, 1890

My dear Dr. Ellinwood: -

My husband sends me his mail to forward, and with it a letter to you. I feel as I have many times felt before, like thanking you myself for the patient consideration you and the Board have always shown us and our colaborers. I trust we shall prove worthy of your great kindness and that our usefulness may be increased in consequence of it. It is always a great incentive to do ones very best and make the most of the opportunity with the knowledge of your approval, and that of other good people at home who expect so much of us. And I think you have a right to expect harmony and industry on our part, since you provide for our needs so generously. Hoping you may soon see promising things in Korea.

I remain,

With very warmest regards,

Yours sincerely,

Fannie M. Allen

호러스 G. 언더우드(남한산성)가 프랭크 F. 엘린우드(미국 북장로교회 해외선교본부 총무)에게 보낸 편지 (1890년 8월 10일)

(중략)

정부 병원이 예전보다 선교 병원에 더 가까워야 한다고 느끼면서 지금이 변화가 일어나야 할 때라고 판단하였고, 정부가 제안한 사항을 검토하기 위한 1인 위원회가 임명되었습니다. 알렌 박사는 병원을 맡기 위하여 진료를 제공하겠다고 제안하였지만, 그것들을 채택하는 것이 가장 좋은 것으로 간주되지 않았습니다. 그것은 첫째, 만약 변화들이 이루어지려면 지금 이루어져야 하며, 둘째, 일부 사람들의 마음에는 명목상 선교부의 결정에 관한 한 알렌 박사는 제물포에 머물고 있었고, 선교부에 말 한 마디도 하지 않고 그의 직책에 대한 계약 조건에 따라 그의 모든 시간을 빼앗을 수 있는 정치적 직책을 수락하였는데, 알렌 박사가 선교사로서 그 직책을 맡고, 그렇게 해서 선교사이자 정치인이라는 이중적 직책을 가진 한 사람을 승인하는 것은 선교부를 위하여 최선이 아니었기 때문입니다.

만일 알렌 박사가 자신이 공사관 서기관의 직책을 수락하였고, 그렇게 해서 자신의 선교사 지위는 끝났으며, 주님의 일을 열망하는 의사이자 기독교인으로서 주님의 사역을 열망한다고 우리에게 말하였었다면 그는 예외 없이 사역을 제공하였을 것입니다. 그는 이 일들을 조사하는 위원회의 한 명으로 임명되었을 것이며, 정부와 특정 계약을 맺은 후 그가 책임을 맡도록 요청받았을 것입니다.

어떤 사람들은 그에게 병원의 책임을 맡아 달라고 부탁하는 것이 그가 이중 직책을 갖는 측면에서 우리를 포함할 것이라고 생각하지 않았지만, 이 문제에 대한 다수파의 감정이 너무 강해서 소수파가 양보하고 만장일치로 결정을 내렸습니다.

저의 개인적인 생각은 알렌 박사가 전임 선교사가 되어야 하지만, 그가 공사관의 서기관 직을 받아들인다면 그는 선교사 직을 사임해야 합니다. 그가 진정한 의미에서 선교사 직을 그만두어야 한다는 것이 아니라, 그가 미국 정부의 관리로 근무하므로 그가 선교부와 공식적 관계를 사전에 끊음으로써 많은 마찰과 분쟁을 피할 수 있다는 것입니다.

그러나 그동안 알렌 박사는 무엇을 합니까? 그는 선교부의 바람을 따르려고 하지 않을 뿐만 아니라 전체 결정을 무시하려 하고 있습니다.

선교부 회의가 끝날 때, 그는 저에게 병원이 선교부 관할이 아니고, 그것은 독립적인 사업이며, 자신의 개인적인 책임에 맡겨졌으며, 선교부가 선교부로서 그곳으로 의사를 보내는 것이 아니었다고 말하였습니다. 이에 대하여 저는 정부의 결정이 무엇이었든지 간에 병원과 관련하여 사역하도록 헤론, 파워, 엘러스와 호튼 박사들을 파송하는데 우리 선교본부와 선교부의 결정, 그리고 병원에 의약품이 부족하였을 때 선교부가 그것들을 제공하였던 사실은 병원이 선교부의 관할에 있었음을 지금 확실히 보여주는 것이었다는 것을 근거로 이의를 제기하였습니다. 다음 날 아침에 저는 박사를 만났는데, 그는 전에 이야기한 것을 되풀이하였으며, 자신이 임시로 병원을 맡을 것이고 다른 의사를 위하여 고국에 연락할 것이라고 외부에 전갈을 보냈다고 말하였습니다. 이것은 전날 알렌 박사가 반대하지 않았던 선교부의 결정과 정면으로 배치되는 것이었습니다.

그는 궁궐과 연락을 취하여 이 결정을 밀고 나갔으며, 당연히 그가 책임을 맡을 것이라는 요청이 왔습니다.

약 일주일 후에 알렌 박사에 관하여 우리의 이전 결정을 무효화하고 병원에 대한 우리의 계획을 불가능하게 만드는 박사님의 전보가 왔습니다.

우리는 그 전보를 받고 매우 놀랐으며, 동시에 우리가 무엇을 하는 것이 가장 최선인지 결정할 수 있다고 선교본부가 생각하지 않은 것에 놀랐습니다. 이 문제에 개인적인 감정은 없습니다. 우리 모두는 선교부로서 알렌 박사가 선교사이거나 공사관 서기관이어야 하며, 둘을 함께 겸하는 것은 선교부나 알렌 박사에게 도움이 되지 않을 것이고, 만약 겸직을 허용할 경우 마찰이 발생할 것이라고 생각하고 있습니다. 우리는 또한 이루어지는 모든 것들이 연석회의에서 논의되어야 하고, 우리 각자는 다수의 결정에 따라야 하며, 이 방법만이 최고의 결과를 얻을 수 있고, 이렇게 되지 않으면 마찰과 문제가 생길 것이라고 매우 확고하게 느끼고 있습니다.

알렌 박사는 하급 학교를 주택으로 사용하기를 원하고 있지만, 그 문제에 대하여 선교부가 무엇을 할지 저는 모르겠습니다.

(중략)

Horace G. Underwood (Nam Han),
Letter to Frank F. Ellinwood (Sec., BFM, PCUSA) (Aug. 10th, 1890)

(Omitted)

Feeling that the Gov't Hospital ought to be more of Missionary Hospital than it was, it was deemed that now when a change had to take place, was the time to make the move, and a committee of one was appointed to make inquiries as to what the Government proposed to do. Dr. Allen offered his services to take charge of the Hospital, but it was not deemed best to employ them yet, first because if changes are to be made they should be made now, and 2nd in the minds of some when nominally as far as Mission action was concerned, Dr. Allen was stationed in Chemulpo, and without a word to the Mission accepts a political position which according to the terms of his office may take up all of his time, it was hardly the best things for the Mission to consent to Dr. Allen as a missionary taking that place and to thus give its approval of one person holding the double position of missionary and politician.

Had Dr. Allen told us that he had accepted the position as Secretary of the Legation, that thus his full position as a missionary had ceased, and that as a Physician and Christian desirous of doing the Lord's work, he offered his services no exception would have been taken. He would have been appointed one of the Com. to look into affairs and after making certain terms with the Gov't, he would have been asked to take the charge.

Some did not think that asking him to take charge of the Hospital would include us on the side of his holding the double position, but the feeling was so strong among the majority on this matter that the minority yielded & the action was unanimous.

My own opinion is that Dr. Allen ought to be a full missionary, but that if he accepts the position a Sec. of the Legation, he should resign his position as a missionary. Not that he should cease to be a missionary in the true sense of the word, but that when he is so much the servant of the U. S. Gov't, a great deal of friction and trouble would be avoided by his severing his formal connection with the Mission.

But in the mean time what does Dr. Allen do. He shows not only an unwillingness to follow the desires of the mission, but a desire to over-ride their whole action.

At the close of the Mission, he said to me that the Hospital was not under the Mission, that it was an independent affair, that it had been placed in his personal charge, & that the Mission as a Mission were not to send a physician there. To this I took exception on the ground that whatever may have been the action of the Gov't, the subsequent action of our Board & Mission in sending Drs. Heron, Powers, Ellers & Horton, their work in connection with it, and the fact that when the Hospital had been short of Medicines the Mission had provided them, certainly showed that now it was under the Mission. I saw the Dr. the next morning, and he reiterated what he had said before and told me that he had sent word to the Foreign office that he would take charge temporarily & would send home for another physician. This was in a direct opposition to the Mission action of the day before, to which at the time Dr. Allen made no objection.

He followed up this action by communicating with the Palace, and of course a request came that he would assume charge.

About a week after, this came your telegram about Dr. Allen nullifying the former action that we had taken & making it impossible to carry out our plans about the Hospital.

We were very much surprised at the receipt of the telegram, and at the same time surprised that the Board did not think that we were able to judge what had best be done. There is no personal feeling in the matter. We as a mission all feel that Dr. Allen should be either a missionary or Secretary of the Legation, that the combining of the two will not in any way be beneficial to the Mission or to Dr. Allen, and that if the two are allowed to be held at the same time friction will arise. We also feel most firmly that all that is done must be the subject of joint conference, that each one of us must subject himself to the majority, and that only in this way can the best ends be obtained, and that if this is not done friction & trouble will come.

Dr. Allen desires to have the use of the lower school as a house, but what the Mission will do about the matter I do not know.

(Omitted)

호러스 G. 언더우드, 대니얼 L. 기포드, 새뮤얼 A. 마펫(서울)이 프랭크 F. 엘린우드(미국 북장로교회 해외선교본부 총무)에게 보낸 편지 (1890년 8월 11일)

한국 서울,
1890년 8월 11일

미국 북장로교회 해외선교본부 귀중

친애하는 본부 형제들께,

한동안 선교부는 모든 결정을 지침서와 일치하도록 하고 모든 개인적인 사역들이 선교부의 사역이 되도록 노력해왔지만, 최근 선교본부로부터 받은 결정과 지시들은 새로운 지침서와, 선교부와 선교본부 사이에 존재하는 관계를 해석하는 데 있어 혼란을 일으켰으며, 그래서 우리들은 다음과 같은 요청과 함께 사실에 대한 언급을 하고자 합니다.

1889년 가을, 선교본부는 한국의 남부에 위치한 부산에 새로운 지부를 개설하기 위하여 알렌 박사를 임명하고 파송하였지만, 선교부는 그가 그곳으로 내려갈 때까지 아무 것도 알지 못하였으며, 그는 선교부의 한 회원에게 그가 받는 모든 지시들은 선교부가 아닌 선교본부와 직접적으로 이루어졌다고 말하였습니다. 이 결정에 대하여 우리는 지침서 제33, 제34항을 이해하지 못하고 있습니다.[27]

그 후 알렌 박사는 제물포에 왔다가 서울로 와서 선교부의 정회원으로 자리를 잡고, 제물포에 거주하며 6개월 동안 집을 임차할 수 있도록 승인해 달라고 선교부에 요청하였습니다. 그는 이 기간이 끝나기 전에 주한 미국 공사

---

27) 당시 통용되었던 1889년 판 지침서의 제33항과 제34항은 다음과 같다.
  Individual Work.
  33. The work of individual missionaries is, in general, to be under the direction of the Mission, so that all forms of labor may have the benefit of united counsel and promote the interests of the work as a whole. Tours of exploration, or any unusual work, should be undertaken only with the advice of the Mission.
  New Stations.
  34. New stations can be established only by action of the Board on recommendation of the Mission. The force assigned to such stations should, if possible, include one missionary of experience.

관의 서기관 임명을 수락하고 서울로 와서 선서를 하였습니다. 제물포에서 서울로 거주지를 변경하였다는 말도 선교부에 언급하지 않았으며, 여전히 선교부의 회원으로서 그의 자리를 유지하고 있는데, 모든 것들이 지침서 제24항에 위배됩니다.[28]

헤론 박사가 사망하자 선교부의 정기 월례 회의가 있었는데, 알렌 박사는 병원을 맡겠다고 제안하였습니다. 그런 다음 선교부가 앞으로 병원을 어떤 방향으로 이끌지에 대한 토론이 이어졌습니다. 만일 어떤 변화가 있으려면 지금이 적기라는 것이 선교부의 만장일치의 생각이었으며, 변화가 일어나야 하는데 만일 선교부가 병원에 의사를 제공한다면 기독교 사업이 이루어져야 한다는 것입니다. 알렌 박사 자신은 병원이 시작되었을 때 그것은 선교부를 세우는 데 필요하였고, 이것은 이루어졌고, 지금 더 많은 일을 해야 하는데 그렇지 않으면 선교부가 그것의 운영을 위한 경비를 지불하지 않을 것이며, 만일 변화가 일어나야 한다면 이번에 어떤 입장을 가져야만 가능할 것이라고 언급하였습니다. 선교부도 우리가 선교본부로부터 그들이 무엇을 할 것인지 알기 위하여 두 달 동안 병원을 닫는 것이 그 일에 해를 끼치지 않을 것이라고 생각하였고, 이것에 알렌 박사도 동의하였습니다. 이러한 사실들을 고려하여 언더우드 씨는 병원을 담당하는 한국인 관리들과 무엇을 할 수 있는지 면담을 하고 소집된 선교부 회의에 보고하도록 1인 위원회에 임명되었습니다. 알렌 박사는 그 임명을 찬성하였고, 그 결정은 만장일치이었습니다.

병원의 책임을 맡겠다는 알렌 박사의 제안은 받아들여지지 않았을 뿐만 아니라 선교부는 순수한 정치적 직책과 전임 선교사의 직책이 결합되는 것이 타당하지 않으며 그러한 결정은 우리를 그 입장으로 이끌게 될 것이기 때문에 병원 당국자들과 면담할 위원회의 위원으로도 임명되지 않았습니다. 선교부에 대한 공식적인 통지는 없었지만, 우리 모두는 그가 선서를 하였다는 것을 알고 있었고 그런 상황에서는 그를 선교사로서 병원의 책임자로 임명하는 것이 바람직하지 않다고 생각하였습니다.

그로부터 일주일 후, 위원회가 보고서를 제출하거나 우리가 선교본부와 연락하기 전에, 알렌 박사를 병원 책임자로 임명하여 우리의 계획을 실행하지

---

28) 당시 통용되었던 1889년 판 지침서의 제24항은 다음과 같다.

24. The object of missionary life must ever be held sacred - the preaching of Christ and Him crucified; but if, without turning aside from this object, missionaries should be temporarily led by providential circumstances, with the consent of the Mission and the approval of the Board, to engage in work on the field that yields them pecuniary remuneration, the moneys so received should be turned over to the treasurer of the mission and reported to the treasurer of the Board. In such cases missionaries will continue to draw their usual salaries from the Board.

못하게 하는 내용의 뉴욕 발 1890년 8월 6일자 전보를 선교본부로부터 받았습니다.

우리는 앞으로 어떻게 해야 하는지 명확하게 알며, 우리는 알렌 박사가 선교부의 일원으로 있으면서 동시에 순수한 정치적 직책을 갖는 것에 동의할 수 없기 때문에 이 문제들에 대한 설명을 요청드리며, 우리는 선교본부가 그에게 선교부의 일원으로서 혹은 공사관의 서기관으로서의 직책에서 그가 사임하여 둘 중 하나를 택하도록 요구할 것을 요청드립니다.

안녕히 계십시오.
호러스 G. 언더우드
대니얼 L. 기포드
새뮤얼 A. 마펫

Horace G. Underwood, Daniel L. Gifford, Samuel A. Moffett (Seoul), Letter to Frank F. Ellinwood (Sec., BFM, PCUSA) (Aug. 11th, 1890)

Seoul, Korea,
Aug. 11th/ 90

To the Board of Foreign Missions of the Presbyterian Church

Dear Fathers and Brethren: -

For some time past the Mission has been endeavoring to make all the actions accord with the Manual and to make all individual work become the work of Mission, but recent actions and instructions received from the Board have caused confusion in our minds as to the interpretation of the new Manual and the relations existing between a Mission and the Board, and hence called forth from us the following statement of facts with the accompanying requests.

In the Fall of '89 the Board commissioned and sent out Dr. Allen to start a

New station at Fusan in the south of Korea, the Mission knowing nothing of it till he was on his way out, and he told one member of the Mission that his instructions were that all his dealings were to be direct with the Board and not with the Mission. In view of the action, we are at a loss to understand article 33 and 34 of the Manual.

Following this Dr. Allen comes to Chemulpo then to Seoul, takes his place as a regular member of the Mission, asks permission to locate at Chemulpo & rent a house for six months. Before the close of this time he receives the appointment of Secretary to the United States Legation in Seoul, comes to Seoul, is sworn into office. No word of even a change of residence from Chemulpo to Seoul having been made to the Mission, & still holds his place as a member of the Mission all of which is contrary to article 24 of the Manual.

At Dr. Heron's death, at the regular monthly meeting of the Mission, Dr. Allen offers to take charge of the Hospital. Then a discussion as to what course the Mission should take about the Hospital followed. It was the unanimous feeling of the Mission that if any change carried, now was the time; that a change should occur, and that if the Mission provided the Hospital with a physician, Christian work should be done. Dr. Allen himself stated that when the Hospital was started it was needed to give the Mission standing, that this had been done, that something more should now be done or it would not pay the Mission to run it, and that if any change occurred it could only be brought about by taking a stand at this time. The Mission also thought that the closing of the Hospital for two months while we were learning from the Board what they would do, would do no harm to the work and in these also Dr. Allen agreed. In view of these facts, Mr. Underwood was nominated as a Committee of one to interview the Korean Officials in charge of the Hospital find out what could be done and report at a called meeting of the Mission. Dr. Allen seconded the nomination & the action was unanimous.

Neither was Dr. Allen's offer to take charge of the Hospital accepted, nor was he appointed a member of the Committee to interview the Hospital authorities because the Mission did not think it advisable that a purely political position should be combined with that of a full Missionary and such action would have committed us to that position. Although no formal notice had been served upon the Mission, we all knew that he had taken the oath of office, and under the circumstances did not deem it advisable to put him as a missionary, in charge of the Hospital.

A week afterwards, before the Committee had made its report or we had time to communicate with the Board, a telegram was received from the Board dated New York, Aug, 6th/ 90, placing Dr. Allen in charge of the Hospital which prevented us from carrying out our plans.

We ask for an explanation of these matters in order that we may know clearly what to do in the future and as we cannot consent to Dr. Allen holding a purely political position at the same time that he is a member of the Mission, we request that the Board will require him to resign either his position as a member of the Mission or as Secretary of Legation and thus to be the one or the other.

Yours respectfully,
Horace G. Underwood
Daniel L. Gifford
Samuel A. Moffett

18900811

호러스 N. 알렌(주한 미국 공사관 서기관)이 프랭크 F. 엘린우드
(미국 북장로교회 해외선교본부 총무)에게 보낸 편지 (1890년 8월 11일)

한국 서울,
1890년 8월 11일

친애하는 엘린우드 박사님,

저는 며칠 전에 박사님께 당분간 병원에서 진료를 하겠다고 편지를 썼습니다.29) 그 이후로 언더우드 씨는 시골에서 (우리의 모든 선교사들은 여름에는 도시를 떠나 있습니다.) 저에게 박사님께서 저에게 병원 일을 맡으라고 전보를 보냈다는 편지를 보냈습니다. 그것이 문제를 해결하기에 다행입니다. 제가 시작한 그 병원의 상태를 점검하는 것조차 선교부에 의하여 거절된 것은 저에게 대단히 굴욕적인 일이었습니다. 그것은 전적으로 마펫과 기포드의 일이었습니다. 저는 마펫을 비난하지 않습니다. 그는 아주 성실하고 감수성이 풍부한 사람입니다. 그는 도착한 이래 헤론 가족과 함께 숙식을 하면서 하루에 세 번씩 저에 대한 가장 터무니없는 거짓말을 들었습니다. 저는 단편적으로 들은 것과, 특히 가장 친한 친구에 따르면 이른바 적에 대하여 이야기할 때 모든 통제력과 진실에 대한 모든 관심을 잃는 헤론 부인에 대한 알려진 사실로 이것을 확신하고 있습니다.

이곳에 새로 온 사람들이 저에 대하여 가지고 있는 잘못된 인상을 지우는 데는 오랜 시간이 걸릴 것입니다. 나이가 든 사람들은 이제 헤론의 죽음에 대하여 상당히 화해하고 있으며, 마치 주변의 평화를 유도하는 것처럼 보입니다. 최근에 헤론은 우리 선교부뿐만 아니라 감리교인들과도 함께 일하려고 시도하였던 것 같습니다.

저는 집을 갖고 있지 않습니다. 저의 가족은 지금까지 제물포에 있으며, 저는 그것을 얻을 기회가 없습니다. 저는 가마를 몇 개 갖고 있었는데, 그것을 헤론에게 넘겨주었습니다. (일부는 한국인들이 저에게 준 선물이었습니다.) 이

---

29) Horace N. Allen (Sec., U. S. Legation to Korea), Letter to Frank F. Ellinwood (Sec., BFM, PCUSA) (Aug. 8th, 1890)

제 저는 진흙 길을 터벅터벅 걷거나 공사의 가마를 빌려야 합니다.

저는 병원을 살펴보았습니다. 그 건물들은 아주 훌륭하며, (제가 떠난 이후 거의 손을 대지 않은) 의료 기구들의 재고는 많고 완벽합니다. 의약품 재고는 그리 나쁘지 않습니다. 만일 제가 업무를 맡게 되거나 적절한 사람에게 그 일을 하도록 한다면 입원 환자를 지원하기 위해 책정된 50달러의 예산이 있습니다. 또한 제가 떠난 이후 헤론은 의약품을 위해 병원에 배정된 연간 600달러를 인출하였습니다. 만일 제가 선교부로부터 사임하고 병원에서 산다면 그 돈은 저를 위해 사용하였을 것입니다. 저는 사임하지 않았지만 그것을 의약품을 위해 사용하는 것에 동의하였습니다. 그 돈은 인출되었지만 제가 약속한 대로 사용되지는 않았습니다.

관리들은 제가 요청하는 모든 것을 매우 기꺼이 수행하려 하고 있습니다. 제가 그곳에 가서 일에 몰두한 이래 저는 그곳에 집을 갖기 원하였고, 또 그곳에 계속 있게 되기를 원하였습니다. 그 일은 성공할 것이며, 그렇게 되면 저는 하루에 한 시간 정도를 형식적으로 일하는 것보다 더 큰 종교적 영향력을 행사하게 될 것입니다. 또한 저는 더 많은 사람들을 만나고 더 좋은 일들을 할 수 있을 것입니다.

사실, 그것은 거의 문제가 아닙니다. 저는 이 공사관 업무를 좋아합니다. 공사는 나이가 많고 대부분의 시간에 아픕니다. 저는 의심할 여지없이 상당한 시간 동안 대리공사가 될 것입니다. 그것은 한국인들에 대하여 저에게 엄청난 중요성을 가져다 줄 것입니다. 이 모든 것은 완전히 새롭게 저를 공감하는 선교사들에게 도움이 됩니다. 저는 이 모든 것을 잃고 이 직책을 버림으로써 왕의 심사를 불편하게 하였습니다. 저는 한동안 이 일과 병원 진료를 할 수 있지만, 병원이 성공하려면 한 사람이 전적으로 그 일에만 전념해야 합니다. 그것은 최근 제대로 운영되지 않았고, 만일 박사님께서 새롭게 취하신다면 잘하셔야 합니다.

안녕히 계십시오.
H. N. 알렌

추신
저는 이 결정에 대하여 벙커 씨 부부와 의논하였습니다. 벙커 씨는 매우 보수적이지만 헤론의 임종 직전에 저의 제안이 거절당하는 것을 보았을 때 제가 그들을 완전히 내버려 두어야 한다는 것을 알게 되었고 그것이 제가 할 수 있는 유일한 일이라고 단호하게 말하였습니다.

헤론 집에 숙식을 하였던 사람들을 제외하고 이곳에 있는 모든 사람들은 제 친구들인 것 같습니다. 저는 지금 스크랜턴 박사의 아픈 아이를 그와 함께 진료하고 있으며, 그는 저의 치료를 완전히 따르고 있습니다.

저는 그 집을 가질 수 없으며, 연간 1,500달러의 높은 가격으로 독일인들의 집 한 채를 임차하려 시도하지 않을 것이기 때문에, 박사님은 부채 대신에 이 병원을 소생시키고 유지해주는 제 무료 진료를 받아들일 수 없겠습니까? 박사님은 처음부터 마지막까지 많은 돈을 지불하였다는 것을 알고 계십니다. 저는 빚지는 것을 싫어합니다. 저는 박사님이 충분하다고 표시하실 때까지 자주 편지를 쓰겠습니다.

H. N. 알렌

Horace N. Allen (Sec., U. S. Legation to Korea),
Letter to Frank F. Ellinwood (Sec., BFM, PCUSA) (Aug. 11th, 1890)

Seoul, Korea,
Aug. 11th, 1890

My dear Dr. Ellinwood: -

I wrote you a few days ago that I would attend to the hospital for the present. Since then Mr. Underwood writes me from the country (all our missionaries are out of the city for the summer) that you have telegraphed for me to take the hospital. This is fortunate as it settles matters. It was very humiliating for me to be refused permission by the mission to even look into the condition of the hospital I started. It was entirely the doings of Moffett & Gifford. I do not blame the former. He is a sincere and impressionable man. Since his arrival, boarding with the Herons, he has heard, three times a day, the most outrageous lies about me. This I am convinced of from the fragments that have come to me and the known record - particularly of Mrs. Heron, who according to her best friends, loses all control of herself and all regard for truth, when speaking of her, so-called enemies.

It will take a long time to eradicate the wrong impression held of me by the new people here. The older ones are now very much reconciled to Heron's demise, as like to conduce to peace all around. Of late, he seems to have tried to run the Methodists as well as our own mission.

I have no house. My family are still at Chemulpoo and I see no chance of getting one. I used to have a number of chairs which I turned over to Heron (some were Korean presents to me). I now have to tramp through the mud or borrow the Minister's chair.

I have looked into the hospital. The buildings are fine, the stock of instruments (scarcely touched since I left) is large and complete. The medical stock is not so bad as made out. There is an appropriation of $50. which will be made over for the support of inpatients if I will take up the work, or get a competent man to do so. Also, since my departure, Heron has drawn $600. per annum which rightfully belonged to the hospital for medicines. It was made to me if I would resign from the mission and live at the hospital. I did not resign but agreed to use it for medicines. It has been drawn but not used as I had promised.

The officers are very willing to do anything I ask. Since I go there and devote myself to that work, I would like to have a house there and be on the grounds all the time. The work would be a success and I would then exert a greater religious influence than I could in perfunctorily putting in one hour or so daily. Also I could see more people and do better work.

Really, it matters little. I like this legation work. The Minister is old and sick most of the time. I will doubtless be *Chargé d'Affaires* much of the time. It gives me immense importance with the Koreans. All of which helps the missionaries with whom I have fully identified myself anew. I lose all this and incur the King's ill will by throwing up this place. I can attend to the hospital, as well as this work for some time, but for the former to be a success, a man should devote his whole time to it. It has not been run aright of late, and if you take it up anew, you should do it well.

I am,

Yours very truly,

H. N. Allen

P. S.

I have consulted with the Bunkers about this action. Mr. B. is very conservative but he emphatically says it is the only thing I can do, that when he saw how my offer of services were rejected at Heron's death bed, he saw I ought to leave them entirely alone.

Every one here seem to be my friends excepting the Heron boarders. I am now attending Dr. Scranton's sick child with him, and he follows my treatment fully.

As I can't have that house and won't try to rent one of the Germans at a high rate, out of $1,500 per annum. Can't you accept my free services resusicating [sic] and holding this hospital for you in lieu of any debt? You know I have paid you a lot of money first and last. And I abhor a debt. I shall write you often till you signify that you have enough.

H. N. Allen

프랭크 F. 엘린우드(미국 북장로교회 해외선교본부 총무)가
호러스 N. 알렌(서울)에게 보낸 편지 (1890년 8월 11일)

(18)90년 8월 11일

친애하는 알렌 박사님,

얼마 전 박사님의 편지를 받은 이후로 우리 모두는 한국에 있는 우리 선교부의 외국인 진료를 포기해야 한다는 생각에 점점 더 깊은 인상을 받았습니다. 그것은 지속적으로 두 가지 중 하나에 _____하는데, 그것은 이중 업무로 의료 선교사를 지치게 하거나, 그렇지 않으면 선교부의 이익을 위하여 이루어져야 할 일을 열심히 해야 합니다. 나는 또한 그 경향이 세속화되고 있다고 확신하고 있습니다. 그것은 의사를 외국인들과 교제하게 만드는데, 그들 대부분은 선교 사업 전체를 정신적으로 반대하며, 어쨌든 그들의 일반적인 어조와 영향력에 있어서 너무 세속적이고 불신적이어서 젊은이들이 그 영향을 느끼지 않을 수 없습니다. 게다가 때로는 환자를 잃는 책임도 있습니다. 또한 개업하는 다른 의사들과 접촉할 위험도 있습니다. 나는 헤론 박사의 죽음이 헌트 부인을 만나기 위하여 육로로 부산으로 여행을 갔기 때문이라고 반쯤 의심합니다. 이제는 아마도 단 번에 끊는 것은 불가능할 수도 있습니다. 요청을 거부하는 것이 거의 불가능한 경우도 있을 것입니다. 그러므로 무조건적인 거절은 현명하지 못하겠지만, 사무실의 우리 모두는 박사님이 외국인들에 대한 진료를 최소한으로 줄이고, 서울에서 업무를 맡게 될 이 새로운 출발에서 적절하게 고려된 선교 사업과 병원 사업에 모든 진지함을 다하여 헌신할 것을 요청합니다. 박사님의 직업은 사람들을 복음으로 인도하기 위한 것이며, 그들이 적은 금액을 받고 독일인, 영국인 등의 의사에게 사람들을 보내는 것은 우리에게 형편없는 사업입니다. 그 출처에서 나온 수백 달러는 선교본부의 모든 지출을 고려할 때 단순히 하찮은 것에 불과합니다. 박사님의 편지에는 진정으로 보답을 받는 선교 사업의 형태에 관하여 몇 가지 솔직한 내용이 담겨 있습니다(나는 그것들에 동의합니다).

알렌 부인에게 안부를 전합니다.

안녕히 계세요.

F. F. 엘린우드

Frank F. Ellinwood (Sec., BFM, PCUSA), Letter to Horace N. Allen (Seoul) (Aug. 11th, 1890)

Aug. 11th, (18)90

My dear Dr. Allen:

Since receiving your letters the other day we have all been more and more impressed with the idea that the foreign medical work of our mission in Korea ought to be given up. It continually _____ to one of two things; either it must wear out a medical missionary with double work, or else it must trench upon a work that ought to be done in the interest of the Mission. I am also persuaded that it is secularizing in its tendency. It brings the doctor into association with foreigners, most of whom are opposed in spirit to the whole work of missions, and who at any rate are so worldly and unbelieving in their general tone and influence that it is impossible for a young man not to feel the effects. Then besides, there is the responsibility of sometimes losing a case; there is danger, also, of coming in contact with other doctors who are working for themselves. I have a half suspicion that Dr. Heron's death resulted from his overland trip to Fusan, to Mrs. Hunt. Now perhaps it would be impossible to break off at once. There would be some cases where it would be almost impossible to refuse a call. A peremptory refusal, therefore, would hardly be wise, but we are all agreed in the office to ask that you will reduce to the smallest minimum your practice among foreigners, and that in this new departure in which you will take hold of the work in Seoul, you will devote yourself with all earnestness to the missionary work properly considered, and to that of the hospital. Your profession is intended to win men to the Gospel, and it is a poor business for us to send men out to doctor Germans, English men and what not, for the small amount which they give in return. A few hundred dollars from that source is a mere bagatelle it looked upon as a consideration for all the outlay of the Board. Some candid things are said in your letter (I agree upon them) as to the form of mission work which are really paying.

With kind regards to Mrs. Allen,

Sincerely yours,
F. F. Ellinwood

호러스 N. 알렌(주한 미국 공사관 서기관)이 프랭크 F. 엘린우드
(미국 북장로교회 해외선교본부 총무)에게 보낸 편지 (1890년 8월 13일)

한국 서울,
1890년 8월 13일

친애하는 엘린우드 박사님,

저는 서울의 장로교회 선교부와 일을 할 수 없다고 제 마음의 결정을 내려 사직서를 보냅니다. 저의 다른 편지에서 알 수 있듯이 저는 이 새로운 사람들에게 모욕을 당하였고 그들이 보여주는 정신은 바로 옛 헤론의 정신입니다. 그들을 부추기는 헤론 부인과 함께 그것은 계속될 것이며, 저는 그와 같은 어리석은 행위에 제 시간을 허비하지 않겠습니다. 저는 그 모든 것들을 피하기 위하여 제물포에 조용히 머물렀지만, 계속해서 헤론의 모욕을 받았습니다. 제가 이곳으로 올 수밖에 없었을 때에, 그들은 (또는 헤론 부인이) 그것에 대하여 분개하였고, 비록 제가 박사님의 편지를 그들에게 읽어주고 제가 박사님으로부터 소식을 들을 수 있을 때까지 비상시에 그 직무를 담당하는 것이라고 설명하였음에도 그들은 저를 완전히 피해야 하는 사람으로 간주하는 쪽을 택하였습니다.

언더우드 씨의 새 학교 건물은 정부의 허가를 얻을 수 없기 때문에 열 수 없습니다. 그동안 건물은 비어 있으며, 한국인은 그곳에서 살거나 계속 유지하는 것을 두려워합니다.

저는 박사님에 의해 병원에서 진료를 할 수 있는 권한을 부여받았습니다. 언급된 학교 건물은 병원 근처에 있습니다. 저는 집이 없으며, 얻을 수도 없습니다. 언더우드는 돈을 절약하고 제가 학교를 열 수 있는 허가를 받을 수도 있기 때문에 제가 그 건물에서 살 것을 제안하였습니다. 저는 그것을 요청하였으며, 거부되었습니다. 저는 급하게 쓰고 있습니다. 저는 후회할지 모르지만 그러한 정신은 선교사의 것이 아니며, 저는 사람들과 연결되는 것에 개의치 않습니다.

따라서 저는 사임하며, 박사님이 저에게 돈을 쓴 후에 제가 잘못하였다고 생각한다면, 비록 헤론이 모아 놓은 것을 잃는 측면까지 책임져야 하지만 제가 할 수만 있다면 그것을 환불하려고 노력할 것이며, 그의 죽음은 그가 과거에 행한 것을 되살아나게 하는 것 같습니다.

저는 이곳에서 의료 사업을 해왔던 것보다 더 많이, 그리고 더 나은 일을 제물포에서 하였다고 확신하며, 시간과 돈이 낭비되었다고 생각하지 않습니다.

이곳 장로교회 선교부의 치욕스러운 말다툼은 헤론 부인이 있는 한 계속될 것이라는 것이 벙커 씨 부부와 저의 견해이며, 사임한 마당에 저는 언어도 모르고 두 아이를 가진 그녀는 선교 사업을 할 수 없다는 것을 말씀드릴 수 있지만 가을에 어머님이 오신다고 듣고 있습니다.

박사님, 선교본부 및 박사님과 저와의 관계는 저에게 큰 기쁨과 만족의 근원이었지만, 저는 이런 사람들 아래에 놓이느니 차라리 굶어 죽겠습니다.

진심으로 유감스럽게 생각하며,

안녕히 계십시오.
H. N. 알렌

추신. 저는 이 조치에 대하여 벙커와 의논하였습니다. 벙커 씨는 매우 헌신적이지만. 내가 할 수 있는 유일한 일은 그가 지금 제가 보살피겠다는 제안이 헤론이 사망할 때 거부되는 것을 보았을 때 제가 할 수 있는 유일한 길은 그들을 완전히 내버려 두어야 하는 것임을 알게 되었다고 단호하게 말하였습니다.

헤론의 하숙인을 제외하고 이곳에 있는 사람들은 모두 저의 친구인 것 같습니다. 저는 현재 스크랜턴 박사의 아픈 아이를 그와 함께 진료하고 있으며, 그는 저의 치료를 완전히 따르고 있습니다.

저는 그 집을 가질 수 없고, 연간 1,500달러의 큰 금액으로 독일인 중 한 명을 보내야 하기 때문에, 박사님을 위하여 이 병원을 소생시키고 유지하는 나의 무료 업무를 받아들이실 수 없습니까? 제가 처음부터 끝까지 박사님께 많은 돈을 지불하였다는 것을 박사님도 알고 있습니다. 그리고 저는 ____ 빚을 지고 있습니다. __ __ _____ 자주 편지를 쓰겠습니다.

Horace N. Allen (Sec., U. S. Legation to Korea), Letter to Frank F. Ellinwood (Sec., BFM, PCUSA) (Aug. 13th, 1890)

Seoul, Korea,
Aug. 13/ 1890

My dear Dr. Ellinwood: -

I have made up my mind that I cannot work with the Presbyterian Mission of Seoul and I send my resignation. As you see by my other letters I have been insulted by these new people and the spirit they show is the old Heron spirit right through. With Mrs. Heron to guide them it will continue and I don't propose to fritter my time away in any such *tom foolery*. I carefully stayed at Chemulpoo to avoid the whole thing and was continually subject to Heron's insults. Now, when I am compelled to come here, they resent it (or Mrs. Heron does), and though I read them your letters and explained that I was only occupying this place in the emergence till I could hear from you, they choose to look upon me as one to be avoided wholly.

Mr. Underwood's new school building cannot be opened because they can't get government permission. In the meantime it stands empty, and a Korean is afraid to live there and keep it.

I am authorized by you to attend to the Hospital. The said school building is near the hospital. I have no home, can't get one. Underwood proposed I live in that school building, as it would save money and I might get permission to open the school. I asked for it, and it is denied me. I am writing hastily. I may regret it, but such a spirit is not missionary's and I don't care to be connected with any such people.

Therefore I resign, and if you think I do wrong after you have spent money on me I will try to refund it if I am ever able, though it ought to be charged up to the loss side of the Heron collection, whose death seems to be a special revival for past conduct.

I am sure I did more and better work at Chemulpoo than I was doing up here in the medical line, and I don't think the time or money was wasted.

It is the opinion of the Bunkers, as much as myself that the disgraceful wrangle in the Pres. Mission here will go on as long as Mrs. Heron is here and having resigned, I can say this, as also that, not knowing the language and having two children, she can't do mission work, while I hear her mother is coming in the fall.

My relations with the Board and yourself, Dr., have been a source for great pleasure and satisfaction to me, but I will starve rather than place myself under these people.

With sincere regrets, I am,

Yours very truly,
H. N. Allen

P. S. I have consulted with the Bunker about this action. Mr. B. is very consecrative but he emphatically says it is the only thing I can do, that when he saw new my offer of services were rejected at Herons death had he saw I ought to leave them entirely alone.

Every one here seem to be my friends excepting the Heron boarders. I am now attending Dr. Scranton's sick child with him and he follows my treatment fully.

As I can't have that house and must try to sent one of the Germans at a big rate - out of $1,500 per annum. can't you accept my free services in resusticating and holding this hospital for you in lieu of any debt? You know I have paid you a lot of money first and last. And I _____ a debt. I shall write you often ___

___ -_____ ___ ___ ___ ___ _____.

호러스 N. 알렌(주한 미국 공사관 서기관),
[사직서] (1890년 8월 13일)

한국 서울,
1890년 8월 13일

저는 장로교회 해외선교본부와의 관계를 사임하는 바입니다. 1890년 8월 1
일부터 급여를 지불하지 마십시오.

H. N. 알렌, 의학박사

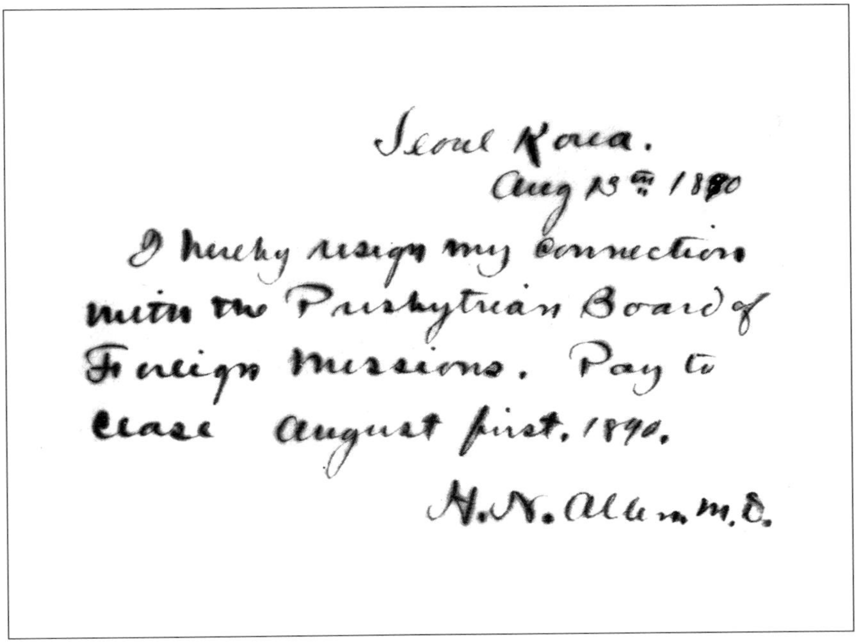

그림 9-4. Horace N. Allen (Sec., U. S. Legation at Seoul). [Resignation] (Aug. 13th, 1890).

Horace N. Allen (Sec., U. S. Legation to Seoul), [Resignation] (Aug. 13th, 1890)

Seoul, Korea,
Aug. 13th, 1890

I hereby resign my connection with the Presbyterian Board of Foreign Missions. Pay to cease August first, 1890.

H. N. Allen, M. D.

호러스 N. 알렌(주한 미국 공사관 서기관)이
호러스 G. 언더우드(서울)에게 보낸 편지 (1890년 8월 13일)

서울,
1890년 8월 13일

친애하는 언더우드 씨,

귀하의 편지가 오늘 오전 택배로 도착하였으며, 정말 놀랐습니다. 나는 참석한 선교회의에서 나에게 가해진 모욕을 거의 용서할 수 없다고 생각하였지만, 이제 엘린우드 박사가 귀하에게 전보를 보내 나를 병원에 받아들이도록 하였는데, 그것은 내가 동의하였고 선교본부로부터 최종 결정을 기다리고 있을 뿐이었으며 병원 근처에서 학교가 한가롭게 있다는 것을 알게 되었습니다. 나는 장소를 구할 수가 없습니다. 어떤 업무를 고려하지 않는 것은 단순한 예의로 보일 것입니다. 나는 한국에서 선교 사업을 시작하고 부지를 구입하고 다른 사람들을 위하여 집을 짓는 일을 하였습니다. 최소한 병원에서 진료하는 동안 그곳을 사용할 수 있도록 허락해 달라고 요구할 것입니다.

나는 조금도 당신을 비난하지 않습니다. 다른 사람들은 아마도 그것을 알지 못하고 편견을 갖게 되었기 때문에 그들을 탓할 수는 없습니다. 그러나 나는 평화와 조화를 위하여 선교본부에 사직서를 보냈습니다.

나의 개인적인 관계가 계속해서 유쾌할 것이라고 믿으세요. 모두께 안부를 전합니다.

H. N. 알렌

Horace N. Allen (Sec., U. S. Legation to Korea), Letter to Horace G. Underwood (Seoul) (Aug. 13th, 1890)

Seoul,

Aug. 13, 1890

Dear Mr. Underwood: -

Your letter came in by courier this a. m. and was quite surprise. I thought the circumstances attending the mission meeting hardly excused the insult offered me there, but now that Dr. Ellinwood has telegraphed you to have me take the hospital. that I have consented, that I was only awaiting word from the Board to guide me in my final decision, that the school stands idle right near the hospital, that I am unable to get a place. It would seem that simple courtesy - leaving out of account any services. I may have rendered in starting the missions in Korea, buying the property and making a home for the others - would demand that I at least be allowed to occupy the place while attending to the hospital.

I don't blame you in the least. I can hardly blame the others as they have been prejudiced perhaps without knowing it. But I have sent my resignation to the Board in the interest of peace and harmony.

Trusting my personal relations may continue pleasant as heretofore. I am, with regard to all.

H. N. Allen

호러스 N. 알렌(주한 미국 공사관 서기관)이
어거스틴 허드(주한 미국 공사)에게 보낸 편지 (1890년 8월 15일)

미합중국 공사관

한국 서울,
1890년 8월 15일

어거스틴 허드 님,
　미합중국 공사, 서울

안녕하십니까,

　저는 저와 가족을 위한 집 문제에 대하여 공사님의 주의를 환기시킬 수
있어 영광입니다. 한국인들의 주택을 임차할 수 없으며, 저는 현재 선교사 가
족과 함께 거주하고 있는데, 그들에게 상당한 불편을 끼치고 있습니다.

　'서기관 사택'으로 알려진 건물은 12x24피트, 천장 높이가 5피트 6인치, 넓
이가 8x24피트로, 통로는 8x8피트이고 각각 7x12, 12x16 및 8x16피트인 방 3개
를 만들 수 있습니다.

　그 집은 공사관 부지의 낮은 부분에 위치해 있으며 마당이 있는데, 더러운
초가 지붕 오두막과 20피트 정도 떨어져 있고 이 작은 마당으로 하수구가 들
어옵니다.

　집은 흙과 돌 바닥으로 되어 있고 축축하고 건강에 좋지 않습니다. 나는
예전에 이 공사관의 의사로서 스커더 씨와 포크 씨를 차례로 이 집을 떠나게
해야 했습니다. 그곳은 3년 넘게 사람이 살지 않았습니다. 오랫동안 공사관 서
기관이 언덕 위의 작은 영빈관을 사용하였는데, 그곳은 더 이상 가족이나 집
을 지키는 독신자를 수용할 수 없을 것입니다. 사용하지 않은 3년 동안 문제
의 집은 대단히 나쁜 상태가 되었습니다.

　사람이 살 수 있게 하려면 일부 부엌과 기타 건물을 추가해야 합니다. 판
자 바닥은 바로 아래에 있고, 유리는 종이 창문으로 대체되어야 하며, 벽은 대
부분 다시 만들어야 합니다. 인접한 오두막을 구입하여 공사관의 형태와 외관
을 개선하고 위생적이고 거주하기에 적합한 계획을 만들어야 합니다.

제 생각에는 구입과 수리에 금화 1,200달러가 필요할 것 같으며, 인접한 부동산의 가격은 항상 오르고 있습니다.

이와 관련하여, 일반적으로 공사에 소요될 것으로 예상되는 65일에 대한 경비를 받을 수 있도록 허가를 요청해도 될까요?

저는 지금 거의 한 달 동안 공사관에서 근무하며 제물포에서 가족을 부양하고 있습니다. 내 가족과 가재 도구를 서울까지 가져오는 데 현지인 가마꾼과 짐꾼의 엄청난 비용으로 인하여 거의 100달러의 비용이 들 것입니다. 반면 최근 제가 워싱턴에서 한국까지 여행하는 데 드는 비용은 전적으로 이곳에서 공사관 비서직을 수락하였던 저 자신의 덕분입니다.

안녕히 계십시오.
H. N. 알렌, 의학박사,
　공사관 서기관

Horace N. Allen (Sec., U. S. Legation to Korea), Letter to Augustine Heard (U. S. Minister to Korea) (Aug. 15th, 1890)

Legation of the United States

Seoul, Korea,
Aug. 15/ 1890

To the Honorable
Augustine Heard,
　U. S. Minister, Seoul

Sir: -

I have the honor to call your attention to the matter of a house for myself and family. Houses cannot be rented of Coreans, and I am at present boarding with a missionary family; much to their inconvenience.

The building known as the "Secretarys House" is 12x24 feet, height of ceiling 5 ft. 6 in, with an extension 8x24 feet, capable of making three rooms in all 7x12, 12x16 & 8x16 respectively, with a passage way 8x8 feet.

The house stands on the low part of the Legation grounds, with a yard of but 20 feet separating it from some dirty thatched huts; the drainage from which comes into this little yard.

The house has dirt and stone floors and is damp and unheathy [sic]. As physician to this Legation, in former years, I had to have Mr. Scudder and Mr. Foulk, in turn, leave the house. It has not been occupied for over three years: Secretary of Legation, long, occupied the little quest house on the hill, which being no longer would not accommodate a family – or a bachelor who kept house. The three years of disuse has left the house in question in very bad shape.

To make it habitual for a person keeping house, some kitchen and other builds would have to be added: board floor just down: glass substituted for the paper windows, and the walls would have to be largely remade. The adjoining huts should be bought, thus improving the shape and appearance of the Legation, and making the plan sanitary and suitable for a dwelling.

I think it would take $1,200 gold to do this buying and repairing, and the adjoining property is increasing in price all the time.

In this connection, may I ask permission to draw pay for the usual 65 days supposed to be spent in transit?

I have been here now nearly one month doing duty at the legation, supporting my family meanwhile at Chemulpo. It will cost nearly if not quite $100.00 to transport my family and effects to Seoul – owing to the exhorbitant charges of native chair coolies and pack bearers, while the expense of my recent journey from Washington to Corea, comes entirely upon myself by virtue of my accepting the position of Secretary of Legation at this place.

I am, Sir

Your obedient servant,

H. N. Allen, M. D.,

Secretary of Legation

한국. *The Japan Weekly Mail* (요코하마) (1890년 8월 16일) 149쪽

(......)

주(駐) 워싱턴 한국 공사관의 전(前) 외국인 서기관이었던 H. N. 알렌 박사가 주 서울 미국 공사관의 서기관으로 임명되었다. 박사가 빈틈이 없고 한국인들에게 매우 인기가 있기 때문에 그의 임명은 그의 친구들에게 큰 만족을 주고 있다.

(......)

Korea. *The Japan Weekly Mail* (Yokohama) (Aug. 16th, 1890) p. 149

(......)

Dr. H. N. Allen, formerly Foreign Secretary of the Korean Legation at Washington, has been appointed Secretary of the U. S. Legation at Söul. The appointment gives great satisfaction to his friends, as the doctor is wide awake and very popular with the Koreans.

(......)

호러스 N. 알렌(주한 미국 공사관 서기관)이
민종묵(외아문 독판)에게 보낸 공문, 외아문 제13호 (1890년 8월 25일)

미합중국 공사관

한국 서울,
1890년 8월 25일

제13호

각하,

　허드 공사의 부재로 저는 서울에 거주하는 미국 시민인 새뮤얼 A. 마펫 씨에게 조선 왕국의 어떤 지역이나 모든 지역을 여행할 수 있는 권한을 부여하는 호조를 발급해 주도록 요청하게 되어 영광입니다.
　마펫 씨는 조약에 의해 승인되지 않은 사업이나 직업에 종사하지 않을 것이라고 약속하였습니다.
　마펫 씨는 모레 기선을 타고 평양으로 떠나기를 원하므로 빠른 답변을 주시면 대단히 감사하겠습니다.

　안녕히 계십시오.
　H. N. 알렌,
　　공사관 서기관

민종묵 각하,
　외아문 독판

Horace N. Allen (Sec., U. S. Legation to Korea), Dispatch to Min Chong Mok (Pres., For. Office), No. 13, Foreign Office (Aug. 25th, 1890)

Legation of the United States
Seoul, Corea

Aug. 25/ 1890

No. 13

Your Excellency: -

In the absence of Minister Heard I have the honor to request that a passport be issued to Samuel A. Moffett, an American citizen residing in Seoul, authorizing him to travel in any or all parts of the Kingdom of Chosen.

Mr. Moffett has promised that he will not engage in any business or occupation not authorized by treaty.

As Mr. Moffett wishes to leave for Ping An by steamer, day after tomorrow, an early reply will be greatly esteemed.

I have the honor to remain,

Your obedient servant,
H. N. Allen
Secretary of Legation

His Excellency
Min Chong Mok,
President of the Foreign Office

敬啓者, 茲據敝國人 毛貝德稟稱, 方欲遊覽朝鮮各地方, 擬於再明先向平壤, 而另無生意商業等情 現値我公使暫離本署, 故茲敢仰懇, 貴督辦憑票一紙裁迗本署, 以便發給可也, 敬具.

美國 公使館 參贊官 安連 頓
庚寅 七月 十日

새뮤얼 A. 마펫(서울)이 호러스 N. 알렌
(주한 미국 공사관 서기관)에게 보낸 편지 (1890년 8월 26일)

서울,
(18)90년 8월 26일

친애하는 알렌 박사님,

호조를 그렇게 빨리 얻게 해 주신 것에 감사드립니다.
경비 지불을 위하여 2.33달러를 동봉하였습니다.

안녕히 계세요.
S. A. 마펫

Samuel A. Moffett (Seoul),
Letter to Horace N. Allen (Sec., U. S. Legation to Korea)
(Aug. 26th, 1890)

Seoul,
Aug. 26, '90

Dear Dr. Allen: -

Many thanks for your kindness in obtaining the passport so quickly.
Enclosed please find $2.33 in payment of fee.

Sincerely,
S. A. Moffett

회의록, 한국 선교부 (미국 북장로교회) (1890년 8월 26일)

(중략)

「병원 위원회」로서 언더우드 씨는 다음을 보고하였다. 즉시 정부 병원에서 일을 하겠다는 H. N. 알렌 박사의 제의와, 이어 알렌 박사를 병원의 책임자로 임명하는 선교본부의 전보로 위원회는 모든 일에서 자유롭게 되었으므로 위원회는 해산하기를 바란다고 보고하였다. 위원회는 해산되었다.

(중략)

Secretary's Book, Korea Mission (PCUSA) (Aug. 26th, 1890)

(Omitted)

Mr. Underwood as Com. on Hospital made the following report. The action of Dr. H. N. Allen is at once offering his services to the Govt., followed by a telegram from the Board placing Dr. Allen in charge of the Hospital, relieved your Com. from all work, & your Com. desires to be discharged. Com. discharged.

(Omitted)

호러스 N. 알렌(주한 미국 공사관 서기관)이 프랭크 F. 엘린우드 (미국 북장로교회 해외선교본부 총무)에게 보낸 편지 (1890년 8월 27일)

미합중국 공사관
한국 서울

1890년 8월 27일

친애하는 엘린우드 박사님,

지난 번 우편[30]으로 저는 이곳 우리 선교부에서 저에 대하여 존재하는 적대적인 분위기가 있다는 것을 발견하였기 때문에 다소 급하게 저의 사직서를 보냈습니다. 저는 지금 제가 옳게 행동하였다고 충분히 확신하고 있습니다. 저는 한 달 이상 이곳에 있었고, 저의 가족은 일주일 동안 있습니다. 저를 만나러 왔던 언더우드 가족을 뺀 장로교인을 제외하고 중국인, 영국인, 일본인, 한국인, 감리교인 등 거의 모든 사람들이 저를 방문하였습니다. 우리는 나가사키에서 몇 시간이지만 도티 양과 마펫 씨를 방문하였지만 헤론의 집에 숙식하고 있는 다른 사람들은 방문하지 않았습니다.

언더우드 씨는 헤론 박사가 우호적으로 죽기 원하는 것 같아 생전에 저를 만나겠다며 세 번 요청하였다고 말합니다. 그의 아내는 심지어 제가 집에 있을 때에도 그들이 저를 부르는 것을 허용치 않았습니다. 세월이 흘러도 그 여자가 우리 선교부에 행하였던 악은 되돌리지 못할 것입니다.

저는 벙커 씨를 정신적으로나 영적으로나 이곳에서 가장 강한 사람이라고 여기고 있습니다. 그는 다툼을 하지 않을 것입니다. 그는 열심히 일하는 사람이며, 성공적으로 선교 활동을 하고 있습니다. 그는 지금 한 사람에게 세례를 주려 하고 있는데, 그 사람은 세례를 받기를 원하고 있으며 아펜젤러는 그를 여태껏 맺은 현지인 기독교인의 가장 훌륭한 실례라고 여기고 있습니다. 벙커는 정부 학교에서 계약을 경신할 것이라고 거의 기대하고 있지 않으며, 우리 선교부에 들어오는 것을 선호하고 있지만 [우리 선교부 내의] 오래된 불화가 계속되면 그렇게 하지 않을 것입니다. 저는 저 자신을 선교사들과 일체가 될

---

30) Horace N. Allen (Sec., U. S. Legation to Korea), Resignation (Aug. 13th, 1890); Horace N. Allen (Sec., U. S. Legation at Seoul), Letter to Frank F. Ellinwood (Sec., BFM, PCUSA) (Aug. 13th, 1890)

것이고 그들에게 저의 모든 영향력을 행사할 것이지만, 모든 다툼은 피할 것입니다.

저는 당연히 어젯밤 선교부 모임에 참석하지 않았습니다. 저는 감리교회 선교부에서 사임한 맥길 박사가 우리 선교부로 들어와야 한다고 믿고 있습니다. 저는 개인적으로 그를 알고 있지 않습니다. 저는 그가 높은 평가를 받는 것을 들었습니다. 만일 선교부가 원한다면, 저는 병원을 그에게 넘겨줄 것이며 박사님의 결정에 달려 있습니다. 이미 저는 병원 의약품을 위하여 매달 50달러의 예산을 받았습니다. 이미 100달러를 지불하였습니다. 일하기를 좋아하는 유능한 사람은 그 앞에 훌륭한 현장을 가질 수 있으며, 자신이 원하는 만큼 병원에서 종교적인 업무를 할 수 있습니다.

박사님의 평양 계획이 일찍 오지 않아 유감스럽습니다. 그랬으면 제가 지금 그곳에 있었을 것입니다. 그런 의미에서 이 계절에 시작하기에는 지금 너무 늦었습니다.

허드 공사는 자신의 건강 때문에 중국에 체류 중입니다. 대리공사로서 저는 마펫 씨가 한국의 모든 지방을 여행할 수 있는 여권을 확보해 주었습니다.

우리는 벙커 씨 집에서 숙식하고 있습니다. 언더우드 씨는 제가 그의 빈 학교 건물을 사용할 수 없다는 사실을 매우 유감스러워 하는 것같습니다. 저는 그곳에서 살면서 학교를 개교할 수 있었을 것이라고 생각합니다.

미국 총영사는 외부의 고문으로 한국으로 오는 중에 있습니다. (르장드르는 내부에서 근무합니다.) 한국인들은 데니의 집을 요구하였습니다. 만일 데니가 곧 떠나지 않으면, 공사는 그를 쫓아내야만 할 것입니다.

많은 놀라운 소문에도 불구하고 모든 것은 평온해 보입니다.

안부를 전합니다.

안녕히 계십시오.
H. N. 알렌

Horace N. Allen (Sec., U. S. Legation to Korea), Letter to Frank F. Ellinwood (Sec., BFM, PCUSA) (Aug. 27th, 1890)

U. S. Legation
Seoul, Korea,

Aug. 27/ 1890

My dear Dr. Ellinwood: -

By last mail I somewhat hastily sent you my resignation because of the hostile spirit I found existing towards myself in our mission here. I am fully convinced now that I acted aright. I have been here over a month, my family has been here a week. Every one nearly has called, Chinese, English, Japs., Koreans, Methodists, all but the Presbyterians, excepting the Underwoods who came to meet us. The others board at the Herons and have not called tho' we called on Miss Doty and Mr. Moffett in Nagasaki, where they spent but a few hours.

Mr. Underwood tells me that Dr. Heron asked three times to see me before dying, seeming to want to die friendly. His wife would not allow them to call me, even when I was in the house. Years will not undo the evil that woman has done to our mission.

Mr. Bunker, I regard as the strongest man here, mentally and spiritually. He will have no quarrells. He is a hard worker, doing successful religious work. He is now about to baptize a man who insists upon it and whom Appenzeller regards as the finest example of a native Christian yet produced. Bunker hardly expects to have their contracts renewed at the Govn't school, and prefers to enter our mission, but will not do so if the old discord goes on. I shall identify myself wholly with the missionaries and throw all my influence with them, but shall keep clear of all wrangles.

I did not, naturally, attend the mission meeting last night. I believe Dr. McGill, who has resigned from the Methodist mission, was to be taken onto ours. I do not know him personally. I hear him highly spoken of. If the mission wish, I will turn the Hospital over to him, pending your action. Already, I have received an appropriation of $50.00 per month for hospital medicines. $100.00 has already been paid in. A good man who cares to work can have a magnificent field before him and can do just as much religious work in the hospital as he has the inclination for.

I am sorry your Ping An proposition did not come earlier. I would then be there now. As it is, I think this now too late to make the start this season.

Minister Heard is absent in China for his health. As *Chargé d'Affaires*, I secured a passport for Mr. Moffett for travel in any and all the provinces of Korea.

We board with the Bunkers. Mr. Underwood seems very much to regret the fact that I could not have his empty school building. I think I could have opened the school while living there.

U. S. Consul Gen'l is en route to Korea to be adviser to the Foreign Office. (LeGendre is at the Home Office.) The Koreans have demanded Denny's house. The Minister will have to eject him if he does not leave soon.

In spite of many startling rumors, all seems quiet

With kind regards, I am,

Yours very truly,
H. N. Allen

호러스 N. 알렌(주한 미국 공사관 서기관)이 제임스 G. 블레인
(미합중국 국무장관)에게 보낸 공문, 잡류 제13호 (1890년 9월 2일)

제13호. 잡류(雜類)

미국 공사관
한국 서울

1890년 9월 2일

제임스 G. 블레인 각하,
　국무장관, 워싱턴, D. C.

안녕하십니까,

　저는 어제 저녁 해리슨 대통령의 서명과 미국 국장이 찍힌 주한 공사관 서기관으로서의 임명장을 국무부의 서면 지시와 함께 수령하였음을 알려 드리게 되어 영광입니다.

　이 지침의 정신과 내용을 주의 깊게 따르고 이 임명에서 저에게 부과된 신뢰를 얻기 위하여 노력하는 것이 저의 목표가 될 것입니다.

　이와 관련하여 공사관 서기관 및 임시 대리공사의 급여 청구 방법에 대한 명시적인 지침이 없었기 때문에 우리는 알고 행동하는 데 어려움을 겪었습니다. 그래서 저는 전임자가 추구하였던 계획이라고 생각되는 것을 본보기로 삼았고, 제가 임시 대리공사로 활동하였던 며칠 동안 즉시 국무장관께 의지하였습니다. 이제 저는 지침에 의하여 이 초안을 작성하라는 국무부의 지시가 있을 때까지 기다려야 했다는 것을 알게 되었습니다.

　제 앞에 전체 지침이 있으면 이 오류가 다시 발생할 수 없습니다.

　안녕히 계십시오.
　H. N. 알렌.
　　공사관 서기관

Horace N. Allen (Sec., U. S. Legation to Korea), Dispatch No. 13 to James G. Blaine (Sec. of State) (Sept. 2nd, 1890)

No 13. Miss. Series

Legation of the United States

Seoul, Corea, Sept. 2nd, 1890

To the Honorable

James G. Blaine,

Secretary of State,

Washington, D. C.

Sir,

I have the honor to acknowledge the receipt last evening, of my commission as Secretary of Legation, hearing the signature of President Harrison and the Seal of the United States; together with my written instructions from the Department of State.

It shall be my aim to carefully follow out the spirit and letter of these instructions and to endeavor to merit the trust imposed upon me in this commission.

In this connection, allow me to say that, not having explicit instructions concerning the method of claiming the salary of Secretary of Legation and *Chargé d'Affaires ad interim*, we were at a loss to know and to act. I therefore patterned what I believed to be the plan pursued by my predecessor, and drew at once upon the Secretary of State, for the few days during which I acted as *Chargé d'Affaires ad interim*. I now find by my instructions that I should have waited until instructed by the Department of State to make this draft.

With full instructions before me this error cannot occur again.

I have the honor to remain,

Sir

Your most obedient servant,

H. N. Allen,

Secretary of Legation.

호러스 N. 알렌(주한 미국 공사관 서기관)이 어거스틴 허드
(주한 미국 공사)에게 보낸 공문, 제53호 (1890년 9월 5일)

제53호 [동봉물]　　　　　미합중국 공사관
　　　　　　　　　　　　　　한국 서울

　　　　　　　　　　　　　　　　　　　　　1890년 9월 5일

어거스틴 허드

안녕하십니까,

　　저는 1890년 8월 20일자 *Hong Kong Telegraph*에 게재된 기사의 사본을 동봉하게 되어 영광입니다. 여기에는 제가 다이 장군에게 썼다고 주장되는 편지의 사본이 포함되어 있습니다. 기사에는 특정 고위 관료들에 대한 몇 가지 견해가 더 포함되어 있기 때문에, 저는 그 문제를 귀하께 제시하는 것이 가장 좋다고 생각하였습니다.

　　저는 다이 장군에게 제가 그에게 보낸 사적인 편지가 어떻게 인쇄될 수 있는지에 대하여 사본을 동봉하여 다이 장군에게 전달하였습니다. 저는 그의 답장을 동봉하는데, 그 답장에서 그는 악의적인 도둑질을 통해서만 편지를 얻을 수 있다는 것을 보여주었습니다. 저는 또한 이 주제에 관하여 편집자에게 보낸 그의 편지 사본을 동봉합니다.

　　이 기사에 일부 게재된 편지는 제가 한국을 위하여 근무하던 당시 데니 씨가 부재 중일 때 한국 정부의 고문으로 활동하여 데니 사택에서 살고 있었고, 그때 다이 장군에게 쓴 것이라는 것을 말씀드립니다. 이 편지는 또한 미국이 서울의 대표부 직급을 강등한다는 소문과 관련하여 정보를 요청한 국왕의 요청에 대한 응답으로 다이가 전달한 것이었습니다. 제가 쓴 글은 엄격히 비공개적인 것으로 봉인된 봉투로 발송되었으며, 전적으로 당시 저의 공무에 따른 것이었습니다.

　　국무부나 뉴욕 자본가의 '패거리'에 관해서는 당연히 논평이 필요하기에는 너무 터무니없는 비난입니다. 하지만 이와 관련하여 부통령과 국무장관의 이름이 사용되어야 한다는 점을 진심으로 유감스럽게 생각합니다.

저는 한때 딘스모어 씨와 다이 장군에게 모튼 앤드 블리스 앤드 컴퍼니의 블리스 씨가 다른 사람들과 함께 있었고, 한국에 어느 정도 관심이 있었다고 썼습니다. 그리고 모튼 씨의 이름이 이 나라와 연관되게 된 것도 이와 같은 개인적인 조언에서 나온 것이 틀림없습니다.

저는 불행하게도 그 사람이 제가 지금 맡고 있는 직책에 대하여 실망한 후보자가 아닌 한, 그러한 행위에 대한 어떠한 증거도 이유도 없습니다.

제가 이 주목할 만한 외국인 거주지의 정치적 험난함에 휘말리게 된 것을 매우 유감스럽게 생각하며, 이 기사를 읽는 모든 사람은 의심할 바 없이 그 글의 저자와 저를 모두 알고 있을 것이기 때문에 그것이 귀하께 불쾌감을 주지 않을 것이라고 믿습니다.

H. N. 알렌

Horace N. Allen (Sec., U. S. Legation to Korea), Despatch to Augustine Heard (U. S. Minister to Korea), No. 53 (Sept. 5th, 1890)

No. 53 [Enclosure]
Legation of the United States
Seoul Corea

September 5th 1890

Augustine Heard

Sir: -

I have the honor to enclose a copy of an article published in the "Hong Kong Telegraph" of Aug. 20th 1890, containing a copy of a letter purporting to have been written by me to General Dye. As the article further contains some reflections on certain high officials I have thought it best to lay the matter before you.

I have addressed General Dye on the subject, copy enclosed, as to how a private letter from myself to him could get into print. I enclose his reply, in which he shows that only by Malicious purloining could the letter have been obtained. I also enclose copies of his letters to the Editor on this subject.

Allow me to say in explanation that the letter of which a portion is published in this article, was written by me when in Korean service, to Gen'l Dye, when, during the absence of Mr. Denny, he was acting as adviser to the Korean Government and living in Mr. Dennys house. The letter further was in answer to a request from the King, transmitted by Dye, for information concerning rumored reductions in the grade of the representative at Seoul, from the United States. What I wrote was strictly private, sent in a sealed cover, and entirely in the line of my then official duty.

As to any "ring" at the State Department, or of New York capitalists, that of course is too absurd an accusation to need comment. I sincerely regret however the names of the Vice-President and the Secretary of State should be used in this connection.

I wrote to Mr Dinsmore and to General Dye, at one time, that Mr. Bliss of the firm of Morton and Bliss and Company was with others, somewhat interested in Korea. And it must have been from such private advice as this that Mr. Mortons name became connected with this country.

I have unfortunately no proof [nor] any reason for such conduct, unless it may be that he is a disappointed candidate for the position I now hold.

Regretting very much that I should be mixed up in the political asperities of this remarkable foreign settlement, and trusting that it may give you no annoyance, since everyone who is liable to read the article will doubtless know both its author and myself.

H. N. Allen

알렌 박사와 선교본부의 관계. 미국 북장로교회 해외선교본부 실행이사회 회의록, 1837~1919년 (1890년 9월 8일)

알렌 박사와 선교본부의 관계. 알렌 박사와 한국 선교부의 관계에 대한 조사와 관련된 H. N. 알렌의 (18)90년 7월 26일자 편지,[31] S. A. 마펫 목사의 (18)90년 7월 24일자[32] 및 D. L. 기포드 목사의 (18)90년 7월 9일자 편지가 승인되었다. 알렌 박사가 미국 공사관의 서기관 직(職)을 수락한 사실에 비추어 선교본부는 알렌 박사에게 선교사로서의 직책을 사임하도록 조언하고, 그러한 사임 결정이 선교부에 제출되었을 때 선교부는 그것을 수락하도록 하며, 지침서의 제24항에 근거하여 알렌 박사와의 관계를 정리하되, 결산일까지 공사관으로부터 받은 급여를 공제할 것이며, 담당 총무는 대단하였던 알렌 박사의 활동에 대하여 선교본부의 최고의 감사를 표하도록 결의하였다.

---

31) Horace N. Allen (Seoul), Letter to Frank F. Ellinwood (Sec., BFM, PCUSA) (July 26th, 1890)
32) Samuel A. Moffett (Seoul), Letter to Frank F. Ellinwood (Sec., BFM, PCUSA) (July 24th, 1890)

Dr. Allen's Relation to Board.
Minutes [of Executive Committee, PCUSA], 1837~1919
(Sept. 8th, 1890)

Dr. Allen's relation to Board. Letter from the H. N. Allen, July 26, '90, Rev. S. A. Moffett, July 24, '90 and Rev. D. L. Gifford, July 9, '90, were granted searching whom the relation of Dr. Allen to the Korea Mission. It was resolved that in view of the acceptance by Dr. Allen of the office of Secretary of the United States Legation, the Board advise Dr. Allen to resign his position as a missionary, and that on the presentation of such resignation to the Mission, the mission be directed to accept it, and to settle with Dr. Allen on the basis of paragraph 24 of the manual, the amount of salary received from the legation is to the date of settlement being deducted and that the secretary in charge express to Dr. Allen the Boards high appreciation of his services is the great.

프랭크 F. 엘린우드(미국 북장로교회 해외선교본부 총무)가
호러스 N. 알렌(서울)에게 보낸 편지 (1890년 9월 9일)

(18)90년 9월 9일

H. N. 알렌 박사,
　　한국 서울

친애하는 박사님,

　　박사님의 7월 26일자 편지[33]가 정식으로 접수되었으며, 어제 선교본부는 박사님과 선교본부 및 주한 공사관 서기관 직(職)과의 관계 문제에 대하여 조치를 취하였습니다. 나는 박사님이 2~3년 동안 정부 직책 문제를 염두에 두고 있었다는 것을 알고 있기 때문에 박사님의 수락 소식을 듣고 전혀 놀라지 않았습니다. 그리고 나는 한 달~6주 전에 워싱턴에서 박사님의 서기관 직에 대하여 진지하게 이야기되었다는 소식을 들었습니다. 나의 판단으로는 박사님이 모든 상황에서 그것을 받아들이는 데 현명하게 행동하였지만, 이 직책에서 박사님이 선교사로서의 지위도 유지하려고 생각해서는 안 된다는 것이 이곳에서 우리의 만장일치의 느낌입니다. 우리가 박사님에 대한 신뢰가 부족해서가 아닙니다. 나는 과거에 일에 대하여 박사님께 많은 확신을 주었지만, 우리는 선교가 정치인들의 충격을 받는 것을 피하는 것이 불가능할 것이라고 생각하기 때문입니다. 데니 판사 부부는 아직 서울에 있습니다. 그들은 자신의 정치적 전망을 가로막는 사람이라면 누구에게나 그렇듯이 박사님께 가혹합니다. 그렇다면 이쪽 저쪽에 정당이 있고 우리의 선교 사역과 선교부를 정쟁의 범주에 집어넣을 이유가 없습니다. 따라서 선교본부의 결정은 박사님이 선교사 직위를 사임할 것을 권고하고, 선교본부를 위하여 그것을 받을 권한이 있는 선교부에 전달하는 것이었습니다. 나는 회의록의 정확한 사본을 이 편지에 동봉할 것입니다. 박사님은 편지에서 외국인 진료와 서기관으로서 박사님이 받게 될 급여에 대하여 이야기하고 있습니다. 우리는 박사님이 모든 외국인 진료를 담당하고 그것으로 박사님이 할 수 있는 모든 것을 벌기를 기꺼이 원하며, 나는

---

33) Horace N. Allen (Seoul), Letter to Frank F. Ellinwood (Sec., BFM, PCUSA) (July 26th, 1890)

그것이 박사님의 급여와 함께 선교본부가 제공하는 모든 지원과 완전히 같게 될 것이라고 생각하고 있습니다. 우리는 더 이상 다른 진료와 섞이기를 원하지 않습니다. 그것은 박사님이 한국에서 처음 (사역을) 시작했을 때 필수적인 것이었습니다. 확신할 수는 없지만 헤론 박사는 그것을 너무 오래 유지하였고, 그로 인한 과로가 그의 쇠약을 부분적으로는 야기하였을 수도 있습니다. 병원의 책임을 맡게 해 달라는 부탁에 대하여, 사직서가 선교부에 접수되기 전까지 박사님의 선교사 신분이 유지됩니다. 박사님의 급여 및 그와 관련된 기타 문제는 그때까지 계속되지만, 지침서의 원칙에 따라 그 기간 동안 박사님이 서기관 직으로 받는 급여는 무엇이든 선교본부가 지급하는 급여에서 공제될 것입니다.

박사님은 박사님이 (한국으로) 돌아간 이후 자신의 계정에 대하여 선교본부와 관련된 막대한 비용을 지불할 능력이 없다고 말하고 있습니다. 선교본부는 어떠한 대가도 요구하지 않고 단순히 위에서 언급한 합의, 즉 선교사의 급여에서 서기관의 급여를 공제하려는 것뿐입니다. 우리는 병원의 소유를 유지하는 것이 현명하다고 생각하며, 선교부가 많은 비용을 들이지 않고도 최선이라고 생각할 수 있는 일시적인 준비를 할 수 있도록 일시적으로 승인하였습니다. 우리는 병원의 책임을 맡고 한국인들 사이에서 일할 의사를 파송할 것입니다. 우리는 모든 것에서 벗어나 순수한 선교 사업에 전념해야 할 때가 왔다고 생각합니다. 헤론 박사의 죽음은 우리 모두에게 인생은 짧다는 것과 누구든지 그리스도의 대의를 위하여 한국이나 다른 곳에서 하고자 하는 일은 낮 동안에 이루어져야 한다는 경고입니다.

나는 박사님이 과거와 마찬가지로 다가올 시대에도 우리 사업에서 자신을 친구이자 동조자로 여기게 될 것임을 편지의 어조에서 알게 되어 기쁩니다. 박사님은 여러 면에서 진정한 봉사를 할 수 있는 능력이 있으며, 내가 바라는 대로 박사님은 항상 이 세월을 바친 대의를 수호하는 사람이 될 수 있습니다.

신이 박사님과 박사님의 것을 축복하고 선교부도 축복하소서!

안녕히 계세요.
F. F. 엘린우드

Frank F. Ellinwood (Sec., BFM, PCUSA),
Letter to Horace N. Allen (Seoul) (Sept. 9th, 1890)

Sept. 9th, 90

Dr. H. N. Allen,
    Seoul, Korea

My dear Doctor: -

Your letter of July 26th was duly received, and yesterday the Board took action with regard to the question of your relations to it and to the Secretaryship of Legation. I was not surprised at all to learn of your acceptance, because I know that for two or three years you had had in mind the question of a Government position. And I happened to hear about a month or six weeks ago that you were talked of seriously at Washington for the Secretaryship. In my judgment you acted wisely in accepting it under all the circumstances, but it is our unanimous feeling here that with this position you ought no to think of retaining also a position as missionary. Not that we lack confidence in you. I have in all the past given you abundant assurance on that score, but because we feel that it will be impossible to avoid bringing the mission more or less under the corss-fire of the politicians. Judge Denny and his wife are still in Seoul. They are bitter against you, as they would be against anybody, who, as they thought, stood in the way of their political prospects. Then, there are parties on this side and on that, and we cannot afford to have our mission work and mission cause brought into the category of political strifes. The action of the Board therefore was to the effect that you be advised to resign your position as missionary, communicating the resignation to the mission, which is authorized to accept it for the Board. I will enclose with this an exact copy of the Minute. You speak in your letter of the foreign practice, and also of the salary which you will receive as Secretary. We are quite willing that you should take all the foreign practice, and make from it whatever you can, and I should think that that together with your salary would be fully equivalent to any support which the

Board is accustomed to give. We do not wish to be mixed up with other practice any longer. It was a necessity when you first began in Korea. I am not certain but Dr. Heron kept it too long, and that in part the overwork which it required may have caused his breakdown. As you were asked to take charge of the hospital, your missionary status remains until your resignation is received by the mission. And your salary and other matters connected with it continue until that time, however, the understanding that according to the principles of the Manual, whatever you receive as salary from the Secretaryship during that time shall be deducted from the salary paid by the Board.

You speak of your inability to make payment for the heavy expenses involved by the Board on your account since you went back. The Board does not ask any rebate, but just simply the arrangement named above, the deducting of the Secretary's salary from that of the missionary. We deem it wise to retain possession of the hospital, and the mission is authorized ad interim to make such temporary provision for it as may be thought best, though without much expense. We shall send out a physician to take charge of the hospital and to work among Koreans. We think the time has come how when we should out loose from all else and confine ourselves to purely missionary work. The death of Dr. Heron is a warning to us all that life is short, and that what anyone proposes to do in Korea or elsewhere for the cause of Christ should be done while the day lasts.

I am glad to know from the tenor of your letter that you are to regard yourself as a friend and sympathizer in our work in the time to come as in the time past. You have it in your power to be of real service in many ways, and always, as I hope, a defender of the cause to which you have given these years.

May God bless you and yours, and also bless the mission!

Sincerely yours,
F. F. Ellinwood

프랭크 F. 엘린우드(미국 북장로교회 해외선교본부 총무)가
해티 G. 헤론(서울)에게 보낸 편지 (1890년 9월 9일)

(중략)

　귀하는 내가 보낸 선교부 편지를 통하여 알렌 박사의 직책에 대하여 어떤 결정이 내려졌는지 알게 될 것입니다. 우리는 선교 사역과 공사관 업무가 연결되지 않고, 그가 사임하고 후자의 일에만 국한해야 하는 것이 최상이라고 생각하고 있습니다. 우리는 새로운 의사를 파송하려 노력할 것이며, 그는 외국인 진료가 아닌 선교 사역에 국한될 것입니다.

(중략)

Frank F. Ellinwood (Sec., BFM, PCUSA),
Letter to Hattie G. Heron (Seoul) (Sept. 9th, 1890)

(Omitted)

　You will learn through the mission letter which I send, what action has been taken with regard to the position of Dr. Allen. We think it best that the mission work and the Legation work be not connected, that he should rather resign and confine himself to the latter. We shall try to send out a new Doctor, though with the idea that he shall be confined to mission work and not to the foreign practice.

(Omitted)

프랭크 F. 엘린우드(미국 북장로교회 해외선교본부 총무)가
새뮤얼 A. 마펫(서울)에게 보낸 편지 (1890년 9월 9일)

(중략)

우리는 알렌 박사와 관련하여 귀하가 제시한 요점에 대하여 전적으로 동의합니다. 우리 모두는 그가 선교본부와의 관계를 사임하고 자신이 잘 적응하였다고 생각하는 직위의 의무에 전념하는 것이 현명한 것이라고 확신하고 있습니다. 나는 그가 과거처럼 앞으로도 선교부와 그 업무에 친절하게 임할 것이라고 믿습니다. 사실 이것은 귀하의 편지와 같은 우편으로 온 편지에 표시되어 있습니다. 나는 선교본부의 조치에 대하여 설명하는 편지를 선교부에 썼으므로 다시 설명할 필요가 없습니다.

(중략)

Frank F. Ellinwood (Sec., BFM, PCUSA),
Letter to Samuel A. Moffett (Seoul) (Sept. 9th, 1890)

(Omitted)

We quite agree with you in the points which you present with reference to Dr. Allen. We are all convinced that the wise thing is for him to resign his relations to the Board and devote himself to the duties of the position to which I think he is well adapted. I trust that he will hereafter as in the past, show himself friendly to the mission and its work. This, in fact, is indicated in the letter which came by the same mail with yours. I have written a letter to the mission giving account fo the Board's action, so that I need not traverse that again.

(Omitted)

프랭크 F. 엘린우드(미국 북장로교회 해외선교본부 총무)가
대니얼 L. 기포드(서울)에게 보낸 편지 (1890년 9월 10일)

(18)90년 9월 10일

대니얼 L. 기포드 목사,
　한국 서울

친애하는 기포드 씨,

　한국의 문제, 헤론 박사의 질병과 죽음, 알렌 박사의 업무 재개 문제 등에 관한 훌륭한 장문의 편지에 대하여 귀하게 감사드립니다. 물론 그 주제에 관하여 우리 선교사들이 쓴 모든 것은 모든 기밀 통신이 항상 그렇듯이 신성한 것으로 간주됩니다. 우리의 생각은 정확한 지식을 얻는 것이지만 결코 출처를 전달하는 것이 아닙니다.

　선교본부는 선교부 기지 모퉁이의 작은 부지 구입 및 복음전도회에 대한 토지 매각과 관련하여 선교부의 요청 또는 제안을 승인하였으며, 우리는 의사를 파송할 수 있을 때까지 비용이 적게 드는 방식으로 선교부가 병원을 맡기를 바라고 있습니다. 우리는 병원을 완전히 포기할 때가 왔다고 생각하고 있지 않습니다. 그것은 영향력을 행사하는 수단으로서 우리에게 도움이 될 수 있습니다.

　우리는 베어드 씨가 늦가을에 한국으로 파송될 것으로 예상하고 있으며, 의사를 찾고 있습니다.

　부인과 선교계에 안부를 전합니다.

　안녕히 계세요.
　F. F. 엘린우드

Frank F. Ellinwood (Sec., BFM, PCUSA),
Letter to Daniel L. Gifford (Seoul) (Sept. 10th, 1890)

Sept. 10th, (18)90

Rev. Daniel L. Gifford,
Seoul, Korea.

My dear Mr. Gifford: -

I thank you for your good long letter in regard to matters in Korea, the sickness and the death of Dr. Heron, the question of Dr. Allen's resumption of work, etc. Of course all that is written on that subject by our missionaries in considered sacred, as all confidential communications always are. Our idea is to get exact knowledge, but never to communicate the sources.

The Board has granted the request or suggestions of the mission with regard to the purchase of the little lot on the corner of the mission compound, and also the sale of land to S. P. G's., and we wish the mission to take charge of the hospital in some inexpensive way until we can send a doctor. We do not think that the time has come for us to give up the hospital altogether. It may avail us yet as a means of influence.

We are expecting Mr. Baird to go out to Korea late in the fall, and are looking for a doctor.

With kind regards to your wife and the mission circle,

Sincerely yours,
F. F. Ellinwood

18900911

프랭크 F. 엘린우드(미국 북장로교회 해외선교본부 총무)가
한국 선교부로 보낸 편지 (1890년 9월 11일)

(18)90년 9월 11일

한국 선교부 귀중

친애하는 형제들,

　　나는 방금 떠난 우편을 위하여 선교부로 공식 편지를 썼지만 오류가 너무 많아서 가지고 있을 수밖에 없으며, 따라서 그 우편으로 귀 선교부에 선교본부의 조치를 충분하게 설명할 수 없었습니다. 하지만 기포드 씨에게 보낸 편지[34]에서 나는 주로 사실을 전달하였고 알렌 박사에게 보낸 편지[35]에서 나는 그의 추가 고용에 관한 선교본부의 조치에 대한 사실을 보냈습니다. 나는 귀 선교부의 기록을 위하여 이 편지와 함께 조치의 정확한 사본을 보내드립니다. 알렌 박사가 주한 미국 공사관의 서기관 직(職)과 관련하여 선교사의 직위를 유지해서는 안 된다는 것이 선교본부와 선교본부 임원들의 만장일치 의견입니다. 우리는 지금부터 우리의 의료 사업을 선교와 관련된 즉각적인 목표로 진행하는 것이 최선이라고 생각하고 한국에 있는 모든 외국인 진료를 기꺼이 그에게 넘길 것입니다.

(중략)

---

34) Frank F. Ellinwood (Sec., BFM, PCUSA), Letter to Daniel L. Gifford (Seoul) (Sept. 10th, 1890)
35) Frank F. Ellinwood (Sec., BFM, PCUSA), Letter to Horace N. Allen (Seoul) (Sept. 9th, 1890)

Frank F. Ellinwood (Sec., BFM, PCUSA), Letter to the Korea Mission (Sept. 11th, 1890)

Sept. 11th, (18)90

To the Korea Mission

Dear Brethren: -

I wrote an official letter to the mission, intending it for the mail which has just gone, but found it so full of errors that I am obliged to retain it, and I failed therefore by that mail to give you as a mission the full statement of the Board's action. In my letter to Mr. Gifford, however, I communicated the facts principally, and in my letter to Dr. Allen I sent the fact that of the Board's action in regard to his further employment. I send you for the purpose of your records an exact copy of the action with this letter. It is the unanimous feeling of the Board, as well as of the officers of the Board, that Dr. Allen should not retain the position of missionary in connection with that of Secretary of Legation. We are quite willing to surrender to him for what it is worth, all the foreign practice in Korea, deeming it best from this time forth to direct our medical work to the immediate objects connected with the mission.

(Omitted)

호러스 N. 알렌(주한 미국 공사관 서기관)이 프랭크 F. 엘린우드 (미국 북장로교회 해외선교본부 총무)에게 보낸 편지 (1890년 9월 18일)

한국 서울,
1890년 9월 18일

친애하는 엘린우드 박사님,

박사님의 8월 6일과 8일자 친절한 편지[36]가 지난 우편으로 왔으며, 제가 박사님이 원하시는 대로 하고 있음을 기쁘게 알게 되었습니다. 이곳에서 외국인 진료는 헤론 박사의 사망 이전에 큰 몫을 가지고 있던 스크랜턴 박사에게 대부분 넘어갔습니다. 저는 매일 병원에서 진료를 하고 있는데, 병원까지 멀고 공사관에 오전 10시에 도착해야 하기 때문에 매우 활기찬 일입니다. 그래서 저는 일찍 시작해서 매일 아침 적어도 1시간 진료를 하며, 오후 4시 이후에 다시 진료를 하러 갑니다. 박사님의 병원에 대하여 말씀드리고 싶은데, 아무 일도 일어나지 않으면 저는 그것을 박사님을 위하여 유지하겠습니다.

상하이의 일반 개업의사 중 한 명인 맥클라우드 박사는 저를 방문하였을 때 "선교 병원이건 다른 것이건 중국의 어떠한 병원도 박사님이 이곳에서 가지고 있는 기구보다 더 좋은 것을 가지고 있지 않습니다."라고 말하였습니다.

개원 이후 엄청나게 많은 약품이 비치되었지만 아주 더럽고 정리되어 있지 않습니다. 좋은 약품이었을 텐데 제대로 관리를 하지 않아 거의 200달러어치를 폐기 처분해야 했습니다. 이름표가 벗겨졌고, 약에 대해서 모르는 무지한 사람들이 약품들을 섞어 놓았으며, 저는 모두의 안전을 위하여 제가 확신할 수 없는 모든 약들을 폐기해야 했습니다. 그럼에도 불구하고 그곳에 남아 있는 재고는 훌륭하며, 1년에 500달러로 잘 유지될 것입니다. 저는 헤론 박사가 단순히 처방전을 쓰고, 모든 처방과 지시 사항을 한 사람(관리)에게 넘겼는데, 영어를 모르는 이(李) 주사는 그의 조수와 함께 저에게 단순하고 흔한 약품 이외에는 찾아 주지 못하였고 단순한 처방도 읽지 못한다는 것을 알았습니다. 놀랍게 들릴지 모르지만 병원의 외래 환자가 사망하지 않는 유일한 이유는 서

---

36) Frank F. Ellinwood (Sec., BFM, PCUSA), Letter to Horace N. Allen (Chemulpho) (Aug. 6th, 1890); Frank F. Ellinwood (Sec., BFM, PCUSA), Letter to Horace N. Allen (Chemulpho) (Aug. 8th, 1890)

양 의학에 대한 믿음이 점점 더 부족해졌기 때문입니다. 한 사람은 병원에서 약을 먹은 후 1시간 만에 죽었는데, 그가 약을 먹었을 때 건강하였고 약간 아팠을 뿐이었습니다.

몇 달 동안 입원한 환자가 없었고, 몇 년 동안은 거의 없었습니다. 저는 세관에서 연간 600달러를 헤론에게 넘겼고 다른 용도로 사용되지 않았기 때문에 '돈이 없다.'는 변명은 빈약합니다. 그들은 이미 저에게 매달 (그리고 정기적으로 지불되었습니다.) 신수비로 50달러를 주었지만, 저는 없어져 버린 세관의 돈을 대신하여 약값으로 넘겼습니다.

병원은 보면 볼수록 마음에 들고 어떤 일만 아니면 정말 그곳에서 살면서 헌신하고 싶습니다. 저는 박사님이 제가 도울 수 있는 좋은 사람을 보내주시기를 바라고 있습니다.

언더우드와 저는 사이가 좋습니다. 헤론 부인은 언더우드의 멋진 아들이 태어나기 전날 오후에 언더우드 부인과 추악한 싸움을 일으켜 우리가 예상하였던 것보다 더 빨리 옛 행태를 드러냈습니다. 저는 (장로교회의) 다른 선교사들의 일에 전혀 관여하고 있지 않으며 그렇게 할 수도 없습니다. 그들 모두는 헤론 집의 하숙인이며, 심지어 알렌 부인이 이곳에 온 지 한 달이 될 때까지 방문하지 않았습니다. (데니 부인이 즉시 방문하였는데, 판사가 그러는 것처럼 화해를 하고 싶어하는 것 같았습니다.)

저는 저의 현재 업무를 매우 좋아하고 있습니다. 왕은 제가 마음대로 사용할 수 있는 아주 괜찮은 집을 마련해 주었고, 우리는 다시 한 번 고향에 온 것 같은 편안함을 느끼고 있습니다. 헤론 부인과 그녀의 몇몇 측근을 제외하고는 모든 것이 아주 즐겁습니다. 허드 씨와 저는 아주 사이좋게 지내고 있으며, 일부 사람들이 제가 그렇게 하는 것을 원하지 않더라도 저는 좋은 일을 할 수 있습니다.

르장드르는 방금 전에 내부(內部)에 소속된 요코하마의 미국 총영사인 C. R. 그레이트하우스에 의해 보강되었지만 데니 씨는 여전히 버티고 있습니다. 그[그레이트하우스]는 훌륭한 법률 권위자이며, 좋은 사람입니다. 데니 부인은 그들이 현재 살고 있는 집에서 쫓겨날 것으로 예상하여 상하이로 떠났습니다. 예언이 성취되기 위하여 정부를 전복시키려는 시도로 매일 소요가 예상됨에 따라 올해의 마지막 몇 달이 천천히 지나고 있습니다. 최근 모반 혐의로 수많은 사람들이 체포되었습니다. 일부 고위직 양반들이 쫓겨났고, 모든 사람들은 첩자들이 듣고 이해하지 못하도록 의견을 표현하는 것을 두려워하는 것 같습니다. 태후의 장례식인 10월 11일이 곧 다가오고 있으며, 그때가 가장 위험할 것으로 예상됩니다.

　종양이 있는 한 여자(처녀)가 최근에 체포되었습니다. 그녀는 여자 예언자 이었는데, 태어날 아들은 근원이 신성하고 미래의 한국 통치자가 될 것이기에 순결한 잉태의 희생자로 믿어졌습니다. 그녀는 많은 추종자들과 함께 체포되었으며, 장례식이 끝날 때까지 그녀를 개복할 수 없기 때문에 현재 감옥에 갇혀 있습니다. 그때가 되면 그녀는 제왕 절개의 희생자가 될 것이며, 자궁의 내용물이 신성한 기원으로 판명되면 상처를 꿰매고 만삭까지 임신이 계속될 것입니다. 만일 세속적인 것이라면 여자는 머리가 잘릴 것입니다. 저는 그것이 마귀의 잉태로 여겨질 종양으로 입증될 것이라고 생각하고 있습니다.

　저의 편지가 일반인들을 위한 것이 아니었는데 출판되었기 때문에 지금 제가 박사님께 쓰고 있는 편지를 사적으로 보관해 주십시오.

　박사님의 가족, 그리고 지금까지 박사님과 함께 있다면 네비우스 가족들께 안부를 전합니다. 다른 총무님들께도 안부를 전합니다.

　안녕히 계십시오.
　H. N. 알렌

Horace N. Allen (Sec., U. S. Legation to Korea), Letter to Frank F. Ellinwood (Sec., BFM, PCUSA) (Sept. 18th, 1890)

Seoul, Korea,
Sept. 18, 1890

My dear Dr. Ellinwood: -

　Your kind letters of Aug. 6th & 8th came by last mail, and happily found me doing as you desired. The work of the Foreigners here has mostly gone over to Dr. Scranton who had a large share of it prior to Dr. Heron's death. I am attending to the Hospital daily and it is very lively work as it is a long way to the hospital and I have to be at the Legation at 10 A. M. So I start early and put in at least one hour each morning, going again after four o'clock to do up inside work. Let me tell you something of the hospital, your hospital it is for I shall hold it for you if nothing happens.

Dr. McCloud of Shanghai, one of the general practitioners there when visiting me said, "No hospital in China, missionary or other, has a finer outfit of instruments than you have here."

Since the opening a very large stock of drugs has been accumulating, but such dirt and confusion. I have had to destroy nearly $200. of what should have been good medicine but that no care has been given it. Labels have come off, the horde of ignorant attendants have mixed medicines and for common safety I had to discard all that I was not sure of. Nevertheless there is a fine stock left, and $500.00 a year will keep it up handsomely. I find that Dr. Heron simply wrote off his prescriptions and left the entire filling of them and directions to a man, (officer) Ye Chusah, who with his assistants does not know English at all, could not find me any but the simplest and commonest medicines and could not, on trial, read a simple prescription. It may seem amazing but the only reason for the absence of a mortality in the out-patients at the hospital has been the growing lack of faith in Western physic. One man did die an hour after taking medicine at the hospital, having been strong and but slightly ailing when the medicine was taken.

No patients have been inside for months and but few for years. The excuse of "no money" is a poor one as I turned over to Heron $600.00 per annum from the Customs which was not to have been used in any other way. Already they have given me $50. per month (and it is paid regularly) as a salary, but I have turned it over for medicines in lieu of the Customs money now lost.

The more I see of the Hospital the more I like it and I would really like to live right there and devote myself to it, were it not for certain things. I hope you will send a good man, one that I can help.

Underwood and I are on the best of terms. Mrs. Heron has shown the old spirit earlier than we expected having caused an ugly row with Mrs. Underwood the afternoon before Underwood's wonderful son was born. With the other missionaries (Presbyterian) I have absolutely nothing to do and cannot. They are all boarders at the Herons, and did not even call on Mrs. Allen till she had been here a month. (Mrs. Denny called immediately and seems anxious to make up, as does the Judge as well.

I like my present work very much. The King has placed a very decent house at my disposal and we feel quite at home once more. With the exception of Mrs. Heron and her little clique, all are very pleasant. Mr. Heard and I get along charmingly and I can do much good even if some of the people would rather not have me to do so.

Denny still hangs on though Le Gendre is now reinforced by C. R. Greathouse, Consul Gen'l (U. S.) at Yokohama, who has just been attached to the Home Office. He is a great legal authority and a good man. Mrs. Denny has gone to Shanghai as they are expecting to be ejected from their house. The last months of this year drag slowly as daily outbreaks are expected as attempts to overturn the Government in fulfillment of prophecy. Numerous arrests have been made recently for conspiracy. Some high nobles being so ousted, and every one seems to be afraid to express an opinion lest spies should hear and apprehend. The Dowager funeral comes off soon, Oct. 11, and that is supposed to be time of chief danger.

A woman with a tumor (a virgin) was recently arrested. She was a prophetess and was believed to have been the victim of an immaculate conception, the son to be born being of divine origin and the future ruler of Korea. She was arrested with many of her followers and is now in prison as she cannot be opened till after the funeral, when she will be the victim of a Caeserian section, and if the contents of her womb prove to be of divine origin, the wound will be sewed up and the pregnancy will go on to term, if divine. If carnal, then the woman loses her head. I think it will prove to be a tumor which will be considered as the conception of the Devil.

Please keep privately what I write you, as letters of mine have gotten into print when they were not intended for the public.

My kind regards to your family, and to the Nevius' if they are still with you. Remember me to the other Secretaries. I am,

Yours very truly,
H. N. Allen

호러스 N. 알렌(주한 미국 공사관 서기관)이 프랭크 F. 엘린우드
(미국 북장로교회 해외선교본부 총무)에게 보낸 편지 (1890년 9월 20일)

추신. 9월 20일. 병원에는 수입과 지출한 돈에 대한 기록이 없습니다. 그러나 한국인의 계산에 따르면 헤론 박사는 1,200달러(600달러는 정규 약품 예산, 600달러는 약품을 위하여 세관으로부터 받은 저의 별도 수당)를 받았습니다. 1년이 넘게 언급할 가치가 있는 약품을 병원에 보내지 않았습니다. 지난 1월에 헤론은 저에게 그가 병원을 위하여 고국에 다량의 주문을 하였다고 말하였습니다. 3월에 그는 그것이 왔다고 말하였지만, 그는 전액을 받을 때까지 그것을 병원에 넘기려 하지 않았습니다. 나중에 그와 다른 사람들은 돈이 지불되었다고 말하였습니다. 언더우드 씨는 지금 이 보고서를 확인하였는데, 헤론의 집에 엄청난 양의 의약품이 뜯지 않은 상태로 보관되어 있으며 물품의 양으로 볼 때 그것이 병원을 위한 것임에 틀림없다고 추측하고 있습니다. 저는 돈이 지불되었음으로 그것을 보내달라고 요청하였지만, 마펫이 이 업무를 담당하고 있고 지금은 지방에 있습니다. 하지만 과거의 경험에 비추어 볼 때 그는 헤론 부인의 지시에 따라 행동하며, 박사님의 지시 없이는 물품을 얻거나 정리할 희망이 없습니다. 박사님께서 지시를 보내주시겠습니까. 그동안 저는 병원에서 부족한 것을 보충하기 위하여 남아 있던 저의 의약품 재고를 넘겼습니다.

알렌

Horace N. Allen (Sec., U. S. Legation to Korea),
Letter to Frank F. Ellinwood (Sec., BFM, PCUSA) (Sept. 20th, 1890)

P. S. Sept. 20th. There is no record at the Hospital of moneys received and expended. Yet by the Korean count Dr. Heron received $1,200 ($600 regular medicine appropriation and $600. my extra allowance from Customs for medicines). No medicines worth mentioning have been sent to the Hospital for over a year. Last Jan. Heron told me he had sent home a large order for the hospital. In Mch. said it had come but he would not turn it over to the hospital till he received the money due in full. Later he and others said the money has been paid. Mr. Underwood now confirms this report and says there is a large unbroken order of medicines stored away in Heron's house and from the bulk of the articles he infers it must be for the hospital. I asked to have it sent over as the money had been paid, but Moffett has charge of that business and is now up country. From past experience however, I find he does as Mrs. Heron directs and have no hopes of getting the goods or a settlement, without an order from you. Will you please send it. In meantime I have turned over the remnant of my medical stock to supply some deficiencies at Hospital.

    Allen

호러스 N. 알렌(주한 미국 공사관 서기관)이
민영익(홍콩)에게 보낸 편지 (1890년 9월 23일)

미합중국 공사관

한국 서울,
1890년 9월 23일

민영익 공

친애하는 친구여,

　대감 편지를 보았습니다. 매우 고맙습니다. 여기 사람들의 말이 민 대감이
곧 온다고 합디다. 그래서 이곳 사람들이 기뻐하고 있습니다.
　이완용이 들어올 것입니다. 그 사람 병이 있습니다.
　박 공사는 지금 시골에서 들어 왔습니다. 내아문 벼슬이 있습니다. 미국
사람이 내아문 협판 벼슬에 있습니다.
　돈이 아니 갔습니까? 돈이 상해로 갔습니다.
　이곳의 역적들이 많이 잡혔습니다.
　[나는] 지금 제중원에 날마다 가서 병든 사람을 진료하고 있습니다.

　안녕히 계세요.
　안연 H. N. 알렌

Horace N. Allen (Sec., U. S. Legation to Korea), Letter to Min Yong Ik (Hong Kong) (Sept. 23rd, 1890)

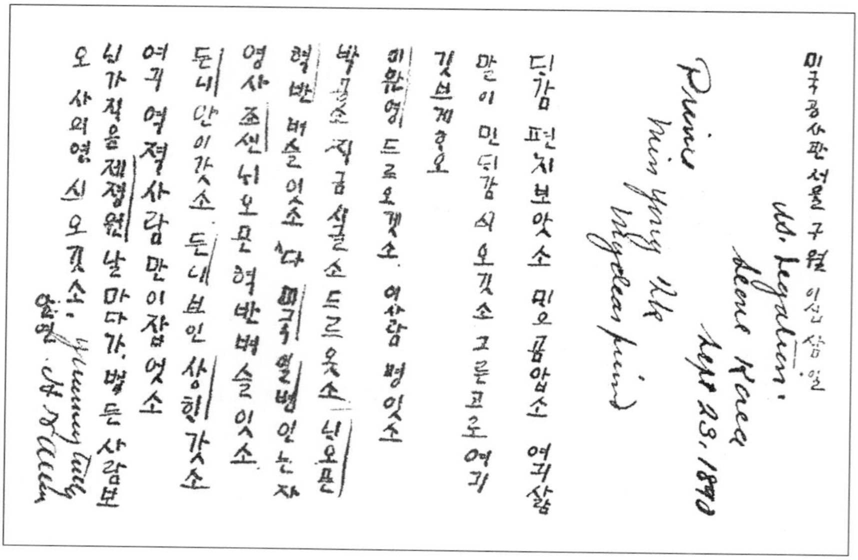
미국공사관 서울 구월 이십삼일
U.S. Legation.
Seoul Korea
Sept 23, 1890
Prince
Min Yong Ik
Hongkong
되감 편지 보앗소 미오 곰압소 여긔 삼
만이 민되감 씨 오깃소 그른고오 여기
깃브게 흐오
씨 완영 드로오겟소. 여사람 평잇소
박공소 지금 실골소 드르옷소 뉘오븐
혁반 버슬 엇소 다 미국 열벵인 논자
영사 조선 뉘오븐 혁반 버슬 잇소.
된니 만이 갓소 된내 브인 상히 갓소
여긔 여적 사람 만이 잡엇소
싀가 적을 제정원 날마다 가 벌든 사람 보
오 사의 엳 시오깃소. Yours truly
알연 H.N. Allen

그림 9–5. Horace N. Allen (Sec., U. S. Legation to Korea), Letter to Min Yong Ik (Hong Kong) (Sept. 23rd. 1890).

알렌 박사의 사임. 미국 북장로교회 해외선교본부 실행이사회 회의록, 1837~1919 (1890년 10월 6일)

알렌 박사의 사임. 한국 서울의 H. N. 알렌 박사는 1890년 8월 13일자 편지로 사임서를 제출하였으며,[37] 그것은 수락되었다.

The Resignation of Dr. Allen.
Minutes [of Executive Committee, PCUSA], 1837~1919
(Oct. 6th, 1890)

The resignation of Dr. Allen. The resignation of Dr. H. N. Allen of Seoul, Korea, having been presented in a letter of Aug. 13, '90, the same was accepted.

---

37) Horace N. Allen (Sec., U. S. Legation to Korea), Letter to Frank F. Ellinwood (Sec., BFM, PCUSA) (Aug. 13th, 1890); Horace N. Allen (Sec., U. S. Legation at Seoul), Resignation (Aug. 13th, 1890)

프랭크 F. 엘린우드(미국 북장로교회 해외선교본부 총무)가
호러스 N. 알렌(서울)에게 보낸 편지 (1890년 10월 9일)

(18)90년 10월 9일

H. N. 알렌 박사,
    한국 서울

친애하는 박사님,

사직서를 제출한 사유가 포함된 박사님의 사직서를 접수하였습니다. 박사님이 제시한 것 외에 다른 이유가 없었다면, 다시 말하면 박사님이 공사관 서기관직을 받아들이지 않았다면, 나는 박사님의 의도를 만류하려고 노력하였을 것입니다. 그러나 박사님의 직책 변경과 외교적 업무의 인수를 알게 된 선교본부의 조치로 문제가 해결되었습니다.

선교부와의 관계에서 조금이라도 마찰이 있었다니 유감입니다. 나는 아마도 한 가지 예외를 제외하고는 박사님을 향한 선교부의 느낌이 전적으로 친절하였다고 생각합니다. 나는 마펫 씨의 모든 편지를 주의 깊게 읽었고, 그가 박사님이 선교사이자 공사관 서기관이 되어서는 안 된다는 입장을 강하게 취하였다고 생각하지만, 그가 박사님에 대하여 불친절하게 느끼지 않았으며, 박사님의 결정과 선교본부의 결정이었다면 선교 사업에서 박사님을 환영할 준비가 되어 있었습니다. 그는 박사님이 두 직책을 모두 맡아서는 안 된다고 생각하였습니다. 언더우드 씨는 박사님에게 공사관을 포기하고 선교사가 되라고 충고하였다고 생각합니다. 그러나 친애하는 박사님, 현 상황에서는 어려움을 최소화하고 가능한 한 형제들과 잘 지내기 위하여 내가 과거에 생각하였던 것처럼 박사님이 실행한 계획을 여전히 수행하고 있는지 묻고 싶습니다. 박사님은 현재의 입장에서 한국에서 그리스도의 대의를 위하여 많은 선(善)을 이룰 수 있으며, 나는 그렇게 하는 것이 박사님의 목표가 되기를 확실하게 바라고 있습니다. 선교부를 위하여 고난의 날이 기다리고 있을지도 모릅니다. 우리는 정치적 상황이 어떻게 될지, 언제 어떻게 변할지 모르고 있습니다. 우리의 선교부가 박사님의 동정과 도움이 매우 절실히 필요한 상황에 있을 수도 있습니다. 그러므로 너그럽게 행동하고, 헤론 부인이 박사님과 어떤 관계라고 생각하든, 박사님의 남자다움의 특권을 행사하여 그녀의 어떤 감정도 극복할 수 있도록 하십시오. 그녀의 사별이 심화되어 냉정하고 완전히 솔직한 판단을 할 수 없게 될 수도 있습니다. 하나님의 섭리에 의해 그녀가 겪고 있는 쓰라린 고통을 가능한 한 감안하세요. 그녀의 어머니가 한국으로 온다면 그녀의 영향력에 대해 품고 있던 두려움이 근거가 없는 것으로 밝혀지고, 하나님께서 그녀의 딸과 마찬가지로 그녀에게 평화를 만드는 것들을 알게 될 지혜와 은총을 내려 주시기를 바랍니다.

　　나는 한국에서 박사님의 활동에 뜨거운 관심을 멈추지 않을 것입니다. 나는 박사님이 외교에 대하여 타고난 자질을 가지고 있다고 믿고 있으며, 박사님의 특권과 지위가 높아지면 박사님은 큰 일을 성취할 수 있을 것입니다. 박사님은 어떤 식으로든 오래된 어려움을 지속시킬 여유가 없다고 확신하며, 나는 우리 선교사들에게도 같은 말을 할 것입니다. 평화와 우호가 있기를 그리고 성공이 있기를.

　　알렌 부인께 안부를 전합니다.

　　박사님의 향후 유용성을 기원하며,
　　안녕히 계세요.
　　F. F. 엘린우드

추신
　　나는 박사님이 헤론 부인에 대하여 언급한 사실을 유감스럽게 생각하며, 죽기 전에 헤론 박사가 박사님을 불렀다는 박사님의 설명이 기쁩니다. 내세를 바라보며 죽어가는 사람이 진정으로 화해를 지지하는 사람들에게 공감을 하였다고 믿읍시다. 만일 헤론 부인이 면담을 막는 책임을 졌다면 나는 그것이 심각한 문제였다고 생각합니다.

　　가끔 정치적 상황에 대하여 적어준 점에 대하여 박사님에게 감사드립니다. 박사님의 편지는 이 점에 있어서 나에게 항상 매우 유익한 것이었으며, 나는 여전히 그것들을 받기를 희망할 것입니다.

Frank F. Ellinwood (Sec., BFM, PCUSA),
Letter to Horace N. Allen (Seoul) (Oct. 9th, 1890)

Oct. 9th, (18)90

Dr. H. N. Allen.
   Seoul, Korea

My dear Doctor: -

We received your letter of resignation, with the reasons for giving it. Had there not been other reasons, than those which you give, in other words, had it not been that you had accepted the secretaryship of the legation, I should have tried to dissuade you from your purpose, but of course the action of the Board on learning your change of position and your assumption of diplomatic functions, settled the matter.

I am sorry that there has been any friction at all in your relations with the mission. I feel that with, perhaps, one exception, the feeling in the mission toward you is wholly kind. I have carefully read all Mr. Moffett's letters, and while I think he has been led to take the position strongly that you ought not to be both missionary and secretary of legation, yet I think he has not felt unkindly toward you, and would have been ready to welcome you to missionary work had that been your decision and the decision of the Board. He did feel that you ought not to hold both positions. As for Mr. Underwood I believe he advised you to give up the legation and be a missionary out and out. But, my dear doctor, let me ask that as matters stand, you still carry out the plan which you acted upon, as I thin in the past, of minimizing difficulties, and getting on as far as possible with your brethren. You can accomplish much good for the cause of Christ in Korea in your present position, and I certainly hope that it will be your aim so to do. It may be that days of difficulty are in store for the mission. We know not what may be the political situation, and how it may change at any time. It may be that our mission may be in a condition to need very greatly your sympathy and help. Be magnanimous, therefore, and whatever you may think to be the relations of Mrs. Heron toward you, exercise the privilege of your manhood to rise above any of those supposed feelings on her part, which, perhaps, he bereavement may intensify, and so may render her incapable of a cool and altogether candid judgment. Make allowances as far as possible for the sore distress in which she is brought by the providence of God. Should her mother come out to Korea, I hope that any fears which have been entertained in regard to her influence may not prove to be well founded, but that God will give her the wisdom and grace as well as to her daughter, to study the things which make for peace.

I shall not cease to feel a warm interest in your work in Korea. I believe that you have natural qualification for diplomacy, and if you rise to the height of your privilege and position, you may accomplish great good. You cannot afford, I am sure, to in any measure perpetuate an old difficulty, and I shall say the same thing to our missionaries. Let there be peace, and amity and then there will be success.

With kind regards to Mrs. Allen, I remain,

Sincerely yours, with best wishes for your future usefulness,
F. F. Ellinwood

P. S.

I regret the facts which you state about Mrs. Heron, and I am glad of your statement that before death Dr. Heron called for you. Let us believe that the dying man, with eternity in view, was really in sympathy with those who were in favor of reconciliation. If Mrs. H. took the responsibility of preventing the interview, I think it was a serious matter.

I thank you for the jottings which you make from time to time on the political situation. Your letters have always been exceedingly instructive to me in this regard, and I shall hope still to get them.

프랭크 F. 엘린우드(미국 북장로교회 해외선교본부 총무)가
호러스 G. 언더우드(서울)에게 보낸 편지 (1890년 10월 10일)

(중략)

선교본부는 약 10일 전에 받은 알렌 박사의 사임을 수락하였습니다.

(중략)

Frank F. Ellinwood (Sec., BFM, PCUSA),
Letter to Horace G. Underwood (Seoul) (Oct. 10th, 1890)

(Omitted)

The Board has accepted the resignation of Dr. Allen, which we received about ten days ago.

(Omitted)

대니얼 L. 기포드(서울)가 호러스 N. 알렌
(주한 미국 공사관 서기관)에게 보낸 편지 (1890년 10월 17일)

서울,
1890년 10월 17일

친애하는 알렌 박사님,

저는 저에게 보낸 문서에 담긴 요청에 따라 서명을 하였으며, 열람을 요청한 여권과 함께 보냅니다.
안부를 전합니다.

안녕히 계세요.
D. L. 기포드

Daniel L. Gifford (Seoul), Letter to Horace N. Allen
(Sec., U. S. Legation to Korea) (Oct. 17th, 1890)

Seoul,
Oct. 17th, '90

Dear Dr. Allen: -

I have signed as per request the document sent to me, & return, together with my pass-port which has been asked for inspection.
With kind regards.

Yours sincerely,
D. L. Gifford

어거스틴 허드(주한 미국 공사)가 민종묵(외아문 독판)에게 보낸 공문, 외아문 제25호 (1890년 10월 20일)

미합중국 공사관
한국 서울

(18)90년 10월 20일

제25호, 외아문

각하,

저는 현재 호조가 준비되고 있는 미국 시민인 기포드 씨에게 지방 관서에서 현금을 얻을 수 있게 해주는 '관자(關子)'를 발급해 주실 것을 요청하게 되어 영광입니다.[38]

기포드 씨는 즐거움과 공부를 위하여 송도에 가기를 기대하고 있습니다.

안녕히 계십시오.
어거스틴 허드
　　알렌을 통하여

민종묵 각하,
　　외아문 독판

---

38) 관자는 동등 관서나 하급 관서에 보내는 문서 양식이며, 관계되는 일을 서로 고찰하여 시행하기 위한 것이었다. 호조를 발급 받아 지방을 여행하는 선교사는 사용할 경비를 직접 들고 가지 않고 지방 관리의 협조를 받아 현지에서 조달하여 사용하기 위하여 관자가 필요하였고, 협조를 받은 액수는 서울로 돌아와 정산하였다.

Augustine Heard (U. S. Minister to Korea), Dispatch to Min Chong Mok (Pres., For. Office), No. 25, Foreign Office (Oct. 20th, 1890)

Legation of the United States

Seoul, Corea

Oct. 20, (18)90

No. 25, F. O.

Your Excellency: -

I have the honor to request that you issue to Mr. Gifford, the American citizen for whom a passport is now being prepared; a "quanja" enabling enabling him to get his orders for money cashed at the local magistracies.

Mr. Gifford expects to go to Songto for pleasure and study.

I have the honor to be

Your Excellency's

Most obedient servant.

Augustine Heard

per Allen

To

His Excellency

Min Chong Mok

President of the Foreign Office

[漢譯]

　　大美 欽命駐箚朝鮮辦理大臣兼 總領事 何 爲照會事

　　玆據敝國人箕浦稟稱, 請以遊賢次前徃松都, 而遇有盤纏缺乏, 自貴國沿路地方官可得貸用, 則回還後卽爲報納于貴署等情, 據此備文照回, 請煩貴督辦關文一紙卽爲繕送, 以使發給可也, 須至照會者,

　　右

　　大朝鮮 督辦交涉通商事務 閔

　　庚寅 九月 初七日

호러스 N. 알렌(주한 미국 공사관 서기관)이 프랭크 F. 엘린우드
(미국 북장로교회 해외선교본부 총무)에게 보낸 편지 (1890년 10월 28일)

한국 서울,
1890년 10월 28일

F. F. 엘린우드 박사,
뉴욕 시 5가 53번지

친애하는 박사님,

9월 9일자 박사님의 친절한 편지[39]를 막 받았으며, 박사님이 다정하게 표현해 주신 것에 대하여 진심으로 감사드립니다.

저는 마펫 씨가 그랬던 것처럼 박사님께서 저를 오해하고 계신 것 같습니다. 박사님의 편지에서 추론하기에 박사님은 제가 한 번에 '두 기회를 갖고 싶어' 하는 것으로 생각하시는 것 같은데, 저의 결정을 이곳 선교부와 논의하는 것을 주저하는 것은 전적으로 의료 사역이 이곳에서 절망적인 상태에 있는 것을 보았고, 박사님에 대한 저의 의무감, 일에 대한 관심이 박사님과 먼저 상의하지 않고는 아무 것도 하고 싶지 않을 정도이었다는 사실 때문이었습니다. 결과적으로 저는 당분간 이곳에서 저의 자리를 유지하려는 것이었을 뿐이며, 지금도 이 행동이 저를 불편하게 할 수 있습니다.

또한 저는 외국인 진료와 관련하여, 저는 그것을 원하지 않습니다. 서기관으로서 저는 그것을 할 수 없으며, 선교사로서 저는 하지 않을 것입니다. 영국 업무는 영국 복음 선교회의 나이 든 해군 신사인 와일즈 박사에게 이미 약속되었습니다. 그는 또한 도착한 후에 바로 세관 업무를 맡았고, 나머지는 스크랜턴 박사와 일본인들과 공유하고 있습니다.

박사님, 제가 최근 선교본부에 의해 임명될 때 제가 '정부 직책을 고려 중'이라고 생각하셨다고 말씀하시는 것에서 제가 유추할 필요가 없기를 기대하고 있습니다. 제가 원하는 것을 얻으려고 애쓰는 어리석음을 보았고 워싱턴의 정치적 분위기에 완전히 질려버렸기 때문에 저는 그런 생각을 하지 못하였습니다.

---

39) Frank F. Ellinwood (Sec., BFM, PCUSA), Letter to Horace N. Allen (Seoul) (Sept. 9th, 1890)

저는 선교사들이 정치에 참여하지 않는 것이 적절하다는 점에서 박사님의 의견에 전적으로 동의하며, 박사님은 선서한 지 3일 후에 선교부와 관계를 사임하였다는 사실, 혹은 약 2주일 후이었지만 8월 1일까지 재무와 완전하게 정산하였다는 것에 틀림없이 기뻐하실 것입니다. 그것이 제가 전에 하였던 방식이기 때문에 저는 박사님께 사직서를 보냈습니다. 그리고 혜론 부인에 의해 잘 유통되고 있는 혜론 박사의 죽음과 우리의 이전의 불행한 어려움은 신임 선교사들과 함께 저에게 나쁜 감정을 불러일으켰고, 그래서 그들의 행동은 정말로 모욕적이었습니다. 지금은 괜찮으며, 마펫 씨가 나이가 들면서 저는 그가 더 판별력을 갖게 될 것이라고 설명 드리겠습니다.

박사님의 바람에 부합되는 것 같은 저의 사직(辭職)만큼, 지금 어려운 문제인 병원과 관련하여 저는 박사님이 무엇을 바라시는지 보다 솔직하게 말씀해 주시기 바랍니다. 저는 박사님께서 제가 그것을 선교부로 넘기기를 바란다고 추측하고 있는데, 그것을 누구에게 양도할 수 있겠습니까? 언더우드 씨는 자질이 훌륭하지만 그의 괴팍한 성격 때문에 현지 사람들 중에서 가장 존경을 적게 받는 선교사입니다. 마펫과 기포드는 사실상 알려져 있지 않습니다. 저는 그것을 언더우드에게 넘길 수 없습니다. 그는 병원을 캐나다 인(人)인 하디 박사에게 줄지 모르지만, 그는 겉보기에 아직 소년에 불과하고 병원을 몹시 원하고 있는 영국인 와일스 박사와는 비교가 되지 않습니다. 영국 영사와 부영사가 저를 만나러 와서 바쁜 저를 도와주기 위해 와일스 박사를 그곳으로 보내겠다고 친절하게(?) 제안하였습니다. 그들은 병원 관리 두 명을 고용하였고, 이들이 외아문 독판을 설득하려고 시도하였는데, 독판은 그들에게 저의 허락이 없이는 그곳으로 보낼 수 없다고 말하였습니다. 하디 박사와 함께라면 상당한 위험을 감수해야 합니다.

박사님은 보상 문제에서 매우 친절하십니다. 이 상황에서 무보수로 몇 달 동안 일하는 것에 동일한 보상이 되었으면 좋겠습니다. 저는 매일 오전 10시 이전과 오후 4시 이후에 병원에 갑니다. 저는 매일 30~40명의 환자들을 진료하는데, 장부에 의하면 계산되지 않는 외국인 진료를 제외하고 거의 일을 하지 않았던 혜론보다 약간 더 많은 일을 한 것입니다. 저는 그가 했던 것만큼 선교 사역을 하고 있으며, 병원이 상당히 발전하였다고 주장합니다.

제가 한국인들에게 박사님이 그렇게 할 것이라고 말을 했듯이 사람을 보내시면 저는 그에게 모든 것을 넘기고 그의 일에서도 제가 할 수 있는 모든 것을 돕겠습니다. 만일 박사님이 제가 그 업무를 있는 그대로 이곳의 선교부로 넘기기를 바라신다면, 저에게 곧 'Allen, Seoul, Yes'라고 전보를 보내시면 그렇게 하겠습니다.

저는 우리의 선교부가 외국인 사회 문제에서 성공하는 것이 아니라 한국인들의 건전한 존경심을 키우는 데서 성공하기를 간절히 바라고 있습니다. 그러면 한국인들은 그들의 행위를 조롱하기보다는 그들의 가르침에 따를 것입니다. 저는 지금 이곳의 이교도들에 대하여 불만이 없지만, 몇 가지 요점을 알려드리겠습니다. 제가 늘 말씀드렸듯이 언더우드는 굉장히 영리하며, 사람들과 대화하고 설득하는 데 탁월한 능력을 발휘하지만, 만일 박사님이 시간과 돈을 낭비하고 싶지 않으시다면 그가 그렇게 큰 계획을 추진하게 하지 마십시오. 그의 학교는 그의 어리석은 실수와 복음적 취향 때문에 한가한 상태에 있습니다. 적어도 20년 동안 계속할 수 없으면 문을 열지 말라고 간청하였던 고아원은 그가 그것을 넘겨받는 누구에게나 넘기고 있는 근심거리입니다. 캐나다 인인 게일(훌륭한 사람)은 지금 그것을 요구하고 있습니다. 그러나 거의 사라진 관심사가 가장 큰 효율성의 중심이 될 수 있으며, 바로 이 대목에서 말씀드리고 싶은데 벙커 씨는 그러한 기관이 너무도 소홀하게 다루어지는 것에 대한 유감을 여러 차례 저에게 표현하였으며, 그것에 대하여 무엇을 할 수 있는지 분명하게 보여주었기에 저는 박사님이 그를 그 직책에 고용하실 수 있기를 바랍니다. 그는 이곳에서 가장 신앙심이 깊은 사람 중 한 사람이며, 건전한 상식을 가진 잘 성숙된 사람으로서, 허드 씨 마저도 저에게 이야기할 정도로 잘못 관리되어 사치스럽고 모든 것이 허술한 우리 선교부에 꼭 필요한 사람입니다.

아마도 교사들의 계약이 내년 6월에 갱신되지 않을 가능성이 높습니다. 만일 그렇다면, 성공을 향해 큰 걸음을 내딛고 싶으시다면 무슨 수를 써서라도 벙커 씨를 받아 들이십시오. 그리고 그를 원하는 만큼 헐버트 씨는 피하십시오. 헐버트는 2시간 내내 자기 속내를 스스로 알지 못하는 영리하고 경박한 사람이지만 그는 항상 자기가 생각하는 것을 표현하며, 모든 일에 관여하려고 애를 씁니다.

기포드가 매사에 결점을 가진 것처럼 마펫은 상당히 결단력이 있는 사람입니다. 그러나 선교부에 화합이 있기만 한다면 그들은 함께 사역을 잘 할 것입니다.

그리고 이제 박사님, 저는 이런 일들은 그냥 내버려 두고, 이 땅에서 항상 박사님의 이익과 기독교 발전의 전반적인 대의를 증진시키는 데 준비가 되어 있도록 노력할 것입니다. 박사님의 편지가 중단되더라도 저는 박사님께 편지를 쓰는 것을 자제할 수 없을 것이지만, 제가 박사님께 도움이 될 수 있다면 어느 방식으로나 저에게 지시를 내리십시오.

데니 씨 가족들에 대한 박사님의 경고의 편지에 대하여 감사를 드리며, 저는 그들이 이곳에서 제 입장에서처럼 지금 (저는 하지 않을 것입니다.) 만회하려고 매우 갈망하는 것 같아 보인다고 말씀드리고 싶습니다. 저는 지금 그들을 방해하고 있지만 저의 선의는 큰 도움이 될 것입니다. 그들은 그들이 야기시킨 불필요한 어려움에 대하여 후회하는 것 같습니다. 그러나 그들과 이곳에 있는 두 명의 술주정뱅이 장교들은 제가 한국 주재 공사관의 서기관이라는 공식 자격으로 다이 장군에게 보낸 어떤 편지들 때문에 저에게 몹시 화를 내고 있습니다. 진실한 미국인 기독교인인 다이 장군은 데니가 중국에서 장기간 체류하고 있는 동안 그의 자리를 대신하였던 사람입니다. 딘스모어 씨, 데니 판사, 그리고 다른 사람들이 다이 장군에게 보낸 다른 편지들과 함께 이 편지들은 데니 집에서 도난당하였습니다. 그의 큰 적인 술주정뱅이 리가 그것들을 가지고 갔다는 것이 거의 사실일 정도로 강한 의심이 듭니다. 그(다이)는 리를 상대로 소송을 제기하였습니다. 이 편지들은 저와 다른 사람들에게 상처를 주기 위하여 동양에서 자유롭게 출판되었으며, 제가 신뢰를 잃지 않고는 할 수 없는 방식으로 저와 특정 한국 문제와의 연관성을 설명하는데 지금까지 저에게 도움이 되었습니다.

이 모든 공격에서 제가 아는 한 저에 대하여 부정직하거나 평판이 좋지 않은 것은 없었습니다.

저는 박사님께서 이 편지가 대중에 공개되지 않도록 박사님께 요청을 드려야 합니다. 그리고 이제 병원에 대한 박사님의 반가운 소식을 기다리고 있습니다. 박사님과 다른 총무님들께 안부를 전합니다.

안녕히 계십시오.
H. N. 알렌

추신
아마도 저는 이 직책에 지원하지 않았다는 것을 더 명확하게 설명해야 할 것입니다. 만일 박사님께서 그렇게 생각하신다면 박사님께 고용이 되어 있을 때 박사님의 동의 없이 그렇게 할 수 없었기 때문에 박사님은 저에게 부당하게 하신 것입니다. 박사님이 아시는 것처럼 저는 공사직에 지원하였지만 완전히 포기해야 했습니다. 저는 박사님께 이 직책에 저를 임명하기를 원하는 왕의 바람을 말씀드렸지만, 저는 다른 사람에게 약속이 되었다는 것을 알았고 어쨌든 그것을 받아들일 수 없었습니다.

후에 저는 고향 친구들에 의해 이와 관련하여 제가 언급되었다는 것을 알게 되었지만 그것은 그들의 책임이었으며, 적어도 제가 두 번째이었다고 생각하여 그들은 지원하였습니다. 하지만 임명되기 오래 전에 저는 그것을 완전히 포기하였습니다. 그리고 박사님은 저를 북쪽으로 보낼 수 없었고, 선교사들(장로교회)의 조롱거리가 되게 저를 제물포로 좌천시킨 것처럼 보였으며, 자신들의 동기가 정직하지 않은 부정직한 음모자들은 저의 단순한 선교 동기를 인정할 수 없었기에 저는 제 자신이 명예로운 방식으로 기쁘게 벗어날 수 있었습니다.

박사님이 저의 평양 계획을 승인하실 수 있었다면, 저는 이 서기관 임명이 오기 전에 그것에 착수하였을 것입니다. 그리고 그렇게 착수한 저는 분명히 이것(임명)을 위하여 그것을 던지지 않았을 것입니다. 하지만 이 임명이 이루어지자 참으로 하나님께서 저에게 보내주시고 정당화해 주시는 것 같았습니다.

최근 저의 입장은 가장 어려웠는데, 저에게 온 제안마저 편지를 썼던 박사님마저도 저를 의심은 아니더라도 잘못 이해하신 것 같습니다. 저는 명예롭고 올바른 길을 추구하려고 노력하였으며, 필요한 경우 모든 관련 당사자 앞에서 의문의 여지가 있는 저의 행동에 대하여 기꺼이 설명할 것입니다.

그러므로 친애하는 박사님, 마지막으로 저와 즐거운 공식 관계를 마무리하면서 박사님께서 저에게 이중 거래 동기를 전가하지 않으시기를 가장 걱정하고 있습니다. 제가 결백한 것에 대한 비난을 짊어지지 않아도 저에게는 충분한 결점이 있습니다.

안녕히 계십시오.
H. N. 알렌

Horace N. Allen (Sec., U. S. Legation to Korea),
Letter to Frank F. Ellinwood (Sec., BFM, PCUSA) (Oct. 28th, 1890)

Seoul, Korea,
Oct. 28th, 1890

Dr. F. F. Ellinwood,
53 5th Ave., N. Y.

My dear Doctor: -

Your kind letter of Sept. 9th is just received and I thank you very much for the kind sentiments you express.

I seem to have been misunderstood by you, as by Mr. Moffett, in that while, I infer from your letter, you supposed I was desirous of "sitting on both stools" at once, my hesitation in communicating my decision to the mission here arose entirely from the fact that I saw the hopeless condition in which medical work was left here, and my sense of obligation to you, and interest in the work was such that I did not wish to do anything without first consulting you. Consequently I only took up my position here for the time, and even now this action may inconvenience me.

Also as to the foreign work, I did not want it. As Secretary I could not do it, as missionary I would not. The English work had already been promised to the English S. P. G. Dr. Wiles - an elderly naval gentleman. He also got the Customs soon after his arrival, the rest is shared with Dr. Scranton and the Japanese.

I hope I need not infer from what you say, Doctor, that you imagined I had a "government position in view" at the time of my recent appointment by the Board. I had no such idea, having seen the folly of trying to obtain what I was after, and being utterly sick of the whole political atmosphere of Washington.

I fully agree with you as to the propriety of missionaries staying out of politics, and you will doubtless be glad that three days after taking the oath, I resigned my connection with the mission, or rather it was some two weeks later, but dated back so that I settled up in full with the Treasurer up to Aug. 1st last. I sent my resignation to you because that was the way I had done before; and the death of Dr. Heron, and our former unfortunate difficulties, well ventilated by Mrs. Heron, produced a very ill feeling toward me with the new missionaries, so that their conduct was really insulting. Let me explain that it is alright now and as Mr. Moffett grows older, I think he will have more discrimination.

So much for the resignation which seems to conform with your wishes, now for the difficult matter, I wish you had been more plain as to what you desire concerning the hospital. I infer that you wish me to turn it over to the mission, and yet to whom can I turn it. Mr. Underwood is with all his good qualities, the least respected missionary here among the natives, owing to his peculiarities. Moffett and Gifford are practically unknown. I can't hand it over to Underwood. He might give it to the Canadian Dr. Hardie, but he is a mere boy in appearance and would not compare with the Englishman Dr. Wiles, who wants it badly. The English Consul and Vice-Consul have been to see me, offering to kindly (?) assist me in my rush and send Dr. Wiles there. They have taken two of the hospital officers into their employ and these men attempted to win over the President of the Foreign Office, who told them no one would be sent there without my approval. With Dr. Hardie there you would run considerable risk.

You are very kind in the matter of the rebate. I have hoped that these months of work with no pay, would under the circumstances, serve as same compensation. I go daily to the Hospital before 10 A. M. and after 4 P. M. I see from 30~40 patients daily, which by the books, is a little in excess of Dr. Heron's work as he did very little else beside the foreign work, which doesn't count. I claim that I am now doing as much mission work as he did, and the hospital is much improved.

If you will send a man, as I told the Koreans you would, I will turn over all to him and assist him all I can, even in his work. Yet if you wish me to hand over the work as it stands to the mission here, I will do so if you telegraph me soon, "Allen Seoul Yes."

I have a great desire to see our mission succeed, not in the foreign social matters as seems to be the aim, but in cultivating the healthy respect of the Koreans who will then follow their teachings rather than ridicule their doings. I have no complaints now against the heathen here, but let me give you some points. Underwood is smart as I have always said, and he will do excellently well to converse with and persuade people, but don't let him venture in any big schemes unless you wish to throw away time and money. His school, through a stupid blunder and his after evang____ness stands idle. The Orphanage, which I begged him not to open unless he could continue it for 20 years at least, is a bugbear that he pushes off upon any one who will take it. Gale, the Canadian (a fine man) is looking after it now. But what is an almost defunct concern might be made a center of the greatest usefulness, and right here, let me say that Mr. Bunker has several times expressed to me his regrets that such an institution should be so neglected and has shown so clearly what could be made of it that I hope you can employ him for that position. He is one of the most deeply religious men here, is a man of hard common sense and well matured, just the man you need in our mission where everything is helter skelter and mismanagement is so evident in its extravagance that even Mr. Heard spoke to me of it.

It is very probable that the teachers contract will not be renewed next June. If so, receive Bunker by all means if you would take a great stride toward success, and as much as he is to be desired, so much is Mr. Hulbert to be avoided. He, Hulbert, is a smart rattle-brained fellow who never knows his mind two hours in succession, but is always bent on expressing what he has in him and keeps everything in a stew thereby.

Moffett has as much determination as Gifford is lacking in the article. Yet they will work in well together, if only there is harmony in the Mission.

And now Dr., I will let these subjects alone hereafter or try to, but always be ready to further your interests and the general cause of Christian advancement in this land. I may not be able to abstain from writing to you even tho' your letters stop, but command me in any way in which I may be of service to you.

In thanking you for your letter warning about the Dennys, I would like to say that they seem very anxious to make up now (I will not) as in my position here. I am now in their way, but my good will would be of great service. They seem to regret the unnecessary trouble they make. Yet they and those two drunken military officers here are very wroth against me, because of certain letters I wrote to Gen'l Dye in my official capacity as Sec'ty of Korean Legation. While Gen'l Dye, a noble Christian American, was acting in Denny's place during the latter's protracted absence in china. These letters, with others from Mr. Dinsmore, Judge Denny and others to Gen'l Dye, were stolen from the latter's house. As suspicion is so strong as to be almost fact that his great enemy, the drunken Lee took them. He (Dye) has entered suit against Lee. These letters have been freely published in the East in an attempt to injure me with others, so far they have been a boon to me in explaining my connection with certain Korean matters in a way that I could not do myself without breaking a confidence.

In all these attacks, so far as I know, nothing dishonest or disreputable has been charged against me.

I must ask you to keep this letter from the public as I have been very full with you. And now awaiting your pleasure about the hospital. And with the kindest regard to you and the other Secretaries, I am &c,

H. N. Allen

P. S.

Perhaps I ought to explain more clearly that I did not apply for this position. If you think so, you do me an injustice as I could not do so when in your employ without your consent. I did apply, as you know, for the position of Minister but had to give it up entirely. I told you of the King's desire for my appointment to this place, but I knew it was promised to another and I didn't see how I could take it anyway.

Later, I learned that I had been mentioned in this connection by friends at home, but it was on their own responsibility, and thinking that at least the second place was due me, they applied for it. However, long before the appointment came, I had given it up entirely. And as you could not send me North, and as I seemed relegated to Chemulpo to be the ridicule of missionaries (Presbyterian) and the object of the suspicions of dishonest intriguers, who having no honesty of motive themselves, could not credit me with simple missionary motives, I would have gladly extricated myself in any honorable way.

Had you been able to sanction my Ping An scheme, I would have been well embarked in it before this Sec'ty appointment came. And having so embarked I most certainly would not have thrown it up for this. Coming as this appointment did however, it seemed a veritable God send and vindication to me.

My position of late has been most difficult, even you your good self, to whom I have written even the suggestions that came to me, seem to have misunderstood if not doubted me. I have tried to pursue an honorable and upright course and would gladly, were it necessary, explain in the presence of all parties concerned, any conduct of mine that may be called into question.

I am therefore, Dear Dr., most anxious as we wind up for the last time, one to me, pleasant official relations, that you should not impute to me any double dealing motive. I have faults enough, without carrying the blame of ones of which I am innocent.

Yours most sincerely,
H. N. Allen

회의록, 한국 선교부 (미국 북장로교회) (1890년 10월 31일)[40)]

(중략)

선교본부가 선교부로 보낸 1890년 9월 11일자 편지가 낭독되었다.[41)] 그것은 알렌 박사의 선교부와의 관계에 대한 선교본부의 결정을 포함하고 있었으며, 회의록에 담기로 동의되었고 다음과 같다.

알렌 박사가 미국 공사관의 서기관 직(職)을 수락한 사실에 비추어 선교본부는 알렌 박사에게 선교사로서의 직책을 사임하도록 조언하고, 그러한 사임 결정이 선교부로 제출되었을 때 선교부는 그것을 수락하도록 하며, 지침서의 제24항에 근거하여 알렌 박사와의 관계를 정리하되, 결산일까지 공사관으로부터 받은 급여를 공제할 것이며, 담당 총무는 알렌 박사에게 그의 과거 공적에 대한 선교본부의 최고의 감사를 표하도록 결의하였다.

(중략)

---

40) 이 회의록은 선교본부에 보고되었다. Minutes of the Korea Mission (Oct. 31st, 1890)
41) Frank F. Ellinwood (Sec., BFM, PCUSA), Letter to the Korea Mission (Sept. 11th, 1890)

Secretary's Book, Korea Mission (PCUSA) (Oct. 31st, 1890)

(Omitted)

The letter from the Board dated September 11, 1890 to the Mission was read. It enclosed the action of the Board concerning Dr. Allen's relations to the Mission, which on motion were spread on the minutes and are as follows:

"It was resolved that in view of the acceptance by Dr. Allen of the office of Secretary of the U. S. Legation, the Board advise Dr. Allen to resign his position as a missionary, and that on the presentation of such resignation to the Mission, the Mission be directed to accept it, and to settle with Dr. Allen on the basis of Paragraph 24 of the Manual, the amount of salary received from the Legation up to the date of settlement being deducted, and that the Secretary in charge, express to Dr. Allen the Board's high appreciation of his services in the past."

(Omitted)

어거스틴 허드(주한 미국 공사)가 민종묵(외아문 독판)에게 보낸 공문,
외아문 제26호 (1890년 11월 1일)

미합중국 공사관
한국 서울

1890년 11월 1일

외아문 제26호

각하,

　D. L. 기포드 씨가 각하의 친절에 대한 보답으로 송도(松都)에서 많은 예우를 받고 돌아왔다는 소식을 전하게 되어 영광입니다.
　기포드 씨는 이제 경기 지방 여행을 위한 관자를 원하며, 저는 이 지방에 대한 관자 발행을 요청하게 되어 영광입니다.

　안녕히 계십시오.
　어거스틴 허드
　　알렌(을 통하여)

민종묵 각하,
　외아문 독판

Augustine Heard (U. S. Minister to Korea), Dispatch to Min Chong Mok (Pres., For. Office), No. 26, Foreign Office (Nov. 1st, 1890)

Legation of the United States
Seoul, Corea

Nov. 1, 1890

No. 26, F. O.

Your Excellency: -

I have the honor to inform you that D. L. Gifford has returned from Songto, where he met with much courtesy in return for Your Excellency's kindness.

Mr. Gifford now wishes a quanja for travel in the province of Kyung Key, and I have the honor to request that a quanja be issued for this province.

I am,

Your Excellency's
Most obedient servant.
Augustine Heard
    Allen

To
His Excellency
Min Chong Mok
    President of the Foreign Office

새뮤얼 A. 마펫(서울)이 프랭크 F. 엘린우드(미국 북장로교회 해외선교본부 총무)에게 보낸 편지 (1890년 11월 4일)

한국 서울,
1890년 11월 4일

엘린우드 박사님께,

박사님의 9월 9일자 편지를 받았습니다.[42] 저는 선교본부가 이곳 상황을 이해한다고 확신하게 되어, 그리고 알렌 박사에 대하여 박사님께서 취하신 결정을 알게 되어 대단히 기쁩니다. 그는 지금까지 우리의 사역에 대하여 우호적이었고, 저는 앞으로도 우호적인 태도를 보일 것이라고 생각합니다. 저는 우리에게 기독교를 가르칠 자유를 보장해 줄 새로운 조약을 체결할 때, 그가 자신의 직위로 도움을 줄 수 있게 되기를 희망하고 있습니다. (......)

Samuel A. Moffett (Seoul),
Letter to Frank F. Ellinwood (Sec., BFM, PCUSA) (Nov. 4th, 1890)

Seoul, Korea,
Nov. 4, 1890

Dear Dr. Ellinwood: -

Your letter of Sept. 9th received, I am very glad to feel assured that the Board understands the situation here and to know that you have taken the action you did in reference to Dr. Allen. He has and I think will show himself friendly to our work and I hope in his position may help in getting a new treaty which will give us liberty to teach Christianity. (......)

---

42) Frank F. Ellinwood (Sec., BFM, PCUSA), Letter to Samuel A. Moffett (Seoul) (Sept. 9th, 1890)

18901106

프랭크 F. 엘린우드(미국 북장로교회 해외선교본부 총무)가
호러스 N. 알렌(서울)에게 보낸 편지 (1890년 11월 6일)

(18)90년 11월 6일

H. N. 알렌 박사,
    한국 서울

친애하는 박사님,

　　나는 박사님의 9월 15일자 흥미로운 편지를 받았습니다. 나는 병원에 대한 박사님의 설명이 크게 흥미로웠습니다. 나는 헤론 박사가 그렇게 많은 업무를 하는 것이 불가능하다는 것이 명백하다고 생각하며, 박사님의 말은 우리의 선교부가 도시의 외부 일반 진료에서 손을 뗄 적기가 되었다는 나의 판단을 확인시켜 줄 뿐입니다. 나는 박사님이 주한 미국 공사관 서기관으로서 그 일을 할 수 있기를 바라며, 우리의 선교부가 완전히 벗어날 수 있게 되기를 바랍니다. 박사님이 편지를 썼을 때 박사님은 선교본부의 편지를 받지 못하였고, 선교부와의 연관성에 대한 질문에 대해서는 적어도 박사님의 답장으로 판단하지만 박사님은 이미 사임하였고 그 이후로 박사님의 사직이 수락되었습니다. 우리에게 해를 끼치고자 하였던 예수회 회원이나 정치적 지망자가 한국인이나 중국인들이 우리 선교본부가 정치적 결과를 위하여 어떤 식으로든 음모를 꾸미고 있다고 생각하게 만들었을 수도 있기 때문에 박사님이 정치적 직책을 갖게 되면서 선교부와 관련하여 남아 있는 것이 비현실적이라는 것을 알게 되어 나는 점점 더 만족스럽습니다. 박사님은 자신이 처한 모든 시련의 상황에서 자신이 수행하였던 과거의 모든 봉사와 인내와 관용과 전반적인 균형에 대하여 내가 얼마나 깊게 감사해하고 있는지 알고 있습니다. 박사님은 이제 새로운 시험, 즉, 외부의 직위에 있더라도 여전히 주님과 박사님이 사랑하는 대의를 위하여 모든 이익을 도모하도록 요구하는 시험을 받아야 합니다. 그리고 내가 누구라고 말할 필요가 없는 사람들이 이따금 하는 성가신 말들로 인하여 화가 난다는 사실로부터, 이 점에서 박사님의 입장은 더욱 힘들게 될 것입니다. 기포드 씨 및 마펫 씨와 관련하여 나는 그들이 박사님과 가장 좋은 관계를 맺을 수 있게 되기를 대단히 갈망하고 있으며, 그들과 관련되는 한 내가 해낼 수 있다고 생각하고 있습니다. 그들에게 다정하게 손을 내밀면 우리는 내가 옳은지 아닌지 알게 될 것입니다.

한국의 전체적인 모습과 전망을 나에게 알려 주시면 과거에 그랬던 것처럼 앞으로도 많은 일을 할 수 있습니다. 하던 대로 해주세요.

나는 박사님의 진정한 친구인 카본데일의 리 목사로부터 편지를 받았는데, 내가 방금 답장을 하였습니다. 그는 한국과 관련된 모든 것에 관심을 두고 있습니다.

우리는 병원을 6개월 동안 책임지도록 맥길 박사를 임명하였습니다. 그를 전임 선교사로 임명하는 것과 관련하여 박사님의 의견을 말씀해 주셨으면 합니다. 그가 올바른 부류의 사람이라면 그를 우리 사역에 참여시키는 것이 매우 바람직해 보일 것입니다.

데니 판사가 다시 박사님의 친구가 되어 매우 기쁩니다. 나는 박사님이 일반적인 방법으로 맥길 박사에게 제안을 하고, 그의 업무에서 할 수 있는 모든 것을 도와주기를 바랍니다. 그리고 전체 전망에 대하여 박사님의 의견을 듣는 것이 항상 기쁘다는 것을 기억해 주세요. 박사님의 편지는 항상 도움이 되었고 유익하였습니다.

알렌 부인께 안부를 전합니다.

안녕히 계세요.
F. F. 엘린우드

Frank F. Ellinwood (Sec., BFM, PCUSA),
Letter to Horace N. Allen (Seoul) (Nov. 6th, 1890)

Nov. 6th, (18)90

Dr. H. N. Allen.
  Seoul, Korea

My dear Doctor: -

I have your interesting letter of September 15th. I am greatly interested in your statements in regard to the hospital. I think it very clear that it had been found impossible for Dr. Heron to undertake so many things, and what you say only confirms my judgment that it was high time that our mission, as such, should withdraw from the outside general practice in the city. I hope that in your position as Secretary of Legation, you will be able to do that work, and that our mission may be entirely relieved. When you wrote your letter you had not received the letter of the Board, in regard to the question of your connection with the mission, at least so I judge form your reply, but you had already resigned, and your resignation has since been accepted. I am more and more satisfied that it would have been found impracticable for you to remain in connection with the mission while occupying a political situation, for the reason that any Jesuite or any political aspirant who wished to do us mischief, might have made the Koreans think, or the Chinese think, that our Board, with one hand upon the political situation, was plotting in one way or another for political results. You know how thoroughly I appreciate all your past services and your patience and forbearance and general balance in all the trying circumstances in which you have been placed. You are now subjected to a new test, namely, one demanding that even in an outside position you shall still, for the sake of the Master, and the cause which you love, seek to promote its every interest. And your position will be all the more trying in this respect, from the fact that you feel yourself aggrieved by irritating statements that are made from time to time by I need not say whom. In regard to Messrs.

Gifford and Moffett, I am exceedingly anxious that they might be on the best terms with you, and think, so far as they are concerned, I can bring it about. Just hold out a cordial hand to them, and we shall see if I am not correct.

You can do a great deal in the future as you have in the past by keeping me acquainted with the whole aspect and outlook in Korea. Please do as you have been doing.

I have a letter from Rev. Mr. Lee of Carbondale, who is a true friend of yours, and which I have just answered. He is interested in all things connected with Korea.

We have appointed Dr. McGill to take charge for six months in the hospital. I wish you would give me your opinion in regard to appointing him as a full missionary. If he is the right kind of man, it would seem very desirable to enlist him in our service.

I am very glad that Judge Denny is again your friend. I hope that in a general way you will make suggestions to Dr. McGill, and help him all you can in his work, and please remember that I am always glad to hear from you in regard to the whole outlook. Your letters have always been instructive and profitable.

With kind regards to Mrs. Allen,

Very sincerely yours,
F. F. Ellinwood

호러스 N. 알렌(서울),
[주한 미국 부총영사로서의 선서] (1890년 11월 12일)

주한 미국 부총영사로 임명된 나, 오하이오 주의 H. N. 알렌은 국내외의 모든 적(敵)들에 맞서 미국 헌법을 지지하고 수호하며, 나는 이에 대한 참된 믿음과 충성을 듣게 될 것이며, 어떠한 정신적 유보나 회피 목적 없이 이 의무를 자유롭게 수행하며, 내가 맡으려는 직책의 의무를 훌륭하고 충실하게 수행할 것입니다. 그러니 신이여 저를 도와주소서.

H. N. 알렌

주후 1890년 11월 12일 주한 미합중국 변리공사 겸 총영사인 내 앞에서 선서하고 서명하였다.

Horace N. Allen (Seoul),
[Oath as a Deputy Consul General of the U. S. at Corea]
(Nov. 12th, 1890)

I, H N Allen of Ohio appointed Deputy Consul General of the United States at Corea, do solemnly swear that I will support and defend the Constitution of the United States against all enemies foreign and domestic: that I will hear true faith and allegiance to the same: that I take this obligation freely, without any mental reservation or purpose of evasion: and that I will well and faithfully discharge the duties of the office on which I am about to enter. So help me God.

H. N. Allen

Sworn and subscribed before me, Minister Resident and Consul General of the United States in Corea this twelfth day of November, A. D. 1890.

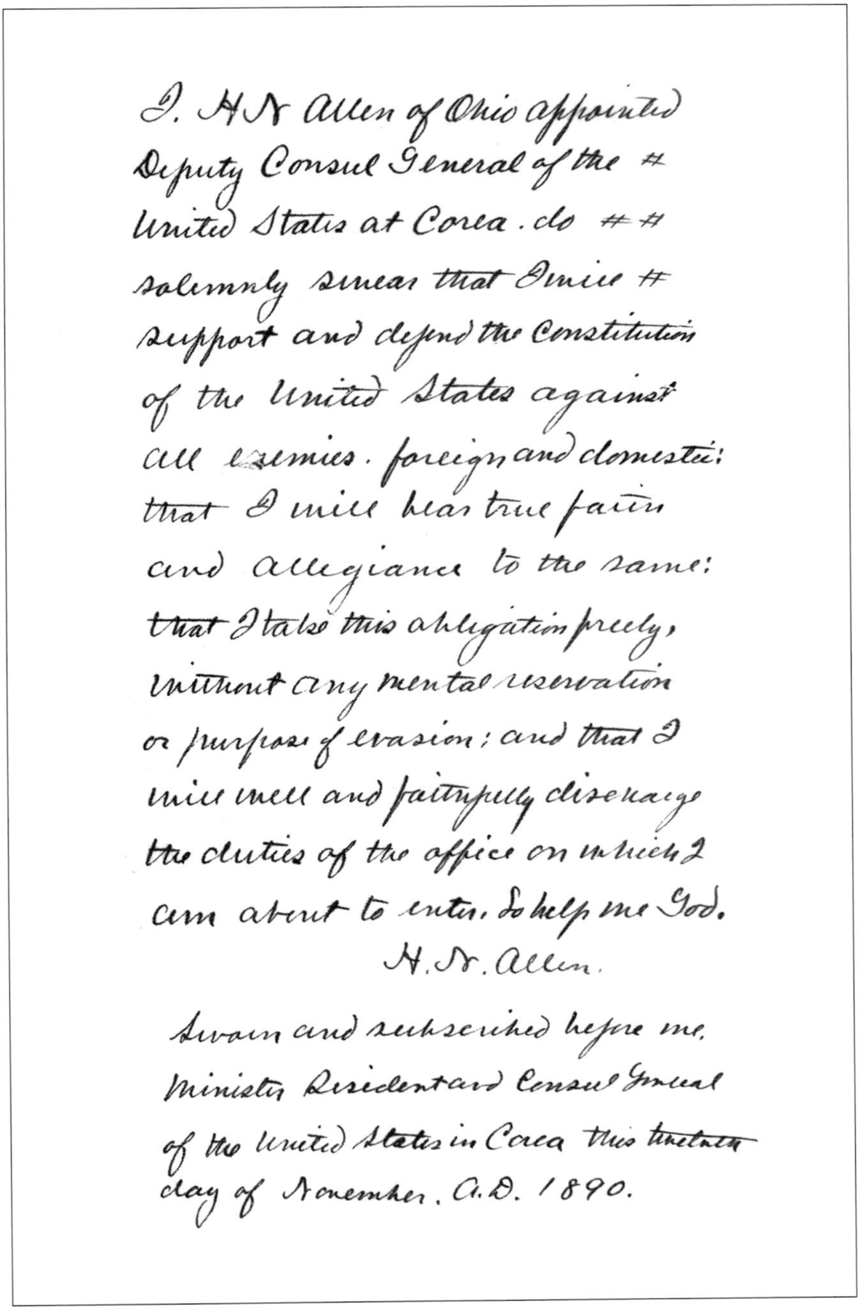

I. H N Allen of Ohio appointed Deputy Consul General of the United States at Corea. do solemnly swear that I will support and defend the Constitution of the United States against all enemies. foreign and domestic: that I will bear true faith and allegiance to the same: that I take this obligation freely, without any mental reservation or purpose of evasion; and that I will well and faithfully discharge the duties of the office on which I am about to enter. So help me God.

H. N. Allen.

Sworn and subscribed before me. Minister Resident and Consul General of the United States in Corea this twentieth day of November. A.D. 1890.

그림 9-6. Horace N. Allen (Seoul), [Oath as a Deputy Consul General of the U. S. at Corea] (Nov. 12th, 1890).

어거스틴 허드(주한 미국 공사)가 민종묵(외아문 독판)에게 보낸 공문, 외아문 제28호 (1890년 11월 12일)

미합중국 공사관

한국 서울

1890년 11월 12일

제28호, 외아문

안녕하십니까,

　저는 이 공사관의 서기관인 H. N. 알렌 씨가 주한 미국 부총영사로 임명되었음을 각하께 알리게 되어 영광입니다.

　저는 이 새로운 기회를 이용하여 각하께 최고의 경의를 표명합니다.

　어거스틴 허드

민종묵 각하,

　외아문 독판, 서울

Augustine Heard (U. S. Minister to Korea), Dispatch to Min Chong Mok (Pres., For. Office), No. 29, Foreign Office (Nov. 12th, 1890)

Legation of the United States

Seoul

Novr. 12, 1890

No. 28, F. O.

Sir: -

I have the honor to inform Your Excellency that Mr. H. N. Allen, Secretary of this Legation, has been appointed Deputy Consul General of the United States at Seoul.

I avail myself of this opportunity to renew to Your Excellency the assurance of my highest consideration.

Augustine Heard

His Excellency
Min Chong Mok,
    President of H. C. M, Foreign Office,
    Seoul

[漢譯]

大美欽命駐劄朝鮮辦理大臣兼 總領事 何 爲照會事

照得, 本署參贊官安連, 間爲駐京代理總領事, 相應備文照會, 貴督辦請煩查照可也, 須至照會者.

右

大朝鮮 督辦交涉通商事務 閔

庚寅 十月 二日

민종묵(외아문 독판)이 어거스틴 허드(주한 미국 공사)에게 보낸 공문
(1890년 11월 17일)

대조선독판교섭통상사무 민이 회답합니다.

아력(我曆: 음력) 본 년 10월 초 2일 도착한 문서를 접수하여 열어보니, 본서의 참찬관 알렌이 가끔씩 서울의 총영사 등의 일을 대리한다고 합니다. 알렌이 서울에 올라와 머물러 있을 때 사실을 확인해 보니 이미 여러 해 동안 많은 직무 안의 일을 해온 바 있어 익숙하지 않음이 없다 합니다. 현재 귀 정부의 명령을 받들며 특별히 영사의 직임에 올리려 함을 모두 자세히 알게 되었습니다. 진실로 매우 기뻐하며 서로 상응하는 공문을 갖추어야 함에 통지하는 바입니다.

대미 흠명주차조선변리대신겸 총영사 허드
경인 10월 6일

Min Chong Mok (Pres., For. Office),
Dispatch to Augustine Heard (U. S. Minister to Korea)
(Nov. 17th, 1890)

大朝鮮督辦交步通商事務 閔 爲

照覆事, 照得, 我曆 本年 十月 初二日, 接准來文內開, 本署 叅贊官 安連, 間 爲駐京代理 總領事等因, 査安連來駐敝京, 已有年所凡于職內事務, 靡不嫻熟, 現 奉貴政府命令, 特陞領事之任, 聆悉之下, 寔深欣喜, 相應備文, 須至照會者,

右.

大美欽命駐箚朝鮮辦理大臣兼 總領事 何
庚寅 十月 六日

호러스 N. 알렌(주한 미국 공사관 서기관)이 어거스틴 허드
(주한 미국 공사)에게 보낸 편지 (1890년 12월 3일)

미합중국 공사관

한국 서울

1890년 12월 3일

어거스틴 허드 님,

　미국 공사, 서울

안녕하십니까,

　저의 숙소를 위한 1,000달러의 수당과 관련하여 저는 지역 계약자들과 이 문제를 여러 차례 신중하게 검토하였고 알려드리게 되어 영광입니다. 그중 가장 합리적인 사람은 궁전과 러시아 공사관의 건축가인 사바찐 씨입니다.[43] 그는 '서기관 사택'으로 알려진 오래된 집의 목재와 기타 자재의 상태가 너무 나빠 결코 개조할 수 없으며, 천장은 6피트 이상 높이로 만들 수 없다고 말하였습니다. 제 키가 6피트 2인치이기 때문에 가장 불편할 것입니다.

　하지만 사바찐 씨는 같은 땅에 깔끔하고 편안한 목조 주택을 짓는 것으로 보이며, 그 계획에 대한 사본을 1,000달러에 동봉하거나 벽돌로 1,300달러에 동봉합니다. 그러므로 저는 오래된 집을 대신하여 새 집을 지을 수 있도록 정중하게 요청드립니다.

　이 목조 주택은 제물포에 있는 영국 및 일본 영사관과 동일한 구조가 될 것입니다. 물론 벽돌집이 훨씬 더 오래 갈 것입니다.

　이 집 외에도 꼭 필요한 것은 아니지만 인접한 초가 지붕의 노무자 오두막을 구입하는 것이 매우 필요할 것입니다. 그것들은 다소 높은 지대에 위치해 있으며 그들의 배출물로 인하여 토양이 오염됩니다. 딘스모어 씨의 임기 동안 그는 외아문에 도움을 요청해야 했습니다. 그의 사무실에서 50피트 떨어

---

43) 아파나시 이바노비치 세레진 사바찐(Afanasy Ivanovich Seredin-Sabatin, 1860. 1. 1~1921. 1. 1.)은 우크라이나 출신으로 러시아 제국의 국적을 가진 건축 기술사로서 상하이에서 묄렌도르프에 의해 고용되어 1883년 9월 인천에 도착하였다. 그는 개항장 인천의 여러 건물의 건축에 관여한 것으로 알려져 있으며, 대표적으로 구 러시아 공사관과 경복궁 관문각을 건축하였다.

진 이 오두막 둥지에서는 악성 천연두가 맹위를 떨치고 있었습니다. 또한 그 것들은 지붕이 가연성이라는 특성과 화재 위험으로 인하여 매우 위험합니다.

그것들의 구입에는 200달러에서 400달러의 비용이 들 것이며, 그것들이 없 으면 이 공사관의 모습이 크게 향상될 것입니다.

물론 새 집을 지을 때, 사용할 수 있는 오래된 집의 자재를 새 집에 투입 할 것입니다.

이 문제에 대한 공사님의 의향을 기다립니다.

안녕히 계십시오.

H. N. 알렌

Horace N. Allen (Sec., U. S. Legation to Korea), Letter to Augustine Heard (U. S. Minister to Korea) (Dec. 3rd, 1890)

Legation of the United States

Seoul, Corea

Dec. 3rd, 1890

To the Honorable
Augustine Heard,
    U. S. Minister, Seoul

Sir: -

In regard to the allowance of $1,000 for quarters for myself, I have the honor to say that I have gone over the matter carefully several times with local contractors, the most reasonable of whom is, Mr. Sabatin, the architect of the Palace and the Russian Legation. He says that the timbers and other material of the old house, known as the "Secretarys House" are in such bad condition that it could never be made much of, while as the ceiling cannot be made more than 6 ft high, and as I am 6 ft 2 in in height it would at best be uncomfortable.

Mr. Sabatin however appear to build on the same ground a neat, comfortable, frame house after the plan of which I enclose a copy for $1,000, or the same in brick for $1,300. I therefore respectfully request to be allowed to put up a new house in place of the old one.

This frame house would be of the same construction as the English and Japanese consulates at Chemulpo. The brick house would of course last much longer.

In addition to this house it would be very, if not imperatively, necessary to buy the adjoining thatched coolie huts. They are on somewhat higher ground and their drainage polutes the soil. During Mr. Dinsmores term he had to appeal to the Foreign Office for aid. As virulent small-pox was raging in this nest of huts, 50 feet from his office. They are also very dangerous from the inflamable nature of their roofs, and liability to fires.

It would cost from $200 to $400 to buy them up, and their absence would greatly improve the appearance of this Legation.

Of course in building a new house, such of the materials of the old ones as could be used would be put into the new ones.

Awaiting your pleasure in the matter.

I am

Very respectfully,
H. N. Allen

호러스 N. 알렌(주한 미국 공사관 서기관)이 프랭크 F. 엘린우드 (미국 북장로교회 해외선교본부 총무)에게 보낸 편지 (1890년 12월 11일)

한국 서울,
1890년 12월 11일

친애하는 엘린우드 박사님,

지난 번 우편으로 저의 사임과 관련된 박사님의 친절한 편지를 받았습니다.[44] 저는 긴급 상황에서 업무에 필요한 그러한 도움을 제공하는 경우라도 모든 면에서 우리의 선교부와 협력하는 것을 진심으로 기뻐할 것입니다. 그것은 틀림없이 의문의 여지가 없습니다. 기포드는 그가 하는 것이 매우 친절하지만, 단지 착한 사람입니다. 언더우드는 대부분의 시간에 자리를 비웠고, 이곳에 있을 때조차 그는 거의 모든 시간을 병약한 아내 및 갓난아기와 함께 보냈습니다. 마펫은 완전히 헤론 부인의 영향 아래 있다는 점을 제외하고는 저에게 수수께끼의 인물이며, 지금 깁슨 부인이 오고 있다고 합니다. 박사님 저는 박사님의 손이 대단히 많은 일들로 가득 차게 될 것이라고 생각하고 있습니다.

일전에 저는 데니 판사가 다른 방에서 장로교회 선교부를 헐뜯고 감리교회 사람들을 칭찬하는 것을 들었습니다. 후자(감리교회 사람)가 실제로나 결과에 있어 우리보다 앞서 있다는 것은 사실입니다. 그들은 저에게 매우 상냥하며, 제가 그들에게 줄 수 있는 작은 도움도 기꺼이 받아들이는 것 같습니다.

이제 병원에 대해서입니다. 저는 헤론 박사가 그랬던 것처럼 장부대로 하고 있으며, 제가 박사님께 정당하게 진 빚을 어느 정도 갚고 있다고 느끼기 때문에 그렇게 하는 것이 기쁩니다. 그러나 그 직책이 대단히 당혹스러워지고 있습니다. 제가 그들에게 약속한 것을 박사님으로부터 아무 것도 듣지 못하고 있습니다. 이곳의 저명한 영국인 의사가 그것을 요구하고 있으며, 저는 여전히 사람들을 오전 9시에 나오도록 하고 있으며 입원환자는 거절하고 있습니다. 박사님이 그것을 유지하고 싶으시다면 소홀히 해서는 안 됩니다. 저는 제가 할 수 있는 모든 것을 할 것이지만 제가 하려는 모든 것을 할 수 없을 수도 있습

---

44) Frank F. Ellinwood (Sec., BFM, PCUSA), Letter to Horace N. Allen (Seoul) (Nov. 6th, 1890)

니다. 의사 대신에 그 이간질하는 사람과 그 어머니를 파송한 것이 얼마나 큰 실수입니까?

안부를 전합니다.

안녕히 계십시오.
H. N. 알렌

Horace N. Allen (Seoul),
Letter to Frank F. Ellinwood (Sec., BFM, PCUSA) (Dec. 11th, 1890)

Seoul, Korea,
Dec. 11th, 1890

My dear Dr. Ellinwood: -

I received your kind letter concerning my resignation by last mail. I shall be most heartily glad to cooperate with our mission in all ways, even to rendering such assistance in the work as an emergency might require. Yet it is undoubtedly far beyond the question. Gifford is very friendly, so far as he does be, but he is a mere man of pretty. Underwood is away most of the time, and even when here his time is almost wholly taken up with his invalid wife and new baby. Moffett is an enigma to me, except that he is completely under the influence of Mrs. Heron, and now that Mrs. Gibson is en route. I think, Dr., you are going to have your hands full, very full.

Only the other day I heard Judge Denny in another room running down the Presbyterian mission and praising up the Methodist. It is a fact that the latter are away ahead and shoulders above us in material and results. They are exceedingly pleasant to me and are apparently glad to accept any little help I may render them.

Now about the Hospital. I am doing by the books, as much as Dr. Heron did, and I am glad to do it as I feel that I am discharging in a measure the debt I rightfully owe to you. Yet the position is becoming very embarrassing. No news from the Dr. I promised them. A noted English Dr. here asking for it, and myself still compelling the people to come out at 9 A. M. and refusing inpatients. If you want to keep it you should not neglect it. I will do all I can but I may not be able to do all I would. What a tremendous mistake you have made in sending that mischief makers, mischief making mother, instead of Dr.

With kind regards, I am,

Yours very truly,
H. N. Allen

프랭크 F. 엘린우드(미국 북장로교회 해외선교본부 총무)가
한국 선교부로 보낸 편지 (1890년 12월 17일)

(중략)

이제 맥길 박사가 의료 업무를 수행할 수 없음이 입증되었으므로 의사를 선교지에 배치할 수 있을 때까지 병원을 알렌 박사의 수중에 맡기는 것이 좋을 것 같습니다. 우리는 그것을 다른 교단에 양보할 생각이 없습니다.

(중략)

Frank F. Ellinwood (Sec., BFM, PCUSA),
Letter to the Korea Mission (Dec. 17th, 1890)

(Omitted)

Now that Dr. McGill proves unavailable for the medical work, it seems to me that it will be well to leave the hospital in Dr. Allen's hands until we can get a physician on the ground. We do not feel like giving it up to other denominations.

(Omitted)

18901219

프랭크 F. 엘린우드(미국 북장로교회 해외선교본부 총무)가
호러스 N. 알렌(서울)에게 보낸 편지 (1890년 12월 19일)

(18)90년 12월 19일

H. N. 알렌 박사,
　한국 서울

친애하는 박사님,

　　나는 귀하의 10월 28일자 훌륭한 편지를 받았습니다.[45] 나는 항상 박사님의 연락을 기쁘게 생각하며, 나에게 지워진 엄청난 관심과 책임으로 인하여 편지에 대한 답장을 할 수는 없지만 나에게 편지를 보내주기를 바랍니다. 내가 박사님을 오해하였다고 생각하는 것은 실수입니다. 나는 박사님에 대하여 어떠한 불의도 행하지 않았고, 박사님의 성품에 대한 높은 평가도 깎아내린 적이 없습니다. 물론 나는 박사님이 공사 자리를 구하였다는 것을 알고 있습니다. 나는 박사님이 공사관 서기직을 구했다고는 생각하지 않았고, 당신의 선교 사역을 한 단계 더 발전시키려는 생각으로 선교지로 돌아갔다고도 생각하지 않았습니다. 나는 박사님이 전적으로 성실하다는 점을 인정하였습니다. 또한 나는 박사님이 서기관직과 선교사 임명을 영구적으로 맡겠다고 제안하고 있다고는 생각하지 않았습니다. 왜냐하면 당신은 그것이 가능할 것이라고 생각하기에는 업무의 상태를 너무 잘 알고 있기 때문입니다. 박사님의 입장에서 노출되는 정치적인 ＿＿＿는 두 자리를 모두 유지하는 것이 불가능함을 충분히 입증할 것입니다.

　　나는 박사님이 여전히 선교 사업을 돕고자 하는 마음을 가지고 있어 매우 기쁩니다. 나는 박사님이 대의를 위하여 다른 어떤 사람보다 더 많은 일을 할 수 있다고 생각하고 있습니다. 아시다시피 나는 항상 박사님의 판단과, 유용해지려는 열망을 믿고 있었습니다.

　　약속이 있어서 급하게 씁니다.

---

45) Horace N. Allen (Sec., U. S. Legation to Korea), Letter to Frank F. Ellinwood (Sec., BFM, PCUSA) (Oct. 28th, 1890)

우리는 아마 내일 우리가 현장에 의사를 배치할 수 있을 때까지 박사님이 병원을 유지하기를 바란다는 취지의 전보를 보낼 것입니다.

안녕히 계세요.
F. F. 엘린우드

Frank F. Ellinwood (Sec., BFM, PCUSA),
Letter to Horace N. Allen (Seoul) (Dec. 19th, 1890)

Dec. 19th, (18)90

Dr. H. N. Allen.
　　Seoul, Korea

My dear Doctor: -

I have your good letter of October 28th. I am glad to hear from you always, and hope that you will write me even though I am not able to return letter for letter with the enormous load of care and responsibility that I have upon me. It is a mistake to suppose that I have misunderstood you. I have done no injustice in my thought of you, nor fallen in my high esteem of your character. I know, of course, that you sought the position of H. E. Minister. I did not suppose that you had sought the secretaryship of Legation, nor did I think you went back to the field with any idea of making your mission work a stepping stage. I gave you credit for being entirely sincere. Nor did I think that you were proposing permanently to hold the position of secretaryship and a missionary appointment, for you know too well the conditions of the case to suppose that that would be feasible. The political _____tions to which one be exposed in your position would sufficiently demonstrate the impossibility of holding both places.

I am very glad that you are disposed to still help the mission cause. You can do more than almost any other one for the cause, I think. I always, as you know, had confidence in your judgment and also in your desire to be useful.

I write in haste as I have an engagement.

We shall probably send a telegraphic dispatch to-morrow to the effect that we would like you to retain the hospital until we can get a physician on the ground.

Very sincerely yours,
F. F. Ellinwood

18901220

호러스 N. 알렌(주한 미국 공사관 서기관)이 프랭크 F. 엘린우드
(미국 북장로교회 해외선교본부 총무)에게 보낸 편지 (1890년 12월 20일)

친전

한국 서울,
1890년 12월 20일

친애하는 엘린우드 박사님,

최근 편지46)에서 저는 깁슨 부인에 대하여 다 끝내지 못하였는데, 그 이후 만일 그녀가 오게 된다면 그것은 박사님의 노력보다는 호튼 씨의 친절한 의도 때문일 것이라는 소식을 들었습니다.

즈푸에서 언더우드 씨가 돌아왔을 때 저는 그와 병원 및 기타 문제에 대하여 긴 이야기를 나누었습니다. 그는 저에게 맥길 박사에 대한 박사님의 의도에 대하여 말하였지만, 저는 그가 소속되어 있는 곳에 남아 있을 것이라고 생각합니다. 저는 언더우드 씨에게 그들과 협력하고 싶다고 말하였고, 그는 그것을 고맙게 여기는 것 같았습니다. 그런 다음 저는 마펫 씨를 만났고, 우리는 우호적으로 오래 대화를 나누었는데, 저는 그에게 제가 이 임명을 받게 된 상황과 저의 의도를 선교부에 어떻게 완전히 알릴 수 없었는지, 그러나 두 직책을 모두 차지할 의향이 없었다는 것을 말하였습니다. 그는 그것을 모두 알고 자신의 입장을 설명하였습니다. 그는 굉장히 공정하고 정직한 청년인 것 같으며, 저는 그가 잘 발전했으면 좋겠습니다. 제가 그들과 충분히 협력하고 싶다는 의사를 표명하였을 때 그는 매우 기뻐하는 것 같았으며, 그것에 대하여 의심의 여지가 없다고 말하였습니다. 그러나 즉시 종교의 자유 조항이 포함된 새로운 조약을 위한 업무에 대하여 말하였습니다. 지금 저는 이것이 한국인들을 '흥분시키는 것'이 될 것이며, 다른 '새끼 새'를 낳을 가능성이 대단히 높다는 것을 알고 있지만 현재의 상태에서 약속된 것보다 더 바랄 수 있는 것이 무엇인지 알 수 없습니다. 실제로 반대는 없습니다. 그런데 워싱턴에서 이곳으로 온 대리 공사는 우리 기독교에 전적으로 동조한다고 공언하였습니다. 그는 즉시 왕에게 큰 영향력을 미치는 위치로 승진하였습니다. 박(정양) 전 미국 주

---

46) Horace N. Allen (Seoul), Letter to Frank F. Ellinwood (Sec., BFM, PCUSA) (Dec. 11th, 1890)

재 공사도 같은 생각이지만 더 보수적이며, 정부는 그들을 말리지 않습니다(그들은 공사관을 구입하기 위하여 워싱턴에 금화 3만 달러를 보냈습니다). 이곳에서 학교와 교회는 아무런 방해 없이 운영되고 있습니다. 3년 전 언더우드와 아펜젤러의 그릇된 열심으로 남아 있는 유일한 것은 모든 호조를 신청할 때 신청자가 호조로 보호를 받는 동안 어떤 불법적인 행위에도 가담하지 않겠다는 서면 진술서를 첨부해야 한다는 것입니다.

우리 정부는 중요한 범죄자가 이곳에 숨어 범죄인 인도 조약을 필요로 하지 않는 한 이 문제에 대하여 거의 움직이지 않을 것입니다. 그렇다고 해서 상황이 개선될지는 의문이지만, 혁명을 일으킬 만큼 의심을 불러일으킬 수도 있습니다.

아내와 저는 헤론 부인을 만나러 가서 즐거운 시간을 보냈습니다. 저는 그 여자가 그녀답게 행동한다면 그 여자를 좋아할 것입니다. 우리는 장례식이 끝난 후 바로 방문하려고 하였으며, 아내는 제물포에서 애도하는 편지를 썼습니다. 그러나 언더우드가 저에게 헤론 박사가 세 번이나 나를 만나 달라고 요청하였던 것을 그녀가 거부하였다고 말하였을 때, 저는 우리가 멀리 떨어져 있는 것이 좋겠다고 결정하였습니다.

하지만 그녀는 여자이고, 박사님이 말씀하셨듯이 그녀는 거의 모든 일을 할 수 있게 만들 만큼 슬픔을 겪었습니다.

저는 선교부와 온전한 관계를 갖고 싶었기 때문에 최선을 다하였습니다.

박사님과 가족, 그리고 다른 총무님들께 안부를 전합니다.

H. N. 알렌

Horace N. Allen (Sec., U. S. Legation to Korea),
Letter to Frank F. Ellinwood (Sec., BFM, PCUSA) (Dec. 20th, 1890)

Confidential

Seoul, Korea,

Dec. 20th, 1890

My dear Dr. Ellinwood: -

I guess I went off "half cocked" so to speak, in my last letter, regarding Mrs. Gibson, since I am informed that if she comes at all it will be due to Mr. Horton kind intention rather than to efforts of your own.

On Mr. Underwood's return from Chefoo, I had a long talk with him about hospital and other matters. He told me of your intention concerning Dr. McGill, but I think he will remain where he is. I told Mr. U. of my desire to cooperate with them and he seemed to appreciate it. I then saw Mr. Moffett, and we had a long friendly chat in which I told him the situation in which I was placed on receiving this appointment, and how I could not make known fully to the mission my intentions, but that I had had no desire to occupy both position. He saw it all and explained his position. He seems to be a very fair and honest young man and I hope he will develop well. He seemed much pleased when I expressed a desire to cooperate fully with them and said he had no doubt of it at all. But at once spoke of working for a new treaty with a religious liberty clause. Now, I know that this would be as a "red rag to a bull" to the Koreans, and would very likely bring about another "Chick", while I don't see what more can be desired than present is promised. There is really no opposition, while here comes the Chargé from Washington, professing to be wholly in sympathy with our Christianity. He is at once promoted to a position of great influence with the King. Ex U. S. Minister Pak feels the same way but is more conservative, while the Govn't does not discourage them (they have just sent $30,000 gold to Washington to buy a Legation house.) Schools and churches are carried on here without let or hindrance. The only remains of the ill guided zeal of Underwood and Appenzeller three years ago is that all applications for passports have to be accompanied by a written statement that the applicant will not engage in any unlawful practice while under protection of the passport.

Our Govn't would hardly move in the matter, unless perhaps some criminal of importance should secrete himself here and make an extradition treaty necessary, when perhaps the clause might be secured. I doubt even then if it would improve matters, it might induce suspicion enough to cause a revolution.

We, Mrs. Allen and myself, then went to call on Mrs. Heron and had a pleasant call. I like the woman if she? would only behave herself. We had intended to call soon after the funeral, Mrs. Allen having written her condolences from Chemulpo. But when Underwood told me of her refusing Dr. Heron's thrice repeated request to see me, I decided we had better stay away.

However, she is a woman, and as you say she has had sorrow enough to make her capable of almost anything.

As I want to be in perfect touch with the mission, I have done the best I could.

With regards to yourself and family and the other Secretaries.

I am,

H. N. Allen

호러스 N. 알렌(서울)이 장로교회 선교부(서울)로 보내는 편지
(1890년 12월 30일)

한국 서울,
1890년 12월 30일

장로교회 선교부 귀중,

한국 정부와 선교본부의 요청으로 나는 지난 5개월 동안 의사가 도착할 때까지 정부 병원을 담당하였습니다.

엘린우드 박사님이 나에게 내가 기관을 선교부로 넘길 수 있다고 알려준 지 얼마 되지 않았지만, 내가 책임을 넘길 수 있는 의료진이 없었기 때문에 상황은 내가 업무를 임시로 맡게 되었을 때보다 더 만족스러운 상황이 아닌 것 같았습니다.

나는 방금 엘린우드 박사로부터 맥길 박사가 이곳의 의료 선교사로 임명되었음을 알리고 그와 협력할 것을 요청하는 편지를 받았습니다.[47]

이렇게 필요한 자리가 채워지면 나는 업무를 선교부에 인계하고 새로운 의사가 자리를 잡도록 기꺼이 도울 것입니다.

병원을 관장하는 외아문 독판에게 새로 임명된 사실을 알릴 필요가 있을 것입니다.

안녕히 계세요.
H. N. 알렌

---

47) Frank F. Ellinwood (Sec., BFM, PCUSA), Letter to Horace N. Allen (Seoul) (Nov. 6h, 1890)

Horace N. Allen (Seoul),
Letter to the Presbyterian Mission (Seoul) (Dec. 30th, 1890)

Seoul, Korea,
Dec. 30, 1890

To the Presbyterian Mission,

At the request of the Korean Government and the Board of Missions, I have carried on the Government Hospital for the past five months, - pending the arrival of a physician.

Some time since Dr. Ellinwood informed me that I could turn over the institution to the mission, but as there was no medical member to whom I could surrender charge, matters seemed to be in no more satisfactory condition than when I took temporary charge of the work.

I am now just in receipt of a letter from Dr. Ellinwood, informing me of the appointment of Dr. McGill as its medical missionary here, and asking me to cooperate with him.

As the need is thus supplied I hereby hand the work over to the mission, and shall be very happy to assist the new physician in getting established.

It will be necessary for me to communicate the fact of the new appointment to the President of the Foreign Office, who looks after the hospital.

I am very respectfully,
H. N. Allen

회의록, 한국 선교부 (미국 북장로교회) (1890년 12월 31일)

(중략)

제중원을 가능한 한 조속한 날짜에 선교부로 넘길 준비가 되어 있다는 알렌 박사의 편지가 낭독되었다.[48] 의장은 알렌을 접대하고, 그의 과거 공적에 대한 우리의 감사를 표하며, 선교부와 맥길 박사 사이에 존재하는 특별한 관계를 언급하고, 그가 명목상 병원의 의사의 직책을 계속하면서 고국에서 의사를 확보할 수 있을 때까지 하디 박사가 그를 보조하도록 요청하기 위한 한 명으로 된 위원회를 임명하자고 동의되었다. 통과되었다.

Secretary's Book, Korea Mission (PCUSA) (Dec. 31st, 1890)

(Omitted)

A communication from Dr. Allen was read expressing his readiness to turn over the Govt. Hospital to the Mission at the earliest possible date. Moved that the Chairman be appointed a Com. of one to wait on Dr. Allen & express to him our thanks for his services in the past & stating the peculiar relations existing between the Mission & Dr. McGill request that he nominally continue his position as physician to the Hospital with Dr. Hardie to assist him till we can secure a physician from home. Carried.

(Omitted)

---

48) Horace N. Allen (Seoul), Letter to the Presbyterian Mission (Seoul) (Dec. 30th, 1890)

18910000

호러스 N. 알렌(주한 미국 공사관 서기관),
한국의 의학 및 의료 기회49) (1891년경)

한국 또는 조선은 황해와 동해를 나누는 반도이다. 면적은 약 10만 평방마일이다. 모양은 대략 플로리다와 비슷하다. 기후는 미국 중북부의 뉴잉글랜드와 비슷하다. 인구는 12,000,000에서 15,000,000명으로 추산된다. 사람들은 강인하고 총명하며 교양이 있고, 수천 년의 역사를 가지고 있다. 그들의 문명은 물론 아시아의 문명이며, 그들 자신의 고전에 대하여 더 많은 교육을 받았다. 과학은 아직 그들을 활동적인 학생으로 등록하지 않았지만, 서양인을 부끄럽게 만드는 방식으로 언어를 빠르게 인식하고 배우고 습득하고 있다. 화학과 철학은 외국인 학교에서 작은 방식으로 가르쳐져 좋은 성공을 거두었다.

이 나라의 의술 체계는 중국과 구일본의 의술 체계이다. 그들이 달인 즙, 알약과 분말에서 얻은 결과는 때때로 놀랍다. 하지만 체계는 순전히 경험적이다! 그러나 청결과 적절한 간호를 고려한다면 치료는 현재보다 훨씬 더 좋은 결과를 가져올 것이다.

수술은 거의 알려져 있지 않다. 실제 소작술과 침술은 매우 대담하게 일반적으로 사용된다. 하지만 때로는 관절에 구멍이 나고 심각한 염증이 발생하기도 한다. 혹은 더러운 바늘을 사용하여 매독까지 더해 환자들의 고민을 가중시킨다. 거의 모든 성인의 배에는 소화불량으로 인한 소작술을 받은 단추 같은 흉터가 있다.

사람들은 팔다리를 잃는 것을 매우 싫어한다. 그래서 단지 두 번의 큰 절단이 시술되었다. 하지만 그들은 다른 외과 수술, 특히 종양 제거, 눈, 코, 목에 대한 수술, 그리고 ____ 문제의 결과를 제거하는 수술에는 쉽게 응한다. 외

---

49) 이 글에는 '알렌의 2차 년도(1886년) 보고서'라 할 수 있는 다음의 논문과 비슷한 내용이 많이 담겨 있다. Horace N. Allen, Medicine and Surgery in Korea. *The Medical Missionary Record* 6(4) (Apr., 1891), pp. 79~80.

과의사는 이곳에서 특히 안과 수술이 유망한 분야이다.

외국인들이 주로 치료하는 질병은 매우 흔한 간헐성 질병인데, 거의 흔한 매독, 보편적인 소화불량, 간질, 기생충, 각종 만성 질환, 피부 질환 등이다. 약물 치료에도 불구하고 진행되는 발열 및 기타 질병은 원칙적으로 현지 방식에 따라 치료된다.

어떤 사람도 수술에 대한 충분한 자격을 갖출 때까지 의료 선교사로 동양에 와서는 안 된다. 그는 병원에서 한동안 시간을 내야 한다. 그렇지 않으면 그는 실패자가 되거나 교과서에 규정된 규칙에 따라 일하는 매우 힘든 일을 하게 될 것이다. 그리고 그가 보기 드문 용기와 침착함, 그리고 약간의 자연스러운 재치를 갖고 있지 않다면, 그는 자신이 구제하려는 바로 그 사람들에게 해를 끼칠 수도 있다. 의료 선교사들이 준비가 너무 부족하여 외국인 사회뿐 아니라 현지인들의 눈에도 사업에 불명예를 안겨주는 경우가 너무 많다.

기회는 너무 많다. 이 땅에는 의료 선교사들이 동양 관습의 유혹에 굴복하여 불명예를 안고 본국으로 보내져 소명에 지울 수 없는 추악한 오점을 남기는 경우가 있었다. 그러므로 자신이 약간의 기독교에 의하여 개혁되고 활력을 얻었다고 생각하는 사람은 멀리하는 것이 좋다. 언어를 습득하는 것은 어려운 문제이며, 몇 년의 노력이 필요하다. 현지 언어에 대한 좋은 지식 없이는 성공을 기대할 수 없다. 그러므로 부르심에 참여하는 것은 평생의 사업이어야 한다. 더욱이, 제한 사항은 남자가 집에서 일반적인 수련을 하는 데 거의 부적합할 정도이며, 다른 부름을 떠나고 들어갈 기회도 거의 없다. 그러므로 의료 선교사의 생활은 충분한 고려와 신중하고 오랜 준비 없이 시작되어서는 안 된다.

의료 선교사가 되는 동기는 다른 사람에게 자선 활동을 하고 자신을 만족시키려는 욕구 외에는 아무 것도 아닌 것처럼 보인다. 이것이 주된 유인이 아니라면 다른 사람들을 고려해서는 안 된다. 그러나 그것은 예전처럼 쓰라린 시련과 자기희생의 삶이 아니다. 오늘날 선교사는 편안하게 터를 잡고 음식을 먹는다. 그는 대개 자신의 집(그가 떠난 집)의 많은 안락함에 둘러싸여 있다. 만일 결혼한다면, 그는 의심할 바 없이 자신에게 피난처를 제공하는 곳과 자녀가 태어나는 곳에 완전히 만족하고 애착을 갖게 될 것이다. 매년 장소의 아름다움과 매력이 더해진다.

그의 동료들은 교양 있고 교육 받은 남녀들이며, 일반적으로 더 나은 관료 집단 가운데 매우 똑똑한 친구들도 있다. 왕족이 그의 수고들을 향유하게 되면 그는 때때로 궁궐에 소개되기도 한다. 그 왕족들은 일반적으로 성공적인 수고들을 기억하는 관대한 사람들이다. (선교사가 돈을 벌 수 있는 일은 없다.

이런 일은 생각하면 안 된다. 영수증은 모두 선교부에 전달되기 때문이다.)

하지만 주변 환경과 교제의 안락함 외에도 자신의 직업을 사랑하는 의사는 그것이 가장 높이 평가되는 곳에서 그것을 실천할 충분한 기회를 갖는다. 그리스도 인은 자신이 자신의 의무를 다하고 있다는 사실을 알고 만족감을 느낀다. 각 사람에게는 다른 사람에게 좋은 일을 한 것에서 오는 만족이 온다.

Horace N. Allen (Sec., U. S. Legation to Korea), Medicine in Korea & Medical Opportunity (ca. 1891)

Corea, Korea or Chosun is a peninsula dividing the waters of the yellow and the Japan seas. The area is some 100,000 square miles. In shape it resembles Florida roughly. The climate is much that of New England on the Northern Central United States. The population is estimated at from 12,000,000 to 15,000,000. The people are hardy, intelligent, cultivated, and possess records of some thousands of years standing. Their civilization is of course that of Asia, and they are more educated in their own classics. Science has as yet not enrolled them as active students, yet they are quick to appreciate and learn and take up languages in a way to shame a westerner. Chemistry, and Philosophy have been taught them in a small way in the Foreign Schools with good success.

The system of medicine of the country is that of China and Old Japan. The results they obtain from their decoctions, pills and powders are sometimes amazing. The system however is purely empirical! Yet with a due regard for cleanliness and proper nursing the treatment would bear very fair results much better than at present.

Surgery is almost unknown. The actual cautery and acupuncture are used very commonly with great boldness. Sometimes however a joint is punctured and a serious inflammation results. Or dirty needles are used and syphilis is added to the patients troubles. Nearly every adult has button like scars on his belly where he has been touched with the cautery for indigestion.

The people are very averse to losing limbs. So that but two large amputations have been made. They submit readily however to other surgical work. Especially for the removal of tumors. Operations about the eye, nose, and throat. And those for the removal of the results of ___cal troubles. A surgeon has a good field here, especially for eye work.

The diseases mostly treated by foreigners are intermittent which are very common, syphilis which is almost as common, indigestion which is universal, epilepsy, worms, all sorts of chronic troubles, and skin diseases galore. Fevers and other diseases that run a course in spite of medication are treated after the native fashion as a rule.

No man should come east as a medical missionary, till he has fully qualified himself in surgery. He should by all means have spent some time in a hospital. Otherwise he will either be a failure or will find it very up hill work, operating from rules laid down in books. And unless he possesses rare courage, presence of mind and some natural tact, he may harm the very people he comes to relieve. Too often medical missionaries are so poorly prepared as to bring discredit on the work in the eyes not only of the foreign community, but of the natives themselves.

So much for the opportunities. There have been cases of medical missionaries in these lands, yielding to the temptations of the Eastern customs and having to be sent home in disgrace, leaving an ugly blot on the calling that cannot be removed. Therefore a man who thinks he is reformed and galvanized over by a little Christianity had better stay away. Acquiring the language is a difficult matter and requires some years of work. Success cannot be counted on without a good knowledge of the native speech. Therefore it should be as a life work that the calling is entered. Furthermore, the restrictions are such as to largely unfit a man for general practise at home, and opportunities for leaving and entering another calling are few. Therefore the life of a medical missionary should not be entered upon without due consideration as well as careful and extended preparation.

The inducements for becoming a medical missionary would seem to be nil aside from a desire to do a work of charity to others and satisfaction to one's self. Without this as the chief inducement others should not be considered. Yet it is not the life of bitter trial and self sacrifice that it once was. Today the missionary is comfortably housed and fed. He is usually surrounded by many of the comforts of his own home (the one he has left). If married, he will doubtless be fully content with, and become quite attached to the place that gives him shelter and where his children are born. While each year adds to the beauty and attractiveness of the place.

His associates are men and women of culture and education, with as a rule some very intelligent friends among the better clan of officials. Sometimes indeed he is even introduced to court that his services may be enjoyed by Royalty. Who are as a rule generous in remembering successful services. (There is no money to be made by a missionary. This must not be thought of. For all receipts are handed over to the mission).

Aside from the comforts of his surroundings and associations however, a medical man in love with his profession has ample opportunity for practicing it where it is most highly appreciated; the Christian has the satisfaction of knowing that he is doing his duty; while to each comes the contentment and satisfaction from good done to others.

호러스 N. 알렌(주한 미국 공사관 서기관),
정감록(鄭鑑錄) 발췌 (1891년경)

정감록 발췌 - 조선 이(李) 왕조의 통치와 관련하여

반란을 일으킨 장군 이 태조(太祖)가 정권을 잡았던 조선의 이(李) 왕조 초기에 예언의 힘을 가지고 있다고 알려진 정(鄭)이라는, 나이 많고 현명한 사람이 살고 있었다. 이 정(鄭)은 이(李) 왕의 절친한 친구이자 조언자로서 왕가가 500년 동안 조선을 통치해야 한다는 취지의 예언을 써 주었다. 그러나 500번째 해는 큰 고난의 해가 될 것이다. 계절은 불규칙해 질 것이다. 겨울의 눈이 땅을 덮을 때 여름의 비가 내릴 것이며, 그 결과 질병이 크게 만연할 것이다. 불운한 계절로 인하여 기근이 닥칠 것이고, 사람들은 너무나 가련하고 비참한 상태에 놓이게 되어 중국인들이 와서 쉽게 그 땅을 차지하게 될 것이다. 그런데 80세의 힘과 지혜를 지닌 정(鄭)이라는 노인이 어느 섬에서 와서 백성을 구원하고 그를 왕으로 삼을 것이다.

새 왕은 계룡산이라는 산기슭에 있는 충청도에 도읍을 정할 것이다. 그때쯤이면 이 산은 하얗게 변하였을 것이고, 그 기슭을 흐르는 시냇물은 항해가 가능한 강으로 깊어져 있을 것이다.

하지만 치명적인 500년이 무사히 지나간다면 이 왕조는 계속해서 300년 더 강력하게 통치할 것이다.

이 고대 예언은 주의 깊게 보관되어 왔으며, 오직 역대 통치자들만이 볼 수 있었다. 그러나 그 땅이 외부 군대에 의해 휩싸이고 사람들이 반란을 일으킬 정도로 낙담스럽고 혼란스러웠던 몇 세기 전에, 예언은 거리에서 대중의 시선에 드러났다. 그것은 원하는 효과를 가지고 있었다. 그렇게 확신을 하였던 사람들은 더욱 충성스러워졌고, 그 놀라운 예언의 존재는 그 사본이 존재하지 않음에도 불구하고 그 땅의 방방곡곡에 알려지고 입에 오르내렸다.

현재의 왕인 자신의 아들이 나이가 어려 이 땅을 통치하였던 대원군의 섭정 기간 동안, 이 예언은 여전히 은퇴 생활을 하고 있는 섭정에게 당연히 열려 있었다. 이 예외를 제외하고는 살아있는 사람 중에 왕 외에는 그 문서를 읽은 사람이 없다고 한다.

500번째 해는 1891년 2월 9일 월요일에 시작된다. 그리고 예언은 그 해가 끝날 때까지 유효하다.

이 옛 예언이 부분적으로 성취되었다는 증거로, 계룡산이 비에 씻겨 벗겨진 쪽이 실제로 거의 하얗게 변했다고 한다. 강의 수량은 많은 양의 쓰레기를 거의 띄울 정도로 증가하였고, 현재 겨울은 이전에 한 번도 목격한 적이 없는 엄청난 폭우로 인하여 경이로웠으며, 현재의 악천후로 인한 수확의 실패 때문에 쌀이 부족할 것으로 예상되어 생활 필수품의 가격이 높아짐으로 인해 큰 불행이 초래될 것으로 예상된다. 콜레라의 유행은 매우 두려운 반면, 결코 호평을 받지 못한 구리 동전은 이제 1달러에서 약 50센트의 가치로 떨어졌음에도 계속 발행되고 있어, 부유층은 돈을 안전하고 상환 가능하게 만들기 위하여 쌀 곡물과 부동산을 구매하고 있다.

H. N. 알렌

Horace N. Allen (Sec., U. S. Legation to Korea), An Abstract of the Prophecy of Chung (ca. 1891)

An Abstract of the Prophecy of Chung
- Relating to the Reign of the Ye Dynasty of Chosun

At the beginning of the present Ye dynasty of Chosun, inaugurated by a revolting general - Ye Tai Jo, there lived an old and very wise man named Chung, who was supposed to possess prophetic powers. This Chung was an intimate friend and counselor of King Ye for whom he wrote out a prophecy to the effect that the King's family should reign over Chosun for 500 years. The five hundredth year would however be one of great trouble; the seasons would be irregular; the summer's rains would descend when the winter's snow should be covering the ground, the result would be that great sickness would ensure; a famine would result from the unpropitious seasons, and the people would be in such a miserable, wretched condition that the Chinese would come and easily possess themselves of the land. An old man named Chung - venerable with the might and wisdom of eighty years, would however come from an island and redeem his people who would then make him the King.

The new King will establish his capital in Chun Chung Province at the foot of the mountains called Kay Ryung (San - mountain). This mountain would by that time have become white and the stream that flows by its base would have deepened into a navigable river.

Should however the fatal five hundredth year be passed in safety the Dynasty of Ye will continue to reign strong & 300 years longer.

This ancient prophecy has been carefully guarded, being seen only by the successive rulers. But during the troublous times some time centuries ago, when the land was overrun with outside soldiery and the people were disheartened to the point of revolt, the prophecy was exposed in the streets to the public gaze. It had the desired effect. The people being so assured became more loyal, and the existence of the wonderful prophecy was known and commented on throughout the length and breadth of the land, though no copies of it exist.

During the regency of the Tai Wan Khun who ruled the land while his son, the present King, was in his minority, the prophecy was of course open to the Regent, who still lives in retirement. It is said that with this exception no one but the King, of living men, has read the document.

The five hundredth year commences Monday Feb 9. 1891. And the prophecy holds till the close of the year.

In proof of the partial fulfillment of this ancient prediction, it is said that Kay Ryung San (mountain) has indeed been almost whitened by the washing of the rains on its denuded sides; the rivers volume has increased till it will almost float large native junks, while the present winter has been phenomenal for its great downpour of rain, such as was never witnessed before, and in view of the prospective scarcity of rice in consequence of the failure of crops resulting from the present bad weather, - as is confidently expected, much misery is caused by the enhanced value of the necessities of life. While an epidemic of cholera is greatly dreaded, much dissatisfaction is also caused by the greatly debased copper coin, which never being received well has now sunk to a value of about 50c on the $, and yet is being constantly coined, so that the well-to-do are purchasing rice grain and real estate in order to so place their money as to make it safe and redeemable.

H. N. Allen.

회의록, 한국 선교부 (미국 북장로교회) (1891년 1월 3일)

(중략)

의장은 하디 박사가 선교부의 제안에 따라 알렌 박사의 지시 하에 제중원에서 진료를 시작하였으며, 가능한 한 조속히 우리 선교본부의 의료 선교사에게 병원을 넘기겠다는 알렌 박사의 바람에 따라 선교부의 서면 허가에 의해 즉시 의사를 파송해달라는 전보를 선교본부로 보냈다고 보고하였다. 맥길 박사 면접 위원회는 현재로서는 맥길 박사가 진료를 맡을 수 없고, 하디 박사를 임시로 고용하였으며, 새 의사의 파송을 위하여 전보를 보내게 된 상황에 대하여 선교본부에 편지를 쓰도록 지시 받았다.[50]

(중략)

Secretary's Book, Korea Mission (PCUSA) (Jan. 3rd, 1891)

(Omitted)

The Chairman reported that Dr. Hardie had begun work in the Govt. Hospital under Dr. Allen in compliance with the suggestion of the Mission; that on account of the desire of Dr. Allen to turn over the Hospital as soon as possible to a Medical Miss'y of our Board, upon the written consent of the Mission a telegram had been sent to the Board asking to send a physician at once. The Com. to meet Dr. McGill were instructed to write to the Board concerning Dr. McGill's inability to take up work at present, the temporary engagement of Dr. Haride & the circumstances under which the telegram for a new Dr. had been sent to the Board.

(Omitted)

---

50) Horace G. Underwood, Daniel L. Gifford (Seoul), Letter to Frank F. Ellinwood (Sec., BFM, PCUSA) (Jan. 6th, 1891)

호러스 N. 알렌(주한 미국 공사관 서기관)이 프랭크 F. 엘린우드
(미국 북장로교회 해외선교본부 총무)에게 보낸 편지 (1891년 1월 5일)

한국 서울,
1891년 1월 5일

친애하는 엘린우드 박사님,

최근 우편으로 맥길 박사에 대한 박사님의 편지를 받고 저는 마펫 씨를 만나 그에게 입장을 설명하였습니다. 이곳에 있는 일본인 의사는 상당한 기술을 보여주었으며, 헤론이 죽기 전에도 저의 한국인들 진료의 대부분을 노력하여 얻었습니다. 그는 병원을 원하고 있고, 일부 한국인 고위 관리들도 그가 병원을 갖기를 원하고 있습니다. 이 모든 것과 또 다른 여러 일들을 마펫에게 설명을 하였고, 또한 저는 병원을 공식적으로 선교부에 넘겼기에 그들은 자유롭게 결정할 수 있습니다. 맥길 박사의 문제는 그들에게 만족스럽지 않습니다. 저는 그가 좋은 사람이라고 생각합니다. 그들은 의사 한 사람이 파송될 때까지 저의 감독 하에 하디 박사가 병원 업무를 하게 하자고 제의하였습니다. 저는 동의하였고, 하디 박사가 익숙해질 때까지 그와 함께 하도록 조치하였습니다. 그는 경험이 없는 젊은이이며, 일을 잘하고 있는 것 같지 않습니다. 저는 박사님이 곧 의사 한 사람을 파송하실 것이라고 믿고 있습니다.

박사님은 제가 외국인 진료를 할 수 있기를 바란다고 말씀하고 계십니다. 저는 할 수 없습니다. 그것은 일본인 의사, 스크랜턴 박사, 그리고 영국인 의사의 손에 있습니다. [미국] 정부는 제가 그것을 하는 것을 허락하지 않을 것입니다.

박사님은 제가 데니 판사와 친하게 지내서 기쁘다고 말씀하십니다. 저는 그렇지 않습니다. 저는 그와 악수하거나 그의 부름에 응하는 것을 거절하였습니다. 저는 저 자신을 그렇게 비굴하게 만들 수 없었습니다. 예를 들어 저는 그의 부부가 저를 헐뜯기 위하여 아주 불필요한 고통을 가한 것을 후회하고 있는 것 같다고 말하였지만, 제가 먼저 연락을 하였고 박사님이 제가 그에게 '아첨'할 것이라는 생각을 가지게 해서 유감스럽습니다. 저의 최근 편지는 그들 부부의 성격에 대하여 중요한 점을 박사님께 알려드릴 것입니다. 그들은 공사가 호소할 때까지 이곳에서 한국인들로부터 돈을 갈취하려고 애를 썼는데, 그(데니)의 생생한 표현을 사용하면 그는 '쫓겨났습니다.'

전 요코하마 주재 미국 총영사 C. R. 그레이트하우스가 내부 협판에 임명되었다는 등등이 관보에 공시되었습니다.

저는 지금 주택을 가지고 있는데, 제가 지금 살고 있는 편안한 집은 왕이 저에게 하사한 것입니다.

저는 마펫과 제가 이제 서로를 이해하고 있으며, 서로 도울 수 있을 것이라고 생각합니다.

언더우드는 유용성에 관한 한 쇠퇴하고 있는 것 같습니다.

영국 선교부는 이곳에서 잘 전개하고 있습니다. 감리교회 사람들도 마찬가지입니다. 저는 우리 선교부 사람들이 주의하고 단합된 행동으로 주도권을 유지할 수 있다고 생각합니다. 전망은 좋지만, 박사님께 더 많은 사역자들이 있어야 합니다.

저는 최근 우편으로 네비우스 박사로부터 친절한 편지를 받았습니다. 만일 그가 아직 박사님과 함께 있다면 안부를 전해 주십시오.

박사님이 말씀하셨던 카본데일의 찰스 리 목사는 '세상의 소금' 중 한 명입니다. 저는 박사님이 그를 더 잘 알았으면 좋겠습니다.

안부를 전합니다.

안녕히 계십시오.
H. N. 알렌

Horace N. Allen (Sec., U. S. Legation to Korea), Letter to Frank F. Ellinwood (Sec., BFM, PCUSA) (Jan. 5th, 1891)

Seoul, Korea,

Jan. 5, 1891

My dear Dr. Ellinwood: -

On receiving your ____ by last mail regarding Dr. McGill, I saw Mr. Moffett and explained the position to him. The Jap. Dr. here has shown much skill and has worked into most of my good Korean practice - even before Heron's death. He wants the hospital and some Koreans of high rank want him to have it. All this and other things I explained to Moffett, I also gave over the hospital to the mission formally, that they might be free in their action. The McGill matter not being satisfactory to them. I think him a good man. They proposed my letting Dr. Hardie do the Hospital work under my supervision till a Dr. could be sent out. I agreed, and installed Dr. Hardie going with him till he got used to it. He is a young man without experience and does not seem to take well. I trust you will soon send a Dr.

You say you hope I can do the foreign practice. I cannot. It is in the hands of the Jap. Dr., Dr. Scranton, and the Englishman. The Govn't would not allow me to do it.

You say you are glad I am friendly with Judge Denny. I am not. I have refused to shake hands with him or to return his call. I could not so bemean myself. I said in illustration that he and his wife seemed to regret the unnecessary pains they had taken to injure me, but I am, and were the first to call, sorry you got the idea that I would "bootlick" him. My later letter will tell you something of the character of his wife and himself. They have hung on here trying to extort money from the Coreans, till the Minister was appealed to and to use his, Denny's, even graphic expression, he was "kicked out."

Ex U. S. Consul Gen'l C. R. Greathouse of Yokohama, has just been gazetted Vice-President of the Home Office etc.

I now have a home, the comfortable house I now live in was presented to me by the King.

I think Moffett and I now understand each other and will be able to assist each other.

Underwood seems to be on the decline, so far as usefulness is concerned.

The English mission people are making a great spread here. So are the Methodists. I think with care and united action our people can keep in the lead. Prospects are good but you ought to have more workers.

I received a kind letter from Dr. Nevius by last mail. Give him my regards if he is still with you.

Rev. Charles Lee of Carbondale, of whom you speak, is one of the "salt of the earth." I wish you knew him better.

With kind regards, I am,

Most sincerely yours,
H. N. Allen

호러스 G. 언더우드, 대니얼 L. 기포드(위원회)가 프랭크 F. 엘린우드 (미국 북장로교회 해외선교본부 총무)에게 보낸 편지 (1891년 1월 6일)

한국 서울,
1891년 1월 6일

엘린우드 박사님께,

우리는 맥길 박사와 논의하는 2인 위원회로서 선교부의 의료 분과에 관한 한국 선교부의 최근 결정에 대하여 박사님께 보고하도록 지시받았습니다.

우리의 12월 월례회의[51]에서 알렌 박사가 보낸 다음 편지가 낭독되었습니다.

(중략)[52]

우리는 2인 위원회로서 맥길 박사를 6개월간 고용할 수 있는 권한을 부여하는 박사님의 10월 21일자 편지[53] 내용을 그에게 전달하도록 지시를 받았습니다. 그는 북감리교회 선교부로부터 받는 급여가 중단되었고, 따라서 그는 생계 수단 없이 남겨졌기 때문에 감리교회 선교부와 임시 계약을 체결하여 감독이 봄 언젠가 도착할 때까지 새로운 병원을 맡기로 결론을 내렸다고 진술하였습니다.

선교부는 다음과 같은 결정을 내렸습니다.

위원장 마펫 씨를 1인 위원회로 임명하여, 알렌 박사에게 과거 그의 봉사에 대한 우리의 감사를 표하고, 선교부와 맥길 박사 사이에 존재하는 특별한 관계를 설명한 뒤, 우리가 본국으로부터 의사를 확보할 수 있을 때까지 그를 보조할 하디 박사(젊은 캐나다인 의사)와 함께 명목상 제중원 의사로서의 직책을 계속해 주기를 요청하도록 하였다.

---

51) *Secretary's Book, Korea Mission* (PCUSA) (Dec. 31st, 1890)
52) 다음의 편지이며, 이곳에서는 생략하였다. Horace N. Allen (Seoul), Letter to the Presbyterian Mission (Seoul) (Dec. 30th, 1890)
53) Frank F. Ellinwood (Sec., BFM, PCUSA), Letter to the Korea Mission (Oct. 21st, 1890)

마펫 씨는 하디 박사를 만났는데, 그는 영구적인 계약에 응할 수 없었고 빠른 시일 내에 지방으로 가기를 원하였기 때문에 알렌 박사의 감독 하에 업무를 맡는 것에 동의하였습니다. 마펫은 알렌 박사를 만났고, 모든 당사자들에게 만족스러운 합의가 이루어졌습니다. 하지만 알렌 박사는 가능한 한 빠른 시일 내에 선교본부의 정규 의료 선교사에게 병원을 인계하고 싶다는 의사를 표명하였고, 병원 의사를 위하여 선교본부에 전보를 보내달라고 요청하였습니다. 그의 요청에 따라 박사님이 틀림없이 수령하였을 전보를 보냈습니다. 알렌 박사가 빠른 시일 내에 병원을 넘기고 싶어 하는 만큼 하디 박사는 곧 시골로 떠나고 싶어 합니다. 그리고 스크랜턴 박사가 곧 아픈 아이와 함께 미국으로 떠나야 하기 때문에 맥길 박사와 감리교회 선교부 사이의 문제가 우호적으로 정리될 가능성이 없지 않습니다. 그리고 더 나아가 그가 선교부 사이의 예양 협정에 따라 우리에게 합류하더라도 우리 선교부가 8월 26일에 내린 '그를 새로운 지부로 보내라는 권고와 함께 그의 지원을 승인한다.'는 조치를 번복할 가능성은 없습니다. 이 소식이 도착하기 전에 정부 병원을 담당할 새로운 의사가 이미 한국으로 떠나있기를 바랍니다.

안녕히 계십시오.
H. G. 언더우드 ┐ 선교부
D. L. 기포드 ┘ 위원회

Horace G. Underwood, Daniel L. Gifford (Com. of Korea Mission), Letter to Frank F. Ellinwood (Sec., BFM, PCUSA) (Jan. 6th, 1891)

Seoul, Korea,
Jan. 6, 1891

Dear Dr. Ellinwood: -

We as a Committee of two to confer with Dr. McGill have been instructed to write you of the recent actions of the Korean Mission relative to the Medical Dep't of Mission.

At our Dec. meeting the following communication was read from Dr. Allen:

(Omitted)[54]

We as a committee of two were instructed to communicate to Dr. McGill the contents of your letter of Oct. 21st, authorizing us to employ him for six months. His statement was that as his salary had been stopped by the M. E. Mission, & he was thus left without means of support, he had concluded a temporary arrangement with the Methodist Mission to take charge of their new hospital until the arrival of their Bishop sometime in the spring.

The following action was taken by the Mission:

"Moved that the chairman, Mr. Moffett, be appointed a committee of one to wait on Dr. Allen, express to him our thanks for his services in the past, & stating the peculiar relations existing between the Mission & Dr. McGill request that he nominally continue his position as physician to the hospital, with Dr. Hardie (the young Canadian doctor) to assist him till we can secure a physician from home."

Mr. Moffett saw Dr. Hardie and while he was not open to a permanent engagement, as it is his desire to go to the country at an early date, he agreed to

---

54) Horace N. Allen (Seoul), Letter to the Presbyterian Mission (Seoul) (Dec. 30th, 1890)

take up the work under the supervision of Dr. Allen. Mr. Moffett saw Dr. Allen, & an arrangement satisfactory to all concerned was concluded. Dr. Allen however expressed the desire to turn the hospital over to a regular medical representative of our Board at the earliest possible date, & asked us to telegraph to the Board for a physician for the hospital. Acting upon his request the telegram was sent which you have doubtless received. In as much as Dr. Allen is anxious to turn over the hospital at an early date; as Dr. Hardie wishes to leave soon for the country; & since Dr. Scranton must leave soon for America with his sick child, it is not unlikely that matters will be arranged amicably between Dr. McGill & the M. E. Mission; & further, should he join us, in the interests of comity between Missions, there is no probability that the Mission would reverse its action of Aug. 26th, which "endorse his application, with the recommendation that he be sent to a new station"; we would add that it is the earnest hope of the Mission that ere this reaches you, a new physician to take charge of the Gov't Hospital, shall already be on his way to Korea.

Yours most sincerely,
H. G. Underwood ⌐ Committee of
D. L. Gifford ⌐ Mission

민종묵(외아문 독판)이 호러스 N. 알렌
(주한 미국 공사관 서기관)에게 보낸 편지 (1891년 1월 10일)

삼가 말씀드립니다. 이전에 받들어 보이신 가옥의 사업에 대하여 윤허를 받아 장차 해당 가옥을 영구히 교부받아 귀 참찬이 이로써 편안히 거주하게 되었다 하니 본 독판 역시 큰 다행이라고 생각합니다. 이에 특별히 두루 높은 명망이 들려오도록 사조(査照)함이 가하며 오로지 이를 모두가 칭송하고 새로운 곳에서 편안하게 지내시길 바랍니다.

민종묵 드립니다.
경인 납월 초1일

Min Chong Mok (Pres. of For. Affairs), Letter to Horace N. Allen
(Sec., U. S. Legation to Korea) (Jan. 10th, 1891)

I have the honor to inform you the matter of yours house has been the King having been informed says you as to have this house (the one now occupied) give you to live forever.

Therefore the President is very glad, so I specially (formally) inform you.

Please read.

Hoping you are well this New Year.

Min Chong Mok, Prest., Foreign Office.
12 moon 1st day 499 (Jan. 19, 1891)

安 大人 升啓

統署械

敬啓者曩間承
示家屋事業經
稟蒙, 將該家屋 永遠交付
貴參贊, 以便居住, 本督辦 亦爲 大幸, 玆特佈聞尙望
查照可也 專此並頌
新祺

閔種默 (手決) 庚寅 十二月 初一日

호러스 N. 알렌(주한 미국 공사관 서기관)이
민종묵(외아문 독판)에게 보낸 편지 (1891년 1월 12일)

한국 서울,
1891년 1월 12일

안녕하십니까,

　어제 저는 한국 정부로부터 저에게 지불해야 할 남은 돈을 지불하기 위하여 지금 제가 살고 있는 집을 저에게 준다는 각하의 친절한 편지를 받아 영광입니다.

　이에 대하여 진심으로 감사드리며, 증서를 받게 되면 전액에 대한 영수증을 보내드리겠습니다.

　안녕히 계십시오.
　H. N. 알렌

민종묵 각하,
　외아문 독판,
　서울

Horace N. Allen (Sec., U. S. Legation to Korea),
Letter to Min Chong Mok (Pres., Foreign Office) (Jan. 12th, 1891)

Seoul, Corea,

Jan. 12, 1891

Sir: -

On yesterday I had the honor to receive your kind note giving me the house I now occupy, in payment of the remaining money due me from the Corean government.

I thank you very much for this, and will send you a receipt in full upon receipt of the deeds.

I am

Your obedient servant

H. N. Allen

His excellency

Min Chong Mok,

President of the Foreign Office,

Seoul

헨리 G. 아펜젤러(서울)가 호러스 N. 알렌
(주한 미국 공사관 서기관)에게 보낸 편지 (1891년 1월 12일)

1891년 1월 12일

친애하는 알렌 박사님,

나의 1890년 12월 30일자 문서에 따라 한국 외아문에 지불해야 할 돈 121,190푼을 현금으로 지불합니다. 노무자들에게는 그들이 돌아오면 지불할 것입니다.

박사님의 업무에 대한 청구서를 나에게 보내주세요.

안녕히 계세요.
H. G. 아펜젤러

Henry G. Appenzeller (Seoul), Letter to Horace N. Allen
(Sec., U. S. Legation to Korea) (Jan. 12th, 1891)

Jan. 12, 1891

Dear Dr. Allen: -

Herewith 121,190 cash to pay moneys due the Korean Foreign Office as per my note of Dec. 30, 1890. I will pay the coolies when they come back.

Be good enough to send me bill for your services and believe me.

Yours truly,
H. G. Appenzeller

호러스 N. 알렌(주한 미국 공사관 서기관)이
민종묵(외아문 독판)에게 보낸 공문 (1891년 1월 14일)

어제 은혜로운 서한이 도달하여 집을 영원히 지급받은 일을 알게 되었습니다. 여러분의 은혜와 축복에 감사드리며, 행복하시기를 바랍니다. 바라건대, 귀 대신께서 다시 한번 해당 가옥 문서를 주선(周旋)하여 이번에 찾아 주심은 어떠하겠습니까? (또) 귀 정부에서 아직 보내지 않은 신수는 은(銀)을 거두어 받아쓰라는 뜻으로 증표를 만들어 보내 올릴 예정입니다. 더욱 안녕하심을 빌며 이만 줄입니다.

안련 드립니다.
경인 12월 4일.

Horace N. Allen (Sec., U. S. Legation to Korea),
Dispatch to Min Chong Mok Pres., Foreign Office) (Jan. 14th, 1891)

昨日敬接
惠械藉, 認屋子永遠付給事, 已蒙
恩命 感祝千萬, 幸望
貴大人 更加周旋該家券, 此回覓投若何,
貴政府 所未發薪水, 銀以捧用之意, 繕票仰呈爲計, 敬頌
台安

安連 頓
庚寅 十二月 四日

프랭크 F. 엘린우드(미국 북장로교회 해외선교본부 총무)가
호러스 N. 알렌(서울)에게 보낸 편지 (1891년 1월 21일)

(18)91년 1월 21일

H. N. 알렌 박사,
　　한국 서울

친애하는 알렌 박사님,

　　박사님의 12월 11일자 편지를 받았습니다.[55]
　　나는 마펫 씨가 박사님이 말하는 것에 영향을 받고 있어 유감스럽습니다. 그는 철저하게 좋은 사람이고 내가 박사님이라면 그를 포기하지 않을 것입니다. 그는 괜찮을 것입니다. 그에게 친절을 베풀면 박사님은 결과를 확신할 수 있습니다. 나는 가능한 한 신중하게 그에게 일방적인 견해에 대하여 경고하기 위해 약간의 노력을 기울였습니다.
　　한 달 안에 한국으로 항해할 예정인 빈튼 박사와 방금 면담을 하였습니다. 그는 서울에서 병원 업무를 맡을 것입니다. 그러니 그 자리를 붙잡으세요. 그는 좋은 사람이고, 나는 박사님이 그를 좋아할 것이며, 그가 박사님의 조언에 매우 기뻐할 것이라고 생각합니다. 나는 그가 중추적인 균형에서 쉽게 벗어나지 않지만 사물을 현명하게 보고 버틸 수 있는 사람이라고 생각합니다. 그는 우리에게 적극 추천되었으며, 이 도시에서 많은 의료 선교 사업을 벌였습니다.
　　깁슨 부인의 한국행이 결정된 듯합니다. 박사님은 그녀가 우리 비용으로 간다고 생각하는 것 같습니다. 반대로 우리는 그녀에게 어떠한 임무도 주지 않고 어떤 비용도 부담하는 것을 끈질기게 거절해 왔습니다. 그녀는 모든 사람이 갈 권리가 있는 것처럼 자신의 비용으로 갑니다. 나는 박사님의 방침이 이 여자들에게 친절하게 대하고, 그들이 조장할 수 있는 모든 문제를 절대적으로 무시하고, 박사님 자신의 업무에 똑바로 임하는 것이라고 생각합니다.
　　나는 박사님이 어떤 문제에 대하여 나에게 알려주는 것을 항상 기뻐할 것입니다.

---

55) Horace N. Allen (Seoul), Letter to Frank F. Ellinwood (Sec., BFM, PCUSA) (Dec. 11th, 1890)

나는 감리교회 사람들이 그렇게 잘 성공하고 있어서 기쁩니다. 우리가 그렇게 잘하지 못한다면 유감스럽습니다. 우리는 그 선교부 전체에서 많은 우여곡절과 결점을 겪었지만 여전히 전반적으로 그 영향력이 좋았고 그 전망이 여전히 더 낫다고 믿고 있습니다.

안녕히 계세요.
F. F. 엘린우드

Frank F. Ellinwood (Sec., BFM, PCUSA), Letter to Horace N. Allen (Seoul) (Jan. 21st, 1891)

Jan. 21st, (18)91

Dr. H. N. Allen,
　　Seoul, Korea.

Dear Dr. Allen: -

I have your letter of Dec. 11th.

I am sorry that Mr. Moffett is under the influence of which you speak. He is a good fellow thoroughly, and if I were you I would not give him up. He will come out all right. Be friendly to him, and you may be sure of the result. I have taken a little pains, as prudently as I could, to caution him about one-sided views.

I have just had an interview with a Dr. Vinton, who, I think, will sail within a month for Korea. He will take the hospital work at Seoul. So hold on to it. He is a good fellow, and I think you will like him, and that he will be very glad of your counsel. I think he is a man who will not be easily turned aside from the pivotal balance, but will see things wisely and hold on. He is highly recommended to us, and has had a good deal of medical missionary work here in the city.

It seem to be decided that Mrs. Gibson will go out to Korea. You seem to have the idea that she goes at our expense. On the contrary, we have persistently declined to give her any commission whatever or bear any expense. She goes, as every one has a right to go, at her own charges. I think your course will be to just treat these ladies kindly, absolutely ignoring any issues which they may encourage, but going straight along with your own work.

I will be glad at all times to have you inform me in regard to whatever matters.

I am glad the Methodists are succeeding so well; am sorry if we are not doing as well. We have had a great many vicissitudes and drawbacks in the whole of that mission, still on the whole I believe its influence has been good, and that its prospects are still better.

As ever, yours very truly,
F. F. Ellinwood

호러스 G. 언더우드(부산)가 호러스 N. 알렌
(주한 미국 공사관 서기관)에게 보낸 전보 (1891년 1월 25일)
Horace G. Underwood (Fusan), Cablegram to Horace N. Allen
(Sec., U. S. Legation to Korea) (Jan. 25th, 1891)

조선 전보국

제 <u>194</u> 호　　보 <u>P</u>　글자수 <u>42</u>　　오

지명 <u>부 산</u>　월일 <u>25/1</u>　시 <u>5</u>　분 <u>10</u>　전 9 후

서울 정동 미국 공사관　　　　외아문의 허락이 있어야 부산 땅을

알연　　　　　　　　　　얻게 되니 허락을 얻고 외아문 전보를

　　　　　　　　　　　곧 보내게 하세요.　원더우

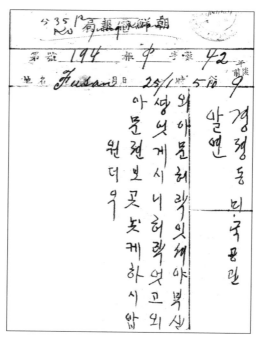

그림 9-7. Horace G. Underwood (Fusan), Cablegram to Horace N. Allen (Sec., U. S. Legation to Korea) (Jan. 25th, 1891).

호러스 N. 알렌(서울)이 클레이턴 W. 에버릿
(오하이오 주 톨레도)에게 보낸 편지 (1891년 1월 27일)

미합중국 공사관

한국 서울,

1891년 1월 27일

클레이턴 W. 에버릿,

변호사, 오하이오 주 톨레도

친애하는 매형,

지난 우편으로 출판업자로부터 9월 10일 발행의 49.50달러 수표를 받았습니다. 그것은 워싱턴으로 발송되었다가 이곳으로 왔습니다. 저는 그것을 매형께 보내드립니다. 제가 일본에서 제니 누님을 위하여 주문한 일부 품목의 비용이 얼마든지 감당할 목적으로 다음 보험 평가액에 적용할 수 있도록 제 대변(貸邊)에 예치해 주세요.

저는 미국 금화 50달러에 대한 매형의 청구서를 등기 편으로 돌려드렸습니다.

나는 매형이 마지막 보험 평가액에 대한 영수증을 받으셨을 것으로 믿고 있습니다.

제니 누님께 최근 우편으로 누님이 패니에게 보낸 레이스가 등기 우편에서 열려 있는 상태로 배달되었다고 말해주세요. 그것에는 편지가 들어있지 않아 괜찮았습니다. 레이스는 잘 어울렸습니다.

수표와 함께 온 퍼트넘스 출판사의 계정에 따르면, 저는 그들이 제 책 1,000권 중 약 178권이 재고로 남아 있음을 확인하였습니다. 나는 추가될 것이 500권이 될 것이라고 생각하였습니다.

나는 매형이 서두르는 것을 극복하고 좋은 건강 상태를 유지하기를 바라고 있습니다.

이곳의 상황은 바로 지금 개선되고 있으며, 짧은 시간 안에 불안한 시기가 끝나고 이 왕조가 두 번째 500년을 시작할 것입니다.

하지만 아직까지 아무런 진전이 없습니다.

모두에게 사랑을 전합니다.

안녕히 계세요.

H. N. 알렌

Horace N. Allen (Sec., U. S. Legation to Korea), Letter to Clayton W. Everett (Toledo, O.) (Jan. 27th, 1891)

U. S. Legation

Seoul, Korea

Jan 27, 1891

Clayton W. Everett,

Atty. at Law, Toledo, Ohio

My dear brother,

By last mail I received a cheque from my publishers for $49.50 dated Sept. 10. It had gone to Washington and was forwarded. I send it to you. Please place it to my credit to be applied on my next insurance assessment, to which purpose I will also apply whatever the cost may be of some things I have ordered for Jennie from Japan.

I returned to you, in a registered cover, your bill for U. S. gold $50.

I trust you received a receipt for the last insurance assessment.

Tell Jennie that by last mail the lace she sent to Fannie came, in a registered cover, which was open. As there was no writing in it, it was alright. The lace suited well.

By an account from Putnams, accompanying their cheque, I see they have left about 178 volumes of the 1,000 edition of my book. I had supposed the addition would be but 500.

I hope you have gotten over your rush and all in a fair state of health.

Things are picking up here just now, and in a short time the anxious period will be over and this dynasty will begin on its second 500 years.

There are no developments as yet however.

With love to all, I am

Yours very sincerely,

H. N. Allen

새뮤얼 A. 마펫, 의료과 보고서 (1891년 2월)

의료과 보고서

이 보고서는 선교부와 제중원과의 관계, 그리고 헤론 박사의 사역만을 다룬다. 지난 5년 동안 헤론 박사가 책임을 지고 있던 병원은 그의 사망 이후 알렌 박사가 책임을 맡았지만, 지금은 토론토 기독교 청년회의 하디 박사가 임시로 담당하고 있다.

(중략)

Samuel A. Moffett, Report of Medical Dep't. (Feb. 1891)

Report of Medical Department

This report deals only with the relations of the Mission to the Government Hospital, & the work of Dr. Heron. The hospital which was under the care of Dr. Heron for five years, has since his death been under the charge of Dr. Allen; but is now temporarily supplied by Dr. Hardie of the Toronto Y. M. C A.

(Omitted)

18910203

프랭크 F. 엘린우드(미국 북장로교회 해외선교본부 총무)가
호러스 N. 알렌(서울)에게 보낸 편지 (1891년 2월 3일)

(18)91년 2월 3일

친애하는 알렌 박사님,

　　우리는 어제 C. C. 빈튼 박사를 서울로 파송하여 병원을 맡게 할 목적으로 임명하였습니다. 한편, 나는 선교본부를 대신하여 박사님이 병원이 유지되도록 친절하게 개입해 주신 데 대하여 감사를 드리며, 박사님의 신뢰와 애정을 얻을 것으로 생각되는 이 젊은 형제인 빈튼 박사를 박사님에게 추천하고 싶습니다. 박사님은 그에게 도움이 될 수 있으며, 모든 면에서 그가 조화롭고 상냥하다는 것을 알게 될 것이라고 생각합니다.
　　나는 알렌 부인에게 안부를 전하며, 짧지만 진심을 다하여 글을 씁니다.

　　안녕히 계세요.
　　F. F. 엘린우드

Frank F. Ellinwood (Sec., PCUSA), Letter to Horace N. Allen (Seoul) (Feb. 3rd, 1891)

Feb. 3rd, (18)91

My dear Dr. Allen:

We yesterday appointed a physician, Dr. C. C. Vinton, with the purpose of sending him out to Seoul to take charge of the hospital. Meanwhile, I wish, on behalf of the Board, to thank you for your kindly intervention in keeping the hospital to the interval, and I want to commend to you this young brother, Dr. Vinton, who, I think, will win your confidence and affection. You can be of service to him, and I think you will find him in every way compatible and genial.

I write briefly but most heartily, and with kind regards to Mrs. Allen.

Very sincerely yours,
F. F. Ellinwood

호러스 N. 알렌(주한 미국 공사관 서기관)이 어거스틴 허드
(주한 미국 공사)에게 보낸 편지 (1891년 2월 10일)

한국 서울,
1891년 2월 10일

어거스틴 허드 님,
    미합중국 공사

안녕하십니까,

    저 자신을 위한 숙소 문제에서 저는 예산 금액인 1,000달러에 적합한 목조 오두막집을 지을 수 있다는 것을 알게 되었습니다. 하지만 옛 서기관 사택 부지에 집을 지으려면 둘러싸고 있는 볼품없는 초가집을 구입하고 철거해야 하므로 매우 비위생적입니다. 저는 제가 이전에 추정하였던 1,200~1,300달러로 전부 해결할 수 있다고 생각하고 있습니다. 그 예산은 본격적인 겨울이 시작될 때까지 도착하지 않아 1년 동안 사용할 수 없었습니다. 저는 그동안 이번 겨울을 보낼 곳이 전혀 없었기 때문에 어쩔 수 없이 현지인 집을 구해 수리해야 했습니다. 이것은 비용이 많이 들고 부담스러운 일이었으므로 지난 9월부터 한 달에 25달러라는 소액의 임차료를 허용해 달라고 정중히 요청드립니다.
    4월 이전에는 집에 대한 작업을 시작할 수 없고, 이번 가을에는 장마로 인해 작업이 완료되지 않기 때문에 이르면 내년 겨울이 되기 전에는 숙소를 마련하지 못할 것입니다.

    안녕히 계십시오.
    H. N. 알렌

Horace N. Allen (Sec., U. S. Legation to Korea), Letter to Augustine Heard (U. S. Minister to Korea) (Feb. 10th, 1891)

Seoul, Corea,

Feb. 10, 1891

To the Honorable

Augustine Heard,

U. S. Minister

Sir: -

In the matter of quarters for myself, I find that a suitable frame cottage can be built for the amount of the appropriation - $1,000. To build any house upon the site of the old Secretary house, however, would necessitate the purchase and removal of the miserable thatched huts which hem it in and render it so very unsanitary. My former estimate of $1,200~$1,300 would I think accomplish the whole. The appropriation, not arriving till after winter had fully set in, was unavailable for a year. In the meantime as I had positively no place to spend this winter, I was compelled to take and fit up a native house. This has been expensive and burdensome and I may respectfully request to be allowed a small rent of say $25 per month, since September last.

As no work can be begun on a house before April, and as the rainy season will prevent completion of such work this fall, I will not have quarters before next winter at the earliest.

I remain, very respectfully

Your obedient servant

H. N. Allen

메리 F. 스크랜턴(서울)이 호러스 N. 알렌
(주한 미국 공사관 서기관)에게 보낸 편지 (1891년 2월 18일)

수요일, 1891년 2월 18일

친애하는 알렌 박사님,

내 아들은 내가 다른 호조를 준비해야 할 필요가 있으며, 이전 호조를 박사님에게 보내야 한다고 말하였습니다. 그러므로 나는 그의 설명에 따라 박사님에게 그것을 보냅니다.

박사님이 나를 위하여 올바르게 문제를 해결해 준다면, 나는 크게 감사해 할 것입니다.

안녕히 계세요.
M. F. 스크랜턴

Mary F. Scranton (Seoul), Letter to Horace N. Allen
(Sec., U. S. Legation to Korea) (Feb. 18th, 1891)

Wednesday, Feb. 18[, 1891]

Dear Dr. Allen: -

My son tells me it is necessary for me to procure another passport and that I am to send you my old one. I therefore obey his directions and send you the same herewith.

If you will make the matter right for me I will be greatly obliged.

Yours sincerely,
M. F. Scranton

새뮤얼 A. 마펫(서울)이 호러스 N. 알렌
(주한 미국 공사관 서기관)에게 보낸 편지 (1891년 2월 18일)

1891년 2월 18일

친애하는 알렌 박사님,

박사님이 보내신 쪽지와 관자가 접수되었습니다.
호의에 감사드립니다.
은화 1.20달러를 동봉합니다.

안녕히 계세요.
S. A. 마펫

Samuel A. Moffett (Seoul), Letter to Horace N. Allen
(Sec., U. S. Legation to Korea) (Feb. 18th, 1891)

Feb. 18, 1891

Dear Dr. Allen: -

Your note and the Qwanja received.
Thanking you for courtesies.
I enclose $1.20 silver.

Sincerely,
S. A. Moffett

호러스 N. 알렌(주한 미국 공사관 서기관),
호러스 N. 알렌의 주거 (1891년 2월 19일)

(18)91년 2월 19일

호러스 N. 알렌의 주거

한국 서울

서소문에서 가구거리까지 이어지는 길의 북쪽, 그리고 서소문에서 가구거리까지의 약 ¾ 지점. 거리에서 약 100피트 떨어져 있음.

지역의 한국 명칭.

서부 황화방 서소문안

(서울 서부의 황화방(皇華坊). 서소문안)

Horace N. Allen (Sec., U. S. Legation to Korea),
Residence of H. N. Allen (Feb. 19th, 1891)

Feb 19, '91
Residence of H. N. Allen,
Seoul, Corea

Situation on the North side of the street leading from the Small West Gate of the City to Furniture Street, and about three fourths of the way from the Gate to Furniture Street. Some 100 feet back from the street.

Corean name of district

Suh Poo　　Whang Wha Pang　　Suh Soh Muhn An

셔 부　　황 화 방　　셔 소 문 안

(The Whang Wha [bright flower] district [ward] of the west side of the city. Within the small west gate)

윌리엄 M. 베어드(서울)가 호러스 N. 알렌
(주한 미국 공사관 서기관)에게 보낸 편지 (1891년 2월 20일)

1891년 2월 20일

H. N. 알렌, 의학박사

안녕하십니까,

방금 호조들을 받았습니다. 그것들을 이렇게 빨리 받게 되어 기쁩니다. 언더우드 씨 호조의 수수료도 보내드리겠습니다. 제가 잔돈을 정확하게 갖고 있지 못하기 때문에 제가 동봉하는 10달러 지폐를 바꾸시면 될 것 같습니다. 이로 인하여 불편할 경우, 저에게 돌려주시면 바꾸어 드리겠습니다.

안녕히 계세요.
W. M. 베어드

WIlliam M. Baird (Seoul), Letter to Horace N. Allen
(Sec., U. S. Legation to Korea) (Feb. 20th, 1891)

Feb. 20, 1891

H. N. Allen, M. D.

Dear Sir: -

I have just received the passports. I am glad to get them so soon. I will send the money for Mr. Underwood's passport also. As I have not the exact change perhaps you can change the ten dollar bill which I send enclosed. If any inconvenience will be caused by doing so please return to me and I will have it changed.

I am yours very truly,
W. M. Baird

호러스 N. 알렌(주한 미국 공사관 서기관)이 프랭크 F. 엘린우드
(미국 북장로교회 해외선교본부 총무)에게 보낸 편지 (1891년 2월 23일)

1891년 2월 23일

친애하는 엘린우드 박사님,

박사님의 12월 22일자 친절한 편지가 어제 저녁에 도착하였습니다. 내일 (떠날) 우편으로 답장을 보냅니다.

특별히 관심 있는 소식이 없어 한 달 정도 편지를 쓰지 않았습니다.

지금 저의 삶은 매우 평온합니다. 장로교회 선교부는 기포드 부인이 저를 선교부 만찬에 데려가는 것을 거부하여 헤론 부인의 마음이 여전함을 보여 주었지만, 저의 모든 적들은 사과하였거나 사과하려고 시도하였습니다. 저는 저의 업무에 종사하며 가능한 한 사람들을 도우려 노력하고 있습니다. 마펫은 저를 받아들이는 쪽으로 기운 것 같습니다.

저는 병원을 하디 박사에게 넘겼지만, 그는 별로 유능한 것 같지 않은데 졸업하지 못한 것 같으며 자신 아기의 탯줄을 어떻게 묶는지도 모르고 있었습니다. 한국인들은 한 달이 지난 후 그의 진료를 절대적으로 거부하고 있으며, 제가 다시 시작할 즈음 박사님께서 한 사람이 한국으로 오고 있다는 좋은 소식이 왔습니다. 저는 그가 숙련가이고 신사이기를 기도하고 있습니다.

베어드 씨 부부는 아주 좋은 인상을 남겼습니다. 우리가 좀 더 그들에 대해 알았으면 좋겠습니다.

기포드는 이곳에서 완전히 열외(列外)되어 있는 것 같습니다. 언더우드와 마펫은 부산 지역을 살펴보기 시작하였고, 그들의 호조(護照)를 만들 때 저는 그들에게 "여러분들이 위치를 정하기 전에 도(道)의 수도인 대구를 확인하세요. 그곳은 곧 이 나라에서 아주 중요한 곳이 될 가능성이 있습니다."라고 말해주었습니다.

저는 더 말씀드릴 수 없지만 최근에 왕이 일종의 여는 쐐기처럼 부산에서 그곳(대구)으로 가는 철도에 대하여 저와 상의하였으며, 만일 그들의 예언적인 500년째 되는 해(12개월을 의미함)의 위험이 크게 증대된다면 그는 수도를 그곳으로 옮길 것이라고 언급하였다는 것을 대단히 자신 있게 말씀드립니다. 부디 이것을 말씀하지 말아주시고, 부산 외곽의 한 마을과 이곳 중 하나를 결정해야 한다면 위의 소식이 박사님을 안내할 것입니다.

또한 마펫은 북쪽으로 갔는데, 평양이 곧 열릴 가능성이 있으므로 그는 올바른 방향으로 향하고 있습니다. 저는 사전 허락에 대하여 공사를 귀찮게 하지 말라고 그들에게 말하였는데, 그는 그렇게 할 수 없기 때문입니다. 그러나 그렇게 한다면 그는 대단히 주의하면서 그들을 보호해야만 할 것입니다.

안녕히 계십시오.
H. N. 알렌

Horace N. Allen (Sec., U. S. Legation to Korea), Letter to Frank F. Ellinwood (Sec., BFM, PCUSA) (Feb. 23rd, 1891)

Feb. 23rd, 1891

My dear Dr. Ellinwood: -

Your very kind letter of Dec. 22nd came last evening. I answer by tomorrow's mail.

I haven't written you for a month or so as I had no news of especial interest.

My life is very serene now. All my enemies have either apologized or tried to, though the Presbyterian mission refused to allow Mrs. Gifford to have me to a mission dinner, showing that Mrs. Heron's heart is the same as ever. I like my work and try to help our people as I can. Moffett seems inclined to allow me.

The Hospital I gave over to that Dr. Hardie, but he was a poor excuse, has not graduated and didn't know how to tie the cord of his own baby. The Koreans absolutely refused to have him after a month, and I was about to begin again when the welcome news came that you had a man en route. I do pray he may be expert and a gentleman.

Mr. Baird and his wife have made an excellent impression. I wish we had more of their stamp.

Gifford seems to be totally counted out here. Underwood and Moffett are starting to look at the Fusan region and when making out their passports, I told them "Be sure and see Taku, the Capital of the Province, before you locate, as it bids fair soon to be the chief place in the land."

I could not say more but will tell you in the strictest confidence that the King consulted with me recently about a railroad from Fusan to that place as a sort of opening wedge, and stated that if the danger of their prophetic 500th year (which means a twelve months longer) became too great, he would move his capital there. Please don't speak of this, but if called upon to decide between one of the villages outside of Fusan and this place, the above news will guide you.

Also, Moffett goes north and as Ping An bids fair to be opened soon, he has struck in the right direction. I told them not to bother the Minister about consent beforehand. as he couldn't give it. But to go ahead and he would be compelled to protect them, observing(?) great caution.

Yours,
H. N. Allen

새뮤얼 A. 마펫(서울)이 호러스 N. 알렌
(주한 미국 공사관 서기관)에게 보낸 편지 (1891년 2월 24일)

한국 서울,
1891년 2월 24일

친애하는 알렌 박사님,

저의 중국 호조가 아직 도착하지 않은 것 같은데, 베베르 씨처럼 위안 중국 공사가 저의 미국 여권을 확인하도록 할 수는 없는지 궁금합니다. 박사님이 할 수 있다면 저는 박사님께 크게 감사해할 것입니다. 저는 오늘 저녁에 다시 받을 수 있기를 바라면서 그것을 보냅니다.

게일 씨와 저는 내일 떠납니다.

안녕히 계세요.
S. A. 마펫

Samuel A. Moffett (Seoul), Letter to Horace N. Allen
(Sec., U. S. Legation to Korea) (Feb. 24th, 1891)

Seoul, Korea,
Feb. 24, 1891

Dear Dr. Allen: -

I suppose my Chinese passport has not arrived and I have been wondering if you could not get Mr. Yuen the Chinese Minister to *visee* my United States passport just as Mr. Waeber ahs done. If you can I shall be greatly obliged to you. I send it to you in hopes that I can get it again this evening.

Mr. Gale & I leave tomorrow.

Sincerely yours,

S. A. Moffett

대니얼 L. 기포드(서울)가 프랭크 F. 엘린우드(미국 북장로교회 해외선교본부 총무)에게 보낸 편지 (1891년 2월 27일)

(중략)

알렌 박사의 경우에 우리가 하였던 과정을 밟는 것이 우리에게 필요한 것 같아 매우 유감이라고 말씀드립니다. 그가 우리에게 솔직하지 않았기 때문에 우리는 그의 의도가 무엇인지 정확히 말할 수 없었습니다. 하지만 모든 것이 제대로 되었습니다. 제 아내와 저는 알렌 박사 부부에게 친절을 베풀기 위하여 각별한 노력을 기울였으며, 저는 그가 제 자신과 장로교회 선교본부의 대리인으로서의 저를 구별할 수 있었다고 확신하고 있습니다.

(중략)

Daniel L. Gifford (Seoul),
Letter to Frank F. Ellinwood (Sec., BFM, PCUSA) (Feb. 27th, 1891)

(Omitted)

Apropos, I may say that I am very sorry that it seemed necessary for us to take the course that we did in the case of Dr. Allen. Because he was not quite frank with us, we could not tell exactly what were his purposes. However, things have come out all right. My wife and I have taken particular pains to show Dr. and Mrs. Allen kindnesses; and I am quite sure he has been able to distinguish between me as myself, and as an agent of the Presbyterian Board.

(Omitted)

호러스 G. 언더우드(부산)가 프랭크 F. 엘린우드(미국 북장로교회 해외선교본부 총무)에게 보낸 편지 (1891년 2월 27일)

(중략)

저는 베어드가 서울에서 한국어의 기초를 쌓는 것이 좋은 생각이라고 생각하지만, 최소한 우리들 중 한 명이 먼저 내려와서 건축하고, 그는 나중에 오면 된다고 생각합니다. 그러나 선교부는 이 안(案)을 최선으로 간주하지 않았고, 우리는 부지를 구입할 권한만을 가지고 있습니다. 이러한 상황에서 자재 구입이 늦어지고 한여름의 장마와 겨울의 추위 등으로 인하여 저는 앞으로 1년 이내에 일을 시작할 수 있을지 매우 회의적입니다. 하지만 우리는 (마펫이 언급한 것이 최고가 아닌 한) 이미 좋은 건물이 들어서 있는 부지를 확보하여 문제를 용이하게 할 것입니다. 알렌 박사 및 미국 공사와 논의한 결과, 조약상 부동산을 구입할 수 없는 곳에서는 다른 방도로 이를 사용하는 것이 적절하며, 중국의 경우 100년간 임차를 한다고 합니다. 그 후 알렌 박사는 이 도(道)의 수도이며 부산에서 불과 100마일 떨어져 있는 대구로 가라고 촉구하였고, 공사가 우리를 지원해 줄 것이라고 언급하였습니다. 우리는 올라가서 그곳이 어떤지 살펴볼 것인데, 우리는 선교부로서 부산에 지부를 여는 허가는 남쪽 지부를 의미하며 선교부가 대구를 더 중요한 곳으로 여기고 우리가 그곳으로 갈 권리를 가지고 있다면 선교본부는 변경을 승인할 것이라고 생각합니다.

(중략)

Horace G. Underwood (Fusan),
Letter to Frank F. Ellinwood (Sec., BFM, PCUSA) (Feb. 27th, 1891)

(Omitted)

I think it a good idea for Mr. Baird to get the Foundations of his Korean in Seoul, but I think one of us might have been sent down to build and he come later. This was not deemed best and we only have permission to purchase site. Under these circumstances on account of delays in getting materials, the rainy season in mid-summer and the cold in winter I doubt very much whether a beginning can be made before a year from now. We will try however get a site (unless the one mentioned by Mr. Moffett is the best) with some good buildings on it and thus will facilitate matters. On consultations with Dr. Allen and U. S. Minister, it was suited by them that in places where there was no treaty right to purchase, there were other ways of securing the use of property, that in China a lease for 100 years had been obtained. Afterwards Dr. Allen urged going to Taigu which is the capital of this province and is only 100 miles from Fusan, and stated that the Minister would back us. We will go up and see what it is like and as a mission we take it that the permission to open a station at Fusan means a southern station and that if the Mission seem Taigu a more important place and we have the right to go there the Board will sanction the change.

(Omitted)

호러스 G. 언더우드(부산)가 프랭크 F. 엘린우드(미국 북장로교회 해외선교본부 총무)에게 보낸 편지 (1891년 3월 6일)

한국 부산,
1891년 3월 6일

엘린우드 박사님께,

우리는 이곳에 아직 부동산을 가지고 있지 않습니다. 베어드가 대구로 가려 하지 않기에 우리는 이곳에서 시도하는 것이 더 좋겠다고 결정하였습니다. 저는 대구가 바로 그곳이라고 강하게 느꼈고 알렌 박사는 이를 촉구하였지만 베어드 씨는 물품 구입이 매우 어려울 것이라고 우려하면서 계속 거리가 멀다고 말하며 부산에 있어야 할 여러 가지 이유를 거론하기에, 저는 그가 대구로 갈 뜻이 없음을 알게 되었고 그가 이곳에 있어야 할 사람이기에 우리는 부산에 정착하고 더 이상 진행하지 않는 것이 좋겠다고 생각하였습니다. 그는 이미 마음을 굳힌 것이 뻔하였기에, 대구에 가는데 시간과 돈을 들일 필요가 없었습니다.

(중략)

Horace G. Underwood (Fusan),
Letter to Frank F. Ellinwood (Sec., BFM, PCUSA) (Mar. 6th, 1891)

Fusan, Korea,
March 6, 1891

Dear Dr. Ellinwood

We have not yet got any property here. Mr. Baird was not willing to go into Taigu and so we decided that we had better try here. I felt very strongly that Taigu was the place and Dr. Allen urged this, but Mr. Baird feared that it would be pretty hard to get supplies, continually spoke about distances and made so many excuses for staying at Fusan that I saw he was not willing to go and as he is the man to be here. I thought we had better settle on Fusan and go no further. As he had so evidently already made up his mind, it was no use to spend time and money going to Taigu.

(Omitted)

호러스 N. 알렌(주한 미국 공사관 서기관)이 프랭크 F. 엘린우드 (미국 북장로교회 해외선교본부 총무)에게 보낸 편지 (1891년 3월 13일)

한국 서울,
1891년 3월 13일

친애하는 엘린우드 박사님,

우리는 부산에 있는 언더우드로부터 부지의 매입에 관련된 여러 통의 전보를 받았고, 외아문이 그곳의 무역 감독관에게 전보로 지시를 하도록 노력하였지만 그는 그렇게 하지 않을 것입니다. 하지만 그는 첫 우편으로 편지를 쓸 것이며, 반대가 없어질 것이라고 말하고 있습니다.

언더우드와 베어드 씨가 부지를 매입하는 과정에서 경험하였던 어려움은 두 가지이었습니다.

첫째, 외국인 거류지가 아직 정해지지 않았고, 한국 당국은 그들이 매각을 시작하기 전에 어느 부지를 선택할지 알고 싶어 합니다. 허드 씨는 지금 이 주제에 관하여 본국으로부터 훈령을 기다리고 있으며, 군함을 타고 그곳으로 가서 선택하기를 기대하고 있습니다.

둘째, 한국인들은 언더우드에 대하여 아주 깊은 불신을 가지고 있습니다. 그는 법을 어기지 않겠다고 약속하고 길을 나섰지만 공개적으로 법을 어겼기 때문에 그들은 그것을 주목하였는데, 그가 북부 여행에서 개종시키지 않겠다고 맹세한 다음 공개적으로 설교하고 세례를 주면서 아내를 위한 통역 역할을 할 뿐이라고 말하였습니다. (그녀는 한 장의 호조로 그와 함께 여행을 하고 있었습니다.)

베어드나 마펫은 의심할 바 없이 아무런 반대도 받지 않았을 것입니다. 그러나 지금은 문제를 해결하는 데 시간이 좀 걸릴 것입니다. 저는 그가 무엇을 하였는지 모릅니다.

허드 씨는 일본에서 본 것과 딘스모어 씨가 그에게 준 인상 때문에 언더우드를 아주 깊게 불신하고 싫어하고 있습니다. 그는 제가 언더우드의 대의를 너무 열렬하게 지지하고 있는 것 같다고 생각하는 것 같았지만, 그 문제는 미국인의 권리 중 하나이며 결국에는 괜찮아질 것입니다.

안녕히 계십시오.

H. N. 알렌

Horace N. Allen (Sec., U. S. Legation to Korea),
Letter to Frank F. Ellinwood (Sec., BFM, PCUSA) (Mar. 13th, 1891)

Seoul, Korea,

March 13th, 1891

My dear Dr. Ellinwood,

We have had several telegrams from Mr. Underwood at Fusan regarding the purchase of land, and have endeavored to have the Foreign Office telegraph instructions to the Superintendent of trade there, but he will not. He will write by the first mail however, and says the objections will be removed.

There are two reasons for the difficulty Underwood and Baird are experiencing in making their purchases.

Firstly - the Foreign Settlement has not yet been laid out, and the Korean authorities wish to know what site will be selected before they begin selling. Mr. Heard is now awaiting instructions from home on this subject and expects soon to go there on a man-of-war and make a selection.

Secondly - the Koreans have a profound distrust of Mr. Underwood; he has gone out of his way to promise not to violate the laws and then violates them so openly that they have had to notice it, as when he swore no to proselyte on his Northern trip, and then preached and baptized openly, saying he was only acting as interpreter for his wife. (She was travelling with him on one passport.)

Baird or Moffett would doubtless have met with no objection I didn't, but it will take some time to mend matters now. I don't know what he has done.

Mr. Heard has a profound distrust and dislike of Mr. U. from what he saw of him in Japan, and the character Mr. Dinsmore gave him. He seemed to suspect me of espousing Underwood's cause too warmly, but the matter is now one of American rights and will be alright eventually.

Yours with kind regards,
H. N. Allen

헨리 G. 아펜젤러(서울)가 호러스 N. 알렌
(주한 미국 공사관 서기관)에게 보낸 편지 (1891년 3월 18일)

1891년 3월 18일

친애하는 알렌 박사님,

새로운 증서에 감사드립니다. 스크랜턴 박사가 보낸 것들은 어디에 있나요? 이렇게 대리로 일을 처리해도 괜찮습니까? 그렇다면 공사관에 등록해 주세요. 나는 비용을 한꺼번에 송금해 드리겠습니다. 내가 학교에 있기에 연필을 사용하게 되어 미안합니다.

안녕히 계세요.
H. G. 아펜젤러

Henry G. Appenzeller (Seoul), Letter to Horace N. Allen
(Sec., U. S. Legation to Korea) (Mar. 18th, 1891)

Mch. 18, 1891

Dear Dr. Allen: -

Thank you for the new deeds. Where are the ones sent by Dr. Scranton? Is it all right to make the substitution thus made? If so, please register it in the Legation and I will remit the fees all at once. Excuse lead pencil as I am in school.

Yours truly,
H. G. Appenzeller

새뮤얼 A. 마펫(의주)이 호러스 N. 알렌
(주한 미국 공사관 서기관)에게 보낸 편지 (1891년 3월 21일)

의주,
1891년 3월 21일

친애하는 알렌 박사님,

저는 박사님께 필요 이상으로 폐를 끼치고 있지 않다고 믿고 있지만, 제가 관자를 통해 받는 돈의 지불에 관하여 몇 마디 쓰고 싶습니다. 봉산에서는 저는 서울 돈으로 10,000냥을 얻었습니다. 평양에서 저는 평양 돈으로 20,000냥을 얻었습니다. 이곳 의주(義州)에서 저는 10만냥을 요청하였습니다. 지방 관리들은 흔히 정부가 허용하는 것보다 훨씬 높은 환율을 요구하는 경우가 많기 때문에 이것들을 외아문에 지불하기 전에 박사님이 환율에 대하여 문의해주시겠습니까? 지역에 따라 환율이 다르다고 하는데, 예를 들어 평양에서는 한 냥이 서울 돈 4냥 정도에 해당하는 반면, 의주에서는 한 냥이 서울 돈 2냥 정도에 불과하다고 합니다. 이는 납부할 금액에 큰 차이를 가져올 수 있는 질문이므로 합의하기 전에 문의해 주시면 감사하겠습니다.

저는 중국 호조를 무사히 받았고, 기포드 씨에게 감사하다는 편지와 함께 수수료를 보내달라고 요청하였습니다. 우리는 매우 즐거운 여행을 하였으며, 그동안 아무 문제 없이 환대를 받았고, 함께 한 한국인을 통하여 묵묵히 많은 일을 하였습니다.

박사님과 부인께 안부를 전하며, 서울의 분들이 모두 잘 있다고 믿으며

안녕히 계세요.
새뮤얼 A. 마펫

Samuel A. Moffett (Eui Ju), Letter to Horace N. Allen (Sec., U. S. Legation to Korea) (Mar. 21st, 1891)

Eui Ju,

Mch. 21, 1891

Dear Dr. Allen: -

I trust I am not giving you more trouble than is necessary, but I wish to write you a few words concerning the payment of the money which I receive through the Koanja. In Pong San I got 10,000 cash in Seoul money. In Ping Yang I got 20,000 cash in Ping Yang money. Here a Eui Ju I have sent asking for 100,000 cash. Before paying theses to the foreign office will you kindly make inquiry concerning the rate of exchange as the country officials are said to very frequently ask a much higher rate than the government allows. The rate is said to differ according to the place, for instance one nyang in Ping Yang is worth about four nyang of Seoul money while in Eui Ju one nyang is said to be worth only about two nyang of Seoul money. It is a question which will make a great difference as to the amount obe paid and I will be obliged to you if you will inquire before settling.

I received the Chinese passprot all right and wrote Mr. Gifford requesting him to thank you and send the fee. We have had a very pleasant trip have been well received all along there being no trouble whatever, while through the Korean who is with us considerable work has been done in a quiet way.

With kindest regards to yourself & Mrs. Allen and trusting all are well in Seoul.

Yours sincerely,

S. A. Moffett

호러스 N. 알렌(주한 미국 공사관 서기관)이 프랭크 F. 엘린우드
(미국 북장로교회 해외선교본부 총무)에게 보낸 편지 (1891년 3월 25일)

한국 서울,
1891년 3월 25일

친애하는 엘린우드 박사님,

이번 주 우편으로 빈튼 박사와 이곳의 선교부 문제에 관한 박사님의 편지 두 통을 받았습니다.[56] 저는 박사님의 친절한 말씀에 감사드리며, 비록 사건 이후에 기포드 부인이 저를 그들의 선교부 만찬에 초대하는 것을 금지하였다는 것을 최근 편지에 언급하였지만, 제가 박사님을 돕기 위하여 모든 것을 할 것입니다. 물론 저는 이전의 동료들과, 또 현재 동료들과의 관계에 있어 엄격하게 공식적이어야 한다고 생각합니다. 기포드 부인은 위의 내용을 벙커 부인에게 말하였는데, 그녀는 그것을 제 아내에게 말하였습니다. 제 아내는 제가 그것을 박사님께 말씀드렸다는 것에 대하여 매우 언짢아하고 있습니다. 그러니 비밀로 해주시면 고맙겠습니다.

박사님께 마지막으로 편지를 쓴 이후 저는 언더우드가 부산에 부지를 매입하기 어려운 진짜 이유를 알게 되었습니다. 프랑스 인 신부[57] 한 명이 부산 근교의 도청 소재지인 대구에서 주택을 구입하였는데, 사람들이 분노하여 그에게 몰려들었습니다. 그는 모든 소지품을 잃었고, 그의 통역은 거의 죽을 뻔하였으며, 관찰사는 그를 거부하였고 여인숙은 그에게 음식 판매를 거절하였습니다. 그는 엄청난 고통을 겪은 후 서울에 도착하였습니다. 외국 공사는 충분한 보상과 관찰사의 공개 처벌을 요구하였습니다. 그런데 관찰사는 왕족이었고 매우 힘이 있는 사람이어서 왕은 그것을 할 수가 없었습니다. 프랑스 공사는 대단히 단호하며, 그의 정부에서 전함을 지원받았습니다.

결과는 불확실하지만 어리석은 대립은 틀림없이 제거될 것입니다. 남부 지방 사람들은 다른 지역 사람들보다 기독교에 훨씬 더 적대적입니다.

---

56) Frank F. Ellinwood (Sec., BFM, PCUSA), Letter to Horace N. Allen (Seoul) (Jan. 21st, 1891); Frank F. Ellinwood (Sec., BFM, PCUSA), Letter to Horace N. Allen (Seoul) (Feb. 3rd, 1891).

57) 아실 폴 로베르(Achille Paul Robert, 1853~1922) 신부는 1877년 9월 한국에 도착하였으며, 1891년 2월 교안(敎案) 사건이 발생하였는데, 대구에서 한국인들의 피습을 받았다.

언더우드의 매입은 곧 성사될 것입니다. 만일 베어드가 혼자 하였다면 문제가 없었을 텐데, 언더우드의 명성과 프랑스 측의 소문이 그들을 의심하게 만들었습니다.

스크랜턴 박사는 미국으로 안식년을 떠났습니다. 그나저나 그는 좋은 외과 의사인 그의 동료 맥길 박사와 불화가 있었고, 스크랜턴은 그의 병원과 외국인 진료, 심지로 장로교회 선교부 여자들의 진료까지도 영국인 와일즈 박사에게 넘겼습니다. 그렇게 하는 것이 비애국적인 것이라는 것을 제외하고도 그것은 자신이 속한 선교부에 합당치 않은 것이었습니다. 그는 제가 워싱턴으로 떠날 때 저와 헤론과의 문제로 제가 그에게 제 일을 줄 것이라는 희망을 가지고 있었습니다. 아마 제가 그렇게 하였다면 저는 더 큰 감사를 받았을 것입니다.

스크랜턴은 아주 좋은 친구이며, 현재 최고의 한국 관련 학자입니다.

엘린우드 부인과 박사님의 동료들께 안부를 전합니다.

H. N. 알렌

Horace N. Allen (Sec., U. S. Legation in Korea), Letter to Frank F. Ellinwood (Sec., BFM, PCUSA) (Mar. 25th, 1891)

Seoul, Korea,
March 25th, 1891

My dear Dr. Ellinwood,

By this week's mail I received your two letters concerning Dr. Vinton and mission matters here. I thank you for your kind words and will do all I can to assist you, though after the occurence I related in my last [letter] of the mission prohibiting Mrs. Gifford to have me at their mission dinner. Of course my relations with my former colleagues as well as the new ones, must be strictly formal. Mrs. Gifford related the above to Mrs. Bunker who told my wife. Mrs. Allen was much displeased at my telling it to you. So please keep it quiet.

Since writing you last, I know the real reason of Underwood's difficulty in purchasing land at Fusan. A French priest bought a house at Taiku - the provincial capital near Fusan and the people were enraged and mobbed him. He lost all of his effects, his interpreter was nearly killed, the Governor refused him, and the inns refused to sell him food. After great distress he reached Seoul. The Foreign Minister has demanded full redress and the public punishment of the Governor. As the latter is of the Royal Family and very powerful, the King cannot do it. The French Minister is exceedingly firm and has just been supplied by his Govn't with a war vessel.

The outcome is uncertain but the foolish opposition will be done away with without doubt. The people of the South are much more antagonistic to Christianity than those of other parts.

The Underwood purchase will be soon arranged. Had Mr. Baird been alone there would have been no trouble, but Underwood's reputation coupled with the French row, caused them to be suspicious.

Dr. Scranton has left on a vacation, going to America. He has had trouble with his colleague, Dr. McGill, who is a good surgeon, by the way, and S. has left his hospital and foreign work - even the Presbyterian mission ladies - to this Englishman, Dr. Wiles. Aside from being an unpatriotic thing to do, it was hardly square to his mission. He had hopes that my trouble with Heron would give him my work when I left for Washington. I would have had more thanks perhaps had I done so.

Scranton is a good fellow and the best Korean scholar now.

My kind regards to Mrs. Ellinwood and your Colleagues,

Yours,

H. N. Allen

새뮤얼 A. 마펫(의주)이 호러스 N. 알렌
(주한 미국 공사관 서기관)에게 보낸 편지 (1891년 3월 30일)

의주,
1891년 3월 30일

친애하는 알렌 박사님,

또 다른 편지58)에서 저는 서울과 평양 화폐의 환율에 대하여 오해를 하고 있었습니다. 이곳에서 주의 깊게 조사한 결과 이곳의 28냥이 서울의 100냥과 같다는 것을 알게 되었습니다. 결과적으로 100,000냥에 대하여 제가 준 영수증에는 서울 돈으로 357,200냥에 달한다고 명시되어 있습니다. 그리고 외아문을 통하지 않고 영수증 소지자에게 지불해 줄 것을 요청하였습니다. 박사님이 이 돈을 가지고 있지 않다면 이것은 박사님께 약간의 불편을 끼칠 수 있으며, 박사님이 원한다면 제가 기포드 씨에게 쓴 대로 그로부터 돈을 얻을 수 있습니다.

이곳의 관리들은 우리에게 매우 친절하고 세심하게 배려해 주었고, 의주에서의 체류는 즐겁고 유익하였습니다.

우리는 내일 묵덴으로 떠나 로스 씨를 만나고, 그로부터 북한에서의 그의 활동에 대하여 무엇인가를 배울 수 있기를 바라고 있습니다.

게일 씨도 저와 함께 박사님과 부인께 따뜻한 안부를 전합니다.

안녕히 계세요.
새뮤얼 A. 마펫

---

58) Samuel A. Moffett (Eui Ju), Letter to Horace N. Allen (Sec., U. S. Legation to Korea) (Mar. 21st, 1891)

Samuel A. Moffett (Eui Ju), Letter to Horace N. Allen (Sec., U. S. Legation to Korea) (Mar. 30th, 1891)

Eui Ju,

Mch. 30, 1891

Dear Dr. Allen: -

In my other note to you I was under a misapprehension as to the rate of exchange of Seoul & Ping Yang money. We have made careful inquiry here and find that 28 cash here is equal to 100 cash in Seoul. Consequently in the receipt which I have given for the 100,000 cash it is stated that in Seoul money it amounts to 357,200 cash. They also asked me to request you to pay it to the bearer of the receipt and not through the foreign office. This may put you to some inconvenience if you have not the money at hand and if you prefer you can obtain it from Mr. Gifford as I have written to him to that effect.

The officials here have been very kind and attentive to us and our stay in Eui Ju has been pleasant and profitable.

We leave tomorrow for Moukden where we hope to see Mr. Ross and learn something from him of his work in North Korea.

Mr. Gale joins me in sending kindest regards to yourself and Mrs. Allen.

Sincerely,

S. A. Moffett

호러스 N. 알렌, 한국의 의료.[59]
The Medical Missionary Record 6(4) (1891년 4월호), 79~80쪽

한국의 의료

H. N. 알렌 박사

한국 혹은 조선은 일본과 중국 북부 사이에서 만주와 시베리아로부터 늘어진 반도이다. 그곳은 산이 매우 많은 나라이며, 그 기후는 미국의 중부 북부의 주(州)들 및 뉴잉글랜드와 매우 유사하다. 그곳에는 7월 1일쯤 시작될 것으로 예상되는 분명한 우기[장마]가 있다. 대기는 때때로 비정상적으로 건조하지만, 다른 때에는 상당히 추위가 스며들고 열기를 압도할 만큼 충분한 습도가 있다. 하지만 전반적으로 동양에서 가장 좋은 기후이다.

사람들은 진흙, 윗가지, 돌로 지은 기와 또는 초가지붕, 질긴 유약을 칠한 (또는 유약을 바르지 않은) 종이로 된 창문과 돌바닥으로 되어 있으며, 그 아래에는 굴뚝 체계가 있는 온돌을 만드는데 음식이 조리되는 외부 공간에서 불로 가열되어 앉고 잠을 잘 수 있는 쾌적하고 따뜻한 장소를 제공하며, 현지인에게는 가장 경제적인 난방 방법이다.

음식은 영양가가 매우 높으며, 주요 주식은 물론 쌀이다. 육류는 상당히 많이 사용되며, 많은 사람들이 술을 과음한다. 의복은 면직물인데, 겨울에 사용하기 위하여 면모를 덧댄다. 사람들은 체격이 좋고 강하며 빠르게 배운다.

의학의 체계는 중국이나 옛 일본과 동일하다. 약은 아플 때, 치료 목적으로, 그리고 건강할 때 예방 목적으로 복용한다. 그곳은 약사에게 좋은 곳이지만 의사는 명성을 얻기 위하여 자신에게 오는 환자에 대한 성공에 의존해야 한다.

침술과 실제 뜸이 보편적으로 사용된다. 오래된 소화 불량의 흔적으로 복부에 뜸 자국이 없는 성인을 찾기 어려울 것이다. 그것은 모든 것에 사용되며, 이 사람들에 대한 엄청난 경험적 영향력을 부여함으로써 자극에 대응한다.

침은 뜸만큼 자주, 어떤 경우에는 함께 사용되며, 한 번에 잘 찌르면 요통이 사라질 때와 같이 탁월한 결과를 얻는다. 하지만 불행하게도 한의사는 전

---

59) 이것은 '제중원의 2차 년도(1886년) 보고서'라 할 수 있다. 당연히 1887년에 발표되었어야 했다. 하지만 헤론과 갈등이 깊어지고 1887년 9월 주미 한국 공사관 외국인 서기관으로 미국으로 떠나게 되면서 발표가 지연되어 1891년이 되어서야 발표하게 된 것이다.

문 해부학자가 아니며 종종 류머티즘을 치료할 때 관절을 관통하여 환자에게 염증을 일으키며 때로는 관절 강직을 초래하는 경우가 많다. 그러나 무엇보다도 더 나쁜 것은 더러운 침을 사용한 결과, 매독이 자주 발생한다는 것이다.

소화 불량과 회충은 보편적이며, 가능한 경우 약물 치료를 시작할 때 항상 치료해야 한다. 다른 질병과 자주 공존하기 때문에 진료 기록에 다른 질병만큼 광범위하게 나타나지는 않는다. 특히 후자를 정기적으로 치료하면 어려움을 덜고 성공에 큰 도움이 될 것이다. 사실 신환에서는 소다와 함께 산토닌과 대황(大黃)을 일반적으로 다른 약물보다 먼저 사용해야 한다.

밥을 먹고, 빈속에 나쁜 포도주를 마시며, 끊임없이 흡연하는 것은 거의 계속되는 트림과 복통을 동반한 소화 불량을 유발하는데, 복통은 일반적으로 복부의 바닥에 감겨있는 뱀으로 묘사되며, 머리가 목구멍 바로 안에서 보일 것이라고 상상할 때까지 이따금 몸부림치고 비튼다.

임질은 거의 언급되지 않을 정도로 흔하며, 매독은 불행히도 매우 흔하고 쉽게 퍼진다. 감금은 상류층 여자에게 순결을 강요하지만, 대중과 하인 여자는 쉽게 접근할 수 있으며 질병에 걸리는 경우가 많다. 파이프를 무차별적으로 사용하고, 담배에 불을 붙일 때 마우스피스를 사용하는 하인이 불을 붙인 파이프를 가져가는 관습은 독극물을 다루는 데 물질적으로 도움이 되고 일부 대단히 변형된 모습을 만들어낸다. 그렇게 영향을 받은 사람들의 눈은 당연히 많은 관심을 필요로 하며, 이 쾌적한 수술의 천국은 가장 유망한 분야를 제공한다.

말라리아 열병은 매우 흔하며, 퀴닌은 이제 충분하게 높이 평가되어 현지인들 스스로 그것을 상당히 많이 거래하게 되었다. 장티푸스와 발진티푸스는 드문 병이 아니며, 그것들과 매우 유사하고 재발열로 추정되는 질병은 상당히 흔하다. 천연두는 전염병이다. 아이가 2세 이전에 이 병에 걸리지 않으면 천연두 환자의 고름을 접종하는데, 아이는 언젠가는 병에 걸릴 것이기에 부모는 빨리 앓을수록 좋다고 생각하기 때문이다.

황열은 알려져 있지 않으며, 성홍열과 디프테리아도 인식되지 않았다고 생각된다. 일본의 각기병인 카카는 이곳에서 잘 알려져 있다. 나병은 자주 볼 수 있지만 중국만큼 흔하지는 않다. 사람들은 무기력하기에 '신경 쇠약'과 같은 신경 질환은 정확히 '유형'이 아니다. 그러나 간질병이 있는 사람들이 제한 없이 결혼하기 때문에 간질을 그렇게 일반적으로 만나는 것이 이상하지 않다. 하지만 정신병이 실제보다 더 흔하지 않다는 것은 이상하다.

다양한 피부 질환, 특히 기생충성이 만연해 있으며, 전형적인 잘 조절된 상태의 질환에만 익숙한 피부과 의사들로 구성된 위원회를 의심할 여지 없이 당혹스럽게 할 정도로 다양한 성장과 발달 상태를 볼 수 있다. 종종 여러 피부병이 공존하며, 매독 발진을 요오드화칼륨으로 치료한 나병 환자가 크게 호전되어 헛된 희망을 가지기도 한다. 사람들은 이러한 조합 중 일부를 연구할 때 질병의 진화를 믿는 경향이 있다.

물론 여자의 질병은 그에 상응하는 활력으로 많으며, '자연'은 '그대로' 진행되어 많은 불쌍한 누워 있는 어머니가 사망한다. 그러나 자연의 편견으로 인하여 대부분의 경우 남자의 도움을 허락하지 않는다. 여의사들은 많은 일거리를 찾을 것이다.

지금까지 한국에서 의료인의 가장 성공적인 업무는 외과 분야에서 찾을 수 있을 것이다. 사람들은 자신의 약초 체계를 선호한다. 그들은 특정 의약품은 우수한 품질로 동양에서 유명하다. 예를 들어 한국의 인삼은 때때로 무게가 금값으로 팔리기도 하고 일반 재배 품종은 왕실 독점이며 왕에게 상당한 수입을 제공하는데, 상당한 양의 인삼이 미국 및 기타 국가에서 중국으로 수입되지만, 한국의 뿌리가 가장 선호된다. 그것은 한국에서 질병에 대한 만병통치약이며, 서양 서적에서 뿌리로 간주되는 것보다 더 큰 활성이 있는 것 같다.

하지만 수술은 이 사람들에게 새로운 것이다. 그것은 오래된 경쟁 대상이 없다. 그 결과는 가시적이고 종종 거의 놀라운데, 숨겨진 공동을 탐색하고 밝은 도구를 보이지 않는 경로로 안내하는 시술자의 명백한 지식은 때때로 보증되는 것보다 더 많은 자신감을 불러일으킨다.

확실히, 신체의 모든 절단에 대한 현지인의 반대는 단 두 번의 절단만 허용될 정도이지만, 그러한 경우 이외의 분야는 충분하다. 괴사 수술, 종양 제거 수술, 백내장 및 기타 눈 질환 수술 등에 대해서는 반대하지 않는다.

개업을 하기 위하여 한국에 오는 젊은이는 수술과 약학에 대한 자격을 갖추어야 한다. 그는 자신의 자원을 너무 많이 사용하여 언젠가는 큰 도움이 될 이상한 기술이나 지식을 발견하게 될 것이다. 물품 공급원에서 멀리 떨어져 살고, 필요한 만큼 가전 기기와 도움을 받지 못하는 경우, 약물이든, 특수 기기이든 또는 필요한 기술이든 어떤 것이 정말로 원할 경우 없을 수도 있고, 수술의 성공 여부는 필요한 것을 충족시킬 의사의 임시변통적인 독창성에 달려 있을 수 있다.

다음은 1886년 장로교회 선교본부 산하 한국 정부병원에서 치료 받은 사례의 목록이다. 그 해의 최초이자 유일한 보고서는 한국에서 예상되는 질병에 대한 정보를 제공할 것이다.

말라리아를 포함한 발열	1,147
소화기계통	2,032
순환기계통	114
호흡기계통	476
신경계통	833
간질	307
정신병	13
림프계통	214
성병 및 매독	1,902
이혼화증(異混和症)	865
눈의 질환	629
귀의 "	318
골관절 "	105
상처 및 손상	140
기형	37
결합조직의 질환	368
피부 질환	845
여자 질환	67
미분류	728
총계	10,400
진료소 수술	394
병원 수술	135

Horace N. Allen, Medicine and Surgery in Korea.
The Medical Missionary Record 6(4) (Apr., 1891), pp. 79~80

Medicine and Surgery in Korea.
By Dr. H. N. Allen

Korea, or Chosen, is a peninsula hanging down from Manchuria and Siberia, between Japan and North China. It is a very mountainous country, with a climate much like that of the Northern Central States and New England. It has a well defined rainy season, which is expected to set in about the first of July. While the atmosphere is at times unusually dry, there is sufficient humidity to make the cold at other times quite penetrating and the heat oppressive. On the whole it is by far the best climate, however, of the East.

The people live in comfortable houses built of mud, wattle and stone, with tile or thatched roofs, windows of tough glazed (or unglazed) paper and stone floors, underneath which there is a system of flues, making the "kang," which is heated by a fire in an out room where the food is cooked, and thus affords a delightful, warm place to sit and sleep. and is a most economical way of heating-for the natives.

The food is quite nutritious, the chief staple being, of course, rice. Meat is used quite largely, and alcoholic drinks are taken to excess by many. The clothing is cotton cloth, which is padded with cotton wool for winter use. The people are well formed, strong, and quick to learn.

The System of medicine is identical with that of China and old Japan. Medicine is taken when sick, for curative purposes, and when well for preventive reasons. It is a good place for the apothecary, but the physician must depend upon the success with his cases for a reputation - that alone is the native cuteness.

Acupuncture and the actual cautery are used universally. It would be difficult to find an adult who had not the rings of the cautery on his abdomen as the relic of an old attack of indigestion. It is used for everything, counter irritations having obtained a tremendous empirical hold on this people.

The needle is used fully as often as the cautery, with, in some cases, excellent results as when lumbago is banished with one good thrust. Unfortunately, however, the native practitioner is not an expert anatomist and be often penetrates the joints in trying to cure rheumatism, giving the patient an inflammation that some. times results in anchylosis. Worse than all, however, are the results which follow the use of dirty needles, syphilis frequently resulting therefrom.

Indigestion and ascarides are universal, and where possible they should always be treated in beginning any course of medication. They do not appear so extensively as other diseases, perhaps, on dispensary records, because of their frequent co-existence with other maladies. It will save trouble and aid to success very much if the latter especially is regularly treated. In fact, santonin and rhubarb with soda should commonly precede other medicines in new cases.

The rice diet. drinking bad wine on an empty stomach, and the incessant smoking, gives rise to indigestion with almost continual belching and tormina, the latter is usually described as a snake which is coiled at the bottom of the abdomen and now and then rises, writhing and twisting, till they fancy its head might be seen just within the throat.

Gonorrhea is so common as to be little noted, and syphilis is, unfortunately, very common and easily spread. Close confinement enforces chastity upon the females of the upper classes, but the public and slave women are quite accessible, and are very often diseased, while the custom of using pipes indiscriminately and of taking a pipe lit by a servant, who uses the mouthpiece in lighting the tobacco, helps materially in handing on the poison, and produces some very disfigured features. The eyes of a people so affected would naturally need much attention, and this pleasant heaven of surgery offers the most promising field.

Malarial fevers are very common, and *quinine* is now fully appreciated so that natives themselves have established quite a trade in it. Typhoid and typhus are not uncommon, while a disease much resembling them and supposed to be relapsing fever is quite common. Small-pox is epidemic. If a child does not have it before two years of age, it is innoculated with the pus of a small-pox patient, since as it must have the disease at some time, the parents think the sooner it gets through with it the better.

Yellow fever is unknown, and I believe scarlet fever and diphtheria have not been recognized. Kaka - the Beri-Beri of Japan - is well-known here. Leprosy is, perhaps, not so common as in China, though it is seen often enough. As the people are somewhat lymphatic, nervous diseases such as "nervous prostration" are not "the style" exactly. Epilepsy is, however, and as the epileptics marry without restriction it is not strange that the disease is so commonly met. It is strange, however, that insanity is not more common than it is.

The various skin diseases, especially those of a parasitic nature, hold full sway and may be seen in such luxuriant states of growth and development as would doubtless puzzle a committee of dermatologists who were accustomed only to the typical, well-regulated condition. Often several skin troubles coexist, and false hopes are sometimes raised by the great improvement of a leprosy case upon treatment with iodide of potash for a syphilitic eruption. One is inclined to believe in the evolution of disease when studying some of these combinations.

Of course the diseases of women flourish with corresponding vigor and "nature" has "its way," to the death of many a poor lying-in mother. But nature's prejudice forbids male assistance in the majority of cases. Lady doctors will find plenty of work.

By far the most successful work for the medical man in Korea will be found in the line of surgery. The people like their own system of medicine beet. They are noted in the East for the fine quality of certain medicines, for instance the ginseng of Korea sometimes sells for its weight in gold, and the regular cultirvated varieties are a Royal monopoly and furnish a fine revenue to the King, although considerable quantities of ginseng are imported into China from America and other countries, the Korean root is by far the most preferred. It is the panacea for ills in Korea and seems to have more active qualities than those ascribed to the root in Western books.

Surgery, however, is a new thing to this people. It has no old system as a rival. Its results are tangible and often almost marvelous, and the evident knowledge of the operator, as he explores hidden cavities and guides his bright tools into unseen channels, inspires more confidence than is sometimes warranted.

To be sure, the native opposition to all mutilation of the body is such that but two amputations have been allowed, yet the field outside of such cases is ample. Operations for necrosis, for the removal of tumors, for cataract and other eye troubles, and the like are not objected to.

The young man coming to Korea to practice medicine should be well qualified in surgery and pharmacy. While he will be so many times thrown on his own resources that he will find any odd skill or knowledge he may happen to have of great use at some time or other. Living so far from the source of supplies, and not having the appliances and help so near at hand as they should be, a certain thing-be it a drug, an especial appliance, or a necessary skill – if wanted at all may be wanted very badly indeed, and the success of the operation may depend on the ingenuity of the surgeon or physician in a makeshift that will supply the want.

The following list of cases treated in the Korean Government Hospital under the Presbyterian Board during the year 1886 - the first and only report was published for that year will give an idea of what may be expected in the way of diseases in Korea:

Fevers, including Malarial	1,147
Digestive System	2,032
Circulatory System	114
Respiratory System	476
Nervous System	833
Epilepsy	307
Insanity	13
Lymphatic System	214
Veneral and Syphilis	1,902
Dyscrasia	865
Diseases of Eye	629
" " Ear	318
" " Bones and Joints	105
Wounds and Injuries	140
Malformations	37
Diseases of Connective Tissues	368
Skin Diseases	845
Diseases or Women	67
Unclassified	728
Total	10,400
Dispensary Operations	394
Hospital Operations	135

조지 허버 존스(제물포)가 호러스 N. 알렌
(주한 미국 공사관 서기관)에게 보낸 편지 (1891년 4월 2일)

1891년 4월 2일

친애하는 알렌 박사님,

호조를 받는데 수고해 주신 모든 것에 대하여 진심으로 감사드립니다. 또한 수수료인 은화 2.41달러입니다. 저는 내일 아침 일찍 출발하여 우리 공동체의 5월 축제에 참여하도록 노력하겠습니다. (D. V.)

여행을 위하여 모두 짐을 꾸렸기에 이 공책 종이에 편지를 쓴 것을 용서해주세요.

안녕히 계세요.
조지 허버 존스

1891년 4월 2일

Geo. Heber Jones (Chemulpo), Letter to Horace N. Allen (Sec., U. S. Legation to Korea) (Apr. 2nd, 1891)

Apl. 2, 1891

Dear Dr. Allen: -

Accept very many thanks for your kind trouble in getting my passport, all of which I assume you I greatly appreciate. Also herewith the fee, $2.41 silver. I shall leave early tomorrow morning, and will endeavor to join in the May festivities of our community. (D. V.)

Excuse this letter cap. note paper all packed for the trip.

Very sincerely yours,
Geo. Heber Jones

April 2d/ 91

호러스 N. 알렌(주한 미국 공사관 서기관)이 프랭크 F. 엘린우드 (미국 북장로교회 해외선교본부 총무)에게 보낸 편지 (1891년 4월 6일)

한국 서울,
1891년 4월 6일

친애하는 엘린우드 박사님,

부산 문제는 베어드 씨를 위한 곳이라는 허드 씨의 설명으로 해결되었고, 베어드 씨는 신청할 것입니다.

빈튼 박사가 도착하였고 신사인 것 같습니다. 저는 그를 위해 최선을 다하여 준비하였으며, 그에 대한 한국인들의 환대는 확실히 따뜻하였습니다. 그는 병원 옆에 정부 비용으로 집을 마련할 수 있었지만 아내 때문에 다른 사람들과 더 가까이 사는 것을 선호하였습니다. 저는 그를 돕고 있으며, 그를 돕기 위하여 제가 할 수 있는 모든 것을 할 것이지만, 저는 후에 상황을 명확하게 할 수 있는 작은 사건에 대하여 말씀드리는 것이 좋을 것 같습니다.

저는 오늘 헤론 부인에게서 사업상의 작은 문제에 대한 매력적인 편지를 받았는데, 전에도 여러 번 그랬듯이 제가 그녀에 대하여 착각하고 있는 것이 틀림없다고 생각하였습니다. 그녀는 아주 멋지게 썼습니다. 한 시간 후에 헤론이 사망한 후에 병원 직책을 마련해 달라고 저에게 왔던 그녀의 어학 선생이 흥분하여 들어왔습니다. 그는 다른 사람들처럼 초조한 마음으로 새로운 박사가 도착하기를 기다리고 있었습니다. 그는 제가 빈튼 박사를 본 적이 있는지 물었습니다. 나는 그랬었다고 말하였습니다. 그는 왜 박사님이 그에게 조언을 해주지 않았느냐고 말하였습니다. 저는 그의 의미를 물었고, 그는 자신이 헤론 부인과 신임 의사에 대하여 이야기하였는데, 그녀는 신임 의사가 기포드 씨의 지시를 받을 것이며, '그는 팔삭둥이 어린아이이고, 정신 나간 사람'이라고 말하였다고 저에게 이야기하였습니다. 그는 그녀에게 항의하였고 저를 대단히 칭찬하는 말을 하였으며, 빈튼 박사에게 저의 자문을 받으라고 하였다고 말하였습니다. 그녀는 화를 내며 눈물을 흘리면서 저를 나쁜 사람이라고 불렀고, 빈튼 박사는 저와 이야기하지 말아야 한다는 등의 이야기를 하였습니다. 이제 친애하는 박사님, 그 한국인은 그가 병을 앓고 있던 동안 충실하게 그의 곁을

지켰던 그에게 그토록 애착을 가졌던 사람이라는 것을 명심하십시오. 그는 옛 학교에서 저의 학생 중 한 명이었고 그의 형제와 친구가 되었기 때문에 확실히 그는 저의 오랜 친구입니다. 그러나 그는 저로부터 헤론을 폄하하는 말을 한 번도 들은 적이 없으며, 그가 일하기를 희망하는 기관의 실패에 대한 두려움 외에는 이런 식으로 저에게 올 다른 이유가 없었습니다.

또한 그녀가 저에 대한 악의적인 장광설을 하기 몇 분 전이나 몇 분 후에, 제 가장 친한 친구가 썼을 수도 있는 편지를 그녀가 저에게 썼다는 것을 기억하십시오.

저는 박사님을 돕기 위하여 제가 할 수 있는 모든 것을 할 것이며, 화를 내는 것은 대가를 주지 않기에 요즈음 저는 쉽게 화를 내지 않습니다. 헤론 부인의 추종자들처럼 행동하는 것을 보면 저는 그들을 진심으로 내버려 둡니다.

불쌍한 언더우드는 이 우편과 함께 [병든] 아내를 고국으로 데려갑니다. 아무도 그녀를 다시 볼 것으로 기대하고 있지 않습니다. 그녀는 망가져 있습니다.

모든 분들께 안부를 전합니다.

안녕히 계십시오.
H. N. 알렌

Horace N. Allen (Sec., U. S. Legation to Korea),
Letter to Frank F. Ellinwood (Sec., BFM, PCUSA) (Apr. 6th, 1891)

Seoul, Korea,

April 6th, 1891

My dear Dr. Ellinwood,

The Fusan matter was settled by Mr. Heard's explaining that the place was for Mr. Baird and the latters making an application.

Dr. Vinton has arrived and seems to be a gentleman. I have done all I can for him in preparation and his reception by the Koreans has certainly been cordial. He could have had a house prepared at the Govn't expense next to the Hospital, but he prefers, on his wife's account, to live nearer the others. I am at his service and will do all I can to aid him, but I think I had better relate to you a little incident that may make things clear in the future.

I received a charming note from Mrs. Heron today on a little matter of business, and I thought as I have done many times before, that I must be mistaken about her, she wrote so nicely. An hour later, her teacher, who has been at me since Heron's death, to give him a hospital position, came in excited. He has been awaiting the arrival of the new Dr. with much impatience as have the others. He asked me if I had seen Dr. Vinton. I said I had. He said, well why don't you give him advice. I asked for his meaning and he told me that he had been talking with Mrs. Heron about the new Dr. whom she said would be directed by Mr. Gifford, and "he is a baby, an eighth months man, a man without a mind." He said he had remonstrated with her and said some things very complimentary of me and urged Dr. Vintons advising with me. She flew into a rage, cried tears called me a bad man and that Dr. Vinton must not talk with me etc. Now bear in mind, my dear Dr., that the Korean is the man who was so much attached to Dr. Heron who faithfully stayed by him through all his illness. To be sure, he is an old friend of mine, as he was one of my students in the old school, and I befriended his brother. But he has never heard a word from me in disparagement of the Herons and had no other reason in coming to me in this way, other than fear of the failure of the institution in which he hoped to take service.

Also remember that either a few minutes before or a few minutes after her disgraceful tirade against me, she had written me a letter that might have been written by my dearest friend.

I will do all I can to help the Dr. and I am slow to take offense these days, as it doesn't pay. When I see people act as Mrs. Heron's followers do, I simply let them sincerely alone.

Poor Underwood takes his wife home by this mail. No one expects to see her back. She is a muck.

With kindest regards to you all,

I am yours very sincerely,
H. N. Allen

어거스틴 허드(주한 미국 공사)가 민종묵(외아문 독판)에게 보낸 공문,
외아문 제73호 (1891년 4월 10일)

미합중국 공사관
한국 서울

1891년 4월 10일

외아문 제73호

안녕하십니까,

저는 각하께 최근에 제중원과 연관을 갖게 된 의학박사 언더우드 부인이 심각한 건강 문제로 인하여 즉시 미국으로 떠나야 하며, 그녀의 의료 업무를 포기해야만 한다는 말씀을 전해 달라는 요청을 받았습니다.

저는 이 새로운 기회를 이용하여 각하께 최고의 경의를 표명합니다.

어거스틴 허드
알렌을 통하여

민종묵 각하,
외아문 독판

Augustine Heard (U. S. Minister to Korea), Dispatch to Min Chong Mok (Pres., For. Office), No. 73, Foreign Office (Apr. 10th, 1891)

Legation of the United States
Seoul, Corea

Apl. 10, 1891

No. 73, F. O.

Sir: -

I am requested to say to Your Excellency that Mrs. Dr. Underwood, recently connected with the Government Hospital, is compelled by serious ill-health to depart immediately for America, and will have to give up her medical duties.

I avail myself of this opportunity to renew to Your Excellency the assurance of my high consideration.

Augustine Heard
per Allen

To His Excellency
Min Chong Mok,
President of the Foreign Office

[漢譯]

　　敬啓者 本國人 元德禹 夫人, 以女醫連續往來於貴濟衆院矣, 現因重崇, 遑忙發程回國, 則勢將不能供職于該院, 專此仰達, 順頌

　　台祺

安連 頓
辛卯 三月 初三日

민종묵(외아문 독판)이 호러스 N. 알렌
(주한 미국 공사관 서기관)에게 보낸 공문 (1891년 4월 10일)

급히 회답을 드립니다. 일전에 받은 귀하의 문서를 열어보고, 이야기한 일 등으로 인하여 임금을 뵙고 동월 초3일 이를 승인하였습니다. 해당 여의사를 살펴보니 제중원에 이바지하다 병을 얻었음이 드러나 우선 돌아가길 고하니, 매우 슬프고 염려됩니다. 이만 봄날 안녕하시길 바랍니다.

민종묵 드립니다.
신묘 3월 초3일

Min Chong Mok (Pres., For. Office), Dispatch to Horace N. Allen
(Sec., U. S. Legation to Korea) (Apr. 10th, 1891)

逕覆者, 頃接
貴函內開, 云云等因見上, 同月初三日准此, 查該女醫師, 供院脫露病且告回, 殊甚悵慮 耑此佈覆, 順頌
春安.

閔種黙 頓
辛卯 三月 初三日

캐드월러더 C. 빈튼(서울)이 프랭크 F. 엘린우드(미국 북장로교회 해외선교본부 총무)에게 보낸 편지 (1891년 4월 10일)

(중략)

저는 오늘 도티 양의 (여)학교에서 어린 소녀 두 명을 진료하는 것으로 사실상 의료 활동을 시작하였습니다. 하지만 병원은 두 달 넘게 문을 닫고 있었고, 다음 주 목요일[60])에 공식 행사를 하기로 정하였습니다. 알렌 박사는 진심으로 저를 돕고 있습니다. 그는 이곳에서 저의 업무와 관련하여 귀중한 정보를 저에게 많이 제공해 주었고, 어제는 외아문 독판을 방문하는데 동행해 주었으며, 그 관리로부터 제가 병원 관리를 비교적 독립적으로 하는 데 필요한 약속을 받았습니다.

(중략)

Cadwallader C. Vinton (Seoul), Letter to Frank F. Ellinwood (Sec., BFM, PCUSA) (Apr. 10th, 1891)

(Omitted)

I began my medical work in fact today by seeing two of the little girls in Miss Doty's school. The hospital, however, has been closed for more than two months, and next Thursday has been fixed as the day for the needed public ceremonial. I find Dr. Allen very cordial in his assistance. He has given me much valuable information in connection with my work here; was so kind as to accompany me yesterday in a call upon the President of the Foreign Office; and has obtained from that official the pledges necessary to render me comparatively independent in the management of the institution.

(Omitted)

---

60) 4월 16일이다.

어거스틴 허드(주한 미국 공사)가 민종묵(외아문 독판)에게 보낸 공문, 외아문 제77호 (1891년 4월 29일)

미합중국 공사관
한국 서울

1891년 4월 29일

외아문 제77호

안녕하십니까,

제가 잠시 중국을 방문하기 위하여 자리를 비울 예정이며, 제가 없는 동안 H. N. 알렌 씨가 미국 대리공사로 활동할 것임을 각하께 알리게 되어 영광입니다.

저는 이 새로운 기회를 이용하여 각하께 최고의 경의를 표명합니다.

어거스틴 허드

민종묵 각하,
외아문 독판

Legation of the United States
Seoul, Corea

Apl. 29, 1891

No. 77, F. O.

Sir: -

I have the honor to inform Your Excellency that I am about to leave my post for a short visit to China, and that during my absence Mr. H. N. Allen will act as *Chargé d'Affaires* for the United States.

I avail myself of this renewed opportunity to express co Your Excellency the assurance of my highest consideration.

Augustine Heard

To His Excellency
Min Chong Mok,
President of the Foreign Office

[漢譯]

大美 欽命駐箚朝鮮便宜行事大臣兼 總領事 何 爲

照會事, 本大臣以 暫時 游歷次, 方作 淸國之行, 而其間 本署 事務, 由安連 署理 專此, 相應 備文, 請煩 貴督辦 查照可也, 須至照會者.

右.

大朝鮮 督辦通商事務 閔

辛卯 三月 二十一日

호러스 N. 알렌(주한 미국 임시 대리공사)이
민종묵(외아문 독판)에게 보낸 공문, 외아문 제80호 (1891년 5월 5일)

대미 서리흠명주차조선편의행사대신겸 총영사 안(安)이 조회할 일

우리나라 사람 배이덕(裵阿德)이 이전에 구매한 (집)터에 관한 일입니다. 오랫동안 부산항에 머물다가 타결을 얻지 못하고 이내 서울로 다시 돌아왔습니다. 그 후 배이덕이 (이 일로) 하덕(何德) 공사에게 보고하였고, 귀 대인의 허락을 받았습니다. 그리고 영국인 하지(河之)가 그 (집)터를 사기 위하여 해당 항구에 가서 거듭 부탁하며 대신 매입하겠다고 하였습니다. (그런데) 항구에 도착하여 사려고 할 때마다 해당 감리(監理)가 "정해진 바의 (집)터가 너무 넓고, 배이덕의 지계를 하지에게 발급할 수 없다"고 운운하였습니다. 본 서리 대신이 삼가 생각컨대, 각 항구 내의 외국인이 사려는 (집)터의 광협(廣狹)은 처음부터 약속된 규정이 없었습니다. 또한 해당 배이덕이 정한 (집)터는 서울에 있는 외국인의 (집)터에 비교해 넓지 않습니다. 청컨대 귀 대인께서는 즉시 해당 항구에 관문(關文)으로 신칙(申飭)하여 영국인 하지가 대리 매매하게 함이 실로 편리하고 마땅할 것입니다. 만일 그렇지 않으면 이번 달 초 9일 배편으로 배이덕이 직접 가서 사게 하면 일이 지연되지 않으니, 이로써 편리하게 하여 오는 겨울 집을 짓고 거주하게 하도록 함이 가하며 이같이 되도록 조회가 잘 도착하길 바랍니다.

Horace N. Allen (U. S. *Chargé d'Affaires ad interim* to Korea), Dispatch to Min Chong Mok (Pres., For. Office), No. 80, Foreign Office (May 5th, 1891)

大美署理欽命駐箚朝鮮便宜行事大臣兼總領事安爲照會事

我國人裵阿德, 曩以購買基址一事, 久留釜港, 未得妥結, 仍爲還京, 其後該裵阿德稟于公使何德, 得蒙

貴大人之允准, 而英國人河之, 爲買基址, 前往該港便, 申托以代買矣, 及其到港要買, 該監理謂以所定基址太廣, 且裵阿德之地契不可發給 于河之云, 本署理大臣, 窃想各港內外國人, 所買基址之廣狹, 初不載於約章中, 且該裵阿德. 所定基址, 不廣於京城所在外國人基址, 請煩

貴大人卽爲關飭該港, 使英人河之代買, 實係便宜, 若不然則本月初九日, 船便使裵阿德躬往購買, 毋至延拖, 以便來冬建屋住接可也, 爲此, 須至照會者.

右照會.

大朝鮮 督辨交涉通商車務 閔

一千 八百 九十一年 五月 五日

호러스 N. 알렌(주한 미국 임시 대리공사)이
민종묵(외아문 독판)에게 보낸 공문, 외아문 제81호 (1891년 5월 5일)

미합중국 공사관
한국 서울

1891년 5월 5일

외아문 제81호

안녕하십니까,

　저는 서울에 거주하는 미국 시민권자인 아펜젤러 씨가 가족과 함께 잠시 즈푸를 방문할 예정이며, 자녀의 한국인 보모가 그들과 동행하여 돌봐줄 수 있도록 호조를 발급받고 싶어 한다는 것을 각하께 알리게 되어 영광입니다.
　그는 한국인 여자가 허가 없이 나라를 떠날 수 없다는 통보를 받았고, 그래서 이 문제에 대하여 각하의 친절한 역할을 요청하고 있습니다.

　안녕히 계십시오.
　H. N. 알렌
　　임시 대리공사

Horace N. Allen (U. S. *Chargé d'Affaires ad interim* to Korea), Dispatch to Min Chong Mok (Pres., For. Office), No. 81, Foreign Office (May 5th, 1891)

Legation of the United States
Seoul, Corea

May 5, 1891

No. 81, F. O.

Sir: -

I have the honor to inform Your Excellency that Mr. Appenzeller, an American citizen resident in Seoul. is about to go with his family for a short visit to Chefoo, and wishes to obtain a passport for the Corean nurse of his children in aides that she may accompany and care for them.

He is informed that Corean woman are not allowed to leave the country without permission, hence he asks Your Excellency's kind offices in this matter.

I have the honor to be
Your Excellency's
Most obedient servant,
H. N. Allen
Chargé d'Affaires
ad interim

[漢譯]

　　大美 署理欽命駐箚朝鮮便宜行事大臣兼 總領事 安, 爲

　　照會事, 我國人 亞扁薛羅, 以暫時遊歷此, 率家眷將前徃烟台, 爲其保嬰, 必携貴國奶媽, 而婦人非公文, 則不能離國, 請煩 貴大人 查照後, 即繕 護照 一紙 送交 本署, 以便發給可也, 須至照會者,

　　右照會.

　　大朝鮮 督辦交涉通商事務 閔

　　西曆 一千 八百 九十一年 五月 五日

　　陰曆 辛卯 三月 二十七日

프랭크 F. 엘린우드(미국 북장로교회 해외선교본부 총무)가
새뮤얼 A. 마펫(서울)에게 보낸 편지 (1891년 5월 6일)

(중략)

나는 화해와 관련하여 선교부에서 알렌 박사를 완벽하게 우호적으로 인정하는 데 귀하가 영향력을 행사하기를 바라고 있습니다. 만일 선교부에서 과거의 원한을 잊지 못하고 그의 영향력이 그들을 생생하게 유지하고 불타오르게 한다면 그것은 매우 유감스러운 것으로 생각해야 합니다. 어떤 사람이 알렌 박사에게 어떤 비판을 가하더라도 그는 마음이 따뜻한 사람이며 우리 선교부에 큰 도움이 될 수 있습니다. 지나간 일 때문에 아무도 그를 멀리하지 못하게 하세요. 나는 우리 한국 선교부를 그토록 무력하게 만든 오래된 다툼의 마지막 잔물결을 보고 싶습니다.

(중략)

Frank F. Ellinwood (Sec., BFM, PCUSA),
Letter to Samuel A. Moffett (Seoul) (May 6th, 1891)

(Omitted)

In regard to peace-making, I hope you will use your influence to secure in the mission a perfectly friendly recognition of Dr. Allen. If there are any in the mission who cannot forget old scores, but whose influence goes to keep them alive and inflamed, I should deem it very unfortunate. Whatever criticisms any one may have to make upon Dr. Allen, he is a kind-hearted man, and can be of immense service to our mission. Do not let any one alienate him on account of what has wholly passed. I long to see the very last ripple of the old quarrels which have so crippled our Korean Mission.

(Omitted)

호러스 N. 알렌(주한 미국 임시 대리공사)이
민종묵(외아문 독판)에게 보낸 공문 (1891년 5월 8일)

삼가 아룁니다. 본국인 고와드[61], 벙커 두 사람이 내일 과거 시험장에 들어가 살펴보려 합니다. 각하께서는 특별히 문을 닫는 것을 늦춰주시길 힘써 바라며, 이로 하여금 들어가 볼 수 있게 된다면 크게 다행일 것입니다. 아울러 평안하시길 바랍니다.

안련 드립니다.
신묘 4월 1일

Horace N. Allen (U. S. *Chargé d'Affaires ad interim* to Korea),
Dispatch to Min Chong Mok (Pres., For. Office) (May 8th, 1891)

敬啓者, 本國人 賈洼德·房巨 兩人, 擬於明天入觀科場, 務望
閣下 特弛門禁, 使之入觀, 千萬千萬, 爲此, 順頌
台祺

安連 頓
辛卯 四月 一日

---

61) 구스타부스 고와드(Gustavus Goward)는 1893년 시카고에서 개최된 만국 박람회의 특별 위원으로 임명되어 1891년 3월 일본을 방문하였고, 5월 1일에 한국을 방문하였다.

호러스 N. 알렌(주한 미국 공사관 서기관)이
제임스 G. 블레인(미합중국 국무장관)에게 보낸 공문, 제159호
(1891년 5월 8일)

제159호 　　　　　　　　　　미합중국 공사관
　　　　　　　　　　　　　　한국 서울

　　　　　　　　　　　　　　　　　　　　　1891년 5월 8일

국무장관

안녕하십니까,

　　내륙에서 외국인에 대한 대우와 관련한 특정 선언문을 발표함으로써 프랑스 인 선교사와 한국 정부 사이의 갈등을 해결하는 것에 대한 허드 씨의 4월 2일자 제141호 공문62)과 관련하여, 긴 여행을 마치고 막 돌아온 한 미국인 선교사가 자신이 접촉한 관리들로부터 유난히 친절한 대우를 받았으며, 그는 심각하게 불만을 제기한 적이 없지만, 이 특별히 친절한 대우가 주로 위에 인용된 공문에 언급된 선언 덕분이라고 생각한다고 언급하였다는 것을 귀하께 알려드리게 되어 영광입니다.

　　H. N. 알렌

---

62) Augustine Heard (U. S. Minister to Korea), Despatch to James G. Blaine (Sec. of State), No. 141 (Apr. 2nd, 1891)

Horace N. Allen (Sec., U. S. Legation to Korea), Despatch to James G. Blaine (Sec. of State), No. 159 (May 8th, 1891)

No. 159   Legation of the United States

Seoul, Corea,

May 8, 1891

Secretary of State

Sir: -

Referring to Mr. Heard's No. 141 of Apl. 2nd, concerning the settlement of a difficulty between the French Missionaries and the Corean Government, by the publication of certain proclamations concerning the treatment of foreigners in the interior; I have the honor to inform you that an American Missionary, just returned from one of his long trips through the country, states that he met with unusually kind treatment from the officials with whom he came in contact; and that, while he has never had serious complaints to make, he thinks this particularly kind treatment to be due largely to the proclamations mentioned in the above cited despatch.

H. N. Allen

호러스 N. 알렌(주한 미국 공사관 서기관)이 프랭크 F. 엘린우드 (미국 북장로교회 해외선교본부 총무)에게 보낸 편지 (1891년 5월 13일)

한국 서울,
1891년 5월 13일

친애하는 엘린우드 박사님,

한국에서 박사님의 처음이자 마지막인 유일한 성공을 놓치신 것 같습니다.

빈튼 박사는 일전에 기포드 씨와 함께 와서 저에게 선교부가 병원 사업을 그만두기로 결정하였다고 알려주었습니다. 이유는 선교 사업을 할 기회가 충분하지 않다는 것이었습니다. 그러나 그들 중 아무도 그러한 일을 시도하지 않았기 때문에 그들이 그것에 대하여 무엇을 알 수 있겠습니까? 언더우드 씨는 그와 제가 한국어를 구사할 수 있기 전에 우리가 공식 통역사를 통하여 말하였던 것에서 가난한 여자가 희망을 안고 병원에서 사망하였던 것에 대하여 말할 것입니다. 이것 또는 이와 유사한 시도에 대하여 어떠한 이의도 제기되지 않았습니다. 기포드는 그러한 업무에 배정될 가능성이 있거나 업무에 참여하지 않는 것을 반대할 수 있는 유일한 사람입니다. 아무도 그가 노력할 수 있는 그러한 기회나 다른 어떤 기회를 갈망하고 있다고 생각하지 않을 것입니다.

하지만 이것은 구차하고 빈약한 변명에 불과합니다. 제가 처음 올라왔을 때 들었지만, 결국 병원에 가보니 근거 없는 것이었습니다.

빈튼 박사는 한동안 안절부절하였고 돈에 대하여 너무 초조해해서 저는 한 번 제가 그에게 정부에 병원과 장비를 그에게 넘겨주고, 경비가 적기 때문에 선교부가 그것을 자신들의 병원으로 운영하도록 요청할 것을 제안한 적이 있습니다. 하지만 그는 그러한 제안의 결과로 그 기관을 통제하기를 열망하고 있던 다른 의사들 중 한 명에게 그 기관이 넘어갈지 몰라 걱정하였습니다.

외아문 독판과의 면담에서 그는 매달 의사에게 돈을 넘겨주어 의사가 지출하고 계산하기로 동의하였습니다. 그 이후로 한국인에 대한 어떤 불쾌한 비난을 암시하는 것처럼 보일 것이기 때문에 그는 박사님의 지시에 따라 한국인 재무의 손에 돈을 맡기도록 권유받았습니다.

빈튼 박사는 1년 예산으로 3,000달러 전체를 원하고 있고, (저는 그가 갖는 것을 선호합니다.) 그는 1,500달러면 충분하다고 생각하며 몇 년의 잉여금으로 그는 좋은 벽돌 건물을 지을 수 있다고 말하고 있습니다. 저는 그의 설명에 따라 1,500달러면 충분하며, 그는 잉여금에 대한 권리가 없을 것이고 주사가 절반을 차지하더라도 여전히 자신의 예산 내에 있을 것이라고 지적하려고 하였습니다. 박사님은 이곳의 정부 기관이 우리와 같이 운영되고 있지 않으며, 단지 명목상의 급여를 받는 대부분의 관리들이 그것을 유지하는 것은 그들의 선택이라는 점을 명심하셔야 합니다.

그림에도 불구하고 저는 주사에게 박사를 전적으로 지지하고 그가 원하는 대로 하도록 노력하라고 대단히 강력하게 이야기하였습니다.

빈튼 박사와 기포드 씨는 경비가 월요일까지 오지 않으면 그가 더 이상 병원에 출근하지 않을 것이라고 공식적으로 독판에게 알려줄 것을 저에게 원하였는데, 그때는 금요일이었습니다. 물론 저는 그런 일을 하지 않았고, 진행된 일에 따라 타협한 것이 아쉬울 뿐입니다.

박사님과 왕의 요청으로 저는 지난 여름에 병원을 소생시켰으며, 박사님을 위하여 병원을 살리기 시작하였습니다. 그것은 장로교회 선교부의 지배적인 정신에 크게 어긋나는 일이었고, 저는 이것을 가능한 한 모든 면에서 느끼게 되었습니다. 이러한 영향은 마침내 극복되었고, 그것만이 위에 언급한 상황을 설명합니다.

빈튼 박사는 평균적인 선교부 의사들보다는 수준이 높아 보입니다. 베어드 씨는 아주 조용하고 진지한 신사입니다. 마펫 씨는 강해 보이지만 일관성이 없는 것 같습니다. 기포드는 어리석습니다.

이들은 모두 위에서 언급된 그런 영향 아래에 완전히 있습니다. 언더우드 씨는 마펫이 도착하였을 때 일본에 있었으며, 그 이후 멀리 있었거나 그렇지 않으면 많은 관계를 가졌을 것이고, 그래서 개인적인 악의가 박사님에게 졸렬한 수법으로 작용하였습니다.

이 편지는 보관해 두시겠습니까. 영광스러운 작품이 될 수도 있었지만 저에게는 한 남자와 여자에 의해 파괴되는 것으로 끝날지 모르기 때문입니다.

모든 분께 안부를 전합니다.

안녕히 계십시오.
H. N. 알렌

Horace N. Allen (Sec., U. S. Legation to Korea), Letter to Frank F. Ellinwood (Sec., BFM, PCUSA) (May. 13th, 1891)

Seoul, Korea,
May 13th, 1891

My dear Dr. Ellinwood: -

It seems that your first, last and only success in Korea has slipped through your fingers.

Dr. Vinton came with Mr. Gifford the other day to inform me that the mission had decided to drop the hospital - reason, there was not enough opportunity to do mission work. But as none of them have tried to do such work, how can they know anything about it. Mr. Underwood will tell you that before he or I could speak Corean, a poor woman died in the hospital with hope, from what we had said to her through the Official Interpreter. No objection was raised to this or any like attempt. Gifford is the only one likely to be assigned to such work, or who could object to being kept out of it. No one would imagine him to be pining much for such or any other opportunity for exertion.

This however, is but a lame and bare excuse. I listened to it when I first came up, but on finally going to the hospital, I found it to be without foundation.

Dr. Vinton has been restless for some time, he has fretted much about the money so much that once I suggested that he ask the Govn't to give him the Hospital and appliances and let the mission run it as their own. The expense being small. He feared however, that the result of such a proposition would be to turn the institution over to one of the other Drs. who he said were anxious to get control of it.

At our interview with the President of the Foreign Office, he agreed to hand over the money monthly to the Dr. to be expended by him and accounted for. Since then, he has been persuaded to leave the money in the hands of the Korean treasurer, subject to the Dr's order, as the other case would seem to imply a certain unpleasant reflection upon the Koreans.

Dr. Vinton desires the whole $3,000 annual appropriation, (I favor his having it) and he says he thinks $1,500 ample, while with the surplus of a couple of years he could build a good brick building. I tried to point out that as by his own statement, $1,500 was enough, and he would have no right to any surplus, even should the Chusa get one half, he would still be within his own estimate. You must bear in mind that Govn't institutions are not run here as with us, and in most officers with a mere nominal salary, it is the pickings alone that keep it up.

Nevertheless I talked very strongly to the Chusa, to them fully sustaining the Dr. and trying to have them do as he wished.

Dr. Vinton and Mr. Gifford desired me to inform the President officially that he would attend the hospital no more if the money did not come by Monday, it was then Friday. Of course I didn't do any such thing and only regret that I am compromised as much as I am by the turn affairs have taken.

When at your and the King's request, I resuscitated the hospital last summer, and started in to keep it alive for you. It was very much against the will of the ruling spirit of the Presbyterian Mission, and I was made to feel this in every possible way. This influence has conquered at last and that, and that only accounts for the above mentioned circumstances.

Dr. Vinton seems to be above the average mission Dr. Mr. Baird is apparently a quiet earnest gentleman. Mr. Moffett seems strong but erratic. Gifford is a fool.

These have all come wholly under the influence above mentioned, for Mr. Underwood was in Japan when Moffett arrived and has been away or otherwise engaged much since, and thus personal spite has played you a very scurvy trick.

Will you please file this letter, as it ends for me what might have been made a glorious work but ruined by one man and woman.

With kind regards to all, I am,

Yours sincerely,
H. N. Allen

호러스 N. 알렌(주한 미국 임시 대리공사)이
민종묵(외아문 독판)에게 보낸 공문, 외아문 제82호 (1891년 5월 15일)

미합중국 공사관
한국 서울

1891년 5월 15일

외아문 제82호

안녕하십니까,

　　미국 시민인 맥길 박사가 어젯밤 남대문 근처에 있는 자신의 벽돌 병원에서 약 65.00달러에 상당하는 도난 사건을 신고하였다는 사실을 각하께 알리게 되어 영광입니다.

　　경위는 다음과 같습니다. 박사는 어제 오후 2시쯤 건물의 문을 잠그고, 그의 어학 선생인 송탁진(宋澤鎭)과, 옆 건물에서 잠을 자며 건물 전체를 관리하고 있는 문지기인 최명화(崔明華)에게 맡기고 건물을 떠났습니다. 오늘 아침 병원에 갔을 때 맥길 박사는 그 장소에 대하여 알고 있는 사람이 문을 열고 60.00달러 상당의 퀴닌 큰 상자 12개와 현금 약 10,000냥을 가져간 것을 발견하였습니다. 퀴닌은 그 용도와 보관 장소를 잘 아는 사람만이 가져갈 수 있는 것이었습니다.

　　맥길 박사는 문지기를 의심하고 있는데, 그는 답변이 다소 불확실하고 대단히 불안해하고 있기 때문입니다.

　　저는 이 사건의 조사를 위하여 적절한 부서가 담당할 수 있도록 이 문제를 각하께 회부하고자 합니다.

　　안녕히 계십시오.
　　H. N. 알렌,
　　　　임시 대리공사

민종묵 각하,
　　외아문 독판

Horace N. Allen (U. S. *Chargé d'Affaires ad interim* to Korea), Dispatch to Min Chong Mok (Pres., For. Office) No. 82, Foreign Office (May 15th, 1891)

Legation of the United States
Seoul, Corea

May 15, 1891

No. 82, F. O.

Sir: -

I have the honor to inform Your Excellency that Dr. McGill, an American citizen, reports a theft from his brick hospital near the South Gate last night. amounting to some $ 65.00

The circumstances are as follows: The Doctor, locked the building at 2 o'clock yesterday afternoon, and left the building in charge of his teacher Song Tak Chin, and his gateman Chay Myung Wha, who sleep in an adjoining building and have entice charge of the premises. On going to the Hospital this morning, Dr. McGill found that the the [sic] door had been opened by some one who knew the place, and 12 large boxes of quinine valued at $60.00 and about 10,000 cash had been taken. The quinine could only have been taken by some one well acquainted with its use and the place where it was kept.

Dr. McGill suspects the gateman, as the latter seems to be somewhat uncertain in his replies and very much alarmed.

I beg to refer this matter to Your Excellency in order that the case may be handed over to the proper authorities for examination.

I have the honor to be
Your Excellency's
Most obedient servant
H. N. Allen

Chargé d'Affaires
ad interim,

His Excellency
Min Chong Mok,
President of the Foreign Office

[漢譯]
　　大美 署理欽命駐箚朝鮮便宜行事大臣兼 總領事 安 爲

　　照會事, 我國來 醫士 麥吉 施病院, 在於 南大門 近處, 昨日 下午 二點鍾, 該醫士 鎖房門出他, 而使其敎語人宋澤鎭曁門下人 崔明華 留宿看守矣, 今早該醫 徃本院, 則房門已開, 而房內所貯, 金鷄蠟 十二櫃, 價値 六十元, 及銅錢 壹百兩 盜取而去, 此必是蕭墻內所居人, 熟知形便者之所爲也, 門下人現帶, 恐懼形色, 具 於詰問時, 其所答多有不分明說話, 請煩

　　貴督辦 立卽, 另飭于刑律官, 使之嚴重査究可也, 爲此, 須至照會者.

　　右. 外押送 二入

　　大朝鮮 督辦交涉通商事務 閔
　　一千 八百 九十一年 五月 十五日
　　辛卯 四月 初八日

로제타 S. 홀(서울)이 호러스 N. 알렌
(주한 미국 대리공사)에게 보낸 편지 (1891년 5월 19일)

한국 서울,
1891년 5월 19일

H. N. 알렌, 의학박사,
　대리공사

친애하는 박사님,

　이 쪽지를 소지하고 있는 저의 하인 전완식(田元植)은 어젯밤 민 장군의 만찬에 나와 함께 갔다가 등불을 가지러 급히 돌아오는 길에 조선인들에게 붙잡혀 매를 맞고 걷어차였습니다. 우리 하인들은 이 일을 간과하면 다른 사람들에게도 이런 일이 일어날까 봐 두려워하고 있습니다.
　관심을 가져 주시면 감사하겠습니다,

　안녕히 계세요.
　로제타 셔우드, 의학박사

Rosetta S. Hall (Seoul), Letter to Horace N. Allen (Sec., U. S. Legation to Korea) (May 19th, 1891)

Seoul, Korea,
May 19, 1891

H. N. Allen, M. D.,
Chargé d'Affaires

Dear Doctor: -

The bearer of this note "Quan Sike", my servant went with me to the dinner given by Gen. Min last evening: he came back to get a lantern, and returning in haste, on the way was laid hold on by Koreans who beat & kicked him. Our servants are afraid this might occur to others of them if it be overlooked.

Please give it your attention and oblige,

Yours truly,
Rosetta Sherwood, M. D.

[漢譯]

　　大美 署理欽命駐箚朝鮮便宜行事大臣兼 總領事 安 爲

　　照會事

　　我國 女醫 徐禹德, 昨夕 叅于 閔兵判家宴, 速該醫廳其昏暮, 使下人 田元植, 往于其家, 持一燈籠而來, 及到毛橋, 橋頭衆會人, 無故 亂打 田元植, 本署理大臣, 現査 該隷, 不能 起立, 且流血浪藉, 衣冠 破裂, 人不忍目見, 其情境也, 本署理大臣亦於昨暮, 與

　　貴大人 分路, 過此橋時, 詳聞其毆打聲, 請煩

　　貴督辦, 將此轉飭刑官, 究得元犯, 拔例懲治可也, 爲此, 須至照會者.
　　右.

　　大朝鮮 督辦交涉通商事務 閔

　　一千 八百 九十一年 五月 十九日

　　辛卯 四月 十二日

호러스 N. 알렌(주한 미국 대리공사)이
민종묵(외아문 독판)에게 보낸 공문, 외아문 제83호 (1891년 5월 19일)

미합중국 공사관
한국 서울

1891년 5월 19일

외아문 제83호

안녕하십니까,

어젯밤 서울 거리에서 외국인의 하인이 직무를 수행하던 중 발생한 만행에 대하여 각하께 말씀드리게 되어 영광입니다.

의학박사 셔우드 양은 어제 저녁 민영환 장군의 만찬에 참석하였습니다. 처음 예상하였던 것보다 더 오랜 시간을 머물렀던 그녀의 하인인 전원식은 등불을 가지로 집으로 갔습니다.

그가 모교(毛橋)[63] 근처에 있는 군중 속으로 들어갔을 때, 그들은 그가 말하였듯이 어떤 도발도 없었는데 그를 공격하고 구타하였습니다. 그들은 의도하였던 것보다 더 큰 부상을 입혔다는 것을 알고 그가 어디에 사는지 알게 된 그들 중 일부는 그를 집으로 데려갔습니다.

저는 오늘 아침에 그를 보았습니다. 그는 서 있을 수 없고, 심하게 멍이 들어 있었습니다. 그의 모자와 망건은 망가져 있었습니다. 그는 그를 공격한 사람들을 몰랐고, 외국인을 위하여 일을 하고 있다는 것 이외에는 공격의 이유도 알고 있지 않습니다.

저는 각하와의 저녁 식사를 마치고 돌아올 때 같은 다리를 지나다가 어떤 사람에게 닥친 어떤 사고에 대하여 많은 군중이 즐거워하는 것을 보았고, 저의 수행원들이 대화에 관한 몇 가지 정보를 제공할 수 있을 것이라고 덧붙일 수 있습니다.

각하께서 이 문제를 적절한 부서에 회부하고, 그 부서에 민 장군과 외국인

---

63) 모교(毛橋)는 현재의 무교동 3번지와 서린동 149번지 청계천 위를 연결해 주는 다리로서 모전교를 줄인 말이다. 이곳에는 과일을 파는 모전(毛廛)이 많았으며, 그 마을도 모교라 불렀다.

이 연결되어 있다고 주의를 기울여 주실 것이라고 믿습니다.

안녕히 계십시오.
H. N. 알렌,
    대리공사

민종묵 각하,
    외아문 독판

Horace N. Allen (U. S. *Chargé d'Affaires* to Korea), Dispatch to Min Chong Mok (Pres., For. Office), No. 83, Foreign Office (May 19th, 1891)

Legation of the United States
Seoul, Corea

May 19, 1891

No. 83, F. O.

Sir: -

I have the honor to address Your Excellency regarding an outrage committed upon the servant of a foreigner in the streets of Seoul last night while he was in the discharge of his duty.

Miss Dr. Sherwood attended a dinner given by General Min Yung Whan last evening. Remaining a longer time than was at first expected, her servant, Chun Won Sik was sent home for a lantern.

As he entered a crowd of men near the bridge, <u>Moik Yah</u>, they set upon and beat him without, as he says, any provocation. Finding they had injured him more than they had perhaps intended, and learning where he lived, some of them carried him towards his home.

I saw him this morning. He is unable to stand, and is very badly bruised. His hat and mangun were destroyed. His assailants were unknown to him, and he knows of no reason for the attack, other than the part of his being in the service of a foreigner.

I may add that in returning from dinner with Your Excellency, I passed over the same bridge, and noticed a large crowd making merry over some accident that had befallen some one, and my attendants may be able to give some information concerning the conversation.

Trusting that Your Excellency will refer this matter to the proper authorities, and give it the attention that the connection of Gen'l. Min, and a foreigner with it, should give to it.

I have the honor to be
Your Excellency's
Most obedient servant,
H. N. Allen,
   Chargé d'Affaires

To His Excellency
Min Chong Mok,
   President of the Foreign Office

[漢譯]

　　大美 署理欽命駐箚朝鮮便宜行事大臣兼 總領事 安 爲

　　照會事, 我國 女醫 徐禹德, 昨夕尜于 閔 兵判家宴, 速該醫廳其昏暮, 使下人
田元植, 往于其家, 持一燈籠而來, 及到毛橋, 橋頭衆會人, 無故 亂打 田元植, 本
署理大臣, 現査 該隷, 不能 起立, 且流血浪藉, 衣冠破裂, 人不忍目見, 其情境也,
本署理大臣 亦於昨暮, 與貴大人 分路, 過此橋時, 詳聞其毆打聲, 請煩

　　貴督辦, 將此轉飭刑官, 究得元犯, 拔例懲治可也, 爲此, 須至照會者.
　　右.

　　大朝鮮 督辦交涉通商事務 閔

　　一千 八百 九十一年 五月 十九日

　　辛卯 四月 十二日

18910519

프랭크 F. 엘린우드(미국 북장로교회 해외선교본부 총무)가 호러스 N. 알렌(서울)에게 보낸 편지 (1891년 5월 19일)

1891년 5월 19일

H. N. 알렌 박사,
한국 서울

친애하는 형제께,

박사님의 명확한 편지에 감사드립니다. 나는 우리의 좋은 친구인 헤론 부인이 과거를 잊을 수 없다는 것이 매우 슬픕니다. 다른 사람들에 관해서는, 나는 그들이 박사님의 친구라는 것을 알고 있습니다. 박사님에 대한 대단히 유쾌한 언급이 그들의 최근 편지에 나타납니다. 화해를 위하여 모든 일이 이루어지길 바라는 마음을 담아 글을 쓰느라 애를 썼습니다.

나는 언더우드 씨의 철수에 대하여 슬퍼하고 있습니다. 그는 때때로 약간 성급하지만 문서와 영적 업무 모두에서 귀중한 선교사입니다. 그는 한동안 자신의 업무를 보류할 것 같으며, 아마도 결코 돌아가지 않을 것입니다.

우리는 찾을 수 있다면 다른 목회자와 의사를 파송하려고 노력할 것입니다. 빈튼 박사와 관련하여, 박사님이 그를 지지하는 것을 보게 되어 기쁩니다. 그에게 적어도 좋은 시도를 하게 해주세요. 그가 속에 가지고 있는 좋은 것을 격려해 주세요. 그는 열매를 맺을 수도 있습니다. 우리는 이상적인 남자를 찾을 수 없습니다. 우리는 하나님이 우리에게 보내시는 것을 사용해야 합니다. 헤론 부인이 그를 적대시하였다면 그녀는 계속 그렇게 할 것입니다. 시작부터 시끌벅적했던 한국 선교부가 화합과 능률적인 사역으로 안착할 날은 언제쯤 올 것인가! 박사님에 대한 이 선교사나 저 선교사의 태도가 어떠하든 간에, 박사님은 항상 나의 신뢰를 받았고 나는 항상 박사님의 진심 어린 협력을 요구할 것임을 기억하세요.

하나님께서 한국에서 박사님의 사역과 영향력에 축복을 내리소서.

안녕히 계세요.
F. F. 엘린우드

Frank F. Ellinwood (Sec., BFM, PCUSA), Letter to Horace N. Allen (Seoul) (May 19th, 1891)

May 19th, 1891

Dr. H. N. Allen,
    Seoul, Korea

Dear Brother:

I thank you for your clear letter. I am exceedingly sorrowful that our good friend Mrs. Heron cannot forget the past. As to the others, they are, I know, your friends. Some very pleasant reference to you appear in their late letters. I have taken pains to write them expressing the hope that everything will be done for conciliation.

I am grieved at the withdrawal of Mr. Underwood. He is a little impetuous sometimes, but he is an invaluable missionary, both in his literary and in his spiritual work. It really looks as though he might for sometime be withheld from his work; possibly he may never go back.

We are going to try to send out another clerical man and a doctor if we can find them. In regard to Dr. Vinton, I am glad to see that you back him. Give him at least a good trial; encourage the good that is in him. It may be that he has fruits; we cannot find ideal men; we must use such as God sends us. If Mrs. Heron has been to antagonize him she will continue to do so. When shall the time come in which the Korean Mission, which has been tempest-teased almost from the start, shall settle down into harmony and efficient work! Whatever may be the attitude of this or that missionary toward you, remember that you have always had my confidence, and I shall always claim form your hearty co-operation.

May God bless you in your work and influences in Korea.

Very sincerely yours,
F. F. Ellinwood

캐드월러더 C. 빈튼(서울)이 프랭크 F. 엘린우드(미국 북장로교회 해외선교본부 총무)에게 보낸 편지 (1891년 5월 20일)

서울
1891년 5월 20일

친애하는 엘린우드 박사님,

저는 오늘 아침에 특별 우편이 떠나는 기회를 빌어 왕립병원과 제가 맺은 관계를 끊는 것과 관련하여, 열흘 전에 선교부의 만장일치의 생각과 회원들의 공식적인 투표에 따른 공식적인 조언에 따라 제가 취한 조치를 박사님께 간단하게 편지를 씁니다.

서울에 도착한 며칠 후 저는 알렌 박사와 외아문 독판을 만나 그로부터 제가 병원 자금을 관리해야 한다는 약속을 받았습니다. 독판의 모국어를 저보다 이해할 수 있는 이점을 가진 알렌 박사는 저에게 이 약속이 분명히 주어졌다고 확인하였습니다. 제가 병원을 맡은 지 3주 후, 저에게 첫 번째 지불금 250달러가 지불되어야 할 때 그것은 보류되었습니다. 나는 즉시 독판을 찾아가 항의하였지만, 이것은 '한국의 관습'이 아니며 통역사가 잘못 전달하였다는 답변만 들을 수 있었습니다. 그가 완고한 것을 발견한 나는 그가 약속을 이행하지 않았기 때문에 더 이상 병원에 출근할 수 없다고 그에게 말하여 '충격'을 가했습니다. 저는 이미 선교부의 다른 회원들과 상의하였으며, 저의 진로에 관하여 알렌 박사와 상의하였습니다. 그렇게 결정한 우리의 이유는 다음과 같습니다.

알렌 박사와 헤론 박사가 이 병원과 연계해서 일하는 동안 병원이 전도 사업에 심각하게 부적합하였는데, 사실 그곳에서 어떤 종교 사업도 한다는 것이 불가능에 가깝다는 사실을 인식하였습니다. 저는 같은 사실에 대한 그들의 견해를 알지 못하지만, 빠르게 마음을 정하였습니다. 그곳에서 일하는 두 가지 이점은 우리의 의료 능력을 사람들에게 선전하는 것과 정부 관리들에게 위신을 세워주는 것이었습니다. 앞쪽의 것은 현재 필요하지 않으며, 뒤의 것은 이미 고위 인사들로부터 상당한 관심을 받았고 이러한 사건 이전보다 더 많은 관심을 받았기 때문에 완전히 잃을 것 같지 않습니다. 그와는 반대로 공직자의 위신은 미국에서와 똑같은 의료 활동에 저의 시간을 거의 절반을 투자하고 이와 관련된 종교 활동의 기회도 전망도 없는 것은 적절한 보상이 아니라고 느꼈습니다.

정부가 매년 병원에서 사용하기 위하여 제공하는 3,000달러는 경영에 필요한 비용뿐만 아니라 모든 목적에 적합한 건물을 짓는 데에도 충분합니다. 그러나 이 자금의 ⅓이 조금 넘는 금액이 적절한 용도에 쓰이고, 나머지는 다양한 정부 관리들이 챙기고 있습니다. 저의 생각에 저 관리들에게 승리를 거두지 못한다면 병원 일을 그만두는 것이 나을 것 같습니다. 도티 양 및 베어드 씨와 함께 가장 강력한 주장은 굴복함으로써 제가 관리의 횡령을 용인하는 것인데, 이는 기독교의 옹호자로서 갖는 대단히 나쁜 입장이며 저의 전임자들이 이전에 취했던 태도에서 범한 실수이었습니다. 저는 외아문 독판으로부터 특사를 여러 번 받았고, 그는 약간의 양보를 하였지만 제가 받아들일 수 있는 것은 아니었습니다. 나는 병원에 가서 치료하는 것을 거부하고, 곤당골에서 중국인에게 구타를 당한 민 장군의 병사를 치료하여 이점을 얻었습니다. 민 장군은 정부에서 가장 인기 있고 영향력 있는 사람이며, 개인적으로 그것에 대하여 감사를 표하였습니다. 이제 언어를 공부할 시간이 늘어난 것이 저에게 유리하며, 저의 시간을 잘 활용하고 싶습니다.

안녕히 계십시오.
C. C. 빈튼

Cadwallader C. Vinton (Seoul),
Letter to Frank F. Ellinwood (Sec., BFM, PCUSA) (May 20th, 1891)

Seoul,

May 20, (18)91

Dear Dr. Ellinwood: -

I take the occasion of special mail leaving this morning to write you briefly of a step I took some ten days ago in accordance with the unanimous feeling of the mission and the formal advice of its voting members in severing the connection I had but lately formed with the Royal Korea Hospital.

A few days after reaching Seoul I called with Dr. Allen upon the President of the Foreign Office and obtained from him the promise that I should act as custodian of the hospital funds. This pledge Dr. Allen, having the advantage of me in being able to understand the native tongue of the President, assures me was distinctly given. When the time came, three weeks after I assumed charge of the hospital, for the first instalment of $250 to be paid into my hands, it was withheld. I at once called upon the President and remonstrated, but could obtain only the reply that this would not be "Korean Custom" and that the interpreter had misrepresented him. Upon finding him obdurate I "struck," telling him as he did not fulfil his pledge I could not longer attend at the hospital. I had already counselled with the other members of the mission and with Dr. Allen in regard to my course. Our reasons in so deciding were the following.

It was recognized by Dr. Allen and by Dr. Heron during their whole connection with the hospital that it was grievously unsuited to evangelistic work - in fact, that it is wellnigh an impossibility to do any religious work there whatever. I made up my mind speedily, but without knowing their views to the same fact. The two advantages of work there have been, the advertising of our's medical abilities to the people, and the prestige with government officials. The former is not needed at this date, the latter I am not likely to lose entirely, having received already considerable attention from men of rank, and more since than before these events. The mission felt that on the contrary, official prestige was no adequate return for the expenditure of nearly half my time in medical work precisely like that in America and without the opportunity nor the prospect of an opportunity of religious work associated with it.

The $3,000 furnished for hospital use each year by the government is ample, not only for necessary expenses of administration, but to construct buildings suitable for all purposes. But little more than one third of this appropriation has been going to its proper uses, the remainder being pocketed by various representatives of the government. It is thought better for me to abandon the hospital, unless I can gain a victory over those officials. With Miss Doty and Mr. Baird the strongest argument was that, by surrendering, I would be giving my sanctions to official peculation, a very bad position for me to hold as an exponent of Christianity and a mistake in the former attitude of my predecessors. I have received several envoys from the President and he has made some concessions, but not such as I can accept. I have gained an advantage in refusing to go to the hospital to treat, but in having removed to the Ko-dang-kol, or lower school, and in there treating a soldier of General Min who was beaten by Chinamen. General Min is the most popular and powerful man in the Government, and has personally thanked me for it. It is an advantage to me to have increased time now for the study of the language, and I hope to make good use of my time.

Very truly yours,
C. C. Vinton

윌리엄 B. 맥길(서울)이 호러스 N. 알렌
(주한 미국 대리공사)에게 보낸 편지 (1891년 5월 22일)

한국 서울,
1891년 5월 22일

알렌 박사,
    미합중국 공사관

친애하는 박사님,

    그 사람들을 석방하라고 전갈을 보내 주십시오.

    안녕히 계세요.
    윌리엄 B. 맥길

William B. McGill (Seoul), Letter to Horace N. Allen
(U. S. *Chargé d'Affaires* to Korea) (May 22nd, 1891)

Dr. Allen,
    U. S. Legation

Dear Doctor: -

    Please send word to have those men released and oblige.

    Yours truly,
    W. B. McGill

[漢譯]

敬啓者, 現接 醫士 麥吉 來函, 則以 施病院 失物 一事, 捉囚 二人, 還爲放送無妨云, 幸乞

貴大人 須即須即放送, 千萬千萬, 專此, 拜送

台祺

一千 八百 九十一年 五月 二十二日 安連 頓

辛卯 四月 十五日

호러스 N. 알렌(주한 미국 대리공사)이
민종묵(외아문 독판)에게 보낸 공문, 외아문 제84호 (1891년 5월 22일)

미합중국 공사관
한국 서울

1891년 5월 22일

외아문, 제84호

안녕하십니까,

저는 맥길 박사로부터 병원에서의 절도 혐의로 구금된 남자에 대하여 다음과 같은 요청[64]을 받았음을 알려드리게 되어 영광입니다. "그 사람들을 석방하라고 전갈을 보내 주십시오."

안녕히 계십시오.
H. N. 알렌,
임시 대리공사

민종묵 각하,
외아문 독판

---

64) William B. McGill (Seoul), Letter to Horace N. Allen (U. S. *Chargé d'Affaires* to Korea) (May 22nd, 1891)

Horace N. Allen (U. S. *Chargé d'Affaires ad interim* to Korea), Dispatch to Min Chong Mok (Pres., For. Office), No. 84, Foreign Office (May 22nd, 1891)

Legation of the United States
Seoul, Corea

May 22/ 1891

No. 84, F. O.

Sir: -

I have the honor to inform you that I am in receipt of the following instructions from Dr. McGill regarding the men detained for a theft at his hospital. "Please send word to have those men released."

I have the honor to be.
Sir,
Your obedient servant,
H. N. Allen,
Chargé d'Affaires
ad int.

To His Excellency
Min Chong Mok,
President of the Foreign Office

[漢譯]

　　敬啓者, 現接 醫士 麥吉 來函, 則以 施病院 失物 一事, 捉囚 二人, 還爲放送無妨云, 幸乞

　　貴大人 須即須即放送, 千萬千萬, 專此, 拜送

　　台祺

　　一千 八百 九十一年 五月 二十二日 安連 頓

　　辛卯 四月 十五日

달젤 A. 벙커(서울)가 호러스 N. 알렌
(주한 미국 대리공사)에게 보낸 편지 (1891년 5월 25일)

친애하는 박사님,

　제 생각에 공사관에 문서로 보관된 몇 개의 증서가 있는 것 같습니다. 박사님이 이것을 외아문으로 보내, 필요한 경우 등록해 주시겠습니까? 그렇게 하시고 문서로 보관해주시면 고맙겠습니다.

　안녕히 계세요.
　D. A. 벙커

토요일

Dalzell A. Bunker (Seoul), Letter to Horace N. Allen
(U. S. *Chargé d'Affaires* to Korea) (May 25th, 1891)

Dear Doctor: -

I think we have some deeds on file at the Legation. Will you send these to the For. Office and have them recorded if necessary? If you will do so & place on file you will greatly oblige.

Most truly yours,
D. A. Bunker

Saturday

달젤 A. 벙커(서울)가 호러스 N. 알렌
(주한 미국 대리공사)에게 보낸 편지 (1891년 5월 27일)

친애하는 박사님,

박사님이 요청한 정보를 제공하게 되어 매우 기쁩니다.

새 학교에는 약 25명의 학생이 있고, 이전 학교에는 2~4명의 학생이 있습니다.

우리는 각각 하루에 4시간씩 가르칩니다. 각 학교에서 4시간씩 합니다.

우리 급여는 월 225달러입니다.

안녕히 계세요.

D. A. 벙커

Dalzell A. Bunker (Seoul), Letter to Horace N. Allen
(U. S. *Chargé d'Affaires* to Korea) (May 27th, 1891)

Dear Doctor: -

I am very glad to give you the information you ask.

We have about twenty five scholars in the new school and from two to four in the old one.

We each teach four hours a day - giving each school four hours.

Our salary is $225 per moon.

Most truly yours,

D. A. Bunker

호러스 N. 알렌(주한 미국 임시 대리공사)이
제임스 G. 블레인(미합중국 국무장관)에게 보낸 공문, 외교 제165호
(1891년 5월 28일)

미합중국 공사관
한국 서울

외교 제165호   1891년 5월 28일

제임스 G. 블레인 각하,
    국무장관,
    워싱턴, D. C.

안녕하십니까,

어제 저의 집에서 외아문의 민 독판과 면담을 가졌으며, 그는 정부 학교의 미국인 교사들에 대한 주제를 거론하였다는 사실을 알려드리게 되어 영광입니다.

4년 전 내아문이 교사로 선발하여 이곳에 도착한 세 명의 청년 중, 벙커 씨와 헐버트 씨 두 사람이 남아 있습니다. 길모어 씨는 2년 계약이 만료되자 떠났습니다.

현재 그들은 수많은 공휴일을 제외하고 주 5일 동안 매일 4시간씩 25~30명의 학생을 가르치고 있습니다. 그들은 정기적으로 은화 225.00달러의 급여와 별도의 주택을 제공받고 있습니다. 그들은 더 많은 학생들을 갖게 되면 대단히 기뻐할 것입니다. 두 번째 계약은 다음 달 만료되며, [한국] 정부는 향후 한 명만 유지하는 것이 타당할 지 고려하고 있습니다. 독판은 그 주제에 대한 저의 의견을 물었지만, 학교에 대하여 높게 말하고 그것이 어떻게 하면 더 유용할 수 있는지 보여 주는 것 외에는 조언을 거부하였습니다.

그는 그들이 유리하게 사용할 수 있는 외국인 조수만을 고용하고 적절하고 정기적으로 급여를 지불하기를 원한다고 말하였습니다. 이와 관련하여 그는 현재의 군사 교관인 다이와 니엔스테드에게 지불해야 할 잔액이 곧 취소되

고 향후 불규칙성을 피하기 위한 적절한 조치가 취해질 것이라고 나에게 확신
시켰습니다.

안녕히 계십시오.
H. N. 알렌,
　임시 대리공사

Horace N. Allen (Sec., U. S. Legation to Korea), Despatch to James G. Blaine (Sec. of State), No. 165, Diplomatic Series (May 28th, 1891)

Legation of the United States
Seoul, Corea

No. 165, Diplomatic Series   May 28, 1891

To the Honorable
James G. Blaine,
　Secretary of State,
　Washington, D. C.

Sir: -

I have the honor to inform you, that in an interview with Min, President of the Foreign Office, at my house yesterday, he brought up the subject of the American Teachers of the Government School.

Of the three young men selected by the Secretary of the Interior, who arrived here four years ago as teachers, two remain, - Messrs. Bunker and Hulbert. Mr. Gilmore left upon the expiration of his two years contract period.

These gentlemen teach, at present, from twenty five to thirty pupils, four hours daily, for five days in the week, excluding the numerous holidays. They receive, without irregularity, a monthly salary of $225.00 silver, and separate houses. They would be very glad to have more scholars. Their second contract expires next month, and the government is considering the advisability of retaining but one man hereafter. The President asked my opinion on the subject, but aside from speaking in high terms of the school, and showing how it might be made more useful, I declined to advise him.

He stated that they were desirous of employing only such foreign assistants as they could use to advantage, and pay adequately and regularly; in which connection he assured me that the balance now due the present military instructors, Dye and Nienstead - would soon be cancelled and proper arrangements made for the avoidance of any irregularity in the future.

I have the honor to be

Sir,

Your obedient servant,

H. N. Allen,

Chargé d'Affaires ad interim

헨리 G. 아펜젤러(서울)가 호러스 N. 알렌
(주한 미국 대리공사)에게 보낸 편지 (1891년 6월 9일)

친애하는 알렌 박사님,

굿셀 감독[65]이 서울에 체류하는 동안 언젠가 하궁(下宮) 혹은 옛 궁궐을 방문하고 싶어 합니다.

박사님이 정부로부터 허가를 받도록 도와주시겠습니까? 다음 월요일이나 화요일, 아니면 우리가 들어갈 수 있는 거의 모든 날이 우리에게 적합할 것입니다.

박사님께 불편을 끼쳐 드려 죄송합니다. 박사님이 허락을 받아주시면 우리 모두는 그것에 대하여 매우 감사해 할 것입니다.

안녕히 계세요.
H. G. 아펜젤러

화요일

---

65) 대니얼 A. 굿셀(Daniel A. Goodsell, 1840~1909)은 5월 15일 서울에 도착하였다.

Henry G. Appenzeller (Seoul), Letter to Horace N. Allen (U. S. *Chargé d'Affaires* to Korea) (June 9th, 1891)

Dear Dr. Allen: -

Bishop Goodsell would like to visit the Lower or Old Palace sometime during his tay in Seoul.

May I trouble you to get us a Permit from the Government? Next Monday ro Tuesday would suit us, or almost any day we can get in.

Sorry to trouble you, but if you can get us permission we shall all appreaicate it very much & be grateful for it.

Sincerely,
H. G. Appenzeller

Tuesday

18910617

대니얼 L. 기포드(서울)가 프랭크 F. 엘린우드(미국 북장로교회 해외선교본부 총무)에게 보낸 편지 (1891년 6월 17일)

(중략)

먼저 정부 병원에 관해 한두 마디 말씀드리겠습니다. 몇 주 전, 빈튼 박사는 알렌 박사의 조언과 선교부의 전적인 승인을 받아 정부 병원에서의 직위를 사임하였습니다. 외아문 독판으로서 자신의 약속을 지키지 않았을 뿐만 아니라 알렌 박사 앞에서 빈튼 박사에게 명시적으로 한 약속을 무효화하였으며, 빈튼 박사는 병원 근무를 중단하였습니다. 우리 모두는 알렌 박사와 헤론 박사가 훌륭하게 수행한 예비 작업의 날이 이제 지나갔다는 것을 한동안 느꼈습니다. 이제 이 땅에서 우리의 거점은 안전합니다. 한국인들은 우리가 이곳에 있는 이유를 알고 있으며, 우리가 나라를 복음화하는 데 암묵적으로 동의하고 있습니다. 우리는 박사가 약을 조제하면서 공개적으로 설교할 때가 왔다고 믿고 있습니다. 이제 이것에 어려움이 있습니다. 정부는 간섭하지 않고 있습니다. 기독교 교육에 대한 정부의 인가는 우리가 요구할 수 있는 것 이상입니다. 문제는 정부 산하 병원에서 어떻게 설교를 하느냐 하는 것이었습니다. 그러한 노력이 이루어지려면, 가장 먼저 해야 할 일은 병원의 통제권을 의료 선교사의 손에 최대한 넘겨주는 것이었습니다. 다수의 주사가 아니라 의료 선교사가 기관을 즉각적으로 통제해야 합니다. 이 방향의 첫 번째 단계는 병원 운영을 위하여 정부가 제공하는 자금을 한국인 주사가 아닌 의료 선교사의 손으로 통제하는 것이었습니다. 빈튼 박사는 수많은 병원 주사들의 쌀 지출을 통제해달라고 요청하지 않았으나, 그는 약 구입과 병원의 부대 비용을 지불하기 위하여 주어진 돈을 개인적으로 통제할 것을 주장하였습니다. 알렌 박사가 참석한 가운데 빈튼 박사의 첫 번째 면담에서 외아문의 독판은 논쟁 없이 그 점을 인정하였습니다. 그러나 예산의 통제와 관련하여 빈튼 박사와 한국인 재무 담당자 사이에 문제가 발생하였으며, 외아문 독판은 자신의 약속을 철회하였습니다. 결과적으로 빈튼 박사는 우리 모두가 생각하는 것처럼 매우 정확하게 사임하였습니다. 그리고 외아문 측에서 양보할 조짐이 전혀 없었기 때문입니다. 빈튼 박사는 여전히 사임 상태에 있습니다. 상황이 이렇게 흘러가는 것은 참으로 안타까운 일이지만 우리는 빈튼 박사가 옳다고 믿고 있습니다.

(중략)

Daniel L. Gifford (Seoul),
Letter to Frank F. Ellinwood (Sec., PCUSA) (June 17th, 1891)

(Omitted)

First a word or two with regard to the Government Hospital. Some weeks ago Dr. Vinton acting under the advice of Dr. Allen & with the full sanction of the Mission resigned his position at the government hospital. As the Pres. of the For. Office has not only failed to keep his word, but has nullified promises he expressly made to Dr. Vinton in the presence of Dr. Allen, Dr. Vinton has ceased to visit the hospital. We have all felt for some time past that the day for the preliminary work so ably conducted by Dr. Allen & Dr. Heron was now past. Our foot-hold inth eland is now secure. The Koreans know what we are here for; & tacitly give their consent to our evangelizing the country. The time we believe has come for the Dr. to openly preach while dispensing his medicines. Now here is the difficulty. Governmental non-interference we have. Governmental sanction for the teaching of Christianity is rather more than we can ask for. The problem has been how to preach in a hospital belonging to the government. If the effort was to be made, an essential preliminary was the getting of the control of the hospital so far as possible into the hands of the missionary physician. Not a number of Chusas but the missionary physician should have immediate control of the institution. Step No. 1 in this direction was the fixing of the control of the funds furnished by the government for the running of the hospital, not in the the hands of a Korean Chusa, but in the hands of the missionary physician. Dr. Vinton did not ask to control the appropriation for the rice of the numerous hospital Chusas; but he did insist on controlling personally the money given for the purchase of drugs, & for the payment of the incidental expenses of the hospital. In Dr. Vinton's first interview, in the presence of Dr. Allen, The Pres. of the For. Office conceded the point without debate. But when the issue arose between Dr. Vinton & the Korean Treas. of the hospital regarding the control of the funds, the Pres. of the For. Office backed out of his promise. In consequence Dr. Vinton very correctly, as we all think, resigned. And as there have been no signs of yielding on the part of the For.

Office. Dr. Vinton still remains in a state of resignation. It is too bad that matters have taken the turn they have; but Dr. Vinton, we believe, is in the right. (......)

18910701

존 길레스피(미국 북장로교회 해외선교본부 총무)가 호러스 N. 알렌 (주한 미국 공사관 서기관)에게 보낸 편지 (1891년 7월 1일)

1891년 7월 1일

친애하는 알렌 박사님,

　　내 동료인 엘린우드 박사는 휴식을 위하여 몇 주 동안 부재 중입니다. 내가 ＿＿＿＿ 하기로 약속한대로 5월 11일자 박사님의 편지는 ＿＿＿＿하였습니다. 나는 선교부에 병원과의 관계에 대한 큰 놀라움에 대하여 편지를 쓰지 않았으나 그것은 ＿＿＿인 것 같고 ＿＿＿ 문제가 아니라면 서서히 ＿＿＿할 수 있다는 것입니다. 박사님은 박사님의 견해가 선교본부의 임원 및 문제에 대하여 ＿＿＿을 갖고 있으며 박사님의 ＿＿＿는 선교지의 우리 형제들의 견해에 반대되기 때문에 나는 그들에게 경고의 말을 보내는 것이 대단히 안전하다고 느꼈습니다. 더욱이 박사님의 편지를 읽은 직후 언더우드 씨는 ＿＿＿에 빠졌고, 그의 견해가 우리의 견해와 완전히 일치한다는 것을 알게 되어 기뻤습니다.

　　이 편지는 어쨌든 엘린우드 박사에게 보낸 박사님의 편지를 받았음을 알리는 것으로 받아 주세요. 그가 돌아오면 자신의 생각을 더 완전하게 표현하는 것이 필요하다고 생각할 수 있습니다.

　　안녕히 계세요.
　　존 길레스피

John Gillespie(Sec., BFM, PCUSA), Letter to Horace N. Allen (Sec., U. S. Leagtion to Korea) (July 1st, 1891)

July 1st, 1891.

My dear Dr. Allen: -

My colleague, Dr. Ellinwood, is absent from the country for a few weeks in search of rest. As I have undertaken to _____ _____ _____ your letter of May 11th has been _____ _____. I have not written the mission of our great surprise at the ____ ____ its relation to the hospital, or that seems to _____ to that, and _____ that if the matter is not _____ ____ that they may _____ slowly. You will well understand that your views ____ _____ had _____t with the officers and matters of the Board and as your ____ is _____ opposed to that of our brethren of the field I felt quite safe in sending them a word of caution. Moreover shortly after reading your letter Mr. Underwood dropped into the _____ and I was glad to find that his views thoroughly accord with ours.

Please accept this as at least an acknowledge of your letter to Dr. Ellinwood. When he returns he may think it necessary to express himself more fully.

Very sincerely yours,
Jno. Gillespie

새뮤얼 A. 마펫(서울)이 프랭크 F. 엘린우드(미국 북장로교회 해외선교본부 총무)에게 보낸 편지 (1891년 7월 2일)

(중략)

알렌 박사와 관련하여 - 박사님은 그와 우리와의 관계에 관한 잘못된 소문에 확실히 놀라셨을 것입니다. 그와 저의 개인적인 관계는 누구보다도 다정하고 유쾌하며 그는 우리의 일을 돕기 위하여 그가 할 수 있는 모든 것을 할 준비가 되어 있고, 참으로 그의 현재 입장에서 우리에게 큰 도움이 되고 있습니다. 헤론 부인과의 관계는 당연히 친밀한 친구 관계는 아니지만 완벽하게 우호적이며, 태평양의 이쪽에서 '험담'이 될 만한 것은 전혀 없습니다.

알렌 박사는 분명히 선교 사업에 대해 불만이 없으며, 우리의 새로운 선교사들은 '오래된 싸움의 파문'을 볼 수 없습니다. 저는 개인적으로 알렌 박사에 대하여 좋지 않게 글을 쓴 적이 없다고 생각합니다. 그러나 저는 그가 선교사와 외교 정치인이라는 두 자리를 차지하는 것에 반대하였습니다. 그는 지금 제가 보기에 그가 가장 유용할 수 있는 일을 하고 있습니다. 저는 박사님이 여러 통의 편지를 쓰면서 가지고 있다고 생각하는 오해를 없애기 위해서만 이 글을 씁니다.

(중략)

Samuel A. Moffett (Seoul),
Letter to Frank F. Ellinwood (Sec., BFM, PCUSA) (July 2nd, 1891)

(Omitted)

In regard to Dr. Allen - you have certainly been alarmed by false rumors concerning his relations to us. My personal relations with him are as cordial and pleasant as anyone could ask and he is ever ready to do all he can to help us in our work and is indeed a great help to us in his present position. His relations with Mrs. Heron while naturally not those of an intimate friend are perfectly pleasant and free from all "gossip" on this side of the ocean.

Dr. Allen certainly has no grievance against the mission and our new missionaries can see no "ripple of the old quarrels." I think I have never written an unkind thing of Dr. Allen personally - but I did oppose his occupying the two positions of Missionary and Diplomatic Politician. He is now in the line of work in which it seems to me he can be most useful and I write this only in order to remove the misapprehension under which I believe you have written several letters.

(Omitted)

호러스 N. 알렌(주한 미국 공사관 서기관)이 프랭크 F. 엘린우드
(미국 북장로교회 해외선교본부 총무)에게 보낸 편지 (1891년 7월 3일)

한국 서울,
1891년 7월 3일

친애하는 알렌 박사님,

저는 얼마 전에 빈튼 박사가 병원을 사직하였다는 편지를 박사님께 썼습니다. 그 이후로 그는 여러 번 방문하였고 우리의 제안을 꾸준하게 거부하였습니다. 마침내 외아문 독판이 그 문제를 왕에게 보고하였습니다. 왕은 "한국의 아픈 사람을 치료하려고 미국으로부터 온 사람이 화를 내는데 병원 문을 닫게 놔두는 것이 더 낫다."라고 말한 것으로 알려졌습니다. 왕은 만일 그가 지금까지와 같이 규칙을 받아들이지 않는다면 다른 의사를 구해오라고 지시를 내렸습니다. 그들은 저에게 와서 다른 의사를 데려오라고 요청하였습니다. 저는 당연히 거절하였습니다. 그런데 그들은 병원을 복음선교회의 와일스 박사에게 주기로 결정하였습니다. 저는 박사님께 영국 영사와 모든 사람들이 얼마나 오랫동안 그 병원을 차지하려 했는지 이미 말씀드렸습니다. 하지만 병원이 미국 공사관에 의해 시작되었기 때문에 일반적인 규정이 지켜져야 합니다. 허드 씨는 외아문으로부터 빈튼 박사가 그의 책임을 맡는 것을 포기하였는지 아닌지를 예나 아니오로 정확하게 공식적으로 알려줄 것을 요청하는 공문을 받았습니다.

허드 씨는 자신의 주치의인 와일스 박사(그는 외국인 진료를 모두 하고 있습니다.)와 친구이지만, 그는 이 미국의 성공(병원)이 영국으로 넘어가는 것을 막는 것의 중요성을 즉시 인식하였습니다. 그는 이 문제를 가지고 외아문에서 이틀 반나절을 보냈습니다. 그는 마펫 및 빈튼 씨와 함께 여러 번 대화를 나누면서 그들에게 이 병원의 중요성, 그리고 영국인 주교가 얻기 위하여 전력을 기울이고 있고 가톨릭에서도 소유하기 위하여 모든 것을 하고 있는 장소를 그들이 포기하고 있다는 것, 선교 사역이 그들이 상상하였던 순조로운 항해가 아니었다는 사실을 알려 주었습니다. 박사님은 허드 씨에게 말한 빈튼의 주요 반대 중의 하나가 병원에 공공 예배당이 없다는 것이었다는 것이 믿어지십니까? 그 결과 어제 빈튼 박사는 당분간 병원에 출근하기로 결정하였습니다. 제가 그에게 "선교본부는 이러한 조치에 박사님을 지지할 수 없을 것이다."라고 말한 것이 그를 이렇게 결정하도록 만들었다고 생각합니다.

그것은 정말 가장 안타까운 일입니다. 빈튼 박사는 아주 성실한 기독교인으로 보입니다. 그는 도구가 되었고 그렇지 않았더라면 그랬을 만큼 유용할 수 없습니다. 그 일은 아주 폭넓게 논의가 되었습니다. 정부의 법률 고문인 그레이트하우스 장군은 허드 씨에게 급여를 받고 그것을 얻기 위하여 아무 것도 하지 않은 빈튼의 행동은 뉴욕 법에 따르면 횡령에 해당한다고 말하였습니다. (빈튼) 박사는 열정적인 테니스 선수로서는 충분히 괜찮지만 매일 이런 식으로 많은 시간을 보내면서 병이 유행하는 계절에 환자들이 그가 열쇠를 가지고 있는 병원을 외면하게 만들었고 그를 일반적으로 나쁘게 말하도록 하였습니다.

제가 어떤 관심을 보이더라도 반대를 가중시킬 것이라는 것을 알기 때문에 저는 그 일에서 전적으로 거리를 두고 있었습니다. 빈튼 박사가 저의 조언을 구했을 때 저는 허드 씨 편에 서는 것으로 만족하면서 조언을 하였습니다. 저는 좋은 기회에 빈튼 박사에게 "박사님은 자신의 사역에 대하여 나쁜 조언을 받았습니다."라고 대답하였습니다.

병원은 장로교회 선교부의 계략에 반대하는 미국 공사관의 조치로 전적으로 박사님께 구해졌습니다. 허드 씨는 자신이 선교부이고 그들이 단지 외부인인 것처럼 그들에게 말하였고, 박사님께 훌륭한 역할을 하였습니다. 그는 박사님이 이곳 사건의 전말을 정확히 알아야 한다고 생각하고 그 자신이 직접 박사님께 편지 쓰기를 원하고 있습니다. 그는 저와 선교부의 구성원 사이에 껄끄러운 것이 없다고 알고 있으며, 만일 그가 그렇다고 하더라도 저는 그것을 모릅니다.

안녕히 계십시오.
H. N. 알렌

Horace N. Allen (Sec., U. S. Legation to Korea), Letter to Frank F. Ellinwood (Sec., BFM, PCUSA) (July 3rd, 1891)

Seoul, Korea,

July 3rd, 1891

My dear Dr. Ellinwood: -

Some time ago I wrote you that Dr. Vinton had thrown up the hospital. He was visited many times since then and steadily refused our overtures. At last the President of the Foreign Office had to bring the matter to the King. The latter is reported to have said that "a man who would come from America to Corea to heal the sick and then get angry and lock up the hospital, had better leave." He gave orders that if he did not accept the regulations as heretofore existing, to get another Dr. They came and asked me to get another one. Naturally, I declined. Then they decided to give it to Dr. Wiles of the S. P. G. [Society for the Propagation of the Gospel]. I told you how the English Consul and all - had desired to - have it for some time. As the Hospital had been started by the U. S. Legation however, the usual form had to be gone through. Mr. Heard received a dispatch from the Foreign Office asking to be informed precisely, officially, whether Dr. Vinton had given up the charge or not - yes or no.

Mr. Heard is a friend of Dr. Wiles, who is his family physician, (He does all the foreign work.) but he saw at once the importance of keeping this American success from going over to the English. He has spent two half days at the Foreign Office on the subject. He has had frequent talks with Moffett and Vinton, showing them the importance of the institution, the fact that they were throwing up a place that the English Bishop was straining every nerve to obtain, and that the Catholics would give anything to possess; that mission work was not the clear fair sailing that they imagined. Would you believe that one of Vinton's chief objections to Mr. Heard, was that there was no public chapel at the hospital. The result was that yesterday Dr. Vinton decided to go on with the Hospital for the present. I think my remark to him that "The Board cannot possibly sustain you in this action" decided him.

It is a most unfortunate occurrence. Dr. Vinton seems to be a very conscientious Christian. He has been made a tool of and can never be as useful as he would otherwise have been. The affair has been very generally discussed. General Greathouse, legal adviser to the Govn't, told Mr. Heard that Vinton's action amounted to embezzlement, by New York law - accepting a salary and doing nothing to earn it. The Dr. is an enthusiastic tennis player, which is alright enough, but spending so much of every day in this way, while the sickly season caused scores to be turned away from the hospital, for which he carried the keys, caused him to be spoken ill of generally.

I have stayed out of the affair entirely, knowing that any interest on my part would but increase the objections. When Dr. Vinton has asked my advice, I have given it, contenting myself to stand behind Mr. Heard. I did on a good occasion answer to Dr. Vinton "You have had bad advice in your mission."

The hospital has been saved to you entirely by the action of the American Legation, against the machinations of the Presbyterian Mission. Mr. Heard has talked to them as though he were the mission, and they were mere outsiders, and has done you good service. He is so very anxious that you should know the exact state of your affairs over here that he may write to you himself. He knows of no unpleasantness between myself and any member of the mission - at least if he does, I do not know it.

Yours very sincerely,
H. N. Allen

호러스 N. 알렌(주한 미국 공사관 서기관), 비망록
(1891년 7월 7일)

비망록

W. B. 스크랜턴 박사는 1885년 5월 서울에 도착하였다. 그는 얼마 지나지 않아 현재 자신과 아펜젤러 목사가 거주하고 있는 부동산을 구입하였다. 나중에 그는 현재 M. F. 스크랜턴 부인의 건물이 서 있는 언덕 비탈에 있는 초가 오두막집을 구입하였다. 이 오두막 마을을 통과하여 성벽 꼭대기를 따라 있는 길로 이어지는 많이 사용되는 오솔길이 있었다. 이 길로 많은 사람들이 다녔고, 소수의 외국인 거주자들이 성벽을 따라 산책할 때 이 길을 사용하는 데 익숙하였다.

이 길은 오두막이 철거된 후 스크랜턴 부인의 새 부지로 편입되었을 때 폐쇄되었다. 이 도로를 폐쇄하는 것에 대해 상당한 반대가 있었지만, 아펜젤러 목사 집 앞길이 몇 미터만 더 내려가면 모든 목적에 부합할 것이라는 주장이 나왔다. 이 길(아펜젤러 사택 앞의)은 대중에게 영구적으로 공개되는 것이 당시의 의도였던 것이 분명하다.

H. N. 알렌

서울, 1891년 7월 7일

Horace N. Allen (Sec., U. S. Legation to Korea), A Memorandum (July 7th, 1891)

A Memorandum

Dr. W. B. Scranton arrived in Seoul in May 1885. Soon after he purchased the property now occupied by himself and Rev. Appenzeller as residence. Later on he purchased a collection of straw huts occupying the hillside where Mrs. M. F. Scrantons buildings now stand. There was a much used lane leading through this hamlet of huts to the road along the top of the city wall. Considerable traffic passed over this road, and the few Foreign Residents were accustomed to use it in going for walks along the city wall.

This road was closed when the new compound of Mrs. Scrantons was enclosed after the removal of the huts. Considerable opposition was met to the closing of this road, but it was argued that as the path in front of Rev. Appenzeller house was but a few yards further down, it would answer every purpose. It was evidently the intention at the time that this path (in front of Appenzeller) was to remain permanently open to the public.

H. N. Allen

Seoul, July 7th, 1891

루이저 C. 로드와일러(서울)가 호러스 N. 알렌
(주한 미국 대리공사)에게 보낸 편지 (1891년 7월 15일)

친애하는 알렌 박사님,

우리 학교에는 어린 일본인 소녀가 있는데, 저는 그녀를 나가사키에 있는 그녀의 아버지에게 보내고 싶습니다. 그녀에게 호조가 필요합니까? 그렇다면 누구에게 호조를 신청해야 하며 어떻게 합니까?

박사님이 정보를 제공해 주시면 대단히 감사하겠습니다.

안녕히 계세요.
L. C. 로드와일러

Louisa C. Rothweiler (Seoul), Letter to Horace N. Allen
(U. S. *Chargé d'Affaires* to Korea) (July 15th, 1891)

Dear Dr. Allen: -

I have a little Japanese girl in our school whom I wish to send to Nagasaki to her father. Is it necessary to have a passport for her and if so to whom must I apply for it and how?

I would be very thankful to you for information.

Very sincerely yours,
L. C. Rothweiler

대니얼 L. 기포드(서울)가 호러스 N. 알렌
(주한 미국 대리공사)에게 보낸 편지 (1891년 7월 20일)

한국 서울,
1891년 7월 20일

친애하는 알렌 박사님,

베어드 씨가 박사님께 보내라고 저에게 남겨 둔 4달러를 받아 주시겠습니까? 박사님은 아마도 그것이 무엇을 위한 것인지 알 것입니다. 그는 그것을 보내는 이유를 저에게 설명하지 않았습니다. 이 힘든 시기 동안 박사님과 박사님의 사람들이 잘 지내기를 바랍니다.

안녕히 계세요.
D. L. 기포드

Daniel L. Gifford (Seoul), Letter to Horace N. Allen
(U. S. *Chargé d'Affaires* to Korea) (July 20th, 1891)

Seoul, Korea,
July 20, 1891

Dear Dr. Allen: -

Will you please receive $4.00 left with me by Mr. Baird to be sent to you. You will probably know hat it is for; he did not explain to me his reason for sending it. Hoping the you & your people are keeping well during this trying season, I am

Yours sincerely,
D. L. Gifford

호러스 N. 알렌(주한 미국 공사관 서기관)이 프랭크 F. 엘린우드
(미국 북장로교회 해외선교본부 총무)에게 보낸 편지 (1891년 7월 31일)

한국 서울,
1891년 7월 31일

친애하는 엘린우드 박사님,

저는 박사님께서 이곳 선교부로부터 한쪽으로 치우친 설명을 들으셨을 것 같아 부산 사건에 대한 설명을 드리려 편지를 보냅니다.

베어드 씨는 부산에서 [부지를] 구매하기 위해 이 공사관으로부터 허락을 받았는데, 지방 관청이 그가 너무 많이 샀다고 주장하였습니다. 캐나다 인(人)인 하디 박사 역시 부지로 인해 골치를 썩고 있었기 때문에 이곳의 영국 대표가 부산으로 갔습니다. 돌아온 그는 허드 씨에게 베어드 씨와 하디 박사가 영국 공사관과 세관을 위하여 예정된 구획을 제외하고 조약에 의해 제안된 외국인 거주지의 모든 부지를 차지하였다고 이야기하였습니다. 그는 하디 박사의 부지를 전면 250평방 야드에서 전면이 200피트로 줄였습니다. 그는 베어드 씨가 약 12에이커를 차지하였다고 말하였습니다. 베어드 씨는 이것을 부인하고 있지만, 약도는 자신의 측정으로 6에이커가 넘는 것을 보여주고 있습니다. 부산은 언덕으로 둘러싸여 있어 사용이 가능한 토지가 대단히 제한되어 있으며, 그 거주지는 당연히 부지 당 최대 100평방미터를 허용하는 제물포의 거주지 규칙에 따라야 합니다. 사용이 가능한 토지를 모두 차지하면 그곳에는 외국인 거주지가 없게 될 것입니다.

만일 제가 그곳에서 선교 사역을 하게 된다면, 저는 거주지 바깥으로 나가 조약상 한계인 10리(8마일) 내에서 현지인이 사는 큰 마을 바로 바깥에 좋을 부지를 구입해서 그들에게 중국인 거주지를 지나 4,000명의 일본인이 사는 지역에 인접해 있는 외국인 거주지로 오도록 강요하는 대신 현지인에게 사역을 할 것입니다.

허드 씨는 자신을 부산으로 데려가도록 군함을 요청하였습니다. 그가 가면 틀림없이 베어드 씨를 부산에서 만나자고 할 것이며, 그들은 부지를 살펴볼 것입니다. 저는 그가 그들에게 바깥의 부지를 구입하거나 마을 안에 농장을 갖는 것을 포기하라고 권유할 것이라고 생각합니다.

참고 - 6년 전에 36달러에 팔렸던 제물포 부지는 현재 2,750달러까지 올랐습니다.

박사님의 편지에 감사드립니다. 빈튼 박사는 박사님 선교부의 모든 사역자들과 함께 지방66)에 있으며, 일주일에 한 번 옵니다. 그동안 병이 유행하는 계절이었고, 다른 의사들은 자신들의 자리에서 바쁩니다.

저는 그 병원 사건을 저의 탓으로 생각하고 있는 영국인들의 진심 어린 불쾌한 감정을 갖게 되었습니다.

벙커와 헐버트 씨는 육영공원의 교사로 3년 계약을 갱신하였습니다.

안부를 전합니다.

안녕히 계십시오.
H. N. 알렌

Horace N. Allen (Sec., U. S. Legation to Korea), Letter to Frank F. Ellinwood (Sec., BFM, PCUSA) (July 31st, 1891)

Seoul, Korea,
July 31, 1891

My dear Dr. Ellinwood: -

I send you a letter of explanation of the Fusan affairs of which the mission here may give you a one-sided statement.

Permission was obtained by this Legation for Mr. Baird to make a purchase at Fusan, but the local authorities claimed that he had taken too much. As a Canadian Dr. Hardie, was also having trouble about land, the English Representative here, went to Fusan. On his return he told Mr. Heard that Mr. Baird and Dr. Hardie had taken up all the land of the proposed Treaty Settlement for Foreigners, aside

---

66) 남한산성일 가능성이 있다.

from the plot reserved for the English Consulate and the Customs House. He had cut Dr. Hardie down from 250 square yards frontage to 200 feet front. And Mr. Baird he said had staked of some 12 acres. Mr. Baird denies this, but his own measurements on his rough diagram show over 6 acres. The available ground at Fusan is very limited owing to surrounding hills, and the settlement will doubtless conform to the Chemulpo Settlement regulations, which allow a maximum of 100 sq meters per lot. Should all this available land be taken up, there could be no foreign settlement there.

Were I about to locate there in mission work, I would go outside the settlement, within the treaty limits of 10 li (8 miles) and buy a good plot just outside the large native town, thus bringing my work to the natives instead of compelling them to come through a Chinese settlement to a Foreign one adjoining a town of 4,000 Japanese.

Mr. Heard has asked for a man-of-war to take him to Fusan. When he goes he will doubtless ask Mr. Baird to meet him at Fusan and they will look over the ground. I think he will advise them to buy outside, or else give up the idea of having a farm in town.

Note - Chemulpo lots that sold for $36 six years ago are now changing hands as high as $2,750.00.

Thanks for your letter. Dr. Vinton is in the country with all of your mission, he comes in once a week. Meanwhile it is the sickly season and the other Drs. are busy at their posts.

That Hospital affair has won for me the hearty ill will of the English who give me the credit of it.

Bunker & Hulbert have made a new contract as teachers of the Royal School, for another 3 years.

With kind regards,

Yours,

H. N. Allen

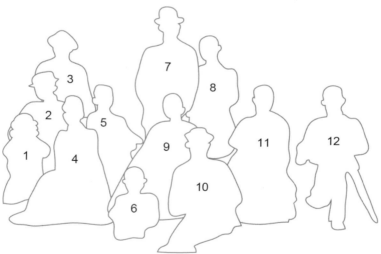

그림 9-8. 미국 북장로교회 한국 선교부의 선교사들 (1891년 여름). 1. 제시 E. 헤론, 2. 새뮤얼 A. 마펫, 3. 제임스 S. 게일, 4. 해티 G. 헤론, 5. 수전 A. 도티, 6. 새러 A. 헤론, 7. 윌리엄 M. 베어드, 8. 애니 L. A. 베어드, 9. 레티셔 C. 빈튼, 10. 캐드월러더 C. 빈튼, 11. 메리 H. 기포드, 12. 대니얼 L. 기포드.

새뮤얼 A. 마펫(남한산성)이 호러스 N. 알렌
(주한 미국 대리공사)에게 보낸 편지 (1891년 8월 10일)

한국 남한[산성],
1891년 8월 10일

친애하는 알렌 박사님,

　박사님의 8일자 편지가 어젯밤에 저에게 도착하였으며, 저는 박사님이 지방의 재정 문제에 항상 관심을 가져 주셔서 감사하다는 답장을 급하게 보냅니다.

　외아문이 계산한 함흥의 청구 금액은 46,611냥으로 현재의 환율로 18달러가 조금 안됩니다.

　동봉된 18달러에는 외아문으로 현금을 운반하는 노무자의 비용도 포함되어 있습니다.

　기포드 씨의 부재로 인하여 불편을 겪지 않으셨으리라 믿습니다.

　안녕히 계세요.
　S. A. 마펫

Samuel A. Moffett (Nam Han), Letter to Horace N. Allen (U. S. *Chargé d'Affaires* to Korea) (Aug. 10th, 1891)

Nam Han, Korea,
Aug. 10, 1891

Dear Dr. Allen: -

Yours of the 8th reached me last night and I hasten to reply thanking you for your ever ready attention to these country financial affairs.

The amount of the Ham Heung order as reckoned by the foreign office, 46611 cash, is equal at present rate of cash to a little less than $18.00.

Enclosed please find $18.00 which will also cover expense of coolie in transfer of the cash to the foreign office.

Trusting that Mr. Gifford's absence has caused you no inconvenience.

Very sincerely yours,
S. A. Moffett

어거스틴 (주한 미국 공사)가 민종묵(외아문 독판)에게 보낸 공문,
외아문 제101호 (1891년 8월 18일)

대한 흠명주차조선편의행사대신겸 총영사 허드는 조회(照會)하는 일입니다.
본 대신이 잠시 소풍 차 음력 이달 20일 배에 올라 [중국] 옌타이 지역을
향해 가게 되었습니다. 그 사이에 본 서(署)의 공무는 일절 안련 서리가 응당
행함으로 이를 위하여 문서를 갖추어 조회하니, 번거로우시더라도 귀 독판께
서는 잘 살피어 주심이 가하여 통지하는 바입니다.

대조선 독판교섭통상사무 민
1891년 8월 18일 제101호
신묘 7월 14일

Augustine Heard (U. S. Minister to Korea),
Dispatch to Min Chong Mok (Pres., For. Office), No. 101,
Foreign Office (Aug. 18th, 1891)

[漢譯]
大美欽命駐箚朝鮮便宜行事大臣兼 總領事 何 爲
照會事, 本大臣 暫時 蘇風次, 擬於我厤 本月 二十日, 登船 向往烟台地, 其
間 本署 公務 一切, 應由 安連 署理, 爲此備文, 請煩
貴督辦 查照可也, 須至照會者.
右照會
大朝鮮 督辦交涉通商事務 閔
一千 八百 九十一年 八月 十八日 第壹百壹號
辛卯 七月 十四日

어거스틴 허드(주한 미국 공사)가 제임스 G. 블레인
(미합중국 국무장관)에게 보낸 공문, 외교 제197호 (1891년 8월 31일)

미합중국 공사관,
한국 서울

외교 제197호   1891년 8월 31일

제임스 G. 블레인 각하,
　국무장관,
　워싱턴, D. C.

안녕하십니까,

　저는 몇 주일 동안 몸이 좋지 않아 의사의 권유로 바다 여행을 하게 되었고, 이달 20일 제물포를 떠나 즈푸로 갔다는 소식을 전해드리게 되어 영광입니다. 저는 알렌 씨가 공사관을 맡았던 8일 동안의 부재 후에 28일 같은 증기선을 타고 돌아왔습니다.

(중략)

　이(미국을 위한 우호)와 관련하여 왕립 학교의 교관인 미국인 벙커 씨와 헐버트 씨가 최근 3년 계약을 갱신하였고 왕립 병원은 미국인 의사의 감독으로 유지되어 왔는데, 특히 후자는 이 공사관의 직접적인 주장에 의한 영향력에 대단히 큰 영향을 받았기 때문입니다. 미국에서 새로 부임한 의사의 경솔한 행동으로 인하여 병원은 거의 영국의 영향 아래에 놓일 뻔하였지만, 몇 차례의 서신과 외아문 독판과의 한두 번의 면담을 거쳐 예전처럼 유지할 수 있었습니다. 귀하께서는 이 병원이 원래 H. N. 알렌 박사를 책임자로 하여 1884년에 설립되었다는 것을 알고 계십니다.

(중략)

Augustine Heard (U. S. Minister to Korea), Despatch to James G. Blaine (Sec. of State), No. 197, Diplomatic Series (Aug. 31st, 1891)

Legation of the United States
Seoul, Corea

No. 197, Diplomatic Series   Aug. 31, 1891

To the Honorable
James G. Blain,
    Secretary of State,
    Washington, D. C.

Sir: -

I have the honor to inform you that having been unwell for several weeks, I was urged by my physician to take a sea-voyage, and that on the 20th Instant, I left Chemulpo for Chefoo. I returned by the same steamer on the 28th instant, having been absent eight days, during which time Mr. Allen had charge of the Legation.

(Omitted)

In this connection [friendship for America] I may say that the Instructors of the Royal School, Mr. Bunker and Mr. Hulbert, Americans, have recently had their contracts renewed for three years; and that the Royal Hospital has been maintained under an American physician, both, especially the latter, due to a very large degree to the influence directly asserted, of this legation. The Hospital owing to the imprudence of a Doctor newly arrived from the United States was very nearly passing under English control, but after some correspondence and one or two interviews with the President of the Foreign Office, I was able to retain it as before. You are aware that this Hospital was originally established in 1884 with Dr. Allen, at its head.

(Omitted)

어거스틴 허드(주한 미국 공사)가
민종묵(외아문 독판)에게 보낸 공문 (1891년 9월 3일)

삼가 회답을 드립니다. 오늘 하오 7시 정각 초청을 받게 되었기에 감사함을 이기지 못하겠습니다. (그러나) 본 대신은 현재 몸에 병이 있어 형세상 능히 나아가 참여할 수 없으므로 송구할 따름입니다. 참찬관 안련을 마땅히 제때에 나아가 참여하도록 하겠습니다. 이와 같은 내용을 알리며 아울러 평안하시길 바랍니다.

허드 드립니다.
신묘 8월 초1일

Augustine Heard (U. S. Minister to Korea), Dispatch to Min Chong Mok (Pres., For. Office) (Sept. 3rd, 1891)

敬覆者, 本日下午七點鐘, 見蒙
盛速, 不勝感謝, 本大臣現有身恙, 勢不能晋叅, 仍用悚仄, 叅贊官安連, 當屆期晋參, 爲此, 并頌
時祉

何德 頓
辛卯 八月 初一日

프랭크 F. 엘린우드(미국 북장로교회 해외선교본부 총무)가
호러스 N. 알렌(주한 미국 공사관 서기관)에게 보낸 편지 (1891년 9월 9일)

(구술함)

1891년 9월 9일

친애하는 알렌 박사님,

　　나는 때때로 박사님의 편지에 대하여 감사해하고 있으며, 나는 그것을 신성하게 취급하고 있습니다. 지금까지 지나간 모든 일들을 볼 때, 곧 한국에 파송될 예정인 [휴 M.] 브라운 박사를 제중원의 빈튼 박사 대신 투입하는 것이 좋을지 아닌지가 내 마음 속에 있는 질문입니다. 나는 그가 매우 타협적이고 유쾌한 사람이라고 믿고 있고 그가 그 자리에 딱 맞는 사람일 수도 있는데, 만일 그가 파송된다면 나는 정부가 빈튼 박사가 그러기를 원하였던 것으로 이해하는 것처럼 그가 병원이나 그 근처에 살도록 주장해야 합니다. 나는 병원을 구하는 문제에 개입한 박사님과 허드 씨에게 큰 빚을 지고 있습니다. 나는 향후 선교본부에 알리지 않고 포기하거나 그러한 종류의 중요한 조치를 취하지 말 것을 선교부에 요청하였습니다.

　　우리는 게일 씨를 평신도 선교사로 임명하였습니다. 나는 그가 잘할 것으로 기대하고 있습니다. 헤론 부인과의 가능한 관계에 대하여 말씀드리고 싶은 것은 그가 캐나다의 젊은 여자와 약혼한 것으로 알려져 있다는 것이며, 적어도 몇 달 전에는 내가 확실히 알고 있었습니다.

　　나는 허드 씨에게 우리의 선교 사업과 병원과의 관계에 대한 친절한 관심에 감사를 드리는 편지를 보냅니다.[67] 내가 평소에 쓰지 않는 머리글자를 적어서 건네주기를 요청해도 될까요?

　　안녕히 계세요.
　　F. F. 엘린우드

---

67) Frank F. Ellinwood (Sec., BFM, PCUSA), Letter to Augustine Heard (U. S. Minister to Korea) (Sept. 9th, 1891)

Frank F. Ellinwood (Sec., BFM, PCUSA), Letter to Horace N. Allen (Sec., U. S. Legation to Korea) (Sept. 9th, 1891)

(Dictated)

Sept. 9th, 1891

My dear Dr. Allen:

I thank you for your letters from time to time, which I treat as sacred. It is a question in my mind whether, in view of all that has passed, it may not be better to put Dr. [Hugh M.] Brown who is soon to go out to Korea, in place of Dr. Vinton in the hospital. I believe that he is a very conciliatory and pleasing man, and it may be that he will be just the one for that position, if he goes out I should insist that he should live at or near the hospital, which I understand the government wished Dr. Vinton to do. I am greatly obliged to you and also to Mr. Hurd for your intervention in the matter of saving the hospital. I have asked the mission not to surrender it or take any important step of the kind in the future without letting the Board know.

We have appointed Mr. Gale as a lay missionary. I hope that he will do well. I wish to say in regard to his possible relations to Mrs. Heron, that he is understood to be engaged to a young lady in Canada, at least he was to my certain knowledge some months ago.

I send herewith a letter to Mr. Hurd, thanking hi for his kindly interest in our mission work and our relation to the hospital. May I ask you to put in the initials which I do not happen to have and hand it to him?

Yours sincerely,
F. F. Ellinwood

18910909

프랭크 F. 엘린우드(미국 북장로교회 해외선교본부 총무)가 어거스틴 허드(주한 미국 공사)에게 보낸 편지 (1891년 9월 9일)

(구술함)

1891년 9월 9일

허거스틴 허드 님

안녕하십니까,

장로교회 해외 선교본부를 대신하여 한국 선교부에 대한 귀하의 친절한 관심과 병원을 미국인의 손에 맡기는 문제에 대한 귀하의 현명한 협의에 대하여 감사드립니다. 귀하는 의심할 여지 없이 그 병원의 역사, 알렌 박사가 맨 처음에 성취한 일, 그리고 우리가 정부와 함께 선교부로서 가졌던 명성과 영향력에 대해 알고 있습니다. 저는 병원을 포기한 것을 유감스러워해야 합니다. 물론 우리는 한국 정부로부터 적절한 조건을 확보하고 그 제한에 심각하게 짓밟히지 않기를 간절히 바라고 있습니다. 동시에 저는 우리가 천천히 서두르고 우리의 파열을 피한 것에 만족해야 한다는 점에 만족해하고 있습니다.

(중략)

Frank F. Ellinwood (Sec., BFM, PCUSA),
Letter to Augustine Heard (U. S. Minister to Korea) (Sept. 9th, 1891)

(Dictated)

Sept. 9th, 1891

Hon. Augustine Heard,

My dear Sir: -

I want to thank you on behalf of the Presbyterian Board of Foreign Missions, for your kindly interest in our mission in Korea, and your wise council in the matter of retaining the hospital in American hands. You know doubtless the history of that hospital, of the work which was accomplished at the very outset by Dr. Allen, and of the prestige and influence which we have had as a mission with the government. I should have been sorry to have the hospital given up. We are anxious, of course, to secure proper terms form the Korean Government, and not to be seriously trammeled by its restrictions, at the same time I am satisfied that we must be content to make haste slowly and avoid our ruptures.

(Omitted)

프랭클린 올링거(제물포)가 호러스 N. 알렌
(주한 미국 공사관 서기관)에게 보낸 편지 (1891년 9월 10일)

한국 서울,
1891년 9월 10일

1891년 9월 10일 F. 올링거가 내 앞에 개인적으로 출두하여 다음과 같이 진술하였다.

1890년 7월과 8월 동안 S. A. 사바찐 님은 원고가 그에게 마지막 대금을 지불하였을 때쯤에 1년 동안의 무상 수리를 보장하며 원고의 집에 새 지붕을 씌웠는데, 그는 1년 안에 지붕에 물이 새면 기와가 깨져 물이 새는 곳을 제외하고는 무료로 수리하겠다고 약속하여 자신의 업무를 보장하는 말을 되풀이하였습니다. 작업이 완료된 지 2~3개월 후 지붕에 물이 새었고 원고는 사바찐 씨에게 즉시 이 사실을 통보하였습니다. 약간의 지연이 있은 후 많은 일본인 기술자들이 와서 그것을 살펴보았습니다. 5곳 이상에서 지붕이 누수되었을 때에는 늦은 장마가 시작될 때까지 폭우가 내리지 않았습니다. 원고는 사바찐 씨에게 2주에 걸쳐 세 번이나 편지를 보냈지만 그로부터 아무런 응답도 받지 못하였습니다. 상당한 지연이 있은 후 일부 일본인 기술자가 와서 작업을 하였습니다. 다음 비가 왔을 때 물은 이전보다 더 많이 새었고, 하인들은 사바찐 씨의 직원들이 그 위에 있었던 이후 매번 더 많은 물이 새었다고 선언하였습니다. 한 번 이상 추가로 검사한 후 원고는 사바찐 씨에게 일본인의 훌륭한 작업을 의심하고 그가 올 수 없는지 물었으며, 직접 와서 볼 수 없거나 지붕 수리를 위하여 직원을 보낼 때마다 그들에게 적어도 쪽지나 명함을 줄 수 없는지 물었습니다. 그는 너무 아파서 직접 올 수 없다고 대답하였습니다. 최근 비가 계속 내리기 약 일주일 전에 그의 직원들이 다시 와서 지붕을 수리하는 시늉을 하였습니다. 그들은 작년에 사바찐 씨가 그대로 두었던 오래된 홈통의 일부를 부수고 그것을 가져갔으며, 적어도 그 이후로는 그 건물에서 발견되지 않았습니다. 원고는 즉시 사바찐 씨에게 이 사실을 알려 그 사람들이 지붕을 수리하지 않을 뿐만 아니라 다음 비가 오기 전에 제거한 홈통 부분을 교체하는 것을 게을리하며, 건물에 더 심각한 피해를 줄 뿐 아니라 거주자들에게 큰 불편이 초래될 것이라는 두려움을 표명하였습니다. 이에 대해 사바찐 씨는 아무 답변도 하지 않았습니다. 며칠 후 거리에서 그를 만난 원고는 그가 자신(원고)의 쪽지에 응답하지 않은 것에 대하여 항의하였고, 그의 직원들이 지붕을 방치해 두었던 위태로운 상황을 다시 그에게 상기시켰습니다. 그 다음 주에 최근 들어 폭우가 쏟아져 건물의 천장과 벽이 다시 심하게 손상되었고 집에 거주하는 사람들은 큰 위험과 고통에 노출되었습니다. 홈통이 제거된 곳뿐만 아니라 지붕 전체에서 이전보다 더 많은 물이 새었습니다. 두 곳에서는 홈통이 처져 물이 일주일 이상 그 안에 남아 천천히 벽을 타고 흘러내렸습니다. 또한 홈통을 수리하기 위하여 납땜 대신 일종의 회반죽을 사용하여 물의 흐름을 방해한 것으로 보이며, 사람들이 기와를 느슨하게 하여 기와가 이리저리 움직이면서 제자리에서 미끄러지도록 한 것으로 보입니다.

F. 올링거

1891년 9월 10일 내 앞에서 선서하고 서명함.

H. N. 알렌
공사관 서기관 및 부총영사

Franklin Ohlinger (Chemulpo), Letter to Horace N. Allen (Sec., U. S. Legation to Korea) (Sept. 10th, 1891)

Seoul, Korea,
Sept. 10, 1891

Personally appeared before me F. Ohlinger this tenth day of Sept. 1891 and deposed as follows: -

During the month of July and August 1890 S. A. Sabatin Esq., put anew roof on the house of the plaintiff guaranteeing the same for one year about the time the last payment was made by the plaintiff to the said Mr. Sabatin the latter repeated the words guaranteeing his Job by saying that if the roof leaked inside of one year he would repair it free of charge except in places where the leaking resulted from broken tiles. Two or three months after the completion of the Job the roof leaked and Mr. Sabatin was forthwith informed of it by the plaintiff. After some delay a number of Japanese workmen came and looked at it. There were no heavy rains until the beginning of the late rainy season when the roof leaked in five or more different places. The plaintiff wrote to the said Mr. Sabatin three times which two weeks but received no reply from him. After much delay some Japanese workmen came and worked at it. When the next rain came it leaked worse than before and the servants declared that it leaked more every time after Mr. Sabatin's men had been on it. After one or more further tests the plaintiff informed Mr. Sabatin that he suspected the Japanese of fine work and asked whether he could not come and asked whether he could not come and look at it himself, or at least give his men a note or his card whenever he sent them to repair the roof. He replied that he was too ill to come in person. About one week before the recent prolonged rain his men came again and pretended to repair the roof. They broke up a part of the old gutter which Mr. Sabatin had left unchanged last year and carried it away at least it has not been found in the premises since. The plaintiff immediately informed Mr. Sabatin of this expressing his fears that the men would not only not mend the roof but would neglect to replace the part of the gutter they had removed before the next rain and that further serious damage to the building as well as great incovalisence to the occupants would be the result. To this Mr. Sabatin made no reply. Meeting him on the street a few days later the plaintiff remonstrated with him about his failure to answer his (the plaintiff's) note and again reminded him of the precarious condition in which his men had left the roof. The following week the recent heavy rain set in during which the ceilings and walls of the building were again badly damaged and the occupants of the house exposed to great danger and suffering. Not only where the gutter had been removed but all over, the roof leaked more than ever before. At two places the gutter has sagged so that water remains in it for a week or longer, slowly trickling in the wall. It also appears that some kind of mortar instead of soldering has been used to repair the gutter, thus obstructing the passage of the water, and that the men have loosened the tiles so that they slipped out of place by moving about on them.

F. Ohlinger

Sworn to and subscribed before me this tenth day of September, 1891.

H. N. Allen,
Secretary of Legation and Deputy Consul General

헨리 G. 아펜젤러(서울), [조사 소견서] (1891년 9월 22일)

나는 올링거 씨가 살고 있는 집의 지붕을 주의 깊게 조사하였습니다. 지붕 홈통은 철판이나 두꺼운 아연 받침(후자의 명칭은 잘 모르겠습니다)으로 만들어졌습니다. 홈통은 1등급 자재로 만들어졌고, 사바찐 씨의 직접 감독을 받아 선교부에 만족을 주기 위한 것이었는데 계약의 다른 세부 사항은 기억나지 않습니다. 퇴창 윗부분에 얇은 주석이 붙어 있고 녹슬어 있는 것을 발견하였습니다. 서쪽 식당 위 홈통에 약 8~10피트 길이의 물이 고여 있는데, 이는 어제 (9월 21일) 내린 비가 이곳에 모였다는 것을 보여주며, 그것이 생각보다 높이가 낮거나 혹은 물이 흘러내릴 것이라는 사실이 증명되었습니다. 북쪽 퇴창 위 홈통에도 물이 있고, 침실 중앙쯤에서는 홈통을 회반죽으로 수선하였습니다. 모퉁이와 응접실 굴뚝에서는 철이나 아연이 변형되어 있는데, 아마도 철이나 아연을 까는 동안 그렇게 된 것 같습니다. 납땜이 잘 되어 있지 않은 것 같은데, 즉 조각들을 단순히 서로 겹치게 하여 납땜한 것처럼 보입니다.

H. G. 아펜젤러

서울, 1891년 9월 22일

Henry G. Appenzeller (Seoul), [Report of Examination] (Sept. 22nd, 1891)

I have carefully examined the roof of the house occupied by Mr. Ohlinger. The roof gutter is made I should say of sheet iron or of the heavy block zinc (the latter name I am not sure of). The gutter was to be made of first class material and was to receive the personal supervision of Mr. Sabatin and to give satisfaction to the Mission I do not remember the other details of the contract. I find that the part over the bay window has thin tin on it and is somewhat rusted.. There is water standing for a length of say 8 or 10 feet in the gutter over the dining room, west side, showing that the few drops of rain that fell yesterday (Sept. 21) gathered in this place, proving that it is lower than it ought to be or the water would run off. There is also water in the gutter over the bay window on the north side, about the middle of the sleeping room the gutter was mended by plastering it. At the corner and at the parlor chimney the iron or zinc is battered, probably while it was being laid. The soldering does not seem to be well done, that is to say the pieces seem to be merely laid on each other and then soldered.

H. G. Appenzeller

Seoul, Sept. 22, 1891

호러스 N. 알렌(주한 미국 공사관 서기관)이 윈스턴 G. 퍼시벌 (펜실베이니아 주 필라델피아)에게 보낸 편지 (1891년 9월 23일)

미합중국 공사관,
한국 서울

1891년 9월 23일

W. G. 퍼시벌 박사,
　필라델피아

안녕하십니까,

　박사님의 8월 15일자 편지가 데이비스 박사의 동봉물로 어제 받았으며, 저는 즉시 답변을 드립니다.

　치과(齒科)는 동양에서 좋은 사업이며, 서양식으로 교육받은 현지 치과의사가 대부분의 진료를 담당하는 일본을 제외하고는 거의 독점적으로 미국인의 손에 있습니다.

　진료비는 5테일(2.40달러) 미만으로 높으며, 외국인 거주자들 사이에 많은 진료 수요가 있습니다. 나는 현재 알려진 자리들이 모두 채워져 있다고 생각합니다.

　한국에는 치과의사가 없습니다. 일본인은 ＿＿＿ 사업을 잘 하였지만 진료는 형편없었습니다. 일부 외국인들은 치아 관리를 위하여 상하이까지 길고 비용이 많이 드는 항해를 해야 했습니다.

　하지만 이 나라가 아주 좋은 분야를 제공한다고는 말할 수 없습니다. 이곳 수도와 30마일 떨어진 제물포항에는 약 100명의 외국인이 있는데, 물론 이곳에 자리를 잡는다면 박사님은 ＿＿＿ 곳의 진료를 할 수 있고, 그곳에서 그것에 대한 수입이 많을 것입니다. 나는 더 나은 계층의 현지인이 치과 의사를 후원할 가능성에 대하여 신중하게 조사하였습니다.

　나는 아마도 어떤 사람들은 그렇게 할 것이라고 들었습니다. "＿ ＿＿ ＿."

　박사님은 이런 식으로 연간 500달러 또는 1,000달러를 벌 수 있고, 외국인으로부터 500달러를 벌 수 있으며, 좋은 수입이 있을 것이라는 전망이 있습니다. 나는 박사님이 오해하는 것을 원하지 않기 때문에 수치를 낮게 설정하였습니다. 현지인들은 임차를 하지 않기 때문에 집을 사서 개조해야 합니다. 2,000~2,500달러 미만으로는 외국인 정착지에서 ____한 장소를 얻을 수 없습니다. 그 외부로 나가면 500~1,000달러면 ____를 구할 수 있습니다.

하인은 저렴합니다. 현지 물품은 비싸지 않으며, 외국 물품은 적습니다. 박사님은 좋은 기구를 가질 필요가 있을 것입니다. (......)

박사님은 샌프란시스코와 요코하마를 ____ 올 것인데, 일등실의 비용은 약 300~400달러입니다. 박사님은 원한다면 통역을 사용하고 언어를 ___할 것입니다. 나는 박사님이 비용을 지불하고 _____를 한 다음 마음에 들지 않으면 ___을 할 수 있다고 생각합니다. 나는 _____이 _____외국인을 데려가지 않는 한 즉시 ___을 얻을 수 있다고 생각합니다.

나는 데이비스 박사에게 ___합니다. 이 정부는 그를 놓아줄 생각이 없었습니다. 나는 ____ _____에 대해서만 이해하고 있습니다. 나는 박사님의 모든 ___ __을 받게 되면 기쁠 것이며, 박사님께 올 것을 촉구하지 않습니다.

안녕히 계세요.
H. N. 알렌

추신

문의한 결과 나는 오늘 오전에 이 편지를 쓰기 시작하였고, 현재 이곳을 여행 중인 일본인 치과의사가 한국인에 대한 많은 진료를 하고 있지만 저렴한 경비(동양에서도 낮은)를 청구하고 3개월 동안 머물면서 800~900달러를 벌었다는 것을 알게 되었습니다. 이곳에 치과의사가 있었다면 그는 오지 않았을 것입니다. 그는 졸업생이 아닙니다. 또한 일본의 일부 항구는 개항의 가능성이 있으므로 업무의 보수가 충분하지 않은 경우 이곳에 머물 필요가 없습니다.

Horace N. Allen (Sec., U. S. Legation to Korea),
Letter to Winston G. Percival (Philadelphia, Pa.) (Sept. 23rd, 1891)

U. S. Legation. Seoul, Korea,

Sept. 23, 1891

Dr. W. G. Percival,
  Philadelphia

Dear Sir:

Your favors of Aug 15 with enclosure from Dr. Davis came yesterday and I answer at once,

Dentistry is a good business in the East and is in the hands of Americans almost exclusively except in Japan where the native Dentists educated in western style have the bulk of the work.

Fees are high not charge of less than 5 Taels ($2.40) and plenty of work among the foreign residents. I think that the posts are all _____ _____ filled now known.

Korea has no dentists. A Japanese ____ _____ and done good business - but poor work. Some foreigners have had to make the long and expensive sea voyage to Shanghai to have their teeth attended to.

I can't say this country offers a very good field however. There are only about 100 foreigners here at the capital and at the port Chemulpo, 30 miles distant, of course should you locate here you would have the work of _____ places, _____ would pay well. What there is of it. I have made careful inquiries as to the probability of the better class of natives patronizing a dentist.

I am told that in all probability some would do so. "____ if the ____ ____ 100."

You might get $500 or $1,000 per annum this way, and say $500 from the foreigners, with a prospect of a good income. I put the figures low as I don't want you to be misled. You would have to buy a house and fit it up as the natives do not rent. You could not get an _____ place in the foreign settlement for less than $2,000 to $2,500 you could go outside and get up _____ for $500 to $1,000.

Servants are cheap. Native good is inexpensive and foreign goods are less. You would need to have a good apparatus, which would like ____ the fair _____ of Koreans a your outfit of your ____ and _____.

You would come ___ San Francisco and Yokohama, first class would cost you some $300~$400. You would use an interpreter and _____ the language if you felt like it. I think you could make expense and a ____ ____ ____ and then ___ ___ if you did not like it. I ____ think you could get ____ immediately unless the _____ take ____ ____ foreigners may will.

I _____ me to Dr. Davis. __ ___ ____ this Govrn't has thot & it to let him go. I understand __ ___ only for _____ _____ _____ _____ may think.

I will be glad to receive your ___ ____ all not urge you to come.

Yours very truly,
H. H. Allen

P. S.

As result of inquiry I started this a. m. I now learn that the Japanese Dentist on his trip here, has much work with the Koreans, but charges low prices (low for the east) he cleared $800~$900 during a 3 months stay. He would not come if there were a dentist here. He is not a graduate. Also there is a possible opening in some of the ports of Japan so that you would not have to to stay here if the work was not sufficiently renumerative.

어거스틴 허드(주한 미국 공사)가 프랭크 F. 엘린우드(미국 북장로교회 해외선교본부 총무)에게 보낸 편지 (1891년 10월 16일)

미합중국 공사관

한국 서울,
1891년 10월 16일

신학박사 F. F. 엘린우드 목사,
　총무,
　미국 북장로교회 해외선교본부,
　뉴욕 시 5 애버뉴 53

안녕하십니까,

　　9월 9일자 박사님의 편지를 받은 것에 대하여 감사 인사를 전합니다. 나는 병원 문제에 대한 나의 조치에 대하여 박사님께서 감사해 주셔서 기쁩니다. 박사님의 서신을 통하여 그 주제에 대하여 조금 더 말씀드릴 수 있는 기회가 생겼습니다. 물론 미국의 이익에 닿는 모든 것은 공사인 나에게 매우 예민한 영향을 미치며, 나는 박사님의 선교부가 성공할 것이라는 사실에 매우 깊이 공감하고 있습니다. 바로 이 감정이 그 구성원의 일부로 자신들의 의무에 대한 관심을 ＿＿하는 것처럼 보이는 어떠한 결점도 참을 수 없게 만들고 있습니다. 이런 이유로 나는 나의 의지가 많이 ＿＿하지만 선교본부에 빈튼 박사와 그의 병원과의 관계, 특히 병원에 관하여 선교부에서 일반적으로 느껴졌던 무관심과 관련하여 말씀드려야 한다고 생각하였습니다. 편지는 보내지 않았습니다. 박사님은 내 자신을 내세우는 대단한 불쾌감을 이해하시게 될 것입니다. 그리고 다음날 알렌 박사가 박사님께 편지를 썼다고 나에게 언급하였을 때, 나는 그가 아마도 이것이 필요하다고 말하였을 것이라고 생각합니다.

　　하지만 박사님의 개인 정보를 위하여 지금 이 편지를 쓰고 있습니다. 박사님에게 전달될 이 설명을 이해하는 데 도움이 될 수 있기 때문입니다.

　　얼마 지나지 않아 나는 거리에서 빈튼 박사를 만났고, 그에게 독판에게 그에 대하여 매우 높이 평가하였으며 그가 나의 칭찬을 정당화해 주기를 바랐다고 말하였습니다. 그는 내가 자신을 의지할 수 있다고 확언하였고, 내가 아는 한 그는 한국인들에게 완전한 만족을 주며 자신의 임무에 성실히 임하였다고 말할 수 있어 기쁩니다. 나는 질문을 하기 위하여 내가 들은 것에서만 이것을 추론할 수 있으며, 이것이 의심할 여지가 있다는 점을 시사하고 있습니다. 그러나 나는 박사님이 지금 내가 말하는 내용에 비추어, 오히려 그것과 관련하여 내 편지를 읽고 나의 초기 비난에 너무 많은 중요성을 부여하지 않기를 바랍니다.

내가 부산에서 박사님을 돕기 위하여 할 수 있는 일을 하고 있으니 박사님은 믿을 수 있을 것입니다. 박사님의 언급을 보면 박사님은 토지 구입과 관련하여 어떤 계획을 세웠는지 명확히 알지 못하고 있다는 것이 분명합니다. 나는 베어드 씨가 7월 29일에 나에게 보낸 편지와 8월 1일자 내 답장의 사본을 기꺼이 동봉합니다. 베어드 씨는 8일 _____에게 "나의 공무 수행 과정에서 나를 비난하겠다"는 의도를 담은 편지를 보냈는데, 그 문제와 자신의 연관성을 설명하고 힐리어 씨가 자신의 예산을 과장하였다고 나에게 확신시켰습니다.

8월 말에 나는 건강을 위해 한국을 떠나지 않을 수 없었고, 알렌 박사는 나의 지시에 따라 베어드 씨 및 어빈에게 각각 200평방피트인 세 필지를 차지할 권한을 부여받았습니다. 베어드 씨는 9월 1일경에 내려갔고, 내 생각에 건축을 시작한 것 같습니다.

내가 알아낼 수 있는 한, 베어드 씨가 발견한 모든 문제는, 만일 그의 경계의 ___에서 그가 옳다면, 그가 스스로 가는 대신 하디 씨에게 자신의 일을 맡긴 것에서 비롯되었습니다. 나에게도 하디 씨는 큰 땅이 있다고 말하였습니다. 힐리어 씨는 나에게 전면이 250야드라고 말하였고, 이것이 주목을 끌었습니다. 만일 베어드 씨가 내려가서 조용히 건물을 짓기 시작하였다면 아무도 그 작업을 말하지 않았을 것입니다.

내가 며칠 후에 직접 부산에 내려가면, 더 많은 것을 알고 이야기할 수 있을 것입니다. 박사님은 내가 박사님의 이익을 최대한 잘 이해한다고 믿을 수 있지만, 내가 합리적으로 _____하고 신중하게 행동해야 하며 결과가 박사님의 첫 기대와 완전히 같지 않더라도 좋은 의도에 대하여 나에게 공로를 인정해야 한다는 것을 잊지 말아야 합니다.

나는 박사님이 나를 이해해 줄 것이라고 확신하면서 매우 솔직하게 편지를 썼습니다. 나는 누구를 ___하거나 비난하고 싶지 않으며, 모든 사람의 불유쾌한 점을 지적하고 싶지 않습니다. 그러나 나는 박사님이 사실을 명확히 이해하기를 바라며, 그것이 매우 중요하다고 생각합니다. 이를 박사님께 전달하고 있습니다. 나는 개인의 기분을 상하게 해야 하고, 단지 보고할 수 있을 뿐이며, 내 발언을 비공개로 간주해 주시기 바랍니다.

안녕히 계세요.
어거스틴 허드

내 이름은 'Hurd'가 아니라 'Heard'로 씁니다.

나는 처음에 빈튼 박사가 너무 ____한 주제를 가지고 있었고, 그로부터 자신을 발견하였다는 사실을 보내드리고 싶습니다.

Augustine Heard (U. S. Minister to Korea), Letter to Frank F. Ellinwood (Sec., BFM, PCUSA) (Oct. 16th, 1891)

Legation of the United States

Seoul, Korea,
Oct. 16, 1891

Rev. F. F. Ellinwood, D. D.,
　Secretary,
　Presbyterian Board of Foreign Missions,
　53 Fifth Avenue, New York

My dear Sir: -

I beg to acknowledge with thank the receipt of your letter of 9 Sept. I am pleased that you appreciated my action in the matter of the Hospital, & your letter gives me an opportunity to say a little more in that subject. Everything that touches American interests, of course, affects me as Minister very keenly, & I feel very deeply intimated in the success of your mission. It is this feeling that makes me, perhaps, intolerant of anything that looks like shortcoming, to ___gence of attention to their duties as the part of its members. For this reason I thought it in _____ on me – though much ____nise my will - to address the Board with regard to Dr. Vinton & his relation to the hospital, and also more particularly to what appeared to me the indifference generally felt in the mission toward it. The letter was never sent. You will understand very natural rebutance to put myself forward, & when Dr. Allen mentioned to me the next day that he had written you, I thought he had probably said are this was necessary.

For your private information however, I write this letter now, as it may be useful to you in appreciating this statements that may reach you.

Shortly afterwards I met Dr. Vinton in the street, & told him I had spoken very highly of him to the President & hoped he would justify my praise. He assured me that I might rely on him, & I am happy to say that so far as I know, he has given entire satisfaction to the Koreans, & has been assiduous in his attention to his duties. I can only infer this from what I hear, as for me to make inquirers, would be to suggest that these might be reason to doubt. But I wish you to read my letter by the light of what I say now, or rather in connection with it, & not attach too much importance too my early censure.

You may rely on my doing what I can to aid you in Fusan. It is evident from your remark, that you have no very clear idea of what has taken plan with regard to your purchase of land, & I take the liberty to inclose copy of a letter from Mr. Baird to me of the 29 July, & of my reply Aug. 1. On the 8th. Mr. Baird wrote to Birdaim any intention of "making an accusation against me in the performance of my official duty." - explained his connection with the matter, & assured me that Mr. Hillier had exaggerated the extent of his appropriation.

Towards the end of August I was compelled to leave Corea for my health, & Dr. Allen gave Mr. Baird & Irvin's upon having that he was authorized to take up three lots of land, 200 ft square each, by my directions. Mr. B. went down about 1 Sept. & has, I believe, commenced building.

So far as I can make out all the trouble that Mr. Baird found, if he is correct in his _____ of his limits - arose from his entrusting his affairs to Mr. Hardie instead of going himself. Mr. Hardie _____ at me too have stated us for himself an enormous piece of land. Mr. Hillier told me 250 yards front & this attracted notice.

If Mr. Baird had gone down & quietly commenced building no _____ have said a work.

I propose to go to Fusan myself in a few days & I can then speak with more knowledge. You may rely on my _____ting your interests so good as I can, but you need not forget that I must act with reasonable _____tion & prudence, and give me credit for good intentions, if the result do not quite equal your first anticipations.

I have written you very frankly, confident that you would understand me. I have no desire to att___ or accuse any one, or ___ disagreeable things of every one, but I desire that you should have a clear comprehension of the facts, & I think it very important that you should have. It is communicating this to you. I have to offend individuals I can only report it, & would beg you to consider as private my remarks.

Believe me,

Very truly yours,
Augustine Heard

My name is written Heard, not Hurd.

I am disposed to despatch that in the earlier days Dr. Vinton has subject too _____, from which he has find himself.

18911022

어거스틴 허드(주한 미국 공사)가 민종묵(외아문 독판)에게 보낸 공문, 외아문 제108호 (1891년 10월 22일)

미합중국 공사관

한국 서울

1891년 10월 22일

제108호, 외아문

안녕하십니까,

　제가 한국의 항구를 공식 방문하여 부재 중인 동안 알렌 씨가 이 공사관을 계속 책임지게 될 것임을 각하께 알리게 되어 영광입니다.

　저는 이 새로운 기회를 이용하여 각하께 최고의 경의를 표명합니다.

　어거스틴 허드

민종묵 각하,

　외아문 독판

Augustine Heard (U. S. Minister to Korea), Dispatch to Min Chong Mok (Pres., For. Office), No. 108, Foreign Office (Oct. 22nd, 1891)

Legation of the United States
Seoul, Korea

Oct. 22, 1891

No. 108, F. O.

Sir: -

I have the honor to inform Your Excellency that during my absence upon the official tour of Korean ports, Mr. Allen will remain in charge of this Legation.

I avail myself of this opportunity to renew to Your Excellency the assurance of my high consideration.

Augustine Heard

To His Excellency
Min Chong Mok,
　　President of the Foreign Office

[漢譯]
　大美 欽命駐箚朝鮮便宜行事大臣兼 總領事 何 爲
　照會事, 本大臣 游覽之間, 參賛官 安連, 應行 署理本署 公務, 專此備文, 請
煩
　貴督辦, 查照可也, 須至照會者, 右照會.

　大朝 鮮督辦交涉通商事務 閔
　一千 八百 九十一年 十月 二十二日 第一百八號
　辛卯 九月 二十日

호러스 N. 알렌(주한 미국 공사관 서기관)이 프랭크 F. 엘린우드 (미국 북장로교회 해외선교본부 총무)에게 보낸 편지 (1891년 10월 23일)

한국 서울,
1891년 10월 23일

친애하는 엘린우드 박사님,

허드 씨가 박사님께 대단히 무게가 있는 편지를 보내고 있기 때문에, 저는 박사님의 9월 9일자 편지[68])에 대하여 박사님이 이곳 선교부 회원들이 허락하는 한 이 공사관이 선교부의 강력한 지원자라는 사실에 감사해하시는 것이 기쁘다는 말씀만 드리겠습니다. 허드 씨가 선교 사업에 크게 반대하였다면 박사님은 그를 비난할 수 없는데, 그는 선교 사업에 대하여 편견을 갖고 있지 않았고, 그의 이웃인 헤론 부인, 빈튼 박사가 짜증나게 하였고, 심지어 베어드 씨도 그에게 불필요한 문제를 일으키도록 유도하였기 때문입니다. 지금은 모두 즐겁습니다. 빈튼 박사는 일을 잘하는 것 같고, 베어드 씨는 부산에 있습니다.

저는 박사님이 게일 씨를 영입하신 것을 축하드립니다. 그는 헤론 부인과 결혼하든 하지 않든 상관없이 최고의 남자입니다.

저는 사람들이 그가 유능함을 증명하기를 바라고 있습니다.

이곳에서 저의 위치는 대단히 독특합니다. 저의 선교부는 베어드 가족이 떠났기 때문에 저에게 거의 완벽하게 이방인입니다. 영국인들은 제가 그들이 병원에서 멀리하게 한 것 때문에 저를 용서할 수 없으며, 러시아인에 대한 선교사의 최근 사건에서 제가 그것에 대하여 최소한의 협의도 하지 않고 진술서를 받았던 것과 같이, 선교사가 어떤 일을 할 때 저는 그것에 대한 비난을 받고 있습니다. 저는 러시아인의 방문을 받았고, 그 사람을 부추겼다는 비난을 받았습니다.

저는 예전에 왕의 자문을 받았던 기간을 제외하고는 이곳에서 유용한 기간을 무사히 벗어났다고 생각하며, 우리는 오래 머물 것으로 예상하고 있지

---

68) Frank F. Ellinwood (Sec., BFM, PCUSA), Letter to Horace N. Allen (Sec., U. S. Legation to Korea) (Sept. 9th, 1891)

않습니다.

안녕히 계십시오.

H. N. 알렌

Horace N. Allen (Sec., U. S. Legation to Korea), Letter to Frank F. Ellinwood (Sec., BFM, PCUSA) (Oct. 23rd, 1891)

Seoul, Korea,
Oct. 23rd, 1891

My dear Dr. Ellinwood: -

As Mr. Heard is sending you a very heavy letter I will only say in acknowledgment of yours of Sept. 9th - that I am glad - you appreciate the fact that this Legation is a strong supporter of the mission - so far as the local members will allow. You could not blame Mr. Heard if he had become very much opposed to mission work, for he was not prejudiced in its favor, and he has been much annoyed by his neighbor Mrs. Heron, by Dr. Vinton, and even Mr. Baird was foolishly induced to make an unnecessary issue with him. All is pleasant now. Vinton seems to be doing well and Baird is at Fusan.

I congratulate you on getting Mr. Gale. He is a No. 1 man, whether he marries Mrs. Heron or not.

I hope the people will prove to be efficient.

My position here is very peculiar. My own mission are almost perfect strangers to me, now that the Bairds have left. The English can't forgive me for keeping them from the hospital, and when a missionary does anything, I get the blame it there is any, as in a recent case of a missionary against a Russian in which I took the affidavits without being in the least consulted about it. I was visited by the Russians and accused of putting the man up to it.

I think I have outlived my period of usefulness here except the old one of being consulted by the King, and we don't expect to remain long.

Yours very sincerely,
H. N. Allen

프랭크 F. 엘린우드(미국 북장로교회 해외선교본부 총무)가
호러스 N. 알렌(주한 미국 공사관 서기관)에게 보낸 편지
(1891년 12월 9일)

1891년 12월 9일

친애하는 알렌 박사님,

나는 허드 씨에게 편지를 써서 그의 현명한 외교와 병원과 부산의 부동산 확보에 대한 따뜻한 관심에 우리 선교부를 대신하여 감사를 표하였습니다.[69] 나는 또한 우리 사역을 위하여 여러 번, 그리고 여러 방식으로 영향력을 발휘해 준 것에 대하여 우리가 박사님에게 감사해한다는 점을 확신시켜 드리고 싶습니다. 경험과 그것이 가져다주는 지혜가 부족할지라도 취지가 높은 우리 젊은 선교사들을 대할 때 큰 인내가 필요합니다. 나는 마펫과 베어드 씨가 어느 모로 보나 훌륭한 동료이며, 큰 유용성을 약속하고 있다고 생각합니다. 나는 또한 빈튼 박사가 박사님을 통해 성장할 것이라는 것을 박사님이 알게 될 것으로 기대하고 있습니다. 헐버트 씨로부터 우리에게 전해진 말은 빈튼 박사가 한국인들 사이에서 점점 인기를 얻고 있으며 유용성에 대한 기대가 증가하고 있음을 나타내는 것 같습니다.

나는 박사님이 게일 씨를 그렇게 높이 평가해주셔서 기쁩니다. 헤론 부인과의 약혼이 내륙에서 선구적인 선교사로서 그를 위한 우리의 계획을 방해하는 것 같아서 우리에게 안타까운 일임을 고백하지 않을 수 없습니다. 이 사안에는 우리에게 약간의 불안을 안겨준 몇 가지 다른 요소가 있었는데, 특히 캐나다에서 결혼 약속을 포기한 것이었습니다. 제발 이것에 대해 말하지 마세요. 그러나 그것은 정말로 심각한 문제입니다.

나는 항상 박사님의 소식을 듣고 일의 진행과 관련하여 박사님의 의견을 듣는 것을 기쁘게 생각하고 있습니다.

우리는 내년 한국 선교부에 대하여 많은 인원을 보충하려 하고 있습니다. 가능하다면 우리가 원산과 의주에 들어갈 수 있도록 박사님이 영향력을 발휘해

---

69) Frank F. Ellinwood (Sec., BFM, PCUSA), Letter to Augustine Heard (U. S. Minister to Korea) (Sept. 9th, 1891)

주시기를 바랍니다.

부인께 안부를 전합니다.

안녕히 계세요.

F. F. 엘린우드

Frank F. Ellinwood (Sec., BFM, PCUSA), Letter to Horace N. Allen (Seoul) (Dec. 9th, 1891)

December 9th. 1891.

My dear Dr. Allen:

I have written a letter to Mr. Heard, thanking him for his wise diplomacy and kindly interest in behalf of our mission, both with respect to the hospital and to the securing of property in Fusan. I want to assure you, also, that we appreciate the influence which you have at many times and in many ways exerted in behalf of our work. Great forebearance is necessary in dealing with our young missionaries, whose purposes are high, even though they may lack experience, and the wisdom which experience brings. I think that Moffett and Baird, take them all around, are splendid fellows, and give promise of great usefulness. I hope also that you will find that Dr. Vinton will grow upon you. The word which comes to us from Mr. Hulbert seems to indicate on Dr. Vinton's part a growing popularity with the Koreans, and an increased promise of usefulness.

I am glad that you think so highly on Mr. Gale. I must confess that his engagement to Mrs. Heron has given us regret, as it seems to block our plans for him as a pioneer missionary in the interior. There were some other elements in the case which have given us a little anxiety, particularly the giving up of a marriage engagement in Canada. Please do not speak of this, but it is really a serious matter.

I am always glad to hear form you, and get your vies in regard to the progress of affairs.

We are getting large accessions to our Korea Mission for next year. I hope that you will use your influence to secure for us, if possible, an entrance into Gensan and Eui Ju.

With very kind regards to Mrs. Allen,

Sincerely yours,
F. F. Ellinwood

제3장 1892년
Chapter 3. 1892

`18920111`

호러스 N. 알렌(주한 미국 공사관 서기관)이 프랭크 F. 엘린우드
(미국 북장로교회 해외선교본부 총무)에게 보낸 편지 (1892년 1월 11일)

한국 서울,
1892년 1월 11일

F. F. 엘린우드 박사,
   뉴욕 시 5 애버뉴 53

친애하는 박사님,

　　한성 판윤의 직인이 찍힌 최근의 포고문과 국왕의 명령에 따라 외국인이 서울에서 더 많은 토지를 취득하는 것이 금지되었습니다. 이는 일본인과 중국인의 대규모 유입을 막고 서구 외국인들을 현재 그들이 거주하고 있는 지역에 가두려는 정부의 바람에 따라 이루어졌습니다.

　　저는 박사님께 제 계획을 제시할 생각을 한동안 해왔고 위의 포고가 내려지는 것이 제가 결정하도록 만들었습니다. 저는 이곳 선교부에 상당한 보강 인력을 파송하려 한다는 소식도 들었습니다.

　　저는 제 직책을 대단히 좋아합니다. 그곳은 이 지역에서 외국인이 거주하는 유일하게 남은 장소입니다. 다른 한옥은 퇴창, 칸막이, 최고의 우물 좋은 벽과 잔디 등이 있는 오두막과 별채입니다.

　　저는 1피트가 ⅛인치 크기로 그려진 집의 대략적인 도면을 동봉합니다.

　　저는 그곳의 가격이 은화로 약 2,850달러라고 생각하고 있습니다. 인접한 부동산을 구입하고 수리를 하기 전에 저는 진짜로 2,500달러를 제안받았으며, 그곳이 현재 상태로 훨씬 더 가치가 있다고 생각하고 있습니다.

　　다른 외국인 소유의 장소들과는 전혀 다른 구역으로 열리는데, 그래도 접근성은 편리합니다. 그것은 뒤쪽에서 벙커 씨 집과 연결되고, 그의 집 뒤쪽에는 다른 외국인 소유 부지로 이어지는 독일 공사관과 인접해 있어 혁명이 일어날 경우 충분한 보호가 제공될 것이며 선교 사업은 이곳에서 수행될 것이기에 모든 곳에서 도달할 수 있으며, 정부가 저에게 매년 금화 600달러를 주기 때문에 저는 ___ ____ ____합니다. 그러나 그들이 공사관에 있는 저의 숙소를 위한 예산을 만들었기 때문에 저는 제 집을 떠나야 할 수도 있습니다. ____ 겨울이 박사님께 첫 번째 기회를 줄 수도 있습니다.

그것은 큰 정부 주택이며, 제가 한국 정부의 직책을 가졌을 때 외국인을 위해 상당히 수리를 하였습니다. 그 이후 저는 (흥정으로) 400달러 미만에 인접한 부지를 구입하였지만, 환율의 변동으로 인하여 거의 500달러가 들었습니다. 저는 또한 500달러가 넘는 수리 비용을 지불하였습니다. 전체적으로 유리창을 사용하였고, 한국 창문으로 외부 가리개를 사용하였으며, 필요한 경우 외국식 문을 사용하였습니다.

(해독 불가)

집은 비율이 아주 좋고, 좋은 _____, 좋은 기와 지붕, 마루 바닥 및 회반죽 벽입니다. 여름에는 남쪽으로 노출되어 매우 시원한 곳이지만 북쪽으로 보호되어 겨울에는 쉽게 따뜻해집니다. 이전에 사용하였던 것보다 훨씬 더 편안하다고 생각합니다.

좋은 정원 외에도 저는 _____ 및 _____에 대하여 걱정하고 있습니다. 또한 우리 집은 배수가 잘 되어 심한 장마철에도 물이 고여도 문제가 되지 않는다고 말씀드리고 싶습니다.

저는 금화 2,850달러가 대단히 적당한 가격이라고 생각하며, 그 금액으로 박사님께 제안합니다. 저는 이것을 마펫 씨에게 보여줄 것이지만 저는 금화 3,000달러를 유지할 것이기 때문에 공개적으로 제안하고 싶지 않습니다.

안녕히 계세요.
H. N. 알렌

Horace N. Allen (Sec., U. S. Legation to Korea),
Letter to Frank F. Ellinwood (Sec., BFM, PCUSA) (Jan. 11th, 1892)

Seoul, Korea, Jan. 11, 1892

Dr. F. F. Ellinwood,
  53 Fifth Ave., N. Y.

My dear Doctor,

By a recent proclamation under seal of His Majorality of Seoul, and by the order of the King, foreigners are prohibited from acquiring more land in Seoul. This is done in pursuance of the desire of the Govrn't to stop the great influx of Japanese and Chinese and to confine the western foreigners to the district now occupied by them.

I have been thinking for some time of offering my plan to you and the appearance of the above proclamation has decided me. As I hear also that you ar about to send considerable reinforcements to the Mission here.

I like my place very much. It is the only remaining place in this district where foreigners reside. The other Korean houses are huts with also bay windows, partitions etc. and outbuildings, a No. 1 well, good walls and sod.

I enclose a rough plan of he house drawn to a scale of ⅛ in to 1 foot.

I consider that the place has cost some $2,850 silver. Before buying the adjoining property and putting as the repairs I was offered $2,500 by a *bona fide* _____, and consider that the place is much more valuable as it now stands.

It opens on an entirely different section from the other foreign places, yet is convenient of access. It joins Mr. Bunkers place on the back, and in the rear of his place adjoin the German Legation which runs down to the other foreign places, so that in case of a revolution ample protection would be afforded, while mission work prosecuted at this place would reach an entirely every respect and as the Govrn't gives me $600 gold, for annum as rented I ____ed _____ _____to keep it, but as they have made an appropriation for my quarters at the legation, I may have to leave my place ____ winter could give you the first chance.

It is a large Govrn't house and was put into pretty fair _____ for foreign ____ when I took it on a chairs I held against the Korean Govrn't. Since that time I have purchased an adjoining compound for what _____ have been less than $400 (at a bargain) but owing to the fluctuation of cash I cost me near $500. I have also put on something over $500 in repair, being __ in glass windows throughout, with Korean windows as the outside blinds, foreign doors when necessary.

(indecipherable)

The house is in excellent proportion, good _____, good tile roof, board floors and plaster walls. It is a very cool place in summer being exposed to the South, but protected from the North, so that is easily warmed in winter. I find it much more comfortable than the one I formerly occupied.

In addition to a good garden I have anxious _____ ____ and ____ ____ __. I would also state that my place drains excellently and we are not troubled by standing water in the severe rainy season.

I think that $2850 gold is a very moderate price and offer it to you for that sum. I will show this to Mr. Moffett but do not wish to make an offer public as I shall hold it at $3,000 gold.

I am, Dear Dr.

Yours very truly,
H. N. Allen

호러스 N. 알렌(주한 미국 공사관 서기관)이
새뮤얼 A. 마펫(서울)에게 보낸 편지 (1892년 1월 11일)

서울,
1892년 1월 11일

친애하는 마펫 씨,

　나는 내 주택에 관한 대화를 곰곰이 생각해 보았고 실제 계획을 세웠으며, 나는 그것을 편지와 함께 엘린우드 박사께 보낼 준비를 하였습니다. 나는 귀하가 내 제안을 공개하지 않도록 요청하며 그것들을 귀하께 먼저 보냅니다.

　나는 벙커 씨에게 그가 금화 3,000달러가 옳다고 생각하는지 물었고, 그는 그렇다고 말하였습니다. 이것은 판윤의 포고가 내려지기 전이었습니다. 나는 은화 4,000달러를 받을 수 있다고 확신하며, 시간이 지나면 그 가치가 높아질 것입니다.

　나는 귀하가 나에게 헌신하는 것을 원하지 않지만, 귀하가 나에게 나온다면 계획을 보여줄 것입니다. 그러면 귀하는 나와 상관없이 귀하의 일을 엘린우드 박사에게 쓸 수 있습니다.

　나는 그것을 선교부 문제로 만드는 데 관심이 없습니다. 그들은 나중에 전달할 수 있습니다.

　안녕히 계세요.
　H. N. 알렌

Horace N. Allen (Sec., U. S. Legation to Korea),
Letter to Samuel A. Moffett (Seoul) (Jan. 11th, 1892)

Copy

Seoul, Jan. 11, 1892

Dear Mr. Moffett: -

I have been thinking over our conversation in regard to my house and have made off a real plan, which I prepare to send to Dr. Ellinwood with the accompanying letter. I send them to you first only asking that you do not make my offer public.

I asked Mr. Bunker if he thought $3,000 gold was about right and he said yes. This was before the mayor's proclamation came out. I am quite sure I could get $4,000 silver, and time will increase the value.

I don't want you to commit yourself to me at all, but if you will come out I will show you the plans and then you can write Dr. Ellinwood your own affairs without regard to me.

I don't care to make it a mission matter. They can pass on it later.

Yours truly,
H. N. Allen

호러스 N. 알렌(주한 미국 공사관 서기관)이 프랭크 F. 엘린우드
(미국 북장로교회 해외선교본부 총무)에게 보낸 편지 (1892년 1월 12일)

한국 서울,
1892년 1월 12일

친애하는 엘린우드 박사님,

제가 마펫 씨에게 보낸 동봉된 편지70)를 쓴 이후로 마펫 씨는 제 주택을 조사하였고 틀림없이 박사님께 편지를 쓸 것입니다.

아마도 저는 박사님께 비교 가격을 알려 드려야 합니다. 박사님을 위한 저의 구매 가격은 처음 들어온 외국인의 입장에서 이곳에서 이루어진 가장 큰 거래이었습니다. 그 이후로 가격이 엄청나게 올랐고 지금은 더 이상 판매가 금지되어 있습니다. 제 생각에 그 구매 가격은 1,750달러이었습니다. 제 주택의 초기 수리 비용은 1,200달러이었고, 다른 두 주택은 훨씬 더 많은 돈이 들었다고 생각합니다.

한옥을 외국인들이 사용하기 위하여 형태를 갖추는 것은 엄청난 비용이 드는 작업입니다. 저는 언더우드 씨의 학교 건물(곧 게일 부부가 거주하게 될 것이라고 들었습니다.)의 수리와 기포드 씨의 주택을 짓고 개조하는 데 각각 4,000달러 내지 5,000달러가 들었다고 들었습니다. 그들은 버팀목 사이에 벽돌을 한 겹 얹어 놓았습니다. 처음에는 제 주택을 이렇게 수리하려 하였으나 그런 주택에 살고 있는 사람들이 저에게 자신들이 불만족스럽다고 말하였는데, 벽돌 무게의 두 배 이상의 수분을 흡수하는 벽돌의 다공성 때문에 한 겹 벽돌이 한식 회반죽에 비하여 춥다고 말하였습니다. 벽돌은 목재에서 오그라들어 공기 통로를 남기며, 필연적으로 취약한 기초가 벽이 함몰된 두 사례의 원인이 되었으며, 건축가들은 목재가 벽돌 안에서 매우 빨리 썩는다고 말합니다.

저는 한옥의 벽을 그대로 유지하고 이중창을 달아 아주 만족스럽게 만들었습니다.

만일 박사님이 그 가격에 대하여 의심스러우시다면, 저는 제가 이곳에서

---

70) Horace N. Allen (Sec., U. S. Legation to Korea), Letter to Samuel A. Moffett (Seoul) (Jan. 11th, 1892)

제안할 수 있는 가격보다 150달러가 낮은 가격에 선교부가 소유하는 것에 동의하겠습니다.

안부를 전합니다.

안녕히 계십시오.

H. N. 알렌

Horace N. Allen (Sec., U. S. Legation to Korea), Letter to Frank F. Ellinwood (Sec., BFM, PCUSA) (Jan. 12th, 1892)

Seoul, Korea,

Jan. 12th, 1892

My dear Dr. Ellinwood: -

Since writing the enclosed, which I submitted to Mr. Moffett, the latter has inspected my place and will doubtless write you.

Perhaps I should give you some comparison of prices. My original purchase for you was the greatest bargain ever made here, being at the first entry of foreigners. Since then prices have gone amazingly and now further sales are prohibited. That purchase was, I believe, $1,750. The initial repairs to my place cost $1,200 and I believe the other two houses cost considerably more.

It is an exceedingly expensive operation to put a Korean house in shape for foreign use. I am told that the repairs on Mr. Underwood's School Building (soon to be occupied as a residence by Mr. Gale & his wife, I hear), as well as the building and remodeling of Mr. Gifford's house, cost each between $4,000 and $5,000. They have a tier of single brick laid between the upright supports of the Korean house and at first I intended to fix mine this way, but the occupants of such houses tell me that they are unsatisfactory, the single brick being colder than the Korean plaster, owing to the porosity of the brick which absorbs more than double its weight of moisture. The brickwork shrinks from the timbers, leaving air passage; and the necessarily slight foundation has been the cause in two cases of the wall caving in, while architects tell me that the wood work rots very fast in brick.

I kept the native walls and put in double windows, making it very satisfactory.

If you have any doubts as to the price, I will agree to let the mission I have it for $150 less than the best *bona fide* offer I have elsewhere.

With kind regards,

Yours Sincerely,

H. N. Allen

호러스 N. 알렌(주한 미국 공사관 서기관)이 프랭크 F. 엘린우드 (미국 북장로교회 해외선교본부 총무)에게 보낸 편지 (1892년 1월 28일)

한국 서울,
1892년 1월 28일

친애하는 엘린우드 박사님,

저의 부동산 매각과 관련하여 최근 우편으로 매우 긴 편지[71]를 박사님께 보냈습니다. 그것을 쓴 이후, 그것에 언급된 포고는 외교 사절 때문에 철회되었습니다.

저는 박사님이 충분히 아시도록 즉시 이것을 씁니다. 하지만 저는 서울에 있는 외국인들의 토지 매입이 고무적이라고 생각하지 않습니다.

저는 최근 우편으로 허드 씨에게 보내신 편지가 동봉된 박사님의 친절한 편지를 받았습니다.

박사님이 언급하신 내륙에서의 사역에 관하여 저는 얼마 전에 마펫 씨에게 평양을 여는 것의 타당성을 설명하였고, 두 명의 선교사가 매일 한 시간씩 가르치는 정부 영어 학교를 열 수 있는 허가를 얻을 것을 제안하였는데, 그렇게 되면 그들은 주택 임차를 받아들이고 반(半) 관리 직책을 부여해야 하는데 그것은 항구가 열려 있든 없든 그들이 그곳에서 안전하게 살 수 있게 해 줄 것이라고 말하였다고 말씀드립니다.

저는 박사님의 문제를 이곳에서 찾을 수 있다고 생각합니다.

물론 저는 저 자신에 대한 특정 조치가 전혀 필요하다고 생각하지 않지만, 저는 적절한 방법으로 그들을 돕기 위하여 제가 할 수 있는 모든 것을 할 것입니다.

비록 그가 어떻게 약혼자 문제를 처리할 수 있었는지 알 수 없지만 저는 아직도 게일을 좋은 후임자라고 생각합니다.

만일 헤론 부인에 대한 그의 영향력이 그에 대한 그녀의 것보다 크면 좋겠지만 그렇지 않으면 두렵습니다. 저는 관계가 없었고 그는 우리의 관계에

---

71) Horace N. Allen (Sec., U. S. Legation to Korea), Letter to Frank F. Ellinwood (Sec., BFM, PCUSA) (Jan. 11th, 1892)

대하여 알고 있지 않지만 허드 씨는 이미 그녀에 대하여 국무부에 항의를 해야 했습니다.

안녕히 계십시오.
H. N. 알렌

Horace N. Allen (Sec., U. S. Legation to Korea), Letter to Frank F. Ellinwood (Sec., BFM, PCUSA) (Jan. 28th, 1892)

Seoul, Korea,
Jan. 28th, 1892

My dear Dr. Ellinwood: -

I sent you a very lengthy communication by recent mail regarding sale of my property. Since writing that, the Proclamation therein mentioned, has been in a way recalled, owing to Diplomatic representation.

I write this at once that you may be fully posted. I don't think however, that land sales to Foreigners in Seoul will be encouraged at all.

By last mail I received your kind letter, accompanying one to Mr. Heard.

Regarding what you mention concerning work in the interior, I may say that some time ago I spoke to Mr. Moffett about the advisability of opening up Ping An, and suggested that permission be obtained to open a Govn't school of English in which, say two missionaries should teach an hour daily each, in return for which they should receive house rent and a semi-official position that would enable them to live there in safety, whether the port is open or not.

I think your matters are looking up here.

I of course do not think certain actions toward myself at all called for, but shall do all I can to assist them in any proper way.

I still think Gale a good accession, though I don't see how such a man could take the course he has toward his betrothed (fiancee).

If his influence over Mrs. Heron will be greater than hers over him, well and good, but I fear otherwise. Already Mr. Heard has had to complain to the Dept. about her, though I was not in it and he does not know of our relations.

Yours,
H. N. Allen

프랜시스 M. 알렌(서울), 한국에서의 겨울 축제 (1892년 2월 1일)

한국에서의 겨울 축제

당연히 우리의 성탄절은 기독교를 받아들인 사람들을 제외하고는 알려지지 않았지만, 그들에게는 우리의 모든 중간 공휴일처럼 아주 즐거운 축제 기간이 있습니다.

한국의 설날은 2월 1일경에 찾아오는데, 매매는 처음 며칠 동안 완전히 전폐되고 2주일 동안은 조용하게 이루어지며, 시간은 잔치, 식사 및 일반적인 축제에 할당됩니다. 따라서 특히 젊은이들이 준수하는 관습 중 하나가 [Youth's] Companion[72] 독자의 관심을 끌 수 있습니다.

새해를 앞둔 며칠 동안 각 가정에서는 대대적인 준비가 진행되고 있었습니다. 부채가 해결되었고, 거의 없어서는 안 될 새 옷을 사는 데 가용한 돈이 전부 계산되어 있으며, 적어도 아이들에게 밝은 새 옷을 스스로 마련할 수 없는 가족은 매우 가난한 가족입니다.

새해 전날에는 음식과 고기를 요리하고 준비하는 시간이 주어지며, 소년과 소녀는 교활한 맛과 ___에 대한 _____를 얻기 위하여 적극적인 관심을 보입니다. 한국의 부모들은 너무나 관대하기 때문에 이러한 작은 처벌은 별로 중요하지 않습니다.

아이들은 잠에 들면 눈썹이 하얗게 변할 것이라는 일반적인 위협 때문에 밤새도록 깨어 있어야 합니다. 눈썹을 크게 하고 색상을 짙게 하기 위하여 종종 연필로 칠흑색 머리카락 줄을 그리는 것은 끔찍한 고통입니다.

항상 문 앞에 놓아두는 신발(가장 작은 오두막이라도 진흙 벽으로 둘러싸여 있음)은 오늘 밤에는 조심스럽게 집안으로 들여다 놓습니다. 왜냐하면 오늘 밤에는 인간의 모습을 한 거대한 영혼이 집집마다 찾아오고, 밖에 신발이 있으면 반드시 신어보게 될 것이라는 믿음 때문입니다. 이는 후에 신발을 신는 사람에게 불운을 가져올 사건입니다. 하지만 낡은 그물을 밖에 놔두는데, 호기심 많은 방문객이 이것을 집어 들고 그 안의 작은 창문을 모두 보려고 시도하

---

72) Youth's Companion은 아이들을 위하여 1827년부터 1929년까지 매사추세츠 주의 보스턴에서 발행된 잡지이었다. 알렌의 부인 프랜시스는 이 원고를 Youth's Companion에 투고하였지만, 1892년도 잡지에는 게재되지 않았다.

며, 마침내 그는 너무 많은 숫자에 놀라서 혐오감을 느끼며 떠나고 소년 소녀들은 안전하게 됩니다.

불운을 더욱 예방하기 위하여 새해 다음 날 황혼 무렵에 또 다른 의식이 거행됩니다. 그때에는 집(구내)의 바깥문 혹은 대문에서 사람의 머리카락을 태우며, 그 냄새가 너무 심하여 병을 가져오는 귀신이 그곳에 들어가려다가 쫓겨나고 1년 동안 돌아오지 않게 됩니다.

이미 가족에게 자리 잡은 불운을 없애기 위하여, 그리고 각 가족이 불운을 겪었거나 갖고 있다고 생각하지만 그것이 단지 충족되지 못한 욕망일지라도, 각 어린이는 이 의식을 염두에 두고 한동안 자신의 목에 걸었던 낡은 작은 나무 병을 가져가며, 정월 대보름날 밤에 달이 뜰 때 현금 몇 푼을 끈에 매달아 바깥문에 놓습니다. 어차피 너무 불운하여 조금의 불운이 더해지는 것을 신경 쓰지 않는 불쌍한 거지들이 와서 이 딸랑이와 현금을 가져갑니다. 그리고 그들이 돈을 가지고 가서 술에 취하게 되면 불운이 그들에게 전부 찾아옵니다. 가족 중 나이가 든 사람들도 이 미신에 빠져 있는데, 입고 있는 옷에 약간의 현금을 붙여 거지들을 위하여 밖에 걸어두며, 그 관습이 널리 퍼져 있기 때문에 젊은이들뿐만 아니라 노인들에게도 그런 일이 일어나는 것 같습니다.

정월 보름날은 사실상 새해 축제를 마무리하는 큰 명절입니다. 그날 밤, 많은 사람들이 다리의 질병을 예방하기 위하여 도시에서 흔히 볼 수 있는 돌다리를 조금 걷습니다. 그리고 며칠 후 고대의 가짜 싸움 관습에 따라 용기를 시험하고 전투 정신을 유지하기 위하여 사람들을 현장으로 불러옵니다. 그러나 곤봉 싸움에서 사람들이 죽는 경우가 많기 때문에 정부는 이러한 관습을 막았으며, 지금은 소년들만이 이에 참여하고 있습니다. 그리고 다치지 않도록 조심합니다. 그러나 그들은 휴가철을 최대한 즐깁니다.

H. N. 알렌 부인

서울, 1892년 2월 1일

Frances M. Allen (Seoul),
The Winter Holidays in Korea (Feb. 1st, 1892)

The Winter Holidays in Korea

Our Christmas is of course unknown to the excepting those who have embraced Christianity but they have a holiday season quite delightful to them as all our own mid-holidays to us.

The Korean New Year comes sometime about the first of February and for two weeks business - which is wholly suppressed for the first few days - remain quiet and the time is given up to feast, eating and festivities in general. So of the customs observed especially by young people may be of interest to the readers of the Companion.

For days before the New Year great preparations have been going on in each household. Debts are settled; all the available money is calculated for the new clothes that are almost indispensable and it is a very poor family whose children at least cannot be provided with bright new clothes for themselves.

The day before New Years is given to cooking and preparing food and some meats, in which the boys and girls, take an active interest getting many a sly taste and as many _____ on the ____. Though parents in Korea are so indulgent that these little punishments are not of much moment.

All night the children are urged to keep awake by the common threat that if they go to sleep their eyebrows will turn white - a terrible affliction where the jet black row of hairs is often penciled to enlarge the eyebrows and increase the color.

The shoes that are always left on the door step. (the smallest hut even is enclosed with a wall of mud) are carefully brought into the house on this night. For it is the belief that a great big spirit (in human form) comes to each house this night and if there are any shoes outside he is sure to try them on - an event that will bring bad luck to the future wearer. An old seine is placed outside however and the inquisitive visitor picks this up and tries to look through all the little windows in it, till he becomes so amazed by the great number that he leaves in disgust and the boys and girls are safe.

To further ward off ill luck another ceremony is gone through at twilight of the day after the New Year. At that time some human hair is burned at the great outside or main gate of the compound (enclosure) and this makes such a horrid smell that the spirit who brings disease in attempting to enter the place is driven away and does not return for a year.

To take away the bad luck that already has settled upon a family - and each family has or fancies it has some ill luck, be it only an ungratified desire - each child takes the little wooden bottle that has been worn, suspended to his or her neck for some time in view of this ceremony, and attaching a few cash to the string places it at the outer gate as the moon rises in the night of the fourteenth day of the first moon. Poor beggars who have so much ill luck anyway that they care not for a little more come along and collect these bottles and cash. And as they go off and get very drunk with the money the bad luck usually comes to them in full measure. The older members of the family also indulge in this superstition and attaching some cash to a piece of their wearing apparel place it out for the beggars, and from it great prevalence of the custom it seems to me quite as much to the old folks as to the young ones.

The fifteenth day of the first moon is a great holiday which practically ends the New Year's season. All that night big folks and little walk over the stone bridges, common in the cities, to ward off disease in their legs. And in a few days later on the Ancient custom of sham fights calls the people to the fields for a test of courage and to keep up the martial spirit. But as people are usually killed in the combats with clubs the government discourages the custom, and the boys are the only ones who now engage in it. And they are careful not to get hurt. But they get the full enjoyment out of their holiday season.

Mrs. H. N. Allen

Seoul, Feb. 1, 1892

호러스 N. 알렌(주한 미국 공사관 서기관),
서울의 실화 (1892년 2월 1일)

서울의 실화

약 150년 전, 당시 통치하던 조선의 왕에게는 가장 아름다운 배우자가 있었다. 그녀는 제대로 된 여왕은 아니었지만, 그녀의 열정적인 매력과 그녀의 밝은 마음은 왕에게 너무나 높이 평가되어 왕에 대한 그녀의 영향력은 전례가 없었다. 그녀의 가장 새로운 바람은 법이었다. 그리고 그녀는 때때로 자신의 막강한 권력을 남용하고 관료들의 계략을 좌절시켰기 때문에 관료 계층 전체의 미움의 대상이 되었다. 국내의 질투가 너무 커서 그녀를 방해하는 방법을 찾는 것은 어렵지 않았다.

그녀는 갑자기 죽었고 불쌍한 왕은 슬픔으로 완전히 좌절하였다. 왕을 위로하기 위한 타협안으로 그녀를 성벽 안에 묻고, 애도하는 왕이 그녀의 시신을 그 근처에 모실 수 있도록 하기로 합의하였다. 따라서 궁궐이 보이는 높은 곳에 한 지점을 선택하고 정교한 무덤을 건립하여 왕의 남은 생애 동안 최상의 상태로 유지하였다. 그는 헌신적으로 확고한 노력을 기울였다. 그러나 그가 죽은 후 유해는 성벽 밖의 장소로 옮겨졌지만 이전 묘지는 그 이후로 왕족의 신성한 장소로 보호되었으며, 나무는 지금까지 관리되는 도시의 아름다운 장소 중 하나이다. 이곳은 한쪽에는 영국 총영사관이, 다른 한쪽에는 세관이 인접해 있어 모든 외국인에게 친숙하다.

이 사건과 관련하여 또 다른 이야기가 언급되는데, 이는 이 나라의 경쟁 시험에서 직위를 얻고, 과거에서 성공하기 위한 유일한 자격이 주어진다는 것을 아주 잘 예시해 주기 때문이다.

왕가의 숙녀가 세상을 떠났을 때, 60년 동안 평민의 계급에서 벗어나 양반이 되어 가족을 부양하려는 야망에 평생을 바쳐 과거를 열심히 보아왔던 한 노인이 살고 있었다.

마침내 80세가 되던 해에 그는 60년간의 끈기 있는 학습과 새로운 노력으로 주사라는 지위를 얻었고, 그의 인생은 이제 막 시작되었다고 생각되었다. 그는 왕릉 참봉(參奉)에 임명되었지만, 한국인들에게는 '오래 간직한 야망이 마침내 이루어지면 고난이 시작된다.'는 취지의 속담이 있다. 이 경우도 마찬가지이었는데, 나이 많은 주사는 자신이 한직(閑職)을 얻었다고 생각하였지만, 알고 보니 그는 가장 힘든, 사실상 그의 나이에 어울리지 않는 업무를 맡은 것으로 드러났기 때문이다. 왜냐하면 그가 기대하였던 것처럼 1년에 한 번씩 그의 자리에 있어야 하는 대신에, 왕이 가장 총애하였던 사람의 무덤을 관리하는 책임을 맡게 되었고, 폐하의 헌신은 너무나 진실하였고 그의 슬픔은 너무도 가슴이 벅차서 하루도 폭풍우가 몰아 치거나 바빠서 자리를 비운 적이 없었다. 그는 매일 와서 사랑하는 사람의 무덤 곁에 앉았다. 그는 매일 부지와 무덤을 살피고 개선을 위하여 새로운 지시를 내렸기 때문에 노인 주사는 곧 업무와 그 스트레스로 쓰려졌고, 오랫동안 지연된 끝에 온 명예스러운 자리를 사직해야만 했다.

너무도 소문이 자자한 이 이야기들은 흥미로울 수도 있고, 우리 가운데, 그리고 우리 앞에서 이야기되고 있는 것과 관련이 있을 수도 있다.

H. N. 알렌

Horace N. Allen (Sec., U. S. Legation to Korea), A True Story of Seoul (Feb. 1st, 1892)

A True Story of Seoul

Some 150 years ago the then reigning King of Chosun had a most beautiful consort. She was not the proper Queen but her charms of passion and her bright mind were so fully appreciated by the King that her influence over him was unprecedented. Her newest wish was law. And as she sometimes abused her great power and thwarted the schemes of officials she became an object of hate to the official class in general. While domestic jealousy was so great that a means of putting her out of the way was not difficult to find.

She died suddenly and the poor King was utterly frustrated with grief. As a compromise as solace to the King it was agreed that she should be buried within the city walls, where the mourning King could have her remains in near him.

Accordingly a spot was selected on an elevation in view of the Palace, and an elaborate tomb was erected and kept in the best of order during the remainder of the King's life. As he pushed steadfast in his devotion. After his demise however the remains were removed to a spot outside the walls, but the former burial ground has ever since been guarded as a place sacred to Royalty and the trees have been cared for till now it is one of the pretty spots of the city and is familiar to all foreigners as it adjoins the British Consulate General on one side and the Customs on another.

In connection with this incident another story is touched for that is quite illustrative of the struggle for rank in this land of competitive examinations, and with successful ____ at a time when merit was the only qualification for success at a Guaga.

At the time of the death of the Royal lady, there lived an old man who had for sixty years been most assiduous in his attendance upon the Govm't examinations, devoting his whole life to his ambition to become a gentleman and lift his family out of the ranks of commoners.

At last in his 80th year his six decades of patient study and renewed effort, most rewarded with the rank of Chusa and be thought his life had just begun. He was appointed to be keeper of the Royal Tombs, but the Koreans have a proverb to the effect that "when long cherished ambition is at last gratified the troubles begin." It was so in this case, for whereas the aged Chusa thought that with his rank he had obtained a sinecure it turned out that he had fallen upon most arduous duties, duties in fact that were not consistent with his age. For instead of having to be at his post once a year as he might expect, he was given charge of the tomb of the King's late favorite, and his Majesty's devotion was so true and his grief so poignant that never a day was so stormy or busy that he remained away. He came daily, and sat by the tomb of his beloved. He inspected the grounds and grave daily and renewed orders for improvements, or betterments, so that the aged Chusa soon make down under the stress of his labors and was compelled to resign his ____ carried on long delayed honor.

These stories so well rumored for may be of interest or they relate to a report in our midst, and ever before us.

H. N. Allen

호러스 N. 알렌(주한 미국 공사관 서기관)이 프랭크 F. 엘린우드 (미국 북장로교회 해외선교본부 총무)에게 보낸 편지 (1892년 2월 20일)

한국 서울,
1892년 2월 20일

친애하는 엘린우드 박사님,

저는 지금 확신을 가지고 박사님께서 관심을 가지실 수 있는 것에 대하여 비밀리에 말씀드립니다. 즉 거의 의심 없이 일본과의 통상 조약 협상으로 평양이 조만간 개항될 것 같은데, 개항은 [평양 지부 설립을 위한] 여러 조건들 중 하나가 될 것입니다. 중국의 동의를 얻었습니다.

이 경우에 박사님은 정보의 출처를 언급하시면 안 됩니다.

안녕히 계십시오.
H. N. 알렌

Horace N. Allen (Sec., U. S. Legation to Korea), Letter to Frank F. Ellinwood (Sec., BFM, PCUSA) (Feb. 20th, 1892)

Seoul, Korea,
Feb. 20th, 1892

My dear Dr. Ellinwood: -

I will tell you in confidence what may be of some interest to you just now: i.e. that there is but little doubt that Ping An will be made an open port very soon by virtue of treaty negotiations with Japan, this opening being made one of the conditions. China's consent has been obtained.

Your source of information in this case should not be mentioned.

I am, Dear Dr.

Yours very sincerely,
H. N. Allen

프랭크 F. 엘린우드(미국 북장로교회 해외선교본부 총무)가
한국 선교부로 보낸 편지 (1892년 2월 24일)

(중략)

오늘 아침 알렌 박사로부터 그가 거주하고 있는 주택을 우리 측에서 구입하는 문제, 그리고 이에 대한 귀 선교부의 견해 제시에 관한 편지[73]가 우리에게 왔지만 같은 우편물엔 아무 편지도 없습니다. 알렌 박사의 편지는 또한 토지 구입 등에 대한 포고령도 언급하고 있습니다. 나는 이번은 아니더라도 다음 우편을 제외하고 이 주제에 대한 선교부의 의견과, 알렌이 제안한 그곳의 주택에 대한 의견 표명을 들을 것입니다.

(중략)

Frank F. Ellinwood (Sec., BFM, PCUSA),
Letter to the Korea Mission (Feb. 24th, 1892)

(Omitted)

A letter has come to us this morning from Dr. Allen, relating to the purchase on our part of the house which he occupies and the Mission presenting your views on the same subject, but none has same mail. Dr. Allen's letter also refers to a proclamation made by the purchase of land, etc. I shall except by the next mail, if not by this, to hear something from the Mission on this subject, as well as an expression of opinion as to the offer of the house there by Dr. Allen.

(Omitted)

---

73) Horace N. Allen (U. S. Legation, Seoul), Letter to Frank F. Ellinwood (Sec., BFM, PCUSA) (Jan. 12th, 1892)

18920224

프랭크 F. 엘린우드(미국 북장로교회 해외선교본부 총무)가
호러스 N. 알렌(주한 미국 공사관 서기관)에게 보낸 편지
(1892년 2월 24일)

1892년 2월 24일

친애하는 알렌 박사님,

　나는 박사님의 1월 11일자와 12일자 편지 두 통을 받았습니다. 나는 이와 관련하여 선교부의 표현을 찾아보겠습니다. 내가 가진 지식으로 판단할 수 있는 한, 그것은 나에게 합리적인 의미이며, 우리에게 첫 번째 구매 기회를 준 친절한 제안에 감사드립니다. 나는 언더우드 씨가 우리 지부의 일반적인 필요성에 관하여 알릴 기회를 가지게 될 것입니다. 우리 선교사들을 서울에 많이 있게 하려면 우리는 더 많은 집을 필요로 하게 될 것입니다. (한국) 정부가 우리 업무에 제한을 가하는 것은 유감이지만, 그들의 입장에서 볼 때 아마도 그것은 현명할 것입니다. 나는 중국인의 쇄도에 영향을 받은 일본의 제한 조치에 상당히 공감하였으며, 한국인들 앞에 똑같이 어려운 문제가 있다는 것을 의심하지 않고 있습니다. 만일 이 위대한 미국이 그들을 배제하고자 하는 이유가 있다면, 이 사람들에 대한 제한의 훨씬 더 큰 이유가 있어야 합니다.
　우리가 부동산에 대한 결론에 도달하는 대로 바로 편지를 보내겠습니다.
　알렌 부인께 안부를 전합니다.

안녕히 계세요.
F. F. 엘린우드

Frank F. Ellinwood (Sec., BFM, PCUSA), Letter to Horace N. Allen (Sec., U. S. Legation to Korea) (Feb. 24th, 1892)

Feb. 24th, 1892

My dear Dr. Allen: -

I received your two letters of January 11th and 12th. I shall look for some expression from the Mission in regard to it. So far as I can judge, with the knowledge that I have, it means to me reasonable, and I thank you for your kind offer in giving us the first chance to buy. I shall have opportunity to see Mr. Underwood in regard to the general needs of our station. If our missionaries are to be shut up in Seoul to a large extent, we shall need more house room. I am sorry for the restriction that is put upon our work by the government, but possibly it is wise as seen from their standpoint. I have had a good deal of sympathy with the restrictive measures in Japan, as affected by the rush of Chinese; and I have no doubt that the Koreans have an equally difficult problem before them. If there is reason why this great America should wish to exclude them, there must be far greater reason for restriction with respect to these people.

I will write you just as soon as we can reach conclusions about the property.

With very kind regards to Mrs. Allen, I remain

Truly yours,
F. F. Ellinwood

18920200

편집자 단신.
The Korean Repository (서울) 1(2) (1892년 2월호), 67쪽

(중략)

주한 미국 공사관의 서기관인 H. N. 알렌 박사는 다가오는 시카고 세계 박람회를 위하여 일하라는 명예 위원에 위촉되었다.

(중략)

Editorial Notes.
The Korean Repository (Seoul) 1(2) (Feb., 1892), p. 67

(Omitted)

Dr. H. N. Allen, Secretary of the U. S. Legation at Seoul has received an honorary commission to work for the coming World's Fair in Chicago.

(Omitted)

프랭크 F. 엘린우드(미국 북장로교회 해외선교본부 총무)가
한국 선교부로 보낸 편지 (1892년 3월 2일)

(중략)

알렌 박사의 편지는 최근 (한국) 정부가 외국인에 의한 부동산 구매에 대한 새로운 규제를 검토하고 있다고 언급하고 있습니다. 이것은 아마도 중국과 일본의 너무도 많은 침략에 대한 정부 측의 두려움의 결과로 언급되어 있습니다. 그러나 제한은 광범위해 다른 나라 사람들을 포함하며, 그런 이유로 차별이 잘 이루어지지 않습니다. 언더우드 씨는 이것이 우리가 이미 접한 것보다 실질적으로 더 큰 어려움을 겪지 않을 것이며, 정부가 취할 필요가 있다고 생각하는 공식적인 입장과, 아마도 많은 _____가 포함될 추구해야 할 실질적인 과정 사이에는 차이가 있다고 생각하는 경향이 있습니다. 알렌 박사는 그가 살고 있는 주택을 2,800달러에 매각할 것을 선교본부에 제안하고 있습니다. 나는 그의 편지를 배달하였던 우편물에 이 제안이나 정부의 제한 문제와 관련하여 선교부로부터 어떤 표명도 없었다는 사실에 다소 놀랐습니다. 부동산에 관한 선교부의 표현과 정부의 제한이 우리의 새로운 선교사 파송 문제에 어느 정도 영향을 미칠 수 있는지 묻고 싶습니다. 선교본부 직원이 일부는 항구가 폐쇄될 경우, 많은 선교사를 파송하는 것이 현명하지 않다고 느끼고 있습니다. 나는 이 상황에 대하여 그렇게 심각하게 생각하고 있지 않습니다.

(중략)

추신. 알렌 박사로부터 온 또 다른 편지는 부동산 구입을 _____하는 정부의 명령이 철회되었고, 그래서 그 문제에는 아무런 어려움이 없다고 언급하고 있습니다.

Frank F. Ellinwood (Sec., BFM, PCUSA), Letter to the Korea Mission (Mar. 2nd, 1892)

(Omitted)

A letter from Dr. Allen speaks of a recent degree of Government, looking toward renewed restrictions as to the purchase of property by foreigners. This is spoken of as a probable result of a fear on the part of the Government of too great an inroad of Chinese and Japanese; but the restriction is broad: covering other nationalities, or the reason that discrimination cannot well be made. Mr. Underwood is inclined to think that this will interpose no greater difficulties, practically, than those which we have already met; that there is a difference between the official position which the Government thinks it necessary to take, and the practical course to be pursued, which may probably involve a good deal of con_____. Dr. Allen proposes to sell to the Board the house in which he is living at $2,800. I was rather surprised that the mail which brought his letter did not bring some expression from the Mission, either in regard to this offer, or to the matter of governmental restriction. I would like to ask for some expression of the Mission in regard to the property, and also how far the governmental restriction may affect the question of our sending new missionaries. Some of the officers of the Board are feeling the _____ not be wise to send many missionaries, if the port is to be closed against them. I do not take quite so grave a view of the situation.

(Omitted)

P. S. Another _____ __me from Dr. Allen, saying that the order of the Government _____ _____ing purchase of property is recalled, so that there is no difficulty on that scores.

프랭크 F. 엘린우드(미국 북장로교회 해외선교본부 총무)가
호러스 G. 언더우드(버지니아 주 웨인즈보로)에게 보낸 편지
(1892년 3월 3일)

1892년 3월 3일

친애하는 언더우드 씨,

알렌 박사로부터 한국 정부의 제한 명령이 외교단의 영향으로 철회되었다는 또 다른 편지를 받았습니다. 아마도 귀하도 비슷한 소식을 받았을 것입니다. 따라서 선교본부의 이익을 위하여 해당 주제에 대하여 귀하께 글을 쓸 필요는 없습니다. 그러나 감리교회 신자들과 영토 점유에 관한 어떤 평화 조약도 쓸모가 없다는 귀하의 견해를 서면으로 담고 싶습니다.

안녕히 계세요.
F. F. 엘린우드

Frank F. Ellinwood (Sec., BFM, PCUSA),
Letter to Horace G. Underwood (Waynesboro, Va.) (Mar. 3rd, 1892)

March 3rd, 1892.

My dear Mr. Underwood: -

I have received another letter from Dr. Allen, stating that the restrictive order of the Korea Government has been withdrawn through the influence of the diplomatic corps. Possibly you have received similar information. It will not be necessary, therefore, for you to write anything on the subject for the good of the Board; but I would like to have in writing your view as to the inutility of any treaties of peace with the Methodists, respecting the occupation of territory.

Very truly yours.
F. F. Ellinwood

호러스 G. 언더우드(버지니아 주 웨인즈보로)가 프랭크 F. 엘린우드 (미국 북장로교회 해외선교본부 총무)에게 보낸 편지 (1892년 3월 4일)

버지니아 주 웨인즈보로,
1892년 3월 4일

엘린우드 박사님께,

알렌 박사의 주택과 부지에 관한 편지를 첨부한 박사님의 편지를 받았습니다. 알렌의 주택에 대하여, 저는 그 장소를 잘 알고 있고 그것이 아주 좋은 주택이며 그런대로 잘 수리되어 있다고 생각합니다. 저는 평가를 내릴 만큼 자세히 조사한 적이 없기 때문에 그 가격에 대하여 말씀 드릴 수 없습니다.

기포드의 주택과 초등학교의 비용은 너무 과장되어 있습니다. 정보를 제공한 사람이 누구인지 모르지만 그는 사실을 모르는 사람임이 분명합니다. 기포드 씨의 주택은 구조를 변경한 것이 아니라 한옥을 허물고 그 자리에 새로 건축한 주택으로 제가 알기로 약 3,000달러가 들었습니다. 초등학교 부동산은 알렌의 주택 및 부지보다 두세 배가 되는데, 모두 벽돌로 수리하였고 본채는 이중 및 초대형 크기의 벽돌로 되어 있고 저의 기억이 옳다면 모두 포함한 비용이 4,000달러 이하이었습니다. 사실 저는 회계 장부가 이것의 절반 정도의 비용이 든다는 것을 보여 줄 것이라고 생각합니다. 하지만 주택 가격이 최근에 상당히 올랐고, 이 가격은 매주 낮은 가격일 수 있지만 저는 서울에 있는 우리 선교부가 이 장소를 다른 선교사에게 가장 적합한 장소로 생각할지 의심스럽습니다. 저는 그 집을 잘 알고 있으며, 만일 제가 한국에 있고 이 문제에 대하여 더 많은 정보가 없다면 우리는 충분히 가까이 살고 있기 때문에 분명 구입에 반대 투표를 할 것입니다. 하지만 알렌 박사는 두 번째 편지에서 한성부의 결정을 언급하고 있습니다.

한성 판윤은 서울 외부의 지역에 대해서는 관할권이 없으며, 물론 그의 포고는 서울에서만 효력이 있습니다. 그러나 우리는 서울에서 부동산을 매입할 조약상의 권리를 가지고 있으며, 그 포고는 실제로 아무런 효력이 없을 것입니다. 제가 서울에 있을 때 비슷한 포고문이 발표되었지만, 이번 포고도 부동산 매입 능력에 대하여 실제로 아무런 효력을 미치지는 못할 것입니다. 지금 서울에는 외국인 소유의 여러 대지(제가 떠날 때도 있었습니다)가 구매자를 열심히 찾고 있습니다.

만일 그렇지 않다면 매입 가능한 중국인이나 일본인 소유의 여러 곳이 있습니다. 그 포고는 서울에 부동산을 소유하고 있는 한국인들이 더 이상 대지를 외국인에게 팔지 못하도록 명령한 것일 뿐입니다. 외국인, 중국인 및 일본인이 소유한 부동산의 이전에는 영향을 미칠 수 없습니다. 이전에 내려진 명령도 효력이 없었으며, 이번 명령도 조약의 규정에 위배되므로 같은 운명에 처해질 것입니다. 제가 지금 조약의 사본을 가지고 있다면 이를 증명하기 위하여 인용할 수 있습니다.

주택에 관한 이 문제는 제가 말하고 싶은 또 다른 점으로 저를 이끕니다. 그것은 현재 빈튼 박사가 거주하고 있는 우리 집에 관한 것입니다. 우리는 이 집이 필요하게 될 것이고 박사는 자신의 집을 원할 것입니다. 우리는 여러 의사들과 상의하였는데, 모두 한결같이 관절염에 관한 한 아내는 미국에서처럼 한국에서도 괜찮을 것이라고 말합니다. 그래서 우리는 올 여름에 돌아갈 생각을 하였으나 재고한 결과 아내가 기력을 회복할 때까지 좀 더 기다리라는 조언을 받았으며, 내년 2월에 한국에 돌아갈 수 있으리라고 기대하고 있습니다. 우리는 그곳에 도착하면 즉시 집 수리를 시작하기를 원할 것이며, 그때까지 빈튼 박사가 자기 주택에 살고 있지 않으면 수리할 수 없습니다.

만일 선교본부가 그의 주택 구입에 필요한 예산을 배정한다면, 선교부는 사업에 가장 유리하다고 생각하는 서울의 한 구역에서 그를 위하여 주택을 쉽게 조달하고 건축할 수 있을 것이라고 저는 의심하지 않습니다.

이만 줄여야겠습니다. 서울에 있는 한 독일인이 처분하고 싶은 집을 박사님의 처분에 맡겨달라고 저에게 요청하였지만, 선교부가 아무런 연락도 하지 않았기 때문에 박사님께서 결정하실 필요는 없다고 생각합니다.

안녕히 계십시오.
H. G. 언더우드

Horace G. Underwood (Waynesboro, Va.),
Letter to Frank F. Ellinwood (Sec., BFM, PCUSA) (Mar. 4th, 1892)

Waynesboro, Va,

March 4th, 1892

Dear Dr. Ellinwood: -

Your letter containing Dr. Allen's about house and property to hand. About Dr. Allen's house, I know the place well and think it to be a very good house and in tolerably good repair. About its value I cannot state, as I never examined it carefully enough to make an estimate.

The alleged cost of Mr. Gifford's house and the lower school is very much overstated. I do not know who his informant was but evidently it was someone who did not know the facts. Mr. Gifford's house was not remodeled, but was a newly built house on the site of a Korean house that was pulled down, and I believe cost about $3,000. The lower school property is two or three times the size of Dr. Allen's and place, and repairs which were all of brick and the main building of double brick and extra large size at that all included did not cost more than $4,000, if I remember rightly, in fact I think the book will show that it cost just about a half of this. The price of houses has however considerably advanced of late, and this price may be a very low one and I suppose it is but I doubt whether our mission in Seoul would consider the place as the best place for another missionary. I know the house well, and if I were in Korea, unless I had further light on the matter would most certainly vote against the purchase, for we are quite close enough together as it is. Dr. Allen however in his second letter mentions the action of the Mayoralty office at Seoul.

The Mayor of Seoul has no jurisdiction outside of Seoul and of course his proclamation only has effect in Seoul. But we have treaty right to buy property in Seoul, and the proclamation will really have no effect. A similar proclamation was issued while I was in Seoul, but it had really no effect on the ability to buy property. There are several places now in Seoul (there were when I left) owned by foreigners that are going begging for a purchaser.

If there were not, there are several places owned by Chinamen and Japanese that can be bought. The proclamation is simply an order to the Korean owners of property in Seoul to sell no more land to foreigners. It cannot effect the transfer of property owned by foreigners, Chinese and Japanese. Then too the order when issued before had no effect, this order too must follow in the same line as it is contrary to the stipulations of the treaty. I wish I had my copy of the treaty here and I would quote to prove my point.

This matter of a house brings me to another point on which I wish to speak. It is about our house now occupied by Dr. Vinton. We will be needing this house and the Doctor will want a house for himself. We have consulted with several physicians and all say that Mrs. Underwood would be as well as far as Rheumatics are concerned in Korea as here in America. We had then thought of going back this summer, but on further consideration we were advised to wait a little longer for Mrs. Underwood to regain her strength, and we expect to be able to sail for Korea next February. When we get there we will want to commence repairs on the house at once, and they cannot be done unless Dr. Vinton shall by that time be already in a house for himself.

If the Board appropriates the necessary funds for a house in Seoul for him, I doubt not but that the Mission will be easily able to procure and fit up a house for him in just the section of the city they deem most advantageous for the work.

But I must be closing. I had been asked by a German in Seoul to place at your disposal a house that that he desires to dispose of, but I thought that as the Mission had sent nothing, you would hardly care to act.

Yours most sincerely,
H. G. Underwood

호러스 N. 알렌(주한 미국 공사관 서기관)이 존 캠블
(오하이오 주 델라웨어)에게 보낸 편지 (1892년 3월 11일)

한국 서울,
1892년 3월 11일

존 캠블 님,
    미국 오하이오 주 델라웨어

친애하는 존,

    귀하께 부탁을 드리게 되어 죄송하지만 제 어머니에 대한 귀하의 따뜻한 관심이 너그러이 용서하실 것이라는 것을 알고 있습니다.
    부모님은 매우 가난합니다. 제가 그들에게 무엇이든 보내면 그들의 수입이 충분하다고 주장하기 때문에 다른 목적으로 사용되거나 반환됩니다. 적어도 어머니는 그렇습니다. 저는 부모님들이 봄 날씨에 마차를 타면서 조금이나마 편안함을 느꼈으면 좋겠습니다.
    저는 돌아오는 편은 누가 운영하는지 모르겠습니다. 이전에는 시간당 1달러 정도에 4륜 마차를 내보내 주었고, 저는 아마도 25달러 정도면 30시간 정도 내보내 줄 것이라고 생각합니다.
    저는 이 금액에 대한 수표를 보내드리며, 귀하께서 부모님과 아주머니와 리틀 씨와 함께 한 달 동안 마차를 탈 수 있도록 적절한 사람과 적절하게 협의를 해주시면 고맙겠습니다.
    아마도 일주일에 두세 번 정도가 그들이 원하는 전부일 것이지만, 그런 식으로 매일 즐거운 날을 보내거나 교회에 가는 것, 귀하와 그들이 가장 좋다고 생각하는 방식이 적합할 것입니다.
    은행에서 추심 비용을 귀하께 청구하기를 원하는 경우 오하이오 주 톨레도의 법무법인에 있는 저의 매형인 C. W. 에버릿 대위에게 수표를 보내시면 그가 어떤 형태로든 달러를 보낼 것입니다.
    저는 이것이 귀하께 좋고 순조롭기를 바랍니다.
    우리는 독감, 나중에는 성홍열로 혹독한 겨울을 보냈고, 이제 우리 두 아들은 행복하게 회복되었습니다.

귀하 및 가족에게 안부를 전합니다.

안녕히 계세요.

H. N. 알렌

Horace N. Allen (Sec., U. S. Legation to Korea), Letter to John Campbell (Delaware, O.) (Mar. 11th, 1892)

Seoul Korea,

Mch. 11, 1892

John Campbell Esq.,

    Delaware, Ohio, U. S. A.

My dear John: -

Pardon me for giving you a commission but I know that your kind interest in my Mother will be an excuse.

Mother and Father are very poorly. When I send them anything it is used for some other purpose or returned, as they claim their income is sufficient - at least Mother does. I want them to have a little comfort in riding during the spring weather.

I don't know who runs the back line. I believe they formerly let out coaches for something like a dollar an hour, and perhaps they would let one have 30 hours for $25 or so.

I send you cheque for this amt and will esteem it a great favor if you will make a suitable arrangement with the proper persons so that Mother and Father with my aunt and Mr. Little can get a month of it in rides.

Perhaps twice or three times a week would be all they would wish, but either that way, every pleasant day or for going to church, any way that you and they think best will suit.

If the bank wishes to charge you for collection you may send the cheque to my brother Capt. C. W. Everett, Atty at Law, Toledo Ohio who will send you the $ in some form or other.

I hope this will find you well and prosperous.

We have had a severe winter with Influenza and later - Scarlet Fever from which our two boys are now happily recovered.

My regards to yourself and family.

Yours sincerely,
H. N. Allen

한규설(친군장위사)이 호러스 N. 알렌
(주한 미국 공사관 서기관)에게 보낸 편지 (1892년 3월 30일)

주한 미국 공사관 서기관

H. N. 알렌 님,

어제 사랑하는 귀하의 아드님이 길거리에서 제 조카의 가마꾼과 부딪혔다는 것을 알게 되어 저는 대단히 유감스럽습니다.

제 조카는 그 사람이 누구이었는지, 그리고 오늘 우리 외아문 독판의 쪽지를 통하여 이 문제에 대하여 통보받기 전까지 그때 그렇게도 _____하게 무슨 일이 일어났는지 몰랐기 때문에 저는 용서를 구합니다. 저는 귀하의 아드님이 점점 회복되기를 바라고 있습니다.

안녕히 계세요.
한규설[74])

개국 501년 3월 3일

---

74) 한규설(韓圭卨, 1848~1930)은 당시 친군장위사(親軍壯衛使)이었다.

Han Ku Sul (Chief of Army), Letter to Horace N. Allen (Sec., U. S. Legation to Korea) (Mar. 30th, 1892)

The Secretary of the Legation of United States

The Hon. H. N. Allen: -

I am very sorry to learn that you met the ____ness of my nephew's chairman on the street with your dear son the last day.

I beg forgiveness as my nephew did not know who it was, and that what was done so _____ on that moment, until we are informed with this matter, by the note of our Foreign Minister on this day. I hope your son is getting better, and believe me your sincere friend.

Han Ku Sul

3rd day 3 moon, of 501 year of Korean Era

제임스 S. 게일(서울)이 호러스 N. 알렌
(주한 미국 공사관 서기관)에게 보낸 편지 (1892년 3월 31일)

1892년 3월 31일

미합중국 공사관

친애하는 알렌 박사님,

저는 미국법에 따라 다른 나라 사람과의 결혼은 영사 앞에서 엄숙하게 거행될 때만 유효하다는 것을 허드 씨로부터 알았습니다.

저는 다음 목요일(4월 7일)에 헤론 부인과 결혼할 예정입니다. 오후 1시 30분에 기포드 씨 댁에 미국 정부의 관리로 참석하는 데 동의해 주실 수 있는지 여쭤봐도 될까요?

우리는 몇 명의 친구만 참석한 채 간소하게 결혼할 예정인데, 이는 우리가 촉박하게 통지한 이유입니다.

참석해 주시기를 바랍니다.

안녕히 계세요.
제임스 S. 게일

James S. Gale (Seoul), Letter to Horace N. Allen
(Sec., U. S. Legation to Korea) (Mar. 31st, 1892)

Mar. 31st, 1892

United States legation

Dear Dr. Allen: -

I understand from Mr. Heard that according to American law marriage with one of another country is only valid when solemnized in the presence of a consular officer.

I am to be married on Thursday next (April 7th) with Mrs. Heron. Might I ask if you would kindly consent to be present at Mr. Gifford's at 1.30 p. m. that day as officer for the United States government.

We are to be married in a quick way with only a few friends present which accounts for the short notice that I have given by us.

With a hope that you will kindly consent to be present. I am

Yours very sincerely,
Jas. S. Gale

호러스 N. 알렌(주한 미국 공사관 서기관),
한국에서의 삶 (1892년 4월경)

한국에서의 삶

고국에서의 우편물이 한 달 늦고, 애타게 기대한 것이 일본에서 막 도착한 기선을 놓친 것을 보며 큰 사람은 '극동의 삶은 이런 것이구나'라고 신음한다. 고국에서는 우편물을 환영하지 않는다. 신문, 그리고 식사, 테니스, 실내 경기 혹은 승마 이외의 어떤 것이건 모든 종류의 공공 오락거리가 없는 곳에 살 때만, 사람은 우편물에 충분히 감사해한다. 하지만 일반적으로 그것들은 제 시간에 오지 않으며, 그들이 가장 기대하는 바로 그것이 배달할 때 빠져 있다. 그러다가 거의 20개 이상의 일간 신문 더미에서 시작하기로 결정하고, 주간 회고는 한동안 대개 충분하다. 그러나 또 다른 가정 문제들이 나타나기 전에 모든 광고, 심지어 고국 잡지의 광고도 읽었고, 아마도 그것들 중 일부는 답을 했을 것이라고 말하는 것이 안전하다.

극동 지역의 삶이 그토록 망명 생활과 같다면 왜 이곳에서 몇 년을 살아온 사람들이 결코 고국에 만족하지 않고 대개 돌아오는지 궁금해할 것이다. 이것은 이곳에서 누릴 수 있는 전반적인 편안함과 안락함 때문임에 틀림없다. 친구들은 고국에서 ____가 없으며 다루기 힘든 하인들과 함께 겪었던 끔찍한 시간에 대해 기록한다. 이곳에서는 고국에 있는 두 명의 가난한 소녀에게 지불하는 액수로 종종 완전한 수행원을 얻게 될 것이다. 다양한 수준의 우수성을 가지고 있는 그들은 일을 기꺼이 하고 적어도 무례한 경우는 거의 없다. 어떤 일을 해야 할 때 쉽게 '소년'을 부르게 된다. 그리고 아침에 일어나면 적당한 온도의 목욕물이 준비되어 있는 것을 발견하는 것이 즐겁다. 신발은 깔끔하게 닦여 있고, 옷은 모두 솔질이 되어 있으며 접어서 사용할 준비가 되어 있다. 도둑질도 고국의 하인들에 비하면 온건하다. 그리고 일반적으로 구매에 대한 수수료에만 국한되며, 집 주변에 방치된 값이 나가는 물건으로 확장되는 경우는 거의 없다.

이 수도에는 미국, 러시아, 일본, 중국의 공사관과 영국 총영사관, 독일 영사관, 프랑스 상공회의소가 있다. 영국인과 러시아인은 주변 산의 아름다운 전망을 감상할 수 있는 넓은 구내에 아름답게 자리잡은 멋진 대형 외국식 주택을 보유하고 있다. 일본인들은 도시 전체가 내려다보이는 숲이 우거진 산비탈에 멋진 외국식 집을 갖고 있다.

어린이를 포함하면 이곳에는 미국인이 50명이 넘고, 영국인은 ⅓, 기타 유럽인은 약 100명에 달한다. 영국인과 미국인은 대부분 선교사이며, 나머지는 자국 정부나 한국 정부에 고용된 관리들이다. 여자가 십여 명 정도 있다. 그리고 공동체는 전적으로 교양 있는 사람들로 구성되어 있다. 사교는 매우 유쾌한 성격을 띠고 있다. 테니스는 날씨가 따뜻할 때의 주요 오락이며, 겨울에는 연극, 문학, 저녁 만찬이 일반적이다. 어쩌면 한국보다 훨씬 더 나쁜 곳으로 유배될 수도 있다.

Horace N. Allen (Sec., U. S. Legation to Korea), Life in Korea (ca. Apr., 1892)

Life in Korea

"Such is life in the Far East" groans a big man as the home mail due over a month, and anxiously expected is said to have missed the Steamer just in from Japan. Mails are not appreciated at home. It is only when living in a land devoid of newspapers, public entertainments, of any and every kind, or any other recreation than dining, tennis and indoor games or riding, that one fully appreciates a mail. As a rule however they do not come on time and when they do the most expected is the very thing that is missing. Then one almost decides to begin on a pile of twenty or more daily, papers, and the weekly retrospects usually have to suffice for a time. But before another batch of home matter is in, it's pretty safe to say that every advertisement, even of the Home magazine has been read - some of them answered perhaps.

If life in the Far East is such an exile one might wonder why it is that people who have lived a few years here are never content at home and usually manage to get back. This must be because of the general ease and comfort to be had here. Friends write of the horrible times they have with ____less and unrully servants at home. While here the price of two poor girls at home will often give a full retinue of servants, who while they are of various degrees of excellence, are at least willing and seldom if ever insolent. One gets into an easy way of singing for "the boy" when anything is to be done. And on arising in the morning it is pleasant to find a bath of the right temperature ready. Shoes neatly polished and clothes all brushed and folded ready for use. Even the thieving is moderate in comparison with that of servants at home. And is usually confined to commissions on purchases and seldom extends to articles of value left loose about the house.

In this capital there are Legations from America, Russia, Japan, & China, a consulate general of Great Britain, a German consulate, and a Commiserate of France. The English and Russians have fine large foreign houses, beautifully situated in large enclosures commanding delightful views of the surrounding mountains. The Japanese have a nice foreign house on a wooded mountainside commanding a view of the whole city.

Including children there are over fifty Americans here, one third as many English and enough of other Europeans to make up about one hundred. The English and Americans are largely missionaries the remainder being officials in the employ of their own or the Korean Governments. There being about a dozen ladies. And the community being composed of entirely of people of culture. Social matters are of a very pleasant nature. Tennis is the chief warm weather pastime, while theatricals, literary entertainments, and dinners are the rule in the winter. Altogether one might be exiled to a much worse place than Korea.

프랜시스 M. 알렌(서울), [한국에 대하여] (1892년 4월경)

한반도의 왕국에는 12~16개의 거주 지역이 있으며, 왕이 절대적인 수장인 가장 정교한 공식 체계를 갖추고 있다. 기번75)은 그의 저서 로마 '제국의 쇠퇴와 대항'에서 한국이 이웃 중국과 마찬가지로 북부 유목민의 약탈을 경험하였다고 언급하고 있다. 이 나라의 기록은 3,000년 전으로 거슬러 올라간다고 한다. 그러나 그들은 1882년이 되어서야 서구 열강과 조약을 맺은 마지막 민족이다. 그 이후로 현대적인 방법과 장치를 채택하는 데 상당한 진전이 있었다.

반도는 거의 십만 평방 마일에 달하며, 크기와 모양이 이탈리아와 다소 유사하다. 기후는 미시간 주와 다르지 않으며, 시베리아 국경 근처에서는 겨울이 다소 혹독하다.

사람들은 겨울용으로 솜털로 덧댄 흰색 옷(수입 면직물)을 입는다. 이러한 더러워지기 쉬운 색상을 재미있게 보편적으로 사용하는 것은 다음과 같은 전통에 기초한다. 흰색은 애도의 색으로, 왕실 인물의 죽음으로 인하여 나라의 의상이 완전히 바뀌었다. 이 왕들은 10년에 한 번씩 죽었다. 상(喪)의 기간이 3년이므로 흰옷은 모든 사람에게 친숙해져서 그것에 적응해야 하는 원인이 사라진 뒤에도 계속 입게 되었고, 이제는 흰색과 연한 색조가 보편화되었다.

옷은 길고 유려하게 흘러내려 익숙하지 않은 사람에게는 매우 이상하게 보인다. 결혼한 남자의 머리카락은 머리 꼭대기에 깔끔하게 매듭지어 올려져 있고, 그 위에는 비단, 말털, 고운 검은 광택이 나는 대나무로 만든 얇은 망으로 된 모자를 쓰고 있다. 모자의 넓은 챙에는 꼭대기가 잘린 원뿔 모양의 관이 놓여 있고 보호는 거의 되지 않는다. 겨울에는 모피 두건을 밑에 착용한다.

집은 편안하며, 두꺼운 기름 종이로 덮인 돌바닥 아래의 굴뚝 체계로 난방된다. 그런 다음 약간의 연료를 사용하면 음식을 요리하고 돌을 가열하는 데 도움이 되며 몇 시간 동안 편안한 열을 유지한다. 지붕은 기와나 초가 지붕으로 되어 있고, 벽은 회반죽으로 덮은 윗가지와 돌로 되어 있다.

사람들의 음식은 주로 많은 야채와 고기를 곁들인 쌀로 구성된다. 음료로 막걸리[와인]나 물이다. 반도에서는 차가 재배되지 않았다.

기독교 선교사들이 상당한 성공을 거두고 있지만, 종교에서 사람들은 유교

---

75) 에드워드 기번(Edward Gibbon, 1737~94)은 영국의 역사학자로서 1776년부터 1788년까지 6권으로 된 '로마 제국의 쇠락과 대항'을 저술하였다.

체계를 따른다.

한국은 일본에 도자기 예술을 가르쳤지만, 그들 스스로는 옛날 기술을 잃어버린 것 같다.

H. N. 알렌 부인

Frances M. Allen (Seoul), [On Korea] (ca. Apr., 1892)

The peninsular kingdom of Korea contains from twelve to sixteen missions of inhabitants and a most elaborate official system of which the King is the absolute head. Gibbon mentions Korea, in his Decline and Face of the Roman Empire, as having experience the depredations of the Northern Hordes in common with their neighbor China. The country's records are said to date back three thousand years. They are the last people, however, to come into the family of nations, treaties having only been made with Western Powers in 1882. Since that time considerable progress has been made in adopting modern methods and appliances.

The peninsula contains nearly one hundred thousand square miles, and in size and shape somewhat resembles Italy. The climate is not unlike that of Michigan, with rather severe winters near the Siberian frontier.

The people dress in white (imported cotton cloth) which is padded with cotton wool for winter use. Fun universal use of such a perishable color is founded on the following tradition. White being the mourning color, the death of a Royal personage caused a complete change of the national wardrobe. Once in a period of ten years these Kings died. As the period of mourning is three years, the white clothes became so familiar to all that they were continued after the cause for their adaption had passed away, and now white and light tints are universal.

The garments are long and flowing, giving a very odd appearance when one is not accustomed to such attire. The hair of the married men is done up in a neat knot on the top of the head and this is covered with a thin gauze hat made of silk, horse hair and bamboo with a fine black lustre. The broad brim of the hat is surmounted by a cone shaped crown cut off at the top, and affoing little protection. A fur hood is worn underneath in winter.

The houses are comfortable and heated by a system of flues underneath a stone floor covered with a fine thick oil paper. A little fuel then used will answer for cooking the food and heating the stones, which retain a comfortable heat for hours. The roofs are of tile or thatch, and the walls are of wattle and stone, covered with plaster.

The food of the people consists chiefly of rice with a plentiful admixture of vegetables and meats. With wine or water as a drink. Tea not being cultivated in the peninsula.

In religion the people follow the Confucian system, though Christian missionaries are meeting with considerable success.

Korea taught Japan its pottery arts but they seem to have lost their old time skills themselves.

Mrs. H. N. Allen

제임스 S. 게일(서울)이 호러스 N. 알렌
(주한 미국 공사관 서기관)에게 보낸 편지 (1892년 4월 3일)

곤당골,
(18)92년 4월 3일

미합중국 공사관

친애하는 박사님,

　박사님은 이미 제가 말씀드린 목요일[76] 1시 30분에서 12시 30분으로 시간이 변경된 것을 안내받으셨을 것입니다. 저는 이로 인하여 박사님에게 불편이 없기를 바랍니다.
　(결혼) 등록 비용을 알려 주시면 미리 그것을 보내드리겠습니다.

　안녕히 계세요.
　제임스 S. 게일

---

76) 4월 7일이다.

James S. Gale (Seoul), Letter to Horace N. Allen
(Sec., U. S. Legation to Korea) (Apr. 3rd, 1892)

Kon Tang Kol,
Apr. 3, (18)92

United States Legation

My Dear Dr.: -

You may have been notified already of a change in the hour for Thursday from 1.30 as I said to 12. 30. I hope this may be no inconvenience to you.

Would you kindly let me know the fees for registration (marriage) and I shall send ____ before hand.

Very sincerely yours,
Jas. S. Gale

18920421

프랭크 F. 엘린우드(미국 북장로교회 해외선교본부 총무)가 호러스 N. 알렌(주한 미국 공사관 서기관)에게 보낸 편지 (1892년 4월 21일)

1892년 4월 21일

H. N. 알렌 박사,
　한국 서울

친애하는 알렌 박사님,

　나는 박사님의 2월 20일자 편지를 고맙게 받았습니다.[77] 우리는 당연히 그것을 기밀로 취급하고 있습니다. 서울에 있는 우리의 선교부는 최근 새로운 지부 개설을 응원하는 편지를 썼습니다. 게일 씨 부부는 원산에 가는 것에 상당히 열성적입니다. 게일 씨는 최근에 그 장소와 지역을 탐사하였고 아주 훌륭한 지도를 우리에게 보냈습니다. 그는 금화 약 14달러로 작은 부지를 구입하였습니다. 땅값이 매우 싼데, 더 사는 것이 타당하다고 생각하세요? 나는 그가 분명한 계측을 하지 않았지만 0.5에이커도 채 얻지 못한 것으로 판단하고 있습니다.

　나는 평양이 증기선이 취항하는 항구에서 몇 마일 위에 위치해 있다고 알고 있습니다. 그곳은 당연히 우리의 북서쪽 관문이 될 것입니다. 박사님이 말한 협상이 잘 이루어지기를 바랍니다.

(18)92년 5월 5일

　위의 내용을 쓴 이후 선교본부는 원산에서의 사역을 승인하는 명확한 조치를 취하였으며, 게일 씨 부부가 이사하고, 기회가 주어진다면 더 넓은 부지를 확보하도록 소액인 500달러의 예산을 책정하였습니다. 우리는 아마도 앞으로 만들어질 예산에서 주택을 짓기 위하여 훨씬 더 큰 항목을 포함시킬 것입니다. 만일 우리가 조기에 평양에서 사역을 한다면 선교본부가 서울의 부지를

---

77) Horace N. Allen (Sec., U. S. Legation to Korea), Letter to Frank F. Ellinwood (Sec., BFM, PCUSA) (Feb. 20th, 1892)

더 매입할지는 의문이 듭니다. 물론 말할 수는 없지만 나에게 그것은 현재의 전망인 것 같습니다.

나는 이전과 마찬가지로 지금도 박사님이 한국에서의 우리 사업에 빛을 비추고 있으며, 박사님의 분야에서 박사님의 지속적인 유용성을 기뻐하고 있다고 생각하고 있습니다.

안녕히 계세요.
F. F. 엘린우드

Frank F. Ellinwood (Sec., BFM, PCUSA), Letter to Horace N. Allen (Sec., U. S. Legation to Korea) (Apr. 21st, 1892)

April 21st, 1892.

Dr. H. N. Allen,
Seoul, Korea.

My dear Dr. Allen: -

You letter of February 20th was very welcome to me. Of course, we treat it as confidential. Our mission in Seoul have written recent letters which also are cheering with respect to the opening of new stations. Mr. and Mrs. Gale are quite enthusiastic about going to Gensan. Mr. G. has recently made an exploration of the place, and the region, and has sent us a very good map. He made a small purchase of land, costing about $14. gold. What do you think of the propriety of buying more land while it is very cheap? I judge that which he obtained not over half an acre, though he has made no definite measurement of it.

Pyeng Yang, I learn, is a few miles above a port which is visited by steamers. It would naturally be our northwestern gate of entrance. I certainly hope that negotiations of which you speak will be carried out.

Since writing the above, the Board has taken definite action authorizing the opening of Gensan, and made a small appropriation of $500. to move Mr. and Mrs. Gale, and secure more land, etc., if opportunity is to offer. We shall probably in our forth-coming estimates, put in a much larger item for building a house. If we also occupy Pyeng Yang at an early day, I doubt whether the Board will purchase any more property in Seoul. Of course, I cannot tell, but that seems to me to be the present outlook.

I think you now, as ever before, for the light which you throw upon our work in Korea, and rejoice in your continued usefulness in your sphere.

Very sincerely yours,
F. F. Ellinwood

18920400

행사 기록.
The Korean Repository (서울) 1(4) (1892년 4월호), 132쪽

결 혼.

4월 7일 영국 총영사인 W. C. 힐리어 님은 영사의 역할로 기포드 목사 집에서 F. 올링거 목사가 D. L. 기포드 목사의 도움을 받아 미국 부영사 H. N. 알렌 박사가 참석한 가운데 제임스 S. 게일과 해리엇 G. 헤론의 결혼을 주관하였다.

(중략)

Record of Events.
The Korean Repository (Seoul) 1(4) (Apr., 1892), p. 132

Married.

On April 7th in the office of the Consulate by W. C. Hillier Esq. H. B. Majesty's Consul-General, and at the home of Mr. Gifford by Rev. F. Ohlinger assisted by Rev. D. L Gifford, in the presence of the U. S. Vice-Consul H. N. Allen, M. D. married, James S. Gale and Harriet G. Heron.

(Omitted)

한국의 선교. 1892년 5월 총회에 제출된 미국 북장로교회 해외선교본부 제55차 연례 보고서 (1892년 5월), 171쪽

한국의 선교,

(중략)

1884년 9월 중순경, H. N. 알렌 박사는 장로교회의 첫 선교사로 한국에 도착하였는데, 우리는 개신교 선교본부의 첫 선교사라고 말할 수 있다. 그는 미국 공사인 푸트 장군에 의하여 미국 공사관의 의사로 받아들여졌다. 그가 도착한 지 얼마 되지 않아 각자 정부의 이익을 수호하고 있던 중국과 일본 수비대 사이에 분쟁이 발생하였을 때, 알렌 박사는 위험한 부상을 입은 일부 고위 관리들을 치료해 달라는 요청을 받았고, 그는 즉시 한국 궁궐에서 매우 큰 영향력을 얻었다. 외국 공사들이 모두 서울의 항구인 제물포로 철수하였던 짧은 공포(恐怖)의 기간 동안 그의 귀중한 진료에 감사해하는 조선 정부는 그의 거처를 지키고 그가 궁궐을 방문하는 동안 무장 호위를 제공하였다는 점을 제외하고 그는 아내와 자식과 함께 아무런 보호도 받지 못한 채 남겨졌다. J. W. 헤론 박사와 H. G. 언더우드 목사는 장로교회 선교사로 몇 달 후에 파송되었고, 거의 같은 시기에 미국 감리교회의 선교부가 서울에 설립되었다. 한국의 왕은 알렌 박사가 관리하는 병원을 설립하였고, 그의 급여를 제외한 모든 경비를 지불한다.

(중략)

Mission in Korea. *Fifty-Fifth Annual Report of the BFM, PCUSA. Presented to the General Assembly, May, 1892* (May, 1892), p. 171

Mission in Korea,

(Omitted)

About the middle of September, 1884, Dr. H. N. Allen arrived in Korea as the first missionary of the Presbyterian Board, and, we may say, the first missionary of any Protestant Board. He was received as physician to the American Legation under the U. S. Minister, General Foote. Very soon after his arrival, on the occasion of an outbreak between the Chinese and the Japanese garrisons, who were guarding the interests of their respective governments, Dr. Allen was called to treat certain high officials who had been dangerously wounded, by which he gained at once very great influence with the Korean court. During a brief reign of terror, in which the Ministers of the foreign powers all retired to Chemulpo, the seaport of Seoul, he was left with his wife and child wholly unprotected, except that the Government, which had learned to appreciate his valuable services, guarded his residence and furnished an armed escort during his visits to the palace. Dr. J. W. Heron and Rev. H. G. Underwood were sent out some months later as missionaries of the Presbyterian Board, and about the same time a mission of the American Methodist Church was established at Seoul. The King of Korea fitted up a hospital, which was placed under the care of Dr. Allen, the Government defraying all expense except his salary.

(Omitted)

호러스 N. 알렌(주한 미국 공사관 서기관)이 프랭크 F. 엘린우드
(미국 북장로교회 해외선교본부 총무)에게 보낸 편지 (1892년 5월 26일)

서울,
1892년 5월 26일 (1892년 6월 27일 접수)

친애하는 엘린우드 박사님,

저는 제 주택을 사지 않겠다는 박사님의 편지를 받았고, 서울이 교육의 중심지임에 틀림없지만 박사님이 소지부를 여는 것은 현명하다고 생각합니다.

주택에 관해서는 제가 그의 최근 편지에 답장을 받는 것을 _____할 수 없기 때문에 실패에 대한 저의 이유는 지금 유효하지 않습니다.

이곳에서 현재 가치에 대한 설명으로 저는 최근에 게일 씨가 저에게 베어드 씨의 집값이 3,000달러가 넘었다고 말하였고, 중국인 업자는 저에게 그것에 대하여 손해를 보았다고 말하였다는 것을 말씀드립니다. 게일 씨는 이곳에서 한국인 업자와 함께 (제 것보다 작은) 40칸 크기의 기와집에 대하여 계산을 해보았는데, 우물, 잔디 및 끝없는 개선을 포함하지 않고 은화 5,000달러(엔) 미만으로는 주택을 지을 수 없다는 것을 알게 되었다고 말하였습니다.

박사님의 (저에 대한) 기원에 감사드립니다. 저는 현재 이곳에서의 저의 삶과 업무가 선한 사역에 도움이 된다고 믿고 있습니다. 최근에 두 명의 선교사들(감리교회)이 제가 공사관의 직책을 맡은 이래 그들의 관심사와 업무가 받은 배려에 대하여 언급한 대화를 최근 보고받고 제가 기뻤다고 말할 수밖에 없습니다. 이것이 이기적으로 보이는 것을 용서해 주십시오. 저는 제가 어떻게 박사님의 바람이 이루어졌다는 것을 보여드릴 수 있을지 모르겠습니다.

저는 박사님이 잘 계시기를 바라고 있습니다. 저는 박사님이 최근 과로를 많이 하셨다고 들었습니다. 박사님은 모든 사건과 의무 가운데서 책을 쓰실 수 있습니까? 저는 머지않아 박사님의 책을 가질 생각입니다.

저는 이곳에서 하는 업무가 매우 즐겁고, 이곳에서의 생활은 이전보다 훨씬 더 즐겁고 순조롭습니다.

사모님과 따님들에게 안부를 전합니다. 그리고 박사님의 진정한 친구이며 찬미자인 저를 믿어주십시오.

H. N 알렌

Horace N. Allen (Sec., U. S. Legation to Korea),
Letter to Frank F. Ellinwood (Sec., BFM, PCUSA) (May 26th, 1892)

Seoul,

May 26, 1892

My dear Dr. Ellinwood: -

I received your letter declining to purchase my house, and think you are wise in opening up outstations, tho' Seoul must ever be the educational centre.

As to the house, my reason for failing with it does not hold now since I will be unable to _____ his recent letters are answered and replies received.

As an illustration of present values here, I will say that Mr. Gale told me recently, that Mr. Bairds house had cost over $3,000. while the Chinese contractor told me he had lost money on it. Mr. Gale said he had been figuring with a Korean contractor here on a 40 kang tile house (smaller than mine) and found he could not build it for less than $5,000(yen) not including well, sod and the endless improvements that one gets in a completed establishment.

Thank you, Dr. for your good wishes. I trust my life and work here at present are conducive for good. I can only say that I was pleased recently by a conversation reported to me, wherein two missionaries (Methodist by the way) remarked about the care their interests and business now received since I had come to the Legation. Pardon this seeming egotism. I don't know how else I can show you that your wishes are met.

I hope you are well. I hear you have greatly overworked of late. How can you write books with all your cases and duties. I intend to have your book ere long.

I enjoy my work here very much and life here is vastly more pleasant and smoother than formerly.

My kind regards to Mrs. Ellinwood and your daughters. And believe me, your sincere friend and admirer,

H. N. Allen

어거스틴 허드(주한 미국 공사)가 민종묵(외아문 독판)에게 보낸 공문, 외아문 제146호 (1892년 6월 27일)

미합중국 공사관
한국 서울

1892년 6월 27일

외아문 제146호

안녕하십니까,

　저는 우리 정부의 허가를 받아 내일 28일 제물포를 떠나 중국으로 갈 예정이라는 사실을 각하께 알릴 수 있어 영광입니다.
　제가 없는 동안 알렌 씨가 이 공사관을 책임지게 될 것입니다.
　저는 이 새로운 기회를 이용하여 각하께 최고의 경의를 표명합니다.

　어거스틴 허드

민종묵 각하,
　외아문 독판

Augustine Heard (U. S. Minister to Korea), Dispatch to Min Chong Mok (Pres., For. Office), No. 146, Foreign Office (June 27th, 1892)

Legation of the United States
Seoul, Korea

June 27, 1892

No. 146, F. O.

Sir: -

I have the honor to inform Your Excellency that, having been granted permission by my Government, I propose to leave Chemulpo tomorrow the 28th instant for China.

Mr. Allen will have charge of this Legation during my absence.

I avail myself of this opportunity to renew to Your Excellency the assurance of my highest consideration.

Augustine Heard

To His Excellency
Min Chong Mok,
President of the Foreign Office

[漢譯]

大美 欽命駐箚朝鮮使宜行事大臣兼 總領事 何, 爲

照會事, 照得, 本大臣以 休暇一事, 稟得 本政府之允准, 擬於明天, 由濟物浦搭船, 前往 淸國 地方, 所有 本署各等事件, 統歸 參贊官 安連 署理, 爲此, 備文照會, 請煩

貴督辦 查照可也, 須至照會者,

右照會

大朝鮮 督辦交涉通商事務 閔

一千 八百 九十二年 六月 二十七日

壬辰 六月 四日

第百四十六號

18920629

민종묵(외아문 독판)이 어거스틴 허드(주한 미국 공사)에게 보낸 공문
(1892년 6월 29일)

대조선 독판교섭통상사무 민이 회답하는 일입니다.

말씀드리자면, 음력으로 이번 달 4일에 귀하에게 받은 공문을 열어보니, 본 대신이 휴가의 일로 보고하여 우리 정부의 허가를 받았다고 운운하는 등의 내용이었습니다. 이전에 온 것으로 모두 잘 알고 있으니, 상응하는 문서를 갖추어 회답하니, 번거로우시더라고 귀 대신께서는 살펴봐 주십시오, 모쪼록 이 회답이 이르기를, 이상과 같이 회답을 보냅니다.

대미 흠명주차조선편의행사대신겸 총영사 허드
임진 6월 6일

Min Chong Mok (Pres., For. Office), Dispatch to Augustine Heard
(U. S. Minister to Korea) (June 29th, 1892)

大朝鮮 督辦交涉通商事務 閔, 爲
照覆事, 照得, 我曆本月四日接准
貴來文開, 本大臣以 休暇一事, 稟得 本政府 允准, 云云等因, 前來准此, 均已
閱悉, 相應備文照覆, 請煩
貴大臣, 查照可也, 須至照覆者.
右照覆.

大美 欽命駐箚朝鮮便宜行事大臣兼 總領事 何
壬辰 六月 六日

호러스 N. 알렌(주한 미국 대리공사)이
민종묵(외아문 독판)에게 보낸 공문, 외아문 제147호 (1892년 7월 1일)

대미 서리흠명주차조선편의행사대신겸 총영사 안(安)이 조회할 일입니다.

말씀드리자면, 본국 의사 빈돈(彬敦)이 장차 귀국의 각도 지방을 유람하려 합니다. 번거로우시더라도 귀 독판께서 별도로 호조(護照) 1장을 마련하여 본 서로 송부해 주십시오. 이로써 편리하게 발급하는 것이 좋을 듯함으로 이와 같이 되도록 모쪼록 이 조회가 이르기를, 이상과 같이 조회합니다.

대조선 독판교섭통상사무 민
1892년 7월 1일
임진 6월 8일
제147호

Horace N. Allen (Sec., U. S. Legation to Korea), Dispatch to
Min Chong Mok (Pres., For. Office), No. 147, Foreign Office
(July 1st, 1892)

大美 署理欽命駐箚朝鮮便宜行事大臣兼 總領事 安, 爲
照會事, 照得, 本國 醫士 彬敦, 將欲遊覽 貴國 各道 地方, 請煩
貴督辦, 另繕 護照 一紙, 送交 本署, 以便發給可也, 爲此, 須至照會者.
右照會.

大朝鮮 督辦交涉通商事務 閔
一千 八百 九十二年 七月 一日
壬辰 六月 八日
第百四十七號

민종묵(외아문 독판)이 호러스 N. 알렌
(주한 미국 대리공사)에게 보낸 공문 (1892년 7월 1일)

삼가 회답합니다. 근래 받은 귀하로부터 온 문서 내에 본국의 의사 빈돈 (彬敦)이 장차 각도의 지방을 유람하고자 함으로 별도로 호조 1장을 요청하여 이로써 편리하게 발급해달라는 등의 내용이었습니다. 모두 받아 보았으니 이에 호조 1장에 도장을 찍어 송부하니, 바라건대 즉시 받아 전하여 주시길 바랍니다. 이에 회답하며, 평안하시길 바랍니다.

민종묵 드립니다.
임진 6월 8일

Min Chong Mok (Pres., For. Office), Dispatch to Horace N. Allen
(Sec., U. S. Legation to Korea) (July 1st, 1892)

敬覆者, 頃奉
　貴來文內開, 本國 醫士 彬敦, 將欲 遊覽 各道 地方, 請另繕 護照 一紙, 以便 發給 云云 等因, 准此閱悉, 玆將 護照 一紙 塡印 送交, 祈卽
　查收, 轉給可也, 此覆, 幷頌
　日祉.

閔種默 頓
壬辰 六月 八日

프랭크 F. 엘린우드(미국 북장로교회 해외선교본부 총무)가
호러스 N. 알렌(주한 미국 공사관 서기관)에게 보낸 편지 (1892년 7월 2일)

1892년 7월 2일

친애하는 알렌 박사님,

　　나는 박사님의 5월 26일자 편지를 받았습니다.[78] 나는 항상 박사님의 소식을 듣는 것이 기쁘며, 박사님이 어떤 선교본부이건 선교부에 제공할 수 있는 어떠한 봉사도 알게 되어 기쁩니다. 박사님은 아마도 다른 사람이라면 할 수 없는 일을 할 수 있는 위치에 있으며, 내가 아는 바에 따르면 박사님은 항상 각 건(件)이 요구하는 것을 충실하고 훌륭하게 충족하였음을 목격하고 있습니다. 박사님은 이러한 분야에서 박사님의 노력이 감사를 받고 있다고 확신할 수 있을 것입니다. 그리고 나는 확신할 수 없지만 박사님이 봉사에 직접 참여하였다면 박사님이 있는 곳에서 선교 사업의 대의를 위하여 할 수 있는 만큼 많이 할 수 있습니다.

　　나는 박사님이 부동산의 가격에 대하여 나에게 말한 것에 놀랐습니다. 물론 전망은 좋지 않습니다. 베어드 씨가 많은 경비를 써야 한다는 사실에 놀랐습니다. 나는 게일 씨가 박사님이 암시한 것과는 다른 모습을 발견하기를 바랍니다. 우리가 이 금액을 지불하는 것에 위험이 있다면 그는 우리에게 편지를 써야 합니다. 우리가 예산에서 만든 필수적인 삭감에서 우리는 그의 주택을 그보다 훨씬 낮게 책정하였습니다.

　　내 저술에 대한 박사님 또는 박사님의 친절한 말에 감사드립니다. 그것은 내가 유니언 신학교에서 강의한 내용을 단순히 출판한 것이었습니다.[79] 나는 과거에 (지금은 할 수 없지만) 약간의 저녁 업무와 사무실의 일상 업무에서 벗어난 우연한 시간이 오히려 도움이 된다는 것을 발견하였습니다. 나는 작년에 그것을 할 수 없었고 아마도 결코 참여하지 않을 것이지만, 내가 가진 작

---

78) Horace N. Allen (Sec., U. S. Legation to Korea), Letter to Frank F. Ellinwood (Sec., BFM, PCUSA) (May 26th, 1892)

79) 엘린우드는 1891년에 뉴욕의 유니언 신학교에서 강좌를 맡았는데, 그 내용을 정리하여 1892년 다음의 책을 출간하였다. Frank F. Ellinwood, Oriental Religions and Christianity. A Course of Lectures Delivered on the Ely Foundation Before the Students of Union Theological Seminary, New York, 1891 (New York: Charles Scribner's Sons, 1892)

은 것을 성취할 수 있었던 것은 그런 식으로 모든 여유 시간을 사용하였기 때문입니다.

알렌 부인께 안부를 전합니다.

안녕히 계세요.
F. F. 엘린우드

Frank F. Ellinwood (Sec., BFM, PCUSA), Letter to Horace N. Allen (Sec., U. S. Legation to Korea) (July 2nd, 1892)

July 2nd, 1892.

My dear Dr. Allen; -

I received your letter of May 26th. I am always glad to hear from you, and am glad to know of any service that you are able to render to the missions of any board. You are in a position to do what probably no other man could do, and I bear you witness that, according to the knowledge I have, you have always met the demands of each case loyally and well. You may be assured that your effort in these lines is appreciated; and I am not certain but you can do as much for the cause of missions where you are as you could if you were directly in the service.

I am astonished at what you tell me of the cost of property. Certainly the outlook is not good. I am surprised that Mr. Baird has been obliged to spend to much. I hope that Mr. Gale will find different figures from those which you intimate. He ought to write us if there is any danger of our having to pay these figures. In the necessary reductions which we have made in the estimates we have put his house far below that.

I thank you or your kind words in regard to my book. It was simply a publication of lectures which I had delivered in Union Seminary. I have found in the past (though I am not able to do it now) that a little work evenings and odd times outside of the routine of the office was rather a help than otherwise. I have not been able to do that time past year, perhaps shall never join, but it is in such, ways, using all spare minutes that I have been able to accomplish the little that I have.

With very kind regard to Mrs. Allen, I remain

Very truly yours,
F. F. Ellinwood

호러스 N. 알렌(주한 미국 공사관 서기관)이
어거스틴 허드(주한 미국 공사)에게 보낸 편지 (1892년 7월 11일)

(중략)

추신

　도티 양에게는 아직 죽지 않았다면 (집이 거의 붙어 있어) 공사 사택 바로 옆에 발진티푸스에 걸린 환자가 있습니다. 딘스모어 씨는 한때 한국 정부에 사무실 근처 오두막 중 한 곳에서 천연두 환자를 다른 곳으로 옮겨달라고 요청한 적이 있습니다. 그러나 공사님이 사택에 있었다면 훨씬 더 심했을 것인데, 공사님이 처음에 이곳에 계셨다면 말입니다. 그 전염의 특성 때문에 그렇습니다. 제가 생각하기로 엘린우드 박사는 공사님이 요청한다면 학교를 게일 가족이 최근에 살고 있었던 큰 학교 건물로 옮기도록 할 것입니다. (......)

Horace N. Allen (Sec., U. S. Legation to Korea),
Letter to Augustine Heard (U. S. Minister to Korea) (July 11th, 1892)

(Omitted)

P. S.

　Miss Doty has a case of Typhus fever - if it is not dead yet right next to you. (houses almost joining) Dinsmore once requested the Korean Govm't to remove a case of small-pox from one of the huts near the office. But this Typhus would be much worse if you were at home - and you were here at first - owing to the nature of the contagion. Dr. Ellinwood I think would have them move their school to the large school building recently occupied by the Gales, if you asked it. (......)

윌리엄 M. 베어드(부산)가 호러스 N. 알렌
(주한 미국 공사관 서기관)에게 보낸 편지 (1892년 7월 13일)

한국 부산,
1892년 7월 13일

친애하는 알렌 박사님,

　　박사님이 나에게 부산의 토지를 위한 명령서를 준 지 1년도 채 되지 않아 나는 이 서류를 가지고 부산에 가서 서류가 허용한 3필지 중 2필지와 반 필지를 확보하였습니다. 적어도 나는 이 2필지와 반 필지를 한국인으로부터 확보하였습니다. 이제 외국인 거류지 배치 작업이 시작되었으며, 이 부지에 대한 나의 소유권을 입증하기 위한 서류가 다시 필요합니다. 외국인 정착지를 설계하는 사람들은 박사님이 나에게 준 서류가 모호하다고 말하고 있습니다. 서류에는 다음과 같은 내용이 있습니다. "미국 시민인 이 서류의 지참인 W. M. 베어드는 부산에 거주하기 위하여 각각 200평방피트의 부지 3곳을 구입하기를 원합니다." 그들은 200평방피트가 단지 10x20피트에 불과할 것이라고 주장하며, 엄격한 해석에 따르면 내 집과 별채라는 말은 서류에서 요구하는 세 부지를 이미 포함하고 있다고 말하고 있습니다. 물론 부지가 확보되었을 때 이런 해석은 박사님의 마음에도 내 마음에도 없었습니다. 나는 길이가 200피트이고 깊이가 200피트로 4만 평방피트인 부지 세 개, 합하여 12만 평방피트의 부지를 얻고 싶었습니다. 박사님은 이에 동의하였고 한국인들은 승인하였습니다. 그들은 2필지와 반 필지를 승인하였습니다. 나머지 절반은 무덤이 있어서 문제가 되었습니다. 선교부에 필요한 토지를 모두 확보하기 위하여 외국인 거류지가 만들어질 때까지 기다리고 있었습니다. 지금 이곳에서 토지를 차고 있는 다른 사람들, 특히 러시아 회사들이 있기 때문에, 나는 그들이 우리 근처에 너무 편리하게 토지에 대한 준청구권을 얻을 수 있는 허점을 남기고 싶지 않습니다. 박사님이 나에게 준 서류의 한문은 간단히 '피트'라고 읽혀서 그것은 아무런 정보를 제공하고 있지 않습니다. 내가 가지고 있는 서류에 대한 엄격한 해석으로 인하여 각각 10피트x20피트인 세 필지만 허용된다면 나는 위에서 제안한 것과 같은 문제를 방지할 다른 서류를 곧 갖고 싶습니다. 이 주제에 관하여 편리한 대로 최대한 빨리 연락해 주시기 바랍니다.

부인과 아이들이 건강할 것이라고 믿습니다.

안녕히 계십시오.

윌리엄 M. 베어드

William M. Baird (Fusan), Letter to Horace N. Allen (Sec., U. S. Legation to Korea) (July 13th, 1892)

Fusan, Korea,
July 13th, 1892

Dear Dr. Allen: -

Something less than a year ago you gave me an order for land in Fusan, I brought this paper to Fusan with me and by means of it secured two lots and one half of the three which the paper allowed; at least I secured these two lots and one half from the Koreans. Now the work of laying out the Foreign settlements is commenced and the papers are again needed to show my claim to these lots. Those designing the foreign settlement say the paper which you gave me is ambiguous. The paper reads, "The bearer W. M. Baird, an American citizen wishes to buy three pieces of ground of 200 square feet each for residences at Fusan." They make the point that 200 square feet would only be a ____ ten by twenty feet and with the strict interpretation of the words my house and out-buildings already cover the thee lots which the paper calls for. Of course such an interpretation as this was neither in your mind nor mine when the lots were secured. I wished to get three lots each two hundred feet long by two hundred feet deep, making forty thousand square feet in each, or one hundred and twenty thousand square feet in the three. You agreed to this and the Koreans granted it, $c. &c. They granted two lots and one half. The other half lot they made trouble about because it had graves on it. I have been waiting until the foreign settlement should be made out in order to get the full amount of land which the mission will need. As there are others looking about here now for land – notably Russian firms, I do not care to leave any loop-hole by which they may get a quasiclaim to the land too conveniently near to us. The Chinese of the paper you gave me is said to read simply 'feet', so that it throws no light upon it. If the strict interpretation of the paper which I have would only allow me three lots ten feet by twenty each I want to be in possession of another paper soon which will prevent any such trouble as that suggested above. Pleas let me hear from you as soon as convenient upon this subject.

Trusting that Mrs. Allen and the children are well I am,

Yours very truly,
William M. Baird

호러스 N. 알렌(주한 미국 공사관 서기관)이 프랭크 F. 엘린우드
(미국 북장로교회 해외선교본부 총무)에게 보낸 편지 (1892년 7월 16일)

한국 서울,
1892년 7월 16일

친애하는 엘린우드 박사님,

저는 더 이상 박사님께 '푸념'을 하지 않으려고 하였지만, 지금 제가 드리는 말씀은 의무인 것 같고 사사로운 것이 아닙니다.

이곳에서 우리 선교부의 상황은 정말 개탄스럽고 우스꽝스럽습니다. 마펫은 양심적으로 좋은 일을 하지 않고 있습니다. 저는 사실 착한 사람이라고 하는 것 외에 그에 관하여, 그리고 원산으로 간 게일 가족, 부산에 거주지를 갖고 있는 베어드에 대해서도 아무것도 말할 것이 없습니다. 그러나 이곳에 있는 사람들은 기묘합니다. 기포드 가족, 빈튼 가족, 그리고 브라운 가족은 피서를 위하여 즈푸로 떠났습니다. 브라운 가족들은 방금 떠났고, 다른 모든 사람들은 지난 여름에 사역지를 떠나 이곳의 산에서 보냈습니다. 가엾고 신경질적인 도티 양만이 대표로서, 동료들은 그녀를 돌봐야 하기 때문에 그녀를 쓸모없는 존재로 여기고 있습니다. 한편, 제중원은 가장 유용한 계절에 문을 닫았고 빈튼 박사와 브라운 박사는 여름 동안 자리를 비웁니다.

고아원은 한국인이 책임을 맡았습니다. 마지막 책임자는 문과 창문을 훔친 죄로 해고되었습니다. 한 아이가 발진티푸스로 도티 양의 집에서 사망하였고, 다른 아이들도 감염되었을 수 있습니다. 종교 교육이 필요한 사람들은 어떻게 될 것입니까? 제가 이런 편지를 쓴다고 박사님이 저를 비난하시겠습니까?

이곳에서 어리석게 돈을 사용하는 것은 '장안의 화제'입니다. 게일 가족은 겨우 한 달 동안 거주하기 위하여 언더우드 학교 건물을 100달러를 들여 수리하고 있습니다. 빈튼 가족은 언더우드의 '상당히' 수리된 주택을 대대적으로 수리하였고, 헤론 사택에 더 많은 수리를 하기 위하여 지난 봄에 그 집에서 떠났습니다. 언더우드 사택은 완전히 폐허가 될 수 있습니다. 저의 옛 집은 이곳에서 가장 산뜻하고 예쁜 거처였는데, 도티 양은 고아원이나 언더우드 학교를 사용할 수도 있었지만 그것을 다 잘라내어 쓸데없는 학교로 만들었습니다.

브라운 가족은 저의 주택에 살기 위하여 도티 양이 하였던 공사로부터 원상 복귀시키는 데 더 많은 비용을 들였습니다. 그녀가 부산에서 돌아오자 그들은 이제 수리해야 할 언더우드 사택으로 이사하지만, 다행히도 박사님의 자금을 위하여 그들은 즈푸로 갔습니다. 정말로 그것은 사람을 괴롭히며, 저는 흥미를 잃을 수는 없지만 그것에서 벗어난 것이 기쁩니다.

안녕히 계십시오.
H. N 알렌

Horace N. Allen (Sec., U. S. Legation to Korea), Letter to Frank F. Ellinwood (Sec., BFM, PCUSA) (July 16th, 1892)

Seoul, Korea,
July 16, 1892

My dear Dr. Ellinwood: -

I fully intended not to send you any more "growl s", but what I have to say now seems to be a duty, and has nothing of a personal nature.

The condition of our mission here is most deplorable and ridiculous. Moffett is away with conscientiously doing good work. I have nothing to say of him, except good, or of the Gales who have gone to Gensan or the Bairds who are at their post in Fusan. But the people here are a queer set. The Giffords, the Vintons and the Browns have left for the summer - at Chefoo. The Browns are just out and all the others spent last summer in the mountains here away from work. Poor, hysterical Miss Doty is the sale representative here, and she is considered something less than useless by her associates since they have to care for her. Meantime, the Govn't Hospital is closed in the season of its greatest usefulness, while Dr. Vinton & Dr. Brown are away for the summer.

The Orphanage ?? is left in charge of a Korean. The last one who had it in charge was dismissed for stealing the doors & windows. A child has just died at Miss Doty's of typhus and others may have it. While what is to become of those who need religious instruction? Do you blame me for writing?

The foolish expense of money here is "town talk." The Gales spend $100. in -fixing up the Underwood school building for a months residence. The Vintons put extensive repairs on Underwood's "muchly" repaired house only to leave it last Spring to put more repairs on the Heron house, while the Underwood place is allowed to go to utter ruin. My old house was the neatest, prettiest dwelling here, but Miss Doty cut it all up to make a useless school of, while the Orphanage or the Underwood school could have been used. The Browns put further expense on my place undoing some of Miss Doty's work, to live there. On her return from Fusan, they move to Underwood's house which must now be repaired, but fortunately for your treasury, they have gone to Chefoo. Really, it makes one sick and I am glad I am out of it, though I can't lose my interest.

Yours sincerely,
H. N. Allen

조지 허버 존스(서울)가 호러스 N. 알렌
(주한 미국 임시 대리공사)에게 보낸 편지 (1892년 7월 25일)

한국 서울,
1892년 7월 25일

H. N. 알렌 박사,
　　주한 미국 임시 대리공사,
　　부총영사

안녕하십니까,

　　다음과 같은 상황에서 제 집과 대지에 대한 위반 사항을 보고하게 되어 유감스럽습니다.
　　어제(일요일) 7월 24일, 장위령(병영)에서 왔다고 주장하는 갈지여가 이끄는 한국군 제복을 입은 6명의 군인 분대가 하인과 학생들의 저항에 맞서 이 학교 부지로 강제 진입하여 이곳의 미국 당국의 승인 없이 또는 제가 알고 있거나 동의를 받지 않은 채로 한 건물과 건물을 수색하려고 시도하였습니다. 당시 저는 부재 중이었지만 학생들의 호출을 받아 군인들에게 설명을 요구하였습니다. 그들은 당시 그들과 함께 있던 한 소년이 학교 구내에 숨겨져 있다고 알려 준 한국군 탈영병을 찾고 있다고 선언하였습니다. 그래서 저는 그들에게 미국 총영사관에 제 건물 수색 허가를 받아 달라고 요청하였는데, 그들은 그런 허가가 없다고 말하였습니다. 한국법에서는 집주인에게 수색을 하기 전에 반드시 상급자의 카드를 제시해야 가택을 수색할 수 있다고 규정하고 있기 때문에 저는 그들에게 이것을 요구하였지만 그들은 이것도 듣지 않았습니다.
　　이것은 조약 조항과 한국 법을 위반한 것이므로, 해당 사안에 대하여 정당하다고 판단되는 조치를 취하고, 한국의 관계 당국에 재심을 신청하고 해명을 확보할 것을 요청 드립니다.

　　안녕히 계세요.
　　조지 허버 존스

Geo. Heber Jones (Seoul), Letter to Horace N. Allen
(Sec., U. S. Legation to Korea) (July 25th, 1892)

Seöl, Korea, July 25th, 1892

Dr. H. N. Allen,

U. S. Charge *de Affaires ad interim*

Deputy Consul-Genral

Dear Sir: -

It is with regret that I report the violation of my premises under the following circumstances: -

Yesterday (Sunday) July 24th, a squad of six soldiers in the uniform of the Korean army, led by one Kal Chi Yö (갈지여) and claiming to come from the Chang We Barracks (쟝위령) forced their way into the premises of this school against the resistance of servants and pupils and without authorization from the U. S. authorities here, or my knowledge or consent attempted to search the buildings and premises. I was absent at the time but being recalled by the students demanded an explanation from the soldiers. They declared that they were in search of a deserter from the Korean Army whom a boy then with them had informed them was hidden in the school premises. I then asked them for their authorization from the U. S. Consulate-General to search my premises but they said they had none. As Korean law demands that the card of a searching party's superior must be presented to a house holder before his premises may be searched, I demanded this of them, but they were also unprovided with this.

In as much as this was a violation of treaty stipulation and Korean law, I would request you to take such steps i nthe matter as the case may seem to warrant, to lodge a re___strouse with the proper Korean authorities and secure an explanation.

Yours truly,

Geo. Heber Jones

18920700

편집자 단신.
The Korean Repository (서울) 1(7) (1892년 7월호), 336쪽

편집자 단신.

허드 씨는 주한 미합중국 공사로서 주한 미국 영사관 재판소에 관한 규정을 작성하였는데, 그것은 개정 및 비준을 위하여 대통령이 의회로 보냈다.

미합중국 주한 영사관 재판소, 준회원 목록

H. G. 아펜젤러	찰스 W. 르장드르	프랭클린 올링거
D. A. 벙커	조지 H. 존스	윌리엄 B. 스크랜턴
윌리엄 Mc. E. 다이	E. B. 랜디스	W. D. 타운젠드
C. R. 그레이트하우스	F. J. H. 닌스테드	캐드윌러더 C. 빈튼

나는 위에 언급된 한국의 거주자들이 21세 이상이고 좋은 평판을 가지고 있으며, 한국 서울의 미국 영사관 재판소에서 준회원으로 활동할 자격이 있는 시민임을 증명하며, 이로써 나는 그들을 한국 서울에서 그 직무에 임명합니다.

한국 서울, 1892년 7월 27일　　　호러스 N. 알렌
　　　　　　　　　　　　　　　　대리 및 부총영사

1892년 7월 27일 승인함
　　　　　　　　H. N. 알렌
공사관　　　　임시 대리공사　　　　　　　　　　영사관
인장　　　　　　　　　　　　　　　　　　　　　　인장

위의 내용은 이곳 미국 영사관에 게시된 영사관 명령의 사본이다. 이 목록에서 추첨을 통해 2~4명이 선정되어 필요한 경우 미국 총영사의 직원으로 봉사하게 된다. 몇 명의 목록이 매년 1월에 발표된다.

Editorial Notes. *The Korean Repository* (Seoul) 1(7) (July, 1892), p. 336

Editorial Notes.

Mr. Heard as Minister Resident of the United States to Korea has drawn up a set of Regulations for the Consular Courts of the United States of America in Korea which have been sent to Congress by the President for revision and ratification.

List of Associates, U. S. Consular Court, Korea.

H. G. Appenzeller	Chas. W. I.e Gender	Franklin Ohlinger
D. A. Bunker	Geo. H. Jones	Wm. B. Scranton
Wm. Mc. E. Dye	E. B. Landis	W. D. Townsend
C. R. Greathouse	F. J. H. Nienstead	Cadwallader C. Vinton

I hereby certify that the above named residents of the kingdom of Korea, are American citizens, above the age of twenty-one, of good repute and competent to act as Associates in the Consular Court of the United State,. at Seoul Korea, to which duty I hereby nominate them.

Seoul Korea July, 27th, 1892.   Horace N. Allen.
                                       Acting & Deputy Consul General.

Approved July 27th, 1892.
       H. N. Allen.

Legation   *Charge d'affaires.*   Consular
Seal   *Ad interim.*   Seal.

The above is a copy of a Consular order posted in the U. S. Consulate here. From two to four names will be selected from this list by lot to serve as Associates to the U. S. Consul General when necessary. A few list will be published annually in January.

어거스틴 허드(주한 미국 공사)가
존 W. 포스터(미합중국 국무장관)에게 보낸 공문, 외교 관련 제301호
(1892년 9월 12일)

미합중국 공사관,
한국 서울

외교 관련 제301호   1892년 9월 12일

존 W. 포스터 각하,
   국무장관,
   워싱턴, D. C.

안녕하십니까,

(중략)

   1890년 여름에 선교사 집단과 함께 코프 주교가 도착한 것은 많은 사람들에 의해 정치적인 의미를 지닌 것으로 여겨졌으며, 그 이후 추가로 도착하여 그들의 수는 상당히 늘어났습니다. 곧 5~6명 정도 더 추가될 예정입니다. 제물포와 서울에 교회가 있습니다. 제물포에 병원이 있는데, 제가 그런 일을 막는 조치를 취하지 않았다면 선교부에 소속된 와일스 박사가 작년에 서울 왕립 병원의 책임자로 임명되었을 것입니다. 이 상황에 대한 암시는 1891년 8월 31일자 저의 공문 제197호에 들어 있었습니다. 이 병원은 원래 알렌 박사에 의해 설립되었으며, 항상 미국인의 손에 있었습니다.

(중략)

Augustine Heard (U. S. Minister to Korea), Despatch to John W. Foster (Sec. of State), No. 301, Diplomatic Series (Sept. 12th, 1892)

Legation of the United States

Seoul, Korea

No. 301, Dip. Series

Sept. 12, 1892

To the Honorable

John W. Foster,

Secretary of State,

Washington, D. C.

Sir: -

(Omitted)

The arrival of Bishop Corfe with his corps of missionaries in the summer of 1890 was looked on by many as possessing a political significance, and their number has been considerably increased by subsequent arrivals. Five or six others are shortly expected. They have churches in Chemulpo & Seoul; they have a hospital at Chemulpo, and Dr. Wiles, who is attached to the mission, - an excellent man - would have been named Head of the Royal Hospital in Seoul last year, if I had not taken steps to prevent it. Allusion was made to this circumstance in my No. 197, Aug. 31, 1891. This hospital was originally established by Dr. Allen, & has always been in American hands.

(Omitted)

호러스 N. 알렌(주한 미국 공사관 서기관)이 프랭크 F. 엘린우드 (미국 북장로교회 해외선교본부 총무)에게 보낸 편지 (1892년 10월 24일)

한국 서울,
1892년 10월 24일

친애하는 엘린우드 박사님,

저는 박사님이 새로 파송한 사람들에 대하여 박사님을 축하해 드릴 수 있을 것 같습니다. 무어 가족과 리 씨는 유난히 좋은 사람들인 것 같으며, 이곳에 있는 남부 사람들은 모두 평균 이상입니다. 버지니아 주의 데이비스 양은 우리의 손님이며, 우리가 귀국할 때까지 틀림없이 함께 있을 것입니다.

저는 세계 박람회를 참석하기 위하여 [1893년] 1월부터 6개월 안에 돌아오기 위한 휴가를 신청하였습니다. 그것은 왕으로 하여금 박람회(저는 한국 담당 관입니다)에 관심을 가지게 하는 유일한 방법이었습니다. 그는 지금 좋은 전시를 위한 준비를 하고 있으며, 만일 국무부가 허락한다면 제가 인수할 것입니다. 저는 지금 그것을 포장하고 있습니다.

저는 언더우드가 선교지로서 한국을 상당히 낙관적으로 생각하고 있는 것을 걱정하며, 그가 조만간 돌아와서 자신의 글에 대하여 설명하게 되어 기쁩니다. 이 사람들은 너무나 낙관적이고 잘못된 생각을 가지고 이곳으로 나와 그들이 무엇을 잊어버리고 어떤 실망을 겪어야 하는지를 보는 것은 정말 저의 마음을 아프게 합니다.

그들은 허락이나 방해받지 않고 바로 내륙으로 들어가 생활하고 일하기를 기대하고 있습니다.

제가 그들에게 호조를 발급하면서 내리는 지시는 그들이 조약을 위반하여 종교적인 활동을 하지 않겠다는 각 사람의 서약을 받는 것입니다.

그러나 저는 18개월 동안 이 서약을 요청하였고, 순조롭게 일이 진행되었지만 아직도 거주는 개항장으로 제한되어 있습니다.

몇 달 되지 않아 박사님을 뵙기를 바라며, 안부를 전합니다.

안녕히 계십시오.

H. N. 알렌

Horace N. Allen (Sec., U. S. Legation to Korea), Letter to Frank F. Ellinwood (Sec., BFM, PCUSA) (Oct. 24th, 1892)

Seoul, Korea,
Oct. 24, 1892

My dear Dr. Ellinwood: -

I think I may congratulate you in the new people you have sent out. The Moores and Mr. Lee seem to be unusually good people, and such of the Southern folks as are here are all above the average. Miss Davis of Virginia is our guest and doubtless will be till we go home.

I have applied for leave of absence to visit the World's Fair, starting in Jan. and being back in 6 months. It was the only way to get the King interested in the Fair (of which I am Commissioner to Korea). He is now getting up a good exhibit, which I will take over if the Department of State allows. I am having it packed now.

I am afraid Underwood has used rather bright colors in painting Korea as a mission field, and I am glad he will be back soon to explain his statements. These people come out so sanguine and with such erroneous ideas that it really makes me heart sick to see what they must unlearn and what disappointment they must go through.

They expect to go right into the interior to live and work without let or hindrance.

My orders are in issuing passports to take each one's oath that he will not do religious work in violation of the treaty.

But for 18 months I have sent exacted this oath and have made it as easy as possible, but residence is still restricted to the open ports.

Hoping to see you before many months, I am with kind regards,

Yours very sincerely,
H. N. Allen

18921000

편집자 단신.
The Korean Repository (서울) 1(10) (1892년 10월호), 320쪽

(중략)

이달 17일 그레이트하우스 부인, 허드 부인, 드미트레프스키 부인 스기무라 부인, 알렌 부인과 허드 양은 왕비를 알현하였다.

알현 후에는 점심 식사가 이어졌고, 여자들은 행사 기념품으로 비단 두루마리와 기타 물품을 각각 받았다.

(중략)

Editorial Notes.
The Korean Repository (Seoul) 1(10) (Oct., 1892), p. 320

(Omitted)

On the 17th. inst. Her Majesty, the Queen, received in audience Mrs. Greathouse, Mrs. Heard, Mrs. Dmitrevsky, Mrs. Sigimura, [sic] Mrs. Allen and Miss Heard.

A lunch followed the audience and the ladies were each presented with some rolls of silk and other articles as mementos of the occasion.

(Omitted)

허먼 렌말름(일리노이 주 락포드)이
서울의 미합중국 공사관으로 보낸 편지 (1892년 11월 3일)

일리노이 주 락힐,
1892년 11월 3일

서울 미합중국 공사관 귀중,

저는 가능한 모든 정보를 받기를 바라면서 몇 가지 질문에 대하여 자유롭게 답변을 요청드립니다. 우리는 세계 치의학사(史)를 출판할 계획이고, 바로 그 목적과 연관되어 제가 글을 쓰고 있습니다. 우리는 한국에서 치과 진료를 규정하는 법률을 알고 싶습니다. 있다면 어떤 시험이 필요한지, 있다면 어떤 치과대학이 있는지, 있다면 치과의사의 수, 그리고 실제로 우리 직업에 관심을 가질 수 있는 모든 사실입니다. 만일 귀하께서 이에 대하여 특별히 알고 있지 않다면, 이 편지가 그러한 기관에 제출되면 기존의 대학이나 기타 적절한 기관이 저에게 원하는 정보를 기꺼이 제공할 것이라고 추정하고 그렇게 되기를 희망합니다. 몇 줄의 답장을 받기를 바랍니다.

안녕히 계십시오.
허먼 렌말름

Herman Lennmalm (Rockford, Ill),
Letter to United States Legation, Seoul (Nov. 3rd, 1892)

Rockford, Ill., Nov. 3, 1892

To United States Legation, Seoul

Hoping to receive all possible information I am free enough to ask for answers on some questions. We are intending to publish a history of the dentistry of the world and it is in connection with that purpose I write. We would like to know the laws, if any, in Korea, regulating the practice of dentistry; what examinations, if any, are required; if any dental school exists, number of dentists, if any; and in fact everything that can be of interest to our profession. If you do not possess any particular knowledge about this, I presume and hope that any existing university or any other proper authority might be willing to give me the wanted information if this letter is laid before such a body. Hoping to receive some few lines in answers. I am

Very respectfully,
Herman Lennmalm

편집자 단신.
The Korean Repository (서울) 1(11) (1892년 11월호), 349쪽

(중략)

알렌 박사는 세계 박람회 기간 동안 시카고에서 열리는 민속 학술대회에서 한국 민속학에 관한 논문을 발표하도록 초청받았다.

(......)

11월 19일 저녁, 한국 국왕은 세계 박람회 위원인 드 게르빌 씨와 알렌 박사의 알현을 받았으며, 세계 박람회의 환등기 사진을 보며 큰 관심을 보였다. 한국은 알렌 박사가 참석하도록 요청받은 매우 훌륭한 전시회를 준비하고 있다. 그는 지금 그것을 포장해서 배송 중에 있다.

(중략)

Editorial Notes.
The Korean Repository (Seoul) 1(11) (Nov., 1892), p. 349

(Omitted)

Dr. Allen has been invited to read a paper on Korean Folk Lore at the Folk Lore Congress to be held in Chicago during the World's Fair.

(......)

On the evening of Nov. 19th their Korean Majesties received the Commissioner of the World's Fair, Mr. de Guerville, and Dr. Allen, and saw some magic lantern views of the World's Fair in which they showed great interest. Korea is getting off a very creditable exhibit to which Dr. Allen has been asked to attend. He is now having it packed and shipped.

(Omitted)

수전 A. 도티(서울)가 프랭크 F. 엘린우드
(미국 북장로교회 해외선교본부 총무)에게 보낸 편지 (1892년 12월 12일)

(중략)

박사님이 아시다시피 우리 학교는 이전에 알렌 박사가 거주하였던 집을 점유하고 있습니다. 그것은 학교와 관련하여 계획되지 않았고, 그렇게 하기 위하여 필요하였던 약간의 변경은 부동산을 유지하기 위한 연간 예산 내에서 이루어졌습니다.

(중략)

저는 지난 12월 며칠 동안 콜로라도 주 덴버에서 온 고(故) 체인 씨 부부와 함께 하는 기쁨을 가졌는데, 박사님은 틀림없이 그들의 슬픈 운명과 중국 해안에서 발생한 그 끔찍한 재난에 대하여 들으셨을 것입니다.

그들은 한국, 한국 사람들, 선교사들, 그들의 업무에 대하여 가능한 모든 지식을 얻기 위하여 이곳에 왔습니다. 체인 씨의 몇 가지 질문에 대한 답변을 위하여 저는 그에게 알렌 박사를 소개하였고, 그는 머무는 동안 여러 번 만났습니다. 그 이후로 미국에서 온 편지 중 일부에서 그를 통하여 알렌 박사로부터 저에게 온 것, 그리고 이곳에서 제가 관심을 갖게 된 것으로부터 저는 알렌 박사가 미국으로 돌아오면 선교본부에서 다시 일을 할 가능성이 있다고 생각하게 되었습니다.

알렌 박사가 우리를 위하여 하고 싶었던 일을 할 수 있는 기회를 우리가 주지 않았다는 진술은 실수입니다. 욕망은 기회를 찾았을 것이고, 저는 알렌 박사나 그리스도의 사랑을 위하여 시도하였거나 심지어 그렇게 하기를 원하였던 그 누구의 제안된 친절과 도움을 받지 못하였기 때문에 물러날 기회가 없었다는 것을 알고 있습니다.

알렌 박사는 제가 이곳에 온 후 몇 달 동안 우리 선교본부의 임명 아래 한국에 있었지만, 그는 선교본부의 규칙과 규정에 따르지 않았습니다.

우리는 그의 솔직함을 항상 접하지 못하였고 저는 우리가 때때로 기대하였을 수도 있다고 느꼈지만, 제가 아는 한 그가 한국 장로교회 선교부가 그를 정당한 예의와 친절로 대하지 않았다는 것에 대하여 불평할 근거가 없습니다.

저는 알렌 박사에 대하여 우호적인 감정만을 가지고 있고 그의 아내를 가장 존경하지만 우리 선교본부가 그를 선교사 중 한 명으로 파송하는 것을 보게 되어 대단히 유감스러웠습니다.

알렌 박사는 선교본부에 지원할 생각이 없었을 수도 있습니다. 저는 이러한 제안이 초대받지 않은 것이라고 생각이 들었다는 것을 먼저 박사님께 말씀드렸습니다. 상황이 그들에게 제안하지 않았더라면 좋았을 것입니다.

(중략)

Susan A. Doty (Seoul),
Letter to Frank F. Ellinwood (Sec., BFM, PCUSA) (Dec. 12th, 1892)

(Omitted)

As you know our school is occupying the house formerly occupied by Dr. Allen: it had not been planned with reference to a school and since it has been need for that the few charges which have been necessary have been made within the yearly allowance for keeping up the property.

(Omitted)

I had the pleasure of having with me for a few days this last December, the late Mr. and Mrs. Chain from Denver, Col. the sad fate of whom you have no doubt heard, & in that dreadful disaster off the coast of China.

They came here to get all the knowledge possible, of Korea, her people, the Missionaries, and their work: for answers to some of Mr. Chain's questions I referred him to Dr. Allen whom he met a number of times during his stay: from what came to me from Dr. Allen through him from some of the letters that have come from America since, and from somethings which have come to my attention here, I have the lead to think that Dr. Allen might possibly offer his services to the Board again upon his return to America.

The statement that Dr. Allen has made that we have not given him an opportunity to do as much as he would have liked to have done for us, is a mistake. Desire would have found opportunity and I know that neither Dr. Allen or anyone else who, for love of Christ, have attempted, or even desired to do, have had occasion to withdraw because they have not received the proffered kindness and help.

Although Dr. Allen was here in Korea under appointment of our Board for a number of months after I came here, he was not under the Rules and Regulations of the Board.

While we have not always met the frankness in him that I have sometimes felt that we might have expected so far as I know he has no ground for complaint that the Korea Presbyterian Mission has not treated him with due courtesy and kindness.

While I have only friendly feelings toward Dr. Allen, and while I hold his wife in highest esteem, I should be very sorry to see our Board send him out as one of her missionaries.

Dr. Allen may have no thought of applying to the Board. I have told you first what suggested that thought to me these suggestions have come uninvited. I could have wished that circumstances had not suggested them.

(Omitted)

프랭크 F. 엘린우드(미국 북장로교회 해외선교본부 총무)가
호러스 N. 알렌(주한 미국 공사관 서기관)에게 보낸 편지
(1892년 12월 13일)

1892년 12월 13일

친애하는 알렌 박사님,

박사님의 10월 24일자 편지를 정상적으로 받았습니다. 나는 선교사와 그 성공에 관하여 나에게 말해 준 다른 모든 편지에 대하여 박사님께 감사드립니다. 나는 언더우드 박사가 때때로 지나치게 열정적이라는 느낌을 갖고 있고, 나는 그가 _____ 그의 상태로 다시 돌아오기를 갈망하고 있으며, 그 안에는 거의 정신이 깃들어 있지 않은 일종의 죽은 수준의 업무라고 박사님께 고백합니다. 그것은 별다른 열정 없이 '공기를 치는' 동작을 계속하는 것과 같습니다. 의심할 바 없이 미국 청중들 앞에서 한국에 대해 이야기할 때 우리를 신비롭게 만듭니다. 그럼에도 불구하고 그것은 믿음의 또 다른 이름인 어느 정도의 낙관주의, 어둠 속에서도 어려움에 맞서는 믿음입니다. 한국은 우리 시대뿐만 아니라 기독교 교회의 모든 시대를 통틀어 기독교 신앙 아래에 있는 사람들의 평균보다 더 힘든 선교지가 아닙니다. 나는 한국의 상황과 관련된 박사님의 편지에 많은 도움을 받았습니다. 더 완벽한 사람을 확보할 수 있으면 좋겠지만, 사람의 조건에 맞게 업무를 진행해야 합니다. 복음은 질그릇에 담겨 있으며, 나는 언제나 더 나아지고 더 나은 일을 하는 것에 대한 공로를 나의 형제들에게 기꺼이 돌릴 용의가 있으며, 틀림없이 내가 스스로 해야 합니다. 하나님의 성령이 모든 마음을 소생시키는 영적 삶의 손길로 감동시키지 않는다면 선교 사업은 공허한 구경거리에 불과할 것입니다. 다행스럽게도 역사는 그것이 크게 다르지 않았으며, 우리의 모든 실수와 부적절함에도 불구하고 위대한 선이 이루어졌음을 보여주고 있습니다.

나는 우리가 박사님을 고국에서 만나게 되어 기쁘며, 나는 단지 방문을 위한 것이라고 생각하고 있습니다.

안녕히 계세요.
부인께 안부를 전합니다.
F. F. 엘린우드

Frank F. Ellinwood (Sec., BFM, PCUSA), Letter to Horace N. Allen (Seoul) (Dec. 13th, 1892)

Dec. 13th, 1892.

My dear Dr. Allen: -

Your letter of October 24th was duly received. I thank you for this, as for all others in which you give me a sort of _____t upon the missionary _____ and the success of it. I have myself a feeling that Dr. Underwood is sometimes over-enthusiastic, and yet I confess to you I long to see him back again in his _____ for a still worse and is a sort of dead level work with little spirit in it, a sort of going through with the motions a "beating of the air" without much communicated fervor. Doubtless ____ us to mystic when talking before American audience about Korea. Nevertheless, it is a certain degree of optimism which is another name for faith, faith even in the dark and against difficulties. Korea is no harder field than the average of those under Christianity had undertaken, not only in our age, but in all the ages of the Christian Church. I have been benefitted by your letter in relation to the state of things in Korea. I wish it were possible to secure more perfect agents, but we must conduct the work on subject to human conditions. The Gospel is borne in earthen vessels, and I am always a willing to give my brethren credit for being better, and doing better, doubtless, than I should do myself. Unless the spirit of God touches all hearts with the touch of quickening, spiritual life, the mission work should be an empty show. Fortunately, history shows that it has been nothing very different, and that with all our blundering and inadequacy, great good is done.

I am glad that we are to see you at home, which I presume is only for a visit.

Very truly yours,
　　with kind regards to Mrs. Allen
F. F. Ellinwood

호러스 N. 알렌(주한 미국 공사관 서기관)이 프랭크 F. 엘린우드
(미국 북장로교회 해외선교본부 총무)에게 보낸 편지 (1892년 12월 27일)

서울,
1892년 12월 27일

친애하는 엘린우드 박사님,

박사님은 틀림없이 저에게서 유쾌한 편지를 받고 기뻐할 것입니다. 박사님의 새로운 사역자들은 이제 이곳에서 자리를 꽤 잘 잡았고 박사님이 훌륭한 사람들을 몇 명 보냈다고 말씀드리고 싶습니다. 마펫은 훌륭한 강한 사람이며, 무어도 마찬가지로 훌륭하게 될 것입니다. 리는 매우 유망합니다. 스트롱 양은 훌륭한 여자이며, 기포드 부인은 열심히 일하고 매우 성공적입니다. 저는 스왈렌 가족, 특히 스왈렌 부인이 첫 번째 선교사가 될 것이라고 생각하며, 그들은 신사 숙녀인 것 같습니다. 제가 언급하지 않은 사람들은 제가 그리 많이 알고 있지 않습니다. 두 예외가 있지만 지금은 잘못을 찾지 못하고 있습니다.

저를 너무 힘들게 하고 전체 업무에서 저를 거의 힘들게 하였던 오래된 요소가 이제 사라졌으며, 다시 한 번 저의 업무에서 편안하게 느낀다고 말할 수 있어 기쁩니다. 박사님은 어떤 행동이 저에게 얼마나 상처를 주는지 결코 아실 수 없겠지만, 지금은 언제 그랬냐는 듯이, 어젯밤에 남북 장로교회 사람들 모두를 만났습니다. 저는 제가 그들이 정착하는 데 도구로 사용되었다는 사실이 매우 자랑스러웠습니다.

물론 저는 지금 그 업무에서 떠나있습니다. 저는 곧 만국 박람회가 개최되는 고국으로 돌아가고, 만일 클리블랜드 씨[80]가 상황을 안다면 그는 저를 돌려보낼 것입니다. 그렇지 않으면 저는 미국에 거주할 것입니다. 저는 모든 것을 팔고 있으며, 우리는 유쾌하고 솔직하게 만날 수 있도록 선교본부에 임명을 신청하거나 수락하지 않겠다고 말씀드리고 싶습니다. 그렇게 자주 변하는 사람을 두는 것은 이곳에서 아무 소용이 없을 것이기 때문입니다. 저는 이것을 말씀드리지만 박사님은 제가 다시 신청할지도 모른다는 두려움을 가질 수

---

80) 스티븐 그로버 클리블랜드(Stephen Grover Cleveland, 1837~1908)는 민주당 소속으로 미국의 제22대 (1885~1889)와 제24대(1893~1897) 대통령을 역임하였다.

있습니다.

제 집은 여전히 제 것입니다. 2년 전에 저는 그것에 대한 좋은 제안을 받았지만 그 당시에는 그것을 잡아두지 못하였습니다. 이제는 포기할 수 없을 것 같습니다. 남장로교회 사람들은 돈이 없고, 우리 선교부 중 한 명이 위치에 반대하고 있습니다. 그것은 가장 가치 있는 부지이고, 제가 지정한 가격에 좋은 거래입니다. 저는 연례 회의에서 이전보다 850달러가 싼 2,000달러에 다시 제안하겠습니다.

안녕히 계십시오.
H. N. 알렌

엘린우드 박사,
뉴욕 시 5 애버뉴 53

Horace N. Allen (Sec., U. S. Legation to Korea), Letter to Frank F. Ellinwood (Sec., BFM, PCUSA) (Dec. 27th, 1892)

Seoul,
Dec. 27, 1892

My dear Dr. Ellinwood,

You will doubtless be glad to get a cheerful letter from me. Your new people are now pretty well established here, and I want to say that you have sent out some excellent men. Moffett is a splendid steeling fellow, Moore is going to be just as good. Lee is very promising. Miss Strong is a fine woman and Mrs. Gifford is a hard worker and very successful. I think the Swallens, especially Mrs. Swallen, will prove to be No. I missionaries and they are seem to be ladies and gentlemen. Those I have not mentioned, I do not know so much about. There are two exception but I am not now finding fault.

The old element that has made me so much trouble, and came near souring me on the whole work, is now out, and I am happy to say that once more I feel at home in my mission. You can never know how much certain actions hurt me, but now as when, last night I met with all the Presbyterian North & South. I was very proud that I had been the instrument in establishing them.

Of course I am out of service now perhaps. I go home to the Worlds Fair shortly, and if Mr. Cleveland knows the circumstances he will send me back. If not I will locate in America. I am selling off everything, and that we may meet pleasantly and frankly, I wish to say that I shall not apply for or accept an appointment from the Board. As it would not do the work any good here to have a man who changed so often. I say this but you may fear I may apply again.

My house is still mine. Two years ago I had a good offer for it but could not spare it then. Now it seem as if I could not give it away. The Southern people have no money and one members of our mission is opposed to my place. Though it is a most valuable site and a good bargain at the price I named. I am going to offer it them again at the annual meeting at $2,000, $850. less than it has cost one.

Yours truly,
H. N. Allen.

Dr. Ellinwood,
53, 5th Ave., N. Y.

제4장 1893년
Chapter 4. 1893

18930105

호러스 N. 알렌(주한 미국 공사관 서기관)이 프랭크 F. 엘린우드 (미국 북장로교회 해외선교본부 총무)에게 보낸 편지 (1893년 1월 5일)

미국 공사관

한국 서울,
1893년 1월 5일

F. F. 엘린우드 박사,
　　뉴욕 시 5 애버뉴 53

친애하는 박사님,

　　저는 25일에 이곳을 떠날 예정이며, 뉴욕에서 박사님을 뵙기를 희망합니다. 저는 지금 짐을 싸느라 굉장히 바쁘지만, 무어 씨의 언급에 너무 놀랐기 때문에 너무 늦지 않도록 박사님께 글을 써야 한다고 느꼈습니다. 무어 씨는 훌륭한 사람이라는 인상을 주지만, 스스로 말하듯이 그는 신참이고 모든 것이 너무 낯설어서 그 자신의 입장을 가질 수 없습니다. 그는 "우리는 이 땅이 수세기 동안 하수로 가득 차 있고 건강에 매우 좋지 않다고 빈튼 박사가 말하였기 때문에 이 모든 부동산을 매각할 생각을 하고 있습니다. 또한 우리는 감리교인들과 너무 가깝습니다."라고 말하였습니다.

　　저는 어이가 없어서 말문이 막혔지만, 그에게 어떻게 생각하는지 물어보았습니다. 그는 그곳이 자신이 살아본 곳 중에서 가장 건강한 곳 같다고 말하였고, 감리교인들은 어쨌든 우리가 먼저 이곳에 있었다는 것을 이해하였습니다. 저는 선교부가 어떻게 설립되었는지 그에게 말하려 노력하였고, 감리교회 사람들이 우리를 대신한다면 그것은 우리 자신의 실수라고 말해 주었습니다. 그런 이유로 도시에서 가장 좋은 곳에서 너무 멀리 가는 것이 얼마나 어리석은 일입니까?

위생 문제에 관해서 저는 그에게 그냥 둘러보라고 요청하였습니다. 박사님의 부동산이 있는 언덕 뒤쪽에는 이 도시가 건설된 이후로 왕실 장례식 관 등에 사용되는 목재 및 기타 자재들이 보관되어 온 몇 개의 창고가 있는 매우 넓은 공터가 있습니다. 그곳에는 하수구가 없었습니다. 또한 이 언덕은 서쪽 성벽 근처에 위치해 있어 여름에 우세한 바람이 시골에서 신선하게 우리에게 불어옵니다. 혹시 여름에 바람이 바뀌어 도시 너머로 우리에게 온다면 우리는 냄새로 거의 질식할 것입니다.

이 구역은 한때 왕족들의 거처이었으며, 영국과 미국 공사관은 이 사람들의 집이었습니다. 우리는 항상 푸트 장군이 외국인을 위한 거주지를 현명하게 선택하였다고 믿고 있습니다.

박사님의 부지는 뒤쪽에 몇 명 가게가 있는 큰 개방형 울타리가 있으며, 앞쪽에 거리와 감리교회 부지가 있습니다. 동쪽에 미국 공사관이 있고 서쪽에 러시아 공사관이 있는데, 이 마지막 두 곳은 도시가 만들어진 이후로 대부분 개방되어 왔으며, 그곳에서 자라는 거대한 나무숲과 함께 양반들의 울타리와 같은 공원이었습니다. 우리가 사는 곳은 거대한 나무와 오래된 과수원이 있는 동일한 자연환경을 가진 곳이었습니다. 무엇이 언덕보다 하수로부터 더 자유로운 곳이 있을 수 있을까요, 더군다나 땅은 표면 아래 3피트가 화강암 모래로 되어 있어 아주 완벽한 기초를 형성하고 있습니다. 저는 유능한 의료진으로 구성된 위원회와 함께 빈튼 박사의 설명을 접하고 싶다고 말하였습니다. 그는 완전히 틀렸으며, 저는 무어 씨에게 언더우드가 돌아올 때까지 아무 일도 하지 않도록 그의 영향력을 사용하라고 요청하였습니다. 마펫은 훌륭한 친구이지만 저는 그가 거의 전적으로 시골 사역에 헌신하고 있으며 서울은 빈튼과 기포드에게 맡기고 있다고 생각합니다. 기포드는 남의 말에 잘 휘둘리며, 빈튼은 만일 그가 상인에게 고용되었다면 그가 맡으러 온 사업을 망친 것 때문에 고소당할 그러한 정신을 보여 주었습니다. 저는 허드 씨가 박사님께 어떻게 하는지 알려드렸다고 믿고 있습니다. 여름 내내 휴가를 보낸 후 그는 10월에 추운 계절이 다가오고 있기 때문에 다음 해까지 모든 수술들을 거부한다고 말하였습니다. 저는 한국인들로부터 그들이 병원을 죽어가도록 내버려 두고 그를 쫓아내려 한다고 말씀 드릴 수 있습니다. 그들은 우리와 마찬가지로 그를 꿰뚫어 보고 있으며, 그에 대하여 충분히 알고 있습니다.

그러나 그가 지금 생각하고 있는 이 자살 행위는 너무 안타깝기 때문에 박사님께 신속하고 긴급한 항의를 보내지 않을 수 없습니다. 그들의 요청을 승인하지 마십시오. 박사님은 그것을 후회하실 것입니다. 새로 온 사람들이 못마땅하게 생각하는 것이 또 하나 있습니다. 그것은 보호의 필요성에 대한 생각입니다. 그들은 폭동을 목격하지 않았으며, 그것이 일어날 수 없다고 생각합니다. 저는 그것을 보았고, 바로 오늘 만일 제가 빈튼에게 말하면 그는 두려워서 24시간 안에 아내와 함께 제물포에 있을 것이라는 소식을 궁궐에서 확실하게 받고 있습니다. 저는 그 문제가 한 번에 절정에 달할 것이라고는 생각하지 않지만, 단지 시간의 문제일 뿐입니다. 그리고 그 일이 일어날 때 그들은 제가 오래된 안개가 아니라는 것을 알게 될 것입니다. 그들은 제가 공사관의 보호 거리 내에 그들이 체류하는 것을 옹호한다고 생각하였습니다.

저는 이 모든 일들을 충분히 이해하고 있습니다. 빈튼 박사는 한옥에 살고 있습니다. 그는 양옥을 원합니다. 오래된 모든 거주자들이 한옥이 기포드의 얇은 벽돌집보다 더 따뜻하다고 말하고 있음에도 불구하고 말입니다. 그는 벽돌집 하나를 원하며, 심지어 병원도 벽돌로 짓기를 주장하는데 한국인은 방바닥에서 자야 하기 때문에 가장 터무니없는 생각입니다. 빈튼 씨는 주택들이 없는 곳으로 이사하면 모두가 새로운 외국식 집을 짓게 될 것이라고 생각하고 있으며, 중견 의료인으로서 자신의 선택을 받을 것이라고 생각하고 있습니다.

언더우드는 좋은 새집을 가져야 하지만, 빈튼 가족의 사택(헤론 사택)은 아주 예쁘고 따뜻하고 큰 집인데 프랑스와 독일 공사관보다도 더 좋으며 미국 공사관 못지 않게 좋습니다. 새로운 사람들 중 일부는 그들이 필요로 하는 것이 사치스러워 보입니다. 그렇지만 어떠한 것도 빈튼의 집과는 비교될 수는 없습니다. 그들은 어떤 것과 어울리지 않았습니다.

이제 저는 개인적으로 그에게 반대하는 것이 없으며, 우리는 우호적이지만 저는 그러한 비상 상황에서 가만있을 수는 없습니다.

저는 그들에게 저의 집을 2,000달러에 제시하기로 하였습니다. (이 집은) 2,850달러가 들었는데, 싼 가격을 제시하였지만 구매자가 없기 때문에 그들이 거절할 수 없을 정도로 낮게 설정하기로 하였습니다. 제가 위의 말을 들었을 때 저는 경매에서 팔기로 결정하였고, 그들에게 아무 말도 하지 않았습니다. 박사님은 그 장소가 필요하고 그것은 보기 드문 거래이지만, 박사님은 그것을 볼 수 있는 사람을 이곳에 가지고 있지 않습니다.

안녕히 계십시오.
H. N 알렌

Horace N. Allen (Sec., U. S. Legation to Korea),
Letter to Frank F. Ellinwood (Sec., BFM, PCUSA) (Jan. 5th, 1893)

U. S. Legation,
Seoul, Korea

Jan. 5, 1893

Dr. F. F. Ellinwood,
53 Fifth Ave., New York City

My dear Doctor: -

I expect to leave here on the 25th and hope to see you in N. Y. Am very busy packing etc. now, but I was so startled by a remark made by Mr. Moore that I felt I must write lest I should be too late. Mr. Moore strikes me as an excellent man, but as he says himself he is so new and all is so strange that he cannot get his bearings. He said, "We are thinking of selling out all of this property as Dr. Vinton says the ground is saturated with the sewage of centuries and is very unhealthy. Also we are too close to the Methodists."

I was dumb-founded and asked him what he thought of it. He said well it seemed to him the most healthy place he had ever lived in, and as for the Methodists, he understood we were here first anyway. I tried to tell him how the mission was founded, and had if the Methodists out stuffed us, it was our own fault. How absurd it would be too run away from the very choicest place in town for such a reason.

As to the sanitary matter, I simply asked him to look around. At the rear of the hill on which your property is, there is a very extensive enclosure of vacant land with a few store houses on it where, since the city was built, the lumber and other materials for royal funeral coffins etc. have been kept. There has been no sewage there. Also this hill is near the West Wall, and the prevailing winds in summer come to us fresh from the country. If perchance the wind changes in the summer and comes to us over the city we almost suffocate with the odors.

This section was once the abode of members of the Royal Family and the English and American Legations were the homes of these persons. We have always believed Gen'l Foote for his wise choice of a location for foreigners.

Your property has the large open enclosure at the back, the street, and Methodist places in front. On the East the U. S. Legation with the Russians on the West, these last two places have been largely open since the founding of the City, being park like enclosures of noblemen, with great forest trees growing there. Our own place was of the same nature with giant trees and an old orchard standing. What could be more free from sewage than such a hill, but further, the ground is granite sand three feet below the surface, making a simply perfect base. I said that I would like to meet Dr. Vintons statement with a committee of competent medical men. That he was utterly wrong, and I begged Moore to use his influence to have nothing done till Underwood's return. Moffett is a splendid fellow, but I think he devotes himself almost entirely country and lets Vinton and Gifford run Seoul. Gifford is putty, Vinton has shown such a spirit that were he in the employ of commercial people he would be prosecuted for ruining the work he came to take charge of. I believe Mr. Heard has told you how. After spending the whole summer away, in October he said he was refusing all operations till next year because cold weather was coming on. I can tell you from Koreans that they are letting the hospital die, freezing him out. They see through him as well as we do, and have had quite enough of him.

But this suicidal move he now contemplates is too bad, and I cannot help sending you my prompt and urgent protest. Don't grant their request. You will regret it. There is one thing more that these new people pooh pooh at. And that is the idea of any necessity of protection. They have not seen an emeute and think it cannot come. I have seen it, and this very day I am in receipt of news reliably from the Palace, if I told to Vinton he would be in Chemulpo with his wife in 24 hours, for fear. I don't expect the matter to culminate at once, but tis' only a matter of time. And when it comes they will know that I was not the old foggy they tho't me in advocating their remaining within protecting distance of the Legation.

I fully understand all this business. Dr. Vinton is down on Korean houses. He wants a foreign one. Notwithstanding the fact that all old residents pronounce the

Korean house warmer than these flimsy brick ones like Giffords. He wants one and even insists on having the Hospital bricked up - a most absurd idea, since Koreans must have the kang floor to sleep on. Vinton thinks that by moving to a place where there are no houses, all will get new foreign houses, and as the leading medical man he will get his pick.

Underwood ought to have a new good house, but Vintons house (Herons) is a very pretty, warm, large house, better than the French and German Legations, and as good as the new U. S. Legation. Some of the new people seem extravagant in their wants. None though compare with the Vintons. They have never been suited with anything.

Now I have nothing against him personally, we are friendly, but I cannot keep still in such an emergency.

I went over to offer my house to them for $2,000. It cost me $2,850. and was cheap at that, but as there are no buyers I thot I would put it so low that they couldn't refuse. When I heard the above I decided to sell at auction and say nothing to them. You need the place and it is a rare bargain, but you have no one here able to see it.

Yours very truly,
H. N. Allen

새뮤얼 F. 무어(서울)가 호러스 N. 알렌
(주한 미국 공사관 서기관)에게 보낸 편지 (1893년 6월경)

제3호
서울

친애하는 알렌 박사님,

저는 분명 알렌 박사님의 제안을 수락하거나 거부하는 책임을 지고 싶지는 않습니다. 그 집은 제가 생각하는 것 이상으로 저렴하며, 자문을 받은 선교부는 그의 제안을 받아들이기를 원할 수 있고, 선교본부가 그 구매를 승인하게 할 것입니다. 알렌 박사가 내가 구매를 반대한다는 인상을 갖지 않도록 해주세요. 저는 선교부와 상의 없이 제 의견을 제시하였을 뿐입니다.

위의 내용은 제가 박사님이 마지막으로 원하는 각주를 추가해 달라는 요청을 보낸 마펫의 말을 인용한 것입니다.

물론 현재 내륙으로 들어가는 사람들은 방문자 호조로 몇 주일 또는 몇 달 동안만 머물 수 있으며, 시간이 지나면 다시 갈 수 있습니다.

다른 사람을 만난 후 하루 정도 지나서 다시 편지를 쓰겠습니다.

안녕히 계세요.
S. F. 무어

Samuel F. Moore (Seoul), Letter to Horace N. Allen (Sec., U. S. Legation to Korea) (ca. June, 1893)

No. 3

Seoul

Dear Dr. Allen: -

I certainly would not feel like taking the responsibility of either accepting or rejecting Dr. A's offer. The house is more than cheap at that I should think and it might be that the Mission upon consultation would desire to accept his offer provided the Board should sanction its purchase. Please let Dr. Allen not get the impression that I am opposing the purchase. I merely gave my opinion without consultation of the Mission.

The above is quoted from Moffett to whom I sent your last requesting him to add any foot notes he might desire.

Of course those who go into the Interior at present can only stay for a few weeks or months on a visitors passport then return & go again after a time.

Will write you again after a day or so when have seen others.

Very truly,

S. F. Moore

호러스 N. 알렌(주한 미국 공사관 서기관)이
새뮤얼 F. 무어(서울)에게 보낸 편지 (1893년 6월 9일)

1893년 6월 9일

친애하는 무어 씨,

따분해 할 수 있는 위험을 무릅쓰고 마펫 씨의 반대에 답하겠습니다. 첫째, 귀하는 내륙에서 살 수 없습니다. 귀하의 공사는 기존 조약에 따라 그것을 승인할 수 없습니다. 둘째, 이것은 여학교를 위하여 좋은 부지인데, 부지가 넓고 주택이 크며, 우물이 좋고 볼 수 있을 만큼 가깝지만 다른 학교에서 멀리 떨어져 있고 필요한 경우 보호하기에 충분히 가깝습니다.

나는 한 가지 제안을 더 하겠습니다. 만일 내 부지를 경매에 올리면 1,500달러의 입찰가(시작가)를 약속받았지만, 지불이 확실하지 않기 때문에 만일 귀하가 선교부가 나에게 1,500달러에 입찰하겠다고 약속해 주면 됩니다. 나는 그 부지를 경매에 올릴 것이고, 아무도 더 입찰하지 않으면 1,350달러 상당의 수리, 좋은 우물 등이 포함된 1,600달러에 귀하가 그것을 얻게 될 것입니다.

땅을 제외한 이 집의 온돌은 한국 시세로 이 정도의 가치가 있습니다. 그리고 만일 귀하가 건물을 지을 계획이라면 오래된 자재가 이만한 가치가 있는데, 공사관의 새 서기관 사택의 경비에서 보여 줄 수 있듯이 오래된 자재는 최소 1,500달러에 달하였습니다.

나는 귀하께 그것에 대한 부담을 주고 있다는 것을 알고 있지만 떠나기 전에 해결하고 싶습니다. 나는 짐을 싸고 경매에 대하여 결정하느라 바쁘며, 그래서 오지 못한 것에 대하여 양해해 주세요.

안녕히 계세요.
H. N. 알렌

Horace N. Allen (Sec., U. S. Legation to Korea),
Letter to Samuel F. Moore (Seoul) (June 9th, 1893)

June 9th, 1893

Dear Mr. Moore: -

At the risk of being tedious I will answer Mr. Moffetts objection. 1st You cannot live interior. Your Minister could not sanction it under existing treaties. 2nd This would be an excellent place for girls school, ample ground, large house, good well, near enough to see to it, yet well removed from other schools, also near enough for protection if necessary.

I will make one more offer. I am promised a bid (starter) of $1,500 if I put my place up at auction, but as the pay is not sure, if you will promise me a bid from the mission of $1,500. I will put the place up at auction and if no one bids more, you will get it for $1,600 with $1,350 worth of improvements, a good well etc. thrown in.

It is worth this at the Korean price for Kang of house not including land. And if you intend building it is worth this to you for old material, as I can show you in the figures for the new Secretarys House at the Legation, where the old materials amounted to at least $1,500.

I know I am throwing it at you but I am anxious to settle up before leaving. I am busy packing and trying to decide about auction, so you will excuse me for not coming over.

Yours sincerely,
H. N. Allen

호러스 N. 알렌(주한 미국 공사관 서기관)이 프랭크 F. 엘린우드
(미국 북장로교회 해외선교본부 총무)에게 보낸 편지 (1893년 6월 10일)

1893년 6월 10일

친애하는 엘린우드 박사님.

저의 집에 관한 편지 몇 통을 동봉합니다. 저는 그것을 2,000달러에 제안한 다음 1,500달러(현재 환율 0.65로 금화 975달러)를 제시하였습니다. 그것은 제가 들였던 것보다 은화 1,350달러가 저렴하지만, 만일 제가 그것을 놔두면 벽돌, 문짝 등이 도난당할 것입니다.

남부(장로교회) 사람들은 그것을 원하는 척하지만, 그들은 돈을 가지고 있지 않습니다. 저는 그들에게 그것에 대하여 말하지 않았습니다.

이곳에 있는 박사님의 두 가족은 집이 없고, 언더우드 가족은 집을 지을 때까지 벙커 가족과 함께 살고 있습니다.

누구나 박사님께 말씀드릴 텐데, 저의 집은 깔끔하고 널찍하며, 편리하고 모양이 좋습니다. 박사님에게는 그것이 아주 필요하지만, 모든 층에 냉수와 온수가 공급되는 외국 주택에 대한 욕망은 사람들의 눈을 멀게 하고 있습니다. 저는 벙커 씨의 책임 하에 집을 2,000달러에 맡겼습니다.

H. N. A.

Horace N. Allen (U. S. Legation, Seoul),
Letter to Frank F. Ellinwood (Sec., BFM, PCUSA) (June 10th, 1893)

Jun. 10, 1893

Dear Dr. Ellinwood: -

I enclose some correspondence in re my house. I offered it for $2,000 and then _____lly for $1,500 ($975 gold at present rate 65). It is $1,350 silver less than it cost me, but if I leave it, the tile, doors &c. will be stolen.

The Southern people pretend to want it, but they have no money. I have not spoken to them abt it.

You have now two families without homes here, and the Underwoods are to board with Bunkers till they build a house.

My place, anyone will tell you, is neat, ample, convenient and in good shape. You need it badly, but the desire for foreign houses, with hot and cold water on every floor, blinds the eyes of your people. I leave my place in Bunker's charge at $2,000.

H. N. A.

윌리엄 B. 맥길(원산)이 주한 미국 공사관으로 보낸 편지
(1893년 7월 19일)

원산,
1893년 7월 19일

관계자께,

나는 이제 내가 한국 원산에서 구입한 특정 토지가 감리교회 선교부를 위하여 구입하였음을 선언합니다.

따라서 나는 이제 이 부지를 감리교회 선교회의 재무인 H. G. 아펜젤러 또는 그의 후임자에게 조건 없이 양도하였으며, 상기 토지에 대한 대금 전부는 본인이 받았습니다..

더 나아가 본인은 개인 소유권을 주장하지 않으며, 유언 또는 상속에 의한 재산과 관련된 법률의 적용을 받지 않음을 선언합니다.

이 선언은 외국인 단체와 관련된 현재의 한국법을 반영한 것입니다.

주후 1893년 7월 19일에 선언함.

W. B. 맥길, 의학박사

나는 위의 선언에 ___할 수 있습니다.
리지 맥길

William B. McGill (Wonsan),
Letter to Whom It May Concern (July 19th, 1893)

Wonsan,

July 19/ 1893

To whom it may concern: -

I do hereby declare that certain lands purchased by me in Wonsan (Yuensan), Korea, were purchased for the Missionary Society of the Methodist Episcopal Church.

This land is therefore hereby transferred by me without reservation to the said Missionary Society of the Methodist Episcopal Church for the Korea Misson of the same H. G. Appenzeller, Treasurer or his successor in office, and the payment for said lands has been received by me in full.

I further declare that no private ____ship is claimed by me _____ and that it is not held as subject to the laws relating to devises by will or inheritance.

This declaration is made an account of the present state of Korean law relating to Foreign corporations.

Done this Nineteenth day of July in the year of the Lord 1893.

W. B. McGill, M. D.

I can ___ in the above declaration.
Lizzie McGill

18930811

어윈 던(미합중국 국무부)이 조셉 R. 헤로드
(주한 미국 임시 대리공사)에게 보낸 공문 (1893년 8월 11일)

조셉 R. 헤로드 님,
　　대리공사,
　　한국 서울

안녕하십니까,

　　이 공문과 함께 국무부에서 귀하를 도와주도록 지시를 받은 미합중국 공사관 서기관인 H. N. 알렌 씨의 출발과 관련된 국무장관의 지시 사본을 동봉하였으니 확인 바랍니다. 같은 지시에는 귀하가 도움을 받은 후 도쿄에서의 근무를 위하여 보고하도록 언급되어 있습니다.

　　안녕히 계세요.
　　어윈 던

Erwin Dun (Dept. of State, U. S.), Dispatch to Joseph R. Herod (U S. *Chargé d'Affaires ad interim* to Korea) (Aug. 11th, 1893)

Joseph R. Herod Esq.,
   Chargé d'Affaires a. i.,
   Seoul, Korea

Sir: -

Herewith please find enclosed copy of an instruction from the Secretary of State relative to the departure from the United States of Mr. H. N. Allen, Secretary of Legation who has been directed by the Department to relieve you the same instruction stating that you have been directed upon being relieved to report for duty in Tokyo.

I am, Sir

Your obedient servant,
Erwin Dun

조셉 R. 헤로드(주한 미국 대리공사)가
남정철(외아문 독판)에게 보낸 공문, 외교 관련 제214호
(1893년 8월 29일)

미합중국 공사관
한국 서울

1893년 8월 29일

외교 관련 제214호

안녕하십니까,

저를 대신하여 임시 대리공사직을 맡게 될 공사관 서기관 H. N. 알렌 씨가 서울에 도착하였다는 사실을 각하께 알리게 되어 영광입니다. 내일 바람직하다고 판단되는 시간에 외아문에서 각하의 영접을 요청 드립니다.

저는 이 새로운 기회를 이용하여 각하께 최고의 경의를 표명합니다.

조셉 R. 헤로드

남종철
외아문 독판

Joseph R. Herod (U. S. *Chargé d'Affaires* to Korea), Dispatch to Nam Chung Chul (Pres., For. Office), No. 214, Diplomatic Series (Aug. 29th, 1893)

Legation of the United States

Seoul

August 29, 1893

No. 214, D. S.

Sir: -

I have the honor to inform Your Excellency that Mr. H. N. Allen, Secretary of this Legation, who is to relieve me and assume charge as *Chargé d'Affaires, ad interim*, has arrived in Seoul; and to request that he may be received by Your Excellency, at the Foreign Office, such time tomorrow as may be deemed desirable.

I avail myself of this opportunity to renew to Your Excellency the assurances of my highest consideration.

Joseph R. Herod

His Excellency
Nam Chong Chull,
    President of H. K. M's Foreign Office

[漢譯]

　　大美　署理欽命駐箚朝鮮便宜行事大臣兼　總領事　惠，爲

　　照會事，照得，本署　參贊官　安連，將爲　署理公使　之員，現由　本國還抵京都，擬於明　天上天下　一點鐘，前赴　貴署晤叙，爲此備文，請煩

　　貴督辦　查照可也，須至照會者.

　　右照會.

　　大朝鮮　督辦交涉通商事務　南

　　一千　八百　九十三年　八月　二十九日

　　癸巳　七月　十八日

　　第二百十四號

남정철(외아문 독판)이 조셉 R. 헤로드
(주한 미국 대리공사)에게 보낸 공문, 제21호 (1893년 8월 29일)

대조선독판교섭통상사무 남이 회답하는 일입니다.

내용을 보니, 방금 접수한 귀 조회(照會)의 가운데 (위와 같은 등의 내용이 있습니다) 이를 잘 살펴보았으니 그 기일에 맞추어 면담의 시기를 잃지 않을 것이므로 이에 회답을 보내니 번거로우시더라도 귀 총영사께서도 잘 살피어 주심이 가하여, 회답하는 바입니다.

대미 서리 흠명주차조선편의행사대신겸 총영사　　　　혜
계사 칠월 18일
제21호

Nam Chung Chul (Pres., For. Office), Dispatch to Joseph R. Herod
(U. S. *Chargé d'Affaires* to Korea), No. 21 (Aug. 29th, 1893)

大朝鮮 督辦交涉通商事務 南,
照覆事, 照得, 刻接
貴照會 內開, 准此均經閱悉, 自應屆期, 不失延晤也, 相應 照覆, 煩請
貴總領事查照可也, 須至照覆者,
右照覆.

大美 署理欽命駐箚朝鮮便宜行事大臣兼 總領事 惠
癸巳 七月 十八日
第二十一号

조셉 R. 헤로드(주한 미국 임시 대리공사)가
남정철(외아문 독판)에게 보낸 공문, 외아문 제215호 (1893년 8월 31일)

미합중국 공사관
한국 서울

1893년 8월 31일

제215호, 외아문

안녕하십니까,

　　저는 국무장관의 지시에 따라 오늘 이 직책에서 해임되었으며, H. N. 알렌 씨가 임시 대리공사로서 이 공사관의 책임을 맡게 되었다는 것을 각하께 알릴 수 있게 되어 영광입니다.
　　각하를 떠나면서 저는 이 기회를 빌어 최상의 경의를 표하고자 합니다.

　　조셉 R. 헤로드

남종철
　　외아문 독판

Joseph R. Herod (U. S. *Chargé d'Affaires* to Korea), Dispatch to Nam Chung Chul (Pres., For. Office), No. 215, For. Office (Aug. 31st, 1893)

Legation of the United States
Seoul

August 31, 1893

No. 215, F. O.

Sir: -

I have the honor to inform Your Excellency that, by instruction of the Honorable Secretary of State, I have this day been relieved of the duties of this post: and that Mr. H. N. Allen assumes charge of this Legation as *Chargé d'Affaires ad interim.*

In taking leave of Your Excellency I avail myself of this occasion to renew the assistances [sic] of my highest consideration.

Joseph R. Herod

His Excellency
Nam Chong Chull,
President of H. K. M's Foreign Office

[漢譯]

　　大美 署理欽命駐箚朝鮮便宜行事大臣兼 總領事 惠, 爲

　　照會事, 兹奉 本國 外務大臣 札飭, 本大臣於 本日 解所 帶之任, 所有各等事
務, 統歸 本署 參贊官 安連 署理, 爲此, 相應備文照會, 請煩

　　貴督辦 查照 可也, 須至照會者

　　右照會

　　大朝鮮 督辦交涉通商事務 南

　　一千 八百 九十三年 八月 三十一日

　　癸巳 七月 二十日

　　第二百十五號

호러스 N. 알렌(주한 미국 임시 대리공사)이
남정철(외아문 독판)에게 보낸 공문, 외아문 제216호 (1893년 8월 31일)

미합중국 공사관
한국 서울

1893년 8월 31일

외아문 제216호

안녕하십니까,

　저는 오늘 임시 대리공사로서 이 직책을 맡게 되었음을 각하께 알리게 되어 영광입니다.
　저는 이 새로운 기회를 이용하여 각하께 최고의 경의를 표명합니다.

　H. N. 알렌

남종철
　외아문 독판

Horace N. Allen (U. S. *Chargé d'Affaires ad interim* to Korea), Dispatch to Nam Chung Chul (Pres., For. Office), No. 216 (Aug. 31st, 1893)

Legation of the United States

Seoul

August 31, 1893

No. 216, F. O.

Sir: -

I have the honor to inform Your Excellency that I have this day assumed charge of the duties of this office as *Chargé d'Affaires ad interim.*

I avail myself of this opportunity to assure Your Excellency of my highest consideration.

H. N. Allen

To His Excellency
N\am Chong Chull,
    President of the Foreign Office

[漢譯]

　　大美署理欽命駐箚朝鮮便宜行事大臣兼總領事 安 爲

　　照會事, 照得, 本大臣於本日, 接授署理大臣印務, 相應備文, 照會, 請煩貴督
辦, 查照 可也, 須至照會者.

　　右照會.

　　大朝鮮 督辦交步通商事務 南

　　一千 八百 九十三年 八月 三十一日

　　癸巳 七月 二十日

　　第二百十六號

남정철(외아문 독판)이 호러스 N. 알렌
(주한 미국 임시 대리공사)에게 보낸 공문, 제23호 (1893년 9월 1일)

대조선독판교섭통상사무 남(南)이 회답하는 일입니다.

말씀드리자면, 음력 이번 달 20일, 귀 서리대신에게서 온 문서를 받아 열어보니, 본 대신이 오늘부터 서리대신으로 인장과 사무 등을 접수하였다고 한 내용이었습니다. 본 독판은 이에 잘 읽어 보았고, 기쁘기 그지없으며 상응하는 글을 갖추어 회답을 보내니 번거로우시더라도 귀 서리대신께서도 잘 살펴봐 주심이 가하며, 회답하는 바입니다.

대미 서리흠명주차조선편의행사대신겸 총영사 안(安)
계사 7월 21일
제23호

Nam Chung Chul (Pres., For. Office), Dispatch to Horace N. Allen
(U. S. *Chargé d'Affaires ad interim* to Korea), No. 23
(Sept. 1st, 1893)

大朝鮮 督辦交涉通商事務 南, 爲
照覆事, 照得, 我曆 本月 二十日, 接准
照覆事, 照得, 我曆本月二十日, 接准貴署理大臣來文內開, 本大臣於本日, 接授署理大臣印務等因, 本督辦閱悉之下, 不任欣喜, 相應備文, 照覆, 請煩
貴署理大臣, 查照 可也, 須至照覆者,
右照覆.

大美 署理欽命駐箚朝鮮便宜行事大臣兼 總領事 安
癸巳 七月 二十一日
第二十三号

호러스 N. 알렌(주한 미국 임시 대리공사)이 프랭크 F. 엘린우드
(미국 북장로교회 해외선교본부 총무)에게 보낸 편지 (1893년 9월 3일)

한국 서울,
1893년 9월 3일

친애하는 엘린우드 박사님,

우리는 이곳 서울의 공사관에 도착하여 잘 정착하였고,[81] 저는 업무를 관장하고 있습니다. 우리는 부산으로부터 같은 배로 에비슨 박사와 함께 상경하여 즐거웠으며, 저는 박사님께서 그렇게 유능하고 원만한 사람을 얻은 것이 기쁩니다.

저는 박사님께서 이곳 사람들에게 보낸 편지에서 서울의 의료 사업의 책임을 그에게 맡기라는 요청을 했다고 들었습니다.

지금 저는 빈튼 박사가 제중원에서 손을 떼는 것을 거부하고 있으며, 무어 씨같이 참으로 선량한 사람들을 고압적으로 다루고 있음을 알게 되었습니다. 또한 작년 여름처럼, 병원이 가장 필요한 계절인 여름 내내 병원 문을 닫았다는 것을 알게 되었습니다. 그동안 빈튼은 지방에 체류하면서 매주 두 번씩 오후에 출근했습니다. 그것은 정말로 너무나도 유감스럽습니다. 병원은 한국에서 가장 좋은 미국 병원입니다. 작년에 우리는 영국인들에게 넘어가려는 병원을 박사님을 위해 구했으며, 그 이후 빈튼은 제중원에서 아무 일도 하지 않았습니다. 저는 박사님께서 분명한 지시를 보내 그를 병원에서 내쫓을 것으로 진

---

81) 미국은 1893년 5월 1일 컬럼버스의 미대륙 발견 400년을 축하하며 시카고에서 만국박람회를 개최하였다. 당시 주한 미국 공사관의 서기관이었던 알렌은 이 박람회를 고종에게 소개하였고, 고종은 10여 명의 사절단을 파견하며 알렌에게 동행해 줄 것을 요청하였으며, 사절단은 1월 25일 떠났다. 박람회가 끝나자 알렌은 8월 1일 샌프란시스코에서 오셔닉 호(號)를 타고 호놀룰루를 거쳐 23일 요코하마에 도착하였다. 이후 알렌이 한국으로 돌아오면서 탔던 겐카이 마루에 8월 26일 에비슨이 부산에서 승선하였다. 에비슨은 당시의 상황을 다음과 같이 설명하였다.
"내가 그를 처음으로 만난 것은 미국 시카고에서 열린 '위대한 백색 도시(The Great White City)'로 불렸던 세계 무역 박람회에 참가했다가 돌아오던 1893년 8월이었다. 그는 조선 대표단을 돕고 그들이 경험하게 될 많은 어려움을 어떻게 처리할지 조언하기 위한 고문의 자격으로 동행했다. 우리가 부산을 떠나 서울로 가기 위해 겐카이 마루에 승선했을 때 마침 미국에서 돌아오던 알렌을 만났다. 제물포까지 2~3일 동안의 여행, 그리고 마포까지의 나룻배 위에서의 밤 동안 우리는 그와 상당히 친해지게 되었다." 올리버 R. 에비슨 지음, 박형우 편역, 『올리버 R. 에비슨이 지켜본 근대 한국 42년 1893~1935. 상』(서울: 청년의사, 2010), 184쪽

정 기대합니다. 조만간 브라운 박사가 사역을 중단해야 할 부산으로 그를 보낼 수 있습니다. 브라운 박사는 지금 병으로 피골이 상접해 있으며, 에비슨 박사는 그의 폐가 매우 나쁜 상태라고 합니다.

빈튼은 박사님께서 이곳에 파송한 사람들 중 모든 면에서 최악의 사람이며, 파워 박사보다도 박사님께 더 해악을 끼칠 수 있습니다. 또한 그는 평판이 매우 나쁘며, 이곳의 중국 상인은 빚을 갚지 않으면 그를 고소하겠다고 위협하였습니다.

저는 이곳의 모든 선교사들이 우리가 돌아온 것을 기뻐하고 있다고 말씀드리게 되어 기쁩니다.

저는 에비슨 박사가 제중원의 책임을 맡고, 빈튼을 부산으로 내려 보내는 내용의 전보를 보내실 것을 권합니다.

안부를 전합니다.

안녕히 계십시오.
H. N. 알렌

Horace N. Allen (U. S. *Chargé d'Affaires ad interim* to Korea), Letter to Frank F. Elllinwood (Sec., BFM, PCUSA) (Sept. 3rd, 1893)

Seoul, Korea,
Sept. 3, 1893

My dear Dr. Ellinwood: -

We are here and comfortably settled at the Legation, I being in charge. We had the pleasure of Dr. Avison's company up from Fusan and I am glad you have such a good all round man.

I was told of your letter to the people here asking that he be placed in charge of the medical work in Seoul.

Now I learn that Dr. Vinton refuses to give up, and, I have learned much more of his high handed dealing with such thoroughly good men as Mr. Moore. Also I find that, as last summer, the hospital has been closed all summer, during the period of greatest need, while Vinton has been in the country, preferring to come in two afternoons each week. Really, it is too bad. That hospital is America's best institution here. We saved it for you from the English last year, and Vinton has done nothing with it since. I sincerely hope you will send explicit instructions to have him removed. He could be sent to Fusan, which Dr. Brown will have to give up soon. He looks like a shadow now, and Dr. Avison says his lungs are in very bad shape.

Vinton is the all round worst man you have had here, making more mischief to you even than that man Power. He has also a very bad reputation and the Chinese merchants here threaten him with a suit for debt.

I am happy to say that the missionarys are all glad to have us back.

I would suggest a cable given to put Dr. Avison in charge and send Vinton to Fusan.

With kind regards,

_____

H. N. Allen

호러스 N. 알렌(주한 미국 임시 대리공사), 회람
(1893년 9월 8일)

회람

어제 언젠가 아버클 양의 오두막 집에서 시계가 도난당하였습니다. 그것은 'V. C. A.'라는 표시가 있는 평범한 여자용 시계이었습니다. 사슬도 달려 있었습니다.

만약 그러한 시계가 판매용으로 나온다면, 그 제안을 받은 사람은 친절하게 그 시계를 보관하고 나에게 통지해 주세요.

H. N. 알렌
1893년 9월 8일

보았음

_____		F. 스기무라
D. A. 벙커		O. R. 에비슨
H. G. 언더우드		찰스 W. 르장드르
L. B. 테이트		C. R. 그레이트하우스
M. S. 테이트	P. A. D.	W. H. 윌킨슨
W. M. J.	F. S. 밀러	F. _____
윌리엄 D. 레이널즈		F. J. H. 닌스테드
데이비스 양		윌리엄 L. 스왈렌
		S. F. 무어
_____		R. S. 홀
S. _. Tong		W. A. 노블
S. _. _sai		H. G. 아펜젤러
M. N. 트롤로프		W. B. 스크랜턴
윌리엄 _____		M. F. 스크랜턴
G. H. 존스		
C. C. 빈튼		_____

Horace N. Allen (U. S. *Chargé d'Affaires ad interim* to Korea), Circular (Sept. 8th, 1893)

Circular

Some time yesterday a watch was taken from the log house of Miss Arbuckle. It was a plain, ladies watch, watch, with memogram V. C. A. It also had a chain attached.

If such watch is offered for sale will the one to whom it is offered kindly retain it and give me notice.

H. N. Allen

Sept 8, 1893

Seen by

호러스 N. 알렌(주한 미국 임시 대리공사)이
남정철(외아문 독판)에게 보낸 공문, 외아문 제220호 (1893년 9월 30일)

미합중국 공사관
한국 서울

1893년 9월 30일

외아문 제220호

안녕하십니까,

저는 미국 시민인 스크랜턴 박사가 어제 밤에 지방에서 돌아오던 중 밥천 가리에서 귀중품을 강탈당하였다는 사실을 각하께 알려야 합니다.

가져가지 않은 것들은 밤새도록 폭풍 속에 방치되어 피해를 입었습니다.

강도는 그의 하인들이 그를 따라 어느 정도 거리를 두고 오고 있을 때 일을 저질렀습니다.

저는 비로 손상된 호조와 관자를 반납하며, 새 호조를 발급해 줄 것을 요청드립니다.

저는 다른 외국인과 내국인의 안전을 위하여 이 사건을 조사하고 누군가 책임을 지도록 제안하고 싶습니다. 동네 주민들이 어떤 도움도 거부하였다는 소식을 들었습니다.

안녕히 계십시오.
H. N. 알렌

동봉
손상된 호조 및 관자

남종철
외아문 독판

Horace N. Allen (U. S. *Chargé d'Affaires ad interim* to Korea), Dispatch to Nam Chung Chul (Pres., For. Office), No. 220 For. Office (Sept. 30th, 1893)

Legation of the United States
Seoul, Korea

Sept. 30, 1893

No. 220, F. O.

Sir: -

I have to inform Your Excellency that Dr. Scranton, an American citizen, was robbed of some valuable goods last night at Pap Chun Kahri, on his return from the country.

Such of things as were not taken were damaged by being left in the storm all night.

The robbery was committed when his servants were coming on at some distances after him.

I return his passport and quanja damaged by rain and request the issue of new ones.

I would suggest that for the safety of other foreigners and natives, this case would be investigated and someone made responsible. I am informed that the people of the neighborhood refused to render any assistance.

I have the honor to be,

Sir,

Your obedient servant,

H. N. Allen

Enclosure

Passport and quanja damaged.

To His Excellency

Nam Chong Chull

President of the Foreign Office

[漢譯]

敬啓者, 本國人時奇蘭敦, 昨暮水原游覽歸路, 下人二名携帶, 行李落後在銅雀江, 飯廛街至近處, 忽有賊黨, 奪取要物貨, 而以其不願奪去之物, 投諸空野, 終夜沾雨, 查此逢賊時, 該地酒店居民一不救護云, 務望

貴督辦, 將此事案, 到底鉤覈, 仍令居民擔保其後弊, 以便他項外國人曁, 朝鮮人之往來, 恐合事宜再者, 時奇蘭敦 遊覽護照關文, 並被水浸, 故玆繳呈, 幸乞照納, 更發新件爲荷, 肅此, 順頌

秋祺.

安連 頓

一千 八百 九十三年 九月 三十日

癸巳 七月 二十一日

第二百二十号

남정철(외아문 독판)이 호러스 N. 알렌
(주한 미국 임시 대리공사)에게 보낸 공문, 제23호 (1893년 10월 2일)

삼가 회답합니다. 어제 받은 서한을 보니 귀국인 시기란돈(時奇蘭敦)이 "이락(李落) 뒤에 있는 동작강(銅雀江)에 가서 근처에서 식사를 하다가 도적에게 물건을 강탈당했다고 운운" 하는 내용에 대해서는 잘 살펴보았으며 놀라움을 금치 못하였습니다. 해당 지역에 살고 있는 백성들이 보고 들어 알고 있어도 처음부터 힘을 다해 구호하려 하지 않았다고 하니 더욱 놀랄 일입니다. 귀하의 뜻은 잘 알았으니, 따로 조사를 행하여 장래의 일에 경계로 삼을터이니 살펴주시길 바랍니다. 호조(護照)와 관문은 이르는 대로 신칙하여 취소하고 이에 다시 발급할 것이므로 사수(査收)하고 전달해 줄 것으로, 이에 답신하며 가을날 행복하시길 기원합니다.

남정철 조아립니다.
계사 8월 23일

Nam Chung Chul (Pres., For. Office), Dispatch to Horace N. Allen (U. S. *Chargé d'Affaires ad interim* to Korea), No. 23 (Oct. 2nd, 1893)

敬覆者, 昨展

大函, 爲 貴國人 時奇蘭敦 行李被搶云云一事, 閱悉之餘, 不覺驚歎, 至該地居民視聽所及, 初不出力救護, 尤屬可駭, 准與

貴意, 另行查覈, 以儆將來,

照亮爲荷, 繳到 護照 關文, 飭令註銷, 玆更繕發, 祈查收轉交可也, 此覆, 仍祈

秋祺.

南廷哲 頓

癸巳 八月 二十三日

호러스 N. 알렌(주한 미국 공사관 서기관)이 월터 Q. 그레셤
(미합중국 국무장관)에게 보낸 공문, 외교 제468호 (1893년 10월 6일)

외교 제468호

미합중국 공사관

한국 서울

1893년 10월 6일

W. Q. 그래섬 님,
    국무장관,
    워싱턴, 미합중국

안녕하십니까,

    폐하께서 11월 11일에 이 외국인 정착지를 처음으로 방문하실 것이라는 것이 이제 공식적으로 발표되었음을 알려드리게 되어 영광입니다.

    그의 표면적인 이유는 150년 전 후궁이 묻힌 영국 총영사관 앞 묘지를 참배하기 위한 것입니다. 유해는 나중에 성벽 밖으로 옮겨졌지만 그 장소는 여전히 유지되고 있으며, 최근에는 그곳에 대규모의 새 건물이 세워졌습니다.

    이번 방문의 진짜 이유는 새로운 현대식 주택이 있는 외국인 정착지를 보고 싶은 욕구를 충족시키며, 우리가 더 나은 접근 방식을 가질 수 있도록 도로를 청소하고 넓히며, 이 구역에서 폐하의 임재를 사람들에게 익숙해지게 하려는 것입니다. 심각한 문제가 발생할 경우 국왕께서 외국인의 보호를 위해 이 사원에 오실 것이라고 확신합니다. 왜냐하면 최근에 왕께서 미국 선교사들이 이곳 주변에 살도록 유도하라고 나에게 요청하셨기 때문입니다. 그분은 우리가 자국민을 보호할 것임을 알고 계십니다.

    H. N. 알렌

Horace N. Allen (Sec., U. S. Legation to Korea), Despatch to Walter Q. Gresham (Sec. of State), No. 468, Diplomatic Series (Oct. 6th, 1893)

No. 468, Diplomatic Series

Legation of the United States

Seoul, Korea

Oct. 6, 1893

To the Honorable

W. Q. Gresham,

    Secretary of State,

    Washington, U. S. A.

Sir: -

I have the honor to inform you that it is now formally announced that His Majesty will make his first visit to this Foreign Settlement on November 11th.

His ostensible reason is to make a visit of ceremony to a burial place in front of the British Consulate General, where, 150 years ago, a royal concubine was buried; the remains were afterward taken outside the walls but the place is still kept up, and recently extensive new buildings have been erected there.

The real reasons for this visit are, the gratification of a desire to see the Foreign Settlement with its new modern houses; to cause the roads to be cleaned up and broadened so that we may have better approaches, and to accustom the people to the presence of His Majesty at this quarter. In case of serious trouble I am quite sure the King will come to this temple to gain the protection of foreigners, for he recently asked me to induce American missionaries to live all around this place. He knows that we will protect our own people.

H. N. Allen

프랭크 F. 엘린우드(미국 북장로교회 해외선교본부 총무)가
호러스 N. 알렌(주한 미국 공사관 서기관)에게 보낸 편지
(1893년 10월 12일)

1893년 10월 12일

H. N. 알렌 박사,
　　한국 서울

친애하는 박사님,

　　박사님이 보낸 지난 9월 3일자 편지[82])에 대하여 감사를 드립니다. 이곳의 우리는 에비슨 박사를 병원 업무에 임명하는 것과 관련해 강한 조치를 취하기로 결정하였습니다. 내 생각에 우리는 박사님이 제안한 바와 같은 내용의 전보를 보낼 것입니다. 이미 우리 선교본부에서는 에비슨 박사가 병원 업무를 담당할 책임자로 임명되었으면 하는 희망을 표시하는 결정을 내렸습니다. 빈튼 박사에 관하여 박사님이 언급한 모든 것은 다른 사람들에 의해서도 확인되고 있으며, 그가 차지하고 있는 것과 같은 그렇게 책임 있는 직책에 그를 파송한 것이 잘못된 것이었다는 강한 의견이 있습니다. 그는 우리가 희망하는 변화를 보여주어야 합니다. 그렇지 않으면 그가 귀국하는 것 이외의 다른 방도가 보이지 않습니다. 만일 그가 병원에서 필요로 하는 것을 충족시키도록 일을 할 수 없다면, 왜 그는 한국에 있어야 합니까? 여전히 나는 극단적인 조치가 필요하지 않기를 희망하고 있습니다. 부디 내가 알아야 할 많은 사실들을 때때로 제공해 줄 것을 부탁합니다.

　　여름 내내 건강 회복을 위한 휴식을 갖고 돌아와 짧게 편지를 씁니다. 지금은 건강이 상당히 좋습니다. 나는 한국에서 업무가 귀하에게 맞으며, 이전보다[83]) 박사님에게 더 만족스러운 보상을 가져다 줄 것으로 믿습니다.

　　부인께 안부를 전합니다,

　　F. F. 엘린우드

---

82) Horace N. Allen (Sec., U. S. Legation), Letter to Frank F. Ellinwood (Sec., BFM, PCUSA) (Sept. 3rd, 1893)
83) 알렌이 선교사로 활동하던 시기를 의미한다.

Frank F. Ellinwood (Sec., BFM, PCUSA), Letter to Horace N. Allen (Sec., U. S. Legation to Korea) (Oct. 12th, 1893)

Oct. 12th, 1893

Dr. H. N. Allen,
Seoul, Korea.

My dear Doctor; -

I thank you for your letter of Sept. 3rd. We have decided here to take strong measures in regard to placing Dr. Avison in the Hospital, and we shall, I think, send out a telegram as you suggest. Already we have taken action in the Board, expressing the desire of the Board that Dr. Avison shall be placed in the Hospital. All that you say of Dr. Vinton is corroborated by others, and there is a strong feeling that it has been a mistake to send him out there for so responsible a position as that which he holds. It may be that he may so change his course that we may get on. Otherwise I see no way than that he shall come home. If he cannot work in such ways as to meet the requirements of the case why should he be in Korea? Still, I hope that extreme measures may not be necessary. Please give me from time to time as many facts as I ought to know.

I write briefly, having gotten back from health seeking, having been absent all summer, and am feeling fairly well. I trust that your work is Korea may be to your mind, and that it may yield you a more satisfactory compensation than it has in the past.

With kind regards to Mrs. Allen,

F. F. Ellinwood

호러스 N. 알렌(주한 미국 공사관 서기관)이 프랭크 F. 엘린우드
(미국 북장로교회 해외선교본부 총무)에게 보낸 편지 (1893년 10월 26일)

미국 공사관
한국 서울

1893년 10월 26일

F. F. 엘린우드 박사,
뉴욕 시 5 애버뉴 53

친애하는 엘린우드 박사님,

저는 이곳 장로교회 선교부의 연례 회의에 참석하지 않았지만, 꽤 많은 보고를 들었고 제가 지난 봄에 박사님께 드렸던 말씀을 뒷받침하는 생활비 문제를 설명드리고 싶습니다.

기혼자 중 일부는 그들이 현재 받는 급여보다 더 적은 것으로는 살 수 없다고 주장하고 있으며, 바로 이 사람들이 자신들의 하인에게 창고, 연료 공급 및 현지 현금 등의 관리를 전적으로 맡기고 있다고 아는 사람으로부터 확인하였습니다. 한국인은 도벽을 피할 수 없으며, 모든 주인은 매일 용품을 주지 않으면 도둑질로 막대한 손실을 입어야 합니다. 유일한 놀라움은 현재의 급여가 그러한 상태를 지원하고 있다는 것입니다.

그들이 그렇게 태만할 무슨 권리가 있는지 의심스럽습니다.

감리교회 선교부의 아펜젤러 씨를 예로 들어 보겠습니다. 그는 연간 금화 1,200달러와 우리 선교부와 같은 액수의 자녀 수당을 받고 있습니다. 그와 그의 아내는 모든 곳을 개인적으로 감독합니다. 그들은 잘 살고, 우리 선교부 사람들보다 더 많이 더 잘 즐기지만 외부의 재원이 없이 항상 은행에 돈이 있습니다.

병원 - 저는 우리 공사관이 병원을 영국인들에게 넘어가게 하지 않은 것을 대단히 후회하고 있습니다. 이후 그들은 자신들의 병원을 지었기 때문에 지금은 시기가 너무 늦었습니다. 그리고 우리 교회 사람들은 빈튼을 제거할 수 없기 때문에 병원은 처치 곤란하게 되었습니다. 제가 듣기에 그들은 골치가 아파 병원을 포기하는 것을 대체로 지지한다고 합니다.

참으로 우리 교회 사람들은 이상합니다. 그들의 방식은 사업에서 통하지 않을 것입니다.

H. N. 알렌

이 편지는 혼자만 읽으십시오.

Horace N. Allen (Sec., U. S. Legation to Korea), Letter to Frank F. Ellinwood (Sec., BFM, PCUSA) (Oct. 26th, 1893)

United States Legation

Seoul, Korea

Oct. 26th, 1893 (Nov. 25)

Dr. F. F. Ellinwood,
    53 5th Ave.,
    New York City

Dear Dr. Ellinwood: -

I have not been in attendance upon the Annual Meetings here of the Pres. Mission, but I have heard pretty full reports and I wish to explain the matter of cost of living, in the line of bearing out statements I made to you last Spring.

Some of the married people insist that they cannot live on less than the amt's at present received, and these very people I am assured by those who know, let their servants have full run of their store rooms, fuel supplies and native cash. A Korean cannot help stealing and every master must issue daily supplies or lose heavily by thieving. The only wonder is that the present salary will support such a condition.

It is a question as to whether they have any right to be so negligent.

Take Mr. Appenzeller of the M. E. mission. He receives $1,200 gold per annum

& the same childs allowance that our people receive. He and his wife have personal supervision of their whole place. They live well, and entertain more and better than any of our people, yet he is always ahead on his salary (has money in bank) with no outside resources.

Hospital. I regret exceedingly that this Legation did not let the hospital go to the English, for I fear it is now too late since they have built one of their own. And as our people cannot get rid of Vinton, the hospital is a white elephant and I hear that, sick of the trouble, they are pretty generally in favor of throwing it up.

Verily our people are more than queer. Their methods would not be tolerated in business, I am

Yours sincerely,
H. N. Allen

This letter is for yourself alone.

18931111

호러스 N. 알렌(주한 미국 공사관 서기관)이 프랭크 F. 엘린우드 (미국 북장로교회 해외선교본부 총무)에게 보낸 편지 (1893년 11월 11일)

미국 공사관
서울, 한국

1893년 11월 11일

친애하는 엘린우드 박사님,

지난 편지에서 저는 선교본부가 제중원을 포기할지 몰라 두렵다고 한 바 있습니다.[84] 이제 저는 언더우드의 설득으로 그들이 제중원을 유지하기로 하였다는 기쁜 말씀을 드립니다. 이제 저는 에비슨 박사가 아주 만족스럽게 업무를 하고 있으며, 병원 업무를 적절하게 수행하는데 그가 요청하는 모든 것을 돕겠다고 병원의 주사들이 저에게 약속하였다는 말씀을 드릴 수 있어 무척 기쁩니다. 박사님이 드디어 최고의 적임자를 갖게 되었고, 병원 사업이 (실패)하지 않고 성공적으로 이루어지게 되어 저는 얼마나 기쁜지 모르겠습니다.

저는 박사님이 한국 선교부의 연례 회의에 어떤 사람을 방문하게 하는 것이 가능할 것이라고 생각합니다. 미첼 박사와 같이 권위를 가진 사람말입니다. 감리교회 선교부 사람은 눈부신 성공이 아니라 주교들의 연례 방문을 통하여 그들이 엇나가지 않도록 하고 있습니다. 우리 선교부 사람들은 진짜 어린애들인 것 같습니다. 심지어 우리가 그토록 기대하였던 마펫도 매우 실망스럽습니다. 그들이 언더우드를 대하는 것도 우스꽝스러웠고, 무어의 요청에도 불구하고 언더우드를 언어 위원회에 두는 것을 단호하게 거부한 것은 노골적인 모욕이자 가장 하찮은 질투심이었습니다.

지금 그렇듯 만일 그가 언어에서 다른 모든 사람들보다 낫고, 이 분야에서 그의 특별 업무로 박사가 될 수 있지만 위원회에 게일, 마펫 및 기포드 부인을 임명하여 그의 업무를 검토할 수 있다면, 저는 박사님이 자신의 이익을 위하여 말씀하셔야 할 때라고 생각합니다.

오래된 해론의 행태가 게일, 기포드, 마펫 파벌에 의해 여전히 살아 있고,

---

84) Horace N. Allen (U. S. Legation, Seoul), Letter to Frank F. Ellinwood (Sec., BFM, PCUSA) (Oct. 26th, 1893)

일부 새로운 사람들은 매우 실망하고 있습니다. 일을 너무 불쾌하게 만들어서 제가 (선교부를) 나가게 만든 헤론에게 감사할 뿐입니다.

저는 요청을 받지 않아 회의에 참석하지 않았지만 다른 사람들로부터 모두 들었습니다.

남장로교회 사람들은 이미 우리 선교부보다 훨씬 더 잘 하고 있습니다. 거주에 대한 이의가 없는 중국 변방의 의주로 가는 것을 모두 단호히 거부하는 것은 그들이 선교 사업보다 안락을 위하여 이곳에 왔다는 것을 보여주고 있습니다.

안녕히 계십시오.
H. N. 알렌

Horace N. Allen (Sec., U. S. Legation to Korea), Letter to Frank F. Ellinwood (Sec., BFM, PCUSA) (Nov. 11th, 1893)

United States Legation
Seoul, Korea

Nov. 11, 93

Dear Dr. Ellinwood: -

In my last letter I wrote you that I feared the mission would drop the Govn't Hospital. Now I am glad to say that thanks to Dr. Underwood, they were persuaded to keep it. Now I am happy to be able to tell you that Dr. Avison gives excellent satisfaction and the Hospital officials have promised me that he shall have all he asks for the proper conduct of the work, and I can't tell you how delighted I am that at last you have a No. 1 man, and that the work will be a success rather than a refused.

I think it will possible for you to have some one visit with the Korean Mission at their annual meetings. Some one in authority like Dr. Mitchell was.

The M. E. people would not be the brilliant success they are but for the annual visits of the Bishops, who keep them from jumping over the traces. Our people seem to be veritable children. Even Moffett, of whom we expected so much, is exceedingly disappointing. Their treatment of Underwood was ridiculous and their flat refusal to place Underwood on the linguistic committee in face of Moore's request was a downright insult as well as a most petty piece of jealous spite.

If he is, as he is, head and shoulders above all the others in language, and can be made a Doctor for his special work in this line, but yet can be by the appointment of Gale, Moffett and Mrs. Gifford on a committee to review his own work, then I think it is time for you to speak, for the sake of your own interests.

The old Heron business is still kept alive by the Gale, Gifford, Moffett faction and some of the new people are awfully disappointing. It makes me thank Heron for making things so unpleasant that I had to get out.

I did not attend the meetings, not being asked, but I have heard all through others.

The Southern people are doing already much better than our own mission. The flat refusal of all to go to Uiju on the Chinese frontier, where there is no objection to residence, shows that they came here for their ease rather than missions work.

Yours sincerely,
H. N. Allen

호러스 N. 알렌(주한 미국 공사관 서기관)이 월터 Q. 그레셤 (미합중국 국무장관)에게 보낸 공문, 제482호 (1893년 11월 12일)

미합중국 공사관
한국 서울,

제482호   1893년 11월 12일
국무장관

안녕하십니까,

　　어제 한국 국왕 내외께서 수행원들과 함께 10월 6일자 제468호 공문[85]에 언급된, 이 공사관과 거의 인접해 있는 장례식장을 공식 방문하였다는 사실을 알려드리게 되어 영광입니다. 수천 명의 군인과 기수들이 참석하여 보기 드문 광경을 연출하였습니다.

　　행렬은 미국인 거주지가 늘어선 거리를 통과하는 것이었고, 이 공사관 앞에서 우리 미국인들은 적절한 장식 전시를 준비하였습니다. 우리는 또한 폐하께 인사를 보내는 데에도 힘을 쏟았습니다.

　　왕실 가족은 이러한 선의의 증거에 크게 기뻐했으며, 왕은 즉시 감사의 뜻을 표하기 위하여 고위 관리 몇 명을 보냈습니다. 왕비는 또한 친절한 전언과 함께 승전내시(承傳內侍)[86]를 알렌 부인에게 보냈고, 관례에 따라 그녀(알렌 부인)를 직접 만나러 오는 것이 금지된 것에 대하여 유감을 표시하였습니다.

　　근처에 있는 다른 유럽 공사관의 경우에도 장식을 하였으며, 폐하께서는 관심을 보여준 것에 대하여 통역사만을 보내 감사를 표하였습니다.

　　H. N. 알렌

---

85) Horace N. Allen (Sec., U. S. Legation to Korea), Despatch to Walter Q. Gresham (Sec. of State), No. 468 (Oct. 6th, 1893)

86) 승정원 – 승전색 – 왕으로 이어지는 출납 관계에서 왕과 왕비의 명령을 받들어 전하는 일을 담당하는 내시부의 정·종4품 관직을 말한다. 내시부의 핵심 요직이자 상위의 직임이었다.

Horace N. Allen (Sec., U. S. Legation to Korea), Despatch to Walter Q. Gresham (Sec. of State), No. 482 (Nov. 12th, 1893)

No. 482

Legation of the United States
Seoul, Korea, Nov. 12, 1893

Secretary of State
Sir:

I have the honor to inform you that on yesterday Their Majesties The King and Queen of Korea, with the attendant officers, made the ceremonial visit to the Mortuary Temple, nearly adjoining this Legation, referred to in my No. 468, Oct. 6th. They were attended by thousands of soldiers and banner men, making in all a rare display.

As the procession was to pass along the street lined by American residences, and in front of this Legation, we Americans arranged for a suitable display of decorations. We also united in sending a message of greeting to their Majesties.

The Royal Family were immensely pleased with these evidences of good will, and The King at once sent several of his highest officials to return thanks. The Queen also sent the Chief Eunuch to Mrs. Allen with kind messages, and to express Her Majestys regret that custom forbade her coming in person to see her (Mrs. Allen).

In the case of the other, European, Legations nearby, which were also decorated, His Majesty sent only interpreters to express his thanks for the attention shown.

H. N. Allen

호러스 N. 알렌(주한 미국 공사관 서기관), 회람
(1893년 11월 27일)

미국인들에 대한 공고

한국 정부는 밤 이후에는 어떤 남자도 거리에 나서는 것이 허용되지 않을 것이라는 명령을 내렸습니다. 그리고 경찰은 발견된 모든 사람을 체포할 것입니다. 이미 체포가 이루어졌습니다.

나는 미국인의 각 가정에 두고 있는 하인을 위한 출입증을 제공해야 한다고 주장하는 사람들에게 이의를 제기하였습니다. 나는 곧 이러한 조치가 취해질 것으로 예상되지만, 그동안 문제가 발생하지 않도록 규정을 준수해 주시기 바랍니다.

H. N. 알렌

11월 27일

Horace N. Allen (Sec., U. S. Legation to Korea), Circular (Nov. 27th, 1893).

Notice to Americans

The Korean Government has ordered that no men shall be allowed on the streets after night. And the Police will arrest all that may be found. Already arrests have been made.

I have protested an insisted that passes must be given to each American household for its servants. I expect these soon, but in the meantime please kindly conform to the regulation so as to avoid trouble.

H. N. Allen

Nov. 27

호러스 N. 알렌(주한 미국 공사관 서기관),
미국인 거주민들에 대한 공고 (1893년 11월 28일)

미국인 거주민들에 대한 공고

내가 어제 보낸 야간 거리 치안과 관련된 회람은 한국인들만 언급하였습니다. 나는 미국인들의 하인들을 위하여 통행증을 얻으려고 노력하고 있다는 사실을 언급하였지만, 어떤 사람들은 외국인 자신이 거리에 나가는 것이 허용되지 않을 것이라는 인상을 받았습니다.

여러분들은 평소처럼 하인들을 대동하여 나갈 수 있습니다. 언급된 통행증을 받기 전에 밤에 하인을 길거리로 보내야 하는 경우, 그에게 외국 글이 적힌 여러분의 명함이나 종이를 주세요. 그리고 문제가 생기면 그 사실을 공사관에 보고해 주십시오.

H. N. 알렌

1893년 11월 28일

Horace N. Allen (Sec., U. S. Legation to Korea), Notice to Americans Residents (Nov. 28th, 1893).

Notice to American Residents

My circular regarding the policing of streets at night, sent around yesterday, referred only to Koreans. I mentioned the fact that I am trying to get passes for the servants of Americans, but some people got the impression that foreigners themselves would not be allowed on the streets.

You can go about just as usual, attended by your servants. If it is necessary to send a servant on the street at night before receiving the passes mentioned. Give him your card or a paper containing foreign writing. And if any trouble arises report the fact to your Legation.

H. N. Allen

Nov. 28, 1893

프랭크 F. 엘린우드(미국 북장로교회 해외선교본부 총무)가
호러스 N. 알렌(주한 미국 공사관 서기관)에게 보낸 편지
(1893년 12월 20일)

1893년 12월 20일

친애하는 알렌 박사님,

나는 박사님의 11일자 편지[87]를 받았으며, 찬송가 책과 관련하여 언더우드 씨로부터 두 통의 편지를 받았습니다.[88] 나는 내가 이해하는 한 선교부의 조치에 매우 공감하지만, 이상하게 보일지 모르지만 선교부에서 아무 언급도 하지 않아 상대편이 말해야 할 내용이 무엇인지 알고 있지 않습니다. 나는 그들로부터 어떤 언급을 간절하게 기다리고 있습니다. 우리 선교부의 업무가 순조롭게 진행되지 않아 유감스럽습니다. 선교부에는 어두운 그림자가 드리워져 있는 것 같으며, 그럼에도 불구하고 우리는 우리 선교사들의 대부분이 가장 높은 계층에 속한다고 느꼈습니다. 나는 가엾은 빈튼 박사가 현재 전형 위원회에 의해 2년차 과정에서 심하게 정체되어 있기 때문에 언어를 습득하지 못하게 되지 않을까 염려하고 있습니다. 나는 그가 병원에서 나오고 에비슨 박사가 대신 들어갔다는 것을 알고 나서 얼마나 기뻐했는지 이루 말할 수 없습니다. 병원에 공급하기 위한 600달러가 넘는 의약품 등에 대한 많은 견적이 있습니다. 박사님은 에비슨 박사가 한국 정부로부터 그 예산의 최소한 일부라도 얻도록 도와줄 수 없을까요? 한국 정부는 종교에 반대하는 것처럼 우리를 무능케 하며 그것에 대하여 별로 호의를 베풀지 않는 것 같습니다. 그것은 _____이지만 동시에 우리가 모든 청구서를 지불하도록 만듭니다. 나는 박사님이 에비슨 박사가 함께 일하기에 좋은 사람이라는 것을 알게 될 것이며, 빈튼 박사는 잃어버린 명성을 되찾을 수도 있습니다. 나는 그것이 이루어지기를 기대하고 있습니다. 나는 지금 _____ 보고서를 기대하고 있습니다. 몇몇 개인 보고서가 왔지만 그것들은 우리에게 많은 혜안을 전해 주고 있지 않습니다.

---

87) Horace N. Allen (Sec., U. S. Legation to Korea), Letter to Frank F. Ellinwood (Sec., BFM, PCUSA) (Nov. 11th, 1893)

88) Horace G. Underwood (Seoul), Letter to Frank F. Ellinwood (Sec., BFM, PCUSA) (Oct. 28th, 1893); Horace G. Underwood (Seoul), Letter to the Board of Forein Mission (PCUSA) (Nov. 2nd, 1893)

편지들은 [내용이] 대단히 부족합니다. 우리는 한국에 곧 더 밝은 날이 오기를 바라지 않을 수 없습니다.

나는 박사님이 마펫 씨에 대하여 말한 것에 실망하였습니다. 나는 그가 완전히 진실하다고 생각하였고 무어 씨도 마찬가지이었습니다. 리 씨는 결혼을 위하여 막 귀국하였습니다. 나는 그가 이곳으로 와서 한국 문제에 대하여 이야기하도록 편지를 보냈습니다. 아마도 나는 그에게서 약간의 혜안을 얻을 것입니다.

부인께 안부를 전하며, 우리 업무에 관심을 가져 준 박사님께 감사드립니다.

안녕히 계세요.
F. F. 엘린우드

Frank F. Ellinwood (Sec., BFM, PCUSA), Letter to Horace N. Allen (Sec., U. S. Legation to Korea) (Dec. 20th, 1893)

Dec. 20th, (189)3.

My dear Dr. Allen: -

I have your letter of Nov. 11th. and have received two from Mr. Underwood in regard to the hymn-book. I have so sympathy with the action of the Mission so far as I understand it, but strange as it may appear I have not one word, from the Mission, so that I am in the dark as to what the other side may have to say. I am waiting anxiously for some word from them. I am sorry that our Mission does not get on better. It seems as if there were a blight upon it, and yet we have felt that our missionaries were of the highest class most of them. Poor Dr. Vinton, I am afraid, is never going to get the language as he is sorely docked now for the second year by the Examining Committee. I cannot tell you how much I rejoices to know that he is out of hospital and that Dr. Avison is in. There is large estimates for medicines, etc to supply the hospital something over

$600. Can't you help Dr. Avison to get the Government to take at least a part of that expenditure. Government does not seem to be showing a very good favor when it not only cripples us as against religion. It _____ be but at the same time makes us pay all the bills. I am sure that you will find Dr. Avison a good man to work with and if it is possible to regain the prestige which Dr. Vinton had lost. I hope it will be done. I am looking now daily for the reports _ _____ ___ers. Some personal reports have come but they do not give us much light. Letters are exceedingly scarce. We cannot help hoping that a brighter day may soon come for Korea.

I am disappointed in what you say of Moffett. I had thought he as thoroughly genuine, and Moore also. Lee has just arrived in the country to be married. I have sent on for him to come and have a talk over Korea matters. Perhaps I shall get some light from him.

With kind regards to Mrs. Allen, and thanking you for all your interest in our work, I remain,

Sincerely yours,
F. F. Ellinwood

호러스 N. 알렌(주한 미국 공사관 서기관),
공고 (1893년 12월 26일)

공 고

올해 미국 시민 등록은 이달 30일 토요일 정오에 마감됩니다. 다음의 분들은 그전까지 공사관에 오셔서 본인 또는 가족 등록을 하시기 바랍니다.
매일 오전 10시와 오후 1시 사이에 등록이 가능합니다.

H. N. 알렌

1893년 12월 26일

H. G. 아펜젤러 목사
H. B. 헐버트   "
어빈 박사
W. M. 전킨   "
S. F. 무어   "
W. B. 스크랜턴 "

Horace N. Allen (Sec., U. S. Legation to Korea), Notice
(Dec. 26th, 1893)

Notice

The register of American citizens will close for this year at noon on Saturday the 30th. instant. The following persons should come to the Legation and register for themselves or their families before that time.

Register open between the hour of 10 a. m. & 1 p. m. daily.

H. N. Allen

Dec. 26, 1893

Rev. H. G. Appenzeller
    "   H. B. Hulbert
    "   Dr. Irwin
    "   W. M. Junkin
    "   S. F. Moore
    "   W. B. Scranton

올리버 R. 에비슨(서울)이 프랭크 F. 엘린우드
(미국 북장로교회 해외선교본부 총무)에게 보낸 편지 (1893년 12월 27일)

(중략)

저는 업무를 하는데 알렌 박사의 애정 어린 협조를 받고 있으며, 아마도 그가 이에 관하여 박사님께 편지를 드릴 것입니다.

(중략)

위의 내용을 쓴 이후 저는 알렌 박사로부터 짧은 편지를 받았는데, 그는 며칠 내에 제가 좋은 소식을 들을 것으로 예상한다고 말하였습니다. 저는 그 것이 병원 사업과 관련하여 그를 통하여 한국 정부에 제출한 어떤 요청과 관련된 것으로 추정하며, 그것이 호의적으로 고려되고 있는 것 같다고 판단하였습니다.

Oliver R. Avison (Seoul),
Letter to Frank F. Ellinwood (Sec., BFM, PCUSA) (Dec. 27th, 1893)

(Omitted)

I am having the hearty cooperation of Dr. Allen in my endeavor and he will perhaps write you concerning it.

(Omitted)

Since writing the above I have received a note from Dr. Allen in which he says he expects to have agreeable news for me in a few days. I presume he refers to hospital matters in connection with certain requests which I forwarded to the Korean government through him, and which I should judge from his letter are being favorably considered.

제5장 1894년
Chapter 5. 1894

18940104

호러스 G. 언더우드(서울)가 프랭크 F. 엘린우드(미국 북장로교회 해외선교본부 총무)에게 보낸 편지 (1894년 1월 4일)

(중략)

　그(에비슨)는 올바른 방침을 따라 열심히 일하고 있고, 그 영향이 벌써 느껴집니다. 개원할 때부터 제중원을 찬성하였던 사람들이 이제 그와 함께 일하려고 앞으로 나서고 있습니다. 박사님은 이 편지가 도착하기 전에 십중팔구 시행될 예정인 새로운 규칙들에 관하여 이미 들으셨을 것입니다. 우리는 이것에 대하여 하나님을 찬양하며, 이를 통하여 제중원이 새로운 협약에 의해 운영될 뿐 아니라 그 영향이 광범위할 것으로 생각하고 있습니다. 그리고 우리가 그렇게 열망하였던 의료 사업이 이루어지면 직접 간접으로 복음의 전파가 이루어질 것입니다. 알렌 박사는 그가 할 수 있는 모든 것을 도와주고 있는데, 결코 그의 공이 적지 않습니다. (......)

Horace G. Underwood (Seoul),
Letter to Frank F. Ellinwood (Sec., BFM, PCUSA) (Jan. 4th, 1894)

(Omitted)

He is working hard & along the right lines, & its influence is felt already. Those who have favored the Hospital from the start now come forward to work with him. You will have heard of the proposed new rules that will in all probability be in force ere this reaches you. We praise God for this and see in it not only a new lease of life for the Hospital, but a wider sphere of influence for it, & that which we most long for, the promise that the medical work done, there will tend directly as well as indirectly for the spread of the Gospel. Dr. Allen is doing all he can to help and not a little praise is due to him. (......)

대니얼 L. 기포드(의료 위원회, 한국 선교부)가 프랭크 F. 엘린우드 (미국 북장로교회 해외선교본부 총무)에게 보낸 편지 (1894년 1월 22일)

(중략)

에비슨 박사는 병원이 성공하도록 열심히 일을 하고 있습니다. 그는 정부가 자신을 위하여 해주기를 바라는 다소 커다란 계획을 가지고 있습니다. 저는 알렌 박사가 그를 돕기 위하여 노력 중인 것으로 판단하고 있습니다.

(중략)

Daniel L. Gifford (Med. Com., Korea Mission), Letter to Frank F. Ellinwood (Sec., BFM, PCUSA) (Jan. 22nd, 1894)

(Omitted)

Dr. Avison is working hard to make a success of the Hospital. He has some rather large plans which he hopes the Government will carry out for him. I judge that Dr. Allen is trying to help him.

(Omitted)

호러스 G. 언더우드(서울)가 프랭크 F. 엘린우드(미국 북장로교회 해외선교본부 총무)에게 보낸 편지 (1894년 2월 9일)

(중략)

둘째, 제중원 및 에비슨 박사와 관련된 것입니다.

박사님은 애석하게도 한국 정부 측의 규제에 대하여 잘못 알고 계십니다. 정부는 그런 규제를 한 적이 없으며, 현재 우리는 자유롭고, 사실상 우리가 하기를 원하는 모든 종교 사업을 항상 해 왔습니다. 우리가 만일 시도하기를 원한다면 환자 대기실에서 매일 전도 모임을 시작하는데 (한국 정부의) 아무런 반대가 없을 것임을 의심하지 않는다고 알렌 박사가 말한 것이 불과 며칠 전이었습니다. 정부는 어떠한 제한도 만들지 않았습니다. 그 규제들은 몇 사람의 마음속에만 존재해 있었습니다.

위에 덧붙여 말씀드리면 저는 제중원이 완전히 새로운 기초 위에서 운영될 것이라고 확신합니다. 에비슨 박사가 박사님께 그가 정부에 제출한 건의서의 조항들을 확실하게 보고하였을 것이며, 알렌 박사는 어제 그 요구 조항들이 모두 승인될 것이라고 저에게 말하였습니다.

(중략)

Horace G. Underwood (Seoul),
Letter to Frank F. Ellinwood (Sec., BFM, PCUSA) (Feb. 9th, 1894)

(Omitted)

Secondly. As to the Hospital and Dr. Avison.

You are sadly mistaken as to the restrictions on the part of the Korean government. The govt. have never had them and we are today at liberty and in fact always have been to do all the religious work that we want to. In fact it was only a few days ago that Dr. Allen said if we want to try it, he had no doubt but that no objection would be made to the opening of a preaching service everyday to the waiting patients. The government have never made any restrictions. They existed in the minds of a few.

In addition to the above I feel confident that the hospital will be put upon an entirely new basis. Dr. Avison has doubtless kept you posted as to the provisions of his proposals to the government and Dr. Allen told me yesterday that they would All be granted.

(Omitted)

민상호(외아문 참의)가 호러스 N. 알렌
(주한 미국 공사관 서기관)에게 보낸 편지 (1894년 2월 12일)

1894년 2월 12일

친애하는 알렌 박사님,

나는 왕립대학의 책임 관리들인 우리가 귀하의 추천에 따라 아펜젤러 씨를 교사로 임용하기로 결정하였으며, 담당관인 민용달 씨가 음력으로 이번 달 16일에 계약을 맺을 것으로 알고 있다고 저에게 이야기하였다는 것을 알려드리고자 합니다.

오늘 박사님이 괜찮기를 바랍니다.

안녕히 계세요.
민상호[89]

---

89) 당시 민상호(閔商鎬, 1870~1933)는 외아문 참의이었다.

Min Sang Ho (Chamwee, For. Office), Letter to Horace N. Allen (Sec., U. S. Legation to Korea) (Feb. 12th, 1894)

Feb. 12th, 1894

Dear Dr. Allen: -

I beg to inform you that we, the principal officer of the Royal College, have decided, at your recommendation, to engage Mr. Appenzeller on a techer, and that Mr. Min Young Tal, the Director General, gave me to understand that he will make contract on the 16th of this Korean Moon.

Hoping you are quite well to-day,

I remain

Yours truly,
Min Sang Ho

18940214

헨리 G. 아펜젤러(서울)가 애드너 B. 레너드
(미국 북감리교회 교신 총무)에게 보낸 편지 (1894년 2월 14일)

(중략)

현재 우리 공사관을 책임 맡고 있는 알렌 박사에게 다음의 짧은 편지를 보낸 지 며칠이 지났습니다. 이 편지는 미국에 있었으며, 현재 우리 학교와 관련을 가지고 있는 한국인이 썼습니다.[90]

"나는 왕립대학의 책임 관리들인 우리가 귀하의 추천에 따라 아펜젤러 씨를 교사로 임용하기로 결정하였으며, 담당관인 민영달 씨가 음력으로 이번 달 16일에 계약을 맺을 것으로 이해하고 있다고 저에게 이야기하였다는 것을 알려드리고자 합니다." 그것은 오늘부터 1주일 후입니다.

(중략)

다음 연례 회의까지 저는 지난 회의에서 저에게 배정된 모든 업무와, 추가로 학교 업무도 수행하고 싶습니다. 노블 형제는 이곳의 우리 학교에서 우리가 할 수 있는 모든 것에서 저를 돕겠다고 쾌히 제안하였습니다. 연례회의에서 우리는 그가 무엇을 하는 것이 최상인지 알 수 있었으며, 그에 따라 준비를 할 수 있었습니다. 당연히 저는 한국인들에게는 언급할 수 없었지만 알렌 박사에게는 많은 것을 이야기하였습니다.

(중략)

---

90) 민상호는 1887년 미국 메릴랜드 농과대학에 입학하였으며, 1888년 박정양의 권유로 귀국하여 내부 주사에 임명된 바 있다.

Henry G. Appenzeller (Seoul),
Letter to Adna B. Leonard (Cor. Sec., M. E. C.) (Feb. 14th, 1894)

(Omitted)

Several days passed by when the following note was sent to Dr. Allen, now in charge of our Legation. This note was written by a Korean, who had been to the U. S. and is now connected with the school.

"I beg to inform you that we, the principal officers of the Royal College, have decided at your recommendation to engage Mr. Appenzeller as a teacher and that Mr. Min Young Tal, the Director General gave me to understand that he will make contract on the 16th of this Korean Moon." This will be a week from today.

(Omitted)

Until the next Annual Meeting I hope to carry on all the work assigned me at the alst meeting and take the school in addition. Bro. Noble kindly offered to assist me all we could in our school here. At the Annual Meeting we can see what had best he done and can make arrangements accordingly. I said this much to Dr. Allen, though of course it cannot be mentioned to the Koreans.

(Omitted)

새뮤얼 F. 무어(서울)가 프랭크 F. 엘린우드(미국 북장로교회 해외선교본부 총무)에게 보낸 편지 (1894년 2월 27일)

(중략)

알렌 박사는 많이 아팠고, 여전히 매우 아픕니다. 우리는 그에 대하여 걱정하고 있으며, 열이 너무 오래 지속되었습니다.

(중략)

Samuel F. Moore (Seoul),
Letter to Frank F. Ellinwood (Sec., BFM, PCUSA) (Feb. 27th, 1894)

(Omitted)

Dr. Allen has been & is still very sick. We feel anxious about him - the fever has held on so long.

(Omitted)

대니얼 L. 기포드(서울)가 프랭크 F. 엘린우드(미국 북장로교회 해외선교본부 총무)에게 보낸 편지 (1894년 3월 2일)

(중략)

정부는 필요한 수리를 위한 경비를 별도로 지불할 것을 약속하였고, 에비슨의 사택을 건축하기 위하여 병원 바로 뒤 언덕 위의 대지를 주기로 하였습니다. 에비슨 박사는 알렌 박사의 도움으로 그가 요청한 모든 것을 얻어냈으며, 현재의 상황을 고려할 때 그는 병원을 신용할 수 있는 기관으로 만들 수 있을 것입니다.

(중략)

알렌 박사는 말라리아열로 아직 침대에 누워 있습니다.

(중략)

Daniel L. Gifford (Seoul),
Letter to Frank F. Ellinwood (Sec., BFM, PCUSA) (Mar. 2nd, 1894)

(Omitted)

Necessary repairs were to be paid extra by the Government; & a house-site was to be given Dr. Avison on an elevation immediately behind the Hospital. Dr. Avison with Dr. Allen to help him has thus far gotten all that he asked; and the present indications are that he may be able to make a creditable institution out of the Hospital.

(Omitted)

Dr. Allen is still confined to his bed with malarial fever.

(Omitted)

호러스 N. 알렌(주한 미국 대리공사)이
조병직(외아문 독판)에게 보낸 공문, 외아문 제238호 (1894년 3월 8일)

미합중국 공사관
한국 서울

1894년 3월 8일

외아문 제238호

안녕하십니까,

저는 각하께 미국 시민인 기포드 씨를 위한 경기도와 충청도의 호조 및 관자를 저에게 제공해 주실 것을 요청하게 되어 영광입니다.

안녕히 계십시오.
H. N. 알렌

조병직 각하,
외아문 독판

Horace N. Allen (U. S. *Chargé d'Affaires* to Korea), Dispatch to Cho Byung Chik (Pres., For. Office), No. 238, For. Office (Mar. 8th, 1894)

Legation of the United States
Seoul, Korea

Mar. 8, 1894

No. 238, F. O.

Sir: -

I have the honor to request Your Excellency will have the goodness to furnish me with a passport and Quanja for the Provinces of Kyung Ki and Chwoong Chung for Mr. Gifford, an American citizen.

I have the honor to be,

Sir,

Your obedient servant,

H. N. Allen

To His Excellency
Chyo Pyung Chik.
President of the Foreign Office

[漢譯]

　　敬啓者, 玆據本國士人奇包禀稱, 擬赴京畿·忠清兩道地方游歷, 請領護照泊挪貸資粮關文等語前來, 據此函佈, 務望

　　貴督辦, 另繕護照關文, 各乙紙送交本署, 以便轉給是荷, 肅此, 并頌

　　日祉.

　　安運 頓 甲午 二月 二日
　　第二百三十八號

조병직(외아문 독판)이 호러스 N. 알렌
(주한 미국 대리공사)에게 보낸 공문 (1894년 3월 9일)

삼가 회답합니다. 어제 받은 서한 내에 (귀국의) 기포(奇包)가 여러 지역을 돌아보기 위해, 관문과 호조를 발급해 달라고 하였으므로, 이에 준하여 교부할 터이니 잘 살펴 전달하여 주시길 바라며, 이에 답신하니 봄날 행복하시길 기원합니다.

갑오 2월 3일
조병직 드립니다.

Cho Byung Chik (Pres., For. Office), Dispatch to Horace N. Allen
(U. S. *Chargé d'Affaires* to Korea) (Mar. 9th, 1894)

敬覆者, 昨奉
大啣內, 爲奇包游歷關文護照發給一事, 玆准繕交, 尙望
査照轉給爲荷, 此覆, 順頌
春祺.

甲午 二月 三日
趙秉稷 頓

18940312

호러스 N. 알렌(주한 미국 임시 대리공사)이
조병직(외아문 독판)에게 보낸 공문, 외아문 제239호 (1894년 3월 12일)

미합중국 공사관
한국 서울

1894년 3월 12일

외아문 제239호

안녕하십니까,

　각하께 미국인 여자인 M. F. 스크랜턴 부인을 위하여 경기, 충청 및 황해도 지방의 호조와 관자를 저에게 제공해 주실 것을 요청하게 되어 영광입니다.

　안녕히 계십시오.
　H. N. 알렌

Horace N. Allen (U. S. *Chargé d'Affaires ad interim* to Korea), Dispatch to Cho Byung Chik (Pres., For. Office), No. 239, For Office (Mar. 12th, 1894)

Legation of the United States
Seoul, Korea

Mch. 12, 1894

No. 239, F. O.

Sir: -

I have the honor to request Your Excellency will have the goodness to furnish me with a passport and Quanja for the Provinces of Kyung Kei, Chwoong Chung and Hwang Hai for Mrs. M. F. Scranton, an American lady.

l have the honor to be.

Sir,

Your obedient servant,

H. N. Allen

[漢譯]

敬啓者, 玆據本國女人時奇蘭敦禀稱, 擬赴京畿·忠淸·黃海三道地方遊歷, 請領護照泊挪貸資粮關文等語前來, 據此函布, 務望

貴督辦, 另繕護照關文, 各乙紙送交 本署, 以便轉給是荷, 肅此, 并頌
春祺

安連 頓 一千 八百 九十四年 三月 十二日
第二百三十九号

18940313

호러스 N. 알렌(주한 미국 대리공사)이
조병직(외아문 독판)에게 보낸 공문 (1894년 3월 13일)

삼가 회답합니다. 어제 받은 서신에 음력 이번 달 14일에 귀국의 동궁전하 천추경절(千秋慶節)[91]에 초음(招飲)[92]의 은혜를 입었으니 매우 감사한 일입니다. 다만 본서의 대신은 몸에 병이 있어 화연(華筵)에 나아가길 기약할 수 없으므로 매우 송구하오며. 이에 삼가 봄날을 맞아 평안하시길 바랍니다.

알렌 드립니다.
1894년 3월 13일

Horace N. Allen (U. S. *Chargé d'Affaires* to Korea),
Dispatch to Cho Byung Chik (Pres., For. Office) (Mar. 13th, 1894)

敬覆者, 昨奉
大柬, 藉悉我曆本月十四日,
貴國
東宮 殿下, 千秋慶節, 見蒙
招飲, 殊切感泲, 但 本署 大臣 有身恙, 不能屆期趨陪
華筵, 極用悚悵, 肅此, 并頌
春祺.

安連 頓 一千 八百 九十四年 三月 十三日

---

91) 왕자, 황태자의 탄생일
92) 사람을 청해서 술을 마심

조병직(외아문 독판)이 호러스 N. 알렌
(주한 미국 대리공사)에게 보낸 공문 (1894년 3월 13일)

삼가, 회답합니다. 어제 받은 서신은(귀국의) 여인 시기란돈(時奇蘭敦)이 호조(護照) 및 관문을 신청한 일로 이에 준하여 갖추어 교부할 터이니 잘 사수(査收)하고 전달해주시길 바라며 이에 회답을 보내니 삼가 평안하시길 바랍니다.

조병직 드립니다. 갑오 2월 7일

Cho Byung Chik (Pres., For. Office), Dispatch to Horace N. Allen
(U. S. *Chargé d'Affaires* to Korea) (Mar. 13th, 1894)

覆者, 昨接
大圅, 爲女人時奇蘭敦, 請領護照泊關文一事, 玆准繕交, 尙望
査收, 轉給爲荷, 肅此佈覆, 願頌
勛安

趙秉稷 頓 甲午 二月 七日

호러스 N. 알렌(주한 미국 대리공사)이
조병직(외아문 독판)에게 보낸 공문, 외아문 제240호 (1894년 3월 13일)

미합중국 공사관
한국 서울

1894년 3월 13일

외아문 제240호

안녕하십니까,

　저는 각하께 미국 시민인 L. B. 테이트 씨를 위하여 8도에 대한 호조와 관자를 저에게 제공해 주실 것을 요청하게 되어 영광입니다.

　안녕히 계십시오.
　H. N. 알렌

조병직 각하,
　외아문 독판

Horace N. Allen (U. S. *Chargé d'Affaires* to Korea), Dispatch to Cho Byung Chik (Pres., For. Office), No. 240, For. Office (Mar. 13th, 1894)

Legation of the United States
Seoul, Korea

March 13, 1894

No. 240, F. O.

Sir: -

I have the honor to request Your Excellency will have the goodness to furnish me with a passport and *Quanja* for eight Provinces for Mr. L. B. Tate, an American citizen.

I have the honor to be.

Sir,

Your obedient servant,
H. N. Allen

To His Excellency
Chyo Pyung Chik,
President of the Foreign Office

[漢譯]

敬啓者, 本國士人崔義德, 擬赴各道地方遊歷, 務望
貴督辦另繕護照泊挪貸資粮關文, 各乙紙送交本署, 以便轉給爲苛, 肅此, 并頌
春祺.

安連 頓 一千 八百 九十四年 三月 十四日[93]

---

93) 원문의 날짜와 다른 것은 원문을 받은 날에 한역(漢譯)을 하지 않았기 때문이다.

조병직(외아문 독판)이 호러스 N. 알렌
(주한 미국 대리공사)에게 보낸 공문 (1894년 3월 14일)

　　삼가 아룀, 어제 받은 서신에 사인(士人) 최의덕(崔義悳)이 장차 각 지방을 돌아 다니고자 호조(護照) 및 자량(資粮)을 나대(挪貸)해 달라는 관문을 요청하는 내용이었습니다. 이에 준하여 갖추어 교부할 터이니 귀 공사는 잘 사수(査收)하여 전달해주시길 바라며, 이에 삼가 평안하시길 바랍니다.

　　조병직 드립니다. 갑오 2월 8일

Cho Byung Chik (Pres., For. Office), Dispatch to Horace N. Allen
(U. S. *Chargé d'Affaires* to Korea) (Mar. 14th, 1894)

敬啓者, 昨接

大㕍, 爲士人崔義悳, 游歷 各道地方, 請領 護照 洎挪貸資粮 關文 一事, 玆准繕交, 尙望

貴公使 査收 轉給 爲荷, 肅此, 順頌

勛安.

趙秉稷 頓 甲午 二月 八日

호러스 N. 알렌(주한 미국 대리공사)이
조병직(외아문 독판)에게 보낸 공문, 외아문 제241호 (1894년 3월 15일)

미합중국 공사관
한국 서울

1894년 3월 15일

외아문 제241호

안녕하십니까,

저는 각하께 미국 시민인 엘렌 스트롱 양을 위하여 경기도 호조를 저에게
제공해 주실 것을 요청하게 되어 영광입니다.

안녕히 계십시오.

H. N. 알렌

조병직 각하,
외아문 독판

Horace N. Allen (U. S. *Chargé d'Affaires* to Korea), Dispatch to Cho Byung Chik (Pres., For. Office), No. 241, For. Office (Mar. 15th, 1894)

Legation of the United States
Seoul, Korea

March 15, 1894

No. 241, F. O.

Sir: -

I have the honor to request Your Excellency will have the goodness to furnish me with a passport for the Province of Kyung Kei Do for Miss Ellen Strong, an American citizen.

l have the honor to be.
Sir,

Your obedient servant,
H. N. Allen

To His Excellency
Chyo Pyung Chik,
    President of the Foreign Office

[漢譯]

敬啓者, 頃據 本國 女人 時秋農 禀稱, 擬赴 京畿地方 游歷, 請領 護照 乙紙
等語前來, 據此函佈, 務望

貴督辦, 另發 護照 乙紙 爲荷, 順頌

春祺.

安連 頓 一千 八百 九十四年 三月 十五日

第二百四十一號

조병직(외아문 독판)이 호러스 N. 알렌
(주한 미국 대리공사)에게 보낸 공문 (1894년 3월 16일)

삼가, 회답합니다. 호조와 을지(乙紙)를 요청한 문서에 따라 승인하여 갖추어 보내니 잘 사수(査收)하여 해당 여인에게 전달해 주시기를 바라며, 이로써 편리하게 여정(旅程)을 열 수 있게 하니, 이에 평안하시기를 바랍니다.

조병직 드립니다. 갑오 2월 초10일

Cho Byung Chik (Pres., For. Office), Dispatch to Horace N. Allen
(U. S. *Chargé d'Affaires* to Korea) (Mar. 16th, 1894)

敬覆者, 此呈 護照 乙紙, 准
教繕發, 尚祈
查收, 轉給 該女人, 以便開程可也, 此頌
禔安, 不一.

趙秉稷 頓 甲午 二月 初十日

호러스 N. 알렌(주한 미국 대리공사)이
조병직(외아문 독판)에게 보낸 공문, 외아문 제242호 (1894년 3월 20일)

미합중국 공사관
한국 서울

1894년 3월 15일

외아문 제242호

안녕하십니까,

　저는 미국 시민인 드루 박사를 위하여 8도에 대한 호조를 요청하게 되어 영광입니다.

　안녕히 계십시오.
　H. N. 알렌

조병직 각하,
　외아문 독판

Horace N. Allen (U. S. *Chargé d'Affaires* to Korea), Dispatch to Cho Byung Chik (Pres., For. Office), No. 242, For. Office (Mar. 20th, 1894)

Legation of the United States
Seoul, Korea

Mch. 15, 1894

No. 242, F. O.

Sir: -

I have the honor to request a passport for the eight Provinces for Dr. Drew, an American citizen.

I have the honor to be.

Sir,

Your obedient servant,
H. N. Allen

To His Excellency
Chyo Pyung Chik,
  President of the Foreign Office

[漢譯]

敬啓者, 頃據 本國 醫士 柳大謨 禀稱, 擬赴 各道 地方 游歷, 請領 護照 乙紙等語前來, 據此函佈, 務望

貴督辦, 另發 護照 乙紙 爲荷, 順頌

春祺.

安連 頓 一千 八百 九十四年 三月 二十日

第二百四十二號

호러스 N. 알렌(주한 미국 대리공사)이
조병직(외아문 독판)에게 보낸 공문, 외아문 제244호 (1894년 3월 27일)

미합중국 공사관
한국 서울

1894년 3월 27일

외아문 제244호

안녕하십니까,

여름을 시원하게 보낼 수 있는 곳을 원하는 미국 시민인 언더우드 박사는 고양(高陽)의 강 근처 땅을 구입하기로 결정하였습니다. 그는 저에게 그것에 대하여 물었습니다. 저는 그에게 조약에 따라 조약 항구로부터 10리 이내의 땅을 소유할 수 있다고 말하였습니다. 이곳은 서울, 용산, 마포에서 10리 이내에 있으므로 조약의 규정에 따릅니다. 그러므로 저는 사람들이 반대하지 않는다면 그가 구매를 하지 말아야 할 이유가 없다고 그에게 말하였습니다.

사람들은 그를 대단히 친절하게 환영해 주었고, 그는 그 부동산을 샀습니다.

이제 민영준 씨는 이 사람들을 불러서 오늘 저녁까지 문서를 반환하지 않으면 이전 소유자를 투옥하거나 추방할 것이라고 말하였습니다.

그 문서는 기록을 위하여 제가 갖고 있으며, 저는 각하께 한국 고위 관리의 이러한 행위에 대한 설명을 요청해야 합니다. 만약 우리가 조약을 위반하였다면 위반 사항을 지적해 주셨으면 합니다. 그렇지 않다면 저는 저의 국민이 그들의 권리를 보호받는지 확인해야 합니다.

그 사이에 저는 더 이상의 논의가 있을 때까지 그 부동산을 판 사람들을 내버려 두어야 한다고 주장합니다.

안녕히 계십시오.
H. N. 알렌

조병직 각하,
외아문 독판

Horace N. Allen (U. S. *Chargé d'Affaires* to Korea), Dispatch to Cho Byung Chik (Pres., For. Office), No. 244, For. Office (Mar. 27th, 1894)

Legation of the United States
Seoul, Korea

Mch. 27, 1894

No. 244, F. O.

Sir: -

Dr. Underwood. an American citizen, wishing a cool place to spend the summer, decided to purchase a piece of ground near the river at Koh Yang. He asked me about it. I told him that by treaty we were allowed to own property within 10 li of the treaty ports. As this place is within 10 li of Seoul, Ryong San & Mapoo, it comes within the treaty stipulations. I therefore told him that if the people did not object I saw no reason why he should not make the purchase.

The people welcomed him very kindly and he bought the property.

Now Mr. Min Yung Chun sends for these people and tells them that if the deeds are not returned by this evening, the former owners will be imprisoned, banished, etc.

The deeds are in my hands to be recorded, and I must ask Your Excellency for an explanation of this proceeding on the part of a high Korean official. If we have violated the treaty, I would like to have the violation pointed out. If not I must see that my nationals are protected in their rights.

In the meantime I must insist that these people who sold the property be let alone pending further discussion.

I have the honor to be,

Sir,

Your obedient servant,

H. N. Allen

His Excellency

Chyo Pyung Chik,

President of the Foreign Office

[漢譯]

　　大美 署理欽命駐箚朝鮮便宜行事大臣兼 總領事 安 爲

　　照會事, 照得, 本國 宜士 元德禹, 擬建過夏屋子, 曩已 購買 一段 墓址 於京
江附近 高陽地, 而有所禀稱, 故本署大臣答, 以通商 口十里內 購買地 段一款, 載
在約章, 且 該地 段即係 京城 龍山 麻浦 等地 十里 以內, 則可以無碍購買矣,
現據 該員 再行 禀稱, 由經理營招飭 該地段 賣主曰, 地契 今日內 若不推納, 則
難免重懲 云云等因, 據查 該地契 置在 本署, 方欲登(?)案, 務望

　　貴督辦 迅即 核問 該營使, 何以有此辦理之由見覆, 并指出 本署 大臣 違章
之端, 而如無違章, 則 本署 大臣 斷當保穫 本國 人民, 再者, 此案 妥整 以前,
勿令 該賣主 被懲, 寔合允當, 爲此, 須至照會者.

　　右照會.

　　大朝鮮 督辦交涉通商事務 趙

　　一千 八百 九十四年 三月 二十七日

호러스 N. 알렌(주한 미국 대리공사)이
조병직(외아문 독판)에게 보낸 공문, 외아문 제245호 (1894년 3월 30일)

미합중국 공사관
한국 서울

1894년 3월 30일

외아문 제245호

안녕하십니까,

　3월 27일자 제 공문 제244호[94])에 언급된 문제는 성격이 매우 심각합니다. 저는 각하의 답장을 아직 받지 못한 점을 유감스럽게 생각하며, 국민의 권리를 주장하기 위한 조치를 취하기 전에 각하께서 어떤 이유로든 제 편지에 답변하실 수 없는 경우에는, 저의 폐하 알현을 요청해 주시기 바랍니다.

　안녕히 계십시오.
　H. N. 알렌

조병직 각하,
　외아문 독판

---

94) Horace N. Allen (U. S. *Chargé d'Affaires* to Korea), Dispatch No. 244, For. Office, to Cho Byung Chik (Pres., For. Office) (Mar. 27th, 1894)

Horace N. Allen (U. S. *Chargé d'Affaires* to Korea), Dispatch to Cho Byung Chik (Pres., For. Office), No. 245, For. Office (Mar. 30th, 1894)

Legation of the United States
Seoul, Korea

Mch. 30, 1894

No. 245, F. O.

Sir: -

The matter mentioned in my letter No. 244. Mch. 27, is of a very serious nature. I regret that I have not as yet been favored with a reply from Your Excellency, and before taking measures to assert the rights of my people, I will ask that if for any reason Your Excellency cannot answer my letter, you ask for an audience for me with His Majesty.

I have the honor to be, Sir,

Your obedient servant,
H. N. Allen

His Excellency
Chyo Pyung Chik,
President of the Foreign Office

[漢譯]

大美署理欽命駐箚朝鮮便宜行事大臣兼 總領事 安 爲

照會事, 照得, 我曆本月二十七日, 第二百四十四號照會內, 事案甚係緊重, 迄
未接來覆, 殊用悶憐, 本署大臣, 必施保護我民之方, 如由

貴督辦, 有難便示覆之端, 代本署大臣

奏請

天陛, 俾蒙

召命, 寔合允當, 須至照會者,

右照會.

大朝鮮 督辦交涉通商事務 趙

一千 八百 九十四年 三月 三十日

조병직(외아문 독판)이 호러스 N. 알렌
(주한 미국 대리공사)에게 보낸 공문 (1894년 3월 31일)

대조선 독판교섭통상사무 조(趙)가 회답하는 일입니다.

음력 이번 달 21일에 접수한 귀 조회(照會) 문서를 열어보니, 의사 원덕우 (元德禹)가 구매한 땅에 관한 내용이었습니다. 이에 준하여 조·영조약(朝·英條 約)의 제4관(款)의 조항[95]을 살펴보니, "조선국에 있는 인천부의 제물포·원산· 부산의 각 항구(各口), 아울러 경성인 한양의 양화진은 모두 통상하는 지역이 되어 영국인들이 왕래하며 무역한다". 등의 문구가 있으며, 자세히 보니 각구 (各口)라는 글자 모양 아래 한 문구가 더해져, "한성의 양화진은 비록 이에 준 해 잠시 잔방(棧房)[96]을 설치하도록 했으나 통상하는 각 구(口)와는 다름이 있 다."라고 되어 있습니다. 때문에 지난해 7월 초 10일에 접수한 귀 전(前) 공사 의 조회에서도 문자 용산·마포·양화진이 이내 통상항구가 아니다 라는 등의 내용으로 폐서(敝署)[97]의 전임 독판 남(南)이 회답하였으므로 해당 각처는 현 재 통상항구가 아니라는 것이 문안(文案)에 있습니다. 귀 서의 공사는 귀 서의 해당 문서를 잘 살펴 보면 해당하는 곳은 정확히 통상항구가 아님을 알 수 있 을 것입니다. 현재 해당 의사(宜士)는 조계지에서 10리를 넘길 수 없다는 문구 를 끌어와서 잔방(棧房)을 설치함이 있다고 하나 (이러한 목적)외로 구매한 땅 은 헤아려 보아도 집을 짓는 것은 정해진 장정(章程)을 위반함이 있습니다. 해 당 경리사가 각 규칙을 판단함에 이는 합당하니 본 독판도 수락하기 어렵습니 다. 문구를 갖추어 회답하니, 귀 서의 공사는 번거로우시더라도 살펴봐 주시길 바라며, 해당 의사에게 전달하여 알리고 해당 업주에게는 넘긴 지계(地契)를 되돌려 주어 문제가 발생하지 않게 하는 것이 좋겠습니다. 이 회답이 잘 도착 하기를 바랍니다.

大美 署理欽命 安
甲午 二月 二十五日

---

95) 실록에 보이는 해당 조항을 보면 다음과 같다 "一, 兩國所立條約, 從施行之日起, 朝鮮國 仁川府之 濟物浦, 元山, 釜山各口【釜山一口設有不宜之處, 則可另揀附近別口.】, 竝漢陽 京城 楊花津【或附近 便宜別處】, 皆作爲通商之處, 任聽英民來往貿易"(『고종실록』 권20, 고종 20년 10월 27일[甲戌]).

96) 본래 의미는 판자로 길거리에 지어 놓고 음식을 파는 가게인데 여기서는 문맥상 통상을 위한 목 적으로 설치된 건물을 의미하는 것으로 보인다.

97) 자신이 속한 관청을 낮추어 부르는 말.

Cho Byung Chik (Pres., For. Office), Dispatch to Horace N. Allen (U. S. *Chargé d'Affaires* to Korea) (Mar. 31st, 1894)

大朝鮮 督辦交涉通商事務 趙, 爲

照覆事, 照得, 我曆 本月 二十一日, 接准 貴照會內開, 醫士 元德禹, 購買 地段 云云等因, 准此, 查 朝英條約 第四款, 載有 朝鮮國 仁川府之 濟物浦·元山·釜山 各口, 並 漢陽 京城 楊花津, 皆作爲 通商之處, 任聽 英民 來往貿易等語, 查 各口字樣下, 加一並字, 則 漢城 楊花津 雖暫准設棧, 自與 通商 各口 有異, 所以 上年 七月 初十日, 接准

貴 前署 公使 惠照會, 詢及 龍山·麻浦·楊花津乃係 通商口岸否等因, 敝署 前任 督辦 南 照覆內稱, 該各處 現非通商口岸因在案,

貴署 公使 查閱 貴署 檔案, 的知 該處非通商口岸, 現該宜士 授引相難租界 不得逾十里之文, 在設棧 處所 以外, 購買 地段, 擬構房屋, 有違定章, 該經理使 所辦各節, 寔合允當, 本督辦 碍難勉副來意, 相應備文照覆

貴署 公使, 請煩查照, 轉諭 該宜士, 聽該 業主 退還所賣地契, 免致滋案可也, 須至照覆者,

右 覆.

大美 署理欽命 安
甲午 二月 二十五日

민영준(병조판서)이 호러스 N. 알렌
(주한 미국 대리공사)에게 보낸 편지 (1894년 4월 8일)

음력 3월 3일,
1894년 4월 8일

안녕하십니까,

　미국 시민인 언더우드 씨가 한국인 정 씨와 이 씨로부터 한강 변의 집과 땅을 사서 별장을 짓겠다고 하였다는 소식을 들었습니다. 사실인가요?

　해당 장소에서 가까운 땅이 나의 묘지 터이며, 미래의 묘지를 위하여 선택한 곳도 그곳에서 가깝습니다. 그러므로 나는 위의 사실을 귀하에게 알리고, 양측이 모두 만족스럽게 합의할 수 있도록 귀하가 언더우드 씨에게 해당 부동산 소유자에게 문서를 반환하도록 통지하시기를 진심으로 바랍니다.

　안녕히 계세요.
　민영준98)

H. N. 알렌 님

---

98) 당시 민영준(閔泳駿, 1852~1935)은 병조판서 겸 친군 경리사이었으며, 1901년 4월 민영휘(閔泳徽)로 개명하였다.

Min Yung Chun (Minister of War), Letter to Horace N. Allen
(U. S. *Chargé d'Affaires* to Korea) (Apr. 8th, 1894)

3 day 3 Moon,

April, 8, 1894

Sir: -

As I heard that Mr. Underwood, an American citizen has bought a house and land at the place of Han Kang river from Koreans Chung & Ye, and going to build a pleasure house. Is it true?

The ground which near to the said place is my cemetery ground and also there is a place for the grave for the future which has been selected is near from the said place. I therefore to inform you of the above facts and I sincerely hope that you will notify Mr. Underwood to return the deeds to the owner of that property in order to settle with satisfaction for both parts.

I have &c.

Min Yung Chun

Honorable

H. N. Allen

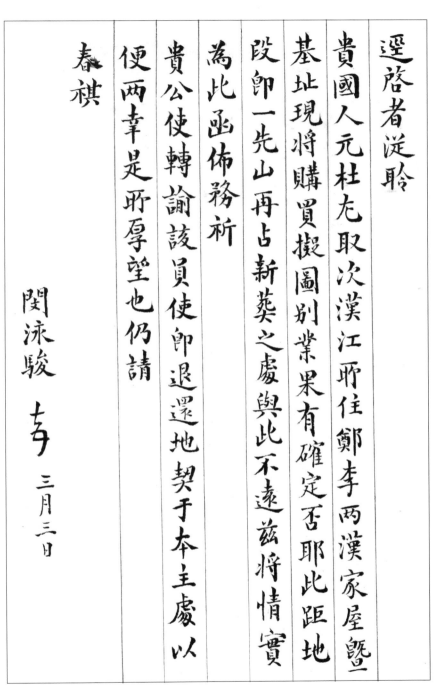

逕啓者 泫聆

貴國人元杜尤取次漢江丽住鄭李兩漢家屋暨一

基址現將購買擬圖別業果有確定否耶此距地

叚卽一先山再占新葵之處與此不遠玆將情實

爲此函佈務祈

貴公使轉諭該員使卽退還地契于本主處以

便兩幸是丽厚望也仍請

春祺

閔泳駿 专 三月三日

그림 9-9. Min Yung Chun (Minister of War), Letter to Horace N. Allen (U. S. *Chargé d'Affaires* to Korea) (Apr. 8th, 1894).

호러스 G. 언더우드(서울)가 호러스 N. 알렌
(주한 미국 대리공사)에게 보낸 편지 (1894년 4월 9일)

한국 서울,
(18)94년 4월 9일

친애하는 알렌 박사님,

오늘 박사님의 편지를 받았습니다. 이에 대하여 우리 모두는 민(영준) 장군과 의사소통을 하고 있지 않기 때문에 박사님이 우리의 대답을 그에게 전달하거나 그와 직접 의사소통할 수 있도록 해주시면 감사하겠습니다.

우리는 민 장군에게 어쨌든 불쾌한 부지를 선택한 것에 대하여 크게 유감스러워하지 않습니다.

우리는 단지 도시의 열기를 피해 여름을 보낼 수 있는 적절한 장소를 찾고 싶을 뿐입니다.

그렇다면 민 장군이 자신의 영향력을 이용하여 우리에게 적합한 다른 부지를 선택하게 해준다면 우리는 기꺼이 문서를 교환할 것입니다.

이것이 박사님을 괴롭히지 않을 것이라고 믿습니다.

안녕히 계세요.
H. G. 언더우드

Horace G. Underwood (Seoul), Letter to Horace N. Allen (U. S. *Chargé d'Affaires* to Korea) (Apr. 9th, 1894)

Seoul, Korea,
April, 9/ 94

Dear Dr. Allen: -

Yours of the day to hand. In reply would say that as we all not in communication with General Min we would esteem it a favor if you would convey our reply to him or else put him in direct communicate with him.

We are not particular about the site regret much that we have selected one that is in anyway distasteful to General Min.

We simply are desirous of finding a suitable place to spend the summer away from the heat of the city.

If then General Min would use his influence to have another site selected that would suit us we would most gladly exchange deeds.

Trust that this will not be bothers you.

Yours sincerely,
H. G. Underwood

호러스 N. 알렌(주한 미국 대리공사)이
조병직(외아문 독판)에게 보낸 공문, 외아문 제247호 (1894년 4월 9일)

미합중국 공사관
한국 서울,

1894년 4월 9일

외아문 제247호

안녕하십니까,

　저는 미국 시민인 [프레더릭 S.] 밀러 씨를 위하여 8도의 호조와 관자를
요청하게 되어 영광입니다.

　안녕히 계십시오.
　H. N. 알렌

조병직 각하,
　외아문 독판,
　서울

Horace N. Allen (U. S. *Chargé d'Affaires* to Korea), Dispatch to Cho Byung Chik (Pres., For. Office), No. 247, For. Office (Apr. 9th, 1894)

Legation of the United States
Seoul, Korea

Apl. 9, 1894

No. 247, F. O.

Sir: -

I have the honor to request a passport and *Quanja* for the eight provinces for Mr. Miller, an American citizen.

I have the honor to be,

Sir,

Your obedient servant,
H. N. Allen

His Excellency
Chyo Pyung Chik,
President of the Foreign Office
Seoul

[漢譯]

敬啓者, 頃據本國人 閔老亞 禀稱, 擬走 八道 地方 游歷, 請領 護照 泊挪貸 資粮關文等語前來, 槭此函佈, 務望

貴督辦 查照, 另發 護照 關文 各壹紙 爲荷, 特此, 并頌

春祺.

安連 頓 一千 八百 九十四年 四月 九日

第二百四十七號

조병직(외아문 독판)이 호러스 N. 알렌
(주한 미국 대리공사)에게 보낸 공문 (1894년 4월 9일)

삼가 회신합니다. 이번에 받은 서신에 본국인 민노아(閔老亞)가 팔도 지방을 돌아다니고자 호조(護照) 및 자량(資粮)을 나대(挪貸)해 달라는 관문을 요청하는 내용이었습니다. 보내온 서신의 내용에 따라 이에 작성하여 보내니, 잘 사수(査收)하여 전달해 가지고 갈 수 있도록 함이 가합니다. 이만 줄이며 평안하시기를 바랍니다.

조병직 드립니다. 갑오 3월 4일

Cho Byung Chik (Pres., For. Office), Dispatch to Horace N. Allen
(U. S. *Chargé d'Affaires* to Korea) (Apr. 9th, 1894)

敬覆者, 頃接
大國, 爲本國人 閔老亞, 擬赴 八道 地方 游歷, 請發給 護照 泪挪貸資粮關文
一事, 准與
來意, 玆庸繕交, 尙望査收轉給, 以便帶往可也, 肅此, 順頌
大安.

趙秉稷 頓 甲午 三月 四日

호러스 N. 알렌(주한 미국 대리공사)이
조병직(외아문 독판)에게 보낸 공문, 외아문 제248호 (1894년 4월 16일)

미합중국 공사관
한국 서울

1894년 4월 16일

외아문 제248호

안녕하십니까,

저는 미국 시민인 루이스 양에게 경기도, 황해도, 강원도 및 충청도 등 4개 도의 여권을 요청하게 되어 영광입니다.

안녕히 계십시오.
H. N. 알렌

조병직 각하,
외아문 독판,
서울

Horace N. Allen (U. S. *Chargé d'Affaires* to Korea), Dispatch to Cho Byung Chik (Pres., For. Office), No. 248, For. Office (Apr. 16th, 1894)

Legation of the United States
Seoul, Korea

Apl. 16, 1894

No. 248, F. O.

Sir: -

I have the honor to request a passport Miss Lewis, an American citizen, for the four Provinces - Kyung Kei; Hwang Hai; Kang Won; and Chung Chong.

I have the honor to be,
Sir,

Your obedient servant,
H. N. Allen

His Excellency
Chyo Pyung Chik,
    President of the Foreign Office
    Seoul

[漢譯]

　　敬啓者, 玆有 本國 女人 劉偉時, 擬赴 京畿·黃海·江原·忠淸道 等地 游歷, 玆
庸函佈, 尙祈

　　貴督辦 査照, 另發 護照 乙紙 爲荷, 肅此, 幷頌

　　春祺.

　　安連 頓 一千 八百 九十四年 四月 十六日
　　第二百四十八號

호러스 N. 알렌(주한 미국 대리공사)이
조병직(외아문 독판)에게 보낸 공문, 외아문 제249호 (1894년 4월 16일)

미합중국 공사관
한국 서울,

1894년 4월 16일

외아문 제249호

안녕하십니까,

저는 미국 시민인 전킨 씨에게 8도를 위한 호조를 요청하게 되어 영광입니다.

안녕히 계십시오.
H. N. 알렌

조병직 각하,
외아문 독판

Horace N. Allen (U. S. *Chargé d'Affaires* to Korea), Dispatch to Cho Byung Chik (Pres., For. Office), No. 249, For. Office (Apr. 16th, 1894)

Legation of the United States
Seoul, Korea

Apl. 16, 1894

No. 249, F. O.

Sir: -

I have the honor to request a passport for Mr. Junkin, an American citizen, for the eight provinces.

I have the honor to be,

Sir,

Your obedient servant,

H. N. Allen

To

His Excellency

Chyo Pyung Chik,

President of the Foreign Office

[漢譯]

敬啓者, 玆有 本國人 全偉廉, 擬赴 八道 地方 游歷, 務望

貴督辦, 另發 護照 乙紙 爲荷, 肅此, 順頌

春祺.

安連 頓 一千 八百 九十四年 四月 十六日

第二百四十九號

조병직(외아문 독판)이 호러스 N. 알렌
(주한 미국 대리공사)에게 보낸 공문 (1894년 4월 16일)

삼가 회신합니다. 거듭해서 받은 서신에 귀국 사람 유위시(劉偉時)·전위렴(全偉廉) 두 사람이 돌아다니고자 호조를 발급해달라는 내용이었습니다. 이에 호조 2장을 보내니 잘 사수(査收)하여 전달해 가지고 갈 수 있도록 함이 가합니다. 이만 줄이며 평안하시기를 바랍니다.

조병직 드립니다. 갑오 3월 11일

Cho Byung Chik (Pres., For. Office), Dispatch to Horace N. Allen
(U. S. *Chargé d'Affaires* to Korea) (Apr. 16th, 1894)

敬覆者, 疊奉
大凾, 爲貴國人 劉偉時·全偉廉 兩人 游歷, 護照 繕發 一事, 准與來意, 茲將 護照 二紙 送交, 尙望
査收 轉給, 以便帶往可也, 耑此, 仍頌
時祺.

趙秉稷 頓 甲午 三月 十一日

호러스 N. 알렌(주한 미국 공사관 서기관)이 프랭크 F. 엘린우드
(미국 북장로교회 해외선교본부 총무)에게 보낸 편지 (1894년 4월 18일)

한국 서울,
1894년 4월 18일

F. F. 엘린우드 박사,
　뉴욕 시 5 애버뉴 53

친애하는 박사님,

　박사님의 12월 20일자 편지[99]를 받았을 때 저는 열병으로 매우 아팠으며, 방금 전 회복되었습니다. 저는 박사님께 쓸 좋은 소식이 있기를 간절하게 바랐습니다. 제가 병원의 개편을 위한 몇몇 제안을 왕에게 제출하자, 그는 이를 받아들였고 '알렌이 말하는 대로 수행할' 고위 관리를 임명하였습니다. 그 사이 저는 위독하였고, 상황이 조금 나아졌지만 제가 기대했던 만큼은 아니었습니다. 문제는 관리들의 부패로 인하여 국가 재정이 낭비되고 가난한 사람들을 끔찍하게 괴롭혀 재원이 말라버렸다는 것입니다. 그의 정부와 국민의 상태는 1884년보다 훨씬 더 나쁩니다. 우리가 바라던 대로 개선 대신에 경과가 더욱 나빠졌습니다. 저는 멀지 않아 큰 변화가 있어야 한다고 생각합니다.

　에비슨 박사는 다재다능하고 참을성이 있고 현명하고 쉽게 낙담하지 않는 사람입니다. 그는 성공할 것입니다. 저는 그가 언더우드 부인과 함께 왕비를 치료하기 위하여 궁궐로 들어가도록 조치하였습니다. 그들은 제가 거절할 때까지 계속 저에게 왔었습니다. 언더우드 부인이 중간쯤 갔을 때 관리를 만났는데 (그들을 조용히 하게 하기 위하여 제가 전날 보낸 약간의 위약에 의해) 왕비가 회복되었다고 말하였다고 합니다. 저는 궁궐의 업무가 위험하다는 것을 알고 있지만, 만일 에비슨이 왕을 접견하고 만족시킨다면 그는 자신이 좋아하는 것을 할 수 있을 것입니다.

　저는 지금 그의 집을 지키기 위하여 큰 싸움을 하고 있습니다. 그는 정부

---

99) Frank F. Ellinwood (Sec., BFM, PCUSA), Letter to Horace N. Allen (Sec., U. S. Legation to Korea) (Dec. 20th, 1893)

관사에 살고 있는데, 그를 쫓아내려는 책략이, 말씀드리기 유감스럽지만 미국인에 의해, 진행되었습니다. 우리는 이곳에 등 뒤에서 선교사들에 대하여 반감을 가지고 있지만, 균형을 잡고 면전에서 ____하는 몇몇 미국인들이 있습니다. 벙커 씨가 그 집을 떠났을 때 저는 그 자리에 선교사를 넣으려고 모든 조치를 취하였지만, 이 사람들(한 명은 고문입니다)은 ____이 그 집을 필요로 할 것이라고 한성 판윤을 설득하였고, 제가 추천한 선교사를 탈락시켰습니다. 이 미국인은 일본인 첩을 가진 다른 미국인을 끌어들였는데, 그는 이곳에서 추방되는 그러한 사람들이 흔히 지니는 많은 문제를 가진 사람입니다. 벙커는 그의 급여가 너무 불규칙적으로 지급되어 자신의 직책을 떠났으며, 감리교회에서 같은 종류의 업무를 하고 있습니다. 저는 그의 자리를 보충해 달라는 요청을 받았는데, 먼저 우리 (선교부) 사람들에게, 그 다음에는 남장로교회, 그리고 감리교회 선교부에 요청하였습니다. 후자 중 하나가 받아들였습니다. 에비슨은 벙커가 비운 집에 살고 있기 때문에 그들은 새로운 사람을 위하여 그 집을 원하고 있지만 저는 이 나라에서 최고 실력자 중의 한 사람을 알고 있기 때문에 에비슨 박사가 그 집을 계속 사용하게 하기를 기대하고 있습니다.

그동안 병원은 후원이 잘되고 있고, 선교부는 그들 중 대부분이 이전에 결코 보지 못하였던 (병원의) 조화, 유용성 등에 놀라고 있습니다.

언더우드는 저에게 마펫과 베어드가 빈튼과 함께 일하는 것에 대하여 단호히 거부하였다고 말하였으며, 그렇게 임명된다면 자신들은 선교본부에 항의를 할 것이라고 말하고 있습니다. 그들은 아직도 그에 대하여 박사님께 편지 쓰는 것을 거부하고 있습니다. 저의 조언은 그를 임명하고 추이를 지켜보자는 것이며, 그는 이곳에서 아무런 쓸모가 없습니다.

박사님은 이곳으로부터 나가는 이상한 자료를 받으십니다.

저는 매일 미시건 주의 신임 공사 실 씨를 기다리고 있습니다. 그는 감독교회의 집사입니다. 저는 또한 그가 대학 교수이고 분명 매우 훌륭한 사람이라고 듣고 있습니다.

언더우드 등은 여름 별장을 위한 시골 땅의 소유를 두고 약간의 분쟁을 겪고 있지만, 제가 관여할 가치는 없습니다.

신임 선교사인 밀러, 무어 및 스왈렌 가족들은 일을 잘하고 있습니다.

모두들 공사관의 서기관 사택인 저의 새 집에 대하여 기뻐하고 있습니다. 특히 가격이 은화 약 1,600달러라고 알게 되었을 때 놀라움과 감탄에 대한 ____를 설명하지 못하는 것 같습니다. 이것은 매우 아름다우며 아담합니다.

박사님께서 편안한 겨울을 보내셨으리라 믿으며, 부인과 박사님께 정성 어린 안부를 드립니다.

안녕히 계세요.
H. N. 알렌

Horace N. Allen (Sec., U. S. Legation to Korea), Letter to Frank F. Ellinwood (Sec., BFM, PCUSA) (Apr. 18th, 1894)

Seoul, Korea,
Apl. 18, 1894

Dr. F. F. Ellinwood,
    53, 5th Ave., N. Y.

My dear Doctor: -

Your letter of Dec. 20th found me very ill with fever from which I have just recovered. I have been very anxious to have some good news to write you. As I got some propositions for the reorganization of the hospital to the King, he accepted them, and appointed a high official to "do as Allen says" meantime I got dangerously ill, and things have slipped along a little better but not as well as I had hoped. The trouble is that coming to official corruption the country finances are squandered, and the source dried up by the terrible grinding of the poor. The condition of his Gov'nt and people is much worse than in 1884. Instead of the improvement we had hoped for, the course has been downward. A great change must come ere long I think.

Dr. Avison is a good all round man, patient, wise and not easily discouraged. He will be a success. I had it all arranged for him to go to the Palace with Mrs. Underwood to treat the Queen. They had been coming to me all the while till I refused. Mrs. Underwood got half way there and was met by an officer who state that the Queen had gotten better (on a little placebo I had sent the night before to quiet them). This Palace work is risky I know, but if Avison sees and pleases the King he can do what he likes.

I am now having a big fight to preserve his house to him. He lives in a Govnt house and a scheme was worked up - by Americans I am sorry to say - to put him out. We have some & Americans here who are bitter against missionaries behind their backs, but balance them and _____ them to their faces. When Bunker left I had it all arranged to put a missionary in his place, but these people (one is an adviser) persuaded the Chief of the Seoul that the ____lier would demand the same, and they dropped the man. This American then got another American, with his Japanese harem and all the other paraphernalia that goes with such people out here. Bunkers left because his pay was too irregular and he was append about the same to the M. E. Mission and do the same kind of work. I was asked to supply his place, and I append it first to our people then to the Southern and then to the M. E. Mission. One of the latter accepted. As Avison is living in the house vacated by Bunker they wanted it for the new man, but though I have one of the biggest men in the country, a min, to fight I hope to keep Dr. A. in the house.

Meantime the hospital is well patronized and the mission are surprised at its proportions, usefulness, etc. - most of them had never seen it.

Underwood tells me that Moffett and baird flatly refuse to have Vinton with them, and say they will appeal to the Board if he is so appointed. Yet they refuse to write you about him. My advise is to appoint him and await developments, his is no use here.

You get some queer material out here.

I am daily expecting the new Minister Mr. Sill of Mich. He is a deacon in Episcopal Church. I hear also a College professor & apparently a very good man.

Underwood et al. are having a little trouble over possession of some country land for a summer house, but it is not worth while going into.

The new people Millers, Moores & Swallens are doing nicely.

Every one is delighted with my new house, Secretary's House at the Legation. It seems fails to call _____ explanations of surprise and admiration, especially when they learn that it cost but about $1,600 Mex. It is a very pretty and neat place.

Trusting that you have passed a comfortable winter and with kind regards to Mrs. Ellinwood and yourself, I am,

Your very truly
H. N. Allen

호러스 N. 알렌(주한 미국 대리공사)이
조병직(외아문 독판)에게 보낸 공문, 외아문 제250호 (1894년 4월 19일)

미합중국 공사관
한국 서울,

1894년 4월 19일

외아문 제250호

안녕하십니까,

저는 미국 시민인 [윌리엄 M.] 베어드 씨, 또한 [찰스 H.] 어빈 박사에게 8도를 위한 호조를 요청하게 되어 영광입니다.

안녕히 계십시오.
H. N. 알렌

조병직 각하,
외아문 독판

Horace N. Allen (U. S. *Chargé d'Affaires* to Korea), Dispatch to Cho Byung Chik (Pres., For. Office) No. 250, For. Office (Apr. 19th, 1894)

Legation of the United States

Seoul, Korea

Apl. 19, 1894

No. 250, F. O.

Sir: -

I have the honor to request a passport for the eight provinces for Mr. Baird, an American citizen. Also for Dr. Irwin.

I have the honor to be,

Sir,

Your obedient servant,

H. N. Allen

To

His Excellency

Chyo Pyung Chik,

President of the Foreign Office

[漢譯]

　　敬啓者, 玆有本國人裵偉良曁芮賓, 現擬各赴八道地方游歷, 務望貴督辦, 另發
護照二紙 爲荷,

　　泐此, 并頌

　　春祺.

　　安連 頓 一千 八百 九十四年 四月 十九日
　　第二百五十號

조병직(외아문 독판)이
호러스 N. 알렌(주한 미국 대리공사)에게 보낸 공문 (1894년 4월 19일)

삼가 회신합니다. 얼마 전 서신을 받고 귀국 사람 배위량(裵偉良)·예빈(芮賓)이 돌아다니고자 호조를 발급해 달라는 내용에 대하여 살펴보았습니다. 이에 인장을 찍어 보내니 잘 사수(査收)하여 해당인들에게 전달해 가지고 갈 수 있도록 함이 가합니다. 이에 회답 보내며 평안하시기를 바랍니다.

조병직 드립니다. 갑오 3월 14일

Cho Byung Chik (Pres., For. Office), Dispatch to Horace N. Allen
(U. S. *Chargé d'Affaires* to Korea) (Apr. 19th, 1894)

逕覆者, 刻奉
雲函, 悉爲
貴國人 裵偉良·芮賓 游歷, 護照 繕發 一事, 茲准來意, 繕印 呈交, 尙望
査收 轉給 該人, 以便 帶往可也, 耑此 佈覆, 順頌
升祺.

趙秉稷 頓 甲午 三月 十四日

존 M. B. 실(주한 미국 공사)이
김학진(외아문 독판 서리)에게 보낸 공문, 외아문 제7호 (1894년 5월 10일)

미합중국 공사관
한국 서울,

1894년 5월 10일

외아문 제7호

안녕하십니까,

(중략)

　병원은 민영익의 도움으로 우리 공사관에서 설립하고 국왕의 따뜻한 양해와 원조로 운영되었던 것임을 본인은 설명하고자 합니다. 조선 정부의 요청으로 '알렌' 박사(그는 병원 운영의 책임을 지고 있으면서도 전혀 보수를 받지 않고 일을 하였습니다)는 자기 대신에 다른 의사를 구하였습니다.

(중략)

John M. B. Sill (U. S. Minister to Korea), Despatch to Kim Hak Chin (Acting Pres., For. Office), No. 7, For. Office (May 10th, 1894)

Legation of the United States
Seoul, Korea

No. 7, F. O.   May 10, 1894

Sir:

(Omitted)

I would like to say in explanation that this hospital was organized thro this Legation with the assistance of Min Yong Ik and the warm consent and support of His Majesty. At the request of the Government Dr. Allen, (who was in charge and working for no pay) secured the services of another Dr.

(Omitted)

호러스 N. 알렌(주한 미국 공사관 서기관)이 프랭크 F. 엘린우드 (미국 북장로교회 해외선교본부 총무)에게 보낸 편지 (1894년 5월 16일)

서울,
1894년 5월 16일

친애하는 엘린우드 박사님,

　　박사님께서 흥미로워하실 만한 일이 몇 가지 있습니다. 첫째, 제중원에 관한 것입니다. 왕이 저에게 약속을 하였음에도 불구하고, 정부가 자금을 제공할 수 없을 정도로 절대적으로 어려운 상황에 있는 단순한 이유 때문에 그 기관에서 어떤 일을 하는 것은 불가능합니다. 그리고 자금이 마련된다고 해도 질책할 수 없을 정도로 지위가 높은 관리들이 그것을 차지해 버릴 것입니다. 정부는 거덜나고 있는 것 같으며, 백성들은 너무나도 무자비하게 수탈을 당하여 아무 것도 남아 있지 않습니다. 셀 수 없이 많은 경우에 마지막 남은 황소나 암소가 세금으로 탈취되었으며, 사람들은 더 이상 새로 농사를 지을 아무런 수단이 없고 더욱이 씨앗의 주인이 굶어 죽지 않기 위해 그것들을 먹어버렸습니다. 현재 남부의 세 도(道)는 반란에 휩싸여 있으며, 이곳에서 군대가 파견되었지만 패배하여 관리들과 일부 군사들을 잃어버렸고 다른 사람들은 도망쳤습니다. 백성들은 하나가 되어 압제자들에 맞서 봉기하였습니다.[100] 만일 정부가 그들에 대한 진압을 멈추지 않고 부패한 관리들을 처벌함으로써 그들이 백성들을 중시하고 있다는 것을 보여 주지 않는다면, 폭동은 확산되고 일반화될 것입니다.

　　그런 정부와, 혹은 무정부 상태에서 어떤 일도 하기가 매우 어렵습니다. 그리고 에비슨 박사가 낙담하는 것은 지극히 당연합니다. 하지만 이제 그들은 에비슨 박사가 살고 있는 벙커 씨의 집에서 그를 쫓아냈습니다. 그가 아무런 대가도 없이 훌륭하게 업무를 하고 있는 것과 왕이 그(에비슨 박사)가 방해를 받지 않을 것이라고 사실상 말한 것을 고려할 때, 이것은 오히려 과도한 모욕이며 나는 모든 것을 집어치우라고 그에게 충고하였습니다. 그들이 '무능한' 사람을 가졌을 때, 나는 그들이 좋은 사람을 얻으면 모든 것이 잘 될 것이라

---

100) 동학농민운동을 말한다.

고 생각하였습니다. 에비슨은 훌륭한 의사이며, 그들은 그를 이런 식으로 대접해서는 안 됩니다. 이 문제가 왕에게 제시되면, 그는 문제를 재조정하려고 시도할 가능성이 있지만, 근본적인 변화가 이루어지지 않는 한, 저는 박사는 자신의 시간과 돈을 좀 더 일반적으로 인정받을 수 있는 업무에 전념하는 것이 더 나을 것이라고 생각합니다.

선교부는 어떤 부부를 평양에 임명하였습니다. 저는 항상 그들에게 그것에 대하여 생각하는 것은 소용이 없다고 말하였으며, 그곳에 여자가 있다는 것은 어느 정도 영주 거주를 의미할 것이기 때문에, 우리는 한 번에 몇 달 동안 체류하도록 남자에게 호조를 발급 받을 수 있도록 할 수 있지만, 그들이 조약을 어기고 산다면 그들을 보호할 수 없습니다. 그들은 주의를 기울이지 않았습니다. 감리교회는 홀 박사 부부를 임명하였습니다. 다행히도 그들은 캐나다 인입니다. 그들은 며칠 전에 올라갔습니다. 그들의 집은 언덕 위에 있는데, 그곳은 여러 해 동안 악명 높은 매춘굴이었습니다. 그들은 조약을 위반하여 한국인 명의로 구입하였습니다. 박해가 시작되었을 때 그들은 도착한지 얼마 되지 않았습니다. 그들 그리고 마펫(그는 다행히 서울에 있었음)과 연관된 모든 사람들이 투옥되었습니다. 미국 공사의 도움을 받은 영국 영사는 이 문제를 즉시 맡았고 그들을 석방시켰습니다. 동시에 그는 영국인에게 편지를 썼는데, 미국인에게 실 씨가 동의한 그것은 부동산을 소유하는데 속임수를 쓰지 말고, 여자를 내륙으로 데려가지 말라고 요청하는 것이었습니다.

평양은 한국의 '지옥 굴'입니다. 모든 창녀들은 그곳에서 나오며, 사람들은 다투기로 악명이 높습니다. 정부는 그들을 매우 신중하게 다루며, 관찰사는 이와 같은 문제에서 그들에 반대하지 않도록 주의하고 있습니다. 게다가 그들의 관찰사는 제가 아는 가장 추악한 한국인 관리 중의 한 명입니다. 그러므로 우리 쪽 사람들이 이 호랑이의 위협에 계속해서 머리를 꼿꼿이 하고 고집을 부리는 것은 안타까운 일입니다. 홀 씨 가족이 죽지 않은 것은 거의 기적입니다.

선교 사역을 시작하는 데 이곳에는 충분한 수의 선교사들이 있습니다. 이들이 지혜롭게 일하는 것으로 만족한다면 좋습니다. 만약 그들이 분별없이 그곳으로 간다면 앞으로 만나게 될 방해는 그들의 책임입니다.

안부를 전합니다.
H. N. 알렌

Horace N. Allen (Sec., U. S. Legation to Korea), Letter to Frank F. Ellinwood (Sec., BFM, PCUSA) (May 16th, 1894)

Seoul,

May 16, 1894

Dear Dr. Ellinwood: -

I have some matters of interest for you. First, regarding the hospital. In spite of promises made me by the King himself, it is impossible to do anything with the institution, for the simple reason that the Govn't is so absolutely hard up that they cannot furnish the funds. Then if funds were forthcoming, officers so high as to be beyond rebuke, would keep it. The Govn't seems to be on its last legs, the people have been so unmercilessly squeezed that they have nothing left; in innumerable cases the last bull or cow has been taken for taxes, and the people have no means of plowing for the new crop, the seed for which have moreover been eaten to save the owners from starving. At present the three lower provinces are in a state of rebellion, troops have gone from here, but they were defeated with the loss of officers and some men - the others deserted. The people have risen against their oppressors as one man. If the Govn't does not stop resisting them, and show by punishing the corrupt officials, that they have regard for the people, the uprising will spread and become general.

With such a Govn't - or absence of Govn't - it is very difficult to do any thing. And Dr. Avison has been very naturally discouraged. Now however, they have put him out of the Bunker house in which he was living, and considering that he is doing excellent work for nothing, that the King practically said he would not be disturbed, this is rather too much of an insult, and I advised him to throw up the whole thing. When they had a "no-account" man I thought that everything would be well once they got a good one. Avison is a good surgeon, and they must not treat him this way. It is possible that when this comes to the King, he will try to readjust matters, but unless a very radical change is made, I think the Dr. would do better to devote his time and your money to a work for which he could derive more usual credit.

Every now and then the Mission has appointed some man and his wife to Peng An. I have always told them that it was useless to think of it, as the presence of a lady there would mean a more or less permanent residence, and that while we could issue them passports enabling the men to go there for a few months at a time, we could not protect them if living in violation of treaties. They paid no attention. The Methodists appointed Dr. Hall & his wife. They are Canadians fortunately. They went up a few days ago. Their house was on a hill, it had for years been a notorious brothel. Have bought it in the name of a Korean in violation of the treaty. They had not much more than arrived when persecution began. Everyone who was connected with them and with Moffett (who was very fortunately in Seoul) was imprisoned. The British Consul, aided by the U. S. Minister, took up the case at once and got them released. At the same time he wrote a letter to British subjects, which was concurred in by Mr. Sill for Americans, asking them not to use deception in getting hold of property, and asking them not to take ladies interior.

Peng An is the "hell hole" of Korea. All the prostitutes come from there, the people are notoriously quarrelsome. The Govn't handles them very gingerly, and the Governor is careful not to oppose them in matters like this. Further, their the Governor is one of the ugliest Korean officials I know of. It is unfortunate therefore that our people persist in raising their heads into this tiger threat. It is almost a miracle that the Halls were not killed.

Considering the openings, there are quite enough missionaries here. If these will be content to work with wisdom, well & good. If they will go it blind, they are liable to meet obstruction.

With kind regards, I am,

Yours very sincerely,
H. N. Allen

Dr. F. F. Ellinwood,
    53 5th Ave., N. Y.

호러스 N. 알렌(주한 미국 공사관 서기관)이 프랭크 F. 엘린우드
(미국 북장로교회 해외선교본부 총무)에게 보낸 편지 (1894년 6월 9일)

미합중국 공사관

한국, 서울

1894년 6월 9일 (7월 18일 접수)

친애하는 엘린우드 박사님,

최근 편지에서 저는 에비슨 박사가 병원을 포기했다고 적었습니다.[101] 그는 제가 전에 살았었으며, 지금은 여학교로 사용하고 있는 작은 집에서 살아야 합니다. 그 여학교는 후에 새 지역으로 이전될 예정입니다.

저는 또한 박사님께 평양의 문제에 대해서도 말씀드렸습니다. 이 문제는 영국과 미국 대표들의 항의로 이제 끝났습니다. 실 씨는 이 문제를 더 압박하여 마펫의 하인을 학대한 사람들이 처벌받도록 하게 할 것입니다. 모든 것은 외국인을 싫어하는 관찰사의 부하들이 돈을 갈취하려는 시도에 불과하였습니다. 최종 결과는 전반적으로 선교 사업에 유익할지도 모릅니다.

우리는 약간의 혁명을 겪었는데, 이것은 잔인한 세리(稅吏)에 대항하여 극도로 억압받는 서민들의 봉기에 불과합니다. 한국이 잘 되기를 바라는 사람들은 민중들의 봉기가 성공하기를 바랐지만, 줏대 없는 정부는 두려운 나머지 중국 군대의 도움을 요청하였는데, 그것은 불필요하였지만 한국 독립에 대한 그들의 주장을 끝내는 데 많은 도움이 될 것입니다.

저는 관리들이 지배하는 이 나라에서 미래를 볼 수 없습니다.

안부를 전합니다.

안녕히 계십시오.

H. N. 알렌

F. F. 엘린우드 박사,

뉴욕시 5 애버뉴 54

---

101) Horace N. Allen (Seoul), Letter to Frank F. Ellinwood (Sec., BFM, PCUSA) (May. 16th, 1894)

Horace N. Allen (Sec., U. S. Legation to Korea),
Letter to Frank F. Ellinwood (Sec., BFM, PCUSA) (June 9th, 1894)

United States Legation

Seoul, Korea

June 9, 1894 (July 18)

Dear Dr. Ellinwood: -

In my last letter I wrote you of Dr. Avison giving up the hospital. He is to live in the old house I used to occupy, now used as a girl school which latter is to go to new quarters ye & bye.

I also told you of the troubles in Peng Yang. This trouble is now over, owing to the remonstrances of the British and American Representatives. Mr. Sill will push the matter and have the men punished who ill-treated Moffetts servant. The whole thing was but an attempt to extort money by the underlings of a foreign hating Governor. The fmal result may be good to the mission work in general.

We have been having a little revolution, merely an uprising of the sorely oppressed common people against their cruel tax gatherers. All well-wishers of Korea hoped the people would succeed, but in a moment of fear their "boneless" Govn't called in the aid of Chinese troops and, while it was unnecessary, it will do much to end their claim to Korea independence.

I don't see much in the future of this official-ridden country.

With kind regards,

I am Yours Sincerely,

H. N. Allen

Dr. F. F. Ellinwood,
54 5th Ave., N. Y.

프랭크 F. 엘린우드(미국 북장로교회 해외선교본부 총무)가
호러스 N. 알렌(주한 미국 공사관 서기관)에게 보낸 편지
(1894년 6월 14일)

1894년 6월 14일

친애하는 알렌 박사님,

우리는 한국에서 일어나는 사건의 상황에 대해 해외 전보를 통하여 많이 알고 있었기 때문에 박사님의 5월 16일자 편지[102]는 그리 놀랍지 않았습니다. 분명히 현 왕조는 최후의 혼란을 겪고 있으며, 더 개선될 어떠한 기회가 있었다면 우리는 왕권의 이양이 조속히 이루어져야 한다고 원하였을 것입니다. 그러나 나는 모든 정책을 뒤집는 반동의 왕이 더 나을 것이라고 기대할 만한 아무런 타당한 근거를 찾을 수가 없습니다. 이곳에서는 새로운 굶주린 일당들이 권력을 잡게 되면 지극히 중요한 것들을 먹어버려 이전 일당보다 훨씬 악화될 것으로 생각하고 있습니다. 한국에는 끔찍한 부패와 무자비하고 잔혹한 폭정이 만연해 있는 것 같습니다. 우리는 봉기하는 사람들을 비난할 수 없습니다. 우리는 제물포에 열강의 많은 해군 함대가 있어 상황을 어느 정도 억제할 수 있기를 바라고 있습니다. 상륙해 있는 청나라 및 일본 군대와 항구의 유럽 및 미국 군함은 현상 유지에 도움을 줄 것입니다. 우리는 박사님의 근심을 함께 하고 있습니다.

이제 아내들이 평양으로 가는 것에 관한 것입니다. 나는 그것이 터무니없다는 박사님의 생각에 동의합니다. 그곳에 영구적으로 거주하겠다는 의지가 단번에 드러나고, 정착을 반대하는 시위가 나타난 것은 여자의 거주를 당분간 포기해야 한다는 증거입니다. 만일 [그레이엄] 리 씨가 장기간의 방문 계획을 가지고 마펫과 함께 일할 수 있다면, 현지인 설교자들을 위한 주택을 마련하고 그들도 잠시 묵을 수 있다면 그렇게 할 것입니다. 그것은 우리가 해야 할 일입니다. 부지 확보에 있어 속임수를 피하라는 영국 공사의 서한은 의미심장합니다. 우리는 반드시 악의 모양을 피해야 하며 그렇게 해야 합니다. 반면에

---

102) Horace N. Allen (Sec., U. S. Legation to Korea), Letter to Frank F. Ellinwood (Sec., BFM, PCUSA) (May 16th, 1894)

대부분의 외교 사절들이 이 사건의 윤리에 대하여 갖고 있는 이해는 그다지 정확하지 않다고 말하는 것이 타당할 것입니다. 광산 부지를 얻거나 철도 또는 심지어 상업적 목적으로 토지를 구입하려는 영국인과 선교 부지를 위한 토지를 확보하는 선교사 사이에는 엄청난 차이가 있습니다. 결국 우리는 장로교회 선교본부나 그 이름을 가진 사람들을 위하여 부지를 구하고 있지 않습니다. 우리는 이익 창출을 기대하고 있지 않습니다. 선교부 재산은 우리가 한국 국민의 이익을 위하여 우리 자신의 자금을 투자하는 한 가지 형태일 뿐입니다. 그렇게 하는 것이 안전하다면, 우리는 즉시 한국인의 이름으로 권리 증서를 가지는 것을 선호할 것입니다. 그러나 한동안은 후견 체계가 있어야 합니다. 우리는 그들의 이익을 위해 재산을 보유해야 합니다. 예를 들어 일본에서 내년에 교회가 전체 선교 사업을 담당하여 계속할 수 있게 된다면, 나는 모든 선교본부들이 기꺼이 자신들의 재산 전체를 넘길 것이라고 생각합니다. 사실 우리의 업무 전체가 그런 종류의 것을 지향하고 있습니다. 그러므로 우리가 세속적인 기업처럼 우리 자신을 위한 이익을 추구한다는 것은 사실이 아니며, 마펫과 같은 사람이 목표로 하는 업무의 실제적인 윤리적 특성은 낮은 것이 아니라 높습니다. 그는 자신의 이익을 추구하지 않고 평양 사람들의 이익을 추구하고 있습니다. 그는 그들이 획득한 모든 토지의 완전한 혜택을 받을 뿐만 아니라 그것에 추가로 자신이 무료 선물로 평생의 일을 할 것이라고 기대하고 있습니다. 이는 영국이든 미국이든 영사 및 공사가 이해해야 하며, 가능한 한 빨리 사람들이 이해해야 합니다. 그것은 일본이나 한국의 예수회가 외세와 통치 권력의 기반을 얻으려고 하였을 때와는 매우 달랐습니다. 우리는 그런 종류의 것을 목표로 삼고 있지 않습니다. 그럼에도 불구하고 손가락에 화상을 입은 한국인들에게 그러한 차이를 이해시키기는 어려울 것 같습니다.

그러나 내가 말한 모든 것에도 불구하고 우리는 가능하다면 악(惡)의 모양조차 피할 수 있는 방법을 찾아야 합니다. 시리아에서는 10년 동안 부동산을 임차하고 그 위에 건물을 짓는데, 더 이상 임차료를 받을 수 없다면 10년 후에 큰 손실을 보게 될 정도로 지출을 하지 않도록 조심합니다. 그럼에도 불구하고 일반적으로 10년 정도 더 연장될 수 있습니다. 나는 한국에서 그러한 계획을 채택하는 것이 좋을 것이라고 생각합니다. 그리고 우리 선교사들이 박사님이 지은 것과 같은 집을 짓는 데 만족한다면 우리는 계속할 수 있습니다.

이제 제중원에 관해서입니다. 나는 에비슨 박사가 병원을 포기하도록 조언을 한 것에 대하여 박사님의 의견에 동의할 수 없습니다.[103] 내가 알 수 있는 한, 적어도 왕은 그가 할 수 있는 일을 하고 있습니다. 우리는 의약품 (구입)을 확보하기 위하여 우리의 자금을 사용해야 할 수도 있고, 만일 우리가 그 자금을 사용한다면 힘을 갖고 있는 불한당들이 그것들을 차지할 수 없을 것입니다. 우리는 에비슨 박사를 돕기 위하여 정규 간호원의 파송을 준비하고 있습니다. 우리는 주택을 짓기 위한 부지를 사거나 임차하는 데 또 다른 예산을 확보해야 할 수도 있습니다. 긴박하게 건물을 짓는 계획은 부지를 구입하지 못하여 방해를 받을 수 있습니다. 우리가 할 수 있는 일은 하나님의 섭리에 위탁하여 길이 열리는 대로 전진하는 것뿐입니다.

나는 박사님이 친절하게 현안들에 대하여 분명하게 이해할 수 있게 해 준 것에 대하여 감사드립니다.

부인께 안부를 전합니다.

안녕히 계세요.
F. F. 엘린우드

Frank F. Ellinwood (Sec., BFM, PCUSA), Letter to Horace N. Allen (Sec., U. S. Legation to Korea) (June 14th, 1894)

June 14th, (189)4

My dear Dr. Allen: -

Your letter of May 16th does not surprise us because we have learned so much from the cablegrams as to the condition of affairs in Korea. Evidently the present dynasty is in its death throes, and if there were any chance of getting a better one we might almost wish that its demise should come quickly. But I can see no good ground for expecting that a reactionary King with a reversal of all policy would be any better. It may be as it is here what a new and hungry party

---

103) 알렌은 자신이 에비슨의 사직을 조언하였다는 내용을 5월 16일자 편지에 처음 언급하였다. 그런데 이 편지는 6월 12일에 도착하였으므로, 엘린우드는 6월 14일자 이 편지에서 에비슨의 사직에 대하여 처음으로 언급하였다.

comes into power it eats out the vitals of things even worse that the one that preceded it. Horrible corruption and remorseless, cruel tyranny, seem to be rampant in Korea. We cannot blame the people for rising up. Our hope is that there will be such an array of foreign power in the naval squadrons at Chemulpo as to hold things somewhat in check. Chinese and Japanese soldiers on the land and European and American ships in port will have a conservative influence. We share your solicitudes.

Now about the wives going to Pyeng Yang. I agree with you in the idea that it is preposterous. It shows at once an intention to make permanent residence there, and the demonstration against such settlement is evidence that female residents should be given up for the present. If Lee could work with Moffett on the same plan of lengthy visitations, having simply homes for the native preachers in which they themselves also could lodge for a time, - that would be the thing to do. It is the thing that we must do. The letter of the British Minister in regard to avoiding deceit in securing land is significant. We certainly ought to avoid the appearance of evil and must do so. On the other hand it is fair to say that the comprehension which most diplomatic representatives may have of the ethics of this case is not quite correct. There is a vast difference between an Englishman trying to get a piece of mining property or buying a concession for a railroad, or even for commercial purposes, and a missionary securing land for a mission plant. In the end we are buying property not for the Presbyterian Board of for the persons in whose names the titles are taken. We have no expectation of deriving profit. The mission property is only one form in which we invest our own means for the benefit of the people of Korea. Were it safe to do so we would at once prefer to have the titles taken in the name of the Korean people. But there must be a system of tutelage for a time; we must hold the property for their good. If it should so happen that in Japan, for example, the churches would next year be able to take up the whole mission work and carry it on from this time forth, I think all Mission Boards would gladly make over their entire properties. In fact, our whole work looks to something of that kind. It is not true therefore that we are seeking an advantage for ourselves as secular enterprises would do, and the real ethical quality of what a man like Moffett aims to do, instead of being low is high. He seeks not his own good but that of the people of Pyeng Yang. He expects that they will have the full benefit of all land obtained not only, but that he will put in his life work as a free gift in addition thereto. This ought to be understood by Consuls and Ministers, British or American, and as soon as possible it ought to be understood by the people. It was very different when the Jesuits in Japan or in Korea tried to get a foundation of foreign power and dominion. We aim at nothing of the kind. Still, I suppose it is hard to make the Koreans whose fingers have been once burned, understand any such difference.

But, notwithstanding all I have said, we must if possible find some way of avoiding even the appearance of evil. In Syria they rent property for say ten years and put buildings on it, being careful not to go to such an outlay that they would be great losers at the end of ten years if no further rent could be had. Still it generally happens that they can get an extension for another ten years and so on. I think it might be well for us to adopt some such plan in Korea, and then if our missionaries would be content to build houses, such for example as you have built, we could got on.

Now about the Hospital. I don't believe I would agree with you in advising Dr. Avison to give up. As nearly as I can learn the King at least is doing what he can. It may be that we shall have to use our own funds in securing medicine, and if we use them ourselves the scoundrels who are in power cannot get hold of them. We are sending out a trained nurse to help Dr. Avison. It may be that we shall have to make an additional appropriation to buy or rent land for the house which we propose to build. It may be that the rush for putting up buildings will be checked by our inability to buy land at all. All we can do is go forward as the way opens, trusting in Providence.

I thank you for your kindness in giving me so clear an understanding of matters.

With kind regards to Mrs. Allen, I am,

Yours very sincerely
F. F. Ellinwood

캐드월러더 C. 빈튼(서울)이 프랭크 F. 엘린우드
(미국 북장로교회 해외선교본부 총무)에게 보낸 편지 (1894년 7월 12일)

(중략)

박사님이 남부에서 일어난 것으로 언급하신 봉기는 그 지역에서 사회적, 정치적 원인으로 발생한 많은 봉기 중의 하나이었습니다. 남부 지방 선교부의 선교사들은 전주에서 몇 주일을 보내고 있었지만, 알렌 박사의 요청으로 돌아왔고 도시는 곧 반란군에 의해 점령되었습니다.

(중략)

Cadwallader C. Vinton (Seoul),
Letter to Frank F. Ellinwood (Sec., BFM, PCUSA) (July 12th, 1894)

(Omitted)

The uprising you refer to in the south was one of many which occur in that region, both from social and political causes. The missionaries of the southern mission were spending some weeks at Tjuntjiu, but returned by Dr. Allen's request and the city was soon after captured by the rebels.

(Omitted)

올리버 R. 에비슨(서울)이 프랭크 F. 엘린우드
(미국 북장로교회 해외선교본부 총무)에게 보낸 편지 (1894년 7월 12일)[104]

(중략)

저는 11월과 12월에 상태를 증진시키기 위한 계획을 수립하는 데 노력을 기울였습니다. 알렌 박사는 진심으로 저를 도와주었고, 말이라도 주사들은 제 노력을 승인하였습니다. 12월 말 알렌 박사는 병원이 올바르게 운영되도록 열망하는 것으로 보이는 왕에게 현안을 개진할 기회를 가졌고, 왕은 다음과 같은 제안에 동의하였습니다. 그리고 새로운 그 제안들이 수행되어야 한다는 지침과 함께 새로운 책임자[105]가 임명되었습니다.

(중략)

박사님께서는 돈이 우선 저에게 지불이 되고, 제가 주사와 하인에게 지불하는 것으로 합의되었다는 것을 유의하실 것입니다. 그러나 저는 이전의 문장에 담긴 보고에서 보이듯이 이것이 무시되었다는 것을 깨달았습니다. 그 후 그들은 곧 책임자(그는 절대 나타나지 않았습니다)의 전언을 보내 그가 주사와 하인에게 돈을 지불할 것이며, 그 후에 나머지를 저에게 주겠다고 하였습니다.

알렌 박사는 저에게 이러한 수정, 즉 하인과 급료의 항목을 제외하고 남은 110달러를 매달 병원 운영을 위하여 주겠다는 것을 수용하도록 권하였습니다. 얼마 후 그들은 책임자가 이 차액에서 그가 필요하다고 생각하는 수리를 할 것이며, 제가 의약품을 사고 싶을 때 주사를 통해 자신에게 돈을 요청하라는 전갈을 보냈습니다.

이것을 협약과 비교해보겠습니다. 이것은 (제중원의 상태를) 개혁 이전 바로 그곳으로 되돌려 놓은 것이었습니다. 이 문제를 두고 저는 알렌 박사를 면담하였습니다. 그는 저에게 그들에게 협약을 이행하지 않으면 즉시 병원을 떠나겠다고 말하라고 요청하였습니다.

---

104) 이 편지는 내용이 추가되면서 발송이 늦어졌고 9월 12일이 되어서야 엘린우드에게 도착하였다.

105) 여기서 책임자(superintendent)는 외아문 독판을 의미한다. 외아문이 관할하던 제중원에는 별도의 책임자 없이 독판이 겸임했기 때문이다. 여기서 새로운 책임자란 1894년 1월 2일 독판으로 임명된 조병직(趙秉稷)으로 판단된다.

(중략)

저는 즉시 알렌 박사 및 언더우드 박사와 대화를 나누었고, 그들은 저에게 사안이 올바르게 될 때까지 일을 중단할 것을 권하였습니다. 저는 그날 일을 계속하였으며, 저녁에 선교지부의 모든 회원들과 만났는데 모두들 위의 충고에 동의하였습니다. 그래서 다음 날 알렌 박사는 외아문에 편지[106]를 보내 저와의 협약이 이행되지 않았으므로 제가 병원에 계속 출근할 수 없지만 의약품 구입에 대한 우리의 예산을 갚는다면 즉시 철회할 것이며, 제가 일을 성공적으로 계속할 수 있는 그런 상황을 만들 그들의 결정을 기다리고 있겠다고 알렸습니다.

(중략)

알렌 박사는 그가 처음 병원을 개원하였을 때 병원은 자신이 생명을 구하였던 한국에서 가장 영향력 있는 사람인 왕비의 친척 중의 한 사람의 후원 하에 있었으며, 그 사람은 제중원에 개인적으로 깊은 관심을 보여 알렌 박사가 제안한 모든 것이 실행되었다고 말하였습니다. 그 이후 민영익은 중국으로 건너가서 지금 그곳에 체류하고 있으며, 짜내어 이득을 얻는 기회 이외의 것에는 관심이 없는 사람이 병원을 감독하고 있습니다.

(중략)

---

106) John M. B. Sill (U. S. Minister to Korea), Despatch to Kim Hak Chin (Acting Pres., For. Office), No. 7, For. Office (May 10th, 1894)

Oliver R. Avison (Seoul),
Letter to Frank F. Ellinwood (Sec., BFM, PCUSA) (July 12th, 1894)

(Omitted)

I worked along through November and December making plans for the improving of the conditions. Dr. Allen heartily seconding my effort and the officials by word at least approving my work. Late in December Dr. Allen found an opportunity to lay the hospital matters before the King who appeared anxious to have things right and the following propositions were agreed to by His Majesty and a new superintendent appointed with instructions to have them carried out.

(Omitted)

You will note that by the agreement the money was first to be paid to me and I was to pay the Choosas and servants, but I discovered that this was to be ignored as can be seen from the statement in the preceding sentence. They soon afterward brought a message from the Superintendent (who never himself meet in an appearance) that he would pay the money to the Choosas and servants and afterwards give me the balance.

Dr. Allen advised me to accept this modification and a schedule of servants & wages was made out which would leave a balances of $110.00 per month for me to run the hospital on. A little later on they brought word that the Superintendent would make such repairs as he thought necessary out of this balance and that when I wished to buy medicines. I should apply to him through Choosa for money.

Compare this with the agreement entered into. This brought us back exactly where we were before the revolution. I interviewed Dr. Allen on the subject. He asked me to say to them that I would at once leave the hospital unless they carried out the agreement.

(Omitted)

I at once communicated with Dr. Allen and Dr. Underwood who advised me to stop work until the matters could be set right. I continued work that day and in the evening interviewed all the members of our Station who concurred in the above advice, so next day Dr. Allen wrote the Foreign Office and informed him that, as their agreement with me had not been carried out, I could not continue to attend at the hospital, but would at once withdraw sufficient of the medicines to repay us for our expenditure, awaiting their decision to place it under such conditions as would make it possible for me to work successfully.

(Omitted)

Dr. Allen says that when he first opened the hospital it was under the auspices of one of the Queen's relatives whose life he had saved and who was the most influential man in the Kingdom and that he took such a deep personal interest in it that anything he (Dr. Allen) suggested was carried out. Since then that official Min Yong Ik, has gone to China where he now is and the oversight of the hospital has been given to man who have no interest in it other than as it afford the chance to "squeeze" and make 'gain'.

(Omitted)

올리버 R. 에비슨(서울)이 프랭크 F. 엘린우드
(미국 북장로교회 해외선교본부 총무)에게 보낸 편지 (1894년 7월 18일)[107]

(중략)

그들의 왕은 병원이 운영되고 있지 않은 것을 알지 못하고 있습니다.

오늘 언더우드 부인은 이 문제에 관해 대화를 나누길 원하였습니다만 기회가 없었습니다. 그녀는 내일 궁궐을 다시 방문합니다. 알렌 박사는 여러 번 이 문제를 왕에게 제시하려 시도하였지만, 한 번도 성공하지 못하였고 그래서 현재 아무 일도 이루어지지 않았으나 왕에게 직접 알릴 기회가 오기를 기다리고 있습니다.

(중략)

Oliver R. Avison (Seoul),
Letter to Frank F. Ellinwood (Sec., BFM, PCUSA) (July 18th, 1894)

(Omitted)

Their majesties are even yet unaware that the hospital is not being carried on.

Today Mrs. Underwood wished to get into conversation on the matter, but no opportunity occurred. She will again visit the palace tomorrow. Dr. Allen has tried several times to get the matter taken to the King, but no one thus far will do it and so for the present there is nothing to be done but wait till an opportunity occurs to take it to the King directly.

(Omitted)

---

107) 이것은 7월 12일자 편지의 추신이다.

호러스 N. 알렌(주한 미국 공사관 서기관)이 프랭크 F. 엘린우드
(미국 북장로교회 해외선교본부 총무)에게 보낸 편지 (1894년 7월 26일)

한국 서울,
1894년 7월 26일

친애하는 엘린우드 박사님,

6월 14일자 박사님의 편지108)를 방금 받았습니다. 우리는 평양 문제를 만족스럽게 해결하였습니다. 관찰사는 큰 압박을 받아 마펫에게 500달러를 지불하고 범죄자를 처벌하였습니다.

병원은 (더 이상) 존재하지 않습니다. 이 나라 정부도 마찬가지이며, 일본은 23일 아침에 궁궐을 점령하였고, 그들은 지금 모든 것들을 통제하고 있습니다. 그들의 계획이 매우 훌륭하기 때문에 내일이 없다면 모든 것이 매우 좋을 것입니다. 그러나 중국은 일본이 초조하게 먼저 들어가 막대한 돈을 낭비하게 한 뒤 나중에 개입할 것입니다. 그래서 어느 누구도 아직은 한국의 미래가 어떻게 될 지 장담할 수 없습니다. 우리에게는 훌륭한 수비대가 있고, 모든 미국인들과 함께 우리들 모두는 안전하고 건강합니다.

제가 처음에 박사님께 드리는 편지에서 칭찬을 많이 하였던 무어는 가장 실망스럽게 변하였습니다. 오랜 고통을 겪은 설교자이자 신사인 저의 상관인 실 공사는 그의 국민을 보호하려는 시도에서 무어에 의해 너무 모욕과 불쾌감을 느꼈기 때문에 그는 저에게 무어와 더 이상 서면 또는 구두로 의사 소통을 하지 말라고 지시하였습니다.

저는 다시는 누구도 지지하지 않을 것입니다. 그들은 항상 저를 실망시킵니다.

서둘러 씁니다.
H. N. 알렌

---

108) Frank F. Ellinwood (Sec., BFM, PCUSA), Letter to Horace N. Allen (Seoul) (June 14th, 1894)

Horace N. Allen (Sec., U. S. Legation to Korea),
Letter to Frank F. Ellinwood (Sec., BFM, PCUSA) (July 26th, 1894)

Seoul,

July 26, 1894 (Aug. 24, '94)

Dear Dr. Ellinwood: -

Yours of June 14 just to hand. We obtained a satisfactory settlement of the Ping An matter. The Governor was made, upon great pressure, to pay to Moffett $500 and punish the offenders.

The Hospital is defunct. So is the Govn't, the Jap took the Palace on the morning of the 23rd and they now control everything. It would be all very well were there no tomorrow as their plans are excellent, but the Chinese will move after they have allowed the Japs to fret a good deal and waste a lot of money. So no one can tell as yet what the future of Korea is to be. We have a good guard and all your people, with all Americans, are safe and well.

Moore, of whom I wrote you in such a flattering way at first, has turned out most disappointingly. My chief Minister Sill, a long suffering man, a preacher and a gentleman, has been so insulted and offended by Moore in his attempts to safeguard his people that he has instructed me to hold no more communication, written or verbal with him, Moore.

I won't endorse anyone again. They always disappoint me.

Yours in haste,

H. N. Allen

올리버 R. 에비슨(서울)이 프랭크 F. 엘린우드
(미국 북장로교회 해외선교본부 총무)에게 보낸 편지 (1894년 8월 8일)[109]

(중략)

알렌 박사는 병원에 관하여 어떠한 것도 할 수 없다고 말합니다. 현재 모든 것이 일본인들의 통제 하에 있으며, 현재까지 그들이 했던 것처럼 계속 성공한다면 이런 상태가 최소한 상당 기간 동안 계속될 것입니다. 분쟁 중에 상당한 외과 환자가 있었는데, 대부분 감리교회의 병원으로 가버려 이곳에 우리가 병원을 갖고 있지 않은 것을 저는 매우 유감스럽게 생각하고 있습니다.

Oliver R. Avison (Seoul),
Letter to Frank F. Ellinwood (Sec., BFM, PCUSA) (Aug. 8th, 1894)

(Omitted)

Dr. Allen report it as impossible to get anything done with the hospital Everything is at present under the control of the Japanese, and if they continue to succeed as they have done so fat it will continue so for a considerable time at least. I have regretted very much that we have not had a hospital here during the trouble as they has been quite a bit of medical surgery, most of which has gone to the hospital of the Methodist Mission.

---

109) 원래 7월 12일자 편지의 추신 형식으로 추가된 부분이다.

대니얼 L. 기포드(서울)가 프랭크 F. 엘린우드
(미국 북장로교회 해외선교본부 총무)에게 보낸 편지 (1894년 8월 13일)

한국 서울,
1894년 8월 13일 (9월 12일 접수)

친애하는 엘린우드 박사님,

며칠 전 저는 6월 15일자 박사님의 훌륭한 편지[110]를 다시 받아 상당히 기뻤습니다. 제중원에 관하여 말씀드리면 알렌 박사가 편지를 썼고, 에비슨 박사가 자신이 쓰고 있다고 말하였으며, 그들이 저보다 내막을 더 잘 알고 있기 때문에 이전에 저는 박사님께 쓰지 않았습니다. 에비슨 박사는 사실상 주사들에 의해 쫓겨났습니다. 박사가 병원의 책임을 맡았을 때, 그는 당시 우리 공사관의 대리공사이었던 알렌 박사의 도움으로 정부와 협약을 맺었는데, 어느 항목도 정부 관리에 의해 지켜지지 않았습니다. 에비슨 박사는 병원의 성공을 위하여 그의 모든 힘을 다해 일을 하고 있었는데, 그를 이렇게 다루었습니다. 정부는 이전에 벙커 씨가 살던 집을 그가 사용하도록 했었는데, 한국이 고용한 다른 외국인을 위하여 그를 강제로 쫓아냈습니다. 박사는 환자의 왕진을 위하여 지방에 내려갔는데, 돌아와 보니 환자를 입원시키려 준비하였던 몇 개의 방을 완전히 건강한 일본인 두 가족이 병원의 책임자의 지시로 살기 위하여 이곳으로 보내져 가재도구를 갖고 살고 있는 것을 발견하였습니다. 이것이 문제의 정점이었습니다. 에비슨 박사는 즉시 사직서를 제출하였고, 마펫 씨와 함께 서울 지부의 전체 회원, 그리고 알렌 박사의 승인을 요청하였습니다. 저는 1개월 전에 그에게 병원에서 사직하라고 충고한 적이 있었지만, 그는 일이 잘 될 것이라는 기대를 가지고 있었습니다. 지금 나라와 정부는 일본인의 통제 하에 있습니다. 저는 병원을 눈여겨보고 있는데, 외국인이 차지하고 있던 다른 직책들이 일본인들 손에 넘어갔습니다.

(중략)

---

110) Frank F. Ellinwood (Sec., BFM, PCUSA), Letter to Daniel L. Gifford (Seoul) (June 15th, 1894)

Daniel L. Gifford (Seoul),
Letter to Frank F. Ellinwood (Sec., BFM, PCUSA) (Aug. 13th, 1894)

Seoul, Korea,

Aug. 13, 1894 (Sept. 12)

My dear Dr. Ellinwood: -

I was much please the other day to receive once again a good letter from you bearing the date of June 15th. Speaking the Government Hospital, I had not written you before because I know that Dr. Allen had written & Dr. Avison assured me that he was going to write, & they know the inside facts better than I did. Dr. Avison was practically forced out of the hospital by the treatment of the officers. When the Dr. took the hospital in charge, he with the aid of Dr. Allen, then *Chargé d'Affaires* at our Legation, had a new contract drawn up with government, not one condition of which was kept by the government officials. Dr. Avison was working with all his might to make a successful the hospital, & this, among other things, is the way they treated him: the government had granted him the house formerly occupied by Mr. Bunker, & then forced him out to make room for another foreigner in Korean employ. The Dr. went down to the country to see a sick patient, & on his return he found two Japanese families, all of whom were in perfect health, quartered with all their pots & kettles, in a couple of wards, intended for the cared of the sick & these had been sent there to live by order of the pres. of the hospital. This brought the matter to a climax. Dr. Avison at once sent in his resignation, & then asked & secured the sanction of the entire Seoul station together with Mr. Moffett, then in Seoul, Dr. Allen, I am told had advised him a month before to resign from the hospital, but he had held on hoping for better things. Now that the country & government are under the control of the Japanese. I myself look to see the hospital & the other positions filled by foreigners pass into the hands of citizens of Japan.

(Omitted)

호러스 N. 알렌(주한 미국 공사관 서기관)이 프랭크 F. 엘린우드 (미국 북장로교회 해외선교본부 총무)에게 보낸 편지 (1894년 8월 26일)

미합중국 공사관
한국, 서울

1894년 8월 26일

친애하는 엘린우드 박사님,

저는 제중원 문제가 괜찮아질 것으로 생각합니다. (한국의) 전반적인 개편이 진행되고 있는 지금, 우리 공사관은 제중원을 증서와 함께 박사님께 완전히 넘기든지 혹은 정부의 후원 아래 그에 맞게 운영할 수 있도록 적당한 협약을 만들기 위하여 노력하고 있습니다.

어떤 결정이 이루어지는 대로 박사님께 알려드리겠습니다.

우리는 지금 큰 전쟁의 와중에 있습니다. 미국인들은 안전합니다. 정치적 주제가 무엇이 될 것인가에 대하여 이야기할 수 있는 사람은 아무도 없습니다. 모두가 처음에는 일본이 승리할 것으로 생각하고 있는 것 같지만, 중국은 워낙 큰 나라이기 때문에 일본이 계속 이런 상태를 유지하기는 어려울 것 같습니다. 그 사이에 많은 군대들이 주둔하여 전투를 벌임으로써 한국은 고통을 받을 것이며, 이전보다 더 나빠질 수 없는 그런 상황에 처해 있습니다.

안녕히 계십시오.
H. N. 알렌

F. F. 엘린우드 박사
5 애버뉴 53
뉴욕 시

Horace N. Allen (Sec., U. S. Legation to Korea), Letter to Frank F. Ellinwood (Sec., BFM, PCUSA) (Aug. 26th, 1894)

United States Legation

Seoul, Korea

Aug. 26/ 94

Dear Dr. Ellinwood: -

I think the hospital matter will come out all right. In the general reconstruction now going on we are trying, from this Legation, to have the institution either given over to you entire by deed, or suitable arrangements made for its proper conduct under Government auspices.

I will let you know as soon as something is decided upon.

We are in the midst of a great war. American lives are safe. What the political issue will be, no one can tell. All seem to think that Japan will succeed at first, but China is such a big mass, she may be hard to keep in control. Korea will meantime suffer from the presence of the large armies & fighting, but her condition cannot be left any worse than it was before.

Yours very truly,

H. N. Allen

Dr. F. F. Ellinwood

53 Fifth Avenue

N. Y. City,

올리버 R. 에비슨(서울)이 프랭크 F. 엘린우드
(미국 북장로교회 해외선교본부 총무)에게 보낸 편지 (1894년 8월 31일)

한국 서울,
1894년 8월 31일

신학박사 F. F. 엘린우드 목사

친애하는 박사님,

제중원과 관련하여

이전에 보낸 편지에서 이미 아실 것이지만, 제중원을 다시 개원하는 것과 관련한 협상이 진행되고 있습니다. 아직 분명한 합의는 이루어지지 않았지만, 알렌 박사가 언더우드에게 보낸 편지를 언더우드 박사가 저에게 오늘 보내 주었는데, 그중 다음의 내용을 참조하시면 현재 최종 합의가 이루어지고 있다는 점을 알 수 있고, 또한 기대할 만한 결과가 나올 것이라는 예측을 할 수 있을 것입니다.

저는 다행히 일본에서 편지를 부칠 기회가 있어 부분적이기는 하지만 보고드리고자 합니다. 우리는 이곳에서 부치는 편지가 조작되지 않을까 염려하고 있습니다. 알렌 박사는 오늘 다음과 같이 썼습니다.

외무아문[111]에서 말하기를, 심의회[112]에서는 정부가 지금 제중원을 운영할 돈이 없지만, 만일 의사가 자신의 재원으로 운영하고 싶어 한다면 기꺼이 '그가 말하는 대로 하도록' 할 것이라고 보고하였다고 합니다. 그것은 다소 분명한 것이기에 우리는 그에게 관리를 보내 에비슨 박사와 병원을 살펴보고 박사가 무엇을 원하는지 등등을 알아보고, 주택을 짓기 위한 대지

---

111) 1882년 12월 4일 통리아문을 개칭하고 1883년 1월 20일 장정이 마련된 통리교섭통상사무아문(외아문)은 갑오개혁 시기인 1894년 7월 20일에 폐지되었으며, 그 업무를 그대로 계승한 외무아문(외부)이 설치되어 외부대신(外部大臣)이 관장하였다. 외무아문은 1895년 4월 1일 공포된 별도의 외부관제에 의해 외부(外部)로 개칭되었다.

112) 심의회(Council)란 갑오개혁 중에 관제를 개혁하기 위하여 1894년 6월 설치하였던 군국기무처(軍國機務處)를 의미한다. 군국기무처는 각부 아문의 소속 각사(各司)를 개록(開錄)하면서 8월 18일 제중원을 내무아문 소속으로 배속시켰다. 하지만 소속이 바뀌었어도 제중원과 관련된 일은 외무아문이 담당하였다.

에 대한 계획을 수립하도록 요청할 것입니다. 그곳에는 더 이상 주사가 없으며, 그것은 이미 과거의 일이 되었습니다. 그래서 그는 그가 하고 싶은 대로 일을 할 수가 있습니다. 지금 왕 역시 그것에 관하여 모두 알고 있습니다. 대원군도 그렇습니다. 저는 이후 모든 것이 좋아질 것으로 생각하고 있습니다.

(중략)

Oliver R. Avison (Seoul),
Letter to Frank F. Ellinwood (Sec., BFM, PCUSA) (Aug. 31st, 1894)

Seoul, Korea,

Aug. 31/ 94

Rev. F. F. Ellinwood, D. D.

Dear Sir: -

Re. Government Hospital -

As you will know ere this from former letters, negotiations have been carried on with reference to it being reopened. Although a definite settlement has not yet been made we have reached the stage where we have reason to hope for a final and satisfactory arrangement as you will see by the following quotation from a letter received today from Dr. Allen by Dr. Underwood.

I send this partial information now as there is an opportunity to send a letter to be mailed in Japan and we fear our letters posted from here may be interfered with. Dr. Allen writes today as follows; -

Foreign Office says - Council reported that government had no money to run the hospital now, but if the Doctor is willing to conduct it on his own funds they will be very glad to "do as he says". That being a little definite we will ask him to send an official to look over the place with Dr. Avison and see what he want, &c &c, lay out the ground for his house &c. There are no Choosas there any more; that is a thing of the past, so he can depend on going ahead about as he pleases. The King also knows all about it now. So does the Tai Won Khun. I think it will be allright hereafter.

(Omitted)

프랭크 F. 엘린우드(미국 북장로교회 해외선교본부 총무)가
엘렌 스트롱(서울)에게 보낸 편지 (1894년 9월 26일)

1894년 9월 26일

엘렌 스트롱 양,
   한국 서울

친애하는 스트롱 양,

   7월 12일자 귀하의 편지를 방금 두 번째로 검토하고 있습니다. 나는 귀하가 [M. 모드] 알렌 박사와 관련하여 실망할 것에 유감스럽습니다. 우리가 귀하와 에비슨 박사로부터 병원의 전망에 대하여 좀 더 일찍 알지 못한 것은 유감스럽습니다. 우리는 공사관의 H. N. 알렌 박사로부터 에비슨 박사가 사임하였으며, 병원은 사실상 거의 폐지되었다는 사실 이외에는 한동안 깜깜무소식 상태이었습니다.

(중략)

Frank F. Ellinwood (Sec., BFM, PCUSA),
Letter to Ellen Strong (Seoul) (Sept. 26th, 1894)

Sept. 26th, (189)4

Miss Ellen Strong,
    Seoul, Korea

My dear Miss Strong: -

Your letter of July 12th I have just been looking over a second time. I am sorry that you will be disappointed in regard to Dr. [M. Maud] Allen. It was unfortunate that we did not know earlier what we now know from the letter which you and Dr. Avison sent us in regard to the outlook of the Hospital. For a long time we were in the dark, having only the fact stated by Dr. H. N. Allen of the Legation, that Dr. Avison had resigned, and that the Hospital had virtually become well-nigh extinct.

(Omitted)

18940926

프랭크 F. 엘린우드(미국 북장로교회 해외선교본부 총무)가
올리버 R. 에비슨(서울)에게 보낸 편지 (1894년 9월 26일)

(중략)

우리는 제중원의 상황에 대하여 조기에 보고를 받지 못하여 불편하였습니다. 우리는 알렌 박사의 편지를 받았지만 박사님이 보내준 그런 정확한 경과 같은 것은 아무것도 들어 있지 않았습니다. 그것은 매우 짧았으며, 우리는 선교부의 박사님 혹은 다른 회원이 즉시 모든 사실을 우리에게 알려주지 않은 것에 놀랐습니다.

(중략)

나는 박사님에 대하여 완전한 확신을 가지고 있는 알렌 박사의 도움을 받기 위하여 그에게 의지할 수 있다고 생각합니다. 하나님께서는 일본인들이 선교 사업을 방해할 어떠한 독단적인 구속을 주장하는 자만과 흥분에 의해 영향을 받지 않도록 하실 것입니다.

(중략)

Frank F. Ellinwood (Sec., BFM, PCUSA),
Letter to Oliver R. Avison (Seoul) (Sept. 26th, 1894)

(Omitted)

We were inconvenienced by not having an earlier report in regard to the condition of the Hospital. We had Dr. Allen's letter, but it gave us nothing like the clear history which you have given. It was very brief and we wondered that you or some other member of the Mission did not at once acquaint us with all the facts.

(Omitted)

I think you can depend upon Dr. Allen, who has full confidence in you, for his co-operating. God grant that the Japanese may not be so influenced by a sort of big-headed conceit and exaltation s to insist upon any arbitrary restrictions that shall interfere with the Mission work.

(Omitted)

18940927

올리버 R. 에비슨(서울)이 프랭크 F. 엘린우드
(미국 북장로교회 해외선교본부 총무)에게 보낸 편지 (1894년 9월 27일)

(중략)

저는 협약에 대하여 다음과 같은 설명을 보내드립니다.

1. 우리들의 제안은 선교부의 이름으로 이루어졌습니다. 알렌 박사는 한국 정부가 아직 준비하고 있지 않은 기독교의 도입을 공식적으로 승인하는 것이 되기에 선교 단체와 직접 상대할 입장이 아니라고 저에게 알려 주었습니다. 이런 이유로 공문에는 제 이름만이 언급되었습니다. 하지만 알렌 박사는 저에게 그들이 제가 기독교 선교사이고 접촉에서 제가 선교 단체를 대표한다는 점을 알고 있으며, 저에게 무슨 일이 일어나면 공사관이 나서 선교부의 이익이 안전한지를 살필 것이라고 확인하였습니다.

(중략)

Oliver R. Avison (Seoul Station Com.),
Letter to Frank F. Ellinwood (Sec., BFM, PCUSA) (Sep. 27th, 1894)

(Omitted)

I may offer the following comments on the agreement.

1. Our offer was made in the name of the Mission. Dr. Allen informs me that the government was not in a position to deal directly with a mission body as that would be giving official sanction to the introduction of Christianity, which they are not prepared to do yet. This accounts for the fact that only my name appears in their despatch. Dr. Allen assures me however that they are aware that I am a Christian missionary and that I represent a mission body in the contract, and that should anything happen me, the Legation will see that the interests of the Mission are secured.

(Omitted)

호러스 N. 알렌(주한 미국 공사관 서기관)이
올리버 R. 에비슨(서울)에게 보낸 편지 (1894년 9월 27일)[113]

별첨 3

알렌 박사 편지의 사본
한국 정부의 공문을 설명함

미합중국 공사관
한국 서울

1894년 9월 27일

O. R. 에비슨 박사,
　서울

친애하는 박사님,

　실 씨의 승인 하에 나는 제중원을 공식적으로 전적으로 박사님의 관할에 두는 한국 외무아문으로부터의 공문을 동봉하며, 그것에 대한 설명은 다음과 같습니다.

　박사님이 거주할 주택을 건립하는 허가를 하면서 사용한 '일시적'이라는 용어는, 그들이 박사님에게 주택을 짓는 것을 허가하되 한국 정부가 박사님에게 건물과 보수에 들인 경비를 박사님께 지불함으로써 언제이건 병원과 주택을 다시 소유할 수 있기에 영구적인 협약이 아니라는 뜻입니다. 하지만 경험상 이 정부는 현금을 주고 재산을 획득하지 않기 때문에 나는 이것이 상당히 영구적인 협약이라고 생각합니다. 이 조항은 박사님의 제안과 일치하는 것이며, 대지를 전체적으로 포함합니다.

　병원에서의 기독교 사업에 관해서 박사님이 전체적으로 책임을 맡을 것이며, 박사님의 불평마저도 공식적으로 공사관을 통해 해야 합니다. 이 기관의 성공은 박사님에게 달려 있으며, 그것은 선교 기관으로서의 힘을 가질 수 있습니다. 박사님이 재치 있게 행동하면 박사님 혹은 박사님의 사람들이 요청할 수 있는 모든 것을 이룰 수 있을 것입니다.

---

113) 에비슨이 엘린우드에게 보낸 9월 27일자 편지의 첨부 3이다.

10년 전 병원에서는 통역관을 통해 종교적으로 환자와 이야기하였습니다. 박사님은 박사님이 원하는 만큼 그들에게 이야기할 수 있으며, 박사님은 다른 일들도 점차 그렇게 할 수 있습니다. 그러나 박사님이 오르간 연주, 그리고 매일의 예배로 시작한다면, 정부는 돈을 차용하여 박사님을 쫓아낼 것이고 그 기관을 폐쇄시킬 것입니다.

나는 박사님이 요청할 수 있는 모든 것을 갖고 있다고 생각합니다. 박사님의 배경에 정부가 없는 것이 이전보다 이 기관을 위하여 더 좋을 것입니다. 조심하고 사리 있게 판단하면 기독교적인 병원 사업을 이루어나갈 수 있을 것이고 그것이 널리 알려질 것입니다.

H. N. 알렌

Horace N. Allen (Sec., U. S. Legation to Korea), Letter to Oliver R. Avison (Seoul) (Sep. 27th, 1894)

No. 3

Copy of Dr. Allen's letter
Explaining Korean Govt. Despatch

U. S. Legation
Seoul, Korea

Sept. 27, 1894

Dr. O. R. Avison,
    Seoul

Dear Sir: -

By the consent of Mr. Sill I herewith enclose a copy of a despatch from the Korean Foreign Office formally placing the Government Hospital entirely in your control, and to say in explanation of it as follows.

The term "temporarily" used in connection with the consent given you to erect a dwelling house, means that while they give you the consent to build the house, it is not to be a permanent agreement, since the Korean government may at any time regain possession of the hospital and the house by paying to you all the expense you have been put to in buildings and repairs. This I consider amounts to a pretty permanent arrangement however, since experience has shown that this govt. is not given to acquiring property by cash purchase. This clause agrees with your own suggestion and covers the ground wholly.

About christian work at the hospital, you will be wholly in charge; even complaints of what you do must come formally through this office. The success of the institution depend upon you; so does it power as an evangelizing agency. If you use tact you can accomplish all you or your people could ask.

Patients were talked to religiously through the official interpreter at the hospital 10 years ago. You can talk to them as much as you like I should say you could gradually work in others to do this also. But if you start off with a chapel, an organ, and daily devotions, the gove'nt will buy you out and shut up the institution if they have to borrow money to do it.

I think you have all you could ask. The institution is better by for as it is than if it were given you outright with no government at your back. Use care and judgment and you will build up a christian hospital work that will be known for and wide.

Your truly
H. N. Allen

올리버 R. 에비슨(서울 지부 위원회 서기)이 호러스 N. 알렌 (주한 미국 공사관 서기관)에게 보낸 편지 (1894년 9월 28일)[114]

별첨 4

외무아문 공문에 대한 우리의 답변 사본

한국 서울,
1894년 9월 28일

H. N. 알렌 박사,
주한 미국 공사관 서기관

친애하는 박사님,

어제 제중원과 관련한 우리의 제안에 동의하는 조선 외무아문으로부터 발송된 공문의 사본 및 이에 대한 박사님의 설명을 보내 주신 박사님의 친절에 대하여 사의를 표합니다.

저는 그것들을 이 문제를 관할하고 있는 위원회에 즉시 제출하였고, 이 위원회는 호의적으로 선교 지부에 보고하였습니다. 협약은 우리들의 교신에 언급되기 이전에 공사관이 저를 선교부의 대표로 인정한다는 조건으로 만장일치로 승인되었습니다. 장래에 제가 죽거나 다른 이유로 이곳에 없게 되거나 혹은 공사관의 업무가 상황을 잘 모르는 다른 사람들에게 넘어가는 경우 때문에 이것이 공사관의 견해인 것이 당연히 필수적이었습니다. 박사님께서는 이 문제에서 우리들을 위하여 제공해 준 뛰어난 봉사에 대한 우리의 진심으로부터 우러나오는 감사의 말씀을 부디 실 씨에게 전달해주시고, 또 박사님께서도 받아주시겠습니까?

O. R. 에비슨,
서울 지부 위원회 서기

---

114) 에비슨이 엘린우드에게 보낸 9월 27일자 편지의 첨부 4인데, 10월 2일자가 추신 형식으로 붙어 있어, 9월 28일자 이 편지가 함께 실려 있다.

Oliver R. Avison (Sec., Station Com.), Letter to Horace N. Allen (Sec., U. S. Legation to Korea) (Sep. 28th, 1894)

No. 4

Copy of our reply to Foreign Office Despatch

Seoul, Korea,

Sept. 28/ 94

Dr. H. N. Allen

Secr. American Legation to Korea

Dear Sir -

I beg to acknowledge your favor of yesterday enclosing a copy of a Despatch from the Korean Foreign Office agreeing to our proposals with reference to the Government Hospital, together with your explanations regarding the same.

I at once submitted them to the Committee having the matter in charge, and this Com. reported favorably to the station, which by a unanimous vote approved the agreement with the understanding that the Legation recognizes me as the representative of the Mission before referred to in our correspondence. It is of course necessary that this be understood to be the view of the Legation, because, in the future, I may be removed by death or otherwise, or the present incumbent of the Legation may be replaced by others not familiar with the circumstances. Will you kindly convey to Mr. Sill and accept for yourself our cordial thanks for the excellent service you have rendered us in this matter?

Yours very sincerely,

O. R. Avison,

Secr. Station Com.

프랭크 F. 엘린우드(미국 북장로교회 해외선교본부 총무)가
호러스 N. 알렌(주한 미국 공사관 서기관)에게 보낸 편지
(1894년 10월 22일)

1894년 10월 22일

H. N. 알렌 박사,
    한국 서울

친애하는 알렌 박사님,

　　우리는 한국으로부터 제중원이 다시 에비슨에게로 넘어왔다는 것을 알게 되어 매우 기쁩니다. 우리는 구체적인 내용은 가지고 있지 않습니다. 에비슨 박사는 이야기해 왔던 것에 대하여 나에게 막 편지를 썼습니다. 나는 지금쯤은 이해가 분명해지고 재정 상태가 만족스럽기를 바랍니다. 제가 보기에 한국인들은 미국인들이 일을 소홀히 다루지 않으며, 또한 마침내 처음으로 공정한 바탕 위에 일을 해결할 것으로 알게 될 것으로 생각합니다.

　　나는 박사님의 편지가 항상 중요한 정보를 주기에 매우 높게 평가하고 있습니다. 이제 우리는 어떤 새로운 상황이 벌어졌는지 불안해하고 있습니다. 당연히 우리는 전보를 받았지만, 그것들은 대체로 믿을 수 없습니다. 박사님은 2명의 젊은 여자를 파송하는 것에 대한 적절성에 대하여 어떻게 생각하십니까? 그것이 안전할까요? 우리는 1명을 확보하고 있으며, 또 다른 사람을 찾고 있습니다. 그러나 워싱턴의 국무부는 현재로서는 중국에 새로운 선교사를 파송하지 말도록 권하고 있으며, 한국에 관해서는 그들이 얼마나 다르게 권할지 모르겠습니다.

　　이 전쟁에서 벗어나면 한국의 일들이 더 나은 상태가 되고 선교 사업에 문이 활짝 열리기를 기대하고 믿고 있습니다.

　　F. F. 엘린우드

Frank F. Ellinwood (Sec., BFM, PCUSA), Letter to Horace N. Allen (Sec., U. S. Legation to Korea) (Oct. 22nd, 1894)

Oct. 22nd, (189)4

Dr. H. N. Allen,
　　Seoul, Korea.

My dear Dr. Allen: -

We are very glad to know form Korea that the Hospital is again handed over to the care of Dr. Avison. We have not particulars. Dr. A. had already written me that the thing was talked of. I hope by this time the understanding is clear and the financial conditions satisfactory. It seems to me that the Koreans must see that Americans are not going to be trifled with, and that they may as well put matters upon an honest basis frist at last.

I prize your letters very highly, as they always give me important information. We are wondering just now with you what new conditions have happened. Of course we got the cablegrams, but they are not altogether reliable. What think you of the advisability of sending out two young ladies? Would it be safe? We have one and are looking for another, but from the State Department in Washington we are advised not to send new missionaries to China for the present, and we do not know what different advice, if any, they would give in regard to Korea.

Hoping and believing that out of this war will come a better state of things for Korea, and a wiser opening for mission work, I remain,

Yours very sincerely,
F. F. Ellinwood

18941022b

프랭크 F. 엘린우드(미국 북장로교회 해외선교본부 총무)가
호러스 N. 알렌(주한 미국 공사관 서기관)에게 보낸 편지
(1894년 10월 22일)

1894년 10월 22일

H. N. 알렌 박사,
　　한국 서울

친애하는 알렌 박사님,

　　나는 빈튼 박사에 관하여 박사님께 비밀리에 이야기하고 싶습니다. 우리는 수도(首都)에서 에비슨 박사와 함께 일할 여의사를 한국에 보내 달라는 요청을 받았습니다. 여의사가 필요하며 여자만이 자신의 성별에 대한 완전한 접근을 찾을 수 있기 때문에 선교지에 있는 해당 직업의 남자 의사 수에 관계가 없지만, 의심할 바 없이 빈튼 박사가 그곳에 있으며 다소 불필요한 것으로 간주된다는 사실은 선교본부 직원들이 바로 지금 다른 의사의 비용을 부담하는 것을 다소 꺼리게 하는 데 영향을 미치고 있습니다. 선교부에서는 에비슨 박사가 서울에서 우리의 책임 있는 의사가 되어야 한다고 생각하는 동시에, 나는 박사님께 비밀리에 말할 수 있는데, 부산에 있는 선교사나 평양에 있는 마펫이나 리 선교사 어느 누구도 빈튼 박사를 그들 지부로 이적하는 것을 좋아하지 않습니다. 내 생각에는 그가 거의 실패자라는 불명확한 느낌이 있습니다. 그는 병원에서 성공하지 못하였고, 허드 씨가 나에게 보낸 꽤 ＿＿＿한 편지는 상당히 탐탁하지 않습니다. 같은 ＿＿의 박사님의 편지에서 약간의 ＿＿＿가 있으며 ＿＿＿ ＿＿ ＿＿ ＿＿ 언어 전형 위원회는 빈튼 박사를 부족한 사람으로 규정하였지만 그의 아내는 언어를 전혀 시도하지 않은 것으로 보입니다. 출처를 밝힐 필요가 없는 여러 편지에서도 빈튼 부인은 남편이 시골 여행을 떠나는 것을 매우 꺼리고 있으며, 그렇지 않으면 그가 시도할 수 있는 선교 사업에 전적으로 장애가 된다고 언급되어 있습니다. 나는 그의 비능률에 대한 일반적인 확신과 관련하여 어느 정도 자유롭게 빈튼 박사에게 편지를 보냈으며, 그가 얼마나 진지하게 선교본부가 원하면 사직서를 보낼 준비가 되어 있는지 알 수 없습니다. 우리는 친절하고 현명하게 행동하기를 원합니다. 우리는 그리스도인 형제와 그의 아내의 장래를 해칠 어떤 행동도 하는 것을 매우 꺼리고 있습니다. 동시에 우리는 어느 정도 적절한 보상이 있을 것으로 예상되지 않는 한, 빈튼 박사와 그의 가족을 지원하는 것과 관련하여 해마다 막대한 자금을 사용함에 있어 선교본부에 지워진 엄숙한 책임을 깨닫고 있습니다.

이 문제와 관련된 모든 사실과 함께 신중하고 명확한 의견 표명을 보내주시면 대단히 고맙겠습니다.

알렌 부인에게 안부를 전합니다.

안녕히 계세요.
F. F. 엘린우드

Frank F. Ellinwood (Sec., BFM, PCUSA), Letter to Horace N. Allen (Sec., U. S. Legation to Korea) (Oct. 22nd, 1894)

Oct. 22nd, (189)4

Dr. H. N. Allen,
Seoul, Korea

My dear Dr. Allen: -

I want to speak to you confidentially in regard to Dr. Vinton. We are called upon to send out a lady physician for Korea to work with Dr. Avison in the Capital. Although there is need of a lady physician, irrespective of the number of man of that profession that we may have on the ground since only a lady can find full access to her sex, yet no doubt the fact that Dr. Vinton is there, and is looked upon as more or less of a superfuluety, has its influence in making the Officers of the Board somewhat reluctant to incur the expense of another physician just now. It is felt in the Mission that Dr. Avison should be our responsible doctor in Seoul, while at the same time I may say to you confidentially, nether the missionaries at Fusan or Messrs. Moffett or Lee at Pyeng Yang, seem willing to have Dr. Vinton transferred to those stations. There is an ill-defined feeling I think, that he is more or less of a failure. He was not a success in the Hospital, and some pret_ _____ letters come to me by Mr. Hurd [sic], are quite detrimental. Some _____ have been ____ in your letters of the same __port which of course ___ ____ ____ _____. ___ ___ -___ two _____ the re_____ the Examining Committee on language have set down Dr. Vinton as defective, while his wife appears to have made no attempts at the language whatever. It is alleged also in various letters, whose source need not be given, that Mrs. Vinton is quite unwilling to have her husband leave her for any country trips, and is altogether a handicap upon such missionary work as he might otherwise attempt. I have written to Dr. Vinton with more or less freedom in regard to a general conviction of his inefficiency, and with what earnestness I do not know, he has signified his readiness to send his resignation if the Board so desires. We wish to act kindly and wisely. We are very reluctant to take any action which shall injure the prospects of a Christian brother and his wife. At the same time we realize the solemn responsibility which rests upon the Board in the use of funds to so large an amount from year to year as is involved in the support of Dr. Vinton and his family, unless there is prospect of some adequate return.

I would be greatly obliged to yu if you will send me a careful and discriminating expression of opinion, with any facts relating to this matter.

With kind regards to Mrs. Allen, I am,

Yours very sincerely,
F. F. Ellinwood

조지 허버 존스(제물포)가 호러스 N. 알렌
(주한 미국 공사관 서기관)에게 보낸 편지 (1894년 10월 30일)

한국 제물포,
(18)94년 10월 30일

친애하는 알렌 박사님,

　박사님의 문의 편지는 부주의로 인하여 오늘 아침까지 잘못 보관되어 잊혀져 있었습니다. 저는 월요일에 ____에게 편지를 쓰려고 하였는데, 질병 등으로 ____ 마음에서 ____하였습니다. 제가 아는 한 이곳의 관리들은 아직까지 증서 건(件)에 대하여 아무런 조치도 취하지 않았습니다. 그것은 제 눈으로 볼 수 있는 것 이상으로 신뢰하지 않는 임 부관찰사의 손에 달려 있습니다. 그는 약 3년 동안 폭도들에 의하여 관직에서 쫓겨난 성 씨의 전성기 시절의 ____이었습니다. 나는 임 씨에게 문제를 해결해 주면 감사하겠다고 전언을 보냈지만 그는 아직까지 살펴보지도 않았습니다.

　박사님의 건강이 좋지 않다고 듣고 있습니다. 대단히 유감스럽습니다. 저는 박사님과 공감할 수 있습니다. 여러분들 모두께 진심으로 안부를 전합니다. 월요일에 만나기를 바랍니다. 박사님은 수요일에 10주년 행사에 참석한다는 것을 알고 있습니다.

　안녕히 계세요.
　조지 허버 존스

Geo. Heber Jones (Chemulpo), Letter to Horace N. Allen (Sec., U. S. Legation to Korea) (Oct. 30th, 1894)

Chemulpo, Korea,

Oct. 30/ 94

Dear Dr. Allen: -

Through an oversight your letter of inquiry has been mislaid and forgotten until this morning. I intended to write on Monday to ____, but sickness etc. _____ it from mind. The Yamen here as far as I know have not taken any steps in the matter of the deeds yet. It is in the hands of the Deputy Gov., a fellow by the name of 임, whom I wouldn't trust much further than my eyes could follow. He was a ____ during the palmy days of 셩 who was run out of the Yamen by a mob some 3 yrs. ago. I sent word to 임 that I wd. be grateful if he would clear the matter up, but not a peep from him yet.

I hear you are not well yourself. Very sorry. I can sympathise with you. Kindest regards to you all. Hope to see you Monday. You know you are on for Wed. a. m. at the Decennial.

Sincerely yours,

Geo. Heber Jones

호러스 N. 알렌(주한 미국 공사관 서기관)이 프랭크 F. 엘린우드 (미국 북장로교회 해외선교본부 총무)에게 보낸 편지 (1894년 11월 29일)

한국 서울,
1894년 11월 29일 (12월 28일 접수)

F. F. 엘린우드 박사,
　뉴욕 시 5 애버뉴 53

친애하는 박사님,

　저는 10월 22일자의 박사님 편지[115] 두 통을 받았으며, 빈튼 박사와 이곳의 상황에 대하여 은밀하게 질문하신 것에 대하여 답하려 합니다.

　빈튼 박사는 일반적으로 이곳에서 큰 실수를 범하고 있는 선교사의 한 명으로 간주되며, 아무 일도 하지 않으면서 많은 급료를 받고 있습니다. 제중원에서 그의 실패는 주로 그의 매우 고지식한 기질과 함께 그의 무능력에 기인합니다. 그는 그 기관을 실질적으로 잃어버릴 정도의 상황에 처하게 하였습니다. 열심히 노력하여 다시 되찾았지만, 그에게 감사해할 것은 아무 것도 없습니다.

　저는 어제 그가 한국어로 하인에게 불을 피우라는 간단한 지시를 내리려고 하는 것을 들었습니다. 그는 그 사람을 거의 이해하게 만들 수 없었으며, 그래서 언어 공부를 많이 해야 합니다. 지난 여름 그의 유아가 심하게 아팠을 때, 그는 말 그대로 (생후 약 2개월인) 그에게 육즙을 잔뜩 먹였고, 예상대로 아이는 날이 밝기 전에 죽었습니다.

　일전에 저는 그의 아내(어쨌든 조금 얼간이)가 어떻게 자기 남편이 온 가족을 독살시킬 뻔했는지에 대한 재미있는 이야기를 하는 것을 들었습니다. 그녀는 남편에게 쇠고기 통조림에 사용할 약간의 초석(礎石)[116]을 가져와 달라고

---

115) 엘린우드는 10월 22일 알렌에게 두 통의 편지를 보냈는데, 하나는 제중원이 다시 에비슨에게로 넘어왔다는 것을 알게 되어 기쁘다는 내용이고, 다른 하나는 빈튼 박사에 대하여 비밀리에 언급하는 내용이다. Frank F. Ellinwood (Sec., BFM, PCUSA), Letter to Horace N. Allen (Seoul) (Oct. 22nd, 1894); Frank F. Ellinwood (Sec., BFM, PCUSA), Letter to Horace N. Allen (Seoul) (Oct. 22nd, 1894a)

116) 'saltpetre'는 질산칼륨(Potassium nitrate), KNO3을 말한다.

하였습니다. 그는 그녀에게 병 하나를 가져다주었고, 그녀가 그것을 사용하였는데, 그들이 고기를 사용하려 하였을 때 그것은 시꺼먼 덩어리가 되어 있었습니다. 그러자 그는 초석 대신 옥살산을 주었음에 틀림이 없다고 말하였습니다. 그가 그러한 실수들에 관한 기록은 매우 흔하지만 저는 더 이상 인용하지 않겠습니다. 박사님은 사실을 요청하셨고, 제가 언급한 이것들로 충분할 것입니다. 그의 부인은 선교사가 선호해야 할 생각과는 정반대의 생각을 가진 어리석고 매우 사치스러운 사람입니다.

저는 그 사람에 대하여 개인적으로 반감을 가진 것이 없으며, 그에게 상처를 주는 것도 싫습니다. 그러나 저는 언더우드에게 저와 관련된 일들에서 선교부가 그에 대하여 정확하게 보고하지 않은 것은 비난을 받을 만하다고 생각한다고 여러 번 이야기하였습니다.

요약하자면, 그는 자신의 직업에서 전문성이 떨어집니다. 그는 한국어를 구사할 줄 모릅니다. 그는 고집이 대단히 세고, 선교부가 원하는 대로 하려고 하지 않고 있습니다. 아내의 영향으로 그도 대단히 엉뚱합니다. 그는 선교부의 치욕이며, 선교사 전체의 명성을 손상시키고 있습니다.

하지만 저는 그가 지난 1년 동안 더 잘해 보려고 노력하고 있는 것 같다고 말씀드려야겠습니다. 어빈 씨는 부산에 있으며, 만일 평양에서 빈튼을 받아들이지 않는다면, 저는 박사님이 그에게 어떤 일을 맡기실 수 있을지 모르겠습니다. 그는 서울에서 쓸모가 없습니다.

제중원

제가 병원 문제를 어떻게 해결하였는지 편지를 보내 드렸습니다. 저는 그 문제를 전적으로 제가 해결하였다고 말씀드렸습니다. 그런데 일본인들이 그 병원을 원하였기 때문에 문제가 더 어려워졌습니다. 지금 병원은 전적으로 박사님의 손에 있으며 원하시는 대로 하실 수 있습니다. 에비슨 박사는 훌륭한 사람이며, 자신의 일을 잘 이해하고 있습니다. 그는 지금 병원 구내에서 살고 있습니다. 아버클 양이 그를 도와 열심히 일하고 있습니다. 그녀 또한 병원 구내에 살고 있습니다. 그들은 일을 아주 잘 하고 있습니다.

이곳 상황을 고려할 때, 박사님께서 그들이 요청한 조력자를 파송하지 않을 이유가 전혀 없습니다. 일본은 전쟁에서 완승하였고, 한국 정부의 틀을 잡는 일에 집중하고 있습니다. 남도에서는 아직 민란이 일어나고 있지만, 일본이 곧 모두 평정할 것입니다. 현재 이곳은 그 어느 때보다 안전합니다.

박사님은 제가 일본과 한국 사이에서 만족할 만한 상호 이해를 위한 역할을 해 왔다는 것을 아시면 흥미로우실 것입니다. 일본의 실력자 중 한 명인 이노우에 백작이 최근에 공사로 이곳에 부임해 왔습니다.[117] 그는 즉시 저에게 만족스럽게 왕을 알현할 수 있도록 도와달라고 부탁하였는데, 그는 왕의 두려움을 받아들이고 왕이 자신의 변명을 잘 듣도록 하며, 개인적으로 왕비를 알현하고자 하는 바람에서입니다. 저는 모두에게 아주 정중하게 대하고 있으며, 일본도 저를 고맙게 여기는 한편, 왕은 제가 자기의 나라를 구하였다고 계속 말합니다. 이러한 것들은 아마도 저의 공적인 지침을 넘는 것이기에 전적으로 사적인 것이며 비밀입니다. 그러나 저의 상사인 실 씨는 알고 있고, 모든 것을 전적으로 승인해 주고 있습니다.

한국이 곧 근대식 지식에 따라 개발에 나설 것이라고 추측할 만한 여러 가지 이유가 있습니다. 향후 선교는 지난 10년 동안의 어떠한 속박으로부터도 자유로워져야 할 것입니다.

저는 훌륭한 홀 박사를 죽음에 이르게 한 평양으로의 답사를 진정으로 인가하지 않았습니다. 마펫 씨는 제 말을 듣지 않으려 할 것입니다. 더욱 정떨어지는 것은 7일이나 걸려 그곳에 도착한 리 씨가 단 10일 동안만 체류하다가 죽은 중국인들의 많은 물건들을 가지고 돌아왔는데, 그것을 통하여 그가 그 여행에서 아무런 선교 활동을 하지 않을 것을 알게 된 선교사가 아닌 사람들에게 상당한 불쾌감을 가져다주었습니다.

모든 분께 안부를 전합니다.

안녕히 계십시오.
H. N. 알렌

---

117) 이노우에 가오루(井上馨, 1836. 1. 16~1915. 9. 1)는 하급 무사의 아들로 태어나 주슈 번의 명문 번교 메이린칸에서 수학한 후 에도로 가서 네덜란드의 근대 학문인 난학과 포술(砲術)을 배웠다. 1862년 이토 히로부미 등과 함께 외국을 배척하는 양이(攘夷) 운동에 참가하였고, 영국에서 해군 교육을 받고 귀국한 후에는 바쿠후[幕府] 타도 운동에 나섰다. 1868년 메이지 유신 이후 여러 요직을 거쳐 1871년 대장대보(大藏大輔)가 되었다. 1873년 관직에서 물러났던 그는 1875년 복귀하였으며, 1876년 특명전권 부변리대신(副辨理大臣)이 되어 변리대신 구로다 기요타카[黑田淸隆]와 함께 내한하여 운요호[雲揚號] 사건에 대한 책임을 추궁하며 조일수호조약을 체결하였다. 그는 1884년 전권공사로 다시 내한하여 갑신정변 처리를 위한 한성조약(漢城條約)을 체결하였다. 청일전쟁 때인 1894년 10월부터 1895년 9월 1일까지 주한 일본 공사를 역임하였다.

Horace N. Allen (Sec., U. S. Legation to Korea),
Letter to Frank F. Ellinwood (Sec., BFM, PCUSA) (Nov. 29th, 1894)

Seoul, Korea,

Nov. 29, 1894 (Dec. 28)

Dr. F. F. Ellinwood,

   53 Fifth Avenue, N. Y. City

My dear Doctor: -

I have your two letters of Oct. 22nd and will answer your confidential enquiries regarding Dr. Vinton, as well as those regarding the situation here.

Dr. Vinton is generally looked upon here as one of the great missionary blunders - men who draw a good salary for nothing. His failure at the hospital was chiefly due to his incompetence, coupled with his very stubborn disposition. He put that institution into such a position that we practically lost it. Though by hard work we got it back again - no thanks to him however.

I heard him yesterday trying to give a simple order to a servant in Korean, to make a fire. He could hardly make the man understand - so much for the language. When his infant child was very ill last summer, he literally stuffed it with meat extract (the child was about two months old), it died before morning as was to be expected.

The other day I heard his wife (a little simpleton, by the way) telling an amusing story of how he came near poisoning his whole family. She asked him for some saltpetre to use in canning beef. He sent her a bottle, she used it, and when they came to use the meat it was a blackened mass. He then said that he must have given her oxalic acid instead of Saltpetre. Reports of such mistakes of his are very common, but I will not quote more. You asked for facts, these I have mentioned should be enough. The wife is a silly, very extravagant creature with ideas quite contrary to those a missionary would be supposed to entertain.

I have nothing against the man personally, and dislike to injure him. Yet I have several times told Underwood that I thought the mission culpable in not reporting him for things that they have freely related to me.

To sum up, he is not efficient in his profession. He cannot use the language. He is exceedingly obstinate and not inclined to do as the mission wish him to do. Under the influence of his wife, he is very extravagant. He is a reproach to the mission and injures the reputation of the whole body of workers.

I must say however, that for the past year he seems to be trying to do better. Irving is at Fusan and if Vinton will not be received at Peng Yang, I don't see how you can use him. He is of no use in Seoul.

Hospital. I wrote you at the time how I got that settled. I say I for I did it entirely. It was made more difficult by the fact that the Japanese wanted it. You have the institution entirely in your own hands now and can do as you like. Dr. Avison is a good man and understands his business. He is living in the Hospital. Miss Arbuckle is hard at work helping him. She also lives there. They are doing a good work.

There is no reason why you should not send them the helpers they ask, so far as conditions here are concerned. The Japanese are entirely and wonderfully successful in their war and are hard at work putting this Govn't into good shape. The Southern provinces are in rebellion still but the Japanese will settle all that soon. We were never more safe here than at present.

It may interest you to know that I have been very instrumental in bringing about a satisfactory understanding between Japan & Korea. Count Inouye, one of the first men of Japan, came here as Minister recently, and at once asked me to aid him in approaching the king in a satisfactory manner, that is in greeting his fears and making him fit to listen to reason and in getting a personal audiences with the Queen. I succeeded in a manner so satisfactory to all, that the king has repeatedly told me I saved his country to him, while the Japanese seem very grateful. This is entirely personal and confidential, as I probably went beyond my official instruction, but Mr. Sill, my chief, knows and fully approves my course.

We have every reason for supposing that Korea will soon embark upon a course of development that will be quite in conformity with modern ideas. Mission work in the future should be free from any of the restraints of the past ten years.

I heartily disapproved of the recent excursion to Peng Yang which caused the death of the noble Dr. Hall. Moffett would not listen to me. What made it more disgusting was that Lee after spending 7 days going up there, only remained ten days & then returned with a lot of spoils from the dead Chinese, which he displayed to the great displeasure of the non-missionary people, who saw no mission work in such a trip.

With my kindest regards to you all.

Yours sincerely,

H. N. Allen

올리버 R. 에비슨(서울),
보고서 R. 에비슨 박사의 의료 사업에 관한 보고서 (1894년 12월)

(중략)

왕이 재건을 명령하다 (1893년) 12월 알렌 박사의 노력으로 왕에게 제중원의 상태를 알렸고, 일이 조금 더 나의 직접적인 통제 하에 두도록 하는 그런 제안을 하였다. 결국 왕은 그 제안을 수락하였고, 음력 정월부터 그렇게 실행하라는 명령을 내렸다.

하인의 수 당시 제중원과 관련된 주사는 약 40명, 하인은 약 35명 정도이었다. 이중에서 약 13명의 하인을 제외한 나머지는 해고되었고, 일을 돌보기 위해 새롭게 3명의 주사가 임명되었다.

이전보다 악화됨 처음에는 그것이 효과가 있는 것 같았지만 그렇게 되지 않았다. 새로운 주사의 전부 혹은 최소한 일부가 이전 주사보다 훨씬 더 심하였고, 무엇이든 그들에게 유리하도록 여러 일들에서 더욱 더 죄었다. 이런 상태가 3개월 동안 유지되었고, 나는 1주일 동안 지방에 내려갔다가 돌아와 보니 병원의 일부 건물은 일본인 가족이 차지하고 있고, 어떤 건물은 외부 한국인이 차지하고 있는 것을 발견하였다.

사임 - 5월 9일 그래서 나는 선교부가 다르게 지시하지 않는 한 병원 일을 포기하기로 결심하였고, 서울 지부가 나를 만장일치로 지원한다는 것을 확인한 후 다음 날 알렌 박사에게 나의 이러한 결정을 조선 정부에 통보해 줄 것을 요청하였고, 모든 것을 마음 속에 감추고 은둔 생활로 칩거에 들어갔다.

(중략)

감사의 말씀 나는 병원과 관계된 문제를 현재와 같은 상태로 되게 하는 데 있어 매우 귀중한 도움을 준 알렌 박사와 실 씨에게 감사를 드리고 싶다. 또한 지난해 병원 일에 관하여 바친 많은 기도에 대한 하나님의 인도와 응답을 고백하고 싶다.

Oliver R. Avison (Seoul),
Report R. Report of Dr. Avison's Medical Work (Dec. 1894)

(Omitted)

King orders a reconstruction: In December, through the effort of Dr. Allen, the King was made acquainted with the condition of things, and certain propositions were made to him looking to the placing of the work more directly under my control, with the result that he accepted the propositions and issued an order that they go into effect at the Korean New Year.

Number of Servants: At that time these were connected with the hospital as nearly as I could learn about 40 Choosas, and 35 Servants. All these were dismissed except about 13 Servants, while 3 new Choosas were appointed to look after the work.

Worse than before: At first it seemed as if it would work - but it didn't, for the new officials or at least some of them were worse than the former, and they kept tightening the lines more and more wherever they were able to make it profitable to themselves. This continued for 3 months, at the end of which time I went to the country for a week, and on returning found a part of the hospital buildings occupied by a family of Japanese, and other rooms filled by outside Koreans.

Resignation - May 9th: I then decided to give it up unless the Mission directed differently, and finding I had the unanimous support of Seoul Station, on the day following I asked Dr. Allen to communicate this decision to the Korean government and I retired into privates life - with a mental reservation.

(Omitted)

Thanks: I wish to thank Dr. Allen and Mr. Sill for the invaluable help they have give me in bringing hospital matters to their present stage. I wish also to acknowledge the guidance of God and His answers to the many prayers offered on behalf of the hospital work during the past year.

A. 데이머 드루(서울)가 호러스 N. 알렌
(주한 미국 공사관 서기관)에게 보낸 편지 (1894년 12월 6일)

친애하는 알렌 박사님,

저는 박사님이 편리한 시간과 날짜에 그 문제와 관련하여 박사님을 만나러 갈 것입니다.

제 기억으로는 저의 경우 18세 이전에 미국에 살았기 때문에 귀화 서류가 필요하지 않다는 말을 들었던 것 같습니다. 저는 버지니아 주 프라이스 에드워드 카운티에 있는 햄프던 타운쉽의 등록 기관에 가서 일종의 선서를 하였고, 다음 선거에 등록하고 투표를 하였던 것을 기억합니다.

나중에 저는 버지니아 주 댄빌로 이사하였고, 이어서 버지니아 주 샬로츠빌로 이사하였는데, 두 곳 모두에서 저는 등록을 하고 투표하였습니다. 매번 제가 이전에 거주하였던 선거구로부터 이적되었습니다.

안녕히 계세요.
A. D. 드루

서울, 1894년 12월 6일

A. Damer Drew (Seoul), Letter to Horace N. Allen (Sec., U. S. Legation to Korea) (Dec. 6th, 1894)

My dear Doctor Allen: -

I will come up and see you in regard to the matter at whatever time and day may be convenient to you.

My recollection is that I was told that naturalization papers in my case were unnecessary as I lived in the U. S. prior to the age of 18 (years). I remember going to the registrar of Hampden Township, Price Edward Co., Va. & taking some kind of an oath & being enrolled & voted at the next election.

Later I moved to Danville, Va. & subsequently to Charlottesville, Va. in both of which places I was enrolled & voted: getting each time a trnasfer from the precinct in which I had formerly resided.

Yrs. truly,
A. D. Drew

Seoul, Dec. 6th, 1894

호러스 N. 알렌(주한 미국 공사관 서기관)이 프랭크 F. 엘린우드
(미국 북장로교회 해외선교본부 총무)에게 보낸 편지 (1894년 12월 23일)

미합중국 공사관
서울, 한국

1894년 12월 23일

친애하는 엘린우드 박사님께,

저는 왕을 진료하기 위하여 에비슨 박사를 안내하였다고 알려드리게 되어 기쁩니다. 병환 중이던 왕은 제가 왕진해 주도록 강요하였지만, 여러 가지 이유로 저는 그렇게 하지 못하였습니다. 하지만 저는 에비슨 박사가 왕을 진료하도록 그들에게 역설하였으며, 마침내 그들은 제가 동행하는 것을 전제로 에비슨 박사가 왕을 진료하는 것에 동의하였습니다. 저는 그렇게 하였고, 우리는 왕을 세 번 진료하였습니다. 아마 여러 번 더 진료할 것입니다. 그는 일을 잘하고 있으며, 그것은 지금 확보된 병원이 다시 크게 성공하도록 만들 것입니다.

새로운 정부 체계가 도입되고 있는 바로 지금 왕가의 인정을 받는 것은 특별히 좋은 일입니다.

지난주에 새 내각이 발표되었습니다. 그것은 상당히 대표적인 인사들로 구성되었으며, 만약 혼연일체가 된다면 (그리고 각자 행동하지 않고 - 암살당하지 않으면) 그들은 국정 운영을 잘할 것입니다.

저는 이 불행한 나라의 미래가 좋아지기를 바랍니다. 저는 오랫동안 발전을 기다려 왔고, 한국인에 대한 모든 믿음을 포기하려 하였습니다. 그러나 일본인은 철저한 감(感)으로 그들 속으로 치고 들어가기로 결정한 것으로 보입니다. 일본인들은 대체로 훌륭하지 않지만, 그래도 지금까지 중국과의 관계에서 대단한 진보가 있었습니다.

안부를 전합니다.

안녕히 계십시오.
H. N. 알렌

추신: 저는 지금 막 언더우드 부인으로 하여금 병환 중인 왕비를 진료하도록
조치하였습니다.

F. F. 엘린우드 박사,
  5 애버뉴 53,
  미국 뉴욕 시

Horace N. Allen (Sec., U. S. Legation to Korea),
Letter to Frank F. Ellinwood (Sec., BFM, PCUSA) (Dec. 23th, 1894)

United States Legation
Seoul, Korea

Dec. 23, 1894

Dear Dr. Ellinwood: -

I have the pleasure of informing you that I have gotten Dr. Avison to the King. The latter being ill, insisted on my attending him, for many reasons I did not care to do so. I urged Dr. Avison upon them however, and they finally consented to have him if I would come with him. I did so and we have been to the King three times and will go as many more perhaps. He is doing well and this, with the condition in which the Hospital now is should make the latter institution a great success again.

This Royal recognition is an especially happy thing just at this time when the new system of Government is being entered upon.

Last week the new Cabinet was announced. It is composed of very representative men and if they hang together (and do not hang separately - be assassinated) they should do well.

I hope the future is looking up for this unhappy country. I have waited a long time for development and had about given up all faith in anything Korean, but the

Japs seem determined to beat a little sound sense into them. The Japs are not altogether lovely, but they are a vast improvement on the Chinese - so far.

With my kind regards I am,

Yours sincerely,

H. N. Allen

P. S. I have just arranged for Mrs. Underwood to go with us to see the Queen who is ill.

Dr. F. F. Ellinwood

53 Fifth Ave.

New York City, U. S. A.

미국 북장로교회 한국 선교부의 결의 (1894년 12월 26일)[118]

지난 한 해 동안 선교 사업과 관련된 상황으로 인하여 필요한 도움을 받기 위하여 미국 공사관에 여러 번 요청하였고,

평양에서 우리의 사역과 관련하여 부패한 관리들과 부하들의 탐욕과 허욕으로 우리 선교사들은 위험한 위치에 처하게 되었고, 우리 현지인 조력자들은 강탈, 투옥, 고문, 그리고 죽음의 위협을 받았으며,

미국 공사관의 대표인 J. M. B. 실 님의 신속하고 효율적이며 지속적인 조치를 통하여 우리 선교사들은 필요한 보호를 받았고, 우리 조력자들은 풀려났으며, 강탈한 돈에 대한 완전한 배상이 이루어졌고, 경비도 확보되었으며,

더욱, 서울에서 관리들의 부패로 인하여 중단되었던 정부 병원의 의료 업무는 J. M. B. 실 님과 H. N. 알렌 박사의 지칠 줄 모르는 노력을 통하여 재개되었고 우리 선교부의 통제하에 놓이게 되었으므로,

선교부로서 우리는 우리의 이익에 관심을 기울인 특별하고 현저한 사례뿐만 아니라 미국 시민의 모든 권리를 옹호하겠다는 결의에 대한 수많은 증거에 대하여 미국 공사 J. M. B. 실 각하와 미국 공사관 서기관인 H. N. 알렌 박사께 특별한 감사를 드리며,

그들의 결의안 사본은 J. M. B. 실 각하, H. N. 알렌 박사, 그리고 미국 북장로교회 해외 선교본부로 보내고, 그것들을 우리 선교부 회의의 회의록에 게재하기로

결의한다.

위원회   새뮤얼 A. 마펫

H. G. 언더우드

그레이엄 리

미국 북장로교회 선교부, 한국 서울

---

118) 이 결의안은 1894년 12월 26일 폐막된 미국 북장로교회의 한국 선교부 연례 회의의 오전 회의에서 채택되었다.

실 씨는 이런 일들에 대하여 거의 알지 못하였지만 저의 조치를 지지하였습니다. H. N. A.

Resolution by Presb. Mission in Korea (Dec. 26th, 1894)

Whereas: -

During the past year, circumstances in connection with our mission work, have several times caused us to call upon the American Legation for needed assistance; And Whereas: -

In connection with our work in Pyong Yang, through the greed and avarice of corrupt officials and underlings, our missionaries were placed in positions of peril, and our native helpers subjected to extortion, imprisonment, torture, and threatened death:

And Whereas: -

Through the prompt, efficient, and persistent action of the American Legation, through its representative, Hon. J. M. B. Sill, our missionaries received the needed protection, our helpers were released, and full reparations was made for money extorted, and expenses secured;

Whereas further: -

Through the corruption of officials in Seoul, medical work at the Government Hospital, having been discontinued, was reestablished, and placed under the control of our mission, through the untiring effort of Hon J. M. B. Sill and Dr H. N. Allen:

Resolved: -

That, as a mission, we extend our sincere thanks to His Excellency J. M. B. Sill, U. S. Minister Resident, and to Hon. H. N. Allen M. D., Secretary of U. S. Legation, not only for their special and marked instances of their attention to our interests, but also for the numerous evidences of their determination to uphold all the rights of American citizens.

Resolved: -

That copies of their resolutions be sent to His Excellency J. M. B. Sill, and to Hon H. N. Allen M. D., and to the Board of Foreign Missions of the Presbyterian Church in the United States of America, and also that they be spread upon the minutes of our Mission Meeting.

Committee   Samuel A. Moffett.
                 H. G. Underwood.
                 Graham Lee.
American Presbyterian Mission North, Seoul, Korea

Mr. Sill knew little of these things but cheerfully endorsed my action. H. N. A.

제6장 1895년
Chapter 6. 1895

18950116

프랭크 F. 엘린우드(미국 북장로교회 해외선교본부 총무)가
호러스 N. 알렌(주한 미국 공사관 서기관)에게 보낸 편지
(1895년 1월 16일)

1895년 1월 16일

H. N. 알렌 박사,
　　한국 서울

친애하는 알렌 박사님,

　　빈튼 박사와 병원에 관한 박사님의 11월 29일자 편지에 감사드립니다.[119] 박사님이 보낸 것은 빈튼의 실패에 대한 슬픈 그림입니다. 나는 이 경우에 우리가 무엇을 할 수 있는지 모르겠습니다. 나는 우리가 그를 유지할지의 문제에 대한 결정을 내리도록 선교부에 요청해야 한다고 생각합니다. 박사님의 편지는 같은 의미의 사실을 우리에게 보낸 유일한 편지는 아닙니다. 고국에 있었던 사람들과의 대화에서도 몇 가지를 알게 되었습니다. 내가 보기에 우리는 정말로 거의 일을 하지 않는 사람을 몇 년 동안 선교지에 둘 여유가 없는 것 같습니다. 그러나 한 번 임명된 사람을 소환하는 것은 매우 어려운 일입니다. 그는 돌아서서 이곳 고국에 있는 교회들에 불만을 일으키고 동정심을 불러일으킬 수 있으며, 선교사를 본국으로 데려와 절약할 수 있는 것보다 더 많은 돈을 잃게 되는 소송을 선교본부에 제기할 수 있습니다. 그래도 사실에 충실함으로써 대의에 충실해야 한다는 확신이 내 마음에 자리 잡고 있습니다. 하지만 사실은 철저하게 증명되어 실수가 없도록 해야 합니다. 우리는 평양의

---

119) Horace N. Allen (Sec., U. S. Legation to Korea), Letter to Frank F. Ellinwood (Sec., BFM, PCUSA) (Nov. 29th, 1894)

좋은 의사를 찾고 있습니다. 만약 그것이 빈튼 박사와 무명(無名) 씨 사이라면 그곳에 올라가 있는 형제들은 무명 씨를 더 선호할 것이라고 이해하고 있습니다. 부산 사람들은 어빈 박사를 빈튼 박사와 교체하는 데 동의하려 하지 않을 것입니다. 우리는 어빈 박사가 표명하였던 일부 두려움보다 더 잘 지내고 있다는 것이 매우 기쁘며, 박사 부부가 훌륭한 선교사임이 증명되기를 바랍니다. 나는 최근 뉴스를 보며 일본이 중국의 합리적인 제의에 응할 마음가짐이 없다는 것을 알 수 있었습니다. 존 W. 포스터 님은 중국 정부에 의해 옹호자이자 중재자로 임명되었으며, 우리는 그로부터 좋은 결과를 기대할 수 있습니다. 그는 손에는 큰 업무가 있지만 그는 꽤 냉정하고 신중한 사람입니다.

병원과 관련하여 나는 우리가 그동안 가졌던 모든 걱정 후에 전망이 좋다는 것에 대단히 기쁩니다. 에비슨 박사의 굳건한 상식과 그의 믿음에 대한 진정함이 기관(제중원)을 이전의 능률적인 상태로 끌어올리도록 기대합시다. 우리는 귀중한 선교사가 될 것이라고 생각하는 게일의 상당히 훌륭한 편지를 가지고 있습니다. 나는 박사님이 리 씨에 대하여 이야기한 것에 유감스럽습니다. 마펫은 실수를 할 수 있지만 그는 처음부터 끝까지 진실된 사람입니다. 나는 리 씨에게 조금 실망하였지만 단호하게 판단을 내리기는 이릅니다. 우리는 기대를 할 것입니다.

친애하는 형제여, 일에 대한 박사님 판단의 온전한 유익을 나에게 항상 주세요. 기밀 서신이 때때로 좋은 것입니다.

안녕히 계세요.
F. F. 엘린우드

Frank F. Ellinwood (Sec., BFM, PCUSA), Letter to Horace N. Allen (Sec., U. S. Legation to Korea) (Jan. 16th, 1895)

Jan. 16th, 1895

Dr. H. N. Allen,
　　Seoul, Korea.

My dear Dr. Allen: -

I thank you for your letter of Nov. 29th in regard to Dr. Vinton and the Hospital. It is a sad picture which you give of Vinton's failure. I hardly know what we can do in the case. I think we shall have to call upon the Mission to give us a decision upon the question of his retention. Your letter is not the only one that has brought facts of the same import. Some things I have learned also in conversation with those who have been at home. It seems to me that we cannot afford to have men upon the field for a series of years who really amounted so little, and yet it is an extremely difficult thing to recall a man when once appointed. He may turn right around and create dissatisfaction and arouse sympathy in the churches here at home, and make a case against the Board which will occasion the loss of more money than would be saved in bringing a missionary home. Still, my mind settles down upon the conviction that we must be true to the cause by being true to the facts. The facts, however, should be so thoroughly, attested that no mistakes be made. We are looking for a good doctor for Pyeng Yang. We understand that if it lies between Dr. Vinton and nobody the brethren up there would prefer the nobody. Nor would the Fusan people agree to an exchange of Irvin for Dr. Vinton. We are very glad that the former is getting on better than some fears that have been expressed, and I hope that both Dr. and Mrs. Irvin will prove good missionaries. I see by the very latest news that Japan is in no frame of mind to meet with reasonable overtures from China. The Hon. Jno. W. Foster has, I understand, been appointed by the Chinese Government as an advocate and mediator, and we may hope for good results from that. He has a large job on his hands, but he is a pretty cool-headed and judicious man.

In regard to the Hospital I am very glad that the outlook is so good after all the troubles that we have had. Let us hope that the strong common sense of Dr. Avison and his real fidelity to his trust till bring the institution up to its former efficiency. We have pretty good letters from Gale who I think is going to be a valuable missionary. I am sorry for what you say about Lee. As for Moffett he may make mistakes, but he is genuine through and through. I am a little disappointed in Lee, but it is too soon to form a decisive judgment. We will hope.

Meanwhile, my dear Brother, give me an all times the full benefit of your judgment upon affairs. A confidential correspondence is sometimes a good thing to have.

Very sincerely yours,
F. F. Ellinwood

로즈 E. 무어(서울), 보낸 편지에 담긴 서울 주둔 미 해병대 호위대의 부적절한 행위 혐의에 대한 로즈 엘리 무어의 진술서 (1895년 1월 17일)

정식으로 선서한 로즈 엘리 무어는 다음과 같이 말합니다.

나는 내가 방금 읽은 발췌문의 편지를 썼다는 것을 인정합니다. 내가 편지를 썼을 때 그것은 고국의 친구에게 쓴 것이었고, 공개될 것으로 예상하지 않았습니다. 나는 들은 것만 보고하였을 뿐, 편지에 언급된 내용은 전혀 보지 못하였습니다. 나는 그것이 사실이라고 믿었습니다.

하지만 나는 "짐승 같은", "거리에서 횡설수설하는"이라는 용어를 사관들에게 적용할 의도는 없었습니다. 나는 남자들에게 _____해야 했습니다.

나는 지금 나에게 이 모든 것을 말해 준 사람의 이름을 밝힐 수 없습니다. 내 남편의 한국어 선생은 군인들이 술에 취해 거리에서 횡설수설하며 노래를 부르는 것을 보았다고 말하였고, O. R. 에비슨 박사는 상점에서 술에 취해 집으로 데려가야만 했던 군인을 보았다고 나에게 말하였지만 내 정보원이 누구인지는 알 수 없습니다.

로즈 엘리 무어

1895년 1월 17일 내 앞에서 선서함.
호러스 N. 알렌,
주한 미국 공사관 서기관 및 총영사 대리

Rose E. Moore (Seoul), Affidavit of Rose Ely Moore concerning the charges of improper conduct on the part of the U. S. Marine Guard at Seoul, Korea, sent in a Letter (Jan. 17th, 1895)

Rose Ely Moore being duly sworn says: -

I admit that I wrote the letter, an extract of which was just read. When I wrote the letter it was to a friend at home and not expected to be made public. I only reported what I had heard and I did not see any of the things I mention in the letter. I believed them to be true.

I did not however intend to apply the terms, "beastly" and "ca____sing in the streets" to the officers. I had _____ to the men.

I cannot now name the persons who told me all of these things. My husbands Korean teacher said he saw soldiers drunk and ca____sing in the streets, and Dr. O. R. Avison told me he had seen a soldier in as shop, dead drunk 'beastly drunk'. I did hear that the officers got drunk at the club, and had to be brough home, but I cannot see all who my imformant was.

Rose Ely Moore

Sworn to before me
this 17th. day of January 1895.
Horace N. Allen,
U. S. Secretary of Legation and Deputy Consul General

윌리엄 X. 나인드(감리교회 감독), [결의문] (1895년 1월 19일)

한국 서울,
1895년 1월 19일

감리교회는 총회에서 다음과 같은 결의안을 채택한다.

봄과 초여름의 불안정한 상황은 선교부의 다양한 회원들에게 상당한 걱정을 불러일으켰고,
존 M. B. 실 님은 주한 미국 변리공사의 자격으로 우리의 생명과 재산을 적절히 보호하기 위하여 신속하고 강력하며 성공적인 조치를 취하였기에,

이번 회의에서 현재 선교부에 대한 그의 귀중하고 효율적인 수고에 대하여 우리의 변리공사에게 감사를 전하고,
주한 미국 공사관 서기관 H. N. 알렌 박사와 미국 선박 볼티모어 호, 찰스턴 호 및 콩코드 호의 선장에게 여러 부서에서의 노고에 감사드리며,
이 결의안을 회의록에 담고 감독이 서명한 사본을 언급된 여러 당사자들에게 전달하기로
결의한다.

W. X. 나인드,
감독, 회장

조지 허버 존스,
서기

물론 내가 이 업무를 하였지만, 공사의 허락을 받아야 하니 당연히 그는 공로를 인정받았다. H. N. A.

William X. Ninde (Bishop, M. E. Church), [Resolution] (Jan. 19th, 1895)

Söul, Korea,
January 19th, 1895

The Methodist Episcopal Mission in General Meeting assembled adopts the following resolutions:

Whereas

the unsettled state of Korea in the spring and early summer was the cause of much anxiety to the various members of the Mission and

Whereas

the Hon. John M. B. Sill in his capacity of Resident Minister of the United States to Korea took prompt, vigorous and successful steps looking toward the proper protection of our lives and property

Resolved

that the thanks of this Meeting are due and are hereby tendered to our Resident Minister for his valuable and efficient services to the Mission at this time.

Resolved

that our thanks are also due and are hereby tendered to the Secretary of the U. S. Legation, Dr. H. N. Allen and to the Captains of the U. S. Ships Baltimore, Charleston and Concord for their services in their several Departments.

Resolved

that these resolutions be spread on the Minutes and that copies signed by our presiding Bishop be forwarded to the several parties mentioned.

W. X. Ninde,
Bishop, Pres.

Geo. Heber Jones,
Secy

I did this work, of course, but as it had to have the Minister's sanction, naturally he got the credit. H. N. A.

프랭크 F. 엘린우드(미국 북장로교회 해외선교본부 총무)가
호러스 N. 알렌(주한 미국 공사관 서기관)에게 보낸 편지
(1895년 1월 29일)

1895년 1월 29일

H. N. 알렌 박사,
　한국 서울

친애하는 알렌 박사님,

　나는 박사님의 훌륭한 12월 23일자 편지에 감사를 드리며,[120] 그것에 담긴 호의적인 전망에 내가 얼마나 기뻐했는지 확실하게 알려드리고 싶습니다. 박사님이 에비슨 박사를 궁궐에 들어가게 하는 역할에 감사드립니다. 그런 일과 관련한 후원은 무시해서는 안 됩니다. 왕이나 왕비를 진료하는 남자 혹은 여자는 단지 의술 뿐 아니라 전반적인 성품도 널리 알려지게 되며, 그들을 파송한 선교부는 그만큼의 칭찬을 받습니다.

　한국의 전반적인 전망에 대하여 말한 것에 나는 기쁩니다. 일본인들은 모두에게 놀라움입니다. 프로이센-프랑스 전쟁 이후 어디에서도 우리가 중국과의 전쟁에서 본 것보다 더 나은 전술은 없었습니다.

　우리는 재정에 어려움을 겪고 있고, 선교부 지출을 동결시켜야 하며, 쓸모 없는 사람들은 없애야 한다고 생각합니다. 우리가 이것을 성취할 수 있느냐가 문제입니다. 그것은 대단히 어려운 문제입니다.

　알렌 부인께 안부를 전합니다.

　안녕히 계세요.
　F. F. 엘린우드

---

120) Horace N. Allen (U. S. Legation, Seoul), Letter to Frank F. Ellinwood (Sec., BFM, PCUSA) (Dec. 23th, 1894)

Frank F. Ellinwood (Sec., BFM, PCUSA), Letter to Horace N. Allen (Sec., U. S. Legation to Korea) (Jan. 29th, 1895)

Jan. 29th, 1895

Dr. H. N. Allen,
  Seoul, Korea

My dear Dr. Allen: -

I want to thank you for your good letter of Dec. 23rd, and to assure you how much I am rejoiced in the favorable outlook of which it speaks. Thanks for your instrumentality in getting Dr. Avison into the Royal Palace. ___ what we may, there is a patronage connected with a thing of that kind which is not to be despised. The man or woman who doctors in King or Queen is advertised not merely as to skill but as to general character and the Mission which furnishes that man or woman is so far forth commended.

I am glad of what you say about the general outlook of Korea. The Japs are an astonishment to everybody. There has been no better strategy of military performance since the Franco-German war any where than this that we have seen in the war with China.

We are in the damps about finances, and shall have to hold up on Mission expenditures, and the men who are useless I think ought to be weeded out. Whether we can accomplish this is a question. It is an exceedingly difficult matter.

With kind regards to Mrs. Allen, I am,

Yours very sincerely,
F. F. Ellinwood

호러스 N. 알렌(주한 미국 공사관 서기관)이 프랭크 F. 엘린우드
(미국 북장로교회 해외선교본부 총무)에게 보낸 편지 (1895년 2월 6일)

사적 편지
미합중국 공사관
한국 서울

1895년 2월 6일 (3월 8일 접수)

F. F. 엘린우드 박사,
뉴욕 시 5 애버뉴 53

친애하는 박사님,

제가 언더우드 부인을 궁궐로 데려간 것이 큰 실수가 아니었는지 염려스럽습니다. 그리고 일부 결과가 박사님께 갈 수 있으므로 저는 문제에 대하여 설명드리겠습니다. 이것은 제가 박사님께 개인적으로 정보를 드리는 것입니다. 아무 조치가 필요하지 않을 것입니다.

언더우드 부인은 스스로 과중한 책임을 맡았습니다. 예를 들면, 이사벨라 버드 비숍 부인이 영국 외교 사절[121]과 잠시 이곳에 머문 적이 있었습니다. 그녀는 왕비를 알현하기를 원하였지만, 그녀를 왕비에게 알현을 시키지 못한 타당하고 충분한 이유가 있었습니다. 언더우드 부인은 이 문제를 떠맡았고, 왕비를 진료하던 중 한 번 비숍 여사와의 면담을 허락 받았습니다. 박사님께서는 힐리어 씨의 심정을 상상하실 수 있습니다.

나인드 감독이 이곳에 있었습니다. 그는 저의 상관인 J. M. B. 실의 친한 친구인데, 그는 감독에게 모든 관심사들을 설명해 주었으나 그가 왕을 알현하는 것은 거절하는 것이 최선이라고 생각하였는데, 그가 왕을 알현하게 되면 프랑스 주교가 같은 우대를 요구할 수 있기 때문이었습니다. 이는 새 정부가 미움을 받는 외국 종교인 기독교와 매우 밀접하게 여기게 되어 모두에게 악평을 주게 되고, 선교사들이 많은 유익을 얻고 있는 돌아온 망명자들의 유용성을 위험에 빠트리고 의심할 여지 없이 일반적으로 선교 사업에 등을 돌리게

---

121) 월터 C. 힐리어(Walter C. Hillier, 1849~1927)를 말한다.

할 것입니다.

나인드 감독은 증기선을 타기 위하여 제물포로 떠났습니다. 왕비(그런데 그녀는 감리교회 선교부의 스크랜턴 부인들을 소개할 수 있었습니다.)로부터 부름을 받은 언더우드 부인은 그들(왕과 왕비)을 설득시켜 제물포로 전보를 보내 나인드 감독이 서울로 돌아와 알현을 하도록 하였습니다. 미국인들에게 호의를 베풀고 싶고 언더우드 부인의 뜻이 그녀의 공사관의 뜻과 일치한다고 생각하여 그들은 그렇게 함으로써 미국 공사의 머리를 넘어 미국인들의 이익을 위한 공사의 계획을 완전히 뒤엎어 버렸습니다. 실 씨는 우리 선교부를 돕기 위하여 할 수 있는 모든 일을 하고 싶어 하지만, 이 간섭은 적절하지 않으며 선교부가 수중에 있고 그가 도우려는 바로 그 업무를 혼란스럽게 할 수 있습니다.

언더우드 부인은 망명자들과 함께 교육 계획 목록을 만들고 있습니다. 저는 박사님이 그냥 천천히 진행하시는 것을 추천드립니다. 이곳은 모든 것이 여전히 혼란스럽고 이 사람들은 비록 높은 지위에 있지만 아직 지지 기반이 없고, 1884년 암살 때문에 그들을 일반적으로 미워하고 있는 일본인에 의한 신체 상해로부터 자신을 보호하기 위하여, 그리고 일본이 그들이 한국에 들어와 살아야 한다고 강요하고 있다는 사실 때문에 일본인 경호원과 함께 다녀야 합니다. 우리는 그들에게서 위대한 것을 바라지만 그들 위에 전적으로 의지하거나 그들과 너무 밀접하게 연결되는 것은 어리석은 일인데, 그들의 붕괴는 그들과 관련된 모든 것들의 붕괴를 포함할 것이기 때문입니다.

언더우드 부부가 감리교인들을 궁궐로 데리고 들어가는 것을 조심해야 하는지는 제가 이해할 수 있는 것 이상입니다. 제가 언더우드 부인에게 왕비의 주치의 업무를 맡겼던 주 목적은, 감리교회 여의사들에게 친구들이 생기고, 그 업무에 거론되었기 때문입니다. 제가 10년 동안 그들과 함께 경험하는 동안 스크랜턴 가족은 훌륭하지만 확실히 예수회적인 경향을 보였고, 그들이 이 귀환 망명객 중 한 명과 친밀하기 때문에 나는 그들이 친밀함을 이용하여 우리 선교부 사람들을 축출할까 두려웠습니다. 저는 약간의 어려움이 없지 않았지만 언더우드 부인을 그 자리로 들어가게 하였습니다. 그녀는 그 사실을 전적으로 무시하는 것 같습니다. 저는 감리교회 의사를 받아들일 수도 있었는데, 이제 언더우드 부인은 감리교회를 대신하여 우리가 지켜야 할 이 모든 특권을 감리교회에 주고 있습니다. 제가 이기적이 아니라 그것은 선교부의 업무라는 것을 박사님이 이해하실 것입니다.

* 또한 벙커 부인이 돌아올 때 그녀는 감리교회 사람이 될 것이며, ___에서 ___을 그들에게 가져갈 것이라고 이해됩니다.

언더우드는 자신의 선교부에서 많은 문제를 안고 있습니다. 그는 감리교회 선교부로의 합류를 고려하고 있습니까? 이것을 언급하지 마십시오. 그러나 그것이 거론되면 박사님은 이 편지에서 모든 상황을 이해하시게 될 것입니다.

안녕히 계십시오.
H. N. 알렌

Horace N. Allen (Sec., U. S. Legation to Korea), Letter to Frank F. Ellinwood (Sec., BFM, PCUSA) (Feb. 6th, 1895)

Personal
United States Legation
Seoul, Korea

Feb. 6, 1895 (Mar. 8)

Dr. F. F. Ellinwood,
　53 5th Ave., N. Y. City, U. S. A.

My dear Dr.: -

I fear I have made a blunder in getting Mrs. Underwood into the Palace, and as some of the results may come to you, I will explain matters. I do it for your own personal information. No action will be needed.

She has taken upon herself a great deal of responsibility. For instance, Mrs. Isabella Bird Bishop has been here, stopping with the H. B. M. Representative. She wanted an audience, but the latter had good and sufficient reasons for not getting her one. Mrs. Underwood took the matter up and on one of her professional cases upon the Queen, obtained an interview for Mrs. Bishop. You can imagine Mr. Hillier's state of mind.

Bishop Ninde has been here. He is an intimate friend of my chief Rev. J. M. B. Sill, who showed him every attention, but thought it best & declined not to get him an audience for the reason that if he did so, the French Bishop would be able to demand the same courtesy. This would identify the new Govn't so intimately with the foreign religion, the hated Christians, as to bring them both into disrepute and endanger the usefulness of the turned refugees through whom the missionaries are getting many advantages, and doubtless cause a back set to mission work in general.

Bishop Ninde left to catch his steamer at Chemulpo. Mrs. Underwood, being called to see the Queen (to whom, by the way, she had been able to introduce the Scranton ladies of the M. E. Mission), persuaded them (King and Queen) that they should allow them to telegraph to Chemulpo for Bishop Ninde to come back and have an audience. Wishing to favor Americans and thinking that Mrs. U. was in accord with her Legation, they did so, thus passing over the head of the American Minister and entirely upsetting his plans, in which were for their own good. Mr. Sill is desirous of doing all he can to aid our missions, but this meddling is not proper and may upset the very work the missions have in hand and which he is trying to assist.

Mrs. Underwood is working up a list of educational schemes with these ex refugees. I simply suggest that you go slowly. All is chaos here still and these men, though in high position, have no backing and have to go about with a Japanese guard to keep themselves from bodily injury by the Japanese, by whom they are very generally hated, because of their assassinations in 1884 and the fact that they are now forced upon Korea by the Japanese. We hope great things from them but it is folly to build upon them entirely, or to become too intimately connected with them at present, since their fall would involve all connected with them.

Why the Underwoods should be so careful to get the Methodists into the Palace, and all that, is more than I can understand. My chief object in getting Mrs. U in taken on as Queen's Dr. when I did, was that the M. E. lady Dr. has friends and was mentioned for that work,* and the Scrantons, good as they are, have, during my ten years experience with them, shown decidedly jesuitical tendencies, and as they are intimate with one of these returned refugees, I feared they would use their intimacy to oust our people. I got Mrs. U. in, not without some difficulty. She seems to ignore that fact entirely. I could just as well have taken in the M. E. Dr., & now Mrs. U. gets for them, the M. E. all these privileges which I tho't we ought to keep for ourselves. Not that I am selfish, you will understand, but it is business.

* Also it is understood that when Mrs. Bunker returns she will be a Methodist, and take _____ in _____ ____ to them.

Underwood has a lot of trouble in his own mission. Does he contemplate jointing to M. E.? Don't mention this please, but if it comes up, you will understand from this letter the whole circumstances.

I am yours,
H. N. Allen

윌리엄 A. 노블(서울)이 호러스 N. 알렌
(주한 미국 공사관 서기관)에게 보낸 편지 (1895년 2월 13일)

서울,
1895년 2월 13일

H. N. 알렌 박사, 공사관 서기관

안녕하십니까,

저는 구(舊) 전환국 뒤편에 주택을 갖고 있는 유정동에 대하여 항의하고자 합니다. 유정동은 우리 집에서 약 75달러 상당의 옷을 훔쳤고, 훔치는 데 중요한 역할을 하였습니다.

유정동의 아버지는 제 앞에서 자신의 아들의 죄를 인정하고 앞으로 우리 공동체를 보호할 것을 약속하였습니다.

이 문제에 대한 박사님의 공식적인 조치를 정중히 요청합니다.

안녕히 계십시오.
W. A. 노블

William A. Noble (Seoul), Letter to Horace N. Allen (Sec., U. S. Legation to Korea) (Feb. 13th, 1895)

Soul,

Feb. 13, 1895

Dr. H. N. Allen, Sec. of Legation

Dear Sir: -

I hereby enter complaint against You Chung Dong, home situated at the rear of the old mint. The said You Chung Dong having stolen and been instrumental in stealing from my house clothing amounting in value to about $75.00.

The father of You Chung Dong having conferred in my presence his sons guilt and to protect our community in future.

I respectfully request your official action in the matter.

Very sincerely,

W. A. Noble

올리버 R. 에비슨(서울)이 프랭크 F. 엘린우드
(미국 북장로교회 해외선교본부 총무)에게 보낸 편지 (1895년 3월 4일)[122]

(중략)

저의 집 건물과 관련하여 저는 당장의 필요에는 충분할 것이라는 것이 일반적인 견해라고 생각합니다. 알렌 박사는 저에게 정부와의 계약이 구속력이 있으며, 만일 그런 일이 생긴다면 돈을 지불할 때까지 우리가 병원을 나올 수 없다고 확신시켜 주었습니다.

(중략)

Oliver R. Avison (Seoul),
Letter to Frank F. Ellinwood (Sec., BFM, PCUSA) (Mar. 4th, 1895)

(Omitted)

In reference to the building of my house, I think it is the general opinion that we may safely go on with it. Dr. Allen assured me that the contract with the government would be binding and that we cannot be put out of the hospital until the money is repaid of such a circumstance should arise.

(Omitted)

---

122) 이 편지는 에비슨의 2월 20일자 편지에 추신 형태로 첨부되어 있다. Oliver R. Avison (Seoul), Letter to Frank F. Ellinwood (Sec., BFM, PCUSA) (Feb. 20th, 1895).

호러스 N. 알렌(주한 미국 공사관 서기관)이 프랭크 F. 엘린우드 (미국 북장로교회 해외선교본부 총무)에게 보낸 편지 (1895년 3월 9일)

미국 공사관
한국 서울

1895년 3월 9일

엘린우드 박사,
　5 애버뉴 53, 뉴욕 시

친애하는 엘린우드 박사님,

　저는 빈튼 박사에 대한 박사님의 최근 편지를 가지고 있고, 그에 대한 저의 보고가 그에게 문제를 일으키지 않을 것이라는 것을 알게 되어 다소 안심이 됩니다. 저는 그것을 아주 부드럽게 제기하였고, 박사님의 요청에 따라 몇 가지 작은 사실만 알려 드렸습니다. 그가 실제 일에서 벌이를 할 수 있을지 의심스럽기 때문에 그가 제 보고서 때문에 해고될지도 모른다는 생각에 유감스러움을 느꼈습니다.

　왜 그를 가르치는 일에 투입하지 않습니까? 지금 이곳에는 학교 사업을 위한 기회가 많이 있습니다. 감리교회 사람들은 좋은 조건에 정부가 추천하는 학생 300명을 교육시키기로 막 계약을 맺었습니다. 우리 (선교부) 사람들도 이 일을 했었겠지만, 그들은 너무 분열되어 있어 좋은 것을 볼 수 없습니다. 만일 한 사람이 그것을 옹호하며, 다른 사람이 그에 대하여 반대할 것입니다. 언더우드 씨는 에비슨 및 밀러(?)와 한 패이며, 게일은 다른 대부분의 사람들의 지지를 받고 있으며 그들은 매우 이상한 일들을 하고 있습니다. 감리교회 사람들은 하나로 뭉쳐져 있습니다. 그들은 더 나은 판단력을 가지고 있으며, 일반적으로 이곳에서 우리 사람들보다 더 높게 평가되고 있습니다. 우리 선교부 사람들 중 일부는 특정 분야에서 아주 뛰어납니다. 일부는 무어같이 양심적이지만 광신적이며, 모두 함께 일하기를 거부하고 있습니다.

　저의 최근 편지에서 언급한 언더우드의 경우, 저는 그가 지금은 감리교회 사람들을 궁궐에 소개하는 데 있어 어떤 심상치 않은 저의를 가지고 있었다고 생각하고 있지 않습니다. 자신이 속한 선교부의 기포드 부인처럼 훌륭하고 능력이 있는 한국인 ＿＿ 대신에 그들을 받아들이는 그의 목적은 다분히 감정적인 문제이었으며, 저는 자신을 짜증나게 한 사람들에게 상처를 주고 다른 사람을 기쁘게 하고 싶어서가 아닐까 상상해 봅니다. 이제 그들은 그것에 대하여 유감스럽게 생각하고 있으며, 적어도 언더우드 씨는 그 거래에서 가능한 자신의 역할을 최소화하려고 노력하였으며, 감리교회 사람들이 일을 맡으며 대단히 감사하는 태도로 행동하지 않았다는 것을 보여 주면서 저에게 그러한 의사를 표명하였습니다. 오래지 않아 그 일들은 감리교회 사람들의 수중으로 들어가게 될 것입니다.

지난 12월 에비슨 박사를 궁궐의 주치의로 만들려 하였던 저의 주된 관심은 스크랜턴 박사가 자신의 친구인 전 망명자들의 도움으로 궁궐로 들어가서 일하는 것을 막기 위한 것이었습니다. 저는 7년 전 제가 떠날 때 궁궐과 다른 진료에 대하여 돈을 제안 받았지만, 저의 의무는 선교부에 있었던 저의 적에게 넘겨주는 것이었습니다. 저는 그렇게 하였고, 지금의 사람들은 자신들에게 주어진 것들을 지키기에 충분한 의식을 가지고 있지 않습니다.

안녕히 계십시오.
H. N. 알렌

Horace N. Allen (U. S. Legation, Seoul), Letter to Frank F. Ellinwood (Sec., BFM, PCUSA) (Mar. 9th, 1895)

United States Legation

Seoul, Korea

Mch. 9, 1895

Dr. Ellinwood,

    53 5th Ave., N. Y. City

Dear Dr. Ellinwood: -

I have your recent letter about Dr. V. and I am somewhat relived to find that my report on him will not give him trouble. I drew it very mildly and only gave you a few small facts upon your request. I know, yet I have felt sorry to think he might be turned adrift on my report, for I doubt if he could earn his salt at any real work.

Why not put him to teaching. There is ample opportunity here now for school work. The Methodists have just contracted to take 300 Govn't scholars at good rates. Our people might just as well have had this, but they are so divided up and can't be made to see a good thing. Then if one person advocates it, someone else will oppose him. Underwood heads one party with Avison and Miller (?), while Gale has most of the others backing him, and they do some exceedingly queer things. The Methodists are united. Their men seem to have better judgement, and they are much more highly esteemed here than are our people, as a rule. Some of our men are almost brilliant in certain lines. Some are conscientious but fanatical like Moore and others, and all refuse to work together.

In the case of Underwood mentioned in my last letter, I don't think now that he had any serious purpose in introducing the Methodists into the Palace. His object in taking them in instead of such estimable and able Korean _____ as Mrs. Gifford of his own mission, was more a matter of pique, I fancy, and a desire to hurt the people who annoyed him, and please someone else. Now they are sorry for it, at least Underwood has expressed himself in that sense to me, endeavoring to make as little as possible of his part in the transaction and showing that the Methodists were taking things into their own hands and not acting in a very grateful manner - certainly not! and before long they will have things in their own hands.

My chief interest in getting Dr. Avison established as Court Physician last Dec., was to prevent Dr. Scranton from working into the place through these ex-refugees, who are his friends. I was offered money for that Palace & other practices when I left 7 years ago, but my duty was to turn it over to my enemy, who was in the mission. I did so, and the people of today haven't sense enough to keep what is given them.

Yours sincerely,
H. N. Allen

호러스 N. 알렌(주한 미국 공사관 서기관), 정동과 부근의 설화.
The Korean Repository (서울) 2(3) (1895년 3월호), 103~110쪽

정동과 부근의 설화[123]

정동(貞洞)

현 왕조의 시조인 태조가 함경도에서 여행을 왔을 때, 그는 지금의 서울 영국 영사관 근처 버드나무 숲속에 서 있는 아름다운 우물 근처에서 잠시 멈춰 섰다. 그는 우물가에서 물을 긷는 다 큰, 아름다운 소녀를 보았다. 그가 그녀에게 마실 것을 요청하자 그녀는 즉시 탄산수를 가득 담은 조롱박을 당겨 그에게 주었다. 그러나 그에게 주기 전에 그녀는 버드나무 잎사귀 한 줌을 따서 물 그릇에 넣었다. 그 낯선 사람은 물을 마셨지만 잎사귀 때문에 너무 괴로워서 잎사귀를 입에서 불어내려고 계속 멈춰서서 아주 천천히 마실 수밖에 없었다. 그러나 마침내 그는 상당한 어려움을 겪으면서 갈증을 해소한 후, 화가 난 표정으로 고개를 들고 이렇게 말하였다.

"왜 그러시오? 낯선 사람인 내가 공손하게 물 한 잔 달라고 하였는데, 그릇에 쓰레기를 가득 담아 놨습니다. 여행자에게 왜 그렇게 무례하게 굽니까?"

"저는 당신의 이익을 위하여 그렇게 하였습니다"라고 그녀는 대답하였다. "저는 당신이 피곤해하고 더위를 타는 것을 보고, 그 상태에서 급히 찬 물을 많이 마시면 병이 나고 죽을 수도 있다는 것을 알았습니다. 그래서 저는 절도 있게 천천히 물을 마시게 하기 위하여 버드나무의 깨끗한 잎을 넣었습니다. 무례한 뜻은 아니었습니다."

태조는 그녀의 예의범절과 보여 준 지혜에 매료되었다. 그는 그녀의 이름을 묻고 알아냈고, 그녀는 훌륭하지만 가난한 부모의 딸이라는 것을 알게 되었다.

태조는 왕위에 오르고 수도를 송도에서 지금의 장소로 옮긴 뒤에 이 소녀

---

123) 알렌은 이 글에 이어 '서울의 명소'라는 제목의 글 세 편을 다음과 같이 발표하였으나, 이 책에서는 생략하였다. Horace N. Allen (Sec., U. S. Legation to Korea), Places of Interest in Seoul with History and Legend. *The Korean Repository* (Seoul) 2(4) (Apr., 1895), pp. 127~133; Horace N. Allen (Sec., U. S. Legation to Korea), Places of Interest in Seoul. *The Korean Repository* (Seoul) 2(5) (May, 1895), pp. 182~187; Horace N. Allen (Sec., U. S. Legation to Korea), Places of Interest in Seoul. *The Korean Repository* (Seoul) 2(6) (June, 1895), pp. 209~214

를 아내로 삼고 존경하였다.[124] 그는 그녀의 탁월한 지혜에 많은 도움을 받았고, 그녀는 재건된 정부에서 매우 강력한 인물이 되었다. 그들은 함께 행복하게 살았고, 그의 아내가 치명적인 병에 걸렸을 때 왕은 슬픔에 잠겼다. 죽기 전에 그녀는 남편에게 부탁을 하였다. 그녀는 자신의 영혼이 떠나면 연 모양의 아름다운 깃발을 만들고 그 위에 자신의 이름을 적어야 한다고 말하였다. 그는 이것을 아주 높이 날리고, 줄을 끊어야 하며, 그것이 떨어진 곳에 그는 그녀의 시신을 묻어야 한다고 말하였다.

왕은 이에 기꺼이 동의하였고, 실험이 시도되었을 때 연은 그가 떠난 사랑하는 사람을 처음 만났던 곳이자 궁전이 보이는 "버드나무 우물" 근처 지점에 행복하게 떨어졌다. 그 땅은 현재 영국 영사관이 차지하고 있는 곳으로 전해진다.[125]

이와 관련하여 80세 노인이 평생 동안 시험에 합격하여 모든 한국인의 염원, 즉 관직을 얻기 위하여 노력하였다는 다소 기묘한 이야기가 있다. 그의 노력은 보상을 받아 대과(大科)에 합격하여 주사의 직위를 얻어 왕릉을 관리하게 되었다. 이 직책은 한직으로 간주되었기 때문에 그는 이를 매우 기쁘게 생각하였다. 그러나 이 경우에는 그렇지 않았다. 슬픔에 잠긴 군주는 잃어버린 사랑을 기억하는 데 너무나 헌신하였기 때문에 매일 아침 일찍 그녀의 무덤에 가서 나이 든 시종에게 끊임없이 임무를 수행하도록 강요했기 때문이다. 조문객이 경내 관리와 미화를 요구하는 일이 너무 가혹하였기 때문에 주사는 그 업무의 부담을 더 이상 감당할 수 없어 여러 해 동안의 부지런한 수고를 통해 추구하였던 자리를 사임해야만 했다.

관리들은 도시 내에 매장을 승인한 적이 없었기 때문에, 마침내 수도 주변에 꾸준히 건설되고 있던 벽이 없는 무덤을 제거하도록 왕을 설득하였다. 그러자 죽은 자의 영혼이 꿈에 폐하에게 나타나 만일 자기의 무덤을 옮겨야 할 경우에, 전과 같이 하여 깃발이 떨어질 곳에 두 번째로 묻어주고, 더 나아가 그녀의 무덤 근처에 아름다운 사찰을 지어 방문객들이 주변을 아름답게 만들고 그녀와 함께 지낼 수 있도록 해달라고 부탁하였다. 또한 그녀는 자신의 안식처 근처에 산의 개울이 흐르게 하여 졸졸 흐르는 물소리로 마음을 달래고, 고통받는 사람들이 시원한 시냇물에서 목욕하여 질병을 낫게 해달라고 요청하였다. 그것은 이루어졌고, 동소문 밖에 깃발이 떨어진 정릉(貞陵)에 매장지가 만들어졌으며, 유명한 사찰이 세워졌고, 물의 흐름이 경내를 통과하게 하였다.

---

124) 태조의 두 번째 왕비인 신덕고황후(神德高皇后, ?~1396) 강 씨이다.
125) 조선 초기에 한성부 서부에 있었던 11방 중의 하나인 취현방(聚賢坊)에 위치해 있었다.

사찰을 방문하는 많은 방문객은 여왕을 위한 사귐을 제공하고, 목욕의 형태를 띠는 시냇물은 사람들을 괴롭히는 질병을 치료하는 데 매우 효과적이다.

무덤인 정능이 이곳 정동에 있었을 때, 매장지에 인접한 통상적인 논은 현재의 가구 거리 위에 배치되었으며, 이는 그 중요한 도로가 전반적으로 습하고 늪이 많은 현재의 상태를 설명해 준다.

지난 수세기 동안 왕실의 곡물창고이었던 명내궁은 일본의 침략 이후 궁궐을 수리하는 동안 왕이 이곳에 피난처로 머물렀다는 사실로 인하여 왕궁의 지위로 승격되었다. 왕이 밤을 지낼 때마다 그에게 피난처를 제공하는 건물은 칠을 하고 궁궐로 지정된다.

경희궁(慶熙宮)

공민왕은 680년 전 현재의 서울 자리에 도시가 없었을 때 현재의 경희궁이 있던 땅을 미래의 궁궐로 선택하였다. 당시 그곳은 한양현에 있는 빈터이었다.

나중에 태조가 그의 새로운 왕국의 수도를 이곳에 정하려고 그의 승려이자 조력자인 무학과 함께 이 지역에 왔을 때, 그들은 10마일 떨어진 왕십리에 멈춰서 그 자리를 선택하려고 하였다. 그러나 문제를 고려하였을 때 그들은 갑자기 이곳이 올바른 지점이 아니며 10리를 더 나아가야 한다는 비문이 적힌 거대한 돌판이 땅에서 솟아오르는 것을 보았다. 비석은 나오자마자 사라졌다. 태조는 즉시 지정된 장소로 출발하였는데, 그곳은 현재 경희궁이 자리잡고 있는 땅이었다. 태조의 고문인 정대창은 그에게 북악산 아래에 지을 것을 촉구하였고, 그렇게 하는 데 충분한 이유를 제시하여 태조는 현재 새 궁전이 있는 곳에 자신의 궁전을 세우기로 결정하였다. 그러나 무학은 옛터를 고집하며, 그곳에 궁궐을 세우면 200년 후에 큰 재앙이 닥칠 것이라고 예언하였다. 그의 조언은 무시되었다. 이 궁궐은 북쪽 땅에 세워졌고 300년 전 임진왜란으로 그 예언이 성취되었다.

약 270년 전 문종(文宗)이 왕이 되었을 때, 그는 성의 서쪽 성벽에 걸쳐 무시되었던 궁터의 역사를 기억하고, 그의 궁궐에 있는 신하들의 머리카락을 자르는 수 많은 악귀들에 의해 크게 혼란스러워하면서 경희궁을 지었다. 그것이 완성되자 그는 안숙풍이라는 유명한 문필가에게 명하여 새 궁궐 대문 위에 현판(懸板)을 걸 것을 명하였다. 한 씨는 위대한 일을 준비하기 위하여 100일 동안 몸을 정화하였다. 이 기간 동안 그는 고기를 먹지 않았다. 그런 다음 그는 '유쾌한 변화의 문'이라는 의미의 홍화문(興化門)이라는 이름을 썼다. 이 작업을 마친 직후 그의 팔은 심하게 부어올랐고, 그는 다른 글자를 쓰지 않았다.

현판을 매달아 놓은 후에 달은 빛나기를 거부하였다. 보름달에도 달은 보이지 않았다. 그런데 이상하게도 궁궐 문 위의 문자에서 나오는 빛으로 궁전 앞 거리 전체가 눈부시게 빛났다. 그래서 왕은 이 거리를 야조대(夜照臺)라 불렀다.

250년 전 만주족이 이 석판을 쏘았는데, '化'의 윗부분에 탄알이 관통하여 빛이 꺼지고 더 이상 빛나지 않게 되었다. 탄알이 만든 불운한 구멍을 아직도 볼 수 있다.

문종은 이 새 궁궐에서 오랫동안 살았으며 그의 옛 거처에서 악령이 떠나고 나서 북궐(北闕)로 돌아갔다.

이때쯤에 유명한 반역자 이괄(李适)이 일어났다. 이 남자는 태어났을 때 오른손 손바닥에 3이라는 글자를 갖고 태어났다. 그는 이 낙인의 결과로 많은 이상한 환상을 지닌 남자로 성장하였다. 어느 날 그는 이 글자에 한 획을 더해 왕(王)을 의미하도록 완성하자는 생각을 떠올렸다. 그는 손가락을 잘라 치유되어 흉터가 생기면 그 문자를 완성하려 하였다. 상처에서 피가 흘러나와 깨끗한 흰 벽에 그의 손을 쳤는데, 그것을 떼어내고 종이에서 뚜렷한 세 글자를 보자마자 놀랐다. 그것들은 三日王, 즉 3일 동안의 왕이었다.

이제 그는 자신의 공상과 생각에 완전히 사로잡혀 평안도에 가서 당시 잘 훈련된 용감한 청년들을 모집하고 무기를 모아 서울로 진군하였다.

겁에 질린 왕은 남한산성으로 도망갔고, 이(李)는 자신을 왕이라 칭하고 경희궁으로 들어가 실제로 3일 동안 통치하였고, 그 후 왕실 군대가 그의 추종자들을 물리치고 그를 처형하였다.

곤당골

300여년 전 홍무라는 이름의 한국인 인삼 상인이 많은 인삼을 가지고 난징으로 여행을 떠났다. 여행은 순조로웠고, 그는 중국의 수도에 도착하였을 때 인삼의 수요가 많다는 것을 알게 되었다. 실제로 공급량이 너무 적어 원가의 5배에 달하는 가격에 판매할 수 있었다. 그는 자신의 사업을 매우 만족스럽게 처리한 후 중매인을 불러 그녀의 목록에 결혼할 수 있는 특별히 아름답고 재능 있는 처녀가 있는지 물었다. 노파는 그 설명에 특히 부합하는 사람이 있다고 알렸다. 사실 그녀는 그 소녀에 대하여 너무나 생생하게 이야기하였기 때문에 홍(洪)은 그녀를 꼭 만나야겠다고 결심하고, 예비 계약을 맺었으며 그날 밤 그 소녀를 자신의 거처로 데려오도록 하였다.

한밤중에 노파가 어린 소녀를 상인의 숙소로 데려왔을 때, 상인은 그녀의 고상한 외모와 행동에 깊은 인상을 받았기 때문에 그는 그녀 앞에서 매우 불편함을 느꼈다. 그녀가 매우 슬퍼하고 곧 몹시 흐느끼기 시작하는 것을 알아차린 그는 노파를 옆으로 가라고 손짓하고 공손하게 그 소녀에게 슬픔의 원인을 물었다.

"저는 고아예요." 소녀가 대답하였다. "귀족인 아버지는 이미 돌아가셨고, 어머니는 며칠 전에 돌아가셨어요. 저는 형제자매도 없어요. 우리 가족의 재산은 장례식으로 대부분 써버렸어요. 저는 아버지의 빚을 갚을 돈도 없고 불쌍한 어머니의 장례를 치를 돈도 없어요. 도움을 청할 사람도 없고, 그래서 이 일을 하려고 중개업자에게 몸을 맡겼답니다. 어머니를 장사 지내는 데 필요한 자금을 마련하는 방법으로 말이죠.."

유난히 마음씨가 착한 홍 씨는 이 이야기와 아가씨가 보여 준 효도에 큰 감명을 받았다. 왜냐하면 그녀는 모든 면에서 숙녀였기 때문이었다. 그는 한동안 생각에 잠겨 있었고, 몇 가지 질문을 더 던진 후 매우 대담한 절차를 밟기로 결정하였다.

"나는 너의 행동을 이해한다."라고 그는 말하였다. "나는 너에게 합당치 아니하니, 지금 너를 먼 나라로 데려가는 것은 슬픈 일이다. 나는 너를 도와주겠다. 그러나 네 슬픔이 더하게 하지는 않겠다. 나는 인삼을 팔아서 부자가 되었으니 너는 이 돈으로 네가 필요한 것에 써라. 너는 내 누이가 되고, 나는 너의 큰 오빠가 될 것이다."

홍 씨는 그 말에 걸맞게 자신의 거처로 가서 돈을 챙겨 새로 찾은 여동생에게 전해주었는데, 그 고마움은 말로 표현할 수 없을 만큼 강하였다. 그녀는 돈을 받아 어머니를 장사 지냈고, 집안의 빚을 갚고 다시 귀족 가문의 딸로서의 지위를 되찾았다.

홍 씨는 가난한 사람이 되어 한국으로 돌아왔다. 그가 떠나기 전에 그에게 많은 돈을 빌려 주었지만 돈이 사라진 것을 발견한 친구들은 그를 버리고 그들이 할 수 있는 모든 피해를 입혔다. 사실 그는 어쩔 수 없이 서울을 떠나 남부 지방으로 가야 했고, 그곳에는 직업도 없고 친구도 없었기 때문에 그는 마침내 가장 낮은 계급인 거사(居士)로 떨어졌는데, 기녀 계급으로 전국을 떠돌며 공연을 하며 위태로운 삶을 살아가는 사당(寺黨)이 되었다. 그들은 수도에 들어가는 것이 허락되지 않았다.

이렇게 세월이 흘러도 홍 씨의 상태는 호전되지 않아 거사로 남았다.

홍 씨가 친구 없는 여인에게 너그럽게 행동해 괴로움을 겪고 있는 동안,

그가 입양한 여동생은 친구와 호의를 찾았다. 그녀는 곧 재상으로 승진한 먼 친척의 아내가 되었다. 그녀는 부유함을 누릴 때에도 행운을 준 친구를 잊지 않았다. 빌린 돈을 갚는 데 더 좋은 방법이 없고 남편에게 부담을 주는 것을 원하지 않는 그녀는 그녀에게 매우 친숙한 기술인 비단 직조에 착수하였다. 그녀는 큰 방을 준비하고 시종들과 함께 이 좋은 천을 짜면서 여가 시간을 모두 보냈다. 그녀는 물건의 모든 부분에 '보은단'이라는 글자를 새겼다. 마침내 그녀의 남편은 그녀의 피곤한 표정을 보고 왜 고위 관리의 아내가 그런 일을 하고 그녀의 건강을 해치고 아름다운 외모를 망칠 정도로 끊임없이 일해야 하는지 물었다. 그러자 그녀는 그에게 전체 이야기를 말하였다. 석상사는 아내를 사랑하고 게다가 마음이 고상한 사람이었기 때문에 그녀를 입양시켜 준 것에 놀라고 고마움을 느끼며 의붓오빠를 만나서 상(賞)을 주고 싶어 하였다.

이에 재상은 황제의 허락을 받아 홍무라는 사람을 중국으로 보내달라고 요청하는 서신을 조선 조정에 보냈으나 한국에서는 그런 사람을 찾을 수 없었다. 몇 달이 지났지만 응답이 없자 더 긴급한 요청이 한국 조정으로 보내졌고, 모든 관찰사와 하급 수령에게 부지런히 수색하여 중국 조정이 찾는 이 사람을 찾으라는 명령이 내려졌다.

전국 곳곳에 현수막이 걸렸고, 그중 하나가 낮은 계급을 맴돌던 홍 씨의 눈에 들어왔다. 그는 곧바로 관찰사에게 자신의 이름이 홍무라고 설명하였다.

관찰사가 말하였다. "그럴 수도 있으나 너는 이번에 찾는 사람이 아니다. 언급된 홍무는 중국 황제가 찾는 사람이며 단순한 거사일 수 없다. 당장 내 앞에서 꺼져!"

홍 씨는 "그러나 나는 한때 부유한 상인이었고 난징으로 여행을 갔을 때 어려움에 처한 귀족 가문을 돕기 위하여 모든 재산을 주었습니다. 그것 때문에 황제가 이 소식을 듣고 저에게 보상을 해주고 싶어 하는 것이 틀림없습니다."라고 주장하였다.

관찰사는 귀를 기울이고 질문을 하였으며, 마침내 이렇게 사람을 찾는 데 도구가 되는 것을 꺼리지 않고 그를 서울로 보내기로 결정하였다. 그곳에서 그의 이야기는 더 큰 호응을 얻었고. 그는 군인 및 수행원들과 함께 국경을 넘어 중국으로 보내졌다.

재상의 부인은 그의 한국 출발 소식을 듣고, 존경을 표하는 문자와 함께 견수자 100개를 들고 길에서 그를 만나러 나갔다. 그녀는 또한 남편과 마찬가지로 그에게 다른 값비싼 선물을 주었고, 사건을 심리한 황제는 홍무를 유리한 직책에 임명할 것을 촉구하는 편지를 한국으로 보냈다. 이것이 이루어졌고 국왕인 선조대왕은 그에게 좋은 집을 주었으며, '고운단골'이라고 이름을 붙였다. 그 지역은 "아름다운 마을"이라는 뜻의 미동(美洞)이라고 불렸다.

　더 나아가 재상은 홍무의 개입을 통하여 중국 황제를 설득하여 일본과의 전쟁에서 한국에 지원군을 보낼 것을 요청하였고, 전쟁이 끝나자 일본에 맞서 연합군을 이끌었던 두 명의 중국 장군을 기리기 위하여 남대문 안의 조폐국 뒤에 생사당(生祠堂)이 세워졌다. 그리고 이 절 안에는 작은 절이 세워져 그 안에 재상 석상사와 그의 아내이자 아름다운 마을인 미동에 있는 현 선교 본부인 곤당골을 만든 홍무의 입양 누이의 초상화가 보관되어 있다.

　H. N. 알렌

　'뽕나무 궁'은 서대문 근처의 경희궁이며, 사람들 사이에 양잠업(養蠶業)을 장려하려는 칭찬할 만한 시도의 일환으로 넓은 울타리에 뽕나무를 심었기 때문에 외국인들로부터 얻은 이름이다. 편집자.

Horace N. Allen (Sec., U. S. Legation to Korea), Legends of Chong Dong and Vicinity.
The Korean Repository (Seoul) 2(3) (Mar., 1895), pp. 103~110

Legends of Chong Dong and Vicinity.

Chong Dong

When Tah Cho, the founder of the present Dynasty, came on his travels from Ham Kyung Do he paused near a beautiful well that stood in a clump of willow trees near what is now the British Consulate, in Seoul. At the well he saw a full-grown and beautiful girl drawing water. He asked her for a drink, and she promptly drew him a gourd full of the sparkling water, but, before giving it him, she plucked a handful of the leaves from the willow trees and plunged them int the bowl of water. The stranger drank but was so bothered by the leaves that in stopping continually to blow them back from his mouth be was compelled to drink very slowly. At last, however, having quenched his thirst with considerable trouble he looked up ungrily and said:

"What do you mean? I, a stranger, ask you civilly for a drink of water and you fill the bowl with rubbish. Why are you so rude to a traveller?"

"I did that for your own good" she replied. "I saw that you were tired and over-heated and I knew that if you hastily gulped down a quantity of cold water while in that condition it would make you ill and might cause your death. Therefore I put in the clean leaves from the willow trees to compel you to be moderate and drink slowly. I surely meant no rudeness."

Tah Cho was charmed with her manners and the wisdom she displayed. He asked and learned her name, finding that she was the daughter of honorable but poor parents.

When Tah Cho had succeeded in making himself ruler and had moved the capital from Song Do to its present site, he took this girl to be his wife, and respected her. He was much aided by her superior wisdom and she became very powerful in the reconstructed government. They lived happily together and when his wife was seized with a mortal sickness the King was well-nigh inconsolable. Before dying, she asked a favor of her lord. She said that when her spirit had departed, he must make a beautiful banner in the form of a kite and paint her name upon it. This he must fly to a great height and then cut the string. At the place where it should fall he must bury her body.

The King willingly agreed to this, and when the experiment was tried the kite happily fell on a spot near the "willow well" where he had first met his departed loved one, and in sight of the Palace. The ground is said to be that now occupied by the British Consulate.

In this connection there is a rather quaint story told of as old man of 80 years who all his life, had been striving to pas the examinations and obtain the desire of all Koreans, namely, official position. His effort were rewarded, he passed a successful examination at the great *quaga* and obtained the rank of *Chusa*, being appointed to the Royal Tombs. This pleased him greatly as this post was considered a sinecure. It was not so in this case however, for the grief stricken monarch was so devoted to the memory of his lost love that he went daily and early to her grave, compelling the aged attendant to be constantly on duty. While the royal mourner was so exacting in his demands for the care and beautifying of the grounds that the old chusa, unable tat last to bear the burden of the work, was compelled to resign the position he had sought through so many years of patients toil.

The officials, never having approved of burials within city limits, at last persuaded the King to remove the tomb without the line of the walls which were being steadily built around the Capital. Then it was that the spirit of the departed appeared to His Majesty in a dream, asking him, in case her grave should be moved, to proceed in like manner as before, and bury her where the banner should fall a second time, and further, to build a beautiful temple near her grave that the visitors to it might make the surroundings beautiful and keep her company. Also she asked that a stream of mountain water be led near her resting place that she might be soothed by the sound of the rippling water and that afflicted persons might bathe in the cooling stream and be relieved of their diseases. That was done and Chong Nong, where the banner fell, outside the north east gate, was laid out, the interment made, the popular monastery erected and the stream of water led through the grounds.

The many visitors to the monastery furnish company for the Queen, while the waters of the stream, taken in the form of a bath, are very efficacious in curing certainly diseases, which afflict the people.

When Chong Nong, the grave, stood here in Chong Dong, the usual rice field that adjoins a burial site, was laid out over what is now Cabinet Street, which accounts for the usually moist and swampy condition of that important thorough-fare.

Myung Nay Kung - a royal granary for centuries past - was elevated to the position of a royal palace by the fact that after the Japanese invasion the King stopped at this place for shelter while the palace was being repaired. Wherever a King passes a night the building that affords him shelter is thereafter painted and designated a palace.

The Mulberry Palace

Kong Min An, 680 years ago, when there was no city on the present site of

Seoul, selected the ground now occupied by the Mulberry Palace for a future Palace. It was then simply a vacant spot in the Han yang prefecture.

When Tah Cho, later on, was coming to this section intending to locate the Capital of his new Kingdom here, with his priest and helper Moo Ah, they stopped at Wang Sim Ni, ten miles distant, and intended to choose that spot; but, when considering the matter, they suddenly saw a huge stone tablet rise out of the ground before them bearing an inscription informing them that this place was not the right spot, but that they were to proceed ten li further. The tablet then disappeared as it came. Tah Cho promptly set out for the spot designated, which proved to be the ground now occupied by the Mulberry Palace. Chung Tah Chang, the adviser of Tah Cho urged him to build under the North Mountain, and gave such good reasons for so doing that Tah Cho decided to erect his palace where the New Palace now stands. Moo Ah however persisted in urging the former site and prophesied that if the Palace was built there a serious calamity would occur in 200 years. His advice was not heeded. The palace was built on the Northern site and the prophesy was fulfilled in the Japanese invasion three hundred years ago.

When Mun Chong became King about 270 years ago, remembering the history of the neglected Palace site long the Western wall of the city and being greatly disturbed by the numerous evil spirits that kept cutting off the hair of the servants in his Palace, he built the Mulberry Palace. Upon its completion he ordered a famous writer, named An Suk Poong, to write a little or designation to be erected as a tablet over the gate of the New Palace. Han spent 100 days in purifying his body in preparation for the great task. During this time he ate no meat. He then wrote the have Hung Wha Mun, meaning. "The Gate of the Bejuvenating Change." Immediately after finishing this task his arm because greatly swollen and he never wrote another character.

After the hanging of the tablet the moon refused to shine. Even at full moon no moon was seen: but, strange to say, the whole street in front of the Palace was brilliantly illuminated from a light that shone out from the characters above the Palace gate. Therefore the King called this street Yah Cho Day - "The light Shining Street.

Two hundred and fifty years ago the Manchus shot at this tablet, the top of the character *wha* was pierced by a bullet and the light went out, never to shine any more. The hole made by the luckless bullet may still be seen.

After Mun Choong had lived a long time in this new palace and the evil spirits had departed from his former residence, he went back to the Northern palace.

About this time the noted rebel Ye Kwal, arose. This man at birth had the character 3, 三 on the palm of his right hand. He grew up to manhood with many strange fancies - the result of this branding. One day he conceived of the idea of completing this character so that it should mean King, by giving it another stroke, 王. He cut his hand intending to let it heal, when the scar would answer the purpose of completing the character. Blood poured freely from the wound, and striking his hand against the clean white wall, what was his surprise, on taking it away to see three distinct characters on the paper. They were these 三日王 "Three days King."

His fancies and brooding now quite mastered him, and going to Pyeng An Do he collected a company of daring young men drilled then well, gathered weapons and marched on Seoul.

The King in terror fled to Nam Han and Ye, proclaiming himself King, went to live at the Mulberry Palace where he actually reigned three days, after which the royal troops defeated his followers and he was executed.

Kong Dang Kohl

Something over 300 years ago, a Korean ginseng merchant named Hong Moo, made a journey to Nanking with a lot of ginseng. The journey was uneventful, and he found on his arrival at the Chinese Capital that ginseng was in good demand. In fact the supply was so low that he was able to sell at a price five times as great as the cost. Having transacted his business quite to his satisfaction, he called in an old go-between and asked her if she had on her list any particularly beautiful and gifted maidens of a marriageable condition. The hag informed him that she had one that especially answered the description; in fact she gave such a lively account of the girl that Hong decided he must see her and, making a preliminary contract, he arranged to have the girl brought to his stopping place that night.

When in the dead of night the old woman brought the young girl to the merchant's quarters, the latter was so impressed by her genteel appearance and department that he felt quite ill at ease in her presence. Noticing that she was very sad and that soon she began to sob bitterly, he motioned the old woman aside and quite respectfully asked the girl the cause of her sorrow.

"I am an orphan" replied the girl "My father, a nobleman, has been dead for some time, and my mother died a few days ago. I have no brothers or sister. The property of my family was mostly exhausted in the obsequies of my father. I have no money to pay the pressing debts and to bury my poor mother. I have no one to look to for assistance and it is for this reason that I offered myself to the go-between, hoping to get in this way the necessary funds to bury my mother."

Hong, being a particularly kind hearted man, was much impressed with this tale and with the degree of filial piety displayed by the young lady, for she was a lady in every sense of the word. He was lost in thought for some time, and after asking several more questions he decided upon a very bold course of procedure.

"I appreciate your action" he said. "I am not worthy of you, and it would be a sad thing to take you away to a distant land at this time I will help you, but not increase your grief. I am rich from a lucky sale of ginseng, and you shall have this money for your needs. You will be my sister and I will be your elder brother."

Suiting the action to the word, Hong went to his apartments and bringing his money, he gave it to the newly found sister whose gratitude was too strong for expression in words. She took the money and buried her mother, paid off the family debts and resumed her position as the daughter of a high and noble family.

Hong returned to Korea a poor man. Friends who had advanced sums of money to him before his departure, finding their money gone, deserted him, and did him all the injury they could; so much so in fact, that he was compelled to leave Seoul and go to the Southern Provinces, where knowing no trade and having no friends, he finally fell to the lowest station-that of Kuh Sah* a sort of travelling musician for the class of dancing girls called Sah Tong,† who wander about the country and pick up a precarious living by giving performances. They are not allowed to enter the capital.

*거스 †사당

Years passed in this manner and Hong's condition did not improve, he remained a Kuh Sah.

While Hong was thus suffering for his generous action to a friendless lady, his adopted sister had found friends and favor. She had become the wife of a distant relative who was soon raised to the superintend of Prime Minister. In her prosperity she did not forget the friend to whom she owed her good fortune. Knowing no better way of returning the borrowed money and not wishing to be a tax upon her husband, she set about weaving satin, an art which was quite familiar to her. She prepared a large room and with her attendants spent all her spare time weaving this fine fabric. Into every piece of the goods she wove the characters - Olden Grace Satin.‡ Finally her husband, noting her tired look, demanded why she, the wife of a high official, should do such work and keep at it so constantly as to impair her health and spoil her good looks. She then told him the whole story. He was surprised and felt very grateful to his brother-in-law by adoption, and wished to meet and reward him, for Suk Sang Sak loved his wife and was moreover a noble minded man.

‡보은단

With the permission of the Emperor the minster thereupon sent a letter to the Court of Korea asking that the man Hong Moo be sent to China:, but no such man was to be found in Korea. Months passed and no reply coming a more urgent request was sent to the Korean court, whereupon a proclamation was issued ordering all the governors and lesser magistrates to search diligently and find this man who was wanted at the Chinese court.

Placards were put up all over the country and one of these met the eye of Hong as he went about in his lowly position. He at once to the Governor and explained that his name was Hong Moo.

"It may be" said the Governor "but you are not the kind of a man that is wanted in this case. The Hong Moo referred to is wanted by the Emperor of China and cannot be a mere Kuh Sah. Out of my presence you nom!"

"But," protested Hong, "I was once a prosperous merchant and on one of my trips to Nanking I gave all my fortune to aid a noble family in distress. It is not improbable that the Emperor has heard of this and wishes to reward me for it."

The Governor listened, asked questions and finally, not unwilling to be the instrument in finding this much sought for man, decided to send him on to Seoul, where his story met with even greater favor and he was sent over the border to China with a suitable following of soldiers and attendants.

The Minister's wife being informed of his departure from Korea, went out to meet him on the route, bearing with her the 100 pieces of satin with the honorific characters woven into the material. She also gave him other costly presents as did her husband, while the Emperor hearing of the case had a letter sent to Korea urging the appointment of Hong Moo to a lucrative position. This was done and the King, Sun Cho Tai Wang,* also gave him a fine house, which he named Ko Uhn Than Kohl - "The Place of the Olden Grace Satin." The district was called Me Tong, "Beautiful Village".

* 션죠대왕

It is further related that through the intervention of Hong Moo, the Prime Minister persuaded the Emperor of China to send assistance to Korea in their war with Japan, upon the close of which the temple Saing Sa Tang was built inside the South Gate back of the mint, to the two Chinese generals who led the allied troops against the Japanese; and in this temple enclosure a smaller temple was erected in which were placed the portraits of the Prime Minister, Suk Sang Sah, and his wife, the adopted sister of Hong Moo, the founder of the present missionary headquarters. Kong Dang Kohl in the beautiful village, Me Tong.

H. N. Allen.

The "Mulberry Palace" is the 慶熙宮 near the West Gate and has received this name from foreigners because its spacious inclosure has been planted with mulberry trees, in the laudable attempt to encourage sericulture among the people. Ed.

18950430

프랭크 F. 엘린우드(미국 북장로교회 해외선교본부 총무)가
호러스 N. 알렌(주한 미국 공사관 서기관)에게 보낸 편지
(1895년 4월 30일)

(189)5년 4월 30일

친애하는 알렌 박사님,

박사님의 3월 9일자 편지[126]에 감사드리며, 빈튼 박사 부부와 관련된 일들의 상태가 더 나아졌다는 조짐이 있어 기쁩니다. 우리는 빈튼 박사를 계속 일하게 하는 것이 선교 기금을 현명하게 사용하는 것인지에 대한 조사를 시작하라는 연락을 받았습니다. 우리가 이 일을 시작하였을 때 마펫 씨와 기포드 부인이 보낸 편지와 같이 변경된 견해를 표현하기 시작하였고, 그 다음에 박사님의 편지가 왔습니다. 나는 무엇을 해야 할지 거의 모르겠습니다. 빈튼 박사가 아직 좋은 투자인지는 분명하지 않은 것 같지만, 아직 잘하지 못하더라도 더 잘하려고 노력하는 선교사의 소환을 정당화하려면 매우 심각한 결점이 있어야 합니다. 나는 빈튼 박사에게 편지를 써서 선교본부가 안절부절하지 못하는 감정을 인식시키고, 가능하면 더 좋고 더 충실하고 효과적인 업무가 수행되고 있음을 보여 줄 것을 촉구할 것입니다.

우리는 러시아가 조약에 간섭하는 과정에 날마다 관심을 갖고 있습니다. 유럽의 강대국이 개입하는 것은 안타까운 일인 것 같습니다. 중국과 일본이 그들 사이의 문제를 그들 자신들이 해결하게 하세요. 나는 일본이 중국 본토를 점령하는 데 열의를 가지고 있지 않지만, 유럽 열강이 정당함이 아니라 힘이 있다는 이유만으로 간섭하는 거만한 이기심을 싫어합니다. 한국 정부가 한국인 청소년 교육을 담당하게 하기 위하여 감리교회 선교본부를 고용한 것과 관련하여 나는 적어도 누군가가 그 일을 할 수 있다는 사실에 기쁘며, 나는 그것이 우리에게 제안되지 않았더라도 우리가 그것을 할 수 있었는지 결코 확신하지 못하고 있습니다. 그리고 이전에 추방되었던 젊은이들을 선교부의 후원 아래 데려가는 것과 관련하여 박사님이 느끼는 신중함을 마음에 새기고 있

---

126) Horace N. Allen (U. S. Legation, Seoul), Letter to Frank F. Ellinwood (Sec., BFM, PCUSA) (Mar. 9th, 1895)

습니다. 그래도 일본은 물론이고 한국도 경과의 진행이 빨라지고, 머지않아 중국이 어디 든 열릴 것이라고 생각합니다.

나는 중국 측이 중국 제국에서 거주자의 권리와 재산 보유에 대하여 보다 완전하고 완전한 인정을 확보하도록 모든 선교 단체의 대표들이 하였던 노력에 대하여 어떻게 생각하시는지 박사님에게 묻겠습니다. 의심할 여지 없이 미국이 아니라면 유럽 열강이 상업 조약을 요구할 것입니다. 왜 기독교 교회는 복음의 위대한 행위와 관련하여 동등한 보호와 허가를 요청해서는 안 됩니까?

안녕히 계세요.
F. F. 엘린우드

Frank F. Ellinwood (Sec., BFM, PCUSA), Letter to Horace N. Allen (Sec., U. S. Legation to Korea) (Apr. 30th, 1895)

April 30th, (189)5

My dear Dr. Allen: -

I thank you for your letter of March 9th, and am glad that there seems to be some indication of a better condition of things with Dr. and Mrs. Vinton. We had received to enter upon some investigation in regard to the question whether it is a wise use of Mission funds to keep Dr. Vinton at his work. Just as we were about entering upon this letters began to give expressions of modified views, one from Mr. Moffett and another from Mrs. Gifford, and then yours came. I hardly know what to do. It does not seem clear that Dr. Vinton is a good investment even yet, but it should require very serious shortcomings to justify the recall of a missionary who is trying to do better, even though he does not yet do well. I shall write to Dr. Vinton giving him some idea of a restless feeling on the part of the Board and urging him to show if possible that better and more faithful and affective work is done.

We are interested now day by day in the progress of the creation of Russia's intereference with the treaty. It seems a pity that European powers should come in to interfere. Let China and Japan settle their matters between themselves. I have no zeal for a Japanese occupation on the main land of China, but I do dislike the sublime selfishness that leads European powers to interfere simply because they have the might, not the right. In reference to the employment of the Methodist Board by the Korean Government to take charge of the education of Korean youth, I am rejoiced that somebody at least can do that work, and am not by any means sure that we could have undertaken it even if it had not been offered us, and then I bear in mind the caution which you seem to feel in regard to taking up the formerly exiled young men under Mission auspices. Still, I think that the march of events is going to be rapid in Korea as well as in Japan, and that at an early day China will be open everywhere.

Let me ask what do you think of an effort made by representatives of all Missionary Societies to secure a more full and complete recognition on the part of China of the rights of residents and of holding property in the China Empire. No doubts commercial treaties will be demanded by the European powers if not by America. Why should not the Christian Church ask for equal protection and permission with reference to the great work of the Gospel?

Very sincerely,
F. F. Ellinwood

한국에서의 전도. 『1895년 5월 총회에 제출된 미국 북장로교회 해외선교본부 제58차 연례 보고서』, 158쪽

한국에서의 전도

(중략)

정부 병원의 책임자이었던 에비슨 박사는 병원에서 지배적인 영향력을 행사한 현지인 관리들의 부패로 좌절되고 무능하게 되었다. 그들은 정부가 지원을 위하여 배정한 예산을 훔치고 담당 의사를 압박하여 마침내 그는 그 기관과의 모든 관계를 사임하고, 이러한 악에 대한 어떤 해결책이 발견되지 않는 한 그 기관과 관련된 어떤 것도 거부하였다. 얼마 지나지 않아 다행스럽게도 일본군이 도시를 장악하였고, 처음부터 가능한 한 병원 업무를 장려하고자 하였던 왕은 새로운 격려를 주는 개혁 조치를 수행할 수 있었다. 그리고 미국 공사관의 노력, 특히 국왕과 고위 관리들을 잘 알고 있는 H. N. 알렌 박사의 개인적인 영향을 통하여 에비슨 박사가 기관의 책임을 재개하는 데 동의하는 조건과 보증을 얻었다.

(중략)

Mission in Korea. Fifty-Eighth *Annual Report of the BFM, PCUSA. Presented to the General Assembly, May, 1895*, p. 158

Mission in Korea

(Omitted)

Dr. Avison, who had been placed in charge of the Government Hospital, was so thwarted and crippled by the corruption of the native officials who had gained a controlling influence in the hospital, where they purloined the funds appropriated by the Government for its support and tyrannized over the physician in charge, that he finally resigned all connection with the institution, refusing to have anything to do with it unless some remedy could be found for these evils. Soon after, fortunately, the Japanese gained control in the city, and the King, who had been from the first desirous of promoting as far as possible the work in the hospital, was enabled to carry out such measures of reform as gave new encouragement, and through the efforts of the United States Legation, particularly with the personal influence of Dr. H. N. Allen, who was well acquainted with the King and high officials, such terms and guarantees were obtained that Dr. Avison consented to resume charge of the institution.

(Omitted)

18950800

단신 및 비평.
The Korean Repository (서울) 2(8) (1895년 8월호), 317쪽

알렌 박사가 이 잡지에 연재한 '서울의 명소'는 많은 관심을 끌었다. 기포드 부인이 많은 연구를 하였던 '한국의 명소'를 독자들 앞에 소개하게 되어 기쁘다. 우리 기고자들이 연재를 계속하기를 바란다.

Notes and Comments.
The Korean Repository (Seoul) 2(8) (Aug., 1895), p. 317

"Places of Interest in Seoul," a series of articles in our columns by Dr. Allen, attracted much attention. We are happy to lay before our readers "Places of Interest in Korea" by Mrs. Gifford who has given much study to this subject. We hope our contributors will continue the series

그레이엄 리(서울)가 프랭크 F. 엘린우드
(미국 북장로교회 해외선교본부 총무)에게 보낸 편지 (1895년 9월 1일)

한국 서울,
(18)95년 9월 1일 (12월 4일 접수)

친애하는 엘린우드 박사님,

알렌 박사는 이전에 여학교가 사용하던 부지에 대한 제안을 하였습니다. 아래는 그의 제안 사본입니다.

나는 귀하께 다음과 같은 제안을 하는데, 귀하가 즉시 그것에 관심을 둔다면 기뻐할 것이지만 그렇지 않으면 나는 그것을 철회해야 할 수도 있습니다. 나는 벨 씨가 3월 1일까지 임차료 없이 우리 옆집을 사용하고 있는 것으로 알고 있습니다. 우리는 그것을 즉시 사용하기를 원합니다. 따라서 나는 최근에 프랑스 외교관 르페브르[127] 씨가 사용하였던 서대문 내부의 벽돌집을 다음 3월 1일까지 벨 씨의 입주를 위하여 무료로 임차하고, 현재 그 주택을 귀하께 3,000.00엔에 제안할 수 있는 권한을 부여받았습니다. 현재 벨 씨가 거주하고 있으며 귀하가 제안을 수락한다는 소식을 뉴욕에서 전할 때까지 즉시 소유권을 제공하고 임차료를 청구하지 않을 것입니다(귀하께 다른 더 좋은 집을 제공하는 조건으로). 제안이 받아들여지지 않으면 그 집은 귀하께 인도될 것입니다.

서명
H. N. 알렌

선교부는 이미 선교본부에 이 부동산을 판매할 수 있는 허가를 요청하였지만 명확한 제안이 없었기 때문에 허가가 승인되지 않았습니다. 이제 우리는 확실한 제안을 받았고, 이제 거론된 가격에 판매할 수 있도록 허가해 달라고 다시 요청하고 있습니다. 가격은 좋은 것이며, 확실히 모든 부동산은 가치가

---

127) 르페브르(G. Lefevre)는 1893년 5월 25일부터 1901년 8월 10일까지 주한 프랑스 공사관의 서기관 겸 통역관으로 근무하였으며, 1894년 3월 1일부터 1896년 4월 27일까지 대리공사 겸 총영사로, 1899년 11월 30일부터 1901년 3월 12일까지 임시 대리공사로 활동하였다.

있습니다. 남장로교회 선교부의 벨 씨는 알렌 박사가 제공하는 집으로 이사하기로 동의하였으며, 알렌 박사는 즉시 다른 부동산을 소유하게 될 것입니다. 선교본부가 판매 허가를 승인하지 않을 경우, 알렌 박사는 위의 계약에 따라 부동산을 비울 것입니다.

벨 씨와 관련하여 그는 다음과 같은 이유로 임차료 없이 부동산을 사용할 수 있는 허가를 받았습니다.

첫째 - 그 덕분에 관리인을 고용하지 않아도 되고
둘째 - 그는 남장로교회 선교부에 속해 있었기 때문입니다.

저는 우리가 선교본부가 이 제안을 받아들이도록 촉구할 필요는 없다고 생각합니다. 우리에게는 그 재산이 필요하지 않으며, 만약 그것을 가지고 있다면 그것은 지속적인 비용 지출과 문제의 원인이 될 것입니다.

아직까지 우리는 기포드 씨의 오래된 집에 대한 확실한 제안을 받지 못하였습니다. 우리가 이 부동산에 대하여 3,000.00엔 이상을 받을 수 있다면 팔까요? 한때 우리는 그 부지를 3,500.00엔에 팔 수도 있다는 말을 들었지만 확실한 제안은 없었습니다. 선교부 전체는 가능한 한 빨리 부동산이 매각되기를 바라고 있습니다. 집 상태가 좋지 않아 만일 임차할 경우 약간의 비용을 들여 수리해야 합니다.

안녕히 계십시오.
그레이엄 리, 재산 위원회 위원장

추신. 위의 편지를 쓴 후에 저는 알렌 박사로부터 다음과 같은 편지를 받았습니다.

친애하는 리 씨,

귀하께서 나의 옛집의 토지 경계에 대하여 말한 것을 내 친구들에게 설명하자 그들은 대단히 반대하였습니다. 내가 그곳에 살았던 이후로 그들은 그 장소를 알지 못하였습니다. 그 당시 나는 뒤쪽 언덕에 있는 땅을 사용하였고, 나중에는 헤론 박사와 공유하였지만 그것을 통과하는 분리벽이 없었으며, 그 부지를 입찰할 때 내 친구들은 그것을 집을 위한 매우 넓은 부지로 여겼습니다. 문제를 단순화하기 위하여 나는 제안을 다음과 같이 수정할

권한이 있습니다: 뒤쪽 언덕에 있는 정원을 포함하여 집에 대하여 3000.00 엔, 정원이 없으면 2500.00엔. 즉각적이고 조건부 소유에 관한 다른 약정은 그대로 유지됩니다. 선교본부로 보내는 편지에 이를 추가하여 선교본부가 선택을 할 수 있도록 하는 것이 좋을 것입니다.

안녕히 계세요.
H. N. 알렌

위와 관련하여 알렌 박사가 말하는 땅은 빈튼 박사의 집 뒤편에 있고, 그의 부지의 일부이며, 담장으로 이전 여학교 건물과 분리되어 있다고 말씀드릴 수 있습니다. 저는 선교부의 회원 중 어느 누구도 현재 이 땅을 나누는 데 동의하지 않을 것이라고 확신하므로 질문이 있는데, 우리가 다른 땅을 2500.00엔에 구입하는 것을 받아들일까요?

현재 제가 아는 한 대부분은 이 가격에 판매하려 할 것입니다. 우리는 박사님의 결정을 기다리고 있습니다.

G. L.

Graham Lee (Seoul),
Letter to Frank F. Ellinwood (Sec., BFM, PCUSA) (Sept. 1st, 1895)

Seoul, Korea,

Sept. 1st, '95 (Rec'c Dec. 4th)

Dear Dr. Ellinwood: -

Dr. Allen has made us an offer on the property formerly occupied by the Girls' School. Below is a copy of his offer:

> "I make you the following offer and will be glad if you will attend to it at once otherwise I may have to withdraw it. I understand Mr. Bell has the house next to us till March 1st rent free. We want it for immediate use. I am therefore authorized to offer you the brick house inside the West Gate lately occupied by the French representative, Mr. Lefevre, free of rent for the occupancy of Mr. Bell till March 1st next, and to offer you $3000.00 yen for the house now occupied by Mr. Bell, immediate possession to be given and no rent to be charged, (in condition of giving you the other and better house) until you have word from New York as to acceptance of the offer. Should the offer not be accepted, the house will then be delivered to you."

> Signed
> H. N. Allen

The Mission has already asked the Board for permission to sell this property which permission was not granted because we had no definite offer. We now have the definite offer and now ask again that we be given permission to sell at the price named. The price is a good one and is certainly all the property is worth. Mr. Bell of the Southern Presbyterian Mission has agreed to move out into the house which Dr. Allen furnishes and Dr. Allen will take possession of the other property immediately. Should the Board not grant permission to sell, then Dr. Allen will vacate the property as per his agreement above.

In regard to Mr. Bell, he was given permission to occupy the property free of rent because:

1st - That saved us hiring a care-taker and
2nd - Because he belonged to the Southern Presbyterian Mission.

I do not think we need to urge the Board to accept this offer. We do not need the property and if it is kept it will be a source of continual expense and trouble.

As yet we have had no definite offer for Mr. Gifford's old house. If we can get $3000.00 yen or more for this property, shall we sell? At one time we heard that we might sell the place for $3500.00 yen but no definite offer was made. The whole Mission is anxious that the property be sold as soon as possible. The house is in bad condition and if it is rented it will have to be repaired at some expense.

Yours sincerely,
Graham Lee, Chairman Property Committee

P. S. Since writing the above I have received the following communication from Dr. Allen:

"Dear Mr. Lee:

On explaining to my friends what you said as to the limits of ground of my old house, they objected very much. They have not known the place since I lived there. At that time I used the ground on the hill at the back, afterwards sharing it with Dr. Heron, but we had no dividing wall through it, and when bidding for the place my friends counted very largely upon that place as a site for a house. To simplify matters I am authorized to modify the offer in this way: $3000.00 yen for the house including the garden on the hill at the back or $2500.00 without this. The other arrangements as to immediate and conditional possession to stand as they were. You had better add this to your letter to the Board that they may take their choice.

> Yours truly,
> H. N. Allen"

In regard to the above I would say that the ground about which Dr. Allen speaks is back of Dr. Vinton s house and is a part of his compound and is separated from the old Girls School property by a wall. I'm sure that none of the Mission would agree to part with this piece of ground at present so the question comes, shall we accept the $2500.00 for the other?

As far as I am able to find out at present the majority would be for selling at this price. We await your action.

G. L.

올리버 R. 에비슨(서울), 에비슨 박사의 보고서 (1895년 9월 3일)

궁궐 업무: 작년(1894년) 내 보고서를 마감한 이후, 즉 연례 회의부터 시작하여 가장 먼저 언급해야 할 일은 궁궐과 진료 관계가 회복된 것이다. 1894년 12월 21일 선교부 회의가 아직 진행 중일 때이었다. 나는 알렌 박사와 함께 처음으로 폐하를 왕진하였다. 내가 왕실 업무를 하기 시작한 것에 대하여 나는 알렌 박사에게 빛을 지고 있다. 그때 이후 나는 폐하를 33번 왕진하였으며, 음력 설날에는 호의로 우호적인 알현을 하였다. 게다가 나는 왕자와 왕가(王家)의 여러 명을 치료하였다. 왕비는 설날 선물로 300달러와 여러 번 많은 작은 선물들을 보냈고, 아내를 알현하도록 초청함으로써 감사를 표하였다. 아이들 각자에게 선물을 보내는 것을 잊지 않았다.

(중략)

Oliver R. Avison (Seoul), Dr. Avison's Report (Sept. 3rd, 1895)

Palace Work: Beginning with where my report left off last year, viz. the Annual meeting, the first thing I have to mention is the reestablishment of professional relations with the Palace. Dec. 21st 1894 while the Mission meeting was still in session. I made my first visit there with Dr. Allen to see His Majesty. I am under obligations to Dr. Allen for initiating me into the proper manner of conducting myself before royalty. Since that time I have visited His Majesty professionally 33 times and at the Korean New Year was called to a friendly audience as a matter of courtesy. Besides His Majesty I have had the honor of treating both princess and several members of the royal family. Her Majesty the Queen, evidenced her appreciation by sending a New Year's gift of $300.00 and many smaller presents on various occasions and by inviting Mrs. Avison to an audience with her. Not forgetting to send tokens to each of the children.

(Omitted)

존 M. B. 실(주한 미국 공사)이 김윤식(외부대신)에게 보낸 공문,
외부 제77호 (1895년 9월 12일)

미합중국 공사관
한국 서울,

1895년 9월 12일

외부 제77호

안녕하십니까,

저는 [미국] 정부의 허가를 받아 내일 휴가로 일본으로 출발하게 되었음을 알려드리게 되어 영광입니다. 제가 돌아올 때까지 알렌 박사가 임시 대리공사로 이 공사관의 업무를 맡게 될 것입니다.

안녕히 계십시오.
존 M. B. 실

김윤식 각하,
외부대신

John M. B. Sill (U. S. Minister to Korea), Dispatch to Kim Yun Sik (Minister, For. Affairs), No. 77, For. Office (Sept. 12th, 1895)

Legation of the United States

Seoul, Korea

Sept. 12, 1895

No. 77, F. O.

Sir: -

I have the honor to inform you that by permission from my Government I start for Japan tomorrow on leave of absence. Until my return Dr. Allen will be in charge as *Chargé d'Affaires ad interim* at this Legation.

I have the honor to be

Sir,

Your obedient servant.

John M. B. Sill

His Excellency

Kim Yun Sik,

Minister for Foreign Affairs

[漢譯]
大美 欽命駐紮朝鮮便宜行事大臣兼 總領事 施, 爲
照會事, 照得, 本大臣 奉到我
政府 允暇, 明日發往 日本, 玆於往返時間, 本館 叅贊 安連, 暫行 代理公使
之任, 相應 照會
貴大臣, 請煩 查照 可也, 須至照會者,
右.

大朝鮮 外部大臣 金
西曆 一千八百九十五年 九月十二日
　　　乙未 七月 二十四日

김윤식(외부대신)이 존 M. B. 실(주한 미국 공사)에게 보낸 공문
(1895년 9월 14일)

대조선 외부대신 김(金)이 조회할 일입니다.

　살펴보니, 음력 이번 달 24일에 접수한 귀 조회 가운데, "안련을 대리공사로 하는 등을 운운"하는 내용이었습니다. 본 대신이 잘 받아 보고 상응하는 회답을 보내니, 귀 대신은 잘 살펴봐 주심이 가하며 이러한 내용으로 회답합니다.

대미 흠명주차조선편의행사대신겸 총영사 시(施)
개국 504년 7월 26일

Kim Yun Sik (Minister, For. Affairs),
Dispatch to John M. B. Sill (U. S. Minister to Korea)
(Sept. 14th, 1895)

大朝鮮 外部大臣 金, 爲

照會事. 照得, 我曆 本月 二十四日, 接准 貴照會 內開 安連 代理 事 云云等因, 本大臣 准此 閱悉, 相應 照覆, 請煩

貴大臣 照亮 可也, 順至照覆者,

右照覆.

大美 欽命駐箚朝鮮便宜行事大臣兼 總領事 施
開國 五百 四年 七月 二十六日

18950915

J. 헌터 웰즈(서울)가 프랭크 F. 엘린우드
(미국 북장로교회 해외선교본부 총무)에게 보낸 편지 (1895년 9월 15일)

(중략)

우리가 평양을 외국인을 위한 거류지와 함께 개항하는 것과 관련하여 알 렌 박사로부터 얻을 수 있는 최신 정보는 평양은 아예 열리지 않고 강어귀에 서 40마일 정도 더 가까운 마을이 열린 것 같아 상당히 실망스럽습니다.

(중략)

J. Hunter Wells (Seoul),
Letter to Frank F. Ellinwood (Sec., BFM, PCUSA)
(Sept. 15th, 1895)

(Omitted)

The latest information we can get from the Dr. Allen, concerning the opening of Pyeng Yang as a port with concessions for foreigners is rather discouraging for it seems as if Pyeng Yang may not be opened at all but a town 40 miles nearer the mouth of the river.

(Omitted)

호러스 N. 알렌(주한 미국 공사관 서기관),
현명한 바보 또는 한국의 립 밴 윙클[128],
The Korean Repository (서울) 2(9) (1895년 9월호), 334~338쪽

현명한 바보 또는 한국의 립 밴 윙클

200년 전 반란으로 실각한 연산조 시절에, 재상은 왕의 총애를 많이 받아 막강한 권력과 영향력을 갖게 되었다. 자리를 원하는 사람은 누구나 그에게 와야 했고, 값비싼 선물로 왕과의 중재를 확보해야 했다. 이로써 김 씨는 큰 부(富)를 얻었다.

재상에게는 지능이 부족하고 200년 전에 이웃들에 의해 그렇게 바보라고 불리는 불쌍한 사촌이 있었다. 바보에게는 지위가 없었고, 영향력을 가진 사촌은 그에게 지위를 부여할 의향이 전혀 없었다. 이것이 그를 슬프게 하였지만 나중에 그를 유명하게 만든 잠재 능력을 발전시켰다.

재상에게는 아름다운 하얀 조랑말이 있었습니다. 그 위에는 검은 털이 하나도 없었고, 그 아름다움은 온 도시에 잘 알려져 있었다. 그는 완벽한 검정색을 원하였지만 아직 완벽한 검정색은 그에게 오지 않았다. 바보는 사촌의 욕망을 알고 흰 조랑말을 훔쳐 한적한 곳으로 가져가 검은색 물감으로 꼼꼼히 칠한 뒤 건조시키고 한 번 더 칠하였다. 이 두 번째 칠이 마르자 그는 조랑말을 햇빛에 데려가 칠흑색 유약으로 상당히 빛날 때까지 문지르고, 광택을 내고, 손질하는 데 몇 시간을 보냈다. 그런 다음 그는 조랑말을 사촌의 집으로 데려가 선물로 주면서 이 선물에 자신이 구걸하거나 빌릴 수 있는 돈을 모두 썼으니 스스로 상환할 수 있도록 곧 좋은 자리를 갖고 싶다고 말하였다.

재상은 불쾌감을 느끼지 않았지만 그러한 행위에 익숙해졌고 그러한 경우에 이를 정규 절차로 인식하여 선물과 상황이 합당하다고 생각하여 즉시 사촌에게 그러한 지위를 확보해 줌으로써 부채를 상환하기 시작하였다.

바보는 나라 북서부 강계의 수령(首領)에 임명되었다. 그는 그 자리로 떠나

---

128) 립 밴 윙클은 미국의 작가 워싱턴 어빈(Washington Irivng, 1783~1859)이 발표한 단편소설이며, 미국의 독립전쟁이 일어나기 전에 캐츠킬 산(Catskill Mountain) 주변의 마을에 살던 게으른 남자 립 밴 윙클이 산에 올라가서 낯선 사람을 만나 술을 얻어 마신 후 하룻밤 만에 20년이 흘렀다는 내용의 동화 같은 이야기이다.

기 전에 사촌의 비밀 수행원을 불러 그와 계약을 맺었다. 바보는 사람들이 이전에 갈취된 적이 없기 때문에 갈취하려고 했다고 말하였다. 그는 그 지역에서 가질 수 있는 모든 돈을 갖게 될 것이고, 수도(首都)에서 그에 대한 반대 움직임을 그에게 계속 알려준다면 그가 버는 모든 것의 절반을 수행원에게 줄 것이었다. 그는 자신이 제안한 계획이 문제를 일으키고 서울에 보고될 것임을 잘 알고 있었기 때문이다. 그 수행원은 자신이 부유한 주인에게만 의존하여 가난하게 지내는 것은 별로 가치가 없는 일이지만, 자신만의 약간의 재산을 모을 수 있는 기회가 열려 있기 때문에 그 제안에 동의하였다.

바보는 자기 지역으로 가서 그 계획을 충실히 수행하여 부를 급속히 쌓기 시작하였지만, 얼마 지나지 않아 왕에게 보고되었고, 왕은 재상을 불러 어사(御使)를 보내어 정탐하고 즉시 보고하라고 명하였다. 명령은 실행되었고 민첩한 수행원은 즉시 바보에게 무슨 일이 일어났는지, 어사가 언제 어떻게 여행할 것인지, 그리고 그가 확인할 수 있는 그의 개인적인 특성에 대해 알 수 있는 모든 것을 알리는 편지를 발송하였다.

이 편지를 통하여 죄가 있는 수령은 자신을 심문하기 위하여 파견된 관리가 망아지와 함께 암말을 타는 비겁한 사람이며, 심각한 문제를 예방하려면 자신의 즉각적인 조치가 필요하다는 사실을 알게 되었다. 그는 사냥꾼들에게 호랑이를 죽이게 하였고, 그 가죽을 어린 젖먹이 망아지에 입혀 길로 내려보내 나무에 묶어 놓았다. 곧 어사가 멀리서 다가오고 있는 것이 보였다. 배고픈 망아지는 풀려났고, 암말이 더 가까이 다가오자 망아지가 윙윙거리는 소리를 들었고, 배고픈 망아지는 어미가 왔다고 생각하고 달려가 행렬을 맞이하였다. 암말이 보고 냄새를 맡았을 때 살아있는 호랑이가 자신을 덮친다고 생각하여 변장한 망아지와 함께 가능한 한 빨리 집으로 돌아갔다. 어사는 너무 겁에 질려 더 이상 갈 수 없을 때까지 암말을 탔고, 두려움에 자극을 받아 집에 도착할 때까지 최선을 다해 나아갔다.

재상은 그 다음 임무를 맡을 용감한 사람을 선택하였지만, 이 사람의 용기는 대개 술에서 나왔으며 수행원은 즉시 동료에게 모든 문제를 알렸고 즉시 필요한 준비를 하였다. 그는 길가의 모든 술집에 기생을 배치하고 어사가 오면 어떻게 해야 하는지에 대한 지시를 내렸다. 따라서 그는 계속해서 술을 마시고 전국을 휩쓸며 전진하고 있었는데, 마침내 수령에게 다가가게 되었다. 관리가 술을 마시고 있던 여관에서 여관 주인과 그의 아내는 합의에 따라 술 취한 관리의 이름이 언급되는 불쾌한 논쟁을 시작하였다. 남편의 안전을 위해 그는 남자와 여자가 소유권을 놓고 논쟁을 벌이는 크고 빈 쌀 상자에 넣어졌다. 마침내 결정을 내리기 위하여 그들은 사건을 수령에게 맡기기로 합의하였고, 그래서 그들은 쌀 상자를 그에게 가져가서 자신들의 싸움에 대하여 이야기하였다. 얼마 주고 샀냐고 물으니 현금 1000냥이라고 하였다. 그는 말하였다. "글쎄요, 나는 딱 그 상자를 원한다. 그러면 나는 너에게 그 값으로 2천을 주겠다. 그러면 너희 둘은 모두 원래 가격을 갖게 될 것이다." 그들은 분명히 만족한 채 떠났다. 안에 들어 있는 관리는 매우 조용해야 했고, 수령은 그 당시 그의 지역에서 수확하고 있던 종류의 곡물이 가득 담긴 좋은 쌀 상자를 그에게 보낼 것이라고 알리는 편지와 함께 상자와 내용물을 그의 사촌에게 즉시 보냈다.

이것은 재상을 화가 나도록 만들었고, 그는 목적을 달성하고 두려움과 유혹에 맞서 싸울 수 있는 사람을 찾기로 결정하였다. 그래서 그는 매우 독실한 습관을 가지고 있고, 불교를 공부하며, 세상의 유혹에 쉽게 영향을 받지 않는 사람을 선택하였다.

수행원은 바보에게 새로 선출된 관리의 모든 세부 사항을 즉시 알렸고, 그를 준비하기 위하여 수령은 인접한 산의 평평한 정상을 조심스럽게 정리하였다. 그는 이곳에 놀이판과 놀이뿐만 아니라 음식을 준비하고 가져갈 수 있는 이상한 도구와 함께 이상하게 만들어진 탁자와 의자를 배치하였다. 그는 또한 천상의 존재들이 입는 모습으로 묘사된 화려한 의상과 칸막이, 벽화 장식을 준비하였다.

긴 회색 수염을 기른 네 명의 노인이 신(神)의 역할을 맡아 연습하였고, 신들이 입어야 하는 상투를 각각 쓴 세 명의 소년은 포도주를 데우고 대접하며 요리하고 음식을 대접하는 임무에 대하여 충분히 교육받았다. 어사가 도착할 때쯤에는 모든 것이 준비되었다. 그는 관아의 관리와 함께 조사를 시작하도록 허락받았고, 그 관리는 자리를 비웠다. 이 업무에 바쁜 동안 그는 공중에서 음악을 들었고 올려다보면서 산 정상의 희미한 빛 속에서 이상한 광경을 보았다.

"저것이 무엇이냐?" 그는 관리에게 물었다.

"그렇게 큰 소리로 말하지 마세요." 그가 대답하였다. "그것은 신들의 축제입니다. 2년에 한 번씩 그들은 그곳에 와서 잠시 먹고 마시고 놀아요."

"너는 그들을 보러 가본 적이 있는가?"

"물론 그렇지 않습니다. 만일 사람이 먼저 몸을 정화하지 않고 그들에게 접근한다면 그는 죽을 것입니다."

"글쎄, 나는 순수해"라고 어사가 말하였다. "나는 평생을 신들을 숭배하느라 보냈소. 나는 그들에게 다가가는 것을 두려워하지 않고, 나와 동행하는 사람이 아무도 없어도 가서 나를 소개할 생각이네."

그는 그렇게 하였다. 고원(高原) 가장자리로 올라가 그곳에서 하늘의 인물들에게 몸을 굽혀 절을 하였다.

나이 든 신 한 명이 말하였다. "이리 오너라. 우리는 너를 알고 있다. 너는 김 씨이구나. 너는 평생 천상의 일을 추구한 훌륭한 탐구자였구나. 우리는 너를 환영한다. 앉아서 술 좀 마셔라."

어사는 그가 술을 맛본 적이 없다고 항의하였지만 신들은 그것이 그들과 비슷하게 만드는 천상의 술이라고 말하면서 그것을 강요하였다. 그는 한 노인에게서 가장 독한 술을 아주 큰 그릇으로 마시고, 또 다른 노인에게서도 또 다른 한 그릇을 마셨기 때문에 그는 곧 술에 취하여 정신을 잃었다. 그런 다음 일꾼들을 불러 그를 어느 정도 떨어진 야생 계곡으로 데리고 가서 혼자 정신을 차릴 수 있도록 허용하였다. 그는 얼마 후에 그렇게 하였고, 극심한 갈증을 해소하기 위하여 물을 찾다가 완전히 새로운 환경에 있다는 것을 알게 되었다.

그는 농부를 만나 강계 수령이 어디에 있는지 물었다. 농부는 그에게 그곳이 20리 정도 떨어져 있다고 말하였다.

"그러면 어젯밤에 신들이 어사를 대접하였다는 소식을 들었나요?"

"그렇지 않습니다"라고 그 남자가 말하였다. "김 어사라는 사람이 강계 근처 산에서 신들로부터 대접을 받았다는 이야기를 늘 들었는데, 그것은 150년 전의 일이고 그 사람은 사라졌고 그 이후로는 소식조차 듣지 못하였습니다. 나는 어렸을 때 어머니로부터 이 이야기를 들었고, 김 씨는 아주 좋은 사람이었기 때문에 우리는 항상 그가 신들에 의해 천국으로 옮겨졌다고 생각하였습니다." 농부는 교육을 잘 받았고 불쌍한 김 씨는 실제로 자신이 백오십 년 동안이나 천국에 있었거나 잠들어 있었다고 믿었다. 그는 재상이 죽었을 것이기에 그를 비난할 수 없었기 때문에 서울로 돌아가기로 결정하였다. 그는 돌아와서 그곳에서 전과 똑같이 생긴 재상을 발견하고 어떻게 그렇게 좋은 상태로 150년을 살 수 있었는지 물었다. 그러자 재상은 그를 미친 사람으로 몰아내었고, 그의 현명한 바보 사촌을 박해하는 것을 포기하였다.

H. N. 알렌

Horace N. Allen (Sec., U. S. Legation to Korea), The Wise Fool or the Korean Rip Van Winkle. *The Korean Repository* (Seoul) 2(9) (Sept., 1895), pp. 334~338

The Wise Fool or the Korean Rip Van Winkle.

Two hundred years ago, during the reign of Yun San Cha, who was overthrown by rebels, the Prime Minister was much favored by the king so that he obtained great power and influence. Anyone desiring rank bad to come to him and by costly presents secure his intercession with the king. In this way Kim obtained great riches.

The Prime Minister had a poor cousin a man who was supposed to be deficient in intelligence and who may as well be called The Fool, as he was so designated by his neighbors two centuries ago. The Fool had no position and his influential cousin showed no inclination to bestow one upon him. This made him sad but it developed the latent ability which later on made him famous.

The Prime Minister had a beautiful white pony. It had not a black hair anywhere upon it, and its beauty was well known throughout the city. He wanted a black one just as perfect but as yet no perfect black one has been brought to him. The Fool knowing of his cousin's desire stole the white pony, took it to a deserted place and painted it thoroughly with black paint, which he allowed to dry and then applied another coat. When this second coat had dried in he took the pony into the sun and spent hours in rubbing, polishing and otherwise grooming it, till it fairly shone in its jet black lacquer coat. Then he led the pony to the house of his cousin and made. him a present of it, telling him mean time that as he had spent all the money he could beg or borrow on this gift he would like to have a good office as soon as possible by which to reimburse himself.

The Prime Minister took no offense but being used to such acts and recognizing them as the regular course of procedure in such cases, he at once set about discharging the debt by securing such a position for his cousin as he considered the gift and circumstances merited.

The Fool was made magistrate of the district of Kang Gay in the North Western part of the country. Before leaving for his post he called in the confidential attendant of his cousin and made a contract with him. The Fool said he intended to squeeze as the people had never been squeezed before. He would have all the money that was to be had in the district, and he would give the attendant half of all he made if he would keep him informed of any movements against him at the capital; for he well knew that his proposed scheme would breed trouble and be reported to Seoul. The attendant reasoned with himself that it was scarcely worth while for him to remain a poor dependant upon his prosperous master, while such & chance was open to him to amass a little fortune of his own, so he agreed to the proposition.

The Fool went to his district and carried out his plan faithfully, and began to pile up wealth rapidly, but he was ere long reported to the king who called the Prime Minister and ordered him to send an *Uhsa*, or spy, to examine into the affairs of the Kang Gay district and report at once. The order was obeyed and the alert attendant at once despatched a letter advising the Fool of what had been done, when and how the Uhsa would make the journey, and all he could ascertain as to his personal peculiarities.

From this letter the guilty magistrate saw that the official sent to examine him was a cowardly man that would ride a mare with a colt and that prompt action was necessary on his part to prevent serious trouble. He had his hunters kill a tiger, the skin of which he put upon a young sucking colt which he had sent down the road and tied to a tree. Soon the *Uhsa* was seen advancing in the distance. The hungry colt was freed and as the mare drew nearer and heard a colt she whinnied at which the hungry colt, thinking its mother had come, ran to meet the [pr]ocession. When the mare saw and smelled what she thought was a live tiger bearing down upon her she set out for home as fast as she could travel with the disguised colt in pursuit. The *Uhsa* was so terrified that he rode his mare till she could go no further, then stimulated by fear be made his way as best he could till he reached his home.

The Prime Minister next selected a brave man for the task, but this man's c.ourage usually came from wine, and the attendant promptly wrote the whole matter to his confederate who at once made the necessary preparations. He stationed *Gee saing** at every wine shop along the road with fnll instructions as to what they were to do when the *Uhsa* came along. Accordingly he was plied with wine continually and was having a roaring progress through the country till, approaching the magistracy, an inn keeper and his wife at an inn where the official was carousing, by arrangement, began a dispute in which the drunken official's name was unpleasantly mentioned. For supposed safety from the husband he had been placed in a large empty rice box the ownership of which was disputed by the man and woman. Finally to reach a decision they agreed to lay the case before the magistrate; so they took the rice box to him and told of their quarrel. He asked how much they had paid for it, and they said one thousand cash. "Well I want just such a box" said he "and I will give you two thousand for it, so that you will each have the original price." They went away apparently satisfied. The official inside had to be very quiet and the magistrate promptly despatched box and contents to his cousin with a letter informing him that he was sending him a fine rice box full of the kind of grain they were harvesting at that time in his district.

* Dancing girls

This made the Prime Minister angry and he decided to get a man that would answer the purpose and be proof against fear and temptation: so he selected a man of very devout habits, a student of Buddhism and one not easily affected by worldly temptations.

The attendant promptly informed the Fool of all the particulars of this newly selected officer and in preparation for him the magistrate had the flat top of an adjoining mountain carefully cleared. Here he placed curiously constructed tables and stools, with strange utensils for preparing and taking food as well as game boards and games. He also prepared some gorgeous suits of clothing such as heavenly beings are pictured as wearing, on screens and mural decorations.

Four old men with long grey beards were rehearsed in their parts as gods, while three boys with each a double topknot, such as the gods are supposed to wear were fully instructed as to their duties in warming and serving wine, in cooking and serving food. All was ready by the time the *Uhsa* arrived. He was allowed to begin his investigation with the secretary of the yamen, while the official absented himself. While busy at this work he heard music in the air and looking up he saw the strange tableaux in the gloaming on the mountain top.

"What is that?" he inquired of the scribe.

"Don't speak so loudly" replied he "that is the feast of the gods. About once in two years they come there and eat, drink and play for a while."

"Do you ever go to see them?"

"Certainly not. If so man should approach them without first purifying his body he would die."

"Well I am pure." said the *Uhsa*, "my whole life has been spent in worshipping the gods. 1 am not afraid to approach them and tho' no one accompany me 1 intend to go and present myself."

He did so. Ascending to the edge of the plateau and there bowing low to the heavenly personages.

"Come:" said one old god, "we know you. You are Kim. You have been a great searcher after heavenly things all your life. We welcome you. Sit down and drink some wine."

The *Uhsa* protested that he had never tasted wine, but the gods pressed it, upon him saying it was heavenly wine which would make him like unto themselves. He drunk a very large bowl of the strongest wine from one old man and then another from each of the others, so that he was soon insensible with drunkenness. Then coolies were summoned who bore him off some distance into a wild valley where he was allowed to come to his senses alone. He did so after a time and in searching for water for his raging thirst be found he was in entirely new surroundings.

He met a farmer and asked where the magistracy of Kang Gay was located. The farmer told him that it was about twenty li distant.

"Well did you hear of the *Uhsa* being entertained by the gods last night?"

"I did not" said the man. "I have always heard that an *Uhsa*, Kim was entertained by the gods on a mountain near Kang Gay but that was a hundred and fifty years ago and he disappeared nor has he even been heard of since. I was told the story by my mother when a boy and as Kim was a very good man we always supposed he was taken to heaven by the gods." The farmer had been well instructed and poor Kim actually believed he had been in heaven or asleep, which is the same, for a hundred and fifty years. He decided to go back to Seoul as the Prime Minister would be dead and could not blame him. He did return and finding the same Prime Minister there, looking much as before, asked him how he managed to live a hundred and fifty years in such good condition. Whereupon the Prime Minister dismissed him, as crazy and gave up persecuting his wise fool of a cousin.

H. N. Allen

호러스 N. 알렌(주한 미국 공사관 서기관)이
제니 A. 에버릿(오하이오 주 톨레도)에게 보낸 편지 (1895년 11월 5일)

한국 서울,
1895년 11월 5일

친애하는 제니 누님,

저는 한 시간 정도 쉬면서 누님께 이곳의 일에 관한 개인적인 설명을 드립니다. 다른 사람들은 저를 허풍쟁이라고 생각할 것이지만 누님과 클레이턴 매형은 제가 무엇을 하고 있는지 알고 싶어 할 것이라는 것을 알고 있습니다. 하지만 제 편지를 보여주지 마세요.

저는 지금 제가 기대하였던 것보다 더 중요한 자리를 차지하고 있습니다. 저는 아시아의 평화, 어쩌면 유럽의 평화가 상당 부분 저에게 달려 있다고 말할 수 있습니다.

저는 최근 이곳에서 발생한 문제들에 대하여 매우 훌륭한 입장을 취하였습니다. 미국을 몰랐던 공모자들은 놀랍게도 자신들의 이빨을 드러냈습니다. 일본 신문들은 상트페테르부르크와 워싱턴의 대표로부터 이곳 공사의 유죄에 대한 첫 번째 단서를 얻었다고 발표하였습니다. 저의 전보는 유난히 강력해서 저는 일본 정부가 개입하였다고 단정하였기 때문에 그들을 설득한 일본 주재 우리 공사뿐만 아니라 휴가 중인 한국 주재 미국 공사인 실 씨와 그들이 만난 도쿄의 이노우에 백작에게도 큰 불안을 안겨주었습니다. 이노우에는 이것을 제가 그의 정부가 이러한 행위를 선동하였다고 생각한다는 의미로 받아들였습니다. 저는 그들이 주동자로서 이 공인된 대리인, 즉 공사관과 군대의 행위를 통해 연루되었다는 것을 의미하였습니다. 실 씨는 제 공문을 막고 싶었지만, 감히 그러지 못하였습니다. 하지만 그는 적절한 전보를 보냈지만, 이곳으로 돌아오자마자 제가 말한 것을 유지하며, 저의 입후보가 훌륭하다고 승인하는 전보를 보냈습니다. 제가 단지 진실만을 말하고 의무를 다하였다고 인정한 이곳의 일본 공사인 이노우에 백작은 그의 공사관 서기관, 그리고 전쟁에 참여한 뒤 이곳에서 도망친 육군 장교와 많은 일본인들과 마찬가지로 소환되어 체포되어 감옥에 투옥되었습니다.

저는 스티븐스 씨가 이곳으로 오기를 원하지 않아서 매우 기쁩니다. 그
가 톨레도에 있기에 누님께 문제를 일으키지 않기를 바랍니다.

이노우에 백작은 며칠 전 특별 공사로 이곳에 도착하였습니다. 그는 나에
게 만나자고 요청하였으며 제가 많은 일을 해주기를 원하였는데, 그중 가장
중요한 것은 그와 그의 의도에 대한 왕의 신뢰를 확보하고, 그를 러시아 공사
와 우호적인 관계에 두어 그들이 함께 협력하고 새 정부를 위한 계획을 마무
리하기 위한 일반적인 방법을 시작할 수 있도록 하며, 최근 사건에 연루된 사
람들을 처벌하기 위하여 외교단의 협조를 확보하고 국왕과의 면담에 참석하고
국왕이 저에게 하듯이 완전하고 솔직하게 자신의 의견을 표현하도록 하기 위
한 것입니다. 저는 밤낮으로 일한 끝에 성공하였는데, 오늘 이노우에와 베베르
(러시아 인)는 실 및 힐리어(영국인)와 함께 공동 회의를 가졌으며 우리는 평
화와 조화를 위한 큰 일을 기대하고 있습니다. 이노우에는 그의 정부가 저에
게 어떤 감사를 표할 것인지에 대한 감사와 선언을 제안하였습니다. 왕은 문
자 그대로 아버지에 대한 어린 아이처럼 저에게 의존하고 있지만, 이제는 그
의 늙은 아버지인 대원군 - 그를 위한 저의 의도를 _____합니다. 누님이 보시
다시피 저는 큰 게임을 하고 있습니다. 제가 수행하고자 하는 목표는 정부의
위임을 받아 일본과 러시아 인들이 한국 문제에 참여하도록 하는 것입니다.
우리 정부가 손을 대기만 한다면 저는 업무를 통제할 수 있을 것입니다. 그러
나 그들은 당연히 그것을 고려하지 않을 것입니다.

저는 클레이턴 매형의 대단히 친절한 편지에 답장을 보냈으며 매형에게
많은 문제를 만들어 드렸습니다.

지금까지 저는 성공적입니다. 이노우에와 베베르가 좋은 관계만 유지한다
면 모든 것이 잘 될 것입니다. 저는 러시아나 일본 모두 전쟁을 원하지 않을
것이라고 생각하지만, 어느 쪽도 상대방이 한국에 대한 최고의 지배권을 차지
하도록 _____하지 않을 것이며, 상황이 위와 같이 처리되지 않으면 그들은
조만간 전쟁에 돌입할 것입니다. 물론 그러한 전쟁에는 영국과 프랑스가 관련
될 것이고, 심지어 독일도 그 전쟁에서 거의 벗어날 수 없을 것이기에 제가
성공하면 자랑스러워할 이유가 될 것입니다. 작은 사람들이 때때로 큰 지분을
차지합니다.
저는 누님이 뉴욕 헤럴드의 코커릴이 이곳에 있으며, 충분히 글을 쓰고 있

다는 것을 아시기를 바랍니다. 그는 저를 언급하지 않겠다고 약속하였고, 저는 그가 실 씨에게 상당한 ___을 준 것을 보았습니다. 그래서 코커릴은 주한 미국 공사를 만나고 싶어하지만, 저는 카펜터와 같은 생각을 하는 것이 두렵습니다.

저는 누님의 ____. __ ___ 그리고 이상적인 사람으로 클레이턴 매형에 대하여 얼마나 감사해 하는지 이루 말할 수 없습니다. 저는 그들을 전체적으로 볼 수 있으며, 사람들에게 그들이 누구인지 말하는 데 큰 자부심을 가지고 있습니다.

저는 누님으로부터 좋은 결과를 얻을 수 있기를 바라고 있습니다. 저는 오래된 문제와 싸우고 있으며, 미국으로 갈 수 있는 때를 갈망하고 있습니다.

광산을 찾아보고 있습니다. 이 문제로 인하여 많은 비용이 들었고, 비용의 절반과 추가 비용으로 최소 금화 300달러가 들었지만 좋은 결과가 나왔습니다. 모스는 제가 차기 공사가 되어야 한다고 선언하였고, 그는 온갖 좋은 계획을 가지고 있습니다.

아이들은 새로운 ___에서 ___하게 보이며, 우리는 그들이 매우 자랑스럽습니다.

안녕히 계세요.
뉴트

Horace N. Allen (Sec., U. S. Legation to Korea), Letter to Jennie A. Everett (Toledo, O.) (Nov. 5th, 1895)

Seoul, Korea,

Nov. 5, 1895

My dear Jennie: -

I am going to take an hour off and give you a personal account of things here. Any one else would think me a braggart but I know you and Clayton will want to know what I am doing, but don't show my letter.

I am just now occupying a more important position than I ever expected to fill. I may say the peace of Asia possibly of Europe in a great measure depends upon me.

I have taken a very fine stand in the the recent troubles here. Much to the surprise of the Conspirators who did not know America would show her teeth. Japanese papers announce that they got their first mean of the guilt of their Minister here from their Representation in St. Petersburg & Washington. My telegrams were especially strong, and they caused great anxiety to our Minister in Japan through whom they were persuaded as well as to Mr. Sill, U. S. Minister to Korea on vacation, and Count Inouye to whom they were shown in Tokio, for I decided that the Government of Japan was involved. Inouye took this to mean that I considered his Govrn't had instigated these acts. I meant that as principal they were involved through the acts of this accredited agents - the Legation and army. Mr. Sill wished to stop my dispatches but dared not. He did send a qualifying telegram however, but on his return here he telegraphed sustaining use I had said and endorsing my candidacy of affair as excellent. Count Inouye who admitted that I had only told the truth and done my duty, the Minister of Japan here was recalled, arrested and thrown into Prison, as was his Secretary of Legation, Army officers and many Japanese people who fled from here after having taken part in the war.

I am very glad that Mr. Stevens has not desired to come here. Hope he will be in Toledo and be no trouble to you.

Count Inouye arrived here a few days ago as special Ambassador. He asked me to see him, desired me to do many things chief of which was to secure the confidence of the King in him and his intentions, place him on friendly items with the Russian Minister so that they could work together and onset a general way to close up a scheme for a new govm't, and for the punishment of those involved in the recent troubles, to secure the *cooperation* of the Diplomatic Corps and to be presented at his interview with the King and to get the latter to express himself fully and frankly as he would to me myself. I have succeeded after days and nights of work and today Inouye and Waeber (Russian) with Sill & Hillier (Britain) have a joint meeting from which we expect great things in the interests of peace & harmony. Inouye is propose in his thanks and in declaring & what gratitude his Govm't will be under to me. While the king literally depends on me like a child on his father. And now his old father the Tai Wan Khun - Chief _____ in one _____ _____gging my intention for himself. So you see I am playing a big game. My object which I have hopes of carrying through is to get a Govm't commission Japanese and Russians to involve at Korean affairs. If our own Govm't would only take a hand I could get way the control of affairs, but they would not consider it of course.

I answered Clayton's very kind letters ____ me with my accounts & make him a lot of trouble.

So far I am successful, if Inouye and Waeber only keep on good terms all will go well. I don't think either Russia or Japan want war, but neither will _____ the other to get supreme control of Korea, and they will quickly go to war if things are not arranged as above. Of course such a war would involve England & France or even and Germany could hardly stay out of it, as if I succeed I will have reason for being proud. Small men sometimes hold great stakes.

I hope you see the *N. Y. Herald* Col. Cockerill is here and is writing fully.

He has promised not to mention me and I saw that he gave Mr. Sill a good ____ off. So I fear to think such as I had with Carpenter. Tho' Cockerill wants to see our Minister to Korea.

I can't tell you how much I appreciate your _____, ____ ___ ____ing _____ and Clayton to my ideal of a man. I have them in full view and take great pride in telling people who they are.

I hope to get great good from the sister, if it only gets here _____. I am fighting my old trouble and longing for the time when I can retire & go to America.

Mining is looking up. This trouble has cost me a lot of money, half my charge pay & extra expenses making at least 300 gold, but good way come of it. Morse declares I must be the next Minister, & he has all sorts of good schemes.

The boys look ____ in their new _____ & ____ we are mighty proud of them.

Good bye,

Yours aff.,
Newt

18951100

10주년 기념.
The Korean Repository (서울) 2(11) (1895년 11월호), 394쪽

10주년 기념

　한국 개신교 10주년 기념식이 10월 9일, 10일, 11일 서울에서 거행되었다. 의장 G. H. 존스 목사, M. F. 스크랜턴 부인, 엘렌 스트롱 양, D. L. 기포드 목사, F. S. 밀러 목사 및 H. B. 헐버트 목사로 구성된 여러 선교부의 합동 위원회는 목요일 저녁 연회를 제외한 모든 부분에서 진행되는 다음 행사를 준비하였다. 왕비에 대한 습격으로 인하여 연회는 당연히 생략되었다.

역사 회의
수요일 오전 9시
좌장, D. L. 기포드 목사
S. F. 무어 박사가 인도한 감사 예배
역사 강연, 의학박사 H. N. 알렌

(중략)

The Decennial Anniversary.

The Korean Repository (Seoul) 2(11) (Nov., 1895), p. 394

The decennial Anniversary

The Decennial Anniversary of the founding of Protestant missions in Korea was observed in Seoul Oct. 9, 10, and 11. A joint committee of several missions consisting of Rev. G. H. Jones, Chairman: Mrs. M. F. Scranton, Miss Ellen Strong, Revs. D. L. Gifiord, F. S. Miller and H. B. Hulbert prepared the following programme which was carried out in every part with the exception of the banquet on Thursday evening. On account of the assault on Her Majesty, the Queen, the banquet very properly was omitted.

Historical Session

Wednesday 9 a. m.

Chairman, Rev. D. L. Gifford

Thanksgiving service, conducted by Rev. S. F. Moore.

Historical Address, H. N. Allen, M. D.

(Omitted)

호러스 N. 알렌(주한 미국 공사관 서기관)이
윌리엄 W. 락힐(미합중국 국무부)에게 보낸 편지 (1895년 12월 14일)

서울,
1895년 12월 14일

친애하는 락힐 씨,

이것은 한국의 무당(巫堂)이라는 주제에 대하여 제가 수집할 수 있는 모든 것입니다. 제가 보내드리는 무당의 모든 도구와 관련하여 많은 관심을 부탁드립니다. 한문과 영어로 된 목록을 동봉합니다.

안녕히 계십시오.
H. N. 알렌

W. W. 락힐 님,
국무부,
미국 워싱턴, D. C.

Horace N. Allen (Sec., U. S. Legation to Korea),
Letter to William W. Rockhill (Dept. of State, Washington, D. C.)
(Dec. 14th, 1895)

Seoul, Dec. 14, 1895

My dear Rockhill: -

Here is about all I could collect on the subject of the mootang of Korea. I hope it will be of interest to you in connection with the mootangs complete outfit I am sending you. A list of which in Chinese and English is herewith enclosed.

Yours sincerely,
H. N. Allen

Hon. W. W. Rockhill,
Dept. of State,
Washington, U. S. A.

호러스 N. 알렌(주한 미국 공사관 서기관), 한국의 무당
(1895년 12월 14일)

한국의 무당

(앞 부분은 다음의 글[129]과 내용이 유사하여 이곳에서는 생략하였음)

장구	양두(兩頭) 북; _____
정	접시 모양의 징(鉦) 1개
___	1쌍의 심벌즈
고리짝	긁기용 바구니 1쌍
방울	딸랑이가 달린 황동 막대
부채	1개
<u>채응</u>	모탈의 채색화 1장
〃 　 〃	〃 의 ___ 그림 1장
장말	말의 채색화 1장
___	종이 현수막 1벌
우산	1개 (막대기가 분리됨)
그림	콜레라에 대한 그림 3장

---

129) Horace N. Allen (Sec., U. S. Legation to Korea), Some Korean Customs. The Mootang. *The Korean Repository* (Seoul) 3(4) (Apr., 1896), pp. 163~165

Horace N. Allen (Sec., U. S. Legation to Korea), Mootang of Korea (Dec. 14th, 1895)

Mootang of Korea

(Omitted)

Chan-goo	1 Double head drum; ____ glass
Chung	1 Gong, shaped like a dish
Check-um	1 pair cymbals.
Ko rey chak	1 pair baskets for scratching
Panguhl	1 brass wand with tinklers
Poo Cha	1 fan
Chay ung	1 colored image of a mortal
〃 〃	1 straw 〃 〃 〃
Chang mahl	1 colored 〃 〃 horse
Seck key	1 set paper banners
Woosan	1 umbrella (stick detached)
Kuhrim (picture)	3 pictures against Cholera

호러스 N. 알렌(주한 미국 공사관 서기관)이 클레이턴 W. 에버릿(오하이오 주 톨레도)에게 보낸 편지 (1895년 12월 22일)

1895년 12월 22일

C. W. 에버릿 대위,
　　변호사,
　　미국 오하이오 주 톨레도

친애하는 매형께,

　위임장 동봉 양식이 동봉된 매형의 12월 8일자 편지가 어제에서야 저에게 도착하였습니다. 총영사이기도 한 실 씨 앞에서 즉시 집행하였고, 이제 그것을 보내드립니다. 저는 날짜를 12월로 변경해야 했습니다.

　저는 성탄절에 제니 누님께 모든 소식을 전할 예정이라 더 이상 말씀드리지 않겠습니다.

　저는 오하이오 주 델라웨어의 E. T. 넬슨 교수에게 1.50달러를 지불하고 싶습니다. 매형께서 제 계정에 있는 이 금액에 대한 우편환을 그에게 친절하게 보내주시겠습니까? 이 작은 일로 귀찮게 해드려 죄송합니다만 이곳에는 우편환 체계가 없습니다.

　칼 데이비스가 장티푸스에 걸렸다는 소식을 듣게 되어 대단히 유감스럽습니다. 파스퇴르 여과기를 사용하고, 치아, 손가락 및 손 닦기, 물을 마실 때뿐만 아니라 입에 바르는 모든 용도에 그 물만 사용하시기를 바랍니다.

　사과즙은 아직 도착하지 않았고, 날씨가 매우 추워서 이제 얼어붙는 것을 거의 피할 수 없습니다.

　저는 지금 말라리아를 앓고 있습니다.

　안녕히 계세요.
　H. N. 알렌

Horace N. Allen (Sec., U. S. Legation to Korea), Letter to Clayton W. Everett (Toledo, O.) (Dec. 22nd, 1895)

Dec. 22, 1895

Capt. C. W. Everett,
  Atty at Law,
  Toledo, O., U. S. A.

Dear brother,

Your letter of Dec. 8th enclosing form of Power of Attorney only reached me on yesterday. I executed it at once before Mr. Sill who is also Consul General, and now return it. I had to charge the date to December.

I am going to write all the news to Jennie on Christmas day so will not say more at present.

I want to pay $1.50 to Prof. E. T. Nelson, Delaware, Ohio. Will you kindly send him a P. O. order for this amount in my account? I am sorry to bother you with these little items, but we have no money order systems here.

I am exceedingly sorry to hear that Carl Davis has typhoid. I hope you will stick to the Pasteur filter and use only that water for brushing your teeth, fingers, hands, and every purpose for which you apply water to your mouths as well as in drinking.

The cider has not yet arrived and it can hardly escape freezing now as the weather is very cold.

I am fighting malaria just now.

Yours sincerely,
H. N. Allen

윌리엄 M. 베어드(부산)가 호러스 N. 알렌
(주한 미국 공사관 서기관)에게 보낸 편지 (1895년 12월 27일)

한국 부산,
1895년 12월 27일

친애하는 알렌 박사님,

박사님은 저에게 내년에 쓸 한국 호조를 보내 주시겠습니까? 박사님이 청구서를 보내시면 에비슨 박사가 박사님께 경비를 지불할 것입니다.

저는 한옥을 구입하고 일시적으로 본부를 이곳에 두는 것에 대하여 알아보기 위해 찾아온 대구에서 편지를 쓰고 있습니다. 그들은 과거보다 지금 '관료적 형식주의'에 대하여 훨씬 더 까다롭습니다. 내 호조는 너무 많은 말과 격식으로 검사를 받기 때문에 호조에 명시되지 않은 일을 시도하면 반대할 것 같습니다. (조선) 정부는 한 종류 이상의 호조를 발급합니까? 그렇다면 저는 '가장 강한' 종류를 얻고 싶습니다. 저는 가톨릭 신부가 항상 이곳에 살고 있고, 여러 채의 집을 소유하고 있으며, 상황을 아주 잘 알고 있는 것 같다는 것을 알게 되었습니다. 그들은 몇 주 전에 대구에서 가장 좋은 집을 샀습니다. 그들은 단지 여행자 호조만으로 이곳에 살고 있습니까? 내가 아는 한, 그들이 이곳에 있는 것에 대하여 지금은 별로 반대가 없는 것 같습니다. 저는 적어도 집을 구한 후에는 별 어려움 없이 들어올 수 있을 것이라고 믿고 있습니다. 저는 마음 속에 여러 채의 집을 염두에 두고 있는데, 그 중 하나는 곧 구입할 수 있을 것 같습니다. 제가 그곳으로 이사할 때 모든 추방 위험을 방지하기 위하여 가능한 한 강력한 호조를 제공받고 싶습니다.

나는 이곳에 있을 때, 임시 체류자인지 거주자인지 어떤 태도를 취해야 할지 혼란스럽습니다. 그 집을 내 것이라고 부르고 관찰사 집을 샀다고 말해야 합니까? 신부가 그렇게 한 것으로 알고 있습니다. 전주에서 남장로교회가 정당하게 가지고 있는 것과 평양에서 우리가 가지고 있는 것이 미국 공사관에 등록된 것이 아닙니까? 이 부동산도 등록해야 합니까?

실 씨에게 존경심을 표하며, 부인께 안부를 전합니다.

안녕히 계세요.

윌리엄 베어드

추신. 저는 호조를 위하여 한국 명함을 보냅니다.

William M. Baird (Fusan), Letter to Horace N. Allen (Sec., U. S. Legation to Korea) (Dec. 27th, 1895)

Fusan, Korea,

Dec. 27th, 1895

Dear Doctor Allen: -

Will you please kindly send me a Korean passport for the coming year? Dr. Avison will pay you the price of it if you send him the bill.

I am writing you from Tagoo where I have come to see about purchasing a Korean house and making my headquarter here at least for a time. They are much more particular about "red tape" now than they used to be. My passport is examined with so much talk and ceremony that I wonder if they would object if I were to attempt anything not specified in the passport. Does the government issue more than one kind of passports? If so I should like to get the "strongest" kind. I find that the Catholic priest live here all the time, own several houses, and seem to be very much masters of the situation. They bought the finest house in Tagoo a few weeks ago for a mere song. Do they live here simply on a traveller's passport? So far as I can see there does not seem to be much opposition now to their being here. I believe I could come in without much trouble, at lest after getting a house. I have several houses in mind one of which I think I can purchase soon. When I move into it I should like to be provided with as strong a passport as possible to prevent all danger of expulsion.

I am at a loss to know just what attitude to assume when here, whether that

790   호러스 N. 알렌 자료집 V. 1890~1896

of a transient or a resident. Ought I to call the house mine and tell the governor that I had bought a house? I understand that the priest does. Is not the properly held by the Southern Presbyterians in Chunjoo, as well as that held by us in Pyung Yang, registered at the American Legation? Should this property also be registered?

Please present my respects to Mr. Sill and remember me to Mrs. Allen.

Believe me

Yours very sincerely,
William Baird

P. S. I send my Korean card within for passport.

애니 L. A. 베어드(부산)가 호러스 N. 알렌
(주한 미국 공사관 서기관)에게 보낸 편지 (1896년 1월 20일)

한국 부산,
1896년 1월 20일

친애하는 알렌 박사님,

대구의 베어드 씨로부터 받은 편지는 우리 부부가 따로 여행하고 싶을 경우를 대비한 호조를 위하여 즉시 박사님께 편지를 보내라고 조언하고 있었습니다. 그는 대구에서 거주가 가능한 부동산을 구입하는 데 성공하였으며, 제가 추측하는 다음 단계는 그곳 사람들이 외국 여자와 아기의 출현을 어떻게 받아들일지 지켜보는 것입니다. 그들은 지금까지 친근함 외에는 어느 것도 보여주지 않았습니다.

부산의 모든 한국인들은 상투가 무너진 것에 크게 흥분되어 있습니다. 이 외에 일들은 평소와 같습니다.

서울에서 모든 일이 잘 되길 바라며, 부인께 사랑을 전합니다.

안녕히 계세요.
W. M. 베어드 부인

Annie L. A. Baird (Fusan), Letter to Horace N. Allen (Sec., U. S. Legation to Korea) (Jan. 20th, 1896)

Fusan, Korea,
Jan. 20, 1896

Dear Dr. Allen: -

A letter received from Mr. Baird in Tagoo advised me to write to you at once for a passport for myself to be used in case we should want to travel separately. He has succeeded in buying habitable property in Tagoo and the next step I presume, will be to see how the people will take the advent of a foreign woman and baby. They have shown nothing but friendliness thus far.

All Korean [in] Fusan is greatly excited over the fall_ of the topknots. Otherwise, things keep on as usual.

Hoping all is well in Seoul, and with love to Mrs. Allen.

Yours very sincerely,
Mrs. W. M. Baird

호러스 N. 알렌(주한 미국 공사관 서기관)이 제니 A. 에버릿 (오하이오 주 톨레도)에게 보낸 편지 (1896년 2월 14일)

한국 서울,
1896년 2월 14일

친애하는 제니 누님,

우리는 다시 한 번 큰 동요를 느끼고 있습니다. 왕비의 죽음 후에 조직된 내각이 한국인들에게 상투를 자르도록 강요하며 내린 칙령은 나라에 심각한 반란을 일으켰고, 반란군은 왕실 군대를 물리치고 대낮에 서울에서 행진을 벌였습니다. 러시아군은 2월 9일에 공사관 경비대를 175명으로 늘렸습니다. 2월 10일 왕은 도시에 대한 공격을 두려워하여 마침내 저에게 사람을 보내 러시아의 보호를 받아야 하는지 물었습니다. 나는 대답할 책임을 질 수 없었지만, 러시아 공사를 왕이 이 문제를 논의하도록 명령을 받은 관리의 집으로 데려가겠다고 제안하였습니다. 저는 그렇게 하였고, 그들을 내버려 두었습니다. 그것은 2월 10일 저녁이었습니다. 2월 11일 이른 아침, 왕은 시녀의 도움으로 궁궐에서 탈출하였습니다.[130] 여자로 변장한 왕세자는 닫힌 가마에 앉았고, 시녀에 의해 노무자로 변장한 왕은 가마와 함께 궁궐 문으로 갔으며, 그곳에서 경비병이 그들을 검문하였으나 시녀는 내 오빠와 내가 나의 아픈 아주머니를 집으로 모시고 간다고 말하였고 그들은 통과할 수 있었습니다. 그들은 오전 7시에 지금 머물고 있는 러시아 공사관에 도착하였습니다. 도시는 즉시 끔찍한 상태에 빠졌고, 우리와 함께 있는 피난민들은 내각 대신이 되었고, 나의 오랜 친구인 전 워싱턴 주재 공사이었던 박정양이 총리대신이 되었습니다. 구 내각의 대신들은 체포 명령을 받았습니다. 경찰과 군대는 즉시 왕명에 복종하여 그들을 ＿＿＿하였으나, 왕비의 시해에 주로 관련이 있었던 전 총리대신과 전 농상공부대신은 폭도들에게 붙잡혀 길거리에서 잔인하게 살해당하였고, 피 맛을 본 폭도들은 분노하여 큰 어려움을 겪으며 버틸 뿐이었습니다. 그들은 거리에서 일본인 한 명을 죽였습니다. 러시아 공사관이 있는 이 구역으로의 접근은 모두 한국군에 의해 경비되어 우리 국민 모두가 매일 대면 통행을 하고 있습

---

130) 아관파천(俄館播遷)을 말한다.

니다. 우리는 23명의 경비병을 보유하고 있으며 매우 안전합니다.

　　지금까지 러시아인들은 방해가 되는 어떤 조치도 취하지 않았습니다. 위험에 처한 왕은 목숨을 걸고 보호를 위하여 그 공사관으로 도망쳤고, 그는 그곳에 받아들여져 보호를 받았습니다. 어떤 공사관이라도 이런 일을 했을 수도 있습니다. 일본이 한 짓에 비하면 아무것도 아닙니다. 그러나 일본의 ___ 지도자들은 러시아와의 전쟁 선포를 필요하게 만들 수도 있습니다. 그렇다면 국왕은 괜찮을 것이고, 그렇지 않다면 그는 오랫동안 러시아 공사관을 떠나야 할 것이고 그러면 그는 그 어느 때보다 더 큰 위험에 처하게 될 것입니다. 물론 저는 지금 매우 영향력이 있습니다. 국왕과 내각은 모든 종류의 결정을 저에게 맡기지만 저는 가능한 한 그 결정에 관여하지 않으려고 노력하고 있습니다. 저는 지금까지 제 일을 제대로 해낸 적이 없다고 생각합니다.

　　일본인들은 대단히 ___한 것 같습니다. 누님은 왕비를 죽인 일본 공사 미우라에 대한 판결을 볼 수 있을 것입니다. 모든 것이 완전히 인정되었지만 그는 신임을 받았습니다. 저는 *Japan Mail*이라는 신문에 [글을] 보냈고, 저는 클레이턴 매형이 보았으면 해서 누님께 한 부를 보내겠습니다. 우리 정부가 미국민에 대하여 그러한 국가의 관할권에 의지하는 것은 훌륭한 일입니다. 이 결정은 ___ 앞에 일본의 진실과 ___ 빛을 보여주었습니다.

　　안녕히 계세요.
　　뉴트

C. W. 에버릿 부인,
　　오하이오 주 톨레도

Horace N. Allen (Sec., U. S. Legation to Korea), Letter to Jennie A. Everett (Toledo, O.) (Feb. 14th, 1896)

Seoul, Korea,

Feb. 14, 1896

My dear Jennie: -

We are in a state of great excitement once more. The edict compell Koreans to cut off their top-knots of hair that was issued by the Cabinet that come in on the death of the Queen, caused a severe insurrection in the country & the insurgents defeated the royal troops and got to with a days march of Seoul. The Russians increased their Legation guard to 175 men and officers on Feb 9. Feb 10 the King sent finally to me to ask if he should seek Russian protection, fearing an onslaught on the city. I could not take the responsibility of answering, but offered to bring the Russian Minister to the house of the officer who had the Royal orders for conference. I did so and left them alone. That was the evening of Feb 10. Early in the morning of Feb 11, the King escaped by the aid of a maid, from the Palace. The Crown Prince disguised as a woman was placed in a closed female chair, the King disguised as a coolie accompanied by the maid went with the chair to the palace gate where the guard charged them, but the maid said my brother and I am taking my sick aunt home, and they were allowed to pass. They reached the Russian Legation at 7 a. m. where they are now. At once the city was in a terrible state, the refugees at our place became Cabinet officers, my old friend Pak Chung Yang ex-Minister to Washington became Prime Minister. The old Cabinet was ordered to be arrested. The police and army at once obeyed the royal order and __muted them, but the ex-Prime Minister and the Minister of Public Works who were chiefly concerned in the murder of the Queen, were taken by the mob and brutally murdered on the street and _____ted the mob having a taste of blood became furious and were only sustained with great difficulty. They did kill one Japanese on the streets. The officers to this Settlement which contains the Russian Legation is all guarded by Korean troops so that the face to face daily passer for all our people. We have a guard of 23 men, and are quite safe.

So far the Russians have done nothing out of the way. The king in danger, for his own life fled to that Legation for protection, where he was received and protected on their own guard. Any legation might have done this. It is nothing compared to what Japan has done. Yet the ___ heads in Japan may make a declaration of war with Russia necessary. If so the King will be alright, if not he will have to leave the Russian Legation on long and then he will be in greater danger than ever. Of course I am very influential just now. The King & cabinet leave all sorts of decision to me, but I try to stay out of it as much as possible. I don't think I have done my thing out of the way so far.

The Japs seem very _____. You may see the verdict against Miura the Jap Minister who killed the Queen. Everything is fully admitted and yet he was accredited. I have sent for a paper "Japan Mail" and will send you one, as I want Clayton to see it. It is a fine thing that our Govrn't should give the counts of such a nation jurisdiction on American subjects. That decision showed ____ Japan in the true and ___ _____ light before the ___.

Your aff. Newt.

Mrs. C. W. Everett,
    Toledo, Ohio

호러스 N. 알렌(주한 미국 공사관 서기관)이
파크 데이비스 앤드 컴퍼니(미시건 주 디트로이트)로 보낸 편지
(1896년 3월 6일)

1896년 3월 6일

메저즈 파크 데이비스 앤드 컴퍼니,
　　미국 미시건 주 디트로이트

안녕하십니까,

　　12월 20일자 귀 사(社)의 편지를 받았습니다. 친절하게 타카 디아스테이즈를 보내 주셔서 감사드립니다. 나는 그것의 가격을 찾을 수 없었습니다.
　　상품이 이제 곧 도착해야 하지만 가능한 한 빨리 몇 가지 물건을 더 원하며, 동봉된 작은 목록을 적어 두었으니 이전과 같이 제공된 주소를 저에게 보내주십시오. 그리고 대금 지불은 내 형인 디트로이트 올펜든의 T. H. 알렌 님을 이용하세요.

　　안녕히 계세요.
　　H. N. 알렌, 의학박사

　　　　메저즈 파크 데이비스 앤드 컴퍼니, 미합중국 디트로이트

H. N. 알렌,
　　한국 서울

스미스 캐쉬 스토어,
　　캘리포니아 주 샌프란시스코 프론트 가(街) 418

제201호 펜아세틴,   5 그레인, 100정   1.81달러
제41호 살롤   5   ″   ″   ″   .55
제641호 펩신 및 판크레아틴   500정   .35
제296호 _____   ½___   500정   .23
제23호 데이비스 파크   5 그레인 500정   .58
    알약 혹은 정제(錠劑) – 후자를 선호함
염산 키니네   3 그레인 500정   2.00?
정제 상자 제1호 1개   2.50

Horace N. Allen (Sec., U. S. Legation to Korea), Letter to Parke Davis & Co. (Detroit, Mich.) (Mar. 6th, 1896)

Mch. 6, 1896

Messrs. Parke Davis & Co.,
    Detroit, Mich., U. S. A.

Dear Sir: -

I have your letter of Dec. 20. And thank you for your kindness in supplying me the Taka diastase. I could not find a price for it.

The goods should arrive soon now yet I want a few more things as soon as possible and have wrote off a little list enclosed, which please send as before to me as for address given. And draw on my brother T. H. Allen Esq. % Taylor Woolfenden, Detroit for payment.

I am, Dear Sirs,

Yours very truly,
H. N. Allen, M. D.

Messrs. Parke Davis & Co., Detroit U. S. A.

For

H. N. Allen

Seoul, Korea

Forward Care Smiths Cash Store,

418 Front St., San Francisco, Cal.

No. 201 Phenacetine		5 gains C.100 tab.	$1.81
〃 41 Salol		5 〃 C 〃 〃	.55
〃 641 Pepsin & Pancreatin		500 〃	.35
〃 296 Beyonia	½	500 tab	.23
〃 23 Davis Parke		5 grains 500 tab	.58
Pills or tablets - latter preferred of			
Quinine Hydrochloride		3 grains 500	2.00?
1 tablet _____ Case. No 1. A			2.50

호러스 N. 알렌(주한 미국 공사관 서기관), 기록 (1896년 4월)

기 록

한국의 수도인 서울은 성벽 안쪽의 인구가 기본적으로 250,000에서 300,000으로 추산되며, 성문에서 3마일 이내의 교외에 적어도 100,000명이 더 있다.

서울은 인구가 1,000만에서 1,200만 명인 국가의 상업 중심지이기 때문에 정치적, 사회적 및 유통의 중심지이다.

쌀, 콩 등의 모든 공물이 서울로 오고, 서울의 항구이자 한국의 주요 항구인 제물포항은 수레길로 26마일, 작은 고물선과 증기선이 항해하기 대단히 어려운 강을 따라 56~58마일 떨어져 있다. ____ 급류 등은 매우 번거롭다.

제물포의 인구는 약 10,000명의 한국인, 6,000명의 일본인, 소수의 중국인 및 서양 외국인이 거주하고 있다. 강을 통한 연락은 3~4개월 동안 얼음으로, 여름에는 홍수로 인해 한 달 동안 닫힌다.

H. N. 알렌

Horace N. Allen (Sec., U. S. Legation to Korea), Notes (Apr., 1896)

Notes.

Seoul the capital of Korea has a population inside of the walls basically estimated at 250,000 to 300,000 with at least 100,000 more in the suburbs within 3 miles of the city gates.

Seoul is the political, social and to a great extent the distributing as it is the commercial centre of the country of ten to twelve million population.

All tribute rice, beans etc. comes to Seoul, Chemulpo the port of Seoul and the Chief port of Korea is distant 26 miles by cart road, 56 to 58 miles by a river that is very difficult of navigation by small junks and steamers drawing 5 feet. _____ _____ rapids etc are very troublesome.

Chemulpo has a population of perhaps 10,000 Koreans, 6,000 Japanese, a few Chinese and western foreigners. Communication by river is closed by ice for 3 to 4 months, and by summer, floods for say one month.

H. N. Allen

존 M. B. 실(주한 미국 공사)이 이완용(외부대신)에게 보낸 공문, 외부 제90호 (1896년 4월 6일)

미합중국 공사관
한국 서울

1896년 4월 6일

외부 제90호

안녕하십니까,

저는 본 공사관의 서기관인 H. N. 알렌 씨가 부총영사 겸 대리 총영사의 직위로 임명되었음을 각하께 알리게 되어 영광입니다.[131]

안녕히 계십시오.
존 M. B. 실

이완용 각하,
외부대신,
서울

---

131) 이 내용은 다음 신문에 실렸다. Local Items. *The Independent* (Seoul) (Apr. 9th, 1896), p. 1; Brief Notice. *The Independent* (Seoul) (Apr. 11th, 1896), p. 1

John M. B. Sill (U. S. Minister to Korea), Dispatch to Ye Wan Yong (Minister, For. Affairs), No. 90, For. Office (Apr. 6th, 1896)

Legation of the United States
Seoul, Korea

April 6, 1896

No. 90, F. O.

Sir: -

I have the honor to inform Your Excellency that Mr. H. N. Allen, the Secretary of this Legation, has been given the additional rank of Vice and Deputy Consul General.

I have the honor to be,

Sir,

Your obedient servant,
John M. B. Sill

His Excellency
Ye Wan Yong,
Minister of Foreign Affairs
Seoul

[漢譯]

　　大美 欽命駐劄朝鮮便宜行事大臣兼 總領事 施, 爲

　　照會事, 照得, 本署 參贊官 安連, 現已陞叙于 代理兼副總領事之職, 相應備
文照會, 請煩

　　貴大臣, 查照可也, 須至照會者,

　　右照會

　　大朝鮮 外部大臣 李

　　一千八百九十六年 四月 六日

이완용(외부대신)이 존 M. B. 실(주한 미국 공사)에게 보낸 공문
(1896년 4월 6일)

대조선 외부대신 이(李)가 회신하는 일입니다.

현재 접한 조회 가운데, "본 서(署)로부터 (대리 겸 부총영사)의 직에 이르렀다고 하는 등"의 내용이었습니다. 잘 받아 보고 상응하는 회답을 보내니, 귀 대신은 잘 살펴봐 주심이 가하며 이러한 내용으로 회답합니다.

대미 흠명주차조선편의행사대신겸 총영사 시(施)
건양 원년 4월 6일

Ye Wan Yong (Minister, For. Affairs), Dispatch to John M. B. Sill
(U. S. Minister to Korea) (Apr. 6th, 1896)

大朝鮮 外部大臣 李, [爲]

照覆事, 照得, 現接 貴照會內開. 自本署 至之職 等因, 准此閱悉, 相應 照覆, 請煩

貴大臣 査照 可也, 須至照覆者.

右.

大美 欽命駐箚朝鮮便宜行事大臣兼 總領事 施
建陽 元年 四月 六日

지역 단신. *The Independent* (서울) (1896년 4월 18일), 1쪽

독일 영사인 F. 크리엔 씨 주최로 평판이 좋은 독일 부영사인 F. 라인스도르프 님의 작별 만찬이 목요일 저녁에 열렸다. 하객은 알렌 박사, 발독 박사, E. 차머스, W. 두 F. 허친슨, E. 히오키, M. 르페브르, E. 라포르테, F. 라인스도르프, R. 우치다, C. 월터와 K. 윌리스이었다.

Local Items. *The Independent* (Seoul) (Apr. 18th, 1896), p. 1

A farewell dinner was given to F. Reinsdorf Esq. the popular German Vice-Consul; Thursday evening by Hon. F. Krien; the German Consul. The guests were Dr. Allen, Dr. Baldock; E. Chalmers; W. Du F. Hutchison; E. Hioki; M. Lefevre; E. Laporte; F. Reinsdorf; R. Uchida; C. Wolter and K. Willis.

단신. *The Independent* (서울) (1896년 4월 25일), 1쪽

H. N. 알렌 부인은 알렌 박사의 생일을 기념하여 목요일 저녁 비공식 저녁 식사에 몇몇 친구들을 초대하였다. 주인 부부 외에 참석한 사람들은 벙커 씨 부부, 서재필 박사; 미해군 노이만 대위, 제물포 주재 영국 영사 윌킨슨 씨; 해리 알렌 도련님과 모리스 알렌 도련님이었다.

Brief Notice. *The Independent* (Seoul) (Apr. 25th, 1896), p. 1

Mrs. H. N. Allen invited a few friends to an informal dinner Thursday evening in honor of Dr Allen´s birthday. Those present besides the host and hostess were Mr. and Mrs. Bunker; Dr Jaisohn; Lieut. Neumann U. S. N.; Mr. Wilkinson, H. B. M. Consul at Chemulpo; Masters Harry and Maurice Allen.

18960400

호러스 N. 알렌(주한 미국 공사관 서기관),
일부 한국의 관습. 무당.

The Korean Repository (서울) 3(4) (1896년 4월호), 163~165쪽

일부 한국의 관습.
무당.

서울은 매우 조용한 도시이고 밤에는 조용하면서도 어두우며, 여기저기서 깜박이는 작은 등불만이 뒤늦게 지나가는 행인들에게 음침한 빛 아래, 물보라가 치는 길 아래에 술집이 있다는 것을 알려줄 뿐이다. 포장되지 않은 거리의 진흙 속에 있는 여행자의 장화는 때때로 도시의 고요함을 지키는 유일한 수호자인 개를 깨울 수도 있다. 그러나 가끔씩 두 명의 여자가 다림질을 하거나 오히려 가족의 내의를 엉망으로 만드는 가장 격렬한 또닥 또닥거리는 소리를 들을 수 있다. 그리고 이 율동적인 두드림이 잠잠해질 때, 우리는 그 불쌍한 것들이 약간의 잡담을 위하여 멈추었다가 대부분의 밤 동안 음악적 울림에 빠지고 계속된다는 것을 알고 있다. 술취한 놈들이 떠들썩하게 떠드는 소리를 제외하고 거리에서 들을 수 있는 유일한 소음은 무당이 내는 유쾌하게 떠드는 소리뿐이다. 그들이 춤을 추고, 북을 치며, 독특한 외침을 발할 때, 낯선 사람은 그 집에서 가족이 춤을 추고 있고, 어떤 사람이 그 부름이 의미하는 것 같이 "짝을 바꾸는" 등등에 합류하도록 느끼게 옛날 방식으로 하는 것 같이 큰 소리를 낸다는 것 외에는 거의 믿을 수 없다. 하지만 이것은 집에서는 즐거운 시간을 보낼 수 없기 때문에 서양인의 마음과 동양적인 사물의 모순을 보여줄 뿐이다. 그곳에는 음악, 춤 및 외치는 소리가 있다. 그러나 그것은 고통받는 가족 구성원에게서 천연두나 다른 악령을 쫓아내려고 자신의 주문으로 노력하는 유급 여자 퇴마사가 행하기 때문에 환희 속에 있는 것이 아니라 슬픔 속에 있는 것이다. 가족이 가난하다면 이 치료비를 지불하기 위하여 옷을 저당 잡았을 수도 있으며, 음악과 춤을 통하여 약간의 즐거움을 얻을 수도 있지만 얻고자 하는 결과에 훨씬 더 관심을 갖는다.

무당은 아주 오래된 관습을 대표하며, 그 방법의 효능에 대한 믿음은 하층 계급 사이에서 매우 일반적이지만, 평민의 모두가 그들을 후원하지 않는다.

무당은 길이가 4피트가 넘는 모래시계 모양의 북, 구리로 만든 심벌즈, 동일한 재료로 만든 사슬에 매달린 작은 방울이 있는 황동 또는 구리 막대, 청동 또는 구리 징, 그리고 긁기 위한 망원경 모양의 바구니 한 쌍을 기구로 사용한다. 이 긁는 기구는 콜레라 환자에서 대단히 필요한데, 이 질병이 쥐가 인체 내부로 기어올라 발생하기 때문에 긁는 소리가 고양이가 내는 소음과 매우 유사하여 쥐가 놀라서 도망갈 것으로 예상된다.

위의 악기(또는 시끄러운 기구) 외에도 무당은 종이 깃발이나 밝은 색의 비단 조각을 사용하여 현대의 뱀 무용수처럼 흔들고 엮는다. 그들은 또한 공연의 일부에서 우산과 부채를 사용한다. 그들은 또한 인간과 동물의 그림을 사용하는데, 때로는 값비싼 작품으로 화려하게 칠해져 있고, 때로는 단순한 짚 인형일 때도 있다. 환자의 재정 상태에 따라 어떤 도구나 그림이 사용되는지에 대한 질문이 결정된다.

고통받는 사람에게서 질병의 영을 쫓아내는 것 외에도, 이 여자들은 사람이 익사한 우물을 정화하도록 부름을 받았는데, 이 경우 익사한 사람의 영이 떠나도록 유도한다. 또한 죽은 후에는 죽은 사람의 영혼이 돌아와서 남겨진 사람들을 돌보도록 설득하기 위하여 부름을 받았다. 그녀는 또한 앞서 언급한 그림 중 하나에 개인의 불운을 동전과 함께 넣어 두는데, 거리에 던져진 그 그림은 불쌍한 거지나 술취한 사람에 의해 찍혀서 조각조각 찢겨지며, 동전 때문에 다른 사람을 괴롭히는 불운을 스스로 떠안게 된다.

이 무당은 505년 전 현재의 왕조를 창건한 태조대왕에 의해 성벽 내부로 들어가는 것이 허용되지 않았기 때문에 그들의 시끄러운 작은 사찰은 여전히 시외의 성벽 근처에서 볼 수 있다. 하지만 여자 무당은 자유롭게 도시로 들어온다. 이 집단은 발작적이고 어리석은 소녀들뿐만 아니라 생계를 위하여 또는 비천한 이유로 이 집단에 참여하는 여자들로부터 모집된다. 때때로 고상한 가문의 딸이 무당이 될 수도 있지만, 이는 드문 일인데 그녀의 사람들은 그녀의 광기가 이런 형태로 나타나기보다는 오히려 그녀를 죽이는 것을 선호하기 때문이다. 남자들은 이 여자들과 결혼하여 가족을 꾸리지만, 그 많은 남자들은 비록 비천하게 고용되어 있더라도 여자의 임금으로 기꺼이 부양 받을 의향이 있는 낮은 계층의 사람들이다. 이 집단은 4000년 전 중국에서 무함이라고 불리며 공식적인 규정의 적용을 받던 때로 거슬러 올라간다고 한다.

그것은 아주 옛날에 옵의 수령은 사람들이 일 년에 한 번씩 모여 아름다운 소녀들을 강에 던져 넣어 무당과 소통하는 영혼을 달래기 위한 인간 제사를 자신의 지역의 무당이 행하였기 때문에 많은 어려움을 겪은 것과 관련이 있다. 수령(首領) 소 씨는 이 악한 풍습을 멈추기로 결심하였다. 그래서 모두가 모여서 연례 제사를 지내고 선임 무당이 강신(江神)에게 곧 바칠 제물을 받으라고 요청하였을 때, 수령이 앞에 나서서 소녀를 바치기에는 충분히 아름답지 못하기 때문에 무당에게 직접 물에 들어가라고 명령하였다. 그녀는 좀더 조건에 맞는 제물을 확보할 수 있도록 며칠만 시간을 달라고 요청하며 이의를 제기하였다. 그러나 수령은 지체하지 않고 그녀를 물 속으로 밀어 넣었고, 그녀는 가라앉아 수면으로 나오지 않았다. 그런 다음 그는 그녀의 하인들을 강제로 그들의 여주인이 어떻게 되었는지 확인하도록 강요하였고 그들도 익사하였다. 그러자 다른 무당들은 그에게 그만두라고 간청하며 불쾌한 관습을 포기하겠다고 제안하였다. 그는 이에 동의하였고 그 관행은 포기되었다. 마귀가 자고 있던 무당의 발바닥에 이 수령의 이름을 새겨 놓았고, 무당이 깨어난 후 그 발로 일어서려다 쓰러져 죽었다고 한다. 또한 무당은 태조대왕이 왕이 될 야망을 갖기 훨씬 전에 그가 왕이 될 것이라고 예언하였다고 하는데, 이 위대한 태조가 조선 왕조를 건국하기 전에 사냥을 하고 있을 때와 관련이 있다. 그는 이상한 갈리는 소리를 들었고, 조사 결과 그것은 자신의 머리에 맞도록 인간의 두개골을 바쁘게 갈고 있는 여우에게서 나온 것임을 발견하였는데, 그것을 썼을 때 여우는 아름다운 소녀처럼 보이게 된다. 태조는 여우를 쓰려고 하였으나 성공하지 못하였다. 그로부터 얼마 후 그는 옛 수도 송도에서 죽은 자를 살릴 수 있고 죽은 사람을 일으켜 세웠던 훌륭한 무당에 대하여 들었다. 이런 식으로 질병을 치료하면서 그녀는 수도 주민들의 모든 돈을 거의 모았다. 그녀를 만나러 가던 그는 자신이 죽이고 또 목숨을 빼앗으려고 하였던 것이 바로 여우라는 것을 알아보자, 그녀는 그를 꾸짖으며 자기는 그의 이익을 위하여 일하고 있으며 그가 왕이 되어야 할 때에 그를 위하여 새로운 수도를 건설하기 위하여 돈을 모으고 있다고 말하였다. 그는 그녀에게 돈이 어디에 보관되어 있는지 물었고, 그녀는 그가 수도를 건설할 둑의 한강 바닥에서 그것을 찾을 것이라고 말하였다. 그는 그곳에 가서 나중에 서울의 도시와 성벽을 건설하는 데 사용한 돈을 찾았다고 한다.

H. N. 알렌

Horace N. Allen (Sec., U. S. Legation to Korea),
Some Korean Customs. The Mootang.
The Korean Repository (Seoul) 3(4) (Apr., 1896), pp. 163~165

Some Korean Customs.

The Mootang.

Seoul is a very quiet city and at night it is as dark as it is quiet: only here and there a little flickering lantern lets the belated passer-by know that. a wine-shop rests beneath its dismal rays, or the splashing of the way farer's boots in the mud of the unpaved streets may arouse an occasional dog - the sole guardian of the city's quiet. Yet every now and then one may hear a most vigorous double-action rap-tap-tapping where a couple of women are ironing or rather mangling the family linen. And when a lull occurs in this rhythmic tapping one knows that the poor things have stopped for a bit of gossip, only to fall to and keep up their musical tinkle during the most of the night. About the only other noise one may hear along the streets, aside from the brawling of some drunken wretch, is the jolly racket made by the Mootang. As they dance, beat their tom-toms and drums and utter their peculiar calls, a stranger can hardly believe other than that that particular house is giving a family "hop" and that some one is "calling off" in good old style, so naturally, too, as to make one feel like joining in the "swing your partners," &c., that the calls seem to mean. This only illustrates the contrariness of things oriental to the occidental mind however, for there is no merry-making in the house. There is music, dancing and calling out; but instead of being in mirth it is in sadness, for it is done by a paid female exorcist who is trying by her incantations to drive out the small-pox or other evil spirit from the person of some suffering member of the family. The family, if poor, may have pawned their clothing to pay for this treatment, and while they may get some pleasure from the music and dancing they are much more concerned in the results they hope to obtain.

These Mootang represent a very ancient institution and belief in the efficacy of their methods is very general among the lower classes but their patrons are not all of the common people.

The Mootang use as instruments a drum made in the shape of an hour-glass and over four feet in length, copper cymbals, a brass or copper rod with little tinklers suspended from it by chains made of the same material, a bronze or copper gong and a pair of baskets, telescope shaped, for scratching. This scratching is very necessary in case of cholera, for this disease being caused by rats climbing up inside the human anatomy, as is supposed, the scratching is expected to alarm and drive them away, since it so nearly resembles the noise made by cats.

Besides the above musical (or *noisical*) instruments, the Mootang use banners of paper or strips of bright colored silk, which they wave and weave about them, in the manner of a modern serpentine dancer; they also use umbrellas and fans in parts of their performance. They also make use of images of men and animals, sometimes expensively made and gorgeously painted, at other times mere effigies of straw. The financial condition of the patient settles the question as to what instruments or figures are used.

Aside from driving away the spirit of disease from an afflicted person, these women are also called in to purify a well in which a person has been drowned, in which case she induces the spirit of the drowned person to leave. Also, after a death she is called in to persuade the soul of the departed to return and look after those left behind. She also deposits the bad luck of an individual in one of the before-mentioned images, together with some coin, which image being thrown into the street is taken and torn to pieces by some poor beggar or drunken person who thus, for the sake of the coin, takes upon himself the ill luck that has been annoying the other person.

These Mootang were not allowed inside the city walls by Tai Cho Tai Wang, who founded the present dynasty 505 years ago, hence their noisy little temples are still seen outside but near to the walls. The priestesses, however, come into the city freely. This order is recruited from among hysterical and silly girls as well as from women who go into it for & livelihood or for baser reasons. Sometimes the daughter of a genteel family may become a Mootang, though this is rare, as her people would rather kill her than have her madness take this form.

Men marry these women and have families by them but the men who so many are low fellows who are willing to be supported by the wages of women however basely employed. The order is said to date back 4000 years, when, in China, they were called Moo Ham and were under a set of official regulations.

It is related that in very ancient times the magistrate of Opp had much trouble with the Mootang of his district because they carried on the practice of human sacrifice, for which purpose the people assembled once a year and brought beautiful girls who were thrown into a river to appease the spirit with whom the Mootang were in communication. This magistrate Soh, decided to stop this evil custom. Accordingly when all were assembled for the annual sacrifice and the chief Mootang had called on the river spirit to accept the offering about to be made, the magistrate stepped forward and ordered the Mootang to go into the water herself as the girl was not beautiful enough for the use of the spirit. She objected, asking a few days' delay that she might obtain a more acceptable victim. The magistrate would brook no delay, however, and forced her into the water, where she sank and did not come to the surface. He then forced her servants in to see what had become of their mistress and they also were drowned, whereupon the others begged him to desist and offered to give up the objectionable custom. This he agreed to and the practice was given up. It is said that a wag having painted the name of this magistrate on the bottom of a sleeping Mootang's foot, she fell dead on trying to stand on that foot after awakening. It is also said that a Mootang foretold to Tai Cho Tai Wang that he would be a King, long before he had any kingly ambition, and it is also related that once, when this great Tai Cho was hunting, prior to his founding the dynasty of Chosen, he heard a peculiar grinding noise and on investigation found that it came from a fox who was busy grinding a human skull to fit her own head, which when she has put it on, made her look like a beautiful girl. Tai Cho tried to shoot the fox, but did not succeed. Some time after this he heard of a wonderful Mootang at the old capital Song Do, who could and did raise the dead to life. In this way and in the healing of disease she had gathered almost all the money of the residents of the capital. On going to see her, he saw that it was the fox he had tried to kill and again be tried to take her life, whereupon she upbraided him and told him she was working in his own interest, that she was collecting money for him to build a new capital when he should become king. He asked her where the money was deposited and she told him he would find it in the bed of the Han river on the banks of which he was to build his capital. He went to the place, it is said, and found the money which he afterwards used in building the city and walls of Seoul.

H. N. Allen

18960508

호러스 N. 알렌(주한 미국 공사관 서기관)이 프랭크 F. 엘린우드 (미국 북장로교회 해외선교본부 총무)에게 보낸 편지 (1896년 5월 8일)

1896년 5월 8일

F. F. 엘린우드 박사,
　　뉴욕 시 5 애버뉴 53

친애하는 박사님,

　　이 건(件)은 아마도 한국의 철도와 광산에 많은 관심을 가지고 있는 리 헌트 씨가 박사님께 말씀드릴 것입니다.

　　이전에 제가 소유하였고 지금은 한국 내각의 어떤 관리와 매각 협상을 하고 있는 이웃 부동산을 그가 인수하는 데 관심이 있을지도 모른다는 생각이 들었습니다.

　　저는 박사님의 사람들이 그들 옆에 한국인이 있는 것을 매우 싫어할 수 있다는 것을 이해하며, 우리도 같은 생각입니다.

　　저는 위원회와 긴 대화를 나누었고, 한국인들이 2,500달러를 제안한 부지에 대하여 3,000달러를 주기로 합의하였는데, 여기에는 현재 언더우드 박사의 한국인 하인들이 정원으로 사용하고 있는 거리 앞의 좁고 긴 부지가 추가되었습니다. 파워 박사가 거주하던 작은 집은 이 땅의 한 모퉁이에 있습니다. 위원회는 제안에 대하여 ＿＿ 만족하였으며, 박사님께 편지를 보낸 때 승인하시는 것이 현명하다고 생각합니다.

　　하지만 제 제안은 미국 정부의 승인을 조건으로 한 것이었고, 이것이 의심스럽기 때문에 헌트 씨가 원하면 그와 가까이 하시는 것이 좋을 것입니다.

　　제가 직접하고 싶지만 한국인을 위하여 협상을 진행하였기 때문에 제 자신을 위하여 그들로부터 받을 수 없습니다. 안부를 전합니다.

　　안녕히 계십시오.
　　H. N. 알렌

Horace N. Allen (Sec., U. S. Legation to Korea),
Letter to Frank F. Ellinwood (Sec., BFM, PCUSA) (May 8th, 1896)

May, 8/ 1896

Dr. F. F. Ellinwood,
  53 5th Ave., N. Y. City

My dear Dr.: -

This will probably be presented to you by Mr. Leigh Hunt who is heavily interested in R. R. and mines in Korea.

It has occurred to me that he might care to acquire the property next door formerly occupied by myself and now under negotiations for sale by certain member of the Korean Cabinet.

I understand that your people may much dislike having Koreans next door to them, and we feel the same way.

I have had a long talk with the Committee and agreed to give them $3,000 yen for the property for which the Koreans offered $2,500 with the addition of the strip in front down to the street, now used by Dr. Underwood's Korean servants as a garden. The small house was occupied by Dr. Power is on a corner of this land. The Committee were ___ pleased with the offer and think it wise to accept it as they will write you.

My offer however was conditioned upon its acceptance by the U. S. Govm't, and as this is doubtful you had better close with Mr. Hunt if he wishes it.

I would like to buy it myself, but having conducted the negotiations for the Koreans I can't well take it from them for myself.

With my kindest regards,
  I am,

Yours sincerely,
H. N. Allen

호러스 N. 알렌(주한 미국 공사관 서기관)이 조지아 A. 왓슨
(오하이오 주 델라웨어)에게 보낸 편지 (1896년 5월 21일)

사본

서울,
1896년 5월 21일

친애하는 조지아 누님께,

　　내가 최근 편지를 써서 누님의 마음을 상하게 하였을까 봐 두렵고, 미안하며 겸손히 용서를 구합니다. 나는 단지 누님의 편지에 답장을 하였던 것으로 알았으며, 불친절하거나 형제답지 않은 행동을 할 생각은 없었다는 점만 말씀드리고 싶습니다. 나는 전망을 가지고 있지만 어떤 수단으로든 명확하지 않으며 직위를 떠나거나 쓸모없게 되는 것에 대한 끊임없는 두려움을 가지고 있어 그 ＿＿에 대비하는 데 모든 원기를 쏟았습니다.

　　나는 계속해서 누님을 염두에 두고 있습니다. 나는 누님의 모든 어려움 속에서 누님에 대하여 깊은 감정을 느꼈고, 최악의 경우에는 내가 가진 것을 ＿＿＿ 보여 주어야 합니다.

　　나에게 시간을 주시면 내가 ＿＿＿ 종류가 아니라는 것을 알게 될 것입니다. 이제 나는 누님에게서 매우 많이 나를 고려합니다.

　　나는 비형제적이거나 불친절하게 행동할 의도가 없었다고 단순히 그렇게 말할 수 있으며, 내가 누님에게 ＿＿＿＿에 동의하는 것처럼 보였다면 용서해 주시기 바랍니다.

　　안녕히 계세요.
　　(서명) 뉴트

Horace N. Allen (Sec., U. S. Legation, Seoul), Letter to Georgia A. Watson (Delaware, O.) (May 21st, 1896)

Copy

Seoul May 21, 1896

My dear Georgia,

I am afraid I have hurt your feelings and am sorry I wrote you my last letter and humbly ask your forgiveness. I will only say that I thought I was answering your letter and did not intend to be unkind or unbrotherly. I have prospects, but they are not clear by any means and I have a constant dread of being out of a position and an invalid so that I had every energy towards providing against that t___.

I have you in mind continually. I have felt deeply for you in all your troubles and if worst came to worst you should show ____ what I have.

If you will give me time I think you will find I am not the sort of _____ I very much from you now consider me.

I have not intended to be unbrotherly or unkind and I can simply tell you so and ask your pardon if I have seemed to you to be acce_____.

Yours affectionately,
(Signed) Newt.

단신. *The Independent* (서울) (1896년 6월 2일), 1쪽

독일 총영사인 F. 크리엔 님은 샴의 미합중국 변리공사겸 총영사인 존 배럿 님을 위하여 금요일 밤에 만찬회를 열었다. 손님은 존 M. B. 실 님, 존 배럿 님132), H. N. 알렌 박사, 미합중국 해군 R. R. 벨크냅 대위, 서재필 박사이었다.

Brief Notice. *The Independent* (Seoul) (June 2nd, 1896), p. 1

H. I. G. M.´s Consul, F. Krien Esq. gave a dinner party on Friday night in honor of Hon. John Barrett; U. S. Minister Resident and Consul General to Siam. The guests were Hon. John M. B. Sill; Hon. John Barrett. Dr. H. N. Allen; Lieut. R. R. Belknap; U. S. Navy; Dr. Philip Jaisohn.

---

132) 당시 주샴(옛 태국 명칭) 미국 공사이었으며, 5월 24일 서울에 도착하였다.

호러스 N. 알렌(주한 미국 공사관 서기관)이
파크 데이비스 앤드 컴퍼니(미시건 주 디트로이트)로 보낸 편지
(1896년 6월 13일)

1896년 6월 13일

메저즈 파크 데이비스 앤드 컴퍼니,
  미합중국 미시건 주 디트로이트

안녕하십니까,

　11월 14일자 내 편지와 지금 동봉하는 그 안에 주문한 귀 회사의 상품 목록과 관련하여, 이 상품은 지난 2월 부분적으로 난파된 '리오 자네이로'를 통해 배송되었으며 아직까지 물품을 받지 못하였다고 말하게 되어 유감스럽습니다. 그것들은 단지 $5.00의 보험에 가입되어 있었을 뿐입니다. 나는 이 ＿＿을 청구하였으며, 적절한 시기에 받게 될 것입니다. 나는 지금 귀 회사가 나를 위한 주문서를 복사하여 그것을 이전과 마찬가지로 샌프란시스코 418의 스미스 캐쉬 상회로 보내주도록 요청하기 위하여 편지를 씁니다. 디트로이트의 테일러 올펜덴 앤드 컴퍼니의 T. H. 알렌 씨는 그것을 제시하면 청구액을 지불할 것입니다.
　또한 원래 청구서 목록에 몇 가지 항목을 추가합니다.
　귀 회사는 나에게 필요한 돈보다 더 많은 타카 디아스테이즈를 친절하게 베풀어 주셨는데, 받지 못해서 정말 유감스럽습니다. 나는 귀 회사에 이 호의를 반복해 달라고 요청할 수는 없지만, 귀 회사의 정가로 1온스를 나에게 보내주십시오. 나는 그것을 시도해보고 싶습니다.

　안녕히 계세요.
　H. N. 알렌, 의학박사

(이하 해독 불가)

Horace N. Allen (Sec., U. S. Legation to Korea), Letter to Parke Davis & Co. (Detroit, Mich.) (June 13th, 1896)

June 13, 1896

Messrs. Parke Davis & Co.,
  Detroit, Mich., U. S. A.

Dear Sir: -

Referring to my letter of Nov. 14, and the list of your goods therein ordered, which I now enclose. I am sorry to say that these things came via "Rio Janeiro" which was partially wrecked last Feb. and the goods have never been received. They were only insured for $5.00. I have claimed this ___ and will get it in due time. I now write to ask you to kindly duplicate the order for me, and send it as before, to Smith Cash Store, 418, San Francisco, addressed to me. T. H. Allen of Taylor Woolfenden & Co. of Detroit will pay the bill on presentation of same.

I also add a few things to the original bill a list.

You were kind enough to give me more of the Taka Diastase than the money called for, and I am very sorry not to receive it. I cannot ask you to repeat this favor but send me an ounce at your regular price. I am anxious to try it.

I am,

Yours very truly,
H. N. Allen M. D.

(Undecipherable)

단신. *The Independent* (서울) (1896년 6월 16일), 1쪽

7월 4일 [행사에 관하여] 논의할 목적으로 금요일 오후에 열린 미국 시민의 대규모 회의에서; 적절한 방식으로 그날을 축하하기로 만장일치로 결정되었다. 그리고 다음과 같은 위원회가 임명되었다. 행사 위원회; 서재필, H. G. 아펜젤러, 벙커 부인. 준비 위원회; H. B. 헐버트; D. A. 벙커; 유진 벨. 다과 위원회; M. F. 스크랜턴 부인; H. N. 알렌 부인. 음악 위원회; D. A. 벙커; D. L. 기포드. 초청 위원회; H. N. 알렌, J. B. 버스티드. 인쇄 비용, 다과 등을 충당하려면 약간의 기부가 필요하다. 모든 미국인은 자신의 분담금을 행사 위원회의 구성원에게 전달해 줄 것을 요청한다. 재정 문제가 이 위원회에 맡겨졌기 때문이다. 위원회는 이미 30.00달러에 달하는 기부금을 받았다.

Brief Notice. *The Independent* (Seoul) (June 16th, 1896), p. 1

At the mass meeting of the American Citizens held on Friday afternoon for the purpose of discussing the 4th of July; it was unanimously decided to celebrate the day in an appropriate manner; and the following Committees were appointed. Committee on Programme; Philip Jaisohn; H. G. Appenzeller; Mrs. Bunker. Committee on Arrangements; H. B. Hulbert; D. A. Bunker; Eugene Bell. Committee on Refreshments; Mrs. M. F. Scranton; Mrs. H. N. Allen. Committee on Music; D. A. Bunker; D. L. Gifford; Committee on Invitation H. N. Allen; J. B. Busteed. Some contribution is necessary to defray the expenses of printing; refreshments; etc. Every American is requested to forward his or her share to any members of Committee on Programme; as the financial matter was deferred to this Committee. The Committee has received already contributions amounting to $30.00.

단신. *The Independent* (서울) (1896년 6월 18일), 1쪽

이달 10일 제물포 시의회 회의에서 사임한 랙스데일 씨를 대신할 경찰서장 선출 문제는 당분간 미해결 상태로 두기로 하였다. 거룻배 남자들이 승객을 끌어들기 위하여 거리로 뛰어드는 것을 금지하기로 결정되었다. 기타 사항으로 새로운 거리의 정지 작업이 수행되었다. 제물포의 동측 거류지는 신용이 좋은 은행 계좌를 가지고 빚이 없는 특이한 광경을 보여주고 있다. 독일 연사인 F. 크리엔 씨는 미국 총영사인 알렌 박사와 마찬가지로 회의에 참석하기 위하여 서울에서 내려왔다. 알렌 박사는 자전거를 타고 3시간 만에 험난한 길을 여행하였다.[133]

Brief Notice. *The Independent* (Seoul) (June 18th, 1896), p. 1

At the meeting of the Municipal Council at Chemulpo on the 10th instant; the matter of the selection of a Chief of Police; in place of Mr. Ragsdale; resigned; was left open for the present. It was decided to forbid sampan men from running up into the streets for passengers. Other matters; such as the grading of new streets was attended to. Chemulpo presents the unusual spectacle of an eastern settlement being out of debt with a good bank account to its credit. Mr. F. Krien; the German Consul; went down from Seoul to attend the meeting as did Dr. Allen; U. S. Vice Consul General. Dr. Allen made the trip up over rough roads on his bicycle in three hours.

---

133) 1896년 여름 자전거에 대한 열기(熱氣)가 높았다고 한다.

단신. *The Independent* (서울) (1896년 6월 23일), 1쪽

러시아 공사와 베베르 부인은 지난 토요일 저녁에 몇몇 친구들을 저녁 식사에 초대하였다. 참석한 사람들은 H. N. 알렌 박사 부부, 벙커 씨 부부, 미합중국 해군 대위 R. R. 벨크냅, 가바를리비 대위, 흐멜레프 대위, 서재필 박사, 파블로 대위, 폴리아노프스키 씨, 그리고 볼로스키노우 박사이었다.

Brief Notice. *The Independent* (Seoul) (June 23rd, 1896), p. 1

The Russian Minister and Mrs. Waeber invited a few friends to dinner last Saturday evening. Those present were Dr. and Mrs. H. N. Allen; Mr. and Mrs. Bunker; Lieut. R. R. Belknapp; U. S. N., Lieut. Govorlivy, Lieut. Hmeleff; Dr. Philip Jaisohn; Lieut. Pavlow; Mr. Polianovsky; and Dr. Voloschinow.

단신. *The Independent* (서울) (1896년 6월 25일), 1쪽

화요일[134] 오후 서울 체육 동호회와 미군함 요크타운 호의 야구(野球) 동호회의 야구 경기가 훈련원(訓鍊院)에서 열렸다. 경기는 양측 모두 잘 진행되었으며, 때로는 매우 흥미로웠다. 점수는 16대 22로 해병대가 승리하였다.

서울 체육 동호회	득점	요크타운 호	득점
레이놀즈, 투수	3	린지, 좌익수	1
해리슨, 2루수	2	앤소니, 포수	2
헐버트, 포수	1	킨, 1루수	3
알렌, 유격수	1	애덤스, 2루수	3
벨크냅, 1루수	3	피터슨, 우익수	4
서재필, 중견수	2	피니, 3루수	3
벨, 우익수	1	샤프, 중견수	2
밀러, 3루수	2	가우드, 유격수	2
기포드, 좌익수	1	스티븐스, 투수	3
합계	16점	합계	22점

---

134) 6월 23일이다.

Brief Notice. *The Independent* (Seoul) (June 25th, 1896), p. 1

The base ball game on Tuesday afternoon between the Seoul Athletic Club and the Base Ball club of the U. S. S. Yorktown was played in Hun-Yun-An. The game was well played on both sides and at times it was quite exciting. The score was 16 to 22 in favor of the marines.

S. A. C.	R.	Yorktown	R.
Reynolds P.	3	Lindsay L. F.	1
Harrison 2 B.	2	Anthony C.	2
Hulbert C.	1	Keene 1 B.	3
Allen S. S.	1	Adams 2B.	3
Belkapp 1 B.	3	Peterson R. F.	4
Jaisohn C. F.	2	Feeney 3 B.	3
Bell R. F.	1	Sharp C. F.	2
Miller 3 B.	2	Garwood S. S.	2
Gifford L. F.	1	Stevens P.	3
Total	16	Total	22

단신. *The Independent* (서울) (1896년 7월 11일), 1쪽

이 한국인들이 얼마나 관대하고 공적인 태도를 가지고 있는지 보면 정말 놀랍다. 독립공원을 위한 기부금이 꾸준히 들어오고 있으며, 금액은 거의 1,000 달러에 달한다. 많은 기부자들 중에서 Dr. H. N. 알렌 박사는 기금을 위하여 상당한 기부를 하였다.

Brief Notice. *The Independent* (Seoul) (July 11th, 1896), p. 1

It is really surprising to see how generous and public spirited these Koreans are. The contributions for the Independence Park are coming in constantly and the amount is nearly $1,000. Among the many contributors Dr. H. N. Allen made a handsome donation for the Fund.

호러스 N. 알렌(주한 미국 공사관 서기관)이 클레이턴 W. 에버릿 (오하이오 주 톨레도)에게 보낸 편지 (1896년 7월 31일)

서울,
1896년 7월 31일

친애하는 클레이턴 매형,

국무장관 앞으로 발행한 저의 환어음 14호를 동봉하오니 126.40달러를 제 은행 계좌에 입금해 주세요.

문제는 점점 더 악화되고 있습니다. 그 후 며칠 동안 일본은 더 많은 중국 선박을 침몰시키고 불태우고 나포하였습니다. 우리는 외부와 차단되어 있으며, 곧 업무를 하지 못할 수도 있습니다. 매형이 이 편지를 받으시면 우리에게 알려주세요. 저는 우리 볼티모어 호 전체에 50명의 경비병이 있다고 확신하고 있습니다. 모든 서방 국가의 공사관에는 강력한 경비병이 있습니다. 우리는 30명의 병사와 2문의 대포를 잃게 될 것입니다. 중국 공사관은 폐쇄되었습니다.

안녕히 계세요.
H. N. 알렌

대위,
C. W. 에버릿,
미국 오하이오 주 톨레도

Horace N. Allen (Sec., U. S. Legation to Korea), Letter to Clayton W. Everett (Toledo, O.) (July 31st, 1896)

Seoul, July 31, 1896

Dear Clayton,

I send you enclosed my draft on the Secretary of State #14 for $126.40, which please place to my credit in bank.

The trouble is getting worse. Japanese sunk, burned & captured more Chinese vessels a few days since. We are shut off from the outside, may even lose our work soon. Please acknowledge us if you receive this. We have a guard of 50 men I affirm from our whole Baltimore. Every western legation has a strong guard. We will lose 30 men & 2 cannon. Chinese legation is abandoned.

Yours,

H. N. Allen

Capt.,

C. W. Everett,

Toledo, Ohio, U. S. A.

18960700

호러스 N. 알렌(주한 미국 공사관 서기관), 점쟁이의 운명 등.
The Korean Repository (서울) 3(7) (1896년 7월호), 273~280쪽

점쟁이의 운명

연산조(燕山朝) 시대(200년 전)에 서울에 유명한 점쟁이인 맹인이 살고 있었다. 서른다섯 살인 가난한 총각이 그에게 다가와서 자기는 너무 가난하고 비참하니 가서 자살하는 것이 낫지 않겠느냐고 물었다. 홍 씨는 그를 보거나, 오히려 눈이 보이지 않아 그를 향하여 얼굴을 돌려 그에게 과거를 말하였고, 그는 그런 다음 힘센 하인을 불러 그 아이(미혼 남자는 나이가 많아도 아이임)를 데려가서 남문 밖에 버려두라고 지시하였다. 하인은 그렇게 하였으며, 밤에는 문이 닫혀 있었기 때문에 돌아오는 길에 벽을 넘어 올라갔다.

불쌍한 아이는 늙은 점쟁이가 자신의 말대로 자기를 그곳으로 보내 죽게 하였다고 생각하고 어둠 속에서 벽 근처로 살금살금 기어들어가 벽의 짚 망태기에 매달린 천연두 환자 시체 밑에서 잠을 자려고 하였다. 그는 시체의 덮개 속에서 나는 소리에 주목하였다. 자리에서 일어나 망태기를 열자 열여섯 살 된 소녀가 나왔다. 불쌍한 총각은 유령을 보았다고 생각하였지만 소녀는 그를 조용히 시키며 말하였다. "나는 죽은 줄 알았는데, 나에게는 천연두에 걸리지 않은 남동생이 있기 때문에 그가 죽을까 봐 병에 걸릴 때까지 묻힐 수 없었습니다. 그래서 그들은 나를 이곳에 버렸습니다. 내 아버지는 위대한 양반이시고, 나는 그에게 특히나 가장 사랑을 받는 인물이었습니다. 가서 내가 죽지 않았다고 전하여 사람을 보내도록 해주세요."

총각은 그렇게 하였고, 자정에 대감의 집에 도착하였다. 위대한 사람은 그를 바보이거나 더 나쁜 사람이라고 생각하였지만, 소녀의 어머니는 그의 말을 믿고 가마와 하인들을 그 남자와 함께 가도록 하였다. 그들은 보고된 대로 모든 것을 찾아내었고, 그 소녀를 그 부모에게 데려왔다. 아버지의 감사함은 이제 끝이 없었고, 가난한 노숙자, 아내 없는 남자, 딸의 구세주를 고려하여 그녀와 결혼하게 하였고 두 사람은 헌신적인 행복한 <u>상속인</u>이 되었다.

이 놀라운 일을 들은 왕은 그 맹인을 불러 질문하기 시작하였다. 노인은 자신이 과거, 현재, 미래를 진실로 읽을 수 있다고 주장하였다. 그래서 왕은 쥐 한 마리가 방으로 뛰어드는 것을 보고 구멍을 막고 맹인에게 방에 쥐가 몇 마리가 있는지 물었다. "셋"이라고 노인이 대답하자 왕은 쥐를 쳐서 즉시 죽이고 노인에게 그가 거짓말을 하였으며 쥐가 한 마리밖에 없었다고 말하고 강 건너편으로 데려가 처형하라고 명령하였다.

사형집행인들은 노인을 끌고 갔지만, 그가 죽임을 당할 시간이 되었을 때 소녀의 아버지는 그 소식을 듣고 급히 왕에게 달려가서 관대하게 처리해 줄 것을 간청하였다. 그는 "그 방에는 보이지 않는 다른 쥐들이 있었을지도 모릅니다. 아마도 그 쥐가 갓 새끼를 낳았을지도 모릅니다"라고 말하였고, 그 생각에 감명을 받아 동물을 절개하여 열었더니 그곳에는 아직 태어나지 않은 새끼 쥐 두 마리가 들어 있었다.

왕은 비탄에 잠겨 사람에게 인장을 들고 신속히 말을 타고 가서 처형을 중지시키라고 명령하였다. 기수가 나루터에 도착하여 그는 가능한 한 크게 소리를 질렀지만, 사형집행인들은 너무 오래 지체하였기 때문에 질책을 받을 것이라고 생각하여 그 불쌍한 점쟁이의 머리를 즉시 잘라 버렸다. 관리는 너무 늦게 도착해서 그것을 발견하고는 너무 늦었다는 뜻의 갑자기 외치는 소리인 "아차!"라고 외쳤다. 따라서 근처의 산길은 여전히 아차고개라고 불리고 있다.

정직의 보상

영조대왕의 통치 기간(160년 전)에는 놀랍도록 풍성한 농작물로 주목할만한 해가 왔다. 쌀이 한 포대에 600냥으로 떨어졌고, 정월 15일 밤에 왕은 모든 신하들을 모아 한 해의 풍작에 감사해하며 잔치를 베풀었다. 왕은 잔치를 벌이던 중에 궁중 관리의 수장인 종원 이대성을 불러, 지금 나라에 쌀과 농작물이 풍족하니 음식의 궁핍으로 고통받는 가난한 사람들이 있느냐고 물었다. 그는 바로 이곳 도시에 굶주림으로 고통받는 사람들이 많다는 소식을 알고 있었다. 이 말을 들은 왕은 상자를 가져오게 하였다. 그는 이 상자에 크고 평평한 은(銀) 조각 3개를 넣었다. 그런 다음 상자에 쌀과 꿀, 약식을 채운 후 뚜껑을 닫고 잠그고 열쇠를 자물쇠에 꽂았다. 갈색 옷을 입은 호위병 중 한 명인 정무예는 이 상자를 가져다가 서울에서 가장 가난한 사람의 집에 두라는 지시를 받았다.

그는 남산 기슭에 자리 잡은 작은 마을에서 담장이 없이 방 세 개밖에 없는 비참한 작은 집을 발견하였다. 부분적인 보호를 위하여 집 한쪽에 볏짚 거적 몇 개가 걸려 있었다. 그곳은 사람이 살기에는 비참한 곳이었다. 집을 주시하고 있을 때 한 여자가 나오는 것을 보았다. 그녀는 거의 누더기 옷을 입고 있었다. 그녀는 갈퀴가 없어 손가락을 사용하여 언덕을 긁어 모으기 시작하였다. 그녀는 작은 더미를 모은 다음 그것을 앞치마에 넣었지만, 그녀가 일어나자 옷에 있는 큰 구멍으로 모두 떨어졌다. 그래서 그녀는 팔에 잡을 수 있는 만큼 모아서 자신이 만든 집으로 가져가 뚝배기 아래에 불을 피우고 물을 데우기 시작하였다. 그 일을 마치고 그녀는 안으로 들어갔고 호위병은 그녀가 남편에게 말하는 것을 들었다. "제가 뜨거운 물을 만들었으니 이제 그것을 마셔서 배고프지 않게 하세요."

"불에 쓸 나무는 어디서 구하셨소?" 그는 "산 옆에 있는 나무를 꺾어서는 안 됩니다. 금지되어 있습니다."라고 물었다.

"저도 알지만 냄비가 끓을 만큼 나뭇잎을 모았어요"라고 그녀는 말하였다.

호위병에게는 이것으로 충분하였다. 그는 급히 상자를 문 근처 마당에 놓고 떠났으며, 서울에는 이보다 더 가난하고 합당한 가족이 없다고 확신하였고 왕도 그의 보고에 기뻐하였다. 그 여자는 뜨거운 물을 받으러 나오다가 상자를 보고 크게 놀랐다.

"여보, 여기 상자가 있어요. 누군가가 우리 집 문 앞에 두고 갔어요" 그녀는 남편에게 말하였다.

"어떤 도둑이 그것을 훔쳤는데, 발각될까봐 두려워서 여기에 두었군요." 그가 와서 상자를 바라보며 말하였다. "손대지 마세요. 문제가 생길 수 있으니 주인을 기다립시다."

"하지만" 아내가 말하였다. "다른 도둑이 와서 그것을 가져갈 수도 있어요. 주인이 올 때까지 그것을 안전하게 지키고 싶다면 적어도 그것을 안으로 가져가야 겠어요."

그 상자는 노무자 한 명이 지기에는 딱 맞는 짐이었지만 그러기에는 너무 낭비여서 그들은 그것을 주의 깊게 조사하기 위하여 방으로 가져가는 것이 거의 불가능하였다. 자물쇠에서 열쇠를 찾은 그들은 마침내 모든 것이 괜찮은지 확인하기 위하여 내부를 한 번 살펴보기로 결정하였다. 그토록 맛있는 음식을 보는 것은 참으로 쓰라린 유혹이었지만 그들은 머뭇거렸다. 마침내 그 남자는 주인이 빨리 오지 않으면 음식이 상할 수도 있고 단순히 음식을 먹는 것만으로는 결코 범죄가 아니기 때문에 음식을 조금 먹고 그 상자를 주인을 위하여 남겨 둘 수도 있다고 생각하였다.

그들은 밥을 먹었다. 그것은 나흘 동안 지속되었고, 그들의 원기를 새롭게 하였다. 그들이 은을 보았을 때, 아내는 그 돈으로 옷과 음식을 사고 편안한 집을 사고 싶어하였지만 남편은 그것을 사용하지 않았다. 그래서 그들은 그것을 상자 안에 잠그고 열쇠를 조심스럽게 숨겼다.

8년 후 정월 15일 명절에 왕이 다시 잔치를 베풀고 있었는데, 그때 그는 이전 일이 생각나서 호위병을 불러 상자 사건을 기억하느냐고 물었다. 그러자 왕의 뒤에 앉은 <u>지대성</u>은 바로 그날 8년 전 왕의 집에서 폐하께서 말씀하신 것과 같은 일이 자신에게 일어났다고 말하였다. 왕은 상자의 모양과 내용물이 무엇인지 물었고, 상자와 은(銀)이 여전히 정당한 주인이 오기를 기다리고 있다는 것을 알고 그것을 가져오라고 보냈는데, 과연 그것은 똑같은 은 조각이 들어 있는 상자이었다. 상자 안에는 말린 쌀알 몇 개가 여전히 붙어 있었다. 그 관리는 그 음식으로 인하여 새로운 힘을 얻어 어떻게 시험을 준비하고 합격하여 마침내 현재의 중요한 직책에 이르렀는지 설명하였다.

폐하께서는 이렇게 정직하고 가치 있는 사람을 만나 기뻐하였고, 특히 자신의 행동이 그 사람의 생명을 구하고 유용한 공직에 오를 수 있었다고 생각하여 기뻐하였다.

얼마 후 지대성의 사촌이 반란을 일으켰고, 그는 왕의 총신인 친척들을 포함하여 그의 친척들과 함께 체포되었다. 관례에 따라 후자는 사촌의 반역죄로 목을 졸라 죽였어야 했으나 왕은 그가 친척의 비열한 행위를 전혀 모른다고 믿고 용서하여 참판으로 승진시키고 그에게 풍성한 선물을 주었다.

"문(文)은 무(武)보다 강하다."

문종대왕 재위 기간에 중국 명나라 황제는 조선과 다툼을 벌이려고 애쓰는 듯 보였다. 그는 시를 짓는 것은 물론이고 양국 공통의 한문에 대한 한국 학자들의 솜씨를 듣는 것에 지쳤다. 그래서 그는 한국에 편지를 보내서 그 나라에서 배출할 수 있는 최고의 서예가와 작가를 즉시 자신에게 보내달라고 요청하였다. 요청에 응하였다. 유명한 시인인 참판 이정기와 유명한 작가인 이하성이 파견되었다. 중국 궁궐에 도착하자마자 이 남자들은 불도 없는 차가운 방에 갇혔고, 밤에는 불도 켜지 않았으며, 음식도 형편없었다. 어느 날 밤 황제는 날이 밝기 전에 시 100편을 준비해야 하며 그렇지 않으면 사형에 처한다는 명령을 보냈다. 그들은 등불을 얻을 수 없었고, 그들 주위에 경비병들이 배치되어 그들을 도와줄 수 있는 누구와도 의사 소통을 할 수 없게 되었다. 그들은 매우 슬펐다. 주제가 주어졌고 이정기는 졸리고 배도 고프면서도 이하성이 적을 수 있는 등불만 있으면 구절을 받아 적게 할 수 있다고 선언하였다.

하지만 후자는 자신의 동반자가 자신의 역할을 다할 수 있다면 글 쓰는 것에 참여하겠다고 말하였다. 그래서 그는 종이를 펴고 먹과 붓을 준비하여 시인이 구술하는 동안 한동안 눈을 꼭 감고 있다가 갑자기 눈을 뜨자 자신이 맡은 작업을 수행할 수 있을 만큼 충분히 자세히 볼 수 있게 되었다. 이 시가 완성되어 황제에게 보내질 때까지 계속해서 반복되었다.

황제는 경호원들로부터 방안에 불이 들어오지 않았었다는 사실을 듣고 크게 놀랐고, "한국은 비록 작지만 확실히 유능한 사람들이 있으니, 나는 그들을 내버려두고 그들과 친구가 될 것이다"라고 말하였다.

황제는 두 학자에게 통치자에게 그들을 최고로 추천하는 편지를 보냈고, 통치자는 그들이 전하는 이야기에 큰 감명을 받았다. 그는 이들의 노련함 덕분에 끔찍한 방문을 피할 수 있었을 것이라고 생각하고 그들이 요청하는 것은 무엇이든 들어주겠다고 제안하였다.

두 사람은 의논하고 뭉쳐서 왕과 그 뒤를 이은 후계자들이 반드시 매달 가족들에게 쌀 한 포대를 나누어 달라고 요청하였다. 이것이 허락되었고 충실히 수행되어 오늘날까지 두 이 씨의 후손들은 감사해하는 정부로부터 매월 쌀을 정기적으로 지급받고 있다고 한다.

부석(浮石)의 유래

옛날에는 5월 5일에 태어난 아들은 즉시 죽여야 하며, 그렇지 않으면 왕족이라면 왕조를 전복시키고, 평범한 혈통이라면 아버지를 파멸시킬 것이라고 믿었다.

신라 왕조 마지막 왕의 아버지는 불행한 날에 아들을 낳았는데, 자신의 왕조가 그로 인하여 전복될까 봐 두려워서 갓 태어난 아기를 인접한 구역에 던졌는데, 개들이 게걸스럽게 먹어 치우는 대신 왕의 종이 산채로 데려갔다. 이 종은 아이를 조심스럽게 돌보았고, 그는 강하고 자기 의지가 강한 청년으로 성장하였다. 이 왕자는 열일곱 살이 되었을 때 자신의 비천한 보호자를 떠나 북서쪽 나라로 가서 일반적으로 전투와 호전적인 활동에 전념하였다. 완전히 성장하였을 때 그는 거친 추종자들의 무리를 이끌고 ___에 있는 수도로 가서 죽임을 당하게 된 그의 아버지 왕을 물리쳤다. 그 아들은 즉위하여 강력하면서도 매우 가혹하게 다스렸다. 그는 백성들을 가차없이 억압하여 그들이 그를 전복시키려는 음모를 꾸몄다.

재상(宰相)과 모든 관리들은 왕에게 자신의 이익과 국가의 최선의 이익을 위하여 국민의 상태를 개혁하고 구제하지 않으면 그들이 반란을 일으키고 왕조를 멸망시킬 수 있다고 간청하였다.

"나의 왕조는 영원하다."며 왕이 거만하게 말하였다. "벌레도 백성처럼 참나무의 심장을 먹고 파괴할 수 있으나 나의 통치는 견고한 반석과 같다. 벌레가 단단한 바위를 먹을 수 없듯이 백성은 내 왕조를 해칠 수 없느니라. 바위가 벌레에 먹힐 때 나는 행동을 바꿀 생각을 해보리라."

그날 밤 재상은 산에서 우르릉거리는 소리를 들었고, 가까이 다가가면서 셀 수 없이 많은 벌레들이 돌을 갈고 속으로 들어가는 것을 보았다. 그는 돌아와서 자신이 본 것을 왕에게 보고하였고, 왕은 직접 확인하기 위하여 아침 햇살에 그와 함께 갔다. 언제인지 암석은 모두 다공성이었고 벌레가 먹었으며 표면에는 천연두의 움푹 패인 자국과 구덩이 이음새가 표시되어 있었다.

그러나 왕은 그의 신하들의 경고를 듣지 않고 그 말이 뿔을 달기 전에는 그렇게 하지 않을 것이라고 말하였다. 그날 밤 암말이 뿔이 달린 새끼를 낳았다.

이것은 왕을 불안하게 만들었고, 어떤 반역자가 와서 그를 죽일지도 모른다는 두려움에 사로잡혀 아무도 그의 왕위를 물려받지 못하게 되었다.

그는 산을 넘어 원산으로 가는 지름길을 타고 북동쪽으로 가다가 산을 넘어 돌이 벌레 먹은 것을 보고 겁이 나서 삼방고개(세 계곡 고개)에서 자살하였다. 모든 여행자가 볼 수 있듯이 그의 무덤 앞 길가에 작은 절을 세운 사람들이 그를 묻었다.

그리하여 신라 왕조는 5월 5일에 태어나 낮은 신분의 종에 의하여 비밀리에 키워진 아들에 의해 멸망되었다. 만약 그가 제대로 보살핌을 받고 교육을 받았다면 그는 더 나은 사람이 되었을 수도 있다. 그러므로 이 유아들을 죽이는 끔찍한 관습은 폐지되었다.

태조와 쥐

태조는 어렸을 때 함경도 안변 지역에서 원산 근처에 있는 삽광사에서 교육을 받았다. 그는 매우 공부를 잘하는 소년이었다. 매일 아침 음식을 맛보기 전에 그는 천자를 쓰고 그의 교훈을 수천 번 읽었다.

어느 날 아침, 그를 시중드는 늙은 승려가 아침 식사를 가져와서 그가 바닥에 앉아 있는 동안 그의 앞 바닥에 있는 작은 탁자 위에 그것을 올려 놓았다. 그는 과제를 마치지 못하였기에 즉시 음식을 먹지 않았다. 왜냐하면 그 사람은 너무 공부가 많아서 아침 과제를 마칠 때까지 천둥조차도 그를 방해할 수 없었기 때문이다. 그렇게 공부하는 동안 큰 쥐가 방에 들어와 식탁 위로 뛰어 올라 밥을 모두 먹었다. 그 소년은 책을 읽으면서 아침 식사도 하지 않고 나갔다. 다음 날 아침에도 이런 일이 일어났다. 그러나 다음 날, 소년은 일찍 일어나서 시종이 들어오기 전에 할 일을 마쳤고, 쥐가 나타나자 열중해 있던 학생이 갑자기 일어나 쥐를 쫓아갔다. 그는 절 뒷산 너머로 쥐를 쫓아갔고, 그곳에서 쥐가 물항아리 모양의 바위로 들어가는 것을 보았다. 강한 소년은 바위를 들어 올려 그 아래에 '開金者 朝鮮 太祖'라는 글자가 있고 그 너머에 다음과 같은 '黃金萬兩' 글자가 있는 것을 보았다. 처음 일곱 개는 이 동굴을 여는 자가 조선 왕조의 시조가 될 것이라고 말하고, 두 번째는 만냥의 황금을 뜻한다.

태조는 매우 감동을 받았고, 조심스럽게 돌을 교체한 후 새로운 생각으로 수업에 임하였다. 예언은 성취되었고, 동굴을 연 소년은 한국의 왕이자 대조선 왕조의 창시자가 되었다.

절의 학생이 한동안 왕이 된 후, 그를 시중들던 승려는 군주에게 가서 절의 건립을 위한 도움을 요청하기로 결정하였는데, 그것은 안타깝게도 돈과 수리비가 필요했다. 그는 다른 승려 세 명을 데리고 서울로 갔는데, 그곳에서 승려들은 아직 도시에서 제외되지 않았기 때문에 들어가도록 허락되었다. 그는 폐하께 청원서를 보냈고, 폐하는 그의 옛 스승과 시종을 기억하여 절에 관한 모든 것과 승려의 계획과 소망에 대하여 물을 때 자기 앞으로 오라고 하였다.

그들이 떠날 때, 왕은 노인에게 '황금 만냥'이라는 네 글자가 적힌 종이 한 장을 주고, 절 뒷산에 있는 동굴에 가서 그곳에서 그가 발견한 물항아리 모양의 큰 돌을 가져오라고 말하였다.

승려는 실망하였다. 그는 동굴과 물항아리에 대한 믿음을 갖고 있었고, 왕이 미쳤으며 그의 왕조가 단명할 것이라는 확실한 증거로서 성전에서 그의 형제 제사장들에게 보여 준 종이를 부주의하게 보존했을 뿐이었다. 아주 나이 많은 승려는 그다지 회의적이고 마음이 약한 사람은 아니었다. 그는 그렇게 위대한 왕을 심판하기 전에 그가 언급한 장소를 직접 방문하는 것이 좋겠다고 제안하였다. 그들은 그렇게 하였다. 특이한 항아리 모양의 돌이 그곳에 있었고, 그곳에는 이전 학생의 마음을 그의 고상한 야망으로 가득 채웠던 예언적 문자들이 있었다. 더 나아가 그들은 다른 문자들을 보았고, 아래에서 금을 발견하였다. 이렇게 얻은 보물로 그들은 절을 재건하고 주변에 넓은 부지를 구입하였다. 그들은 예언의 문자가 새겨진 판을 놓기 위하여 동굴 위에 작은 절

을 지었고, 태조가 공부하였던 장소 위에는 왕의 방문으로 왕의 초기 공부 현
장을 장식할 경우를 대비하여 왕을 위한 아름다운 집을 세웠다.

H. N. 알렌

Horace N. Allen (Sec., U. S. Legation to Korea),
A Fortune-Teller's Fate, et al. *The Korean Repository* (Seoul) 3(7)
(July, 1896), pp. 273~280

A Fortune-Teller's Fate.

During the reign Yun San Cho (200 years ago) there lived a blind man, in Seoul, who was a famous fortuneteller. A poor bachelor, thirty-five years of age, came to him and asked him if he had not better go and kill himself as he was very poor and miserable. Hong looked at him, or rather turned his face toward him, for his eyes were sightless, and told him of his past, he then called a strong servant and commanded him to take the boy (all unmarried men are boys, however old) outside the South Gate and leave him there. The servant did so, climbing over the wall on his return, as the gates were closed for the night.

The wretched boy, thinking the old fortune-teller had taken him at his word and sent him out there to die, crept up near the wall in the darkness, and was going to sleep under the body of a small-pox corpse suspended in straw bags from the wall. Bye and bye he was attracted by a noise from inside the wrappings of the corpse. Getting up be opened the mats and out stepped a girl of sixteen years of age. The poor bachelor thought he had seen a ghost but the girl quieted him saying; "I must have been thought dead, and as I have a younger brother who has not had small-pox, I could not be buried till he has had the disease, lest he die, therefore they have placed me here. My father is a great Yang Ban, and I was an especial favorite with him. I wish you would go and tell him I am not dead so that he may send for me."

The bachelor did so, arriving at His Excellency's house at midnight. The great man thought him a fool or worse, but the girl's mother believed him and sent servants with a chair to go with the man. They found all as was reported and brought the girl to her parents. The father's gratitude now knew no bounds and, considering the poor homeless, wifeless man, his daughter's savior, he let him marry her and they became a devoted happy hair.

The king, bearing of this wonderful occurrence, called in the blind man and began questioning him. The old man claimed that he could read the past, present and future truly. So the king, seeing a rat run into the room, stopped its hole and asked the blind man how many rats there were in the room. "Three" responded the old man, whereupon the king struck the rat, killing it instantly, and told the Old man that, he had lied, that there was but one rat, and he ordered him taken to the other side of the river and be executed.

The executioners carried the old man away, but about the time he was to be killed, the father of the girl, hearing of the hurried to the king and urged him to be lenient. "There may have been other rats in the room unseen," he said, "Possibly the rat may gave gad young," and impressed by the idea, he had the animal cut open and there, sure enough, she contained two baby rats unborn.

The king was grief-stricken and ordered a man to ride rapidly with his seal and stay the execution. When the rider reached the ferry he called as loudly as he could, but the ex-excutioners, thinking they had tarried too long and were to be reprimanded for it, cut off the poor fortune-teller's head at once. The officer, on arriving and finding it, too late, exclaimed *Ah Cha!* an ejaculation meaning just too late. Hence the mountain pass near by is still called Ah Cba Pass.

The Reward of Honesty.

During Yung Chong Tah Wang's reign (160 years ago) there came a year remarkable for the wonderfully abundant crops. Rice fell to 600 cash per bag, and on the night of the 15th day of the 1st moon, the king called all his officers together and gave them a banquet in thanksgiving for the bountiful harvests of the year. While banqueting, the king called up the Tah Sung Lee or chief of the

Palace Secretaries - Chong Won, and asked him, if, now that the country had rice and other crops in abundance, there were any poor people about, suffering for the lack of food. He was informed that there were many people right here in the city who were suffering with hunger. The king, hearing this, had a box brought in; into this box he placed three large flat pieces of silver. After which he had the box filled up with rice and honey, *Yak Sik*, the lid closed, locked, and the key placed in the lock. One of the brown-coated guards *Moo Yay Chung*, was then instructed to take this box and leave it at the house of the poorest man be could find in Seoul.

In a hamlet nestling at the base of the South mountains, he found a miserable little but of three rooms with no enclosing wall. A few straw mats were hung about one side of the house as a partial protection. It was a wretched place for people to live. While looking at the house he saw a woman come out. She was dressed almost in rags. She began raking up the hillside, using her fingers in the absence of rake. When she had gathered together a small pile she placed them in her apron but when she arose they all fell through a large bole in the garment, therefore she collected as many as she could hold in her arms and carried them to the house where she made a fire under an earthen pot and began heating water. This done she went inside and the guard heard her say to her husband. "I have made some hot water, now drink it and keep from starving!"

"Where did you get wood for the fire" he asked "You must not break the trees on the mountain's side; it is forbidden."

"I know it but I gathered leaves enough to make the pot boil," she said.

This was enough for the guard; he hastily placed the box in the yard near the door and departed, quite sure that there was no poorer or more deserving family in Seoul, and the king moreover was pleased with his report. When the woman came out for the hot water she saw the box and was greatly surprised.

"See, here is a box, someone has left at our door" she called to her husband.

"Some thief has stolen it, and fearing detection, he has placed it here," said he as he came and looked at the box. "Don't touch it or we may have trouble, we will wait for the owner."

"But" said the wife "some other thief may come along and take it. We must at least take it inside if we wish to keep it safely till the master comes."

The box was simply a good load for one coolie, but so wasted were they that they were barely able to move it into one of their rooms where they surveyed it carefully. Finding the key in the lock they finally decided to take one look at the inside to make sure tbat every thing was all right. The sight of so much delicious food was indeed a sore temptation, but they hesitated. The man at length reasoned that the food might spoil if the owner did not come soon and as the mere eating of food was never a crime, they might eat some of this and save the box for its owner.

They ate the rice; it lasted them four days and renewed their strength. When they came to the silver the wife wished to use it for buying clothes, food and a comfortable house, but the husband refused to use it. They therefore locked it up in the box and carefully hid the key.

Eight years later on some festival day - the 15th of the 1st moon, the king was again celebrating a propitious year with a banquet, when, remembering the former occasion he called up the guard and asked him if he recalled the incident of the box. Tah Sung Che, who sat behind the king then spoke up and said that an occurrence just like that His Majesty was describing happened to him, in his house, eight years before that very day. The king asked the shape of the box what the contents were and, learning that the box and silver were still waiting the coming of the rightful owner, he sent for it and, sure enough, it was the same box the identical pieces of silver, while a few grains of the dried rice still adhered to the inside of the box. The official explained how, in the new strength given him by that food, he had prepared for and passed his examination and finally reached his present important post.

His Majesty was delighted to find such an honest, worthy man, and was especially pleased to think that his act had saved the man's life and brought him forth to a useful official career.

Some time after this a cousin of the Tah Sung Che became a rebel, he was arrested together with an his relations, the king's favorite included. The latter should have been strangled for the treason of the cousin, as is the custom, but the king believing that he knew nothing of the base actions of his relative, pardoned him, promoted him to be a *cham pan*, and gave him a rich present.

"The Pen is Mightier Than the Sword."

During the reign of Mun Chong Tah Wang, the Ming Emperor in China seemed anxious to have a quarrel with Korea. He was tired of hearing of the proficiency of Korean scholars in the Han Mun character common to both countries, as well as in the writing of poetry. So he sent a letter to Korea asking that a writer of characters and a composer or poetry - the best the country could produce - be at once sent to him. The request was complied with. A *champan*, Ye Chung Gee, a famous poet, and a writer named Ye Ha Sung, were sent. On arriving at the Chinese court these men were placed in a cold room without fire, they were not allowed to have a light at night and their food was of the poorest. One night the Emperor sent word that they must prepare one hundred stanzas of poetry before day-light on penalty of death. They could obtain no light, and guards, placed all about them, prevented their communicating with anyone who might aid them. They were very sad. The subject had been given them and Ye Chung Gee, though could, sleepy and half starved, declared he could dictate the verses if they only had a light by which Ye Ha Sung could write them down. The latter said he would attend to the writing, however, if his companion could do his part. So, spreading out a sheet of paper and preparing his ink and brushes he held his eyes tight shut for a time while the poet dictated, and then suddenly opening them he was able to see dearly enough to execute his part of the work. This was repeated again and again till the poem was complete, when they sent it in to the Emperor.

The Emperor was greatly surprised, learning from the guards that no light had been admitted to the room, and be said, "Korea, though small, certainly has skillful people, I will let them alone and make friends of them."

The Emperor sent the two scholars with a letter recommending them in highest to their ruler, who was greatly impressed with the story they had to tell. He saw that in all probability the skill of these his subjects had saved him a devastating visitation and offered to grant any request they might make.

The two men consulted and united in one request which was that the king and his successors after him should each, without fail, give to their families, month by month, a bag of rice. This was granted and has been faithfully carried out, it is said, so that to this day the descendants of the two Yes get their regular monthly allowance of rice from the grateful government.

The Origin of the Pumice Stone.

In former times it was believed that a son born on the 5th of the 5th moon must be at once killed, otherwise be would overthrow the dynasty, if of royal birth, or ruin his father if of ordinary parentage.

The father of the last king of the Silla dynasty had a son born on that unfortunate date, and fearing lest his dynasty might be overthrown by him, he tossed the new-born babe out into an adjoining inclosure, where, instead of being devoured by the dogs, it was taken up alive by a slave of the king. This slave carefully tended the child and he grew up to be a strong, self willed young man. When seventeen years of age this prince left his lowly protector and went into the north-west country where be devoted himself to fighting and warlike pursuits generally. When fully grown he led a band of his rough followers to the capital at Chun Chun and defeated the king his father whom be caused to be put to death. The son was enthroned and ruled vigorously but very harshly. He oppressed the people without mercy so that they diligently plotted his overthrow.

The Prime Minister and all the officials begged the king, for his own good as well as the best interests of the country, to reform and relieve, the condition of the people, otherwise they might revolt and terminate the dynasty.

"My dynasty is permanent," said the king haughtily. "Worms, like the people, may eat the heart of the oak and destroy it but my reign is like that of the solid rock. The people can no more harm my dynasty than worms can eat solid rock. When the rocks are worm-eaten then I will think of changing my conduct."

That night the Prime Minister heard, rumbling, ginding sound in the mountain and going nearer be saw countless worms grinding their way into the stones. He returned and reported what he had seen to the King who went with him in the morning light to see for, himself; when lo! the rocks were all porous and worm-eaten, while their surfaces were as tho marked with the pits and seams of small-pox.

Yet the king refused to heed the admonition of his officers and said that be would not to do so till the horses wore horns That night a mare gave birth to a colt with horns.

This did alarm the king and fearing that some rebel might come and kill him be fled, leaving no one to inherit his throne.

He journeyed to the north-east, taking the short cut over the mountains to Won San, but as he crossed the mountain and saw all the stones worm-eaten he became so afraid that be committed suicide at the Sam Pang Pass (three valley pass) where he was buried by the people, who erected a little temple by the roadside in front of his grave, as may be seen by all travellers.

So ended the Silla dynasty, destroyed by a son born on the fifth day of the fifth moon and reared in secret by a low slave. Had he been properly cared in and educated he might have been a better man. Therefore the horrible custom of killing these infants is abolished.

Tah Cho and the Rat

When Tah Cho was a boy he was educated at the Sab Kwang Sa monastery, near Won San, in the An Pyen district of Ham Kyeng Do. He was a most studious boy. Every morning before tasting food be would write 1000 characters and read his lesson a thousand times.

One morning the old priest who attended him brought in his breakfast and sat it on a little table on the floor before him as he sat on his mat. Not having completed his lesson, he did not at once partake of the food for so studious was he that not even thunder could disturb him till he had finished his morning task. While thus engaged a large rat entered the room and jumping upon the table ate all the rice. The boy persevered with his books and went without his breakfast. This happened the next morning and the next. The following day, however, the boy arose early completed his task before his attendant entered and on the appearance of the rat, the apparently absorbed student suddenly rose and gave chase to it. He chased the rat over the mountain back of the monastery where he saw it run into a rock shaped like a water jar. The strong boy lifted the rock and saw beneath it the characters 開金者 朝鮮 太祖 and beyond them the following 黃金萬兩. The first seven state that the one who opens this cavern will be the founder of the Chosen dynasty, while the second mean ten thousand yangs of yellow gold.

Tah Cho was very much impressed, and carefully replacing the stone, he went back to his lessons with new thoughts. The prophecy was fulfilled, the boy who opened the cavern became the king of Korea and founder of the Tah Cho Sen dynasty.

After the student of the monastery had been king for some time, the priest who had attended him decided he would go and ask the monarch for aid for the temple, which was sadly in need of money and repairs. Taking three other priests with him he went to Seoul, where he allowed to enter, as priests were not yet excluded from the City. He sent his petition in to His Majesty, who, remembering his old teacher a.nd attendant sent for him to come before him when he asked all about the temple and the plans and wishes of the priest.

On departing, the king gave the old man a piece of paper on which were written the above four characters, "Ten thousand yang of yellow gold," and told him to go to a cave in the mountain back of the monastery and remove a large stone that he would find there shaped like a water jar.

The priest was disappointed. He had no faith in caverns and water jars and only carelessly preserved the paper which he showed to his brother priests at the temple as so sure evidence that the king was mad and that his dynasty would be of short duration. A very old priest was not so sceptical and weak-hearted. He suggested that before passing judgment on so great a king, they bad better go and see the place he mentioned. They did so; the peculiar jar shaped stone was there, and turning it over there were the prophetic characters which had filled their former student's mind with his lofty ambitions. Further on they saw the other characters, and digging below they found the gold. With the treasure thus obtained, they rebuilt the monastery, and purchased ample fields about it. They built a little temple over the cavern to hold a tablet bearing the prophetic characters, while over the place where Tah Cho had studied they erected a beautiful house for the king in case he should ever grace the scene of his early studies with a royal visit.

H. N. Allen

호러스 N. 알렌(주한 미국 공사관 서기관)이
캐드월러더 C. 빈튼(서울)에게 보낸 편지 (1896년 8월 20일)

서울,
(18)96년 8월 20일

친애하는 빈튼 박사님,

특히 가족이 병을 앓고 있다는 소식을 들었기에, 박사님께 불평을 하게 되어 유감스럽습니다만 박사님의 하인이 내 침실 창문에서 불과 몇 피트 떨어진 벽 옆에 귀하의 소[牛]를 묶어 놓았고, 끊임없이 내는 낮은 소리는 매우 고통스럽다는 사실에 주의를 환기시키고 싶습니다. 왜냐하면 나는 늦게 자는 불행한 습관이 있기 때문이며, 일반적으로 자정 전에는 절대 잠들지 않기 때문에 가까이에 있는 그런 흔하지 않은 소음은 모든 잠을 방해합니다. 그것은 같은 방식으로 알렌 부인에게 영향을 미칩니다.

박사님이 가축을 오전 8시 이후까지 마구간에 두어주시면 감사하겠습니다. 박사님의 어린 아들이 곧 건강해지기를 바랍니다.

안녕히 계세요.
H. N. 알렌

Horace N. Allen (Sec., U. S. Legation to Korea), Letter to Cadwallader C. Vinton (Seoul) (Aug. 20th, 1896)

Seoul,

Aug. 20/ 96

Dear Dr. Vinton,

I am sorry to have to complain to you, especially as I hear you have sickness in your family, but I simply wish to call your attention to the fact that your servant ties your cow next to the wall just a few feet from my bedroom windows and her constant lowing is very distressing, for as I have the unfortunate habit of sleeping late - never as a rule getting to sleep before midnight, such an uncommon noise so near at hand prevents all sleep. It affects Mrs Allen in the same manner.

If you will kindly have the animal left in her stable till after 8 a. m. I will be greatly obliged.

Hoping your little boy will soon be well, I am

Yours sincerely,

H. N. Allen

18960824

호러스 N. 알렌(주한 미국 공사관 서기관)이
캐드월러더 C. 빈튼(서울)에게 보낸 편지 (1896년 8월 24일)

서울,
(18)96년 8월 24일

친애하는 빈튼 박사님,

소에 대한 문제를 다시 거론하게 되어 유감스럽습니다. 그러나 내 생각에 박사님의 방이 집 앞쪽에 있기 때문에 소음이 들리지 않는 것 같습니다. 우리는 모든 것을 가장 뚜렷하게 듣고 있습니다. 우리는 오늘 오전 6시가 조금 넘은 시간에 박사님의 소 울음소리에 잠을 깼고, 그 이후로 거의 지속적으로 소의 울음소리가 유지되고 있습니다. 첫 1시간 정도에, 소는 먹기에 충분한 기간 동안 멈추지 않았고 소가 풀밭에 있는 것은 별 도움이 될 수 없었지만 우리에게는 손상을 주었습니다.

다시 한 번 항의를 드려 유감스럽지만, 나는 이것이 단순히 하인의 부주의로 인한 일이라고 분명히 느끼고 있습니다.

안녕히 계세요.
H. N. 알렌

Horace N. Allen (Sec., U. S. Legation to Korea),
Letter to Cadwallader C. Vinton (Seoul) (Aug. 24th, 1896)

Seoul,

Aug. 24/ 96

Dear Dr. Vinton: -

I am sorry to have to bring up the cow question again. But I fancy you do not hear the noise as your rooms I think are on the front side of your house. While we get it all most distinctly. We were awakened by the lowing of your cow soon after six this a. m. and she has kept it up more or less constantly ever since. During the first hour or so, she did not stop long enough to eat and her being out on grass could have done her no good while it did us an injury.

I am sorry to have to complain again, but I feel sure this must be simply due to carelessness on the part of servants.

Yours sincerely,

H. N. Allen

단신. *The Independent* (서울) (1896년 8월 25일), 1쪽

지난 주일[135] 오후 조이스 주교는 연합교회에서 기독교 신앙의 승리에 관하여 또 다른 감동적인 설교를 하였다. 청중 중에는 미국 공사 J. M. B. 실 님, 러시아 베베르 공사 부부, 탁지부 J. 맥리비 브라운 씨, 미국 공사관 알렌 박사 부부 등이 있었다. 주교는 한 시간 동안 설교를 하였는데, 처음부터 끝까지 주의 깊게 들었다.

Brief Notice. *The Independent* (Seoul) (Aug. 25th, 1896), p. 1

Last Sunday afternoon Bishop Joyce preached another eloquent sermon in the Union Church on the Victory of Christian faith. There were a number of distinguished persons in the audience among them were Hon. J. M. B. Sill; the American Minister; the Russian Minister and Mrs. Waeber; Mr. J. McLeavy Brown of the Finance Department; Dr. and Mrs. Allen of the U. S. Legation and others. The Bishop preached for an hour but he was listened attentively front the beginning to end.

---

135) 8월 23일이다.

호러스 N. 알렌(주한 미국 공사관 서기관)이
허버 알렌(미시건 주 디트로이트)에게 보낸 편지 (1896년 8월 27일)

서울,
1896년 8월 27일

친애하는 허버 형님,

형님의 7월 24일자 편지를 받았습니다. 제 부탁을 들어주셔서 감사합니다.
제가 형님을 위하여 노력한 것이 마음에 드신다니 기쁩니다. 형님이 우리
와 함께하게 될 전망은 매우 즐거웠으며, 저는 형님을 위하여 편안한 숙소를
마련할 수 있는 방법과 장소에 대하여 많은 생각을 하였습니다. 형님이 아시
는 것처럼 공사와 상의해야만 합니다. 그것은 저에게 진정한 기쁨을 주었지만
형님의 편지는 저에게 큰 불안을 줍니다. 이 조치를 생각해 보면 알 수 있습
니다. 저는 이 나라의 불안정한 상황과 좋은 계획이 실패할 가능성을 충분히
고려하였습니다. 그리고 철도 계획이 실패하거나 혁명이 모든 것을 멈추는 경
우 등등. 저는 형님을 돌볼 것입니다. 독신. 저는 책임을 기꺼이 받아들일 것
입니다. 저는 아내가 있는 형님을 위하여 그것을 받아들이기를 거부합니다.
물론 형님은 그 문제에 대하여 형님 자신의 즐거움을 고려할 완전한 권리
가 있습니다. 저는 그러한 문제에 대하여 형님께 저의 조언이나 의견을 침해
하는 마지막 사람이 될 것입니다. 그러나 형님이 이 직책을 맡느냐에 따라 (이
경우) 동반자를 데려가는 것이 대단히 중요한 문제를 만들게 됩니다. 즉시 말
씀드리는 것이 저의 특별한 일이 됩니다.
저는 모스 씨에게 다음과 같이 전보를 보냈습니다. "결혼하였다면 제 형님
을 보내지 마세요."
이제 형님은 풋풋한 젊음이 아니며, 깨어질 때 심각하게 될 그러한 애착을
좋아할 수 없습니다.
이곳에서 성공하고, 여전히 결혼에 대한 마음이 있다면 형님은 큰 성공을
거둘 수 있을 것입니다. 그러나 그러한 경주를 시작하기 직전에 그런 부담을
짊어지는 것은 어리석은 일이며, 그 문제에 대한 책임은 제가 지기 때문에 먼
저 저와 상의해야 합니다. 화를 내지 마십시오. 아무 의미도 없지만, 형님이

아시는 것처럼 사업은 사업입니다.

안녕히 계세요.
뉴트 (H. N. 알렌)

T. H.. 알렌 님,
　　미국 미시건 주 디트로이트

Horace N. Allen (Sec., U. S. Legation to Korea), Letter to Heber Allen (Detroit, Mich.) (Aug. 27th, 1896)

Seoul,
Aug. 27, 1896

My dear Heber,

Your letter of July 24th just to hand. Thank you for attending to my commission.

I am glad you like what I tried to do for you. The prospect of having you with us has been very pleasant and I have done much speculating as to how and where I would be able to arrange comfortable quarters for you. For you know the Minister has to be consulted. It has given me real pleasure but your letter gives me great uneasiness. You see in thinking over this step. I have taken into full consideration the unsettled state of affairs in this land and the liability of any good project to fail. And that in case the R. R. scheme fails or a revolution stops everything etc. etc. I would have you on my hands. Single I am willing to accept the responsibility. I decline to accept it for you with a wife.

Of course you have a perfect right to consult your own pleasure about that matter and ordinarily. I would be the last person to intrude my advice or opinion upon you on such a matter. But as you make the very important (in this case) matter of taking a companion dependent upon your getting this position. It becomes my especial business to speak promptly.

I have telegraphed Mr. Morse as follows. "You must not send my brother if married."

Now you are no callow youth and you cannot have favored any such attachment as will be serious in the breaking.

If you succeed here and still feel disposed toward matrimony you will be able to accomplish it with great success. But to load up with such a weight just before starting on such a race is rank folly and you should consult me first since I am responsible for you in the matter. Please don't take offense. None is meant, but business is business you know.

Your aff.,
Newt (H. N. Allen)

T. H.. Allen Esq.,
    Detroit, Mich., U. S. A.

18960800

호러스 N. 알렌(주한 미국 공사관 서기관), 한국에서 자전거 경험.
The Korean Repository (서울) 3(8) (1896년 8월호), 320~322쪽

한국에서 자전거 경험

자전거는 한국에서 사용하기 위하여 온 게 분명하다. 이미 이곳에는 14대의 자전거가 사용 중이며, 다른 자전거도 많이 주문한 것으로 알려졌다. 서울에는 자전거를 타는 4명의 여자가 있다.

한국에는 몇 대의 세련되지 않은 수레를 제외하면 바퀴 달린 차량이 없기 때문에 도로는 어떤 종류의 바퀴가 지나갈 수 있게 준비되어 있지 않다. 아주 잘 뻗은 도로에서 갑자기 돌담이 있는 도랑을 건너게 될 수도 있는데, 그 도랑에서는 비교적 안전할 때 수레가 덜거덕거리며 지나갈 수 있지만 자전거 타는 사람은 내리지 않을 수 없다. 그리고 이 일이 긴 언덕의 아래에서 발생하였을 때, 운전자는 처음에 관성을 이용하여 빨리 내려야 한다. 나는 창의문(彰義門)에서 길고 가파른 언덕 아래에 그런 경우를 당하였는데, 제동기가 없었고 앞쪽 바퀴에 발가락을 누르는 유용한 방법도 알지 못하였기 때문에 바퀴와 운전자가 모두 심하게 박살날 것 같았다. 바위보다 덤불을 선호하는 나는 약 12피트 높이의 울타리 위로 바퀴를 돌렸고, 내가 뒤로 미끄러질 때 앞바퀴가 울타리 위로 올라가는 것을 보았다. 다행스럽게도 한국인들은 웃지 않았다. 어쨌든 그들은 그 기계가 아주 이상한 것이라고 생각하였기 때문에 그와 같은 약간 변덕스러운 것이 일반적으로 자전거에서 내리는 방법으로 간주되거나 기껏해야 외국식으로 간주되었다.

자전거를 타고 몇 번 지나간 후에 도로가 얼마나 다르게 나타나는지는 놀랍다. 나는 그 언덕을 수십 번 타고 내려왔고 나는 그것을 잘 알고 있다고 확신하였다. 그래서 나는 자전거를 타는 것 외에는 아무것도 하지 않았다. 따라서 다시 말하지만, 처음에는 자전거 사용이 불가능해 보였던 도로도 자주 타면 다닐수록 훨씬 더 좋아지는 것 같다. [양회진] 묘지로 가는 길은 처음 반은 너무 험해서 처음에는 낙담할 정도이지만, 몇 번 시도한 후에는 자전거에서 내리는 경우가 거의 없이 지나갈 수 있게 되었다. 이 길의 마지막 절반은 정말 즐겁다. 매우 아름다운 풍경, 매끄럽고 단단한 표면, 즐거움을 선사하는 언덕만으로도 충분하다. 마포와 용산으로 가는 길도 친숙해지면 좋아진다. 한강으로 가는 길은 변명할 수 없을 만큼 좋지 않다.

서울에서 가장 좋은 자전거 타기는 동대문에서 정부 농장까지 약 5~6마일 정도 짧은 거리, 혹은 동대문에서 편도로 약 13마일 떨어진 왕릉까지 가는 더 길고 그림 같은 길이다. 장마철이 오기 전에는 거의 어려움 없이 이 두 장소 중 하나로 갈 수 있다. 아마도 세 군데에서 내려야 할 것이다. 서울과 도시의 넓은 거리 어디든 짧은 거리를 타고 갈 수 있는 곳이 있다.

제물포까지 빠르고 쉽게 갈 수 있는 유일한 방법은 자전거를 이용하는 것이다. 특별한 노력 없이도 3시간 만에 갈 수 있고, 모래밭을 헤쳐나가는 17분 동안은 자전거를 타는 것이 즐겁다.

지금까지 자전거는 좋게 사람들에게 영감을 주는 것 같다. 운전자가 '자전거에 동의'하는 기간이 지난 후에는 자전거가 확실히 그에게 유쾌한 영향을 미친다. 들판의 일꾼들은 언제나 그 이상한 광경을 보고 멈춰서서 웃고 농담한다. 길을 지나는 사람들은 대개 "좋다, 좋다", "잘 지내요" 또는 이와 유사한 감사의 표현을 외친다. 때로는 소리 없는 말이 갑자기 무기력한 행인을 따라잡아 바람처럼 지나갈 때 그의 공포는 우스꽝스럽다.

어느 날 세 명의 숙녀와 다른 세 명의 남자가 자전거를 타고 동대문에 접근하던 중 우리는 갑자기 큰 바구니 모자를 쓰고 술에 취한 세 명의 시골 사람들을 만났다. 그들은 농산물을 팔고 집을 향해 무거운 발걸음을 하고 있었다. 우리가 그들에게 달려가자 그들은 너무 놀라서 움직이지도 못하고 그 자리에 서서 내 생각에 영어로 'I've got 'em again'에 해당하는 한국어와 같은 말을 중얼거렸다. 아마도 이 긴 용과 같은 유령이 그들의 맹세의 원인일지도 모른다.

개들은 자전거를 향하여 가장 우스꽝스러운 방식으로 행동한다. 개가 갑자기 잠에서 깨어났을 때 자전거가 가까이 다가가면 겁에 질린 모습은 대개 우스꽝스럽다. 심지어 근처에 있는 사람들조차도 개가 좋은 피난처를 찾기 위하여 달리며 상처 없이 소리를 지르는 광경을 즐긴다. 그러나 개는 자전거가 다가오는 것을 침착하게 지켜볼 시간을 갖게 되면, 그 터무니없는 일을 즐기는 것 같으며, 그가 얼마나 쉽게 따라잡을 수 있는지 보여 주려는 헛된 욕망에 빠지게 될 정도로 원활하게 돌아가는 기계 옆을 천진스럽게 달릴 것이다. 그는 보통 소년들과 심지어 그것을 시도하는 몇몇 남자들처럼 이것을 곧 포기한다. 때때로 개들은 달려가서 뒷바퀴를 물지만 대개는 무기력할 뿐이다.

여자들은 자전거 운전자에게 가장 큰 골칫거리이다. 장옷을 쓰고 있어 바깥을 거의 볼 수 없으며, 물론 쉽게 지나갈 수도 있지만, 그들 중 한 명을 안전하게 막 피해 가려고 할 때 뒤쪽에 있던 어떤 잘난 척하는 사람이 그녀에게 밖으로 나가라고 소리친다. 그런데 한국 여자는 뛰기 전에는 결코 쳐다보지 않을 것이기 때문에 그녀는 즉시 자전거로 뛰어들었다.

이런 일이 발생하면 보통 그 지역의 남자들이 와서 운전자에게 그것이 그녀의 실수이었으며 그녀가 치여도 '해를 끼치려는 의도는 없었다'고 확신시킨다. 분명히 그들은 이 외국 발명품을 그렇게 갑자기 서게 하면 어려움을 겪게 될까봐 두려워한다. 그들의 좋은 본성은, 그것이 무엇이든, 혼잡한 거리를 빠르게 자전거를 타고 지나간다고 해서 강요되어서는 안 된다. 붐비는 거리를 전속력으로 달려 여자와 아이들의 팔다리를 위험에 빠뜨리지 않고 밖으로 나가서 급회전을 할 수 있는 좋은 장소가 충분히 있다.

현재 나처럼 단순한 즐거움을 위하여 이곳에서 자전거를 타는 사람은 거의 없다. 우리 직원 중 일부는 이를 '지방 업무'에 사용하며, 내륙에서 자전거를 이용하여 길고 성공적인 여행을 하였다.

H. N. 알렌

Horace N. Allen (Sec., U. S. Legation to Korea),
Bicycle Experiences in Korea. *The Korean Repository* (Seoul) 3(8)
(Aug., 1896), pp. 320~322

Bicycle Experiences in Korea

The bicycle has evidently come to Korea to stay. Already there are fonrteen wheels here in use and it is reported that a number of others have been ordered. There are four lady riders u present in Seoul.

The absence of wheeled vehicles in Korea, aside from the few clumsy carts, leaves the roads unprovided with a passage for wheels of any kind. A very good stretch of road may suddenly be crossed by a ditch with stone walls, over which a cart might bump in comparative safety, but which compels the bicycle rider to dismount. And when this occurs at the bottom of a long hill over which the wheelman is coasting for the first time, he has to be quick about dismounting. I was caught at the bottom of the long steep hill from the north-west gate, in that manner, and having no brake and not at that time knowing the useful expedient of pressing the toe upon the forward tire, it seemed as though both wheel and rider were about to be badly smashed. Prefering bushes to rocks I turned the wheel upon a hedge some twelve feet high and saw the front wheel climb it as I slid off behind. Fortunately the Koreans did not laugh, they thought the machine such a very strange thing anyway that a little vagary like that was looked upon as the regular way of dismounting, or at best just a foreign way of doing it.

It is astonishing how differently a road shows up after one has gone over it a few times on a bicycle. I had ridden and walked down that hill scores of times and was positive I knew it well. So I did for anything but a wheel. Thus again, a road that at first seems impracticable for bicycle use seems to grow much better the oftener it is ridden over. The road to the cemetery is so bad on the first half as to quite discourage one at first but after a few trials it can be passed over with but, a very few dismountings. The last half of this road is simply delightful. Very pretty scenery, smooth, hard surface, and just hills enough for pleasure. The roads to Mapoo and Riong San also improve on acquaintance. The road to Han Kang is bad beyond excuse.

Best of all rides about Seoul is the short ride out of the east gate to the government farm about five or six miles, or the longer and more picturesque one to the Royal Tombs, out of the east gate and some thirteen miles each way. Before the rainy season one could go to either of these places with scarcely any difficulty - probably three places would require a dismount. There are good short rides about Seoul, and on any of the broad streets of the city.

The only quick and easy way to reach Chemulpo is by wheel. It can be done without particular exertion in three hours, and but for seventeen minutes toiling through the sands, it is a delightful ride.

So far the bicycle seems to inspire the people with good nature. It certainly has that cheerful effect on the rider after he gets over the period of "the bicycle countenance." The toilers in the fields invariably stop and laugh and jest at the, to them, strange spectacle. Passers on the roads usually call out "good, good," "going well" or similar kind expressions of appreciation. Sometimes when the noiseless steed suddenly overtakes a listless pedestrian and passes him like the wind, his fright is laughable to behold.

One day in approaching the east gate with three ladies and three other men on wheels we suddenly came upon three countrymen in large basket hats and much under the influence of liquor, for they had sold their produce and were dragging their heavy feet homeward. As we dashed up to them they seemed too astounded to move and stood there aghast, muttering something which I think was the Korean equivalent of the English "I've got 'em again." Perhaps this long dragon-like apparition may be the cause of their swearing off.

The dogs act in a most comical manner towards a bicycle. When a dog is suddenly awakened but of sleep by the near approach of a bicycle his fright is usually laughable to witness, even the people near by enjoy the sight as the dog runs, yelping tho unhurt, for some good shelter. When the canine has had time to calmly witness the approach of the wheel, however, he seems tickled with the absurdity of it and will run good-naturedly along by the side of the machine which goes so smoothly as to delude him into a vain desire to show how easily he can keep up with it. He usually soon gives this up as do the boys and even some men who try it. At times dogs will run and snap at the rear wheel, it it usually only a faint however.

The women are the greatest trouble to the bicyclist; covered up with their veils they can see but little, and if let alone they could be easily passed, but just as one is about to get safely around one of them, some officious person in the rear calls out to her to get out of the way, this she promptly by jumping right into the machine, for a Korean woman will never look before she leaps.

When a thing like this occurs, the men of the locality usually come up and assure the wheelman that it was her mistake and she "meant no harm" by getting run over. Evidently they fear they may have trouble for stopping this foreign invention so suddenly. Their good nature,or whatever it is, ought not to be imposed upon by the fast riding of wheels through the crowded streets. There are good places enough where one may let out and get a good spin, without endangering the limbs of the women and children by scorching through the crowded streets.

At present, those like myself who ride the wheel here for simple pleasure, are few. Some of our people use them in "country work" and have made long and successful trips by wheel in the interior.

H. N. Allen

단신. *The Independent* (서울) (1896년 9월 1일), 1쪽

Repository 8월호는 (......)로 시작하고 있다. 자전거 광(狂)인 알렌 박사는 한국에서 자전거에 대하여 우리에게 몇 마디를 하고 있으며, '복제'에 대한 끊임없는 요구로 우리가 박사만큼 자주 즐기지 못하게 막는 그 도처에 있는 '악마'가 우리로 하여금 한국에서 즐겁게 자전거를 타는 것을 부러워하게 만든다.

(중략)

Brief Notice. *The Independent* (Seoul) (Sept. 1st, 1896), p. 1

The August number of the *Repository* opens with (......) Dr. Allen; a bicycle enthusiast; gives us a few words on the wheel in Korea and makes us envy him those pleasant spins in the country which that ubiquitous "devil" with his never ending demand for "copy" prevents us from enjoying as often as the Doctor does.

(Omitted)

18960908

단신. *The Independent* (서울) (1896년 9월 8일), 1쪽

H. N. 알렌 박사는 제물포에 이틀 동안 머물렀다.

Brief Notice. *The Independent* (Seoul) (Sept. 8th, 1896), p. 1

Dr. H. N. Allen has been to Chemulpo for two days.

단신. *The Independent* (서울) (1896년 9월 12일), 1쪽

J. M. B. 실 부부는 서재필 부인을 위하여 목요일 저녁에 만찬을 열었다. 참석한 사람들은 러시아 베베르 공사 부부, 미합중국 군함 마키아스 호의 함장인 휴스턴 대령, 알렌 박사 부부, 그레이엄 부인, 그리고 서재필 박사 부부이었다.

Brief Notice. *The Independent* (Seoul) (Sept. 12th, 1896), p. 1

Mr. and Mrs. J. M. B. Sill, gave a dinner party on Thursday evening in honor of Mrs. Jaisohn. Those who present were; the Russian Minister and Mrs. Waeber; Capt. Houston, the commander of the U. S. S. Machias; Dr. and Mrs. Allen; Mrs. Graham; and Dr. and Mrs. Jaisohn.

호러스 N. 알렌(주한 미국 공사관 서기관)이 윌리엄 매킨리
(미합중국 대통령 당선자)에게 보낸 편지 (1896년 9월 14일)

미합중국 공사관

한국 서울

1896년 9월 14일

윌리엄 매킨리 각하,

　미합중국 대통령 당선자[136]

안녕하십니까,

　　저는 귀하의 당선을 당연하게 여기고, 제가 주한 미국 변리공사겸 총영사의 직위에 대한 조기 지원을 당선자의 손에 맡깁니다.

　　1889년, 제가 워싱턴 주재 [한국] 공사관에서 한국 정부를 위하여 근무하고 있었을 때, 당선자께서는 저에게 이 직책을 진심으로 지지해 주었습니다. 당선자께서는 제가 당시 외국 정부의 업무를 하고 있었기 때문에 저를 임명하는 것이 늦어질 수도 있음을 시사하였고, 1889년 10월 오하이오 주 델라웨어에 있는 당선자의 방에서 이야기를 나눈 후, 저는 한국 정부의 직책에서 사임하고 업무차 극동으로 왔습니다. 그러는 동안 오하이오 주가 민주당으로 바뀌면서 이 직책은 외교나 영사 경험이 없는 매사추세츠 주 출신의 노신사에게 주어졌고, 저는 요청하지 않은 공사관 서기관이 되었습니다.

　　저는 두 번의 행정부 기간 동안 거의 지시를 받지 않고 업무를 수행해 왔습니다. 서기관의 급여는 1,500달러이며, 공사의 급여는 7,500달러입니다. 저는 지금 당선자께 요청하는 승진을 항상 염두에 두었습니다.

　　저는 1897년에 그 자리를 훌륭하게 담당할 수 있다고 믿고 있습니다. 여러 해 동안 실제 근무한 후에 저는 확실히 훨씬 더 적합해졌습니다.

　　저는 ＿＿＿년 이상의 제 외교 경력을 훌륭하게 마무리하고 공로를 인정받기 위하여 노력하고 있습니다. 따라서 그 직책이 약속되었거나 당의 활용에

---

136) 실제 선거는 11월 3일에 실시되었으나 알렌은 맥킨리의 당선을 당연시하며 당선자라고 부르고 있다.

필요하다면, 저는 1년 또는 2년 동안 원할 때 현장에서 이를 기꺼이 받아들이고 그 후에는 사임할 것입니다. 저는 그렇게 생각하지만 실제로 오랫동안 공사의 업무를 수행한 후에 제가 공사로 서명할 수 있도록 승인을 받을 것이라고 생각하고 있습니다.

저는 모두 6번 대리공사를 역임하였는데, 한 번은 8개월 동안이었으며, 국무부의 제 기록을 기꺼이 언급하고자 합니다.

저는 1889년에 작성한 모든 서류와 보증서의 사본을 갖고 있지 않지만, 당시 포레이커 주지사가 저에게 준 사본과 다른 보증인의 일부 목록을 당선자께 건네드립니다. 저는 이 편지를 다시 사용하기 위하여 포레이커 상원의원의 허락을 받을 시간이 없었지만, 즉시 그에게 제가 이 편지를 사용하였다는 사실을 편지로 보내겠습니다.

저는 38세입니다. 저에게는 아내와 두 아들이 있습니다. 저의 아버지는 타이콘데로가로 유명한 이튼 알렌의 조카이었습니다. 저의 할머니는 독립선언문에 서명하였던 라이먼 홀의 조카이었습니다. 제 아내는 고 헤이스 전 대통령의 6촌입니다. 저는 아내와 마찬가지로 델라웨어의 오하이오 웨슬리언 대학교를 졸업하였습니다. 저는 또한 의학을 전공하였습니다.

당선자께서 저의 지원을 승인하시리라 믿습니다.

안녕히 계십시오.
[H. N. 알렌]

Horace N. Allen (Sec., U. S. Legation to Korea), Letter to William McKinley (Pres. Elect of U. S. A.) (Sept. 14th, 1896)

Legation of the United States

Seoul, Korea, Sept. 14/ 1896

His Excellency
  William McKinley,
  President Elect of the U. S.

Sir: -

I take the liberty of taking your election for granted, and of putting in your hands an early application for the post of Minister Resident and Consul General of the United States to Korea.

You were kind enough to give me a cordial endorsement for this post in 1889, - when I was in the service of the Korean Govm't at their Legation in Washington. You suggested that the delay in appointing me might arise from the fact that I was then in the service of a foreign government, and after a talk with you in your rooms at Delaware, Ohio in October 1889 I resigned from the Korean service and came to the Far East on business. In the meantime, Ohio having gone Democratic, this post was given to Mass. - to an old gentleman of no diplomatic or consular experience - and I was made Secretary of Legation without asking.

I have done the work during two administrations with scarcely any dictation. The Secretary's salary is $1,500, that of the Minister $7,500. I have had in mind all the time the promotion I now ask at your hands.

I believe I was quite capable to fill the place creditably in 1897. I am certainly much better fitted after these years of actual service.

I am exceedingly anxious to wind up my Diplomatic career creditably and get the credit of the work which _____ years and more I have done for the credit and hence of another. Therefore if the position is promised or is necessary for the use of the party, I will be willing to accept it on the field for one year, or two years, as may be desired, and then resign. I think it but just that I be allowed to sign myself Minister after having actually done the Minister's work so long.

I have been acting Minister (*Charge d'Affairs*) six times - once for a period of eight months, and I cheerfully refer to my record at the State Department.

I have not copies of all my papers and endorsements of 1889, but I hand you herewith one given me by then Governor Foracker, together with a partial list of other endorsers. I have not had time to obtain Senator Foraker's permission to use this letter again, but I shall write him of the fact of my using it at once.

I am 38 years of age. I have a wife and two sons. My father was a nephew of Ethan Allen of Ticonderoga fame. My grandmother was a niece of Lyman Hall, of the Declaration of Independence. My wife is a second cousin to the late Ex. Pres't. Hayes. I am a graduate, as is was my wife, of the O. W. U. at Delaware. I am also a graduate in medicine.

Trusting you may grant my application.

I remain,

Yours most obedient servant,

[H. N. Allen]

단신. *The Independent* (서울) (1896년 9월 15일), 1쪽

미합중국 군함 마키아스의 기관장 A. V. 제인과 A. H. 스케일스 대위는 미
국 공사관의 H. N. 알렌 박사 부부의 손님이다.

Brief Notice. *The Independent* (Seoul) (Sept. 15th, 1896), p. 1

Chief Engineer A. V. Zane; and Lieut. A. H. Scales of the U. S. S. Machias
are the guests of Dr. and Mrs. H. N. Allen of the U. S. Legation.

단신. *The Independent* (서울) (1896년 9월 17일a), 1쪽

H. N. 알렌 박사 부부는 지난 화요일[137] 저녁 미합중국 공사관 내부에 있는 아름다운 사택에서 서재필 부인을 위한 만찬회를 열었다. 참석한 사람들은 실 부부, 그레이엄 부인, 기관장 제인, 스케일스 대위, 서재필 박사 부부이었다.

Brief Notice. *The Independent* (Seoul) (Sept. 17th, 1896a), p. 1

Dr. and Mrs. H. N. Allen gave a dinner party last Tuesday evening in honor of Mrs. Jaisohn at their pretty home inside the U. S. Legation. Those who present were Mr. and Mrs. Sill; Mrs. Graham; Chief Engineer Zane; Lieut. Scales; Dr. and Mrs. Jaisohn.

---

137) 9월 15일이다.

단신. *The Independent* (서울) (1896년 9월 17일b), 1쪽

정동의 외국인 공동체 여자들은 지난 화요일[138] 동소문 밖에 있는 민영환 씨의 아름다운 시골 저택에서 소풍연을 열었다. 모든 면에서 이 행사는 성공적이었다. 날씨는 오후에 몇 분 동안 소나기가 있었던 것을 제외하고, 하루 종일 대단히 좋았다. 그것은 나들이의 즐거움을 해치기보다는 오히려 경치의 매력을 더해주었다. 베베르 부인과 다른 여자들은 풍성한 다과를 준비하였으며, 참석한 모든 사람들이 그날을 엄청나게 즐겼다. 일행은 오전 9시 반에 러시아 공사관에서 함께 시작하여 오후 늦게 집으로 돌아왔다. 일행에는 실 씨 부부, 베베르 씨 부부, 서재필 박사 부부, 러시아 해군의 래드로프 대령 부부, 알렌 박사 부부, 러시아 해군의 루트키 백작, 포코틸로프 씨 부부; 미합중국 해군의 기관장 A. V. 제인, 미합중국 해군 대위. A. H. 스케일스; 아펜젤러 씨 부부, 벙커 부인; 그레이엄 부인, 폴리아노프스키 씨, 비루코프 씨, 흐미로프 대위, 네페닌 소위 등이 있었다.

---

138) 9월 15일이다.

Brief Notice. *The Independent* (Seoul) (Sept. 17th, 1896b), p. 1

The ladies of the foreign community in Chong Dong gave a picnic party last Tuesday at the beautiful country residence of Mr. Min Young Whan; outside the Northeast gate. The whole affair was a success in every respect. The weather was as fine as could be desired through out the day; except a few minutes shower in the afternoon; which rather added to the charms of the landscape than warring the pleasure of the outing. Mrs. Waeber and other ladies furnished bountiful refreshments and every body present enjoyed the day immensely. The party started together at the Russian Legation at half past 9 o'clock in the morning and returned home late in the afternoon. The company was composed of Mr. and Mrs. Sill, Mr. and Mrs. Waeber; Dr. and Mrs. Jaisohn, Captain and Mrs. Radloff of the Russian Navy; Dr. and Mrs. Allen; Count Lutke of the Russian Navy; Mr. and Mrs. Pokotiloff; Chief Engineer A. V. Zane; U. S. Navy; Lieut. A. H. Scales; U. S. Navy; Mr. and Mrs. Appenzeller; Mrs. Bunker; Mrs. Graham; Mr. Polianovsky; Mr. Birukoff Lieut. Hmeloff; Ensign Nepenin; and others.

존 M. B. 실(주한 미국 공사)이 이완용(외부대신)에게 보낸 공문, 외부 제115호 (1896년 9월 18일)

미합중국 공사관
한국 서울

1896년 9월 18일

외부 제115호

안녕하십니까,

저는 우리 정부로부터 휴가를 받아 내일 일본으로 휴가를 떠난다는 사실을 알려드리게 되어 영광입니다.

저의 부재 동안 이 공사관은 임시 대리공사인 알렌 씨가 직무를 맡게 될 것입니다.

안녕히 계십시오.
존 M. B. 실

이완용 각하,
외부대신,
서울

John M. B. Sill (U. S. Minister to Korea), Dispatch to Ye Wan Yong (Minister, For. Affairs), No. 115, For. Office (Sept. 18th, 1896)

Legation of the United States
Seoul, Korea

Sept. 18, 1896

No. 115, F. O.

Sir: -

I have the honor to inform you that I leave for Japan tomorrow on a vacation, having been granted leave of absence by my Government.

During my absence this legation will be in the charge of Mr. Allen, *Chargé d'Affaires ad interim.*

I have the honor to be,

Sir,

Your obedient servant,
John M. B. Sill

His Excellency
Ye Wan Yong,
Minister of Foreign Affairs
Seoul

[漢譯]

大美 欽命駐箚朝鮮便宜行事大臣兼 總領事 施. 爲

照會事, 照得, 本大臣 請得 暇休, 擬於 明日發往日本, 所有 本署 事務, 著安
連 暫行 代理公使 之任, 相應 照會, 請煩

貴大臣, 查照可也, 須至照會者,

右照會.

大朝鮮 外部大臣 李

이완용(외부대신)이 존 M. B. 실(주한 미국 공사)에게 보낸 공문
(1896년 9월 18일)

대조선 외부대신 이완용이 회답하는 일입니다. 살펴보니, 오늘 도착한 귀 조회 가운데, "본 대신이 휴가를 청해 얻고 다음 날 일본으로 감으로 본서에서 사무를 맡은 안련(安連)에게 잠시 대리공사의 직임으로 행하도록 상응하는 조회를 보내니 귀 대신은 잘 살펴봐 주심이 가하다 등"의 내용이었습니다. 이를 잘 받아 보았으므로 상응하는 문서를 갖추어 회답을 보내니, 귀 대신은 잘 살펴봐 주심이 가하며 이러한 내용으로 회답하는 것입니다.

대미 흠명주차조선편의행사대신겸 총영사 시(施) 각하

Ye Wan Yong (Minister, For. Affairs), Dispatch to John M. B. Sill
(U. S. Minister to Korea) (Sept. 18th, 1896)

大朝鮮 外部大臣 李完用 爲照覆事

照得, 本日 接到 貴照會 內開, 照得, 本大臣 請得 暇休, 擬於明日 發往日本, 所有 本署 事務, 著安連 暫行 代理公使 之任, 相應照會, 請煩 貴大臣, 查照可也 等因, 准此閱悉, 相應 備文 照覆, 請煩

貴大臣, 查照可也, 須至照覆者.

右.

大美 欽命駐箚朝鮮便宜行事大臣兼 總領事 施 閣下

호러스 N. 알렌(주한 미국 임시 대리공사)이
고영희(외부대신 대리)에게 보낸 공문, 외부 제118호 (1896년 10월 5일)

미합중국 공사관
한국 서울

1896년 10월 5일

외부 제118호

안녕하십니까,

　　최근 저의 관심은 학부대신[139]이 편집하고 학부의 참서관 2명이 작성하여 한국 정부가 출판한 '유학경위(儒學經緯)'라는 제목의 저작물에 집중되었습니다.
　　저는 학부 출판사에서 이 책 세 권을 구입하였는데, 91쪽에서 다음과 같은 내용을 발견하였습니다.

　　　　'최근 세대의 견해에 따르면, 서구인들이 기독교라고 부르는 것은 천박하고 피상적이고 오류가 있으며, 진지하게 고려할 가치가 없는 야만인 관습의 사악함을 보여주는 예이다.'
　　　　'기독교인이 천국, 행복, 불행을 말할 때 사용하는 용어는 불교에서 사용하는 용어와 유사하다. 그들은 천신을 숭배하지만 부모에게 제사를 드리지 않는다. 그들은 온갖 방법으로 천국을 모욕하고 사회 관계를 무너뜨린다. 이는 진정으로 야만적인 사악함의 한 유형이며, 우리가 외국 풍습을 검토할 때 다룰 가치가 없는데, 특히 현재 종교가 다소 쇠퇴하고 있기 때문에 더욱 그렇다.
　　　　'유럽인들은 중국을 제외한 지구의 모든 국가에 이 씨앗을 심었다. 그들 모두가 이 종교를 존중하지만, 중국 학자들과 사람들이 오염을 피하지 못하였다는 사실에 우리는 놀랐다.'

　　제 생각에 모든 서구 국가들에서 최고의 명예를 누리고 있는 종교를 부당하게 남용하는 것은 우호국의 공사에게 기대할 수 있는 일이 전혀 아닙니다. 이 책에 표현된 견해가 한국의 공립학교에서 사용되도록 의도된 것으로 알려

---

139) 신기선(申箕善)을 말한다.

겼는데, 이것은 저 못지않게 각하가 바라는 우리 국민들 사이에 존재하는 우호 관계를 훼손하지 않을 수 없다는 점을 각하께서는 생각하셔야 합니다.

저는 학부 대신이 사임하라는 요청을 받았고 그 책은 배포에서 회수되었음을 알고 있습니다. 이것이 맞다면 저에게 알려주시면 기쁘겠습니다.

안녕히 계십시오.

H. N. 알렌

고영희 각하,[140]

외부대신 대리,

서울

Horace N. Allen (U. S. *Chargé d'Affaires ad interim* to Korea), Dispatch to Ko Yung Hui (Acting Minister, For. Affairs), No. 118, For. Office (Oct. 5th, 1896)

Legation of the United States

Seoul, Korea

Oct. 5, 1896

No. 118, F. O.

Sir: -

My attention has recently been called to a work entitled "The warp and woof of Confucian Scholarship," published by the Korean Government; edited by the Minister of Education, and prepared by two councillors of the Department of Education.

I purchased three copies of this book at the press of the Educational

---

140) 영어 원문에는 고희경으로 적혀 있지만 고영희가 맞다.

Department, and I find that on Page 91. there are the following statements.

"According to the views of recent generations, what Westerners call the Christian religions is vulgar, shallow, and eroneous (sic) and is an instance of the vileness of barbarian customs, which is not worthy of serious consideration."

"The terms used by Christians in speaking of heaven, happiness and misery, are similar to those employed by the Buddhists. They worship the heavenly spirits, but do not sacrifice to parents. They insult heaven in every way and overturn the social relations. This is truly a type of barbarian vileness and is not worthy of treatment in our review of foreign customs, especially as at the present time the religion is somewhat on the wane."

"Europeans have planted this spawn in every country of the globe with the exception of China. All of them honor this religion, but we are surprised to find that the Chinese scholars and people have not escaped contamination."

This ungratified abuse of a religion held in the highest honor by all Western nations is not, in my opinion, at all what one has a right to expect from a Minister of a friendly power. It must occur to Your Excellency that the dissemination of the opinions expressed in this book, which is also intended, as I am informed, to be used in the public schools of Korea, cannot fail to prejudice the friendly relations existing between the peoples of our respective countries, which I feel it is as much Your Excellency's wish as mine to encourage.

I understand that the Minister of Education has been called upon to resign and that the book has been withdrawn from circulation. I shall be glad to be informed if this is the case.

I have the honor to be, Sir,
Your obedient servant,
H. N. Allen

His Excellency
Koh Hui Kyung, [sic]
Acting Minister for Foreign Affairs,
Seoul

[漢譯]

　　大美 欽命駐箚朝鮮代理公使 安 爲

　　照會事, 照得, 近聞有儒學經緯 一書, 自

　　貴學部 刊印, 學部大臣 著, 編輯局長及中樞院 叅書官之序, 本代理公使 買得
該書 三本, 逐條細閱, 第四十一張云, 若近世 西人之 所謂 耶蘇教者, 鄙俚淺妄,
乃夷俗之陋者耳, 不足與辦也, 云觧, 耶蘇之教, 其所謂天堂禍福之說, 近於佛氏之
支流, 而所以勸善而教人者, 不過閭港[巷]淺俗之談耳, 禮拜天神, 不祀父母, 種種
誣天亂倫之風, 自是夷狄之陋俗耳, 本不足以處, 異端之目, 而近日則其教亦少衰
矣, 然中州諸國之外, 凡地球上歐邏種子, 尙皆尊尙其教, 而中國士民或有染之者亦
獨何哉, 查此條, 咒罵各國尊尙之教, 迥非友國大臣, 應用之詞, 況此書布散, 並使
公立學校生徒, 讀習不能不碍, 本代理公使於

　　貴大臣, 欲結兩國相好之至誼, 現聞因此事, 學部大臣, 已被遞革, 且儒學經緯
原本撤删云, 是否如此之處, 煩請

　　貴大臣, 查照示覆, 爲盼, 須至照會者,

　　右照會.

　　大朝鮮 外部署理大臣 高

　　一千 八百 九十六年 十月 初六日

고영희(외부대신 서리)가
호러스 N. 알렌(주한 미국 임시 대리공사)에게 보낸 공문, 조복 제28호
(1896년 10월 8일)

조복 제28호

　　대조선 외부대신 서리 외부협판 고영희가 회답하는 일일입니다.

　　살펴보니, 이달 6일 접수하여 도착한 귀 조회 가운데 "근래 들은 것으로부터 지시하는 회답에 이르기까지 등을 운운"하는 내용이었습니다. 이를 받고 마땅히 우리 학부에 문의하였고 곧이어 회답을 받은 내용에 "해당 새로 간행한 책자는 우리 부(部)의 전임대신 신(申)이 자비로 인출한 것이며, 그 사이에 이미 폐기되었습니다. 공립 각 학교 생도들은 아직 읽고 익히지 못했다는 등"이었습니다. 이에 준하여 살펴보니, 학부 전임 대신은 이미 체직(遞職)되어 면직되었고, 해당 책자 또한 즉시 폐기되었다고 합니다. 사안이 이미 지난 것으로 이제 굳이 끌어와 쫓을 수 없으니, 이웃과 좋게 지내고 존중하는 의리에 있어 특히 안타까운 일입니다. 마땅히 상응하는 문서를 갖추어 회답을 보내니, 청하건대, 귀 공사는 잘 살펴봐 주심이 가하며 이러한 내용으로 회답합니다.

　　대미 흠명주차조선 대리공사 안련 각하
　　건양 원년 10월 8일

Ko Yung Hui (Acting Minister, For. Affairs), Dispatch to Horace N. Allen (U. S. *Chargé d'Affaires* to Korea), No. 28 (Oct. 8th, 1896)

照覆 第二十八號

大朝鮮 外部大臣 署理 外部協辦 高永喜 爲照覆事, 照得, 本月六日接到

貴照會 內開, 自近聞至示覆云云等因, 准此, 當經向詢 我學部, 旋接覆開, 該新刊册子, 我前任大臣 申 自備 印出, 間已撤銷, 至公立各學校 生徒, 未嘗讀習等因, 准此, 查學部 前任大臣, 業爲遞免, 該册子亦即刪廢, 事屬過境, 今毋須追提, 其在隣好尊尙之義, 殊堪歎嘆, 相應 備文 照覆, 請煩

貴公使, 查照可也, 須至照覆者,

右.

大美欽命駐箚朝鮮代理公使 安連 閣下

建陽 元年 十月 八日

한국 선교부. 제12회 연례 회의 (1896년 10월 20일~11월 2일)

(중략)

둘째 날, 10월 21일 수요일

오전 회의: 오전 9시 20분

(......)

　엘러 싱 기념 선교부의 E. C. 폴링 목사와 A. 가더린 양, 또한 주한 미국 대리공사인 H. N. 알렌 박사가 이 회의에 참석하였다.

(중략)

셋째 날, 1896년 10월 22일 목요일

오전 회의: 8:45

(......)

　부산 지부 보고서를 낭독하는 동안 주한 미국 외교관인 알렌 박사와 감리교회 선교부의 아펜젤러 목사의 참석이 확인되었으며, 그들은 회의장의 특권을 부여받았다.

　(......)

　찬송가를 부르고 휘트모어 목사가 기도를 드린 후 휴회하였다. 서재필 박사, I. B. 비숍 부인, A. 가더린 양, H. N. 알렌 박사, 그리고 감리교회 선교부의 A. E. 벙커 부인과 H. G. 아펜젤러 목사가 내빈으로 회의에 참석하였다.

(중략)

Korea Mission, Twelfth Annual Meeting (Oct. 20th~Nov. 2nd, 1896)

(Omitted)

Second Day, Wednesday, Oct. 21, 1896.

Morning Session: 9:20 A. M.

(......)

Rev. E. C. Pauling and Miss. A. Gardelin, of the Ella Thing Memorial Mission, were present at the session; also Dr. H. N. Allen, *Charge of Affaires* of the United States in Korea.

(Omitted)

Third Day, Thursday, Oct. 22, 1896.

Morning Session: 8:45 A. M.

(......)

During the reading of Fusan reports, the presence of Dr. Allen, United States representative, and of Rev. H. G. Appenzeller, of the Methodist Mission, was recognized, and they were accorded the privilege of the floor.

(......)

The meeting here adjourned after song and a prayer by Mr. Whitemore. The visitors present during the session were Dr. P. Jaisohn, Mrs. I. B. Bishop, Miss A. Gardelin, Dr. H. N. Allen, and Mrs. A. E. Bunker and Rev. H. G. Appenzeller of the Methodist Mission.

(Omitted)

호러스 N. 알렌(주한 미국 공사 대리)이
이완용(외부대신)에게 보낸 공문, 외부 제112호 (1896년 10월 29일)

미합중국 공사관
한국 서울

1896년 10월 29일

외부 제112호

안녕하십니까,

    저는 모두 미국 시민인 웰즈 박사 부부의 호조와, 휘트모어 씨의 호조도 요청하게 되어 영광입니다.

    안녕히 계십시오.
    H. N. 알렌

이완용 각하,
    외부대신,
    서울

Horace N. Allen (U. S. *Chargé d'Affaires* to Korea), Dispatch to Ye Wan Yong (Minister, For. Affairs), No. 112, For. Office (Oct. 29th, 1896)

Legation of the United States

Seoul, Korea

Oct. 29, 1896

No. 112, F. O.

Sir: -

I have the honor to request a passport for Dr. Wells and his wife, also one for Mr. Whittermore, all of whom are American citizen.

I have the honor to be,

Sir,

Your obedient servant,

H. N. Allen

His Excellency

Ye Wan Yong,

Minister for Foreign Affairs,

Seoul

[漢譯]

照會 第

大美 欽命駐箚朝鮮代理公使 安 爲

照會事, 玆有 美國人 禹越時 及 妻 又 윗모어, 方擬 游歷 朝鮮 各道, 相應
照會, 請煩

貴大臣 查照, 發下 該三人 路票, 爲荷, 須至照會者,

右.

大朝鮮 外部大臣 李

一千 八百 九十六年 十月 二十九日

18961029

이완용(외부대신)이 호러스 N. 알렌
(주한 미국 공사 대리)에게 보낸 공문 (1896년 10월 29일)

조복 제

대조선 외부대신 이완용이 회답하는 일입니다.

살펴보니, 오늘 도착한 귀 조회 가운데, "미국인 우월시(禹越時)와 그의 처, 그리고 윗모어가 바야흐로 조선 각도를 돌아다니고자 하므로 상응하는 조회를 귀 대신께서는 잘 살피어주어 해당 3인에게 노표(路標)를 발행하여 내려달라는 등"의 내용이었습니다. 잘 받았으니, 이에 호조 3장에 날인, 작성해 보내면서 회답하므로, 청컨대 귀 대리공사는 잘 살피어 해당 인원들에게 전해주시어 이로 편리하게 휴대하고 다닐 수 있게 함이 가하며 이러한 내용으로 회답합니다.

Ye Wan Yong (Minister, For. Affairs), Dispatch to Horace N. Allen
(U. S. *Chargé d'Affaires* to Korea) (Oct. 29th, 1896)

照覆 第

大朝鮮 外部大臣 李完用, 爲 照覆事,

照得, 本日接到 貴照會 內開, 美國人 禹越時 及 其妻 又 윗모어, 方擬 游歷 朝鮮 各道, 相應 照會, 請煩 貴大臣 查照. 發下 該三人 路票 爲荷 等因, 准此, 玆將 該護照 三紙 印繕 呈交, 相應 照覆, 請煩

貴 代理公使 查照, 轉給該員, 以便帶往可也, 須至照覆者,

右.

大美 欽命駐箚朝鮮代理公使 安連 閣下

建陽 元年 十月 二十九日

18961000

편집실.
The Korean Repository (서울) 3(10) (1896년 10월호), 417쪽

독립신문의 편집자는 H. N. 알렌 박사를 '자전거 달인'으로 인정하였다. 박사는 모든 멈춤을 포함하여 서울과 제물포 사이를 3시간 14분 만에 주행한다. 우리가 지난 봄에 기록한 그레이엄 목사의 평양-서울 구간의 '주행'은 3시간도 안 되었다. 우리는 독립신문이 '미국 공사관의 대리공사'에게 손을 내민 날, 그리고 몇 달 전에 도착하여 '임시 독신 생활의 종료'를 표시한 사람과 함께 편집자로서 편집실을 방문하였다. 그는 독자들이 알고 있듯이 '추상화와 몽상에 빠지는 경향'이 막 돌아왔다. 우리는 그들의 항구 여행에 대하여 호의적으로 물었다. "햇빛이 지속되는 한 충분합니다."라는 다소 냉담한 대답이었다. 이제 우리는 짐을 싣는 조랑말을 타고 제물포에 갈 때 마지막 1~2마일 동안 어둠 속에서 비틀거리며 걷는 것에 너무 익숙해져서, '자전거'의 규정 시간이 3시간 남짓일 때의 대답은 우리를 깜짝 놀라게 하였다. '사고!'라고 생각하였지만, 우리의 운전자들은 그 점에 대하여 약간 민감하기 때문에 감히 말을 꺼내지 못하였다. 하지만 우리는 마음의 평정을 되찾으며 "언제 서울을 떠났나요?"라고 물었고, 오후 4시에 떠났고 저녁 식사 시간인 8시 30분에 목적지에 도착하였다는 말을 듣고 매우 안도하였다. 우리 형제의 다음 질문은 "집으로의 여행은 어땠나요?"이었다. 우리는 불과 얼마 전만 해도 '불만족스러운 겨울이 (뉴)욕이나 워싱턴의 이 태양에 의해 영광스러운 여름으로 바뀌었다'고 말한 편집자에게서는 우리가 기대하는 열정이 없다는 것을 다시 한 번 알아차렸다. 그리고 그는 전날의 비, 여자용 자전거를 위한 조랑말, 그리고 우리가 잘 알아듣지 못하는 다른 말을 중얼거렸기 때문에 우리는 그에게 다음 호의 훌륭한 글을 위하여 풍자적인 이야기를 하여 그의 감정을 아끼고 떠났다.

Editorial Department.

The Korean Repository (Seoul) 3(10) (Oct., 1896), p. 417

The Editor of *The Independent* generously gives Dr. H. N. Allen the credit of being "an expert bicyclist." The Doctor runs his machine between Seoul and Chemulpo in three hours and fourteen minutes counting all stops. The Rev. Graham Lee whose "run" between Pyang Yang and Seoul we recorded last spring made it in less than three hours. We called at the editorial rooms, the day the *Independent* accorded the palm to the "*Charge d'affaires* of the U. S. Legation" and as the editor in company of the one whose arrival a few months ago marked "the termination of temporary bachelordom" and "a tendency to lapse into abstraction and reverie," as his readers were informed, had just returned. We sympathetically inquired about *their* trip to the port. "Good enough, as long as daylight held out," was the somewhat unenthusiastic answer. Now, we are so accustomed to stumble along in the dark the last mile or two, when we go to Chemulpo on the pack pony, that the answer, when the regulation time on the "bike" is a little over three hours, startled us. "An accident!" we thought, but dared not suggest it as our wheelmen are a. little sensitive on that point. We recovered our equilibrium, however, and asked, "When did you leave Seoul?" and were much relieved to be told that it was at four in the afternoon and that they arrived at their destination at half past eight - in time for dinner. "How was the home trip?" Was the next enquiry of our *confrere* rcrℒ. We again noticed the absence of the enthusiasm one looks for in an editor whose "winter of discontent was made glorious summer by, this sun of (New) York - or Washington" only a short time ago, and he muttered something of the rains of the previous day, a pack pony for a lady's wheel, and something else we did not quite catch so we spared his feelings by handing him a squib for the next issue of his excellent paper and departed.

호러스 N. 알렌(주한 미국 공사관 서기관),
일부 한국의 관습. 기생.

The Korean Repository (서울) 3(10) (1896년 10월호), 383~386쪽

일부 한국 관습.
기생

한국에는 일본의 게이샤에 해당하는 부류가 있다. 한국에서는 그들을 기생(妓生)이라고 부르며, 그들의 임무는 일본에 있는 같은 부류의 임무와 거의 동일하다. 이들 소녀들은 당연히 정부에 속해 있고 국고의 지원도 받고 있다. 그들은 공식 음악가들과 연계하여 정규 부서에 의해 통제된다.

가난한 사람이 자신이 돌볼 수 있는 것보다 더 많은 아들을 갖게 되면, 그는 때때로 한 명을 정부에 넘겨 환관이 되어 그에게 좋은 생활을 보장하고 아마도 매우 높은 명예를 보장할 것인데, 과거에 이 계급은 왕족과의 친밀함으로 인하여 큰 영향력을 획득하고 행사해 왔기 때문이다.

그래서 어떤 사람은 자신의 딸을 기생이 되도록 줄 수도 있다. 그녀는 어린 시절부터 훌륭한 교사들로부터 음악, 읽기, 쓰기, 화려한 업무에 대하여 세심하게 교육을 받았다. 평범한 여자보다 훨씬 더 나은 교육을 받았기 때문에 이 소녀들과 함께 있는 것이 매우 바람직하다. 또한 그들은 모든 속박에서 자유롭고 남자와 여자와 자유롭게 어울리며 어떤 부끄러운 겸손함도 갖고 있지 않은 반면, 여자는 직계 남자들만 볼 수 있고 기생의 재능을 갖고 있지 않다.

이 기생들은 다양한 부서에 소속되어 있으며, 접대를 할 때 양반들에 의해 고용되어 노래하고 춤추고 놀 수 있다. 그러나 그들의 접대는 꽤 비싸다고 한다. 그들은 종종 외부의 공식 만찬에 참석하며, 궁궐에서 열리는 연회의 주요 접대인이기도 하다. 그들은 대개 꽤 예쁘다. 아마도 그들은 한국에서 가장 예쁜 여자일 것이다. 관리가 이 총명한 소녀들 중 한 명에게 마음을 빼앗기고 그녀를 자신의 첩으로 만드는 것은 드문 일이 아니다. 그러한 결합이 불법이 아니라면 그들이 많은 경우에 이 소녀들과 노골적으로 결혼할 것이라는 데에는 의심의 여지가 별로 없다.

그러나 이러한 결합은 일반적으로 사랑의 시합이며, 가장 똑똑하고 강한

남자 중 일부는 그러한 결합에서 나온다. 그것은 또한 합법적이지만 무시당하는 아내에게 많은 가슴 아픈 원인이 된다. 젊은이는 아마도 유아기 때 부모에 의해 그녀와 결합되었을 것이고, 그는 아마도 매혹적인 첩이 불러일으키는 사랑을 한 번도 느껴본 적이 없을 것이다.

한국의 민간전승에는 이러한 애착으로 인하여 가족 간에 발생하는 불화에 대한 이야기가 풍부하며, 젊은 양반들이 첩보다 더 긴밀한 결합을 맺는 것을 운명으로 막는 이 소녀들에 대한 열렬하고 지속적인 헌신에 대한 이야기가 많이 있다.

이들 기생의 춤 중 일부는 매우 아름다워서 처음 보는 외국인의 관심을 결코 놓치지 않는다. 물론 이러한 춤은 평화롭고 즐거운 날에 왕실 가족 앞에서 공연될 때 궁궐에서 가장 잘 볼 수 있다. 외국인들이 가장 관심을 갖는 것은 바로 '검무(劍舞)'이다. 무용수들은 평소와 같이 눈에 띄는 색상의 넉넉한 의상을 입고 있다. 길고 화려한 색상의 소매는 손까지 닿고 그 너머까지 닿는다. 인조 머리카락을 더하여 화려한 장식을 많이 달고 정교한 머리장식을 만들었다. 춤은 양말을 신은 채 추는데, 검무가 가장 활동적이기 때문에 옷을 끌어올리고 소매를 뒤로 젖힌다. 소녀들은 바닥에 놓인 칼 사이에서 한 발을 축으로 팽이처럼 도는 동작을 하는데, 음악이 더욱 활발해짐에 따라 최소한 손에 쥐게 될 때까지 칼 근처에서 한쪽으로 몸을 구부린 다음 음악이 빨라지고 검이 이리저리 번쩍인다. 무용수는 바퀴를 돌며 우아한 움직임으로 미끄러지듯 움직인다. 춤을 잘 추는 사람은 매우 빠르게 춤을 추고 검을 능숙하게 휘둘러 검이 목을 통과한 듯한 느낌을 줄 것이다. 이 춤은 때때로 남자 옷을 입고서도 하지만, '남녀 옷의 재단은 남자 옷의 색깔이 흰색이거나 한 가지 색조이고, 덩어리가 뭉쳐 있다는 점을 제외하고는 외적인 차이가 거의 없을 정도로 비슷하다.' 무용수가 일반적으로 착용하는 머리카락은 간단한 모자로 대체된다.

가장 아름다운 춤 중 하나는 연꽃 춤[蓮花臺舞]이다. 이 춤에는 막 터질 준비가 된 큰 연꽃이 담긴 통이 들어온다. 그런 다음 두 마리의 모조 황새가 들어오는데, 각각은 매우 영리하게 변장한 사람이다. 이 새들은 날개를 펄럭이고 부리로 찰칵 소리를 내며 아름다운 봉오리에 감탄하며 그 주위에서 춤을 추는데, 그들이 충분히 기대하면서 그것을 즐기자마자 자신들이 뽑을 작정이다. 그 동안 그들의 움직임은 매우 우아하며 부드러운 음악에 맞춰 꽃에 점점 더 가까이 다가간다. 마침내 적절한 때가 도래하고, 꽃이 꺾이며, 분홍색 꽃잎이 뒤로 떨어지면서 기생이 조금 발걸음을 내디디면 새들은 분명히 놀라고 어린 관중들은 몹시 기뻐하게 된다.

용춤은 아주 잘 추었다. 일반적으로 이 짐승은 두 마리가 있는데, 각각은 빨간색, 흰색, 검은 호랑이 또는 기타 다른 호랑이를 위한 가죽으로 숨겨져 있는 잘 훈련된 두 사람으로 구성된다. 머리는 매우 크고, 끈과 도르래로 작동되는 거대한 턱은 괴물에게 사나운 분위기를 선사한다. 이 인물들은 음악에 맞춰 적시에 몸을 뒤틀고, 찰칵 소리를 내는 등의 동작을 하며, 가끔씩 다음 공격에 대비하기 위하여 잘 위장된 공포에 빠져 뒤로 물러나는 기생을 위하여 맹렬하게 돌진한다.

이 멋진 행사의 공연은 상단에 둥근 구멍이 있는 칠해진 아치 앞에서 기생의 일련의 우아한 팔 움직임으로 구성된 공을 던지는 놀이 없이는 결코 완료되지 않는다. 음악이 빨라질수록 그녀의 발걸음은 더욱 활발해지고 팔의 움직임은 그녀가 곧 공을 던질 것임을 암시한다. 그녀가 던질 때 구멍으로 들어가면 수행원이 그녀의 머리에 꽃을 꽂아 장식한다. 공이 통과하지 못하면 불행한 무용수의 뺨에 붓으로 검은 색 표시를 한다. 무용수들은 연기를 마친 후 차례로 뒤쪽을 향한다. 모든 것이 끝나면 그들은 왕을 지나 행진을 하는데, 머리에 꽃을 꽂은 사람들은 각각 비단 한 묶음씩을 받고, 다른 사람들은 아무것도 얻지 못한다.

가장 아름답고 뛰어난 기생은 기생들의 중심지인 평양에서 나오지만, 이 부류는 광범위하며 한국 전역에서 발견된다. 그러나 이들 모두가 정부에 속해 있는 것은 아닌데, 많은 소녀들이 선발되어 기생이 되기 때문이다. 이들이 자라서 누구에게도 속하지 않고 자녀도 없게 되면 매우 힘들고 쓸쓸한 시간을 보내게 된다. 기생은 무당이라고 불리는 춤추는 여자 마법사 부류에 결코 합류하지 않는다고 한다. 그러나 서울에서는 약방 또는 궁궐의 의료부에 소속되어 약을 혼합하는 법을 배운다. 몇 년 전에 이들 중 다섯 명의 소녀들이 간호와 환자 돌보기를 배우기 위하여 정부 병원에 소속되었으나 그들의 존재가 많은 혼란을 일으켜 담당 외국인 의사의 요청으로 곧 해임되었다.

의가 좋지 않은 형제가 상처 입은 제비를 학대한 일로 인하여 열 가지 재앙을 당하는 '제비 왕의 보상'의 예쁜 설화에는 무당과 함께 기생이 열 가지 저주 중의 하나로 등장한다. 의심할 바 없이 많은 외로운 아내는 물론, 그들 자신이 어렸을 때 그랬던 것처럼 아들들이 방탕한 생활로 재산을 낭비하는 것을 보고 슬퍼하는 아버지들도 그들을 그렇게 여길 것이다.

H. N. 알렌

Horace N. Allen (Sec., U. S. Legation to Korea),
Some Korean Customs. Dancing Girls.
The Korean Repository (Seoul) 3(10) (Oct., 1896), pp. 383~386

Some Korean Customs.
Dancing Girls.

Korea has a class corresponding to the geisha of Japan. In Korea they are called gesang, and their duties are much the same as those of their class in Japan. These girls properly belong to the government and receive their support from the national treasury. They are controlled by a regular department, in connection with the official musicians.

When a poor man has more sons than he can well care for he will sometimes give one to the government to become a eunuch thus insuring him a good living and possibly very high honors - for in the past this order has obtained and exercised great influence owing to their closeness to the Royal Family.

So a man may give his daughter to become a gesang. She is taken in childhood and carefully instructed by good teachers in music, reading and writing, and in fancy work. Being so much better educated than the ordinary woman, the company of these girls is greatly desired. Also they are free from all restraint and mingle freely with men and women, without any embarrassing modesty, whereas ladies can only see the men of their immediate. family and have not the accomplishments of gesang.

These dancing girls are attached to various departments and may be hired by gentlemen to sing, dance and play for them when giving entertainments. Their services are said to be quite expensive however. They are often been at official dinners at the Foreign Office and are the chief entertainers at banquets given at the Palace. They are usually rather pretty, perhaps they are the prettiest women in Korea. It is not uncommon for an official to lose his heart to one of these bright girls, and to make her his concubine. There is not much doubt that they would in many cases marry these girls outright were it not that such a union would be illegal.

These matches however are usually love matches, and some of the brightest and strongest men spring from such unions. They are also the cause of much heart-burning to the legal, but neglected wife, to whom the young man has probably been united by his parents in infancy, and for whom he has probably never felt the love called forth by his fascinating concubine.

Korean folk-lore abounds with stories of the discord arising in families from these attachments, while there are as many accounts of ardent and prolonged devotion of young noblemen to these girls whom fate prevents their taking to a closer union than that of concubine.

Some of the dances of these gesang are very pretty and never fail to interest the foreigner who sees them for the first time. These dances are of course seen at their best at the Palace when in days of peace and rejoicing they are performed before the Royal Family. The one that seems most to interest foreigners is called the sword dance. The dancers are as usual clothed in voluminous garments of striking colors. Long and brilliantly colored sleeves touch down to and beyond the hand. False hair is added to make an elaborate head-dress in which many gay ornaments are fastened. The dance is done in stockinged feet, and as the sword dance is the most lively of all, robes are caught up and the sleeves turned back out of the way. The girls pirouette between swords laid on the floor and as the music becomes more lively they bend to one side and the other near the swords until at least they have them in their hands, then the music quickens and the swords flash this way and that as the dancer wheels and glides about in graceful motion. A good dancer will work so fast and twirl her swords so dextercusly as to give one the impression that the blade must have passed through her neck. This dance is also done in men's clothes at times, but the cut of "the garments of the sexes is so much alike as to prevent little external difference except that the colors of the men's an either white or of one shade, and the mass of hair worn by the dancer ordinarily is replaced by a simple hat.

One of the prettiest dances is that of the lotus flower. In this a tub is brought in containing a·large lotus flower just ready to burst open. Two imitation storks then come in, each one being a man very cleverly disguised. These birds flap their wings, snap their beaks and dance around in admiration of the beautiful bud which they evidently intend to pluck as soon as they have enjoyed it sufficiently in anticipation. Their movements all this time are very graceful, and they come closer and closer to the flower, keeping time to the soft music. At last the proper time arrives, the flower is plucked, when as the pink petals fall back, out steps a little, gesang to the evident amazement of the birds and to the intense delight of the younger spectators.

The dragon dance is very well done. There are usually two of these beasts, each made up of two well trained men who are concealed by a hide which might be meant for a red, white, and black tiger or most anything else. The head is very large and the huge jaws, worked by a string and pulley, give a ferocious air to the monster. These figures keep very good time in their contortions, snappings and other movements to the music, and every once in a while they make a savage dash for the gesang who falls back in well disguised terror to be ready for the next attack.

The performance on these great occasions is never complete without the game of throwing the ball which consists in a aeries of graceful arm movements by the geaang before a painted arch with a round hole at the top. As the music quickens, her step becomes more lively and the arm movement indicates that she will soon throw the ball. When she does throw, if it goes thro the hole, she is decorated with a flower stuck into her hair by an attendant. If the ball fails to go thro, the unfortunate dancer is given a black mark, with a brush, on her cheek. One after another the dancers face to the rear after doing their act. When all is finished they march in procession past the King, where those with a flower in their hair receive a roll of silk each, while the others get nothing.

The most beautiful and accomplished gesang come from Pyeng Yang which is quite a centre for dancing girls, but the order is an extensive one and the girls are to be found all over Korea. Not all of these belong to the government, however, as many girls become gesang from choice. These when they grow up, if they belong to no man and have no children, have a very hard and dreary time of it. Gesang are said never to join the order of dancing women sorceresses called Mootang, tho in Seoul they are attached to the Yak Pang or Palace Medical Department, where they are taught to mix medicines. Some years ago, five of these girls were attached to the Government Hospital to learn nursing and the care of the sick, but their presence caused so much disorder that they were soon removed at the request of the foreign physician in charge.

In the pretty folk tale of the "Swallow King's Rewards" when the unjust brother is visited with the ten plagues of Korea, because of his ill treatment of a wounded swallow, gesang figure along with the mootang as one of the ten curses of the land. Doubtless they are so considered by many a lonely wife as well as by the fathers who mourn to see their sons wasting their substance in riotous living as they doubtless did themselves when they were young.

H. N. Allen

호러스 N. 알렌(주한 미국 공사관 서기관)이
윌리엄 버틀러 해리슨에게 보낸 편지 (1896년 11월 4일)

한국 서울,
1896년 11월 4일

윌리엄 버틀러 해리슨 목사

안녕하십니까,

　　나는 목사님께 자전거를 시도한 최초의 한국인인 두 명의 한국 내각 관리들에게 '램블러' 자전거 두 대 값을 지불하기 위한 미국 국무부의 금화 130달러의 환어음을 동봉하였습니다. 동봉된 영수증에 서명해 주세요. 나는 목사님이 시카고에서 자전거 한 대당 금화 60달러에 신청하는 것으로 알고 있으므로 화물 운송비로 10달러를 포함시켰습니다. 주문할 장부가 없어서 아쉽지만 '램블러'의 일반 장비가 답이 될 것이라고 말해야 합니다. 자전거 본체는 23~24인치 정도, 바퀴는 28인치, 합판 목재 외륜(外輪), 좋은 바퀴가 있어야 할 것 같습니다. 나는 개인적으로 '하트포드' 제품을 좋아하지만, '램블러'의 일반 바퀴가 답이 될 것이라고 추측합니다. 나는 회사에 바퀴의 살, 고정 나사 등과 같은 몇 가지 사소한 부품을 추가로 넣어 줄 것을 촉구하고 싶습니다. 등(燈)은 필요하지 않지만 바퀴에 좋고 튼튼한 종(鐘)이 있어야 합니다. 이곳에는 수리점이 없고 바퀴가 얼마나 고장나기 쉬운지 경험을 통해 알고 있기 때문에 나는 그들이 바퀴를 관리하는 데 많은 도움을 주어야 할 것이라고 생각하기 때문에 설명서를 반드시 보내도록 하십시오. 이 정도의 화물량이면 자전거가 샌프란시스코를 거쳐 올 수 있다면 많은 시간이 절약될 것입니다.

　　안녕히 계세요.
　　H. N. 알렌

Horace N. Allen (Sec., U. S. Legation to Korea), Letter to William Butler Harrison (Nov. 4th, 1896)

Seoul, Korea,
Nov. 4, 1896

Rev. Wm. Butler Harrison

Dear Sir: -

I hand you enclosed a draft on the U. S. State Department for $130 gold, to pay for two "Rambler" bicycles for the two Korea cabinet officers - the first Koreans to try the wheel. Please sign the enclosed receipt. I have included $10 for freight as I understand you offer the wheels for $60 gold, each in Chicago. I am sorry not to have any books to order form, but I should say the regular equipment of the "Rambler" will answer. I think the frame should be about 23 or 24 inches, 28 inch wheels, laminated wooden rim, and a good tire. Personally I like the "Hartford" but presume the regular tire of the "Rambler" will answer. I would urge the company to put in some extra minor parts, such as spokes, nuts etc. No lamp is needed but a good strong bell should accompany the wheels. Be sure to have instruction books sent, for I imagine I will have to help them a good deal in caring for their wheels as we have no repair shops here and I know from experience how prone wheels are to get out of order. If the wheels can come via San Francisco for this amt' of freight much time will be saved.

Yours sincerely,
H. N. Allen.

제임스 E. 애덤스(부산)가 호러스 N. 알렌
(주한 미국 공사관 서기관)에게 보낸 편지 (1896년 12월 28일)

한국 부산,
1896년 12월 28일

친애하는 알렌 박사님,

제가 대구에서 돌아왔을 때 박사님의 12월 10일자 편지를 받았으며, 저는 서둘러 동봉물을 박사님께 전달해 드립니다. 체이스 양과 어빈 박사의 자녀 이름이 추가되었습니다. 베어드 가족은 서울로 이사하였습니다.

국제법에 대한 간결한 요약본과 동양 국가들과의 조약 사본을 언제, 어떤 것을 얻을 수 있는지 추천해주실 수 있나요? 가능하다면 나는 또한 조약에 적용되는 더 중요한 해석 사례를 보여주는 조약에 대한 일종의 주석서를 갖고 싶습니다.

저는 그 주제를 광범위하게 다루고 싶지는 않지만, 그것에 대하여 적당히 알고 있어야 한다고 생각하는데, 그렇지 못해서 유감입니다.

부인께 안부를 전해 주십시오.

안녕히 계십시오.
제임스 에드워드 애덤스

James E. Adams (Fusan), Letter to Horace N. Allen
(Sec., U. S. Legation to Korea) (Dec. 28th, 1896)

Fusan, Korea,
Dec. 28, 1896

My dear Dr. Allen: -

Yours of Dec. 10th was received on my return from Tagoo and I hasten to forward the enclosure to you. The names of Miss Chase and Dr. Irvin's child have been added. The Bairds have removed to Seoul.

Can you recommend to me what and when to get some sort of a concise compend of international law and copies of our treaties with these oriental countries. If possible I should also like to have some sort of commentary on the treaties showing the more important cases of interpretation which have been put upon them.

I don't care to go into the subject extensively at all but I think I ought to make myself measurably intelligent upon it, and I am sorry to say that I am not.

Please give my regards to Mrs. Allen and believe me.

Yours sincerely,
James Edward Adams

1890년	1월 1일	부산에 도착함
	10일	한국 선교 공의회, 알렌의 제물포 의료 업무를 승인함
	14일	딘스모어, 미국 정부가 알렌을 주한 미국 공사관의 서기관으로 임명해 달라는 고종의 요청을 블레인 국무장관에게 전함
	2월 2일	가족과 함께 제물포에 정착함
	5월 26일	허드, 주한 미국 변리공사겸 총영사로 부임함
	7월 3일	벤저민 해리슨 미국 대통령, 알렌을 주한 미국 공사관 서기관으로 지명함
	21일	허드, 미국무부로부터 알렌의 서기관 임명을 알리는 전보를 받음
	24일	허드 공사, 조선 정부에 알렌의 서기관 임명을 통보함
	26일	혜론이 사망함
	8월 4일	선교본부, 혜론 사후 알렌이 제중원의 책임을 맡도록 결의함
	13일	7월 31일부의 선교사 사직서를 보냄
	25일	마펫의 호조를 요청함
	9월 2일	서기관 임명장을 받았음을 블레인 국무장관에게 알림
	11월 12일	부총영사로서 선서함
1891년	1월 10일	조선정부, 알렌에게 가옥을 영구히 교부함
	2월 2일	선교본부, 빈튼을 임명함
	4월 29일	허드의 중국 방문 중 대리공사로 활동함(6월 30일까지)

5월 13일	맥길 병원에서 도난 사건이 일어남	
18일	로제타 홀의 하인이 폭행을 당함	
8월 20일	허드의 옌타이 휴가 중 대리공사로 활동함 (8월 28일까지)	
9월 20일	제물포의 감리교회 선교사 올링거가 사바찐과 관련된 건축 문제를 공사관에 알림	
23일	한국에서의 치과 진료에 대하여 문의하였던 필라델피아의 퍼시벌 박사에게 답장을 함	
10월 22일	허드가 한국의 항구를 공식 방문하는 중에 대리공사로 활동함 (11월 22일까지)	
1892년 1월	조선정부, 서울에서 외국인의 토지 취득을 금지함	
3월 30일	알렌의 아들, 한규설 조카의 가마꾼과 부딪힘	
4월 7일	게일, 헤론 부인과 결혼함	
6월 28일	허드의 중국 방문 중 대리공사로 활동함 (9월 4일까지)	
10월 17일	알렌 부인, 민비를 알현함	
1893년 1월 25일	시카고로 떠남	
5월 1일	시카고 만국 박람회가 개회됨	
6월 27일	헤로드, 임시 대리공사에 임명됨 (8월 31일까지)	
7월 19일	맥길, 원산 구입 토지가 감리교회 선교부를 위한 것임을 선서함.	
8월 1일	샌프란시스코를 떠남	
23일	요코하마에 도착함	
26일	에비슨, 알렌이 타고 있던 겐카이 마루를 부산에서 승선함 (8월 28일 제물포에, 8월 29일 서울에 도착함)	
31일	임시 대리공사에 임명됨 (1894년 4월 30일까지)	
9월 7일	아버클 시계를 분실함	
11월 1일	에비슨, 제중원의 책임을 맡음	
11일	고종, 정동의 장례식장을 방문함	
12월	제중원의 상황을 고종에게 알림	

1894년	2월 6일	알렌의 요구로 음력 설날에 제중원에 주사의 수를 줄이는 등의 개혁 조치가 시행됨
	3월 27일	언더우드, 고양의 강 근처 땅 구입 문제를 제기함
	4월 30일	실, 주한 미국 변리공사겸 총영사로 부임함
	5월 10일	미국 공사 실, 에비슨의 자퇴 건을 조선 정부에 제출함
	7월 25일	청일전쟁이 시작됨
	9월 26일	조선 정부, 제중원을 미국 북장로교회 한국 선교부로 넘김
	12월 21일	에비슨이 고종을 진료하도록 주선함
	28일	북장로교회 한국 선교부, 제중원과 관련한 실 공사와 알렌 서기관의 노고를 치하하는 결의문을 채택함
1895년	1월 29일	북감리교회 한국 선교부, 갑오개혁 와중에 선교부를 위한 실 공사와 알렌 서기관의 노고를 치하하는 결의문을 채택함
	9월 13일	실이 휴가로 귀국 중 대리공사로 활동함 (10월 23일까지)
	10월 8일	을미사변이 일어나 민비가 시해됨
	9일	한국 개신교 10주년 기념식이 열림
	12월 30일	단발령이 내려짐
1896년	2월 11일	고종, 아관파천을 단행함
	4월 6일	부총영사 겸 대리 총영사에 임명됨
	24일	알렌 부인, 알렌의 생일을 축하하는 저녁 식사에 친구들을 초대함
	6월 23일	훈련원에서 열린 서울 체육 동호회와 미군함 요크타운 호의 야구 동호회와의 야구 경기에서 유격수로 출전함
	7월	독립공원을 위한 기부금을 냄
	8월 20일	이웃한 빈튼 집의 소[牛] 관리 문제와 관련하여 편지를 보냄
	23일	연합교회에서 열린 조이스 주교의 설교를 들음

8월		자전거에 관한 글을 씀
9월		제물포에 이틀 동안 체류함
	12일	서재필 부인을 위하여 실 공사가 주최한 만찬에 참석함
	14일	미국 대통령 후보 윌리엄 매킨리에게 주한 미국 공사직에 대한 지원 편지를 보냄
	15일	정동의 외국인 여자들, 동소문 밖의 민영환 시골 저택에서 소풍연을 엶 서재필 부인을 위한 만찬을 개최함
	19일	실이 휴가로 일본에 체류하는 동안 대리공사로 활동함 (11월 17일까지)

1. 공문서 Official Documents

미안(美案), 奎18047 [*Diplomatic Documents of Korea with United States*]

미원안(美原案), 奎18046의 1 [*Diplomatic Documents of Korea with United States*]

Records of Foreign Service Posts of the Department of State. U. S. Legation in Korea

U. S. State Department, Despatches from U. S. Ministers to Korea, 1883~1905

Horace Newton Allen papers. Manuscripts and Archives Division, The New York Public Library

2. 미국 교회 관련 문서 Documents Related to Churches

Annual Report of the Board of Foreign Missions of the Presbyterian Church of the United States of America. Presented to the General Assembly

Korea. *Presbyterian Church in the U. S. A., Board of Foreign Missions, Correspondence and Reports, 1833~1911*

Minutes [of Executive Committee, PCUSA], 1837~1919

Secretary's Book, Korea Mission (PCUSA)

3. 신문 및 잡지 Newspapers and Magazines

Evening Star (Washington, D. C.)

The Independent (Seoul)

The Japan Weekly Mail (Yokohama)

The Korean Repository (Seoul)

The Medical Missionary Record (New York)

* 쪽수 뒤의 f는 사진이나 그림을 나타낸다.

ㅁ

A

acupunctureq	255
Adams, James E.	900
Allen, Frances M.	135, 475, 809
Allen, Heber	853
Allmacher house	31, 35
Appenzeller, Henry G.	65, 275, 308, 339, 376, 412, 593, 595
Arbuckle. Victoria C.	558
Avison, Oliver R.	555, 567, 572, 585, 591, 639, 650, 653, 658, 662, 664, 667, 669, 673, 678, 680, 682, 687, 700, 705, 716, 729, 752, 760

B

Baird, Annie L. A.	794
Baird, William M.	499, 643, 790
baseball	828
bicycle	825, 858, 861
Bishop, Isabella B.	724
Blaine, James G.	22, 31, 39, 40, 175, 344, 373, 401
Brown, Hugh M.	404
Bunker, Dalzell A.	370, 371

C

Campbell, John	465
cautery	255
Chargé d'Affaires ad interim	762
Chay Myung Wha	350
Chemulpo	8, 13, 20, 30, 35, 36, 41, 44, 46, 52, 61, 64, 114, 803
Chinese passport	299

Cho Byung Chik	45, 46, 47, 599, 601, 603, 604, 605, 607, 608, 610, 612, 614, 616, 619, 622, 629, 630, 632
Chong Dong	740
Chun Won Sik	356
Consular Court	507
Corfe, John	61, 509
Council of Missions	20

D

Dancing Girls	893
Davies, J. Henry	20, 64
Decennial Anniversary	782
Denny, Owen N.	218
Denny, Owen N. (Mrs.)	103
dentist	415
Dentistry	415
Deputy Consul General	230, 233
Dinsmore, Hugh A.	22, 31
Doty, Susan A.	518
Dowager	85, 94
dragon dance	895
Drew, A. Damer	614, 703
Dun, Erwin	542
Dye, William	178, 219
dysentery	114

E

Eui Ju	310, 315
Everett, Clayton W.	282, 466, 788, 831
Everett, Jennie A.	778, 797

F

foreign practice	151

Foster, John W.	43, 509
Fusan	13, 16, 24, 25, 27, 32, 33, 59, 80, 90, 114, 302, 304, 306, 313, 499

G

Gale, James S.	42, 106, 218, 404, 428, 470, 478, 480
geisha	893
Gensan	13, 480
gesang	893
Gibson, Mrs.	278
Gifford, Daniel L.	33, 78, 142, 189, 207, 224, 269, 300, 378, 392, 589, 597, 599, 669
Gillespie, John	381
Goodsell, Daniel A.	375
Government Hospital	572, 669, 671, 673, 678, 682, 685, 697
Greathouse, C. R.	265
Gresham, Walter Q.	44, 45, 565, 575

H

Hall, Rosetta S.	353
Han Ku Sul	42, 468
Hardie, Robert A.	129, 262, 265, 269, 284, 296
Harkness, Robert	54
Harrison, Wm. Butler	898
Hart, Robert	68
Heard, Augustine	36, 38, 39, 40, 42, 162, 209, 224, 233, 234, 236, 288, 331, 335, 399, 401, 402, 406, 425, 428, 489, 491, 497
Herod, Joseph R.	44, 542, 544, 546, 548
Heron, Hattie G.	125, 186, 205, 248, 328

상우(尙友) 박형우(朴瀅雨) | 편역자

연세대학교 의과대학을 졸업하고, 모교에서 인체해부학(발생학)을 전공하여 1985년 의학박사의 학위를 취득하였다. 1992년 4월부터 2년 6개월 동안 미국 워싱턴 주 시애틀의 워싱턴 대학교 소아과학교실(Dr. Thomas H. Shepard)에서 발생학과 기형학 분야의 연수를 받았고, 관련 외국 전문 학술지에 다수의 연구 논문을 발표하고 귀국하였다.

1996년 2월 연세대학교 의과대학에 신설된 의사학과의 초대 과장을 겸임하며 한국의 서양의학 도입사 및 북한 의학사에 대하여 연구하였다. 1999년 11월에는 재개관한 연세대학교 의과대학 동은의학박물관의 관장에 임명되어 한국의 서양의학과 관련된 주요 자료의 수집에 노력하였다. 2009년 4월부터 대한의사학회 회장을 역임하였다. 2014년부터 대한민국 의학한림원의 정회원으로 있다.

최근에는 한국의 초기 의료선교의 역사에 대한 연구를 진행하여, 알렌, 헤론, 언더우드 및 에비슨의 내한 과정에 관한 논문을 발표하였다. 이를 바탕으로 주로 초기 의료 선교사들과 관련된 다수의 자료집을 발간하였으며, 2021년 8월 정년 후에는 연세대학교 의과대학 객원 교수 및 상우연구소 소장으로 연구를 계속하고 있다.

박형우는 이러한 초기 선교사들에 대한 연구 업적으로 2009년 서울특별시 의사회의 저작상을, 2017년 1월 연세대학교 의과대학 총동창회의 해정상을, 2018년 9월 남대문 교회가 수여하는 제1회 알렌 기념상을 수상하였다.